中国政法大学法律史学研究院 主编

中国法学
1978~2018
四十年

中国政法大学出版社

声 明　1. 版权所有，侵权必究。
　　　　2. 如有缺页、倒装问题，由出版社负责退换。

图书在版编目（CIP）数据

中国法学四十年：1978-2018/中国政法大学法律史学研究院主编
北京：中国政法大学出版社，2018.10
ISBN 978-7-5620-8435-8

Ⅰ.①中… Ⅱ.①中… Ⅲ.①法学史－研究－中国－1978-2018
Ⅳ.①D909.2

中国版本图书馆CIP数据核字（2018）第168449号

书　名	中国法学四十年（1978～2018） ZHONGGUO FAXUE SISHINIAN
出版者	中国政法大学出版社
地　址	北京市海淀区西土城路25号
邮　箱	fadapress@163.com
网　址	http://www.cuplpress.com（网络实名：中国政法大学出版社）
电　话	010-58908466（第七编辑部）58908334（邮购部）
承　印	固安华明印业有限公司
开　本	787mm×1092mm　1/16
印　张	37
字　数	786千字
版　次	2018年10月第1版
印　次	2018年10月第1次印刷
定　价	120.00元

《中国法学四十年（1978~2018）》撰稿人

中国法理学四十年（1978~2018）

杜宴林，吉林大学匡亚明特聘教授、理论法学研究中心主任
彭　军，吉林大学理论法学研究中心博士研究生

中国宪法学四十年（1978~2018）

黄柳建，北京大学法学院博士研究生
黄宇宸，北京大学法学院博士研究生

中国行政法学四十年（1978~2018）

黄宇骁，北京大学法学院博士研究生
王子晨，北京大学法学院博士研究生

中国刑法学四十年（1978~2018）

时延安，中国人民大学刑事法律科学研究中心教授、主任
王熠珏，中国人民大学刑事法律科学研究中心博士研究生

中国民法学四十年（1978~2018）

李付雷，中国人民大学民商事法律科学研究中心研究人员、中国人民大学法学院博士研究生

扈　艳，中国人民大学民商事法律科学研究中心研究人员、中国人民大学法学院博士研究生

叶　翔，中国人民大学民商事法律科学研究中心研究人员、中国人民大学法学院博士研究生

阚梓冰，中国人民大学民商事法律科学研究中心研究人员、中国人民大学法学院博士研究生

李怡雯，中国人民大学法学院硕士研究生

和丽军，中国人民大学民商事法律科学研究中心兼职副研究员、云南警官学院法学院副教授

统稿人：杨立新，中国人民大学民商事法律科学研究中心教授、主任
　　　　姚　辉，中国人民大学民商事法律科学研究中心教授、执行主任

中国诉讼法学四十年（1978~2018）

卞建林，中国政法大学诉讼法学研究院教授、院长
肖建华，中国政法大学诉讼法学研究院教授
谭秋桂，中国政法大学诉讼法学研究院教授
高家伟，中国政法大学诉讼法学研究院教授
王贞会，中国政法大学诉讼法学研究院副教授

中国经济法学四十年（1978~2018）

席月民，中国社会科学院法学研究所研究员、经济法研究室主任

中国环境法学四十年（1978~2018）

柯　坚，武汉大学环境法研究所教授、副所长
刘志坚，武汉大学环境法研究所博士研究生

中国国际法学四十年（1978~2018）

肖永平，武汉大学国际法研究所教授、所长
张　辉，武汉大学国际法研究所教授、副所长
杨泽伟，武汉大学国际法研究所教授

中国证据法学四十年（1978~2018）

张保生，中国政法大学证据科学研究院教授、名誉院长、证据科学教育部
　　　　重点实验室主任、"2011"计划司法文明协同创新中心联席主任
冯俊伟，山东大学法学院副教授
朱盛文，江西省科学院助理研究员

中国知识产权法学四十年（1978~2018）

曹新明，中南财经政法大学知识产权研究中心教授、主任
梁志文，南京师范大学法学院教授

中国法律史学四十年（1978~2018）

林　乾，中国政法大学法律史学研究院教授、副院长
崔林林，中国政法大学法学院教授、法律史研究所所长

目　录

中国法理学四十年（1978~2018）　　　　　　　　　　／1
杜宴林　彭　军

中国宪法学四十年（1978~2018）　　　　　　　　　　／67
黄柳建　黄宇宸

中国行政法学四十年（1978~2018）　　　　　　　　　／105
黄宇骁　王子晨

中国刑法学四十年（1978~2018）　　　　　　　　　　／165
时延安　王熠珏

中国民法学四十年（1978~2018）　　　　　　　　　　／195
杨立新　姚　辉　李付雷　扈　艳　叶　翔
阙梓冰　李怡雯　和丽军

中国诉讼法学四十年（1978~2018）　　　　　　　　　／271
卞建林　肖建华　谭秋桂　高家伟　王贞会

中国经济法学四十年（1978~2018）　　　　　　　　　／335
席月民

中国环境法学四十年（1978~2018）　　　　　　　　　／367
柯　坚　刘志坚

中国国际法学四十年（1978~2018）　　　　　　　　　／421
肖永平　张　辉　杨泽伟

中国证据法学四十年（1978~2018） / 475

| 张保生　冯俊伟　朱盛文

中国知识产权法学四十年（1978~2018） / 501

| 曹新明　梁志文

中国法律史学四十年（1978~2018） / 539

| 林　乾　崔林林

杜宴林　吉林大学匡亚明特聘教授、理论法学研究中心主任
彭　军　吉林大学理论法学研究中心博士研究生

中国法理学四十年

1978～2018

在中国现代历史上，1978年无疑是值得永远铭记的年份。因为这一年是新中国历史上的重要转折点，它开启了解放思想、实事求是的思想解放运动，推动了我国的对内各项改革和对外全面开放，促使我国的经济、政治、文化、社会等各项事业都迈入一个崭新的发展阶段。1978~2018年，是中国改革开放和社会主义现代化建设取得辉煌成就的40年，也是包括法理学在内的中国法学，从恢复与初步发展到推进与稳步发展，再到多元与繁荣发展最后到提升与深化发展的40年。经过40年的改革和发展，我国成功实现了从高度集中的计划经济体制向充满活力的社会主义市场经济体制、从封闭半封闭状态向全方位开放状态的重大历史转变，顺利实现了从人治到法治、从"运动国家"到"法治国家"的伟大历史转向。中国法理学在这40年间之所以获得举世瞩目的伟大成就，其原因一方面在于拥有相对平和宽松的学术环境，另一方面还端赖于我国法学理论工作者秉承解放思想、实事求是、埋头苦干、无私奉献的精神。值此改革开放四十周年之际，我们谨以此文对业已步入"不惑"之年的中国法理学进行学术上的回顾、梳理和总结，盘点取得的成就，提炼达成的共识，展示存在的分歧，❶以期在发扬成绩、总结经验教训的基础上，对反思当下法学研究状况，助推新时代中国法理学的发展有所裨益。

一、回顾：法理学40年发展历程

本文以重大的历史事件为标志，将1978~2018年这40年间我国的法理学研究大致划分为四个阶段。

（一）恢复与初步发展阶段（1978~1991年）

从1978年党的十一届三中全会至1992年党的十四大前夕，这期间是我国法理学研

---

❶ 有诸多学者曾经在法理学发展重要周年时撰写过相关纪念文章，这些文献为本文写作提供了有益的参考。在此，笔者对他们一并致谢！关于改革开放十周年法理学的综述论文例如，孙国华等："法理学研究十年"，载《法律学习与研究》1990年第2期。关于改革开放二十周年法理学的综述论文例如，张文显等："中国法理学二十年"，载《法制与社会发展》1998年第5期。关于改革开放三十周年法理学的综述论文例如，陈金钊："'思想法治'的呼唤——对中国法理学研究三十年的反思"，载《东岳论丛》2008年第2期；刘雪斌等："改革开放三十年的中国法理学：1978~2008"，载《法制与社会发展》2008年第5期；石茂生、张伟："改革开放30年与中国法理学的发展"，载《河南省政法管理干部学院学报》2008年第6期；刘东升："近30年法理学研究进路：1978~2008"，载《社会科学战线》2008年第8期；武建敏："中国法理学发展的理论诠释——三十年的回顾与展望"，载《河北法学》2008年第9期；李龙、陈佑武："中国法理学三十年创新的回顾"，载《政治与法律》2008年第12期；黄文艺："中国法理学30年发展与反思"，载《法制与社会发展》2009年第1期。值得注意的是，有学者对法理学研究又进行了全面深入的综述。参见石伟："论中国法理学的实践转向——三十余年法理学学术史考察"，载《现代法学》2012年第4期，等等。

究的恢复与初步发展阶段。这一阶段前期，在真理标准大讨论和党的十一届三中全会精神的鼓舞下，法学界积极解放思想、实事求是，开展了"法律面前人人平等""人治与法治""法的概念和本质"等问题的大讨论。通过讨论，重新确立了"法律面前人人平等"这一社会主义法治的基本原则，全面批判了轻视法律、取消法制的法律虚无主义思想，彻底否定了法治文明问题上的历史虚无主义，有效纠正了法的本质仅体现阶级性而无社会性的片面观点。1982年，经过许多老一辈法理学学者在内的众多法学研究者的共同参与、辛勤耕耘，具有里程碑意义的"八二宪法"最终得以通过并施行，据此我国的法制和宪政建设步入崭新的发展阶段。这一阶段后期，法理学界在党的十三大的助推下，借助新的理论和观点批驳当时在法学领域有所抬头的资产阶级自由化等错误思想，进而坚持四项基本原则和马克思主义的指导地位。但是，在国内外形势日趋严峻和极"左"思潮不断蔓延滋长的背景下，法理学学术研究因受到当时社会大环境的影响日渐呈现出沉闷状态。这一阶段学者们探讨的主题主要有：法的概念和本质，权利和义务，民主与法制，法律面前人人平等，人治与法治，法律与政策，法律文化，法律价值，法律规范、法律关系、法律责任、法律意识等法学基本范畴，法学的研究对象、学科体系、方法论及基本方法，法与商品经济、民主政治、精神文明，社会主义法律体系，社会主义初级阶段法制建设的规律、特点和对策，中华人民共和国成立以来法制建设与法学的发展，马克思主义经典作家的法律思想。❶

（1）学科建设。中华人民共和国成立后相当长一段时间里，包括法学在内的许多学科建制模式都效仿苏联教育模式。把"国家与法的理论"（"国家与法权理论"）作为法学研究的理论学科，致使法理学的独立学科地位长期被遮蔽。1978年以后，法学界承继20世纪60年代有学者提出的将国家与法加以区分，并分别由政治学和法学进行研究的主张。此后，法理学的学科地位渐趋独立，学科建设卓有成效。例如，1981年北京大学法律系编写并公开出版的试用教材《法学基础理论》，明确将法学的研究对象分离出来并提炼为"法律这一特定社会现象及其发展规律"，这使得属于政治学科的国家理论与法的理论开始分离并促使法理学逐渐成为一门独立的学科。但是，80年代初期，由于阶级斗争和"左"的思想阴霾的持续笼罩，致使法学界仍不敢名正言顺地使用"法理学"这一名称，而只能暂时以"法学基础理论"（"法的一般理论"）加以替代。直到90年代初期，法理学在名称和内容上才完全实现独立学科地位。另外，教学科研机构和人员、研究生培养能力、专业性的学术机构以及学科群建设等，也是衡量法理学独立学科地位得以确立的重要标准。❷ 在这一阶段，其一，全国各法学院、系、所按照国家教学要求纷纷成立了法学理论教研室或研究室，陆续配备了专门的法理学教学科研人员；其二，研究生学位教育制度恢复初期，全国仅有北京大学、中国人民

---

❶ 参见张文显等："中国法理学二十年"，载《法制与社会发展》1998年第5期。
❷ 参见张文显等："中国法理学二十年"，载《法制与社会发展》1998年第5期。

大学和中国社会科学院等少数高校和研究机构获得了法学理论研究生学位授予权，能够招收和培养硕、博士研究生；其三，1985年6月，在刚成立不久的中国法学会的指导下，中国法学会法学基础理论研究会在江西庐山成立，自此中国法理学有了自己独立的全国性学术组织。

（2）研究成果。这一阶段，由于思想解放的影响范围仍较为有限，加之极"左"思潮在学界仍未散去，致使法理学研究成果在总体上呈现出数量偏少，主要集中于基础性研究的特点。就教材而言，学者们主要通过编写讲义、教科书、教学资料等形式来荟萃和展示其研究成果。较具代表性的教材如陈守一、张宏生主编《法学基础理论》（北京大学出版社1981年版），孙国华主编《法学基础理论》（法律出版社1982年版），沈宗灵主编《法学基础理论》（北京大学出版社1988年版）。就著作而言，一方面，大多数还停留在论述教科书上的基本理论问题，故仍属于教科书式的著作；❶另一方面，许多著作是一些学者整理出版的有关马克思主义及其中国化的理论成果。❷就译著而言，这一时期翻译的外国法学著作甚少，即使有，也大多是翻译教科书型著作。❸就学术论文而言，尽管这一时期发表了较多的法理学学术论文，但大多围绕法的概念和本质、人治与法治等相关论题的讨论展开，政治宣传和政策解读过重，而学术探究和理论创新不足。另外，这一时期的文献引证要么数量较少，甚至时常出现阙如，要么即使引证了一些文献，但引证不规范现象较为严重。

（3）研究队伍。20世纪80年代在法理学界处于骨干地位的学者，大多是新中国成立前后成长起来的老一辈法理学工作者，他们大都有深厚的马克思主义理论功底，丰富的治学经验，严谨的治学精神，又有"文革"期间法制缺失所带来的亲身经历与切肤之痛，他们作为新时期中国法理学的开拓者和奠基人，为中国法理学的创建与发展立下了汗马功劳。与此同时，在这一时期，70年代末80年代初培养出来的一批青年法理学研究者，他们具有如下较为鲜明的特征：秉承了老一辈法理学家的优秀风范，同时一般又受过正规的法理学本科和研究生学术训练，有不少人甚至还曾在国外留学或

---

❶ 例如，张友渔、王叔文：《法学基本知识讲话》，中国青年出版社1980年版；李放、张哲：《法学原理》，辽宁人民出版社1981年版；刘升平、朱华泽：《社会主义法制基本知识》，天津人民出版社1982年版；沈宗灵：《现代西方法哲学》，法律出版社1983年版；吴大英等：《中国社会主义立法问题》，群众出版社1984年版；赵震江编著：《法律与社会》，时事出版社1985年版；张光博：《法论》，吉林大学出版社1986年版；沈宗灵：《比较法总论》，北京大学出版社1987年版；张文显：《当代西方法哲学》，吉林大学出版社1987年版；郭道晖：《民主、法制、法律意识》，人民出版社1988年版。

❷ 例如，《马克思恩格斯列宁斯大林论法》《董必武政治法律文集》《邓小平同志论民主与法制》《论社会主义民主与法制》《新时期的社会主义民主与法制建设》等。

❸ 例如，上海社会科学院法学研究所编译：《法学流派与法学家》，知识出版社1981年版；[美]哈伊：《美国法律概论》，沈宗灵译，北京大学出版社1983年版；[美]庞德：《通过法律的社会控制》，沈宗灵、董世忠译，商务印书馆1984年版；[法]达维德：《当代世界主要法律体系》，漆竹生译，上海译文出版社1984年版；[苏联]雅维茨：《法的一般理论》，朱景文译，孙国华校，辽宁人民出版社1986年版；[美]博登海默：《法理学——法哲学及其方法》，邓正来、姬敬武译，华夏出版社1987年版；[美]戈尔丁：《法律哲学》，齐海滨译，生活·读书·新知三联书店1987年版；[苏联]阿列克谢耶夫：《法的一般理论》（上册），丁文琪译，孙国华校，法律出版社1988年版。

研修，拥有敏锐的思维、开阔的视野。❶ 尽管这些青年法理学者作为新生代力量在学术研究中或许还略显稚嫩，但是他们却在学界日渐崭露头角，发挥着重要的作用。因此，在老一辈中坚力量和新生代青年学者这支老中青相结合的研究队伍共同努力下，我国的法理学研究在80年代获得了快速恢复和发展，为接下来法理学研究走向纵深发展奠定了坚实的基础。当然，由于当时法学教育的总体规模偏小，致使法理学研究队伍的人数也相对较少，而女性法理学学者更是寥若晨星。

（4）学术交流。举办或参加不同形式的学术会议是法理学最为重要的学术交流方式。这一时期国内的学术交流日渐增多，而与国际社会的学术交流较为稀少。就前者而言，重要的会议有：法律体系和法学体系研讨会（1983年，上海）；中国法学会法学基础理论研究会首届学术年会（1985年，江西庐山），以法的概念和法与改革为主题；中国社会主义法制建设的理论与实践学术研讨会（1986年，江苏吴县）；全国首次法社会学理论讨论会（1987年，北京）；法学基础范畴研讨会（1988年，吉林长春）；坚持四项基本原则与繁荣法学研讨会（1989年，北京）；民主、法制、权利与义务研讨会（1990年，辽宁大连）。就后者而言，较重要的如1987年中国学者首次参加在日本神户举办的第十三届国际法哲学与社会哲学协会（简称IVR）大会；1990年，中国法学基础理论研究会作为团体会员加入了国际IVR。

（二）推进与稳步发展阶段（1992~2000年）

从党的十四大至我国加入世界贸易组织（WTO）前夕，这期间是我国法理学研究的推进与稳步发展阶段。20世纪80年代末90年代初，在因东欧剧变和苏联解体导致国际形势纷繁复杂的背景下，邓小平于1992年视察南方多省时发表了一系列谈话，强调要进一步坚持党的十一届三中全会以来所形成的重要理论和基本路线，深刻回答了长期束缚人们思想的诸多重大认识问题，这次谈话无疑在我国历史上又一次起到了思想解放的作用。以邓小平南方谈话为指导，党的十四大作了抓住机遇、加快发展的战略部署，明确了我国经济体制改革的奋斗目标是建立社会主义市场经济体制。1997年党的十五大报告首次明确将"依法治国，建设社会主义法治国家"确立为我国政治体制改革的根本目标和党领导人民治理国家的基本方略，1999年我国进一步将这一基本方略载入宪法。在上述重大事件的推动下，法理学界进一步解放思想，摆脱"左"的思想束缚，积极推进观念变革、方法创新和理论更新，以更大的政治勇气与理论勇气，使我国法理学研究在新时期实现更大发展。这一时期，法理学界围绕建立和发展社会主义市场经济体制、依法治国、建设社会主义法治国家等时代主题，主要探讨了如下议题：法治与市场经济，市场经济的法律体系，现代法的精神，人权与法制，"法制"与"法治"的定义和关系，法治的主体、客体、对象和依据，依法治国基本理论及其与社会主义市场经济、民主政治、精神文明建设之关系，社会主义法治国家的基本特征、标志和建设模式，法治的基础，法制现代化，立法、执法和司法体制改革，邓小

---

❶ 张文显等："中国法理学二十年"，载《法制与社会发展》1998年第5期。

平民主法制思想,法理学的创新与发展等问题。❶

（1）学科建设。这一时期,我国法理学的独立地位全面确立,学科建设取得长足发展。具体表现在:首先,"法理学"学科名称获得学界广泛认可,并在这一阶段编写出版的教科书中获得普遍应用;其次,1993年中国法学会法学基础理论研究会正式更名为中国法学会法理学研究会,并在我国法理学学术研究和交流中进一步发挥着重要作用;再次,拥有法学理论硕士、博士学位授予权的院校数量逐渐增加,南京师范大学、山东大学等高校先后获得法学理论硕士学位授予权,吉林大学于1998年取得法学理论博士学位授予权;最后,一大批取得法理学硕士、博士学位的青年研究者充实到法理学的教学和科研当中,为法学理论的稳步发展补给了新鲜的学术力量。

（2）研究成果。这一时期的研究成果无论在数量上还是在质量上都有了较大的突破,且日渐呈现出批量化、系统化和多元化的发展态势。具体表现在:就教材而言,许多学者编写出版了新的法理学教材,一些学者还对前期教材进行了全面修订和完善;❷就著作而言,一方面,学者们根据当时的法理学热点问题撰写了许多质量较高的著作,❸另一方面,一些学者的著作被收录于不同的法学文丛之中。❹就译著而言,法学界开始大批量、成系列地翻译西方法理学经典名著,进而引发一场声势浩大的知识引进浪潮,为我国法学界全面了解西方最新学术发展动向和促进国内法学进一步开展研究创新提供了有效条件。❺就学术论文而言,在数量上有了明显的增加,在质量上也有了较大的提升,探讨的主题主要围绕建立社会主义市场经济体制和依法治国、建设

---

❶ 参见刘雪斌等:"改革开放三十年的中国法理学:1978~2008",载《法制与社会发展》2008年第5期。

❷ 例如,沈宗灵主编:《法理学》,高等教育出版社1994年版;孙国华主编:《法理学教程》,中国人民大学出版社1994年版;张文显主编:《法理学》,法律出版社1997年版;卓泽渊主编的《法学导论》与《法理学》,法律出版社1998年版;舒国滢、刘金国主编:《法理学教科书》,中国政法大学出版社1999年版;朱景文主编:《法理学》,中国人民大学出版社1999年版。

❸ 例如,沈宗灵:《现代西方法理学》,北京大学出版社1992年版;夏勇:《人权概念起源》,中国政法大学出版社1992年版;梁治平:《法辨:中国法的过去、现在与未来》,贵州人民出版社1992年版;马新福:《法社会学导论》,吉林大学出版社1992年版;刘作翔主编:《法律文化论》,陕西人民出版社1992年版;张文显主编:《法学基本范畴研究》,中国政法大学出版社1993年版;张文显:《二十世纪西方法哲学思潮研究》,法律出版社1996年版;苏力:《法治及其本土资源》,中国政法大学出版社1996年版;周旺生主编:《立法学》,法律出版社1998年版;赵震江主编:《法律社会学》,北京大学出版社1998年版;张恒山:《义务先定论》,山东人民出版社1999年版;公丕祥:《法制现代化的理论逻辑》,中国政法大学出版社1999年版;苏力:《送法下乡:中国基层司法制度研究》,中国政法大学出版社2000年版。

❹ 例如,中国政法大学出版社分别在1993年和1997年中美首脑会晤后翻译出版的"中青年法学文库"和"美国法律文库";山东人民出版社从1998年起出版的"法理文库";北京大学出版社从1998年起推出的"法理文丛"。

❺ 这一时期较具代表性的译著开始增多,一方面,译著类丛书例如,中国大百科全书出版社从1993年起出版的"外国法律文库";中国政法大学出版社从1994年起出版的"当代法学名著译丛";生活·读书·新知三联书店从1996年起出版的"宪政译丛";法律出版社从2000年起出版的"当代德国法学名著"。另一方面,专著和译著混合类丛书例如,中国政法大学出版社从1996年起出版的"法律文化研究中心文丛",后改为"法律文化研究文丛";中国政法大学出版社从1998年起出版的"司法文丛"。

社会主义法治国家等论题展开。值得注意的是，这一时期的法理学研究论文除了发表在传统的法学期刊上，有的还刊载于渐趋兴盛的由知名法理学者主办的专业性论丛或一些法学院系举办的法律评论等学术新园地。❶ 另外，相较于 80 年代，这一时期在学术研究中所引证的文献数量明显增多，且开始朝着规范化的方向发展。

（3）研究队伍。随着我国民主法制建设的推进和改革开放的深化，加之我国法理学研究生教育规模的逐渐扩大，使得各法学院校和研究机构对法理学教学科研人员的需求量与日俱增，据此，一大批刚毕业的年轻硕士、博士加入法理学研究队伍当中，法理学教学和研究的规模不断壮大。这一时期我国法理学学术研究队伍出现了诸多新特点：一是研究队伍的数量继续增加，规模不断壮大，既有作为法理学奠基者的老一辈法学家，也有一批在改革开放初期培养起来的中青年学者，这些中青年学者此时日渐成长为法理学的中流砥柱，还有在这一时期不断崭露头角的青年新锐；二是受过研究生教育的学者比重逐年增加；三是去国（境）外留学或参加研修的学者比例逐年攀升，一些学者还在国外名校获得了法学博士学位；四是法理学女性学者略有增加。

（4）学术交流。这一时期，无论是国内学术会议还是国际会议都有了较大幅度的增加。具体而言，较为重要的国内学术会议主要有："法律与社会发展"学术研讨会（1992 年，上海）；法理学研究会 1993 年年会（杭州），以"社会主义市场经济与法制建设"为主题；"市场经济与现代法的精神"研讨会（1994 年，大连）；法理学研究会 1995 年年会（昆明），以"走向 21 世纪的中国法理学"为主题；依法治国，建设社会主义法治国家研讨会（1996 年，北京）；依法治国与精神文明建设研讨会（1997 年，北京）；"依法治国与廉政建设"学术研讨会（1998 年，北京）。就较为重要的国际学术会议而言，包括我国举办和我国法理学学者应邀参加两方面。前者主要有：2000 年，由南京师范大学法学院等承办的第三届亚洲法哲学大会暨中国法理学研究会 2000 年年会在南京召开，主题是"21 世纪的亚洲发展与法治"。后者主要有：1995 年 8 月，中国 12 名学者应邀参加了在日本东京大学召开的国际社会学协会法社会学研究会第三十一届学术大会。

（三）多元与繁荣发展阶段（2001~2011 年）

从 2001 年中国加入 WTO 至 2011 年官方正式宣告中国特色社会主义法律体系已经形成，这期间是我国法理学研究的多元与繁荣发展阶段。进入 21 世纪后，伴随经济全球化、政治多极化、信息技术化日渐深化，为了顺应世界发展潮流，我国积极加入 WTO。2002 年党的十六大提出要积极贯彻"三个代表"重要思想，全面建设小康

---

❶ 例如，1995 年，由公丕祥主编的《法制现代化研究》；1998 年，由郑永流主编的《法哲学与法社会学论丛》；1998 年，北京大学法学院学生独立组织和编辑的《北大法律评论》；1999 年，由张文显、李步云两位教授主编的《法理学论丛》出版发行；2000 年，由周旺生主编的《立法研究》，由高鸿钧主编的《清华法治论衡》，在中国人民大学法学院支持下，由法学院学生自主创办、独立编辑并公开出版发行的《人大法律评论》。

社会。2007年党的十七大提出深入贯彻落实科学发展观，构建社会主义和谐社会。2011年最高权力机关庄严宣布中国特色社会主义法律体系已然形成，标志着我国由无法可依状态到有法可依状态的转变，表明我国的法制建设进入新的发展阶段。以党的十六大和十七大召开为标志和推动力，法理学界主要围绕法律与经济全球化、"三个代表"重要思想和科学发展观的相关法律问题、社会主义法律体系等主题，主要探讨了以下问题：法治与WTO问题，法律全球化，"三个代表"重要思想和科学发展观与法制建设，构建社会主义和谐社会中的法律问题，法律方法论，人权理论，等等。

（1）学科建设。这一时期，我国法理学的学科建设在实现独立的基础上日益成熟，在不同层面取得了突飞猛进的发展，且包含着许多新的进展。具体表现在：其一，法学理论硕士、博士学位授权点大幅度增加。截至2007年，我国法学理论硕士点数量从30个快速升至82个，法学理论博士点数量也实现了大幅增加，总计达到16个，如山东大学、西南政法大学、武汉大学、中国政法大学、清华大学、中共中央党校等院校相继成为法学理论博士学位授权单位。❶ 2010年，在教育部大幅新增25个法学一级博士学位授权点这一背景下，我国法学理论硕士、博士学位授权点也进一步增加。其二，国家对法理学学科的重视和支持力度日益增加。在法学理论专业领域陆续建立了4个国家重点学科（北京大学，1988年；吉林大学，2002年；中国人民大学与中国政法大学，2007年），1个教育部人文社会科学重点研究基地（吉林大学理论法学研究中心，2000年）及2个以法理学科为主的"985"工程国家哲学社会科学创新基地（吉林大学"法律与经济全球化"研究基地与中国人民大学"中国特色社会主义法律体系"研究基地）。其三，以法理学为核心的学科群日渐凸显。许多法学院系除了将法理学作为专业核心课程之外，还尝试着开设了包括法社会学、比较法学等新型交叉课程，逐渐形成了以法理学为龙头，并包含多个交叉学科、边缘学科在内的内容丰富、联系紧密的学科群，有助于满足日新月异的社会发展需要。

（2）研究成果。这一时期法理学研究成果实现了井喷式的发展，在规模上不断扩大，在数量上日趋丰富，在质量上也有了明显的提升，为法理学的多元与繁荣发展贡献了诸多理论资源和智识洞见。具体表现在，就教材而言，法理学教材编写工作实现了稳步推进，形成了国家统编教材与部分法学院校个性化教材并存的立体化教材编写格局。❷ 值得注意的是，2004年开始，中央马克思主义理论研究和建设工程课题组正式

---

❶ 参见黄文艺："中国法理学30年发展与反思"，载《法制与社会发展》2009年第1期。
❷ 例如，周永坤：《法理学——全球视野》，法律出版社2000年版；公丕祥主编：《法理学》，复旦大学出版社2002年版；葛洪义主编：《法理学》，中国政法大学出版社2002年版；张正德、付子堂主编：《法理学》，重庆大学出版社2003年版；郭道晖：《法理学精义》，湖南人民出版社2005年版；谢晖、陈金钊：《法理学》，高等教育出版社2005年版；付子堂主编：《法理学初阶》与《法理学进阶》，法律出版社2005年版；舒国滢主编：《法理学阶梯》，清华大学出版社2006年版；姚建宗编：《法理学——一般法律科学》，中国政法大学出版社2006年版；高其才：《法理学》，清华大学出版社2007年版；李龙主编：《法理学》，武汉大学出版社2011年版；孙笑侠主编：《法理学》，浙江大学出版社2011年版。

将"法理学"教材列入首批教材编写项目当中,并如期完成了《法理学》教材编写工作。就著作而言,法理学专著无论在数量上还是在质量上都有了新的突破,❶而收录于丛书之中的专著数量也继续稳步增加。❷就译著而言,一是除了继续大量翻译英语论著之外,还不断引入法语、德语、日语、韩语、俄语等不同语种的法理学著作。二是坚持以研究主题为中心。集中针对一些外国著名学者的著作进行"清仓式"翻译。❸三是继续加大翻译著作的丛书化编辑,❹开始大规模地、有主题地出版一些国外经典法理学著作的原版书或影印本。❺就论文而言,这一时期发表的法理学学术论文数量较为可观,传统的法学期刊仍然是论文发表的主要阵地,同时法学理论专门刊物和连续出版物也犹如雨后春笋般涌现。譬如,从2004年起,《法制与社会发展》杂志改为吉林大学理论法学研究中心主办,并由以前的综合性刊物变成法学理论专门刊物;同时,更多地在法学界享有良好声誉的法理学家创办了不同主题的专门刊物,对法理学相关领域的精耕细作大有助益。❻另外,随着互联网技术的高速发展,这一时期越来越多的法理学研究机构网站和学者个人的学术网站、博客也应运而生且不断增加,使得新发表的法理学研究成果能够迅速、便捷地传播,有助于法理学者之间的学术交流。在文献引证方面,法理学论著不仅引证数量有了持续增加,而且文献引证的方式日

---

❶ 例如,朱景文:《比较法社会学的框架和方法——法制化、本土化和全球化》,中国人民大学出版社2001年版;马长山:《国家、市民社会与法治》,商务印书馆2002年版;陈弘毅:《法理学的世界》,中国政法大学出版社2003年版;夏勇:《中国民权哲学》,生活·读书·新知三联书店2004年版;朱景文:《比较法总论》,中国人民大学出版社2004年版;公丕祥:《中国的法制现代化》,中国政法大学出版社2004年版;季卫东:《法律程序的意义》,中国法制出版社2004年版;付子堂:《马克思主义法律思想研究》,高等教育出版社2005年版;桑本谦:《理论法学的迷雾》,法律出版社2008年版;姚建宗等:《新兴权利研究》,中国人民大学出版社2011年版。

❷ 例如,北京大学出版社分别从2001年、2004年起出版的"论丛·法理学系列""政治与法律思想论丛";山东人民出版社从2003年起出版的"公法研究";法律出版社从2006年起推出的"中国法律哲学临界丛书";中国政法大学出版社从2007年起出版的"法学方法论文丛";另外,在这一时期,清华大学出版社推出的"清华法治研究系列""汉语法学文丛""法律与社会丛书",北京大学出版社出版的"法律方法文丛"。

❸ 例如,苏力等人翻译的波斯纳法官的著作、邓正来翻译的哈耶克法哲学著作。

❹ 例如,中国政法大学出版社从2001年起推出的"美国法律译库";上海人民出版社从2001年起推出的"世界法学名著译丛";中国法制出版社从2001年起推出的"外国法学名著";中国法制出版社从2002年起出版的"西方法哲学文库";法律出版社从2002年起推出的"德国法学教科书译丛""牛津法学教科书译丛";中国政法大学出版社从2002年起推出的"中国近代法学译丛";商务印书馆从2002年起出版的"公法名著译丛";北京大学出版社从2004年起出版的"世界法学译丛";商务印书馆从2005年起推出的"法学译丛"。而专著和译著混合类丛书主要有:清华大学出版社从2002年起出版的"比较法学丛书";法律出版社从2002年起推出的"法学研究生精读书系"。

❺ 其中,中国政法大学出版社出版的剑桥哲学和法律研究丛书、剑桥政治思想史原著系列影印本,法律出版社出版的美国法精要影印本等具有非常大的影响。

❻ 例如,徐显明主编的《人权研究》(2001年开始出版),谢晖和陈金钊主持的《民间法》和《法律方法》(2002年开始出版),葛洪义主编的《法律方法与法律思维》(2002年开始出版),苏力主编的《法律书评》《法律和社会科学》(分别从2003年、2006年开始出版),邓正来主编的《西方法律哲学家年刊》(2006年开始出版)。

趋规范化。

（3）研究队伍。这一时期我国的法理学研究队伍继续快速壮大。一方面，随着我国大学扩招，法学院系的数量急剧增加，使得各高校和科研机构急需引进更多的法理学教师；另一方面，许多重点院校为了加强法理学科建设，积极谋划布局、引进人才，以便扩充自身的法理学师资和研究力量。与此同时，这一时期更多的法理学学者走出国门在不同国家交流或访学，并在国外获得法学博士学位，一些院校法理学教师的海外学习或交流比例持续攀升。据此，随着一些老教师的逐渐退休，各法学院系尤其是重点法学院新进教师基本都要求有博士学位。

（4）学术交流。这一时期我国法理学者进行的国内和国际学术交流有了明显的增加，且交流的广度和深度也有了快速提升。在国内学术交流方面，较重要的学术会议有：中国法学会法理学研究会2005年年会（广州），以"和谐社会与法制建设"为主题；中国法学会法理学研究会2007年年会（武汉），以"以人为本与法律发展"为主题；中国法学会法理学研究会2010年年会（哈尔滨），以"社会主义法治理念与中国法治之路"为主题。就较重要的国际学术会议而言，我国举办的国际学术会议主要有：2008年，由教育部人文社会科学重点研究基地——吉林大学理论法学研究中心在吉林长春举办的第七届东亚法哲学大会暨中国法学会法理学研究会2008年年会，主题是"全球化背景下东亚的法治与和谐"；2009年，由中国政法大学在北京举办的第二十四届世界法哲学与社会哲学大会暨中国法学会法理学研究会2009年年会，主题是"全球和谐与法治"。我国法理学学者应邀参加的国际学术会议有：中国学者多次受邀参加国际法哲学与社会哲学协会，张文显、徐显明等学者先后当选该协会执行委员，一些中国学者在大会上所作的学术讲演和报告受到了与会者的高度重视与评价。

（四）提升与深化发展阶段（2012~2018年）

从2012年党的十八大至今，这期间是我国法理学研究的提升与深化发展阶段。党的十八大在我国处于大发展大变革大调整的时期成功召开，全面阐述了协调推进"四个全面"和实现中国梦，对接下来的五年甚至更长时间产生重大而深远的影响。2013年召开的党的十八届三中全会，做出了全面深化改革的重大决定，会议通过的《中共中央关于全面深化改革若干重大问题的决定》提出："全面深化改革，总目标是完善和发展中国特色社会主义制度，推进国家治理体系和治理能力现代化。"2014年召开的四中全会，第一次以党的全会的形式讨论"依法治国"这一议题，会议通过的《中共中央关于全面推进依法治国若干重大问题的决定》提出："全面推进依法治国，总目标是建设中国特色社会主义法治体系，建设社会主义法治国家。"据此，我国的法治建设随着经济、政治发展开始进入"新常态"。作为"姊妹篇"的三中全会和四中全会，对我国的法治改革和建设作出了全面的战略部署和顶层设计。2017年召开的党的十九大，明确宣布中国特色社会主义进入新时代，这一转变主要体现在指导思想、主要矛盾和实践路径等方面，对新时代全面依法治国的新思想新方略新实践具有持久而深远的影响。这一时期我国法理学的研究主题较为集中，研究内容紧扣时代发展脉络，而法治理论和司法研究无疑是这一阶段探讨的热点和重心。学者们主要围绕以下主题加以展开：改革与法治，法治中国与国家治理，法治精神、法治思维，中国特色社会主义法治理论、法治体系，法治评估、法治指数，地方法治、区域法治建设，法治文化，地方立法，法治与人权，法治与反腐，宗教与法治，深化司法改革，党与法、党与法治。

(1) 学科建设。这期间我国法理学发展的步伐持续推进，学科体系日臻完善，学术品格日益独立。具体表现在：其一，法学理论硕士、博士学位授权点数量进一步增加。截至2017年，全国法学一级学科博士点已经增至50个❶，法学一级学科硕士点增至197个，这使得法学理论硕士、博士学位授权点也有了相应的增加。其二，司法文明这一新的研究方向初步形成。2012年7月，中国政法大学、吉林大学、武汉大学共同组建"2011计划"司法文明协同创新中心，使得不同高校之间实现强强联合，包括法理学、诉讼法学等不同学科之间相互协作，有助于促进我国的司法理论研究和人才培养，进而助推国家司法文明建设，最终提升我国司法文明在当代世界文明体系中的认同度和话语权。其三，法理学学科群建设不断推进。一方面，法理学研究注重吸收和借鉴其他社会科学的新理论、新方法，形成了诸如法社会学、法解释学、法文化学、比较法学、行为法学等新兴交叉学科、边缘学科；另一方面，法理学研究也积极从数学、神经认知科学、大数据和人工智能等自然科学中汲取营养。因此，在法理学学科群中，学科种类日渐丰富、学科体系日臻完善，学术品格日益独立。另外，在全国实施"双一流"建设和全国第四轮学科评估结果公布的影响下，各法学院系在进行战略调整、学科布局和建设过程中，对法理学学科建设无疑将会产生重大而深远的影响。

(2) 研究成果。这一时期法理学研究成果继续保持高速增长态势。就教材而言，新出版的教材在数量上继续增加，并在质量创新方面也是可圈可点。❷与此同时，根据

---

❶ 根据教育部2017年公布的新一批硕士、博士点新增名单，此次有8所院校和研究机构获得法学一级博士授予权（分别是：中共中央党校、北京师范大学、河北大学、浙江工商大学、江西财经大学、暨南大学、贵州大学、新疆大学），据此，全国博士点数量由40个增加至48个。另外，2017年，山西大学和云南大学申请动态调整新增法学博士点获得通过。因此，全国法学一级博士点总计有50个。

❷ 例如，李龙主编：《法理学》，武汉大学出版社2011年版；孙笑侠主编：《法理学》，浙江大学出版社2011年版；肖光辉主编：《法理学：理论·实务·案例》，中国政法大学出版社2011年版；李平等编：《法理学导论》，四川大学出版社2011年版；蒋传光主编：《法理学与部门法哲学》，上海三联书店2011年版；郑成良编：《法理学》，高等教育出版社2002年版；赵辉主编：《法理学》，法律出版社2012年版；明辉：《现代西方法理学》，法律出版社2012年版；周赟：《法理学》，清华大学出版社2013年版；朱力宇主编：《法理学》，科学出版社2013年版；马长山主编：《法理学导论》，北京大学出版社2014年版；朱继萍主编：《法学导论》，中国政法大学出版社2015年版；胡平仁：《法理学》，中南大学出版社2016年版；李红勃：《简明法理学》，北京大学出版社2016年版；张辉：《法学概论》，高等教育出版社2017年版；李瑜青、苗金春：《法理学》，科学出版社2018年版。

时代的发展需要和法理学理论的更新，这期间许多法理学教材进行了多次修订。❶ 值得注意的是，张文显教授在 2017 年提出"以法理为中心主题，以权利本位论为基石范畴"重新编写法理学教材的倡议获得了法理学界的积极响应，新一轮法理学教材的编写工作正在有条不紊地进行。就著作而言，所探讨的主题极为广泛，产出的研究成果粲然——既有法理学的基础理论，也有部门法理学的实践应用问题；既有西方法哲学，也有针对当前社会热点问题的法理学阐释。❷ 此外，系列丛书和法学家文集继续增加。❸ 就译著而言，这一时期翻译出版的国外著作无论是在数量上还是在质量上都继续保持增加提升的态势。❹ 就学术论文而言，法治理论和司法研究依然是这一时期重点探讨的主题，既有从宏观的一般理论进行阐述，也有从微观的实证研究进行论证。

（3）研究队伍。这一时期法理学研究队伍进一步发展壮大，并朝着结构更加合理、研究旨趣多元化的方向发展。在经济全球化、全面深化改革和全面推进依法治国的时代背景下，一批具有全球视野、富有创新能力和批判精神的新一代法理学研究者逐渐登上学术研究的舞台，并在其中发挥着日益重要的角色。新一代的法理学研究者思想活跃、视野开阔、方法多元，不仅从社会学、政治学、经济学等其他社会学科的视角研究法律，而且还从数学、神经认知科学、人工智能等自然科学的层面探讨法律。

（4）学术交流。这一时期的学术交流形式多元、数量颇多，"引进来"与"走出去"相结合的特征日益凸显。较具代表性的国内会议有：中国法学会法理学研究会2012 年年会（西安），以"科技、文化与法律"为主题；"法理学之学科定位与教科书

---

❶ 例如，2012 年，舒国滢的《法理学》出版了第三版，吴祖谋的《法学概论》出版了第十一版；2014 年，沈宗灵主编的《法理学》出版了第四版；2015 年，朱景文的《法理学》出版了第三版，高其才的《法理学》出版了第三版，孙国华、朱景文主编的《法理学》出版了第四版，葛洪义主编的《法理学》出版了第四版，付子堂主编的《法理学初阶》出版了第五版；2016 年，刘星的《法理学导论：实践的思维演绎》出版了修订版，卓泽渊的《法理学》出版了第二版，周永坤的《法理学：全球视野》出版了第四版，付子堂主编的《法理学进阶》出版了第五版；陈光中的《法学概论》出版了第六版；2017 年，夏锦文的《法学概论》出版了第二版；2018 年，张文显编的《法学概论》出版了第二版。

❷ 例如，刘思达：《割据的逻辑：中国法律服务市场的生态分析》，上海三联书店 2011 年版；吕世伦：《当代法的精神》，武汉大学出版社 2013 年版；季卫东：《大变局下的中国法治》，北京大学出版社 2013 年版；许章润：《汉语法学论纲》，广西师范大学出版社 2014 年版；梁治平：《法辨：法律文化论集》，广西师范大学出版社 2015 年版；张志铭：《法律解释学》，中国人民大学出版社 2015 年版；於兴中：《法理学前沿》，中国民主法制出版社 2015 年版；桑本谦：《理论法学的迷雾：以轰动案例为素材》，法律出版社 2015 年版；高燕：《近代中国法理学的成长：学科、流派和体系》，法律出版社 2015 年版。

❸ 例如，丛书方面，由霍宪丹、贺卫方主编，中国政法大学出版社出版的"法律人丛书"；由许章润、於兴中主编，中国政法大学出版社出版的"法律理论前沿丛书"；由谢晖主编，厦门大学出版社出版的法意文丛；由熊明辉、丁利主编，中国政法大学出版社出版的"法律推理方法"；由田雷主编，中国政法大学出版社从 2014 年起出版的"雅理译丛"。法学家文集方面，例如罗纳德·德沃金作品集，阿克曼文集等。

❹ 例如，[美] 博登海默：《博登海默法理学》，潘汉典译，法律出版社 2015 年版；[葡] 曼努埃尔·德·安德拉德：《法律关系总论》，吴奇译，法律出版社 2015 年版；[德] 阿图尔·考夫曼：《法律获取的程序：一种理性分析》，雷磊译，中国政法大学出版社 2015 年版；[美] 罗斯科·庞德：《法律与道德》，商务印书馆 2015 年版；[法] 莫里斯·奥里乌：《法源：权力、秩序和自由》，鲁仁译，商务印书馆 2015 年版；[瑞典] 亚历山大·佩策尼：《论法律与理性》，中国政法大学出版社 2015 年版。

体系"研讨会（2012年，北京）；"深化司法体制改革理论研讨会"（2013年，北京）；"全面推进依法治国理论研讨会"（2013年，北京）；中国法学会法理学研究会2014年年会（南京），以"推进法治中国建设的理论与实践"为主题；"中国特色社会主义法治理论、法治体系与法治道路"学术研讨会（2014年，北京）；"反腐败国家立法的理论与实践"探讨会（2014年，长沙）；"法理学教材视角下法理学与部门法学的关系研讨会"（2014年，北京）；"互联网法律与公共政策研讨会"（2014年，北京）；"首届法学前沿论坛"（2015年，北京）；"第一届法学理论基本范畴学术论坛"（2016年，北京），研讨的基本范畴为"法的概念"；中国首届法社会学年会"法与社会的新构图"（2016年，上海）；"中国共产党党内法规建设理论研讨会"（2016年，北京）；中国法学会法理学研究会2017年年会（厦门），以"信息时代的法律与法治"为主题。较具代表性的国际会议主要有：2013年，在上海交通大学召开"第三届东亚法与社会国际研讨会"；2015年，在浙江大学召开"首届法治与改革国际高端论坛"；在中国社会科学院召开"依法治国与司法改革"国际研讨会；2016年，在北京召开第十届东亚法哲学大会暨中国法学会法理学研究会2016年年会，主题是"全球化背景下的国家治理与制度建构：法治理论与东亚经验"。在浙江召开第三届世界互联网大会智慧法院暨网络法治论坛；2017年，中国人民大学和韩国高等教育财团联合主办2017世界法治论坛，以"文化、法治与社会发展"为主题。

二、梳理：法理学40年重大学术热点

（一）法的本质

法的本质问题是法学的核心问题之一，也是法学理论研究中的基石性、原点性问题。一直以来，人们对于法的本质问题的争论可谓是众说纷纭，莫衷一是，这使得法的本质在我国法理学40年发展中无疑成为一个被反复探讨而分歧最大的问题。与此同时，在法的本质问题研究过程中，又汇集了诸如法的概念、作用、起源和价值等一连串子课题。

改革开放伊始到20世纪80年代末，是关于法的本质问题讨论最为集中、争论最为活跃、成果最为丰富的时期。[1] 改革开放前，我国法学因受苏联法学理论的影响，对法

---

[1] 例如，周凤举："法单纯是阶级斗争的工具吗？——兼论法的社会性"，载《法学研究》1980年第1期；李龙、朱开化："马克思论法律的本质——纪念马克思逝世一百周年"，载《法学杂志》1983年第2期；齐乃宽："论法的本质属性及其特征"，载《政治与法律》1984年第6期；吴世宦："论法学现代化与法的本质概念的科学表述"，载《政法论坛》1985年第3期；王子琳："论法的本质"，载《法律科学》1986年第1期；张宗厚："对法的三个基本概念的质疑"，载《法学》1986年第1期；郭道晖："试谈探讨法的概念和本质的方法"，载《政法论坛》1987年第1期；崔敏："客观性也是法的本质属性"，载《法学》1987年第3期；武步云："法的本质的哲学反思——兼论研究法的本质的方法论问题"，载《法律科学》1987年第4期；张浩："关于法的本质属性的几个问题"，载《政法论坛》1988年第2期；王福祥："也论法的本质"，载《中国法学》1988年第5期；朱华泽、刘升平："论我国社会主义初级阶段法律的本质和基本特征"，载《中国法学》1988年第5期。

的本质的认识仅仅停留在法是统治阶级意志的体现。1980年，周凤举先生在解放思想、拨乱反正的鼓舞下发表了极具影响力的文章《法单纯是阶级斗争的工具吗？——兼论法的社会性》，该文在改革开放后较早对法学界长期占主导地位的"统治阶级意志论"进行批判，明确提出法既有阶级性还有社会性，反对将法视为单纯的阶级斗争工具。这篇文章发表后在学界引发了一场广泛而持久的有关法的本质问题的大讨论。这一期间，有关法的本质问题的讨论，核心议题围绕法的阶级性和社会性❶、法的意志性和规律性展开。争论的问题主要有：法是不是阶级社会所特有的现象，是否存在无阶级性的法，怎样理解法的阶级性，法的阶级性是否是法的本质属性，法是否具有社会性，如何理解法的社会性，怎样看待法的阶级性与社会性之间的关系，社会主义法是否是统治阶级意志的反映。❷进入90年代后，对法的本质的研究除了延续前一时期有关法的阶级性和社会性的争论之外，还取得了诸多新的发展。尽管相较于80年代而言，这一时期的争论相对分散，但是研究成果仍值得关注。❸有些学者对法的本质的前提性问题，即法是否存在本质进行探究后，形成了"实在论"和"虚幻论"两种针锋相对的观点，后来大多数学者逐渐坚持法的本质的客观实在性。有些学者从市场经济规律、市民社会理论及马克思主义等视角，否定了"统治阶级意志论"这一观点，即法的本质除了强调阶级性外，还体现了社会性和规律性等内容。还有些学者从本体、逻辑、功能和实证等多维层面重新阐述或解构法的本质，以期更加全面深入地透视法的本质。自21世纪以来，法理学界对法的本质问题的研究趋向冷清，研究成果相

---

❶ 例如，周凤举："法单纯是阶级斗争的工具吗？——兼论法的社会性"，载《法学研究》1980年第1期；刘瀚、吴大英："也谈法的阶级性——与周凤举、唐宗瑶二同志商榷"，载《法学研究》1980年第3期；王子琳："关于法的阶级性当前争论的几个问题"，载《现代法学》1982年第1期；黄子鸿："关于法的阶级性和社会性问题的讨论综述"，载《法学》1983年第9期；于浩成："论法的阶级性与社会性"，载《法学杂志》1984年第1期；尤俊意："关于法的阶级性与'社会性'问题"，载《政治与法律》1984年第4期；李林："应该统一理解法的阶级性和社会性"，载《中国社会科学院研究生院学报》1985年第1期；孙国华："再论法的阶级性和社会性"，载《法律科学》1985年第4期；张宏生、罗建平："论法的阶级性和社会性"，载《政法论坛》1986年第1期；卓泽渊："法的阶级性和法的社会性"，载《青海社会科学》1986年第2期；蒋立山："法是对多元利益的不平等确认——法律阶级性问题浅谈"，载《中国法学》1988年第4期；陈桢："生活之树与法学理论——兼论法的阶级性与其他"，载《中国法学》1988年第5期。另外，体现这一时期争论状况及各方观点的论文，后来经过一些学者整理后集结出版，参见于浩成、崔敏编：《法的阶级性与社会性问题讨论集》，群众出版社1987年版。

❷ 参见张文显等："中国法理学二十年"，载《法制与社会发展》1998年第5期。

❸ 例如，郭道晖："论法与法律的区别——对法的本质的再认识"，载《法学研究》1994年第6期；李巍："法本质的'层次论'质疑"，载《政法论坛》1995年第1期；马长山："从市民社会理论出发对法本质的认识"，载《法学研究》1995第3期；卢云："重新界定法的本质论的内涵：法理学变革发展的基石"，载《法律科学》1995年第3期；米健："从人的本质看法的本质"，载《法律科学》1997年第1期；法律文化研究中心："法律的本质：一个虚构的神话"，载《法学》1998年第1期；郝铁川："论现代法本质的另一面"，载《法商研究》1998年第4期；杜力夫："社会主义法的本质和价值究竟是什么？"，载《当代法学》1999年第1期；郭道晖："多元社会中法的本质与功能——第二次亚洲法哲学大会述评"，载《中外法学》1999年第3期。另外，童之伟教授在1998年的《法学》上连续三期（第10~12期）刊发了有关法的本质问题的研究论文。

对较少。❶

综上，学者们在法的本质研究过程中，虽然因研究视角和方法的殊异而存在一定的争论甚至分歧，但是大家所形成的共识性观点也愈加增多。从对法的本质的认识层面看，大家普遍认为，法的本质经历了如下转变：从强调法的阶级性到法的社会性，从侧重法的意志性到法的规律性，从重视法的本体意义到法的功能意义；从对法的本质的争论结果看，经过激烈的争论，大多数学者认为，法的本质是多层次、多方面的，法是统治阶级意志（初级本质）和社会物质生活条件（深层本质）共同作用的结果。因此，对法的本质的全面深入认识，有助于推进与法的本质相关的子课题的研究。

（二）权利和义务

作为法学基本范畴的权利和义务，在我国法理学40年发展进程中，占据着极为重要的地位，是学者们关注的热点，也是我国法学创新的理论切口。权利和义务这一论题并非一开始就受到法理学界青睐，而是经历了一段由初步发展到逐渐繁荣的演进历程。40年间，权利和义务的发展大致可以分为四个阶段。

1. 突破以阶级斗争为纲的理论范式阶段（70年代末至80年代中期）

改革开放之初，我国法学仍被"以阶级斗争为纲"的思潮所笼罩，法学研究立基于阶级性的范畴之上，以阶级斗争为纲的理论范式始终未能撼动。随着党的十一届三中全会提出解放思想、实事求是，将党和国家的工作重心转移到社会主义现代化建设上来，这一新的举措使得法学界备受鼓舞，学者们纷纷参与到法学理论范式的研究和创新之中，以期借助崭新的理论范式突破传统的以阶级斗争为纲的理论范式。据此，学者们将关注视角逐渐转移到权利和义务的研究之中。在这期间，学者们对权利和义务的研究主要侧重于概念、特征、性质、价值及相互关系等基础理论问题，尽管其中的研究仍然不可避免地保留着一些阶级分析的痕迹，但是却对以后的研究产生了持久而深远的影响。

2. 确立权利和义务作为法学基本范畴阶段（80年代后期至90年代初）

1988年，在长春召开的全国首次法学基本范畴研讨会上，与会者经过激烈的讨论和争鸣逐渐将权利和义务问题作为会议的主题。大家一致认为，法学成熟的标志之一在于建构一套科学的范畴体系。据此，许多学者提出权利和义务这一核心（中心）范畴应当成为建立我国法学理论体系的核心内容。自从会议结束后，权利和义务作为法学基本范畴在法学界日益获得共识性认识，有关这一核心范畴的研究成为法学研究的热点和法学创新的理论切口。

---

❶ 例如，孙国华："马克思主义关于法的本质的基本原理必须坚持"，载《党政干部学刊》2003年第4期；丁以升："法的阶级性的理论危机"，载《法学》2005年第2期；叶传星："法学阶级话语的评析"，载《法律科学》2006年第1期；胡玉鸿："马克思主义法本质观之重述"，载《学习与探索》2006年第3期；郭道晖："论法的本质内容与本质形式"，载《法律科学》2006年第3期；任丑："关于法本质的哲学追问"，载《哲学研究》2012年第12期。

3. 确立权利本位论阶段（90年代中期至90年代末）

全国首次法学基本范畴研讨会除了将权利和义务确立为法学理论体系的核心范畴，还提出"法的本位"这一崭新的概念，即法到底是权利本位还是义务本位，换言之，权利和义务何者是法学的基石范畴。对此，法理学界展开了广泛而深入的争论。关于"法的本位"的探讨，主要有以下三种较具代表性的观点。

第一，以张文显、郑成良两位教授为代表的大多数中青年学者倡导权利本位论。❶权利本位论者认为，在权利和义务关系中，权利是目的，义务是手段，权利是义务的基础和前提，义务是权利的引申和保障，义务应当来源于、服务于、从属于权利；权利本位是个语义和意义丰富的概念或概念组合，这一复合概念包括六种含义：权利本位是一个派生的、概括的概念，是一个表征的概念，是一个关系性概念，是一个系统性概念，是一个体现平向利益关系的概念，是一个有价值定向的概念；权利本位体现了权利平等的价值观念，体现了对自由社会的追求、对多元利益的确认及对世俗幸福的肯定，体现了建构公正社会的理想目标。

第二，以张恒山教授为代表的一些学者主张义务重心论。❷义务重心论者认为，相较于权利而言，义务具有更重要的地位，因为法律的重心在约束主体行为的同时，还注重对社会活动的控制，而法律实现控制的主要手段有赖于其义务性规定及违反义务应承担的法律责任；对义务重心论的深入分析和论证，可以从多维视角加以展开，譬如，从法的功能意义、伦理价值与社会作用意义、义务先定意义，以及以"应当"、三人社会的良知义务为支撑等维度，都可以论证义务的重要性。

第三，以孙国华、沈宗灵两位先生为代表的多数老一辈法学家坚持权利义务相统

---

❶ 例如，郑成良："权利本位说"，载《政治与法律》1989年第4期；张光博、张文显："以权利和义务为基本范畴重构法学理论"，载《求是》1989年第10期；张文显："从'义务本位'到'权利本位'是法的发展规律"，载《社会科学战线》1990年第3期；张文显："'权利本位'之语义和意义分析"，载《中国法学》1990年第4期；郑成良："权利本位论——兼与封曰贤同志商榷"，载《中国法学》1991年第1期；葛洪义："法律·权利·权利本位"，载《社会科学》1991年第3期；林喆："权利本位——市场经济发展的必然要求"，载《法学》1992年第6期；孙笑侠："'权利本位说'的基点、方法与理念——兼评'法本位'论战三方观点与方法"，载《中国法学》1993年4期；邱本："现代法学应是权利本位的人学"，载《长白论丛》1995年第6期。而最具代表性的著作参见张文显：《法哲学范畴研究》，中国政法大学出版社2001年版。

❷ 例如，封曰贤："关于公民权利义务不可分离的几个问题"，载《法学论丛》1988年第3期；乔伟："评'权利本位说'"，载《求是》1990年第13期；张恒山："论法以义务为重心——兼评'权利本位说'"，载《中国法学》1990年第5期；张恒山："论义务的价值"，载《政治与法律》1991年第4期；北岳（张恒山笔名，下同）："关于义务与权利的随想"（上、下），载《法学》1994年第8、9期；张恒山、黄金华："法律权利与义务的异同"，载《法学》1995年第7期；北岳："法律义务的合理性依据"，载《法学研究》1996年第6期；北岳："人类理性协议与法律规则的来源"，载《现代法学》1997年第1期。而最具代表性的著作参见张恒山：《义务先定论》，山东人民出版社1999年版。

一的观点。❶ 权利义务相统一论者反对权利本位论和义务重心论的论断，主张应根据马克思主义法学原理来阐述权利和义务之关系及其"法的本位"问题。换言之，在权利和义务的关系中，权利和义务是并重的、相统一的，二者并不存在何者为本位的问题。据此，应通过权利和义务的统一性而非偏向其中的任何一方来看待法的本质或本位问题。另外，有学者提出法的本位应当是"社会权利本位说"或"人民权利本位说"。❷

随着论争的深入推进，权利本位论越来越获得大多数学者的肯定和认可，并在20世纪90年代末21世纪初被确立为法学研究的理论范式，获得了学界的持续关注。值得注意的是，尽管权利本位论和义务重心论在论争中表面上存在较大的冲突和分歧，但二者实则是殊途同归的，因为分歧的主要原因在于它们的目的指向、论证方法和关注焦点存在不同。❸

4. 权利本位范式的形成及其广泛运用阶段（21世纪以来）

经过激烈的争论，权利成为法学研究的基石范畴，权利本位被确立为法学研究的理论范式。2001年，张文显教授等发表的《当代中国法哲学研究范式的转换——从阶级斗争范式到权利本位范式》一文，❹ 为法哲学研究范式转换或变革提供了崭新的方向，标志着权利本位范式的最终确立。作为权利的价值理论的权利本位论，其形成和确立有助于权利的系统化、体系化研究，同时对中国权利法学派的形成大有助益。进入21世纪后，在遵循权利本位研究范式基础上，我国法理学学者对权利和义务的研究进入全新的发展阶段，其中最主要的特征在于重视权利研究的系统化、体系化。在研究范围上，除了继续关注权利和义务的基础理论研究外，还注重将权利的一般理论与部门法的具体制度相勾连，重视新兴（新型）权利的研究；在研究内容上，学者们侧重于从权利本体论、内外部关系、思维方式及具体权利等层面加强对权利的深入研究。

（三）现代法的精神

法的精神是法律制度的灵魂和神经中枢。现代法的精神是一个具有多样性、层次性、动态性的有机整体，是与市场经济的本质和规律相适应的理性精神、价值原则和文化模式。深入研究现代法的精神，无论在理论意义上还是在实践意义上都具有重要

---

❶ 持这一观点的论文例如，郭宇昭："析'权利本位'说"，载《中国法学》1991年第3期；孙国华："当前我国法理学研究中的几个问题"，载《法学》1996年第4期；沈宗灵："权利、义务、权力"，载《法学研究》1998年第3期；郭道晖："论义务及其与权利的本质关系"，载《河南省政法管理干部学院学报》2006年第5期。

❷ 童之伟教授是这一观点的重要倡导者，参见童之伟："论法理学的更新"，载《法学研究》1998年第6期；童之伟："对权利与义务关系的不同看法"，载《法商研究》1998年第6期；童之伟："权利本位说再评议"，载《中国法学》2000年第6期。

❸ 参见张文显、郑成良、徐显明："中国法理学：从何处来？到何处去？"，载《清华法学》2017年第3期。

❹ 张文显、于宁："当代中国法哲学研究范式的转换——从阶级斗争范式到权利本位范式"，载《中国法学》2001年第1期。

意义。就理论意义而言,研究现代法的精神,一方面有利于深刻把握法的理性价值与准确洞悉法的时代特征;另一方面也有助于为法学学科的进一步发展提供颇具反思性和创新性的理论契机。就实践意义而言,建设社会主义市场经济体制、全面深化改革和全面推进依法治国,以及实现法律意识、法律制度和人的行为等诸要素的现代化,都有赖于法的精神的转换和创新。正因为这样,现代法的精神不仅是一个使研究者研究热情不断高涨的热点问题,而且是一项在广度和深度日渐拓展的时代课题。40年间,法理学界有关现代法的精神的研究主题在各时期略有不同,但主要围绕法律面前人人平等、市场经济与现代法的精神、社会主义法治理念和法治精神、中国特色社会主义法治理论这些论题展开。

现代法的精神的探讨肇始于20世纪70年代末80年代初有关法律面前人人平等的讨论。法律面前人人平等是现代法制的一项重要原则,并在我国1954年宪法中得以体现。但是随着后来政治斗争和极"左"思潮的影响,这一原则逐渐被践踏甚至被删除,此后较长时期内成为学术讨论的禁区。1978年12月,《人民日报》发表署名文章《坚持公民在法律上一律平等》,同月召开的党的十一届三中全会提出要保障人民在法律面前人人平等,据此拉开了法律面前人人平等的讨论序幕。这次讨论无疑是法学领域的思想解放、拨乱反正,对后世产生了重大而深远的影响。尽管学者们对这一原则的内涵和适用范围等诸问题存在较大分歧,但是大家经过激烈的争论后达成了诸多共识。例如,法律面前人人平等原则并非西方资本主义国家所特有,它在包括中国在内的社会主义国家也同样适用;每个公民在享受法律赋予的权利的同时也应当积极承担法律规定的义务和责任,也即要坚持权利和义务相统一原则;任何公民的合法权益和正当主张都应当受到法律的保护和支持,而任何公民的违法犯罪行为都应当受到法律的追究和处理。

进入90年代以后,在党的十四大提出建设社会主义市场经济体制、1994年举办的"市场经济与现代法的精神"等一系列重要法理学学术会议的影响下,有关现代法的精神的研究呈现出新的发展动向,而将现代法的精神与市场经济相勾连则是其中最重要的特点。自从"现代法的精神"这一概念被明确提出后,就吸引了众多学者对于这一问题进行了全面而深入的研究。❶ 尽管个别学者对市场经济与现代法的精神之关系仍抱

---

❶ 例如,林喆:"当代中国市场经济需要何种法的精神——'市场经济与现代法的精神'理论研讨会综述",载《中国法学》1994年第5期;张文显:"市场经济与现代法的精神论略",载《中国法学》1994年第6期;郭道晖:"社会主义自由——当代社会主义法的精神",载《法学》1994年第10期;公丕祥等:"论现代法的精神",载《法学》1994年第12期;陈弘毅:"西方人文思想与现代法的精神",载《中国法学》1995年第6期;刘武俊:"市民社会与现代法的精神",载《法学》1995年第8期;张乃根:"论西方法的精神——个比较法的初步研究",载《比较法研究》1996年第1期;子谦、文娟:"论现代法的精神",载《法学家》1996年第6期;李步云:"现代法的精神论纲",载《法学》1997年第6期;汪太贤:"传统道德观与当代法精神的裂变和整合",载《现代法学》1997年第3期;杜力夫:"公民与公民权利再探讨——兼评'现代法的精神'",载《当代法学》1997年第3期。

持怀疑甚至批判态度，❶但是大部分学者对这一问题持肯定态度，并从不同的维度对其作出了相同或近似的阐释。其中，较具代表性和颇具影响力的观点主要有三：❷一是张文显教授从市场经济的本质、规律和要求出发，将现代法的精神概括为五个方面的内容，即权利本位是现代法的精神之首要因素，契约自由是现代法的精神之内核，宏观调控是现代法的精神之政策基础，效率居先是现代法的精神之价值指向，人文主义是现代法的精神之哲学基础。二是陈弘毅教授从西方人文及社会科学思想的角度切入，将现代法的精神和价值取向概括为八个向度，即自主性原则、法治原则、产权原则、人权原则、开放社会性原则、沟通理性原则、传统性原则、世界和平原则。三是郭道晖教授从社会主义的本质要求出发，认为法的精神主要是指法的时代精神，而并非指法的阶级精神，据此，他提出包括中国在内的当代社会主义国家的法的精神是社会主义自由。

步入 21 世纪后，伴随着现代法的精神的研究不断纵深发展，法理学界对这一问题的探讨有了全新的认识。其中，社会主义法治理念和法治精神是作为现代法精神在新时期最重要的两个体现。社会主义法治理念是一个内容丰富、体现我国法治精髓和灵魂的思想体系，其对我国的法治实践具有重要的指引作用，一时间成为法学界研究的热点。❸在党的十七大提出弘扬"法治精神"后，法治精神命题日益备受学界关注。❹

---

❶ 例如，林喆："当代中国市场经济需要何种法的精神——'市场经济与现代法的精神'理论研讨会综述"，载《中国法学》1994 年第 5 期；马梦启："'现代法的精神'质疑"，载《当代法学》1996 年第 6 期。

❷ 张文显："市场经济与现代法的精神论略"，载《中国法学》1994 年第 6 期；郭道晖："社会主义自由——当代社会主义法的精神"，载《法学》1994 年第 10 期；陈弘毅："西方人文思想与现代法的精神"，载《中国法学》1995 年第 6 期。

❸ 例如，李林："法治的理念、制度和运作"，载《法律科学》1996 年第 4 期；李国海："论普遍性法治理念及其构筑"，载《法律科学》1997 年第 3 期；郑成良："论法治理念与法律思维"，载《吉林大学社会科学学报》2000 年第 4 期；张卫平："建筑与法治理念"，载《法学》2002 年第 5 期；叶传星："当代中国法治理念的内在悖论"，载《国家检察官学院学报》2006 年第 1 期；张文显："社会主义法治理念导言"，载《法学家》2006 年第 5 期；张恒山："略谈社会主义法治理念"，载《法学家》2006 年第 5 期；张志铭："社会主义法治理念与司法改革"，载《法学家》2006 年第 5 期；刘金国："社会主义法治理念略论"，载《法学家》2006 年第 5 期；肖金明："政治文明、和谐社会与法治理念——法治乃政治文明所需、和谐社会所求"，载《法学论坛》2006 年第 5 期；谢鹏程："论社会主义法治理念"，载《中国社会科学》2007 年第 1 期；李龙等："'社会主义法治理念的理论与实践'笔谈"，载《政治与法律》2008 年第 1 期；李龙等："'构建社会主义法治理念'笔谈"，载《武汉大学学报（哲学社会科学版）》2008 年第 2 期；杨士林："论社会主义法治理念的基本内涵"，载《山东社会科学》2010 年第 6 期；童之伟："关于社会主义法治理念之内容构成"，载《法学》2011 年第 1 期；范进学："认真对待'社会主义法治理念'"，载《山东社会科学》2011 年第 2 期；张文显："治国理政的法治理念和法治思维"，载《中国社会科学》2017 年第 4 期。另外，喻中教授在 2012 年左右发表了系列相关论文。

❹ 例如，张文显："厉行法治需以法治精神的启蒙教育为先导"，载《法学》1989 年第 4 期；钱鸿猷："西方法治精神和中国法治之路"，载《中外法学》1995 年第 6 期；管仁林等："论法治的精神"，载《广西社会科学》1997 年第 6 期；陈云良："儒家伦理与法治精神"，载《中国法学》2000 年第 3 期；李丽："论社会中个人应有的法治精神"，载《政治与法律》2000 年第 6 期；陈金全："原创文化与人类的法治精神"，载《现代法学》2002 年第 6 期；王福民："法治精神：当代中国政治文明的灵魂"，载《科学社会主义》

作为"战略性任务"的法治精神,是法治的思想内核,是国家治理现代化的核心要求,是全面推进依法治国的精神基石。关于"社会主义法治理念"和"法治精神"的关系,大多数学者认为,两者在内容上是相得益彰、相互衔接的科学命题,并已然内化于我国的法治建设实践之中。只不过前者强调法治的社会主义方向和基本原则,而后者则强调全面实施依法治国方略,维护社会公平正义,促进社会和谐的重要战略思想和法治的普适精神。十八届四中全会以来,在全面深化改革、全面推进依法治国的推动下,作为马克思主义法学理论和中国特色社会主义理论体系重要组成部分的中国特色社会主义法治理论,日渐成为新的现代法的精神。学者们对法治理论的科学定位、基本构成、思想样态、探索历程、法治实践动力系统等进行了全面而深入的探究。❶

(四)法制现代化

走向现代化是广大发展中国家共同面临的一场深刻的社会变革,化解现代化问题已然成为各国人文社会科学领域所普遍关注的一个跨学科的时代性研究课题,实现法制现代化业已成为社会现代化的热切期盼。作为我国现代化进程的制度成果和社会现代化的重要组成部分,法制现代化是随着改革开放和社会主义现代化建设实践而开启的一次深层次、全方位的现代化变革和转换。1978年开启的改革开放,是继1911年辛亥革命和1949年中华人民共和国成立之后我国法制现代化进程中的第三次法律革命,其主要目标在于实现从传统计划经济体制下的人治型社会向现代市场经济体制下的法治型社会的历史性变革。在现代化研究热潮的影响下,法理学界从20世纪80年代中期开始掀起了一股法制现代化问题的研究热潮,主要包括法制现代化研究初步发展时期(80年代中期至90年代中期)和繁荣时期(90年代中期以来至今)两个阶段,法制现

(接上页)2004年第6期;徐亚文:"'马克思主义法学中国化'与当代中国的社会主义法治精神",载《武汉大学学报(人文科学版)》2005年第4期;张文显:"社会主义法治理念导言",载《法学家》2006年第5期;陶爱萍:"略论社会主义法治精神",载《社会科学论坛》2006年第10期;刘武俊:"解读十八大报告的法治精神",载《中国司法》2012年第12期;江必新:"法治精神的属性、内涵与弘扬",载《法学家》2013年第4期;付子堂、赵树坤:"当前中国法治精神缺失现象观察",载《人民论坛》2013年第14期;莫纪宏:"论'国家治理体系和治理能力现代化'的'法治精神'",载《新疆师范大学学报(哲学社会科学版)》2014年第3期;刘伟:"市场经济秩序与法律制度和法治精神",载《经济研究》2015年第1期;钱弘道:"法治精神形成六论",载《法治现代化研究》2017年第1期。另外,李步云、张文显、卓泽渊、李林、韩大元等学者在一些报纸上发表了相关论文。

❶ 例如,李龙:"中国特色社会主义法治理论体系纲要",载《法学杂志》2010年第1期;付子堂、朱林方:"中国特色社会主义法治理论的基本构成",载《法制与社会发展》2015年第3期;龚廷泰:"论中国特色社会主义法治理论发展的法治实践动力系统",载《法制与社会发展》2015年第5期;姚建宗:"中国特色社会主义法治理论的一种思想样态",载《学习与探索》2015年第5期;公丕祥:"中国特色社会主义法治理论的探索之路",载《社会科学战线》2015年第6期;张文显:"中国特色社会主义法治理论的科学定位",载《法学》2015年第11期;贺海仁:"中国特色社会主义法治理论的历史境域:从特殊法理学到一般法理学",载《北方法学》2017年第3期;张文显:"中国特色社会主义法治理论的新飞跃",载《法制与社会发展》2017年第6期。

代化在这两个阶段一直是法理学界探讨的热点问题之一，取得了丰硕的研究成果。❶

在法制现代化的探讨过程中，学者们主要围绕法制现代化的概念内涵、主要内容、基本思路和实现途径等主题加以展开。关于法制现代化的概念，学者们分别从人的本性、历史哲学、法学体系、动静态结合及综合理论等维度进行了深入阐释。虽然大家因立场和视角不同而存在一定的争论，但是大多数学者认为，法制现代化和法律发展在本质上具有相通的内涵，其表征着从传统人治社会向现代法治社会、从人治型的价值规范体系向法治型的价值规范体系的转变过程。关于法制现代化的内容，学者们存在较大的分歧，主要有"二要素论"（法律观念现代化和法律制度现代化）、"三要素论"（法律意识现代化、法律制度现代化和法律行为现代化）、"四要素论"（法律规则现代化、法律观念现代化、法律运作现代化、法律组织现代化，或法律制度现代化、法律规范现代化、法律组织现代化、法律实施现代化）等不同观点。经过诸学者多次深入的探讨，大家普遍认为，法制现代化的核心和关键在于实现人的法律价值观念和行为方式的现代化。与此同时，法制现代化与法治是内在契合的，通过法律的治理（rule by law）实现法治（rule of law），是法制现代化命题的应有之义和核心内容。关于法制现代化的思路，较具代表性的主张有三：一是"法制改革"论。该观点认为，中国的法制现代化是一种有别于西方发达国家"自然演进型"的"政府推进型"发展模式，强调政府在法制现代化过程中所发挥的能动性、主导性作用，力图通过政府对法制目标和实现步骤的顶层设计以便在时空挤压的背景下赶超西方发达国家的法制现

---

❶ 例如，赵长生："法制改革与法制现代化"，载《法律科学》1992年第4期；苏晓宏、郝铁川："中国法制现代化历程的特点"，载《法学》1994年第5期；公丕祥："中国法制现代化的精神依归"，载《法学》1994年第12期；蒋立山："中国法制现代化建设特征分析"，载《中外法学》1995年第4期；郝铁川、傅鼎生："中国法制现代化的难点和重点"，载《法学》1995年第7期；张正平："我国法制现代化的十大趋势"，载《法商研究》1996年第1期；公丕祥："国际化与本土化：法制现代化的时代挑战"，载《法学研究》1997年第1期；公丕祥、夏锦文："历史与现实：中国法制现代化及其意义"，载《法学家》1997年第4期；夏锦文："论法制现代化的多样化模式"，载《法学研究》1997年第6期；谢晖："权威推进与权威转化——法制现代化的基本经验及其对我国的启示"，载《法学》1998年第2期；公丕祥："法制现代化的概念架构"，载《法律科学》1998年第4期；吕世伦、贺小荣："国家主义的衰微与中国法制现代化"，载《法律科学》1999年第3期；刘旺洪："中国行政法制现代化之模式分析"，载《法商研究》1999年第6期；公丕祥："全球化与中国法制现代化"，载《法学研究》2000年第6期；张文显："WTO与中国法律发展"，载《法制与社会发展》2002年第1期；侯强："十年来中国法制现代化研究观点综述"，载《政治与法律》2002年第1期；公丕祥："法制现代化的分析工具"，载《中国法学》2002年第5期；杜宴林："论中国法制现代化的现实关切与终极关怀"，载《法制与社会发展》2003年第3期；夏锦文："中国法制现代化的方法论立场"，载《政法论坛》2006年第5期；韩德明："反思性法制现代化初论"，载《法律科学》2006年第5期；黄文艺："对新时期中国法制现代化的理论反思"，载《政法论坛》2007年第2期；齐延平："法制现代化：一个西方的'幽灵'？"，载《政法论坛》2007年第2期；杜宴林："中国法制现代化的以人为本逻辑"，载《当代法学》2008年第S1期；胡长兵："法制现代化问题的规范性"，载《法制与社会发展》2009年第3期；公丕祥："全球化时代的中国法制现代化议题"，载《法学》2009年第5期；何勤华、陈梅："法制现代化研究与当代中国法学（1986~2016）——一个学说史的考察"，载《法治现代化研究》2017年第1期。值得注意的是，以公丕祥教授为代表的一批学者对法制现代化问题的深入研究作出了突出的贡献。

代化进程;❶ 二是"法律移植"论。该观点认为，在经济全球化、一体化的浪潮席卷下，法律发展的国际化、趋同化态势日益明显，这使得法律移植在客观上具有必要性、可行性。与此同时，我国在法制现代化进程中大胆地移植西方发达国家的先进成果，符合历史发展的经验，有助于我国的法制与国际接轨;❷ 三是"本土资源"论。该观点认为，法律体现了一种较强的地方性知识，并不存在一套抽象的、"放之四海而皆准"的规则和原则，与其通过改革和移植等方式使中国最终实现法治，毋宁借助本土资源来推动中国的法制现代化。❸ 关于法制现代化的途径，法学界基本达成共识，认为继承、移植和改革是法制现代化最重要的三条途径。此外，学者们还对法制现代化的演进历程、动力来源、分析方法、评价标准等内容进行研究，同时还就法制现代化与全球化、人文精神之关系，部门法制现代化，传统与现代化，国际化与本土化等重大的理论和实践问题展开深入探讨。

（五）人权研究

改革开放 40 年来，人权理论一直是我国法理学界关注的重要理论和实践问题。改革开放初期，由于受阶级斗争和"左"的思想影响，人权问题曾一度被视作资产阶级的专利，致使这一问题鲜有人问津。直至 20 世纪 80 年代中后期，随着思想解放的加快，民主法制观念的深入，改革开放的深化，上述尴尬状况才逐渐被打破，人权问题日渐成为我国法理学研究的热点和重点之一。进入 90 年代后，在当时国际与国内的特殊历史背景影响下，我国的人权观念和人权实践发生了根本性转变。国家开始非常重视人权问题，为此许多专门性的人权研究学术机构如雨后春笋般出现，一系列有关人权问题的国际和国内学术会议陆续召开。在这一社会背景下，法理学界对人权问题的研究热情日渐高涨，取得的研究成果颇丰。这一时期的研究主题主要有：人权的性质，

---

❶ 例如，蒋立山："论政府主导型的法制现代化"，载《法学杂志》1995 年第 3 期。
❷ 例如，冯卓慧："法律移植问题探讨"，载《法律科学》2001 年第 2 期；刘星："重新理解法律移植——从'历史'到'当下'"，载《中国社会科学》2004 年第 5 期；张丽："关于法律移植的经济学思考"，载《法学杂志》2005 年第 1 期；高鸿钧："法律移植：隐喻、范式与全球化时代的新趋向"，载《中国社会科学》2007 年第 4 期；马剑银："法律移植的困境——现代性、全球化与中国语境"，载《政法论坛》2008 年第 2 期；王勇："法律移植研究与当代中国的法律现代化"，载《法制与社会发展》2008 年第 4 期；王晨光："法律移植与转型中国的法制发展"，载《比较法研究》2012 年第 3 期；李晓辉："中国式法律移植之反思"，载《国家检察官学院学报》2014 年第 1 期；姚建宗、栾兆星："当代中国法律移植认识的基调演变——基于学术史的考察与展望"，载《新疆师范大学学报（哲学社会科学版）》2015 年第 1 期；鲁楠："'一带一路'倡议中的法律移植——以美国两次'法律与发展运动'为镜鉴"，载《清华法学》2017 年第 1 期；李安、王家国："法律移植的社会文化心理认同"，载《法制与社会发展》2018 年第 1 期。
❸ 较具代表性的论著例如，苏力："变法，法治建设及其本土资源"，载《中外法学》1995 年第 5 期；苏力：《法治及其本土资源》，中国政法大学出版社 1996 年版；尹伊君："从'礼教风俗'到'本土资源'"，载《比较法研究》1999 年第 Z1 期；焦盛荣："法律现代化与法律本土资源"，载《甘肃政法学院学报》2005 年第 6 期。

人权的主体，人权与主权，人权与公民权，马克思主义与人权，人权与国际关系等。❶ 步入 21 世纪以后，在我国经济社会的快速发展和民主法制的日益推进背景下，法理学界掀起了一股研究人权问题的新热潮，其中的标志性事件是 2004 年 "国家尊重与保障人权" 条款被写入《宪法》，这一具有里程碑意义的事件开辟了中国人权保障的新时期。在确立人权宪法原则后，我国加大了人权保障的制度创新和实践创新。21 世纪前十年，法理学界的研究主题在前一阶段的基础上更加深入地探讨了人权基础理论、人权冲突及协调、人权的制度表达、人权法等问题。❷ 自党的十八大，尤其是十八届三中、四中全会以来，在全面深化改革和全面推进依法治国新的历史背景下，法理学界对人权问题的研究实现了从人权立法到人权司法的重大转变，实现了人权司法保障的制度化、规范化和实效化。这一阶段学界关注的议题主要有：法治与人权保障、完善人权司法保障制度、人权发展与国家治理、中国特色人权理论与话语体系构建、具体人权等一系列问题。❸

有学者认为，人权保障与法治建设息息相关，法治建设归根到底是为了人民，法治的核心始终应该是维护人权。应当围绕中国特色社会主义法治体系来加强人权保障，具体应从全面依法治国的 "五位一体" 视角加以保障人权。有学者认为，尊重和保障

---

❶ 例如，李华平："关于人权若干问题的法哲学思考"，载《政法论坛》1990 年第 3 期；张光博："坚持马克思主义的人权观"，载《中国法学》1990 年第 4 期；李步云："论人权的三种存在形态"，载《法学研究》1991 年第 3 期；刘瀚、李林："马克思主义人权观初论"，载《中国法学》1991 年第 4 期；沈宗灵："人权是什么意义上的权利"，载《中国法学》1991 年第 5 期；张文显："论人权的主体与主体的人权"，载《中国法学》1991 年第 5 期；[英] A. J. M. 米内尔："关于人权的观念"，夏勇译，载《环球法律评论》1991 年第 5 期；郭道晖："论人权的阶级性与普遍性"，载《中外法学》1991 年第 5 期；[美] B. G. 拉姆查伦："二十世纪九十年代人权的国际保护战略"，寒生译，载《环球法律评论》1991 年第 6 期；张文显："马克思主义与人权"，载《当代法学》1992 年第 2 期；胡义成："人权研究方法论反思——重温马克思主义方法论原则"，载《法律科学》1994 年第 4 期。值得注意的是，夏勇教授独著或主编的《人权概念起源》《走向权利的时代：中国公民权利发展研究》《中国民权哲学》等论著为人权研究作出了突出的贡献。

❷ 例如，孙国华、何贝倍："人权与社会主义法治"，载《法学家》2001 年第 6 期；周静："试论人权的法制度——学术史意义"，载《法律科学》2003 年第 3 期；李步云："论人权的本原"，载《政法论坛》2004 年第 2 期；刘红臻："人权的制度表达"，载《法制与社会发展》2004 年第 1 期；徐小冰："人权冲突及人权的协调实现"，载《法学》2005 年第 11 期；何志鹏："人权的来源与基础探究"，载《法制与社会发展》2006 年第 3 期；孙世彦："人权法研究：问题与方法简论"，载《法制与社会发展》2008 年第 2 期；严海良："法治与和谐人权观"，载《法学研究》2009 年第 4 期。

❸ 例如，陈佑武、李步云："中国特色社会主义人权理论体系论纲"，载《政治与法律》2012 年第 5 期；汪习根："论人权司法保障制度的完善"，载《法制与社会发展》2014 年第 1 期；张文显："人权保障与司法文明"，载《中国法律评论》2014 年第 2 期；胡玉鸿："'失败者正义'原则与弱者权益保护"，载《中国法学》2014 年第 5 期；罗豪才："围绕中国特色社会主义法治体系建设 推进人权工作法治化"，载《人权》2015 年第 1 期；广州大学人权理论研究课题组："中国特色社会主义人权理论体系论纲"，载《法学研究》2015 年第 2 期；李龙、余渊："全面推进依法治国视域下的人权保障"，载《现代法学》2015 年第 2 期；常健："论中国人权保障的四类规范及其关系"，载《现代法学》2015 年第 2 期；蒋海松："人权变革：从立法宣示到司法保障"，载《学术交流》2015 年第 3 期；吴英姿："论诉权的人权属性——以历史演进为视角"，载《中国社会科学》2015 年第 6 期；谢晖："论作为人权的习惯权利"，载《法学评论》2016 年第 4 期。

人权是全面推进依法治国的根本价值目标，法治的本质是民主，根本目的是人权。人权保障是贯穿党的十八届四中全会《中共中央关于全面推进依法治国若干重大问题的决定》的一个鲜明的主线，基本精神就是以法治的方式保障人民权利，实现社会公正。有学者认为，应该以法治思维导引人权司法保障制度的完善，实现人权司法公信与人权司法自信的统一，实体权利、程序权利和综合性权利的统一，程序性权利与组织性权利的统一。在破解人权司法保障现实难题上，必须构建信访司法终结制度，完善民生公益司法机制，统一司法职业准入标准，提升司法主体的人权素养，优化人权司法组织体系。还有学者认为，构建中国特色人权理论与话语体系是我国人权事业健康发展的内在需求，是提升中国在国际人权领域的话语权、主导权的前提，是当代中国学术界的重大责任。中国特色人权理论与话语体系要求我们形成源于中国自身实践的原创性思想成果，形成基于自身理论基点的自主的人权思想体系和话语体系。学者们在探讨人权发展与国家治理时，往往从人权保障的国家义务、人权保障与社会治理、人权保障与公民参与等维度进行阐述，认为国家治理应当以人权保障为目标和依归，在保障人权的实践中推动国家治理的现代化进程。经过学者们广泛而深入的探讨，大家普遍赞同，人权保障与法治建设存在千丝万缕的联系，维护人权是法治的核心，通过司法保障人权是人权保障的一项重要举措，全面保障人权是全面推进依法治国的内在要求和重要任务，人权保障实践是推进国家治理现代化的重要组成部分，应当重视人权保障在推进法治国家中的地位，使得人权制度得到真正的贯彻实施。

（六）民间法研究

民间法研究是我国法理学研究中的一个重要领域，也是一种跨越法学、社会学、人类学、民族学等多学科的交叉研究。随着法律多元化理论在我国的广泛传播并被学界逐渐接受，同时在法制现代化的影响和我国独特的国情制约背景下，以国家制定法为中心的法律规范无法满足日益复杂的社会生活需要，而借助作为非正式制度的民间法、民族习惯法、宗教法等民间规范成为重要补充，据此，对民间规范的研究在我国法学界方兴未艾。在学者们的持续关注下，民间法研究在当下中国的法理学界俨然成为一股声势浩大的热潮、一个知识运动、一种话语方式，在法学研究格局中日益占据重要地位。

20世纪80年代，法学界对民间法的研究范围较为狭窄，主要偏重于习惯法，尤其是少数民族习惯法的研究。90年代开始，随着我国法制现代化的进程，民间法研究受到法学界的普遍关注。但是，90年代初期，有关这一领域的研究成果还相对较少。90年代中期以后，法学界对这一问题的关注度与日俱增，研究的领域不断拓展，尤其是在少数民族习惯法、乡规民约、替代性纠纷解决机制、中国传统法律与习惯等方面，取得了丰硕的研究成果。进入21世纪后，法学界对民间法的研究热潮继续高涨，研究成果在平稳推进中稳步提升。具体而言，学界出现了数量可观且质量较高的学术著作和丰富且主题广泛的学术论文，从2005年起每年如期举办民间法、习惯法学术研讨会年会。❶ 这一时期学者们关注的领域侧重于民间法本体、国家法与民间法之关系、民间法的社会实证、民族习惯法和民间法司法运用等问题。民间法研究不仅拓宽了人们对法律的认识视域，而且其通过吸收和借鉴其他学科的理论资源和研究方法为法学研究提供了全新的理论视域，有助于我国法理学甚至法学的繁荣发展，同时可能为我国法治实践提供一种新的知识资源。

（1）关于民间法本体的研究。法学界主要探讨了民间法的理论基础、作用和限度、逻辑结构、生成条件、研究路径、存在的问题及理性批判和反思等内容。❷ 例如，有学者认为，民间法的理论基础主要在于寻求政治国家与市民社会间的良性架构、大传统与小传统间的理性沟通、形式正义与实质正义间的动态平衡、法律教义学有效性与社会学有效性间的适度兼容。有学者认为，民间法对于国家正式法律秩序的作用主要体现了五种方式：通过主体自治的权利表达（运用）和权利推定；国家立法的认可和授权；地方立法及其变通；通过法律渊源的法律执行（行政和司法）以及通过契约合作的公共交往。有学者认为，血缘关系、群体利益和舆论毁誉分别是习惯法诞生的外在背景、内在动力和保障机制。有学者指出，我国民间法研究中存在四个方面的问题，即重应然轻实然，时间维度的缺乏，缺乏"具体的人"的维度，重异态轻常态。有学

---

❶ 相关年份的数据统计和内容介绍，一些研究者业已在民间法研究报告（述评）和会议综述中作了详细梳理和总结。参见李学兰："中国民间法研究学术报告（2002~2005）"，载《山东大学学报》2006年第1期；张明新："民间法与习惯法：原理、规范与方法——全国首届民间法、习惯法学术研讨会综述"，载《山东大学学报》2006年第1期；张晓萍："中国民间法研究学术报告（2006年）"，载《山东大学学报（哲学社会科学版）》2007年第1期；张晓萍："中国民间法研究学术报告（2007年）"，载《山东大学学报（哲学社会科学版）》2008年第1期；张晓萍："中国民间法研究学术报告（2008年）"，载《山东大学学报（哲学社会科学版）》2009年第1期；尚海涛："中国民间法研究学术报告（2009年）"，载《山东大学学报（哲学社会科学版）》2010年第1期；张晓萍："中国民间法研究学术报告（2010年）"，载《山东大学学报（哲学社会科学版）》2011年第2期；尚海涛、张晓萍："中国民间法研究学术报告（2011年）"，载《山东大学学报（哲学社会科学版）》2012年第2期；张建军："2013年中国民间法研究述评"，载《贵州社会科学》2014年第11期；李向玉、吴忠奇："由国家社科基金立项资助看民间法研究发展现状及问题（1991~2015）"，载《甘肃政法学院学报》2017年第2期。另外，关于以杂志和论丛为常规性交流媒介的学术平台，较具代表性的学术刊物如2002年山东大学威海分校民间法研究所主办的《民间法》，谢晖教授主编的"民间法文丛"，一些杂志还专门开辟了民间法、习惯法研究专栏，如《山东大学学报》的"民间法专栏"、《甘肃政法学院学报》的"民间法民族习惯法专栏"。

❷ 例如，吕廷君："论民间法的社会权力基础"，载《求是学刊》2005年第5期；王启梁："习惯法/民间法研究范式的批判性理解——兼论社会控制概念在法学研究中的运用可能"，载《现代法学》2006年第5期；李学兰："民间法规则结构探析"，载《西南民族大学学报（人文社科版）》2007年第6期；喻中："论习惯法的诞生"，载《政法论丛》2008年第5期；魏敦友："民间法话语的逻辑——对当代中国法学建构民间法的三种理论样式的初步探讨"，载《山东大学学报（哲学社会科学版）》2008年第6期；王青林、张晓萍："试论民间法的性质及其效力基础"，载《江西社会科学》2009年第1期；于语和、张殿军："民间法的限度"，载《河北法学》2009年第3期；张文显："我们需要怎样的习惯法研究？——评高其才《瑶族习惯法》"，载《法制与社会发展》2011年第3期；谢晖："论民间法研究的学术范型"，载《政法论坛》2011年第4期；尚海涛、龚艳："论习惯法生成的路径及其标准——以雇佣习惯法为例"，载《甘肃政法学院学报》2013年第5期；伍德志："论民间法研究的犬儒主义色彩"，载《法律科学》2014年第6期；谢晖："论民间法结构于正式秩序的方式"，载《政法论坛》2016年第1期。

者经过批判和反思后指出，一方面习惯法研究完全被纳入唯法律研究的轨道，另一方面我们缺乏对某一具体习惯法进行长期深入的记录和整理的成果，因此习惯法研究的主要任务是冷静地去了解和认识习惯法，以期实现对习惯法的理解。大部分学者认为，苏力的本土资源论、梁治平的法律文化论及谢晖的规范法学方法是较具典型的三种研究民间法理论类型。

（2）关于国家法与民间法之关系的研究。学者们主要从法律渊源、人本主义法学、新制度经济学、宏观和域外视角等多种维度加以阐述。❶例如，有学者从法律渊源的视角考察国家法与民间法的关系，发现二者的关系尤为密切，它们共生、共长于同质的文化土壤，且有着共同的对于和谐秩序的价值诉求。有学者从新制度经济学关于正式制度与非正式制度的分类及对两者在制度结构、制度绩效、制度联动和制度变迁等方面关系的阐释，为探究国家法与民间法之关系提供了一种新颖的理论智识。有学者基于宏观视角探讨民间习惯与国家法的关系，认为二者既有融合的一面，又存在严重的冲突。因此，当前要使得习惯法在完善国家立法和司法层面的功能和作用实现最大发挥，至少需要采取以下措施，即构建和完善立法前的民间习惯调查机制，建构在民商事法律关系中的习惯法确认程序，建立习惯判例指导制度及加强司法能动等。在我国法治现代化建设进程中，国家法与民间法与其说是对立矛盾的关系，毋宁说是相互共生、良性互动的关系。

（3）关于民间法的社会实证研究。学界主要从民商法（如民法中的物权、债权、婚姻家庭和继承等领域❷以及商事习惯、惯例等领域❸）、宪法行政法（如村规民约和行

---

❶ 例如，王学辉："双向建构：国家法与民间法的对话与思考"，载《现代法学》1999年第1期；王肃元、冯玉军："国家制定法与民间法的供求分析"，载《甘肃社会科学》1999年第2期；田成有："乡土社会中的国家法与民间法"，载《思想战线》2001年第5期。王勇："国家法和民间法的现实互动与历史变迁——中国西部司法个案的透视"，载《西北师大学报（社会科学版）》2002年第4期；田成有："国家与社会：国家法与民间法的分化与调适"，载《江海学刊》2004年第2期；刘旺洪："论民间法及其与国家法的关系"，载《江海学刊》2007年第4期；刘国利："人本主义法学视野下的国家法与民间法"，载《河北大学学报（哲学社会科学版）》2007年第5期；蔡宝刚："透视新制度经济学视野中的国家法与民间法"，载《山东大学学报（哲学社会科学版）》2007年第6期；陈文琼："村民自治语境中国家法与民间法的制度性契合"，载《理论月刊》2012年第1期；于语和、刘顺峰："民间法与国家法的关系探究——一种基于法律渊源视角的考察"，载《北京理工大学学报（社会科学版）》2013年第5期；蒋传光、蔺如："习惯与当代中国国家法关系之思考"，载谢晖、陈金钊主编：《民间法》（第十二卷），厦门大学出版社2013年版；周俊光："论法治进程中民间法与国家法的二元并立"，载《甘肃政法学院学报》2015年第5期。

❷ 例如，刘志松："徽州传统民间契约观念及其遗存——以田藏徽州民间契约及对徽州六县的田野调查为基础"，载《甘肃政法学院学报》2008年第2期；王林敏："由'官契'到'私约'——对农村不动产买卖习惯变迁的一个实证考察"，载谢晖、陈金钊主编：《民间法》（第八卷），山东人民出版社2008年版；王华峰："乡土中国的传统民事习惯——以无遗嘱且无法定继承人继承为例"，载《民俗研究》2009年第1期；罗昶、高其才："当代中国捐会习惯法与关系——以浙江省慈溪市附海镇蒋家丁自然村为对象的考察"，载《现代法学》2010年第1期；尚海涛："雇佣习惯法的效力基础分析——以压制与惩罚为视角"，载《甘肃政法学院学报》2009年第5期；谢国伟、薄维克："民间习惯中土地利用的实现与我国现行法律规制的司考"，载《江苏社会科学》2010年第6期；韩伟："习惯法视野下中国古代'亲邻之法'的源起"，载《法制与社会发展》2011年第3期；喻中："乡村丧礼的逻辑：一个法人类学的考察"，载《比较法研究》2011年

政惯例❶)、刑法（如刑事习惯法❷）及诉讼程序（如审判程序和纠纷解决❸）等领域展开实证研究。例如，有学者经过对商品房融资实践的考察后认为，后让与担保物权这种担保物权是一种正在生成的新型习惯法。有学者指出，雇佣习惯法的实施背后有着不同的压制和惩罚机制，这种机制包含着村落内部的信用惩罚机制（基础效力）、雇主和其他家庭对于雇工的压制（独特效力），二者的结合共同推动并维护着雇佣习惯法的良性运行。有学者认为，山西票号在长期的经营、管理中所形成和遵循的商事习惯具有外部与内部、不悖于公序良俗、强制性、以权利义务为内容等要件，促使山西票号习惯法的形成，并铸就了其在金融界的辉煌历史。有学者认为，村规民约既承载着实现村民自治的宪法使命，又具有解决乡村民事纠纷的"私法"功能。村规民约与基本权利在民事审判中存在着平行的、互动的逻辑上的关联，二者在民事审判中不能直接适用，但可以共同借助公序良俗原则来加以适用。还有学者指出，藏族"赔命价"习惯法与日耳曼民族"赎罪金"制度虽然属于不同宗教法律文化中的损害赔偿制度，但二者的起源均出自于宗教禁忌规则体系，本质上与当时生活的精神与物质环境密不可分。另有学者指出，黎族传统文化中的"鬼判"的特点是类型较少、仪式简单、未必针对疑难案件。当然，一些学者对民间法研究中的社会实证方法进行了深入的反思。❹

（4）关于民族习惯法的研究。我国是统一的多民族国家，各民族在长期的交流和融合中日渐形成了一套极具民族特色和魅力的行为规范体系，这使得民族习惯法研究长期以来备受法学界关注，相关研究成果粲然。学者们分别从民法、刑法、行政法及诉

（接上页）第4期；易军："论水权习惯"，载《甘肃政法学院学报》2013年第1期；杨立新："后让与担保：一个正在形成的习惯法担保物权"，载《中国法学》2013年第3期。

❸ 例如，周林彬、王佩佩："试论商事惯例的司法适用——一个经济法学的视角"，载《学术研究》2008年第10期；李婧："民国时期钱业习惯法与国家法的冲突——以三十年代银行立法为视角"，载《法制与社会发展》2009年第1期；周子良："山西票号习惯法初探——以号规为中心"，载《政法论坛》2009年第3期；李雪梅："工商行业规范与清代非正式法——以会馆碑刻为中心的考察"，载《法律科学》2010年第6期；姜世波："当代商人习惯法理论的发展述评"，载《时代法学》2011年第2期。

❶ 例如，卢建军："民间法对警察执法的影响——以山陕会馆为例"，载谢晖、陈金钊主编：《民间法》（第八卷），山东人民出版社2008年版；刘志刚："民事审判中的村规民约与基本权利"，载《中国人民大学学报》2010年第5期；章剑生："论'行政惯例'在现代行政法法源中的地位"，载《政治与法律》2010年第6期；温泽彬："论行政惯例的背景、价值与现状"，载《政治与法律》2010年第6期；周佑勇："论作为行政法之法源的行政惯例"，载《政治与法律》2010年第6期；谈萧："政治法中的非正式制度——基于中国商会政治控制变迁的分析"，载《甘肃政法学院学报》2011年第4期。

❷ 例如，杜宇："作为间接法源的习惯法——刑法视域下习惯法立法机能之开辟"，载《现代法学》2004年第6期；杜宇："当代刑法实践中的习惯法——一种真实而有力的存在"，载《中外法学》2005年第1期；淡乐蓉："藏族'赔命价'习惯法与日耳曼民族'赎罪金'制度的比较研究"，载《中国藏学》2010年第1期；张庆立："民间法与刑法之疏离与融合"，载《西部法学评论》2017年第1期；池建华："作为非正式刑法法源的习惯法"，载《湖北社会科学》2017年第4期。

❸ 例如，韩立收："黎族传统法文化中的'鬼判'探讨"，载《山东大学学报（哲学社会科学版）》2009年第6期；李毅："传统德古：纠纷解决权威的式微"，载《甘肃政法学院学报》2013年第2期。

❹ 例如，周赟："反思民间法研究中的社会实证法"，载《甘肃政法学院学报》2007年第5期。

讼程序法等向度探究我国各民族地区的习惯法，这种探讨主要有两种方式：其一，民族习惯法描述性研究。❶ 例如，有学者对广西金秀六巷瑶族"打茅标"物权习惯法的考察，表明了当代中国物权习惯法的客观存在，应当充分认识这一习惯法规范的效力和功能，全面把握其积极意义和深入总结其社会价值。有学者分析了凉山彝族习惯法的变迁，认为其从来不是僵硬不变的规范体系，而总是随着彝族社会所经历的内在变迁与外部冲击，不断在扬弃中演化。还有学者考察了西南少数民族刑事习惯法，指出这些地区现存的刑事习惯法所具有的特点及其实践应用状况。其二，民族习惯法中的相关理论问题研究。❷ 例如，有学者认为，藏传佛教的和谐观、平等观和自律观为藏族习惯法奠定了坚实的哲学基础。有学者认为，畲族家族法具有重要的社会功能，与国家制定法应合理分工，相互妥协、合作。还有学者认为，民间法有效保障了壮族社区的稳定和非诉讼纠纷解决机制的和谐运作。

（5）关于民间法司法运用的研究。随着我国司法改革实践的深入推进和民间法研究方法的转向，民间法司法适用日渐受到法学界的关注，取得了一系列的研究成果。在民间法司法运用研究中，学者们主要围绕民间法司法运用的基础理论、法律方法、纠纷解决中的民间法应用等问题加以探讨。❸ 有学者认为，民间法司法适用的

---

❶ 例如，徐晓光："芭茅草与草标——苗族口承习惯法中的文化符号"，载《贵州民族研究》2008年第3期；李剑："论凉山彝族习惯法在当代的变迁及命运"，载《云南大学学报（法学版）》2008年第4期；牛绿花："试析藏族习惯法之盟誓主体的历史变迁"，载《甘肃政法学院学报》2009年第2期；刘艺工、刘利卫："关于甘南藏族婚姻习惯法的实证分析"，载《法制与社会发展》2009年第6期；周相卿："册亨县者述村布依族婚姻习惯法研究"，载《法制与社会发展》2009年第6期；曹义荪、高其才："当代中国物权习惯法——广西金秀六巷瑶族'打茅标'考察报告"，载《政法论坛》2010年第1期；徐晓光："'罚3个120'的适用地域及适应性变化——作为对黔东南苗族地区'罚3个100'的补充调查"，载《甘肃政法学院学报》2010年第1期；淡乐蓉："藏族'赔命价'习惯法与日耳曼民族'赎罪金'制度的比较研究"，载《中国藏学》2010年第1期；罗昶、高其才："现代法治建设中的帮家'众节'习惯法——以2009年二月初一广西金秀帮家'众节'为考察对象"，载《政治与法律》2010年第2期；田茂旺："四川凉山彝族财产继承习惯法中社会性别规范研究"，载《西南民族大学学报（人文社会科学版）》2010年第2期。

❷ 例如，苏永生："'文化的刑法解释论'之提倡——以'赔命价'习惯法为例"，载《法商研究》2008年第5期；雷伟红："畲族家族法与国家制定法的并存与互通"，载谢晖、陈金钊主编：《民间法》（第八卷），山东人民出版社2008年版；覃主元："壮族民间法的遗存与变迁——以广西龙胜县龙脊十三寨之马海村为例"，载《民族研究》2009年第1期；周欣宇："论藏族习惯法的宗教哲学基础"，载《内蒙古社会科学（汉文版）》2009年第1期；田钒平："少数民族习惯法理论研究进路的解构与重塑"，载《西南民族大学学报（人文社科版）》2009年第6期。

❸ 例如，田成有："民俗习惯在司法实践中的价值与运用"，载《山东大学学报（哲学社会科学版）》2008年第1期；厉尽国："试论实践法治的方法之路——以习惯法的司法进入为语境"，载谢晖、陈金钊主编：《民间法》（第七卷），山东人民出版社2008年版；周赟："民间法进入司法的可能性基础"，载《山东大学学报（哲学社会科学版）》2009年第2期；周守玉："民俗习惯在司法应用中的障碍及对策研究"，载《甘肃政法学院学报》2009年第6期；栗峥："乡土正义：鲁南周村的纠纷解决"，载《法制与社会发展》2010年第1期；彭中礼："当前民间法司法适用的整体样态及其发展趋势评估"，载《山东大学学报（哲学社会科学版）》2010年第4期；张晓萍："在司法中民间法与法律方法的勾连"，载《山东大学学报（哲学社会科学版）》2010年第6期；谢晖："论民间法与裁判规范"，载《法学研究》2011年第2期；谢晖："论刑事和解与民间规范"，载《现代法学》2011年第2期；谢晖："论民间规范司法适用的前提和场域"，

前提在于：一方面坚持民间规范的活动性、可接受性、可诉性、对主体权利义务的分配性以及合理性等，另一方面要符合基本的适用场域，即在法律调整时不需要运用事实替代方法，或者在法律出现漏洞时需要法律发现方法或法律续造方法。有学者认为，对现代中国情形的考察，不能只停留在国家制定法层面，而应当转向对中国司法活动的考察，否则是不全面的。与此同时，通过立法渠道使民间规范入法在当下难以实现的情况下，建立一种经由司法渠道有效运用民间规范的制度不失为一种理性选择。有学者认为，民俗习惯对中国的司法实践不仅具有理论上的价值，而且更具有实用、补充、转化三种现实功能。有学者认为，从司法立场的法律渊源理论、语言学理论及解释学理论的角度可以很好地分析和证立民间法进入法实施领域的基础。还有学者认为，民间法司法运用中的法律方法的可能性在于：民间法通过法律发现进入司法，作为法律的解释源进入司法，通过利益衡量补充法律漏洞，作为经验法则认定案件事实，作为法律论证的理由。有学者对纠纷解决中的面子因素进行了探讨，认为作为参考变量介入纠纷解决过程中的面子事实上构成一种独立于显秩序之外的隐秩序，并内藏着高度伦理的非正式制度安排。另有学者以中国基层土地纠纷中出嫁女权益的保护为例，对调解过程如何发挥民间法的作用进行了探究。

（七）法治理论研究

法治理论在中外法学界历来都是普遍关注且历久弥新的问题。通过法治推动我国社会现代化建设，进而达到由人治逐步转变为法治，在经济基础和上层建筑各个领域实行依法治国、建设社会主义法治国家，已然成为包括法理学者在内的广大法律人的崇高夙愿和终极关怀。法治理论研究开始于20世纪80年代初的人治与法治大讨论，随着改革开放和民主法制建设的不断深化，法学界对法治问题的认识和研究日渐深化，尤其是在党的十四大提出建立社会主义市场经济体制，党的十五大将依法治国和建设社会主义法治国家确立为党和人民治理国家的基本方略，党的十八届四中全会提出全面推进依法治国等重要法治战略部署前后，法理学界对法治理论的研究出现了多次热潮。而这一传统重点论题也一直成为法理学界的研究焦点与中心话题，并在40年间取得了丰硕的研究成果。

1. 法治理论论争

法治在法学界获得共识性认识并非是一蹴而就的，而是经历了一段较长时间的理论论争和发展历程，其中，尤以改革开放初期的人治与法治大讨论最具影响力。1979年，在真理标准大讨论和党的十一届三中全会胜利召开的鼓舞和推动下，当时有学者在《人民日报》发表署名文章《人治与法治》，旗帜鲜明地主张法治，之后召开的多学术研讨会和座谈会也积极探讨人治与法治问题，自此拉开了轰轰烈烈的人治与法治

（接上页）载《法学论坛》2011年第3期；易军："面子与纠纷解决——基于法社会学的分析"，载《西北民族大学学报（哲学社会科学版）》2011年第4期；邵华："适应与改造：论习惯法在调解中的适应空间"，载谢晖、陈金钊主编：《民间法》（第十二卷），厦门大学出版社2013年版。

大讨论的序幕。❶ 但是，在讨论初期，由于学者们对人治与法治基本理论产生了迥异的认识和理解，致使最后形成了三种不同的观点：一是"法治论"，坚持以法治国，要实行法治而摒弃人治；❷ 二是"结合论"，强调在治理国家时，既要人治，也要法治，且应当将二者结合；❸ 三是"取消论"，主张"人治"和"法治"的提法本来就有失科学性和全面性，应予以替换，代之以"发展社会主义民主，加强社会主义法制"的提法。❹ 讨论后期，经过激烈的争鸣，大家普遍认为，人治和法治是两种水火不相容的治国方式，法治要优于人治，必须要旗帜鲜明地彻底摒弃人治、坚定厉行法治，树立法律至上和法律的最高权威性原则。经过这次大讨论，法学界开始着重关注法治问题，使得法治取代人治逐渐成为社会的主流话语，为改革开放以来中国法学的复兴和繁荣提供了学术积淀。

此外，有关民主与法制的探讨、法制与法治的争辩等问题，也是我国法理学40年中的重要理论论争。其一，关于民主与法制的探讨。1978年"民主与法制座谈会"召开后，民主与法制问题日益受到法学界的普遍关注，并在短期内成为法理学的研究热点，取得了丰硕的研究成果。❺ 关于民主与法制的探讨，在不同时期研究的侧重点稍有

---

❶ 这一阶段关于人治与法治之争的讨论状况及各方观点，后来经过中国法制出版社在2003年整理后集结出版了《法治与人治问题讨论集》。

❷ 例如，李步云、王礼明："人治和法治能互相结合吗？"，载《法学研究》1980年第2期；黎昌："关于人治与法治问题讨论简介"，载《法学杂志》1980年第1期；李步云："法治和人治的根本对立"，载《现代法学》1981年第2期；李步云："法治概念的科学性"，载《法学研究》1982年第1期；王洪福："人治和法治提法探源"，载《政治与法律》1983年第2期；张树义："政治体制改革：人治——法治的转变"，载《法学》1988年第4期；史焕章："要法治不要人治"，载《法学》1989年第5期。

❸ 例如，高格："谈谈人治与法治"，载《吉林大学学报（社会科学版）》1979年第4期；张晋藩、曾宪义："人治与法治问题初探"，载《学习与探索》1979年第5期；廖竟叶："法治和人治没有绝对界限"，载《法学研究》1980年第4期；王桂五："略论人治与法治的统一"，韩廷龙："试论人治与法治的统一——兼论法学研究方法论的一个问题"，载《法治与人治问题讨论集》编辑组编：《法治与人治问题讨论集》，群众出版社1981年版，第256~263页、第264~277页。

❹ 例如，范明辛："我们应该抛弃法治和人治的提法"，载《法学研究》1980年第4期；陈荷夫："摒弃人治与法治的陈旧观念，开展有关加强社会主义法制的科学研究"，沈宗灵："既不宜作为口号提倡，也不宜简单地否定"，载《法治与人治问题讨论集》编辑组编：《法治与人治问题讨论集》，群众出版社1981年版，第326~331页、第332~339页。

❺ 例如，赵震江、姜阳："法制与民主"，载《北京大学学报（哲学社会科学版）》1978年第3期；韩铭立、郭宇昭："民主是一种国家制度——兼谈民主与法制的关系"，载《法学研究》1980年第3期；张友渔："论健全社会主义法制"，载《中国社会科学》1981年第6期；孙亚明："社会主义民主和社会主义法制的新发展"，载《法学杂志》1982年第4期；许崇德："新宪法是建设社会主义民主与法制的根据"，载《法学》1983年第2期；李步云："社会主义法制同资产阶级法制的区别"，载《法学》1984年第2期；严存生："民主、法制与商品经济"，载《西北政法学院学报》1986年第4期；胡鸿高："略论社会主义初级阶段的民主与法制"，载《法学》1987年第7期；王勇飞："试论法制的民主与民主的法制"，载《中国法学》1988年第2期；李龙："论社会主义民主与法制的关系"，载《当代法学》1990年第4期；李龙："论邓小平民主与法制思想的基本特征"，载《中国法学》1995年第3期；孙国华、朱景文："邓小平民主与法制思想是毛泽东思想的继承和发展"，载《政治学研究》1996年第2期；张文显："邓小平民主法制思想研究"，载《吉林大学社会科学学报》1997年第4期；孙国华、黄文艺："十一届三中全会以来民主法制建设的回顾与前瞻"，载《法学家》1998年第6期。

不同。就前期而言，主要围绕民主与法制的概念、性质和意义，民主与集中，无产阶级专政及法制的关系等问题加以展开。就80年代中期而言，研究的主题转变到从内外部两个方面探讨社会主义法制建设协调发展问题，就80年代后期而言，研究的主题进一步深入到社会主义初期阶段的民主法制建设、邓小平民主法制思想，以及社会主义民主的制度化、法律化问题。经过学者们持续的探索，最终就民主与法制建设达成了许多共识。例如，要立足于我国社会主义初级阶段的国情基础上研究民主法制建设的规律和特点；要在党的统一领导下有秩序、分阶段地、渐进性地推进；要努力创造建立民主政治的经济条件和思想文化条件；要重视全民族的民主法制观念的培养。其二，关于法制与法治的争辩。进入90年代后，尽管法治已经成为全社会的广泛共识，但法学界和官方对法治和法制这两个概念在理论和实践中频繁出现相互混用的问题，进而影响对依法治国基本方略的深入理解。为了扭转这一局面，郭道晖先生积极发文对法制与法治进行界分，据此引发法学界对法治与法制的持续争辩，贡献出许多颇具价值的研究成果。❶经过争辩后，使得法治的概念更加明晰，地位进一步获得巩固。

2. 法治基础理论研究

90年代以来，法治基础理论日益受到法学界的关注。1992年邓小平南方谈话和党的十四大胜利召开后，我国开始着手建立社会主义市场经济体制，学者们据此将法治与社会主义市场经济勾连起来，力图论证社会主义市场经济就是法治经济这一时代命题。党的十五大后，学者们将研究视角投向与依法治国、建设社会主义法治国家相关的重大理论和实践问题。法学界在探讨法治基础理论时，主要围绕以下主题加以展开。

（1）关于法治的概念和内涵。学者们分别从治国方略，法治的要素和机制，法治的理念和要义，法治的动静态及法治的精神、实体、形式三个要件或法治的理念、制度、运作三个层面等维度来阐释法治。❷这种多视角、全方位的阐释方式，有助于对法治的深入理解。

（2）关于法治的社会基础及其社会作用。学者们一致认为，市场经济（商品经济）、民主政治、理性文化和社会自治分别是法治的经济基础、政治基础、文化基础和社会基础，同时，学者们还对法治的人性基础、伦理基础、心理基础和现实基础等问

---

❶ 例如，刘金国："略论法制与法治"，载《政法论坛》1993年第1期；孙国华："法制与法治不应混同"，载《中国法学》1993年第3期；刘惊海："界定'法治'与'法制'——一个实践的要求"，载《吉林大学社会科学学报》1993年第3期；朱景文："关于法制和法治的几个理论问题"，载《中外法学》1995年第4期；朱庞正："'法制'与'法治'——一种法律文化学探讨"，载《南京师大学报（社会科学版）》1995年第4期；蔡定剑："法制的进化与中国法制的变革——走向法治之路"，载《中国法学》1996年第5期；蒋立山："中国法制改革和法治化过程研究"，载《中外法学》1997年第6期；孙育玮："'法制'与'法治'概念再分析"，载《求是学刊》1998年第4期。

❷ 例如，沈宗灵："再谈'法制'与'法治'二词的词义"，载《法学》1996年第1期；徐显明："论'法治'构成要件——兼及法治的某些原则及观念"，载《法学研究》1996年第3期；赵肖筠、郭相宏："法治要素论略——兼谈我国实行法治的障碍性因素"，载《国家检察官学院学报》1997年第3期；眭鸿明："论法治的内涵和体系"，载《法制现代化研究》1998年。

题展开了探讨。❶ 法治的社会作用主要体现在：对于社会主义市场经济、民主法制建设、国家和社会的和谐稳定及社会主义精神文明建设等各方面具有极大的助推意义。

（3）关于法治的标准和要求。学者们对此达成了较大的共识。例如，宪法法律具有至高无上的权威，任何组织和个人都必须严格依照法律的规定行事、不得有超越法律的特权，法律在社会治理中发挥着重要作用。据此，法治的标准和要求贯穿于立法、执法、司法和法律文化之中。❷

（4）关于法治的原则和价值。学者们从多个层面对此进行阐述。❸ 有学者从法治理想层面阐释法治原则，将理想的法治原则区分为价值和方法两大类。价值原则包括民主、平等和良法原则；方法原则包括主体行为的合法性原则、规范选择的法律最高原则和各种重大社会冲突的法官裁定原则。还有学者在展示西方思想家把法治作为制度品德的逻辑理由和论证过程的基础上，论述了作为法治普遍要素的十大原则或规诫。据此，将法治的基本价值区分为工具价值和道德价值两类。另有一些学者从构成要素、价值目标等视角阐释法律的原则和价值。综合而言，大多数学者认为，法治的基本价值至少包含秩序、自由、正义和程序等内容。

（5）关于实现法治的现实路径和过程。学者们通过对世界法治发展进程展开全面而深入的研究后指出，不同国家和地区在法治发展的路径选择与模式设计上，大体上可以归纳为以下两种不同的类型：一种是社会演进型法治发展模式，这种模式主要是通过自下而上的社会缓慢演化来实现法治，早期的西方发达国家即典型的代表；另一种是政府推进（主导）型法治发展模式，这种模式主要借助自上而下的改革来推进法治，当前许多发展中国家所进行的法治建设即典型的代表。由于受到复杂的外部环境和特殊的国情影响，因此中国的法治发展模式是一种典型的政府推进型发展模式。❹ 关于法治的实现过程，学者们存在不同的理解，例如，法治理想的规范化过程、法治规范的现实化过程和法治现实的规范化过程、法治规范的理想化过程；"从实体到程序"的过程或"法治的程序化"过程，亦即"法律的程序化和程序的法律化"

---

❶ 例如，吕世伦、彭汉英："略论法治的经济起点"，载《法制现代化研究》1996年；马长山："公民意识：中国法治进程的内驱力"，载《法学研究》1996年第6期；黄建武："利益主体多元化与法治的社会基础"，载《法学》1996年第11期；叶传星："论法治的人性基础"，载《天津社会科学》1997年第2期；齐延平："论法治的基础"，载《山东大学学报（哲学社会科学版）》1997年第4期；夏锦文、蔡道通："论中国法治化的观念基础"，载《中国法学》1997年第5期；蒋先福："法治的文化伦理基础及其构建"，载《法律科学》1997年第6期；刘佳："中国法治化的现实基础"，载《中外法学》1999年第1期。

❷ 例如，郭润生、杨建华："论社会主义法治国家的标准"，载《山西大学学报（哲学社会科学版）》1996年第2期；张朝霞："法治论纲"，载《国家检察官学院学报》1997年第3期。

❸ 例如，张钢成："论法治的价值"，载《法律科学》1995年第2期；顾肃："论法治现代化的基本原则"，载《江苏社会科学》1996年第4期；陈金钊："试论理想法治的基本原则"，载《法制现代化研究》1998年；刘海年："略论社会主义法治原则"，载《中国法学》1998年第1期；赵肖筠、郭relax宏："法治原则述要"，载《法学评论》1998年第4期；严存生："论法治原则与我国的法治实践"，载《甘肃政法学院学报》1999年第1期；吴家清："国家与社会：法治的价值选择"，载《法律科学》1999年第2期；夏恿："法治是什么——渊源、规诫与价值"，载《中国社会科学》1999年第4期。

❹ 例如，吴德星："法治的理论形态与实现过程"，载《法学研究》1996年第5期。

过程。

3. 社会主义法治建设实践探究

进入21世纪后,我国的社会主义法治国家研究伴随法治实践的不断推进又取得全面的发展,其中,有关德治与法治、法治与和谐社会之关系的研究较具代表性。

(1) 关于德治与法治。作为两种社会治理手段和治国基本方略的德治与法治,自2001年党中央提出将依法治国与以德治国结合起来作为一种全新的战略部署后,学界对这一问题的探讨与日俱增。❶ 学者们分别从我国传统社会和西方发达国家有关法治和德治的论述中来阐述二者的关系,进而指出法治(依法治国)与德治(以德治国)应当是相辅相成、功能互补、辩证统一的关系,二者的结合有助于发展我国社会主义市场经济,建设有中国特色的社会主义国家。德治是法治的基础,法治是一种根本性的道德,即制度的道德,二者都有各自的优缺点,唯有将它们密切结合方能达到至善。只是相较于德治而言,法治是现代社会的主流治理方式,是中国社会发展的必由之路。不过,针对学界有关德治与法治结合互补的主流论断,有学者对此提出了批评意见。❷

(2) 关于法治与和谐社会。学界有关法治与和谐社会的讨论是在2005年党中央提出构建社会主义和谐社会这一战略思想和任务的背景下逐渐展开的,这一论题取得了诸多研究成果。❸ 学者们普遍认为,现代法治是构建和谐社会最重要的机制,在和谐社会的全部内涵和基本特征中具有统领和支撑全局的作用。构建和谐社会就是构建和谐法治社会,和谐法治是构建和谐社会的必然要求,是社会主义法治的主旋律和表征,也是构建社会主义和谐社会的重要保障。学者们主要围绕法治与和谐社会的内涵及其相互

---

❶ 例如,俞荣根:"依法治国与以德治国",载《学术研究》2001年第4期;郝铁川:"论依法治国与以德治国",载《求是》2001年第6期;孙莉:"德治与法治正当性分析——兼及中国与东亚法文化传统之检省",载《中国社会科学》2002年第6期;周永坤:"寻求宪法原则下的德治",载《法学》2002年第4期;马小红、于敏:"中国传统德治与法治的思考",载《法学》2002年第9期;姜剑萍:"市场经济下的德治与法治",载《求实》2003年第S1期;温晓莉:"实践哲学视野中的'法治'与'德治'",载《法学》2003年第3期;许菁菁:"德治与法治关系在当代中国的特殊性——从法哲学的视角切入",载《人民论坛》2012年第20期;李林:"论依法治国与以德治国",载《哈尔滨工业大学学报(社会科学版)》2013年第1期;戴小明、林孝文:"论现代治理体系中的德治与法治",载《湖北社会科学》2016年第7期;韩克芳:"论国家治理现代化过程中德治与法治的结合",载《学术探索》2016年第12期;陈晓枫、周鹏:"德治与法治:国家治理二元方略的互治",载《江苏行政学院学报》2017年第5期。

❷ 例如,姚建宗、金星:"'法治'与'德治'在当代中国的定位与归位",载《法治现代化研究》2017年第3期。

❸ 例如,王晨光:"和谐社会中的法律调整机制",载《法学杂志》2005年第4期;张文显:"构建社会主义和谐社会的法律机制",载《中国法学》2006年第1期;孙谦:"法治与构建和谐社会",载《社会科学战线》2006年第3期;卓泽渊:"法治如何服务于和谐社会的构建",载《法学论坛》2006年第6期;胡锦光、刘飞宇:"法治与和谐社会论纲",载《法学家》2006年第6期;张文显:"加强法治,促进和谐——论法治在构建社会主义和谐社会的地位和作用",载《法制与社会发展》2007年第1期;朱景文、叶传星:"和谐社会构建过程中的法制发展",载《法学家》2007年第1期;卓泽渊:"和谐社会与法治建设言说",载《国家检察官学院学报》2007年第3期;徐爱国:"和谐社会与法治取向",载《北方法学》2007年第5期。

关系，法治在构建和谐社会中的意义、作用和功能，以及构建和谐社会的法治原则、条件和路径等内容展开探讨。

4. 依法治国理论及其相关问题

依法治国是处理改革、发展、稳定三者关系的重要举措，是法理学界长盛不衰的研究主题，也是法学研究的重要学术增长点。依法治国的提出、形成和发展经历一段漫长曲折的过程。1979年，在"文革"余毒尚未完全清除的时代背景下，李步云等三位教授以极大的政治勇气在《人民日报》发表署名文章《要实行社会主义法治》，❶ 这被学界公认为第一篇公开提出和系统论证我国要实行依法治国的文章。此后，在众多学者的共同努力和各实务部门的推动下，经过多次理论论争后，法治日益成为全社会的普遍共识，依法治国这一治国方略的最终确立也是瓜熟蒂落、水到渠成之事。1997年党的十五大报告将"依法治国，建设社会主义法治国家"确立为党领导人民治理国家的基本方略，1999年宪法修正案将这一治国方略明确载入宪法。因此，依法治国，建设社会主义法治国家这一治国方略的确立，在中国法治发展史上具有里程碑意义，标志着我国法治建设实现了从人治到法治、法制到法治的巨大转变和理论升华。

进入21世纪，尤其是党的十八大以来，依法治国在理论和实践的共同推动下获得了长足发展。作为我国法治建设姊妹篇的党的十八届三中全会和四中全会，前者在法治国家的基础上提出"法治中国"这一全新的命题，并对其做出了高屋建瓴式的谋划；后者将全面推进依法治国的总目标确定为建设中国特色社会主义法治体系和建设社会主义法治国家，并从顶层设计的高度对法治国家和法治中国进行了全面建构。据此，作为"法治国家"的升级版，"法治中国"经历了从学术命题到政治命题的转变，这也使得法学界掀起了全面推进依法治国的研究热潮。其中，研究的主题主要围绕全面依法治国的内涵与外延、重大意义、战略地位、现实条件、路径选择等内容；法治中国的科学内容、逻辑结构、价值目标、评价标准、实践出路和理论局限等内容；❷ 全面依法治国，法治中国与法治国家、法治政府、法治社会以及与全面深化改革、国家治理等要素之关系。❸

有学者认为，法治中国的科学含义应超越既有学术观点，在主客体二元互动关系中加以厘清，据此，持此观点者从一般法治原理与中国法治话语相结合的理论基点出发，从主体、客体、时空三个维度研究法治中国这一主题的创新性逻辑理路与实践出

---

❶ 三位教授原本打算将文章的题目确定为"论依法治国"，而且他们也就此文征求了中央有关部门的意见，有关部门开始也很支持这篇文章，但是因题目颇为敏感，最后建议他们修改题目。作者们经过慎重考虑后遂将此文的题目改为"要实行社会主义法治"，最终得以在当年的《人民日报》刊发。参见李步云："要法治，不要人治"，载《探索与争鸣》2015年第1期。

❷ 例如，张文显："全面推进法制改革，加快法治中国建设——十八届三中全会精神的法学解读"，载《法制与社会发展》2014年第1期；汪习根："论法治中国的科学含义"，载《中国法学》2014年第2期；马长山："'法治中国'建设的问题与出路"，载《法制与社会发展》2014年第3期；张文显："法治中国建设的前沿问题"，载《中共中央党校学报》2014年第5期；王旭："'法治中国'命题的理论逻辑及其展开"，载《中国法学》2016年第1期。

❸ 韩大元："简论法治中国与法治国家的关系"，载《法制与社会发展》2013年第5期。

路。有学者认为,法治中国建设的指导思想,集中而言就是习近平法治思想,包括一个统领概念、一组理论纲要和一套思想体系。关于法治中国的意义和功能,有学者指出,法治中国是改革开放以来关于法治建设成功经验的深刻总结,也是对未来中国法治建设的科学定位,具有深厚的历史文化底蕴、丰富的实践经验基础和强大的导向定位功能,构成我国法治建设新时期新阶段的时代主题。关于法治中国建设的重大任务,有学者将其概括为科学立法、严格执法、公正司法、全民守法这四项基本要务,以及推进党的领导方式和执政方式法治化、加快完善和发展中国特色社会主义法律体系和维护宪法法律权威,保证宪法法律统一有效实施等八个工作重点。关于法治中国的逻辑构成,学界对此存在三种不同的理解。有学者主张"三要素说",即法治中国包括国家法治、地方法治和行业法治或者法治政党、法治政府和法治社会三个部分;有学者坚持"四要素说",即法治中国由法治国家、法治政党、法治政府、法治社会四部分构成;还有学者秉持"五要素说",即"法治中国"包括法治经济、法治政治、法治文化、法治社会和法治生态文明五个部分,这与"五位一体"总体布局高度契合。关于法治国家与法治中国的关系,法学界存在同一论和后者是前者的升华与深化两种理解。大多数学者认为,依法治国基本方略是随着我国改革开放和社会主义现代化建设不断推进的。建设法治国家和法治中国在我国历史上是一个前无古人的伟大创举,亦是一个复杂而艰巨的系统性工程,需要我们抱持一种循序渐进,而非一蹴而就的心态完成这一发展过程。

5. 法律体系与法治体系

法律体系是法理学研究中的一个重要议题。中华人民共和国成立初期,党和政府非常重视法律体系的构建,制定了大量的为适应社会主义建设的法律法规。"文革"期间,我国的民主法制建设遭受重创,致使法律体系也呈现出一片混乱状态。及至党的十一届三中全会后,我国的法律体系建设又重新焕发生机。为适应改革开放和社会主义现代化建设的需要,建设有中国特色的社会主义法律体系便成为全社会普遍关注的焦点,同时也为中国法学界寻求创新和发展赋予了时代重任和历史使命。从1978年的改革开放到2011年中国特色社会主义法律体系正式宣告形成这30多年间,我国的法律体系建设取得了显著的成就,[1]但同时也暴露出诸多问题。[2]1978~1992年是社会主义法

---

[1] 法理学界有关法律体系的研究论文较多,为了便于呈现,本文只梳理21世纪以来较具代表性的文章。例如,黄和新:"论现代市场经济法律体系",载《法学论坛》2001年第5期;李龙、范进学:"论中国特色社会主义法律体系的科学建构",载《法制与社会发展》2003年第5期;汪习根:"论当代中国法律体系的重心定位",载《法学家》2005年第3期;钱大军、马新福:"法律体系的重释——兼对我国既有法律体系理论的初步反思",载《吉林大学社会科学学报》2007年第2期;梁迎修:"方法论视野中的法律体系与体系思维",载《政法论坛》2008年第1期;黄文艺:"法律体系形象之解构与重构",载《法学》2008年第2期;张志铭:"转型中国的法律体系建构",载《中国法学》2009年第2期;李拥军:"当代中国法律体系的反思与重构",载《法制与社会发展》2009年第4期;钱大军、马国强:"论我国法律体系构建的误区",载《政治与法律》2010年第1期;刘茂林、王从峰:"论中国特色社会主义法律体系形成的标准",载《法商研究》2010年第6期;郁光华:"经济增长与正式法律体系的作用",载《中外法学》2011年第1期;

律体系阶段。这一时期的特征体现在：立法数量急速增加，重视重点领域立法，促进法律体系构建与改革开放相适应。研究的主题主要有：法律体系的概念、特征、有用性及演变历史等基础理论问题。1992~2002年是社会主义市场经济法律体系阶段。这一时期的特征体现在：立法数量不断增加，经济立法的步伐日渐加快，立法质量愈加提升等。研究主题进一步拓展到法律体系的结构、模式、路径等问题。2002~2011年是中国特色社会主义法律体系阶段。这一时期的特征体现在：以基本形成中国特色社会主义法律体系为目标，继续重视立法质量的提升，通过开展法律法规的清理工作来维护国家法制统一，促进法律体系科学和谐统一。研究主题主要有：中国特色社会主义法律体系的重心定位、建构模式、理论反思和重构，及其与司法、法律方法之关系。

自2012年以来，尤其是党的十八届四中全会将建设中国特色社会主义法治体系确定为全面推进依法治国的总目标后，我国在继续完善法律体系的基础上，更加着力构建中国特色社会主义法治体系。自此，法治体系日益获得法理学界的持续关注，产出了诸多研究成果。❶中国特色社会主义法治体系是我们党在中国特色社会主义现代化建设中对法治理论的一次重大创新，是在中国特色社会主义法律体系转型升级的基础上实现我国法治建设的新思维、新纲领，也是在全面推进依法治国背景下提出的充满极高思想含量和学术信息量的统领性概念。中国特色社会主义法治体系的提出，有利于明确我国法治建设的社会主义性质和方向，有助于推进国家治理体系法治化和治理能力现代化，同时对中国特色社会主义法治理论体系的完善和发展以及对法治中国建设大有裨益。学者们对这一论题的探讨主要包括：理论基础、指导思想、基本原则、前

(接上页) 朱景文："中国特色社会主义法律体系：结构、特色和趋势"，载《中国社会科学》2011年第3期；江必新："司法对法律体系的完善"，载《法学研究》2012年第1期；雷磊："融贯性与法律体系的建构——兼论当代中国法律体系的融贯化"，载《法学家》2012年第2期；信春鹰："中国特色社会主义法律体系及其重大意义"，载《法学研究》2014年第6期；钱大军："当代中国法律体系构建模式之探究"，载《法商研究》2015年第2期；雷磊："适于法治的法律体系模式"，载《法学研究》2015年第5期；钱大军、薛爱昌："繁华与无序：法律体系建构的中国模式之检讨"，载《法律科学》2016年第1期；吴玉章："论法律体系"，载《中外法学》2017年第5期。

❷ 例如，法律体系建设过程中所暴露出的立法问题主要体现在：立法的总体规划，立法发展趋势的科学预测，部门法的划分，法律和各种法规层次、等级的区分，法规名称的规范化，法规整理汇编以及中华人民共和国成立以来立法工作的经验教训的总结等，这些问题亟须解决。参见刘雪斌等："改革开放三十年的中国法理学：1978—2008"，载《法制与社会发展》2008年第5期。

❶ 例如，李龙："中国特色社会主义法治理论体系纲要"，载《法学杂志》2010年第1期；张淑芳："法律体系与法治体系之比较"，载《探索与争鸣》2011年第9期；喻中："作为国家治理体系的法治体系"，载《法学论坛》2014年第2期；李龙："建构法治体系是推进国家治理现代化的基础工程"，载《现代法学》2014年第3期；张文显："建设中国特色社会主义法治体系"，载《法学研究》2014年第6期；程金华："中国法治话语权的重要基础：出色的法治体系"，载《人民法治》2015年第1期；陈金钊、宋保振："法治体系及其意义阐释"，载《山东社会科学》2015年第1期；伊士国："论中国特色社会主义法治体系的基本构成"，载《政法论丛》2015年第3期；李龙："中国特色社会主义法治体系的理论基础、指导思想和基本构成"，载《中国法学》2015年第5期；关保英："法治体系形成指标的法理研究"，载《中国法学》2015年第5期；王建国："法治体系是对法律体系的继承和发展"，载《法学》2015年第9期。

提和基础、主要内容、中心环节、核心与灵魂、途径与机制、重要载体与保障等。

关于法律体系的概念和内涵，法学界一直存在较大分歧。传统观点将其理解为"法律规范体系"，但随着我国改革开放的不断推进和人们的认识日渐深入，许多学者对传统观点进行了反思和重构，提出了法律体系是"部门法体系""立法体系即法律文件体系""一国法律渊源的分类体系"等不同样态的论断。另外，有学者认为，法律体系由渊源体系、法制体系、效力体系、部门法体系四个子体系构成。还有学者提出，应从立法体系、法的体系和法律制度三种不同语境下使用中国特色社会主义法律体系的概念。另有学者指出，在确认法律体系概念时必须坚持整体原则、体系的静态和动态性原则、体系的层次性原则、体系与外在因素的关联性原则。关于我国法律体系存在的问题及其解决策略，学者们从不同的层面进行了分析。有学者指出，传统观点将法律体系和法律规范体系的内涵混为一谈，对法律体系的理解过于狭隘，进而陷入了"倚重立法、轻视司法"的误区。有学者认为，我国的法律体系在认识和实践上主要存在着理性主义的建构思路、国家主义色彩、立法中心—行政配合的运作模式、简约主义风格四个方面的技术特征，致使其在建设过程中呈现出封闭状态，缺乏开放性和融贯性。据此，应保持一种开放性思维以及从制度体系、背景体系和方法体系三个方面使当代中国法律体系内含融贯性。还有学者认为，中国法律体系的建构是一种进化因素和建构色彩并存的混合模式，这种试验—控制的混合模式，虽然有其优越性，但其繁华的表象下却隐藏着一系列无序和乱象，应从法律体系构建模式的逻辑谬误、法律试行机制的技术性缺陷、法律试行机制的现实困境以及法律体系构建模式的合法性难题等方面加以反思和检讨。另有学者认为，我国过去的法律体系建设渗透着一定程度的国家主义、工具主义和法条主义倾向，进而导致现有的法律体系的定位与当下"法治中国"建设目标尚存在一定的偏差，需要在"法治中国"建设背景下从目标、功能和动力上对法律体系建设进行重新定位，从立法体制、规范体系结构和规范体系内容上对法律体系进行重构。另外，有学者提出可以通过权利本位理论，统一与灵活、一般与特殊、整体与部分等辩证思维、借助司法等方式完善我国的法律体系建设。关于如何构建中国特色社会主义法治体系，有学者提出从四个层面加以透视，即法律体系；法律运行与操作过程；实现依法执政、依法治国、依法行政、依法治理社会和社会依法自治共同推进；党的领导、人民民主、依法治国的有机统一。关于中国特色社会主义法律体系与法治体系的关系，一些学者指出，二者之间存在较大的区别，如表现在静态与动态、形式与实质、外在与内在、政治机制与社会机制等方面。但它们之间也存在紧密的联系。前者是后者的逻辑前提和基础，而后者是前者的转型升级和更高形态，二者在当下的中国并非是相互排斥的关系，而是处于相互兼容状态。大多数学者认为，经过近40年的发展，我国法律规范的数量日益庞大，各部门法内部体系日臻完备，法律体系业已基本形成，而法治体系也正在沿着有序化的方向推进。从法律体系演变到法治体系，不仅意味着正当性基础的转变、治理体系的法治化和法治的体系化，而且还表征着治理模式、价值追求及思维方式等要素的转变。当然，法律体系和法治体系在发展过程中仍然还有诸多亟须解决的问题。

6. 法治评估

法治评估和法治指数研究是在中国法治经历了"正名法治""定义法治"阶段基础上，近十几年来一直备受法理学界青睐的重要领域。在法治的发展、经济全球化的快速推进，以及社会科学研究方法和技术手段的进步等多方面条件的共同作用下，世界法治量化评估得以兴起和发展。而受世界银行全球治理指数和世界正义工程法治指数等世界法治评估运动的影响，同时为了满足国内法治发展的实践需要，我国开展了不同的法治评估和法治指数的实践探索，其中，早期较具代表性的如香港法治指数和余杭法治指数。❶ 此后，广东、云南、四川等全国各地的法治量化评估方案如雨后春笋般涌现，法治评估被许多政府视作地方法治建设的重要"抓手"，并作为"可量化的正义"，而"法治GDP"竞争也在各地竞相上演。在各地进行法治量化评估实践探索的同时，我国的法治评估和法治指数理论研究也取得了诸多成果。这些理论成果主要可以分为以下四种类型：第一，侧重于介绍和评述域外法治评估方案的设计和研究。如世界正义工程法治指数；❷ 第二，侧重于阐释法治量化评估的设计和研究对中国的意义，也即法治量化评估的设计和研究对中国法治建设的必要性和可行性；❸ 第三，侧重于对当前我国法治量化评估中所出现的问题加以总结❹和反思❺；第四，侧重于从国家、

---

❶ 例如，戴耀廷："香港法治指数"，载《环球法律评论》2007年第6期；钱弘道："余杭法治指数的实验"，载《中国司法》2008年第9期；钱弘道等："法治评估及其中国应用"，载《中国社会科学》2012年第4期；钱弘道等：《中国法治指数报告（2007～2011年）》，中国社会科学出版社2012年版；钱弘道等：《法治评估的实验——余杭案例》，法律出版社2013年版。

❷ 例如，钱弘道等："法治评估及其中国应用"，载《中国社会科学》2012年第4期；张保生、郑飞："世界法治指数对中国法治评估的借鉴意义"，载《法制与社会发展》2013年第6期；鲁楠："世界法治指数的缘起与流变"，载《环球法律评论》2014年第4期；孟涛："法治的测量：世界正义工程法治指数研究"，载《政治与法律》2015年第5期。

❸ 例如，季卫东："以法治指数为鉴"，载《秩序与混沌的临界》，法律出版社2008年版，第55～56页；钱弘道、王朝霞："论中国法治评估的转型"，载《中国社会科学》2015年第5期。

❹ 关于对法治量化评估所出现问题的总结论文，例如，志灵："'法治指数'无法衡量所有法治现状"，载《法制资讯》2008年第4期；张保生、郑飞："世界法治指数对中国法治评估的借鉴意义"，载《法制与社会发展》2013年第6期；戢浩飞："量化法治的困境与反思——基于法治评估体系实施状况的视角"，载《天津行政学院学报》2014年第4期；汪全胜："法治指数的中国引入：问题及可能进路"，载《政治与法律》2015年第5期；张德淼："法治评估的实践反思与理论建构——以中国法治评估指标体系的本土化建设为进路"，载《法学评论》2016年第1期；张建："法治评估的地方实践：动因、问题及反思"，载《云南师范大学学报（哲学社会科学版）》2016年第1期；周祖成、杨惠琪："法治如何定量——我国法治评估量化方法评析"，载《法学研究》2016年第3期；李朝："法治评估的类型构造与中国应用——一种功能主义的视角"，载《法制与社会发展》2016年第5期。

❺ 关于对法治量化评估的反思论文，例如，志灵："'法治指数'无法衡量所有法治现状"，载《法制资讯》2008年第4期；侯学宾、姚建宗："中国法治指数设计的思想维度"，载《法律科学》2013年第5期；陈林林："法治指数中的认真与戏谑"，载《浙江社会科学》2013年第6期；周尚君、王裕根："法治指数评估的理论反思与前瞻"，载《广州大学学报（社会科学版）》2015年第3期；张德淼："法治评估的实践反思与理论建构——以中国法治评估指标体系的本土化建设为进路"，载《法学评论》2016年第1期；张建："法治评估的地方实践：动因、问题及反思"，载《云南师范大学学报（哲学社会科学版）》2016年第1期。

地方和行业等层面就法治量化评估的内容或如何具体设计进行深入探讨。❶

构建我国的法治量化评估体系具有重大的意义。一方面,法治量化评估有利于对不同社会体制和文化进行比较分析,为改造权力结构提供更清晰的蓝图,使法制建设的具体举措和绩效的评价趋于统一化;另一方面,它还有助于地方法治发展和地区治理,并具有治理工具功能、民主参与和监督功能。大多数学者认为,中国的法治量化评估实践和研究具有如下特征:一是法治评估的"嵌入性",由政府主导;二是对评估对象即法治的理解广义化;三是评估呈现较强的工具理性和理想主义;四是评估的地方化和部门化倾向;五是理论性和方法性、国家层面和地方层面以及统一性和个别性相互并存。据此,中国的法治量化评估实践和研究暴露出诸多问题。例如,在评估主体上,一般由政府委托科研机构进行设计和测评,缺乏中立性的第三方评估主体;在评估指标体系建构上,顶层设计欠缺,指标设置和权重分配不合理,指标选择主观性较强,指标体系缺乏有效性、合理性、整体性和普适性;在评估程序上,数据来源的典型性和可靠性不足,数据样本的独立性和有效监控缺失,评估形式单一、评估过程缺乏正当性,评估的形式化与封闭化较为严重;在评估方法上,法治评估方法的选取和运用缺乏科学性验证,对定性研究与定量分析的关系处理不到位,量化研究方法的局限性致使法治难以规范量化;在评估结果上,通过测评所获得的结果有时掺杂了虚假内容,加之评估结果接纳机制的缺失,致使评估结果在全社会的公信力大打折扣。

关于如何建构我国的法治量化评估体系,学者们分别从评估对象、评估模式、指标设计、数据搜集、计量方法等方面进行了全面深入的研究。例如,对于法治量化评估的指标设计,学者们主要从国家、地方和行业等不同层面进行了探讨。就国家层面而言,有学者认为,可以按照党的十八大所提出的"新十六字方针"的要求或党的十八届四中全会所确立的全面依法治国总目标的思路进行指标体系设计。❷ 有学者提出,应当把宪政法治、法律的制定与秉性、法律的威信、依法行政、司法独立与公正等内容作为国家法治评估的一级指标。还有学者提出,应当引入包含法治指标与背景

---

❶ 例如,占红沣、李蕾:"初论构建中国的民主、法治指数",载《法律科学》2010年第2期;朱未易:"地方法治建设绩效测评体系构建的实践性探索——以余杭、成都和香港等地区法治建设为例的分析",载《政治与法律》2011第1期;廖奕:"法治如何评估?——以中国地方法治指数为例",载《兰州学刊》2012年第12期;王朝霞:"法治评估与法治创新——基于浙江余杭实践的讨论",载《广西民族大学学报(哲学社会科学版)》2013年第4期;蒋立山:"中国法治指数设计的理论问题",载《法学家》2014年第1期;周尚君、彭浩:"可量化的正义:地方法治指数评估体系研究报告",载《法学评论》2014年第2期;张德淼、李朝:"中国法治评估进路之选择",载《法商研究》2014年第4期;朱景文:"如何开展科学的法治评估",载《中国党政干部论坛》2016年第1期;李朝:"法治评估的类型构造与中国应用——一种功能主义的视角",载《法制与社会发展》2016年第5期;康兰平:"法治评估理论的跃升空间:实效法治观与我国法治评估实践机制研究",载《法制与社会发展》2017年第4期;王浩:"论我国法治评估的多元化",载《法制与社会发展》2017年第5期。

❷ 另外,朱景文教授提出,应当以法律规范体系、法治实施体系、法治监督体系、法治保障体系、党内法规体系这五项内容,再加上治理效果指标,作为我国法治指标体系建构的一级指标,在上述六项一级指标的基础上,进一步设计不同的二级指标,最终使得法治得以量化。参见朱景文:"如何开展科学的法治评估",载《中国党政干部论坛》2016年第1期。

指标的"法治国情指数"来评估国家法治发展状况,就地方维度而言,有学者指出,应当以民主政治、法制完善、依法行政、公正司法、公民普法这五项内容作为地方法治量化评估的一级指标。有学者主张,应当将物质投入、立法、执法、司法、法律监督、守法与公民意识、法律资源与服务以及社会参与满意度这八项内容作为地方法治量化评估的一级指标。就行业视角而言,有学者提议,在全国各地进行综合性"地方法治评估"的条件尚未成熟情况下,选取诸如法治政府评估的案例、司法文明指数评估计划等进行专项评估,也许是一个值得探索的途径。

(八) 司法改革

有关司法改革的研究在过去 40 年中一直是法学界关注的重点领域。司法改革不仅是透视我国改革开放 40 年来司法发展状况和社会主义法治建设状况的重要窗口,而且也是体现我国全面深化改革和推进国家治理现代化的重大举措。从改革开放一直延续至今的当代中国司法改革,经历了一个波浪式前进、螺旋式上升的演进过程,这一司法改革过程大致经历了司法规范重建、审判方式改革、司法体制改革和新一轮司法改革四个不同发展阶段,而法学界的司法改革理论研究也与上述司法改革实践密切相连。

第一阶段的司法改革从改革开放初期至 1991 年,其核心在于重建司法规范制度和恢复司法秩序,变革法院审判方式,规范审判行为和诉讼程序。这一阶段研究的主题主要有:司法改革基础理论研究,对我国历史上或国外所开展的司法改革进行梳理。第二阶段从 1992~2002 年,司法改革的主要内容侧重于推进审判方式改革。其中,前期主要以民事审判方式改革为核心,而后期则在广度和深度上逐渐延伸,扩展至整体法院制度。这一阶段研究的主题主要有:司法改革的主导任务、现实问题和矛盾、基本内容以及司法改革与相关制度之关系。第三阶段始于 2003 年中央司法体制改革领导小组的成立,止于党的十八大召开前,强调从司法体制的视角推进司法改革,通过宏观的司法体制安排,以一种全新的、自上而下的改革策略和模式开展司法改革。这一阶段研究的主题主要有:司法改革中的基本原则,能动司法,影响司法改革的相关体制性因素。第四阶段开始于党的十八大,尤其是党的十八届三中、四中全会的胜利召开标志着新一轮司法改革的纵深推进。作为党中央全面深化改革和全面推进依法治国顶层设计和系统部署的重要组成部分,新一轮司法改革无论是在改革动力和影响上,还是在范围和内容等方面,都与以往的司法改革存在较大差别,据此,新一轮司法改革的力度、广度、高度和深度可谓是前所未有。这一阶段研究的主题主要有:在党的十八届三中全会所建构的司法改革顶层设计下,着重研究各项改革配套措施的理论问题。例如,深化司法管理体制改革❶、建立司法责任制、完善司法人员分类管理、健全

---

❶ 司法管理体制是司法体制的重要组成部分,主要涉及司法机构设置、职权配置以及人财物管理等问题。相关研究文献主要有高其才:"省以下地方法院、检察院人财物统一管理改革的法律障碍",载《苏州大学学报(法学版)》2014 年第 1 期;丰旭泽、朱立恒:"科学建构自治型的司法管理体制",载《人民司法》2014 年第 3 期;莫纪宏:"论我国司法管理体制改革的正当性前提及方向",载《法律科学》2015 年第

司法人员职业保障制度、完善人权司法保障措施以及推进以审判为中心的诉讼制度改革等；加强司法改革的理论反思；基于我国国情研究具有中国特色的司法改革。

有学者认为，深入推进司法改革涉及一系列重大理论、制度和实践问题，而政治定性问题则是其中的首要问题，因为它关乎司法改革的政治方向、路径选择和成败评定。深化司法改革是体制性改革和政治体制改革的重要组成部分，是全面深化改革的重点之一，是全面推进依法治国、加快建设法治中国的重要内容，也是推进国家治理体系、治理方式和治理能力现代化的重大举措和实践路径。有关深化司法改革的路径和策略，学者们因视角和认识殊异而出现不同思路。有学者认为，应明确司法改革的价值目标，确定深入推进司法改革的基本方向，构建公正高效权威的社会主义司法制度，实现司法制度的整体现代化。有学者指出，全面推进依法治国背景下的司法改革要深刻把握改革的时代背景、问题导向和基本要求。还有学者提出，必须要认真对待司法改革中的司法规律和中国国情、法律和法治、司法改革的真实理由和根据、对象和问题、策略和方法、基础和传统等诸问题。另有学者主张，凝聚社会共识、注重自主型改革、强化整体性推进、引入竞争性因素和反思性改革道路等，应该说是深化司法改革的有效选项。在全国上下为新一轮司法改革呐喊和点赞的狂欢浪潮下，一些学者却对此保持谨慎的判断和理性的反思。例如，有学者批评指出，最高人民法院和各地法院轰轰烈烈地搞司法改革是一项匪夷所思的活动，它可能会对我国的政治体制和宪法法律权威造成极大的损害。有学者担忧新一轮司法改革中可能会出现"异化"风险，并就其中的可能和限度进行了细致研判。还有学者反思了司法改革中的五个前提性问题，即司法为什么要改革、谁有权力改革司法、司法改革的依据是什么、司法改革改什么及司法究竟要改到哪里去。大多数学者认为，以往的司法改革缺乏法理基础、社会共识和顶层设计，司法地方化、部门化及行政化倾向较为严重，且在理论研究层面和实践操作层面缺乏整体性、宏观性和全局性，致使司法改革出现诸多问题，以至于改革效果不尽人意。新一轮司法改革在党的直接领导下，坚持宪法法律原则，注重中国国情，遵循司法规律，坚持顶层设计和基层探索相结合，以期积极有效地化解上述问题。这无疑有利于化"火山口"为"突破口"，为社会治理机制提供司法框架和公平尺度，为社会提供风险控制和安全稳定机制。

（九）法律职业

20世纪90年代初开始，随着我国的法制现代化建设不断推进，法学研究经历了由只注重法律制度而忽视人的客观主义叙事倾向逐渐转变到对操作和适用法律的法律职

（接上页）1期；王庆丰："省以下地方法院人财物统一管理中的四个关系"，载《人民司法》2015年第5期；肖建国、黄忠顺："论司法职权配置中的分离与协作原则——以审判权和执行权相分离为中心"，载《吉林大学社会科学学报》2015年第6期；朱孝清："司法职权配置的目标和原则"，载《法制与社会发展》2016年第2期；徐汉明、王玉梅："我国司法职权配置的现实困境与优化路径"，载《法制与社会发展》2016年第3期；赵峰等："法院行政事务管理改革的模式选择和制度设计——基于人员分类管理和人财物省级统管改革背景下的分析"，载《中国应用法学》2017年第6期。

业的研究，致使法律职业这一论题日渐备受学界青睐，并持续成为我国法理学研究的一个热点问题。二十多年来，法学界围绕这一论题举办了多次高质量的学术研讨会，产出了一大批颇具理论深度的学术成果，这不仅有利于法律职业的建设和发展，而且还有助于我国的法律职业资格考试和法学教育。2002年7月，由吉林大学理论法学研究中心等单位共同举办的"中国法治之路与法律职业共同体"学术研讨会，❶标志着我国的法律职业研究迈向崭新的发展阶段。这期间法律职业的探讨主题主要有：法律职业的基础理论，作为法律职业发展方向和理想目标的法律职业共同体，法律职业（共同体）与法治、法制现代化、法学教育等相关论题之关系。

（1）关于法律职业的基础理论，学者们探讨的范围较为广泛，主要围绕法律职业的概念、特征、属性、话语及法律职业制度、法律职业思维方式、法律职业精神与伦理等方面展开研究。❷ 例如，关于法律职业的特征和话语，有学者以社会学关于职业内涵的界定为参照，概括出法律职业具有学识性、独立性、同质性、组织性、规范化和垄断性的特征，而职业主义、精英主义和民粹主义构成了现代社会关于法律职业的三种话语系统和意识形态。有学者认为，在司法现代化视野中，法律职业化具有专门化、分层化、专业化和精英化四个方面的基本表征。关于法律职业主义及相关问题，有学者认为，由专业性、公共性和自治性三大基石构成的法律职业主义，随着现代批判性思潮对其批判的展开，有必要重新审视国家主义、商业主义、技术性职业主义和公共性职业主义的利弊。据此提出以"市民公共领域"理论作为建构我国律师职业定位新模式的可行路径。有学者为与法律职业主义不同甚至对立的法律商业主义的意识形态和话语系统进行辩护和解析。关于法律职业伦理，有学者指出，法律人职业伦理的最基本要求在于对整个法律实践的"道德吸引力"负责。有学者提出，以中国传统美德伦理学来克服当代法律职业伦理所遭遇的非道德性困境。还有学者从伦理学出发，以超越道德两难的理论探索为智识背景，提出在应对道德两难的挑战时，力图借助儒学

---

❶ 该会议讨论的相关内容和研究成果可参见强昌文等："呼唤中国的法律职业共同体——'中国法治之路与法律职业共同体'学术研讨会综述"，载《法制与社会发展》2002年第5期。

❷ 例如，王德玲、田秀娟："法律职业的理性化辨析"，载《政法论丛》1999年第3期；范进学："法律职业：概念、主体及其伦理"，载《山东大学学报（哲学社会科学版）》2000年第5期；葛洪义："法律职业准入制度的含义、意义与构架"，载《法学》2001年第9期；黄文艺、卢学英："法律职业的特征解析"，载《法制与社会发展》2003年第3期；李学尧："法律职业主义"，载《法学研究》2005年第6期；贺卫方："中国法律职业：迟到的兴起和早来的危机"，载《社会科学》2005年第9期；夏锦文："法律职业化：一种怎样的法律职业样式——以司法现代化为视角的考察"，载《法学家》2006年第6期；李学尧："非道德性：现代法律职业伦理的困境"，载《中国法学》2010年第1期；玉凌嶂："应对道德两难的挑战：儒学对现代法律职业伦理的超越"，载《中外法学》2010年第5期；丁英华："'泛法制主义'的困境与救赎"，载《法律科学》2011年第4期；谭世贵："法律职业良性互动：经验、理论与设计"，载《江苏行政学院学报》2012年第3期；谭世贵、王建林："法律职业互动：现状、困境与出路——以法官、检察官、律师为样本的分析"，载《杭州师范大学学报（社会科学版）》2013年第2期；黄文艺、宋湘琦："法律商业主义解析"，载《法商研究》2014年第1期；姚莉："比较与启示：中国法官遴选制度的改革与优化"，载《现代法学》2015年第4期；陈景辉："忠诚于法律的职业伦理——破解法律人道德困境的基本方案"，载《法制与社会发展》2016年第4期。

实现对现代法律职业伦理的超越。另有学者认为，提升法律职业伦理的恰当选择在于从小众化回归到大众社会伦理，强化法律职业伦理的教养与修养。值得注意的是，一些学者对法律职业进行了实证研究，还有一些学者对诸如法律职业资格同质化、法律职业危机等问题进行了批判和反思。❶

（2）关于法律职业共同体，主要围绕法律职业共同体的范围（外延）、性质（内涵）、形成条件和原因、发展的现实障碍和问题、宏观思路、具体对策等内容展开探讨。❷ 譬如，关于法律职业共同体的范围（外延），大家对此存在较大分歧，较具代表性的分类包括"二分法""三分法""四分法"。然而，有学者明确反对上述试图精确界定法律职业共同体范围的做法，有的甚至提出与其将概念搞得特别明确，毋宁对其适当地模糊化。关于法律职业共同体的性质（内涵），大家达成了较多的共识。首先，从职业利益角度看，认为法律职业者是经济人，是利益共同体。其次，从职业精神层面看，认为法律职业者是伦理共同体、价值共同体、意义共同体。最后，从职业技能维度看，认为法律职业者是语言共同体、知识共同体、符号共同体等。但由于学者们的理论旨趣和现实关怀迥异，致使大家强调的重点略有不同，这些侧重点主要包括法律语言共同体、精神性共同体、利益共同体和法律职业专业化等。关于法律职业共同体的形成条件。学者们分别从不同角度对此加以阐释，较具代表性的观点有"三条件说""四要素说""多条件或要素说"。关于法律职业共同体存在的问题及完善对策，较具代表性的观点是将法律职业共同体发展的现实障碍概括为"五大困境"和"八个矛盾"。关于如何构建和完善法律职业共同体，在宏观思路上，有的坚持保持一种现实主义而非理想主义的态度，有的主张应尽可能消除合法性导向与理性选择之间的紧张关系，还有的则提出应当对不同法律职业的角色进行重新定位；在具体操作上，有的提出必须解决法律职业者之间的体制机制问题，有的主张应加强法律职业的良性互动。另外，还有学者在考察法律职业共同体自治的条件基础上，论证了法律职业是法治的第三种推动力。

（3）关于法律职业（共同体）与法治、法制现代化、司法改革及法律教育等相关

---

❶ 例如，李学尧、余军：" 法律职业的危机与出路——评Rhode的《为了正义：重整法律职业》"，载《法制与社会发展》2004年第5期；李学尧："这是一个'职业危机'的时代吗？"，载《中外法学》2004年第5期；李翔："中国法律职业资格同质化质疑"，载《华东政法大学学报》2007年第4期；朱景文："中国法律工作者的职业化分析"，载《法学研究》2008年第5期；吴洪淇："美国律师职业危机：制度变迁与理论解说"，载《环球法律评论》2010年第1期；朱景文："中国法律职业：成就、问题和反思——数据分析的视角"，载《中国高校社会科学》2013年第4期；柴鹏："法律职业伦理现状及其培育——以实证调研数据为基础"，载《证据科学》2015年第2期。

❷ 例如，张文显、卢学英："法律职业共同体引论"，载《法制与社会发展》2002年第6期；霍宪丹："关于构建法律职业共同体的思考"，载《法律科学》2003年第5期；孙笑侠、李学尧："论法律职业共同体自治的条件"，载《法学》2004年第4期；刘作翔、刘振宇："对法律职业共同体的认识和理解——兼论中国式法律职业共同体的角色隐喻及其现状"，载《法学杂志》2013年第4期；张海燕、赵贵龙："论法律职业共同体的培育路径——以法官和律师关系为视角"，载《法律适用》2013年第11期；葛洪义："一步之遥：面朝共同体的我国法律职业"，载《法学》2016年第5期。

论题之关系,❶ 有学者认为,法律职业共同体与法治之间有着内在的、密切的关联,前者的存在有助于实现后者的目标,并通过发展一种理性的法律话语来推进和促进后者。有学者在建构司法改革中的法律职业蓝图时,提出将"契约式程序主义"作为填补"道德真空"状况的理论主张。大家普遍认为,法律教育和司法考试对于法律职业共同体的形成具有十分重要的意义,且它们的根本目标在于促进高素质的、同质化的法律职业共同体的形成。然而,大家对以下问题仍存在一定的分歧,比如,如何在法学教育中平衡学术教育和职业教育的关系,如何使法学教育适应法律职业共同体的建构需要,如何处理好法律职业资格制度与法学教育制度、司法考试制度之间的关系。

（十）法律方法论

法律方法论作为法律人思考、分析和处理法律问题的工具、技术、方法,是连接法律理论与法律实践的重要桥梁和纽带,也是40年来我国法理学研究的一个重要论题。随着法治实践由"立法中心主义"转变到"司法中心主义",法学研究从宏大叙事转换到微观论证,我国的法律方法论研究正在经历从主要译介西方研究成果到有意识地建构独立学科体系的过程。大约从20世纪八九十年代开始,因深受英美法的影响,我国的法律方法论研究主要集中于法律解释和法律推理,进入21世纪后,在以拉伦茨和杨仁寿为代表的欧陆法学家和台湾地区学者的相关法律方法论作品在大陆获得引介和传播的背景下,法律方法论研究日益呈现出系统化的发展态势,法律论证这一崭新的研究方法日渐备受法理学者关注。同时,我国的法律方法论研究无论是在范围、层次和深度等理论层面,还是在部门法、司法和法治等实践维度,都实现了突飞猛进的发展,尤其是法律方法论作为一个独立法学分支学科的共识日趋增强。作为法学的"形而下"研究的法律方法论,40年间,学者们主要围绕法律方法论的基础理论,具体法律方法,部门法方法论等主题展开探讨。❷ 法律方法论的快速兴起和持续发展,且在近年来一直成为学界持续关注的热点问题,一方面对我国法理学在理论研究中不断开辟新的知识场域和吸收新的学术元素有所助益,另一方面对我国的法治秩序建构和法律职业共同体的形成等法治实践也大有裨益。

---

❶ 例如,夏锦文:"法律职业化与司法现代化关系的若干理论问题",载《法学论坛》2005年第2期;高新华:"司法现代化进程中的法律职业伦理",载《法学论坛》2005年第2期;邱飞:"通过法律职业化进路的司法改革",载《法学论坛》2005年第2期;李学尧:"转型社会与道德真空:司法改革中的法律职业蓝图",载《中国法学》2012年第3期。

❷ 从2005年至2017年,陈金钊、焦宝乾和孙光宁三位学者之间相互合作,每年在《山东大学学报》连续发表国内法律方法论研究报告或综述,对此进行年度综述、评价与反思。另外,其他有关法律方法论的综述论文还有:赵玉增:"当代中国法律方法论研究发展及现状:一个简要述评",载陈金钊、谢晖主编:《法律方法》(第9卷),山东人民出版社2009年版,第350~360页;焦宝乾:"对我国法律方法论研究的宏观反思——背景、问题及展望",载《法制与社会发展》2010年第4期;李亮:"法治缘何迈向方法论时代——基于法律方法论学术报告的考察(2002~2010)",载《时代法学》2011年第3期等。故此,这些文章为本部分的写作提供了诸多帮助。

1. 法律方法论的基础理论研究

基础理论研究是法律方法论最重要的内容，也是开展其他研究的基础和前提。法律方法论历经数十年的发展，在研究思路上经历了从探究历史到关注现实的转变，在研究范围上实现了快速拓展，在研究作品上取得了丰硕成果。学者们围绕法律方法论的名称、内涵和外延、意义、对象、范围、功能、体系及存在的问题等内容进行了较全面、深入和系统的研究。❶ 具体而言，从发生学角度看，法律方法作为一个知识类型的出现，与对法律的客观性、确定性的认识是分不开的；从内涵层面看，逻辑与经验构成法律生活的两个基本方面。有学者认为，经验方法和模型分析方法都属于法律方法论的重要内容，法律方法论研究端赖于历史与现实、经验（判例）与逻辑（理论）的紧密联系。有学者将法律方法研究的意义归纳为技术意义和规范意义两个层面。其中，前者表现在实用价值、效率价值和规范价值，而后者对法治的功能表现为形式功能、自律功能和批判功能。有学者主张，法律方法论的知识属性应寻求回归"内在观点之法学"，而非专业法学以外的思想者的法学（即"法学外的法学"）。有学者指出，法律方法论体系较具代表性的观点有三：一是以法律发现为龙头的方法体系；二是以法律解释为核心概念的方法体系；三是以法律推理为核心概念的方法论体系。我国的法律方法论依然面临诸多重大的理论与实践难题，有学者对法律方法论研究存在的主要问题进行了深入剖析，并将其归纳和总结为六个方面，即理论与实践相脱节，学者与实务部门的人员沟通少；法律方法论研究中"论"的成分还比较单薄；国外法律方法论还有诸多问题有待深入研究；结合我国制度、历史与实践的实证性研究还很欠缺；国内法律方法论研究迄今尚未形成气候；研究的问题意识缺乏。另外，学者们对法律思维、法律语言、法律发现等论题进行了阐述。❷ 一些学者还将法律方法论在基础理论方面的研究拓展到立法和地方法治等领域。❸

值得注意的是，始于2014年的社科法学❹和法教义学❺之争，❻成为近年来法律方

---

❶ 例如，赵玉增："法律方法与法学方法概念辨析"，载《学习与探索》2007年第2期；王新生："法律方法的技术意义和规范意义"，载《甘肃政法学院学报》2007年第2期；王夏昊："法学方法论的概念及其地位"，载《清华法学》2008年第1期。

❷ 例如，陈金钊："司法过程中的法律发现"，载《中国法学》2002年第1期；陈金钊："法律思维及其对法治的意义"，载《法商研究》2003年第6期；卢秋帆："法律语言的模糊性分析"，载《法学评论》2010年第2期；王洁："从'立法时代'到'修法时代'的中国大陆法律语言研究"，载《语言文字应用》2010年第4期；张志文："社会法学派的法律发现观及其启示"，载《法学论坛》2012年第2期；凌斌："'法民关系'影响下的法律思维及其完善"，载《法商研究》2015年第5期。

❸ 例如，刘风景："立法释义学的旨趣与构建"，载《法学》2016年第2期；葛洪义："作为方法论的'地方法制'"，载《中国法学》2016年第4期。

❹ 倡导社科法学较具代表性的论文，例如苏力："中国法学研究格局的流变"，载《法商研究》2014年第5期；陈柏峰："社科法学及其功用"，载《法商研究》2014年第5期；侯猛："社科法学的传统与挑战"，载《法商研究》2014年第5期。当然，社科法学的兴起也招致了一些学者的质疑和批判，如庆祝《清华法学》杂志创刊十周年对张文显、郑成良和徐显明三位教授所进行的学术访谈文章"中国法理学：从何处来？到何处去？"，载《清华法学》2017年第3期。

❺ 法学界对法教义学的评述较多，观点各异。其一，一些学者抱持肯定态度，例如雷磊："法教义学

法论基础理论研究中的热点问题,表明法理学研究日渐呈现出多样化、学派化的发展态势。作为两种不同的研究方法和学派,尽管它们各自的关注领域和研究视角存在不同,但是它们彼此之间与其说是截然对立的关系,毋宁说是在法律方法论体系中分别发挥各自特色的彼此欣赏和互鉴的关系。

2. 具体法律方法研究

(1) 法律解释。法律解释方法在法律方法论体系中具有最为悠久的历史和完备的体系,是学者们一直关注的传统重点领域,也是法学界研究较为深入、系统,学术成果颇丰的一种法律方法。❶ 随着改革开放后我国出现的立法热潮以及法律规定在法律适用过程中遭遇诸多困境,加之语言学、符号学和诠释学等其他学科的最新研究成果不断被引入法学研究之中,致使法理学者研究法律解释的兴趣日渐盎然。学界有关法律解释的研究成果主要体现在本体、技术和制度三个维度。其一,就本体维度而言,主要涉及法律解释的内涵及其与相关概念之关系、特点、效力、规则、困境等问题。❷ 例如,一些学者认为,法律解释理论正处于由方法论的法律解释向本体论的法律解释的

(接上页)的基本立场",载《中外法学》2015年第1期;宋旭光:"面对社科法学挑战的法教义学——西方经验与中国问题",载《环球法律评论》2015年第6期。其二,还有学者坚持批判立场,例如凌斌:"什么是法教义学:一个法哲学追问",载《中外法学》2015年第1期;周尚君:"法教义学的话语反思与批判",载《国家检察官学院学报》2015年第5期。其三,另有一些学者主张二者是协作互补的综合性关系,例如谢海定:"法学研究进路的分化与合作——基于社科法学与法教义学的考察",载《法商研究》2014年第5期;孙海波:"法教义学与社科法学之争的方法论反省——以法学与司法的互动关系为重点",载《东方法学》2015年第4期。

❻ 2014年开启的法教义学和社科法学之争,是在当年一系列会议的推动下形成的。2014年5月24日,中国政法大学法理学研究所和《环球法律评论》编辑部联合召开"多学科背景下的法学及其方法"学术研究会,其中,第一单元的主题是"法学研究的方法论分野:社科法学与教义法学";5月28日,《法学研究》编辑部和《法律与社会科学》编辑部联合主办,中南财经政法大学法学院承办的"社科法学与教义法学的对话";8月30日,上海交通大学凯原法学院主办"中国法律学术的社会构建及其方法"研讨会。

❶ 例如,沈宗灵:"论法律解释",载《中国法学》1993年第6期;欧阳春:"试析法律解释",载《法律科学》1996年第1期;陈弘毅:"当代西方法律解释学初探",载《中国法学》1997年第3期;苏力:"解释的难题:对几种法律文本解释方法的追问",载《中国社会科学》1997年第4期;陈兴良:"法的解释与解释的法",载《法律科学》1997年第4期;季卫东:"法律解释的真谛(上、下)——探索实用法学的第三道路",载《中外法学》1998年第6期、1999年第1期;陈金钊:"法律解释学简论",载《法学论坛》2000年第1期;周旺生:"中国现行法律解释制度研究",载《现代法学》2003年第2期;王毅:"WTO争端解决中的法律解释",载《法学研究》2009年第5期;高鸿钧:"伽达默尔的解释学与中国法律解释",载《政法论坛》2015年第2期。

❷ 例如,张志铭:"关于中国法律解释体制的思考",载《中国社会科学》1997年第2期;张志铭:"法律解释概念探微",载《法学研究》1998年第2期;谢晖:"解释法律与法律解释",载《法学研究》2000年第5期;郑永流:"出释入造——法律诠释学及其法律解释学的关系",载《法学研究》2002年第3期;桑本谦:"法律解释的困境",载《法学研究》2004年第5期;陈景辉:"法律解释的效力:一个难题的追问",载《浙江社会科学》2004年第5期;李霞、李川:"司法解释的多维互动",载《山东大学学报(哲学社会科学版)》2005年第1期;吴丙新:"司法的真相——在法律解释的合法性与妥当性之间",载《法制与社会发展》2006年第2期;周赟:"法律解释(学)的理据、概念及价值",载《法律科学》2010年第4期;王志林:"中国传统法律解释的技术与意蕴——以清代典型的注释律学文本为视域",载《法学家》2014年第3期;黄明涛:"论全国人大常委会在与香港普通法传统互动中的释法模式——以香港特区'庄丰源案规则'为对象",载《政治与法律》2014年第12期;谢晖:"解释学法学与法律解释学",载《法学论坛》2016年第1期;杨建军:"现行法律解释机制的完善",载《政法论丛》2016年第2期;陈坤:"所指确定与法律解释——一种适用于一般法律词项的指称理论",载《法学研究》2016年第5期。

过渡阶段，但是有学者对这种本体论转向抱持质疑态度，因为现有的解决方案缺乏法律效力检验的能力。有学者认为，法律解释方法研究的特点在于，既重视中国古代法典的解释及其对当代中国司法实践的意义，又注重运用法律解释方法对当前社会热点案例进行评析。还有学者认为，法官与法律文本之间的关系并非是简单的客观主义适用论，而是主客观相统一，遵循法律解释理论。而法官与司法参与者之间的关系则是遵循合理性原则和理性交涉的法律议论关系。另有学者总结后指出，法律解释方法的难题有二：一是各种法律解释方法的位阶问题难以确认；二是学者们没有对各种法律解释方法的应用条件给予清晰的说明。其二，就技术层面而言，主要涉及文义解释、历史解释、目的解释及体系解释等不同的具体解释方法，❶ 大多数具体解释方法已经得到充分阐释，但是学者们更多地关注法律解释方法的应用问题，尤其是在司法过程中的综合运用。其三，就制度方面而言，主要聚焦于司法解释制度，包括司法解释的权限、效力、体制和问题等。❷ 例如，有学者认为，除了立法机关应当对司法解释的效力加以明确外，最高人民法院应当主动约束自身制定司法解释的权力，严格遵守授权范围，只能够就具体的法律条文加以解释。有学者认为，在司法解释的诸形式中，对"规定"来说，实体性的应予废除，程序性的可以保留；"批复"应逐步被指导性案例所替代；"解释"可以保留，但其内容与体例都需改变。还有学者认为，最高人民法院的抽象司法解释有继续存在的必要，但应尽量抑制和减少抽象司法解释活动，加大指导性案例的供给。

（2）法律推理。法律推理在法律方法论体系中占据极为重要的地位，它是其他法律方法经过充分准备后所达到的更高状态，也是在方法论层面保障法治实现的最重要手段。学者们主要围绕法律推理的内涵、推理方法、形式逻辑与非形式逻辑、法律推理的实践性问题、法律逻辑等主题展开探讨。❸ 例如，法律推理是一个综合运用法律理由和正当理由的法庭决策过程。法律解释作为该过程的一个环节，是以正当理由阐释

---

❶ 例如，丁戊："法律解释体系问题研究"，载《法学》2004年第2期；陈金钊："目的解释方法及其意义"，载《法律科学》2004年第5期；李睿："法律解释学的谱系：一种历史解释的尝试"，载《甘肃政法学院学报》2010年第1期；杨知文："后果取向法律解释的运用及其方法"，载《法制与社会发展》2016年第3期；徐明："文义解释的语用分析与构建"，载《政法论丛》2016年第3期。

❷ 例如，刘珊："论我国司法解释体制的重塑——兼论司法解释判例化趋向"，载《政治与法律》2012年第7期；王成："最高法院司法解释效力研究"，载《中外法学》2016年第1期；刘风景："司法解释权限的界定与行使"，载《中国法学》2016年第3期；徐凤："我国法院司法解释制度的反思与完善"，载《法学杂志》2016年第5期。

❸ 例如，张骐："司法判决与其他案例中的法律推理方法研究——说理的艺术"，载《中国法学》2001年第5期；刘克毅："试论类比法律推理及其制度基础——以普通法的运作机制为例"，载《法商研究》2005年第6期；张保生："法律推理中的法律理由和正当理由"，载《法学研究》2006年第6期；杨猛宗、张景玥："溯因推理新论——法律论证的视角"，载《政法论丛》2013年第5期；齐建英："论法律语用预设推理的建构性及'预设陷阱'"，载《政法论丛》2015年第2期；孙海波："通过裁判后果论证裁判——法律推理新论"，载《法律科学》2015年第3期；黄春燕："论中国传统司法实践中的比附定罪"，载《政法论丛》2015年第6期；杜文静："溯因推理的概率解释及特设性假设的规避"，载陈金钊、谢晖主编：《法律方法》（第17卷），山东人民出版社2015年版，第71~78页。

法律理由而获得法律推理大前提的手段。一些学者强调，司法过程中进行法律推理要积极引入溯因推理、后果主义推理等法律规范之外的因素，形成更加合理的裁判结论。有学者从推理的前提、过程、结论等角度对司法三段论加以批判后，提出用实质推理补充与修正形式推理，但这种倡导类比推理、等置理论等非逻辑方法的替代性方案，一方面存在着对逻辑与经验、形式逻辑与非形式逻辑之关系的误解，另一方面忽视了我国法治正处于起步阶段的基本国情。因此，司法裁判中必须要坚持形式法律推理，重新捍卫形式逻辑在法律推理中的地位与作用。作为法理推理重要组成部分的法律逻辑，近年来日渐受到法理学者的广泛关注，学者们主要研究了形式逻辑和非形式逻辑，中国古代的法律逻辑文化与思想（如法官判词）和法律逻辑的现实意义及其发展走向等问题。

（3）法律论证。法律论证是在21世纪后才逐渐受到我国法学界关注的一个全新的研究领域，它为法律方法论的研究提供了诸多新方法和新知识。经过十多年的持续研究，尽管我国的法律论证理论获得了长足发展，产出了较多的理论成果，但是，总体而言，我国的法律论证研究还略显薄弱，仍处于起步阶段。有关法律论证的研究主题主要有：法律论证的内涵、结构、形式、逻辑基础、评估判准等，法律论证思维，法的合理性与法律论证，法律修辞论证方法，法律论辩技巧，法律论证的具体应用。❶ 学者们一般认为，法律论证是寻求法治合法性的一种理论追求，它承载着一项重要的使命，即寻求达到司法公正，实现社会正义之方法。法律论证既是一种理性思维活动，也是一种职业技术与法律方法，而建构法律论证体系的基础在于法律规范的层次性特点。有学者认为，法律论证理论要解决的核心问题在于如何使人确信某一法律评价或法律决策是正确的？解决这一问题的进路主要有三：逻辑分析的进路、修辞学的进路、对话（论辩）的进路，但是它们都未能有效解决法律论证理论的核心问题。据此，支持该观点的学者提出德性伦理学这一新的解决路径。学界对论证正当性的评价标准存在分歧，有学者梳理了较具代表性的观点，如逻辑有效性、充分性、可接受性、融贯性。关于法律论证的知识属性，有学者认为，法律论证理论与解释学知识是紧密勾连的，没有解释的论证是空洞的，没有论证的解释是盲目的。二者均致力于型构具有实践理性品格的法学知识。法律论证可以广泛应用于不同领域，既可以应用于权利观念

---

❶ 例如，葛洪义："试论法律论证的概念、意义与方法"，载《浙江社会科学》2004年第2期；舒国滢："寻访法学的问题立场——兼谈'论题学法学'的思考方式"，载《法学研究》2005年第3期；焦宝乾："分析学还是解释学——法律论证之知识属性辨析"，载《法制与社会发展》2005年第3期；焦宝乾："事实与规范的二分及法律论证"，载《法商研究》2005年第4期；蔡琳："法律论证中的融贯论"，载《法制与社会发展》2006年第2期；桑本谦："法律论证：一个关于司法过程的理论神话"，载《中国法学》2007年第3期；吕忠梅、刘超："环境权的法律论证——从阿列克西法律论证理论对环境权基本属性的考察"，载《法学评论》2008年第2期；张继成："可能生活的证成与接受——司法判决可接受性的规范研究"，载《法学研究》2008年第5期；冉杰："法律论证理论述评"，载《法律科学》2010年第5期；周祯祥："理性、规范和司法实践的法律论证"，载《政法论丛》2015年第2期；谢晖："论法律拟制、法律虚拟与制度修辞"，载《现代法学》2016年第5期。

的革新，也可以应用于诉讼制度、立法听证、专家法律论证等领域的研究，还可以从法律乃至道德上对诸如安乐死、基因技术等对生命伦理所产生的冲击予以论证。近年来，作为法律论证理论之分支的法律修辞，已经成为法律论证中的最主要内容之一，并日益成为其中的一项重要学术增长点，从历史和现实的视角研究法律修辞的学术成果也较为丰富。

另外，一些学者对价值衡量和利益衡量、法律发现、法律渊源、漏洞补充、法律类推、法律拟制等其他法律方法进行了较多研究。❶ 有学者还对法律解释、法律推理和法律论证三者之关系进行了比较分析，还有学者甚至专门分析了法律修辞与法律逻辑及两者之间的相互关系。❷

3. 部门法方法论研究

法律方法论不仅是法理学者关注的重要论题，而且也日益成为部门法学者探讨的重要课题。在法律方法论研究中，部门法方法论越来越受到部门法学者的重视，尤其在刑法、民法和宪法中表现得特别明显。❸ 在刑法领域，学者们主要围绕刑法解释与适用、刑法教义学、刑法修辞等论题展开探讨。尤其是在刑法解释与适用上，学界存在着形式的刑法解释论与实质的刑法解释论之争。在民法领域，学者们主要围绕民法解释学、民法教义学等论题加以探究。尤其是在意思表示问题上，一些学者运用修辞学

---

❶ 例如，陈金钊："司法过程中的法律发现"，载《中国法学》2002年第1期；李龙、刘诚："论法律渊源——以法学方法和法律方法为视角"，载《法律科学》2005年第2期；刘治斌："司法过程中的法律发现及其方法论析"，载《法律科学》2006年第1期；陈林林："裁判上之类比推论"，载《法制与社会发展》2007年第4期；王奇才："全球治理的法律渊源及其合法律性问题"，载《法制与社会发展》2011年第2期；张志文："社会法学派的法律发现观及其启示"，载《法学论坛》2012年第2期；彭中礼："法律渊源词义考"，载《法学研究》2012年第6期；梁上上："异质利益衡量的公度性难题及其求解——以法律适用为场域展开"，载《政法论坛》2014年第4期；蔡元培："论印证与心证之融合——印证模式的漏洞及其弥补"，载《法律科学》2016年第3期；王虹霞："司法裁判中法官利益衡量的展开——普通法系下的实践及其启示"，载《环球法律评论》2016年第3期；谢晖："论法律拟制、法律虚拟与制度修辞"，载《现代法学》2016年第5期；孙光宁："漏洞补充的实践运作及其限度——以指导性案例20号为分析对象"，载《社会科学》2017年第1期；谢潇："法律拟制的哲学基础"，载《法制与社会发展》2018年第1期。

❷ 例如，陈金钊："推理与解释：寓于其中的法律思维"，载《政法论丛》2005年第6期；谢晖："论法律的逻辑命题与修辞命题——制度性修辞研究之四"，载《法学评论》2014年第3期；焦宝乾："逻辑与修辞：一对法学研究范式的中西考察"，载《中国法学》2014年第6期；焦宝乾："逻辑与修辞：一对法学范式的区分与关联"，载《法制与社会发展》2015年第2期。

❸ 例如，陈兴良："刑法教义学方法论"，载《法学研究》2005年第2期；张千帆："'公共利益'的困境与出路——美国公用征收条款的宪法解释及其对中国的启示"，载《中国法学》2005年第5期；苏彩霞："实质的刑法解释论之确立与展开"，载《法学研究》2007年第2期；侯学宾："美国宪法解释中的原旨主义——一种学术史的考察"，载《法制与社会发展》2008年第5期；金可可："民法实证研究方法与民法教义学"，载《法学研究》2012年第1期；王书成："论合宪性解释方法"，载《法学研究》2012年第5期；黄卉："合宪性解释及其理论检讨"，载《中国法学》2014年第1期；劳东燕："刑法中目的解释的方法论反思"，载《政法论坛》2014年第3期；周光权："刑法解释方法位阶性的质疑"，载《法学研究》2014年第5期；苏永生："刑法合宪性解释的意义重构与关系重建"，载《现代法学》2015年第3期；郝丽燕："意思表示的解释方法"，载《北方法学》2015年第5期；崔建远："意思表示的解释规则论"，载《法学家》2016年第5期；夏正林："'合宪性解释'理论辨析及其可能前景"，载《中国法学》2017年第1期。

和法教义学等不同理论方法对其加以阐释。在宪法领域，学者们主要关注宪法解释学研究，具体包括：宪法解释的权力边界，宪法解释的体制与模式，具体解释个案，合宪性解释，国外宪法解释理论研究等。此外，学者们还从行政法学、诉讼法、国际法、跨法律部门等不同领域进行了多视角的法律方法论研究。

（十一）法律全球化

20世纪80年代以来，第三次全球化浪潮席卷全世界，使得世界日渐成为一个"无疆界的市场"。全球化是一个综合的、全方位的概念，其发展潮流和客观趋势不仅体现在经济领域，而且也通过公共事务、人权、环境、法律等诸多领域加以表征。全球化在有力地改变人类的生产方式、生活样式和生存状况的同时，也正在深刻地影响法的存在方式、价值取向、运行模式和发展方向。因此，我们必须要有全球意识、全球视野、全球眼光、全球思维，要有全球化的问题意识和应对全球化的战略意识。

20世纪90年代开始，在全球化的背景下，我国的法学研究者纷纷加入法律全球化问题的探讨队伍之中，这使得法律全球化日渐成为法学界关注的热点和焦点问题。在法律全球化讨论初期，法学界关注的主题主要侧重于全球化或法律全球化的基础性和前提性问题，例如，法律全球化的提法是否成立，全球化或法律全球化的概念、意义和内容等，全球化或法律全球化与国际化、法制现代化、国家主权等相关概念之关系。❶ 自中国加入WTO以后，法学界对法律全球化的研究热情与日俱增，研究的内容极具时代特色，贡献出了丰硕的研究成果。❷ 这一时期法学界除了继续深入探讨全球化或法律全球化的基础理论外，还将关注的主题拓展到以下内容，如WTO与法律全球

---

❶ 例如，朱景文："关于法律与全球化的几个问题"，载《法学》1998年第3期；沈宗灵："评'法律全球化'理论"，载《人民日报》1999年12月11日；刘锦："二十一世纪法律研究的一个新课题：法律全球化"，载《中国法学》1999年第6期；朱景文："法律全球化：法理基础和社会内容"，载《法制现代化研究》2000年；公丕祥："全球化与中国法制现代化"，载《法学研究》2000年第6期；车丕照："法律全球化——是现实？还是幻想？"，载陈安主编：《国际经济法论丛》（第4卷），法律出版社2001年版。

❷ 例如，罗豪才："警惕法律全球化理论"，载《当代法学》2000年第4期；於兴中："自由主义法律价值与法律全球化"，载《清华法学》2002年第1期；冯玉军："法律与全球化一般理论述评"，载《中国法学》2002年第4期；黄文艺："全球化与法理学的变革与更新"，载《法制与社会发展》2002年第5期；黄文艺："法律国际化与法律全球化辨析"，载《法学》2002年第12期；冯玉军："法律全球化的实现途径刍议"，载《法制现代化研究》2002年；严存生："自然法、万民法、世界法——西方法律全球化观念的历史渊源探寻"，载《现代法学》2003年第3期；卓泽源："法律全球化解析"，载《法学家》2004年第2期；张文显："全球化时代的中国法治"，载《吉林大学社会科学学报》2005年第2期；李双元、李赞："全球化进程中的法律发展理论评析——'法律全球化'和'法律趋同化'理论的比较"，载《法商研究》2005年第5期；刘志云："法律全球化进程中的特征分析与路径选择"，载《法制与社会发展》2007年第1期；马新福、杨清望："法律全球化：争论与出路"，载《政法论丛》2007年第4期；谢冬慧："法律全球化与法制现代化"，载《法制现代化研究》2007年；邓正来："作为一种'国家法与非国家法多元互动'的全球化进程——对'法律全球化'争辩的中立性批判"，载《河北法学》2008年第3期；陆幸福："试论法律全球化的正当性"，载《前沿》2009年第5期；高鸿钧："法律全球化的新趋势"，载《检察日报》2012年4月26日；谢晖："论对话的法律全球化"，载《政法论坛》2013年第4期；王莉君："全球化趋势下我国法律发展的自主性"，载《比较法研究》2013年第4期；鲁楠："全球化时代比较法的优势与缺陷"，载《中国法学》2014年第1期。

化，全球化时代的中国法治，全球化或法律全球化与法理学研究，全球化背景下的中国法律发展、比较法研究，对法律全球化理论的反思，等等。近年来，有关法律全球化的研究在全球治理与国际法治、全球法律的地方化、地方法律的全球化等方面有了新的发展趋势。

（1）全球化或法律全球化的基础理论研究。基础理论研究一直是法律全球化研究的重要领域，也是能够实现精耕细作的"富矿区"。对于这一主题的研究，主要包括以下视角：第一，关于法律全球化这一事实是否真实存在。法学界对此存在两种截然不同的观点。首先，一种观点从国家主权和政治多极化视角对法律全球化持反对或怀疑态度，认为法律全球化是一种不切实际的幻想；另一种观点从法律发展趋势的维度肯定法律全球化，认为法律全球化是一种势不可挡的发展潮流和客观规律。其次，在承认或默认法律全球化作为一个既定事实或必然趋势的基础上，又出现了在价值选择上要不要法律全球化的问题，这一分歧主要包括"世界体系论"和"民族中心论"两种分析立场。最后，基于是否承认全球化背景之下可能存在一种统一的全球价值和理念，这种理念赋予全球法律以合法性证明这一核心，法学界就中国如何应对法律全球化浪潮存在两种不同的法律移植观点，即通过全面引进西方发达国家的法律和基于"中体西用"。第二，关于全球化或法律全球化的概念、正当性、意义和内容等的探讨。由于对全球社会法律发展的趋势和规律的认识不同，学者们对法律全球化的理解主要包括"统一过程论""全球法治论""趋同化和一体化""非国家化"等不同的论断。有学者认为，法律全球化的观念所包含的大同思想由来已久，这种观念在西方经历了自然法、万民法、世界法、法律全球化等不同发展阶段。有学者从正面立论与反面证成两个方面论证法律全球化的正当性，有学者认为，对法律全球化加以研究，有利于在全球化的趋势下探讨维护国家主权的途径，同时有助于我国顺应全球化潮流进而实现国内法与国际法接轨。基于不同的标准，学者们对法律全球化的内容也存在不同的理解，例如，有学者将其概括为三项：世界法律的多元化、世界法律的一体化和全球治理的法治化。有学者总结出四项：国际法的全球化；个别发达国家（如美国）的法律制度和法律文化的全球化；产生一种新的、公认的规则体系被称作世界法或全球法；从各国的民族文化中产生的法律制度或习俗（如中国的调解制度）。在法律全球化的实现路径上，学者们的观点主要包括：一是进一步推进法制变革；二是转换现代法的精神；三是以现代商人习惯法为基础；四是以各种方式参与"全球治理"等。第三，关于法律全球化与法律国际化、法制现代化等相关概念之关系。有学者对法律国际化与法律全球化之关系进行深入辨析后指出，法律国际化表征的是各个国家在法律上相互联系、彼此影响的程度，而法律全球化表征的是全球社会法律发展的趋势和规律。有学者通过对法律趋同化和法律全球化的深入研究，认为前者在理论上可以对后者进行修正和补遗，且能调和关于后者正反双方的观点。因此，前者的理论更具科学性和历史必然性。有学者认为，法律全球化与法制现代化二者关系紧密，前者必将推动后者的发展进程，而后者也对前者产生一定的影响。

(2) 全球化背景下的中国法学研究。全球化是当今社会的重要特征之一。在全球化背景下，我国的法学研究有了崭新的发展动向，主要体现在法理学、比较法、法治中国等问题的研究之中。有学者以法律本体论、法律价值观、法律人格观、法律发展观、法治观等五个法理学的基本论题为主题，分析和展望全球化可能引起法理学的理论变革和更新。有学者指出，在传统与当下、本土与域外法律制度的复杂互动之中，法律的发展往往会通过具体的历史实践表现出不同于以往、不同于他人的自主性特征，即使在全球化时代的当下也概莫能外。有学者认为，在法律全球化过程中，比较法对全球化有特殊敏感性，它既具有诸多理论优势又存在一些缺陷。有学者认为，为了有效应对经济全球化，我国要在政治法律体制、法律体系和法的精神等基本内容上强化第三次法制变革。

(3) 对法律全球化理论的反思。尽管一些学者在探讨法律全球化时，对这一事实保持了高度的警惕、怀疑甚至否定的态度，认为法律全球化是一种不切实际的幻想，是一个经不起法学原理推敲的提法。但是大多数学者依然肯定法律全球化这一事实，只是他们在坚持上述前提的基础上又对法律全球化理论进行了批判性的理性反思。有学者对以往的法律全球化解释范式进行了深入的反思和重构，认为以往的法律全球化研究存在的一个共同缺陷在于缺乏有效的解释范式，即都没有从"过程"的视角来界定全球化，从而只把法律全球化本身视为一个绝对不变的客观现象或客观趋势。在超越传统价值—事实这一维度的基础上，他们提出运用过程论范式这一全新的视角阐释法律全球化。有学者对学界有关法律国际化与法律全球化之关系在批判和反思的基础上，认为"反法律全球化"论者与"唯法律全球化"论者都处于"法律一元论"层面上，只不过前者尊奉的是"国家法律一元论"，而后者尊奉的是"非国家法律一元论"。这一问题出现的原因在于两者分别僵化地受到"法律的唯国家意志论"与"经济基础决定上层建筑"这两个论断的支配。有学者在对全球化是西方的观点进行反驳的基础上，对全球化进行重新划分，认为法律全球化像全球化一样也存在压制的法律全球化和对话的法律全球化之分，而当今世界正处于对话的法律全球化过程中。尽管对话的法律全球化还面临种种挑战和问题，但是依然可以通过形式合理的全球法治框架这种对话方案来解决。

毫无疑问，法律全球化在当今世界仍然是一个发展过程和演进趋势，将继续对世界秩序和法律发展产生重大影响。尽管法学界对法律全球化的诸多理论问题，尤其是一些基础性和前提性理论问题仍未形成基本共识，但是随着研究的不断深入，上述问题将会逐渐获得有效化解。据此，可以大胆地预见，法律全球化问题的研究在未来较长一段时间内仍将属于我国法理学研究中一个长盛不衰的热点论题。

(十二) 法学研究发展革新

自1978年党的十一届三中全会以来，随着改革开放和社会主义现代化建设事业的迅速推进，我国在经济、政治、文化等诸领域的体制变革获得了重大发展，社会结构、思想观念发生了巨大变化，同时，人们的思维方式、行为模式和生活样态也经历了较大变迁。在这一背景的影响下,需要包括法学在内的各学科积极抓住机遇,作出调整、变革和创新,以便及时顺应时代发展的潮流。对于法学的变革和创新问题,有赖于法理学的深入关注和细致探讨,因为作为法学的一般理论与基础理论,法理学应当说有责任、更有能力承担起研究整个法学的变革和创新问题。改革开放40年来,法学的发展和变革一直受到来自法理学和部门法学者的持续关注和探讨,产出了丰富的、颇具洞见的研究成果,同时,这一论题长期以来还是我国法理学研究的重要热点问题。

1. 法学研究发展问题

法学研究发展问题主要涉及法学发展状况的评价、法学发展的目标模式、法学的理论架构及法学现代化等内容。

第一,法学发展状况的评价。经过学者们广泛而深入的探讨后,学界对法学发展状况的评价主要有三种观点:一是悲观论,包括"幼稚"论和"危机"论两种。悲观论者认为,之所以会产生上述悲观论的判断,其原因在于:一方面,中国法学尽管获得了一定的发展,但是由于先天存在不足,后天又出现发育不良;另一方面,法学研究不仅与其他人文社会科学存在较大差距,而且还与我国的社会实践需要相脱节。值得警醒的是,近年来有学者甚至指出,中国法学要获得新生,首当死亡的是充斥着旧法律理论和法律意识形态的中国法理学。❶ 二是乐观论。乐观论者认为,近几十年来,随着改革开放和民主法制建设的不断推进,中国法学日益朝着成熟化的方向发展,并且初步建立了自己的学科体系和理论体系,基本适应了中国法制建设和学科建设的需要。三是综合论。综合论者认为,应坚持用马克思主义辩证统一的观点分析问题,换言之,既要看到中国法学所取得的巨大成就,也不能忽视中国法学存在的重大不足与面临的诸多挑战。虽然学者们对这一问题存在较大的分歧,但是大家却一致认为,唯有不断推进改革与创新,中国法学才能适应具有中国特色的发展需要,并将在21世纪取得新的发展。

第二,法学发展的目标模式。党的十二大以后,建构"有中国特色的马克思主义法学""有中国特色的社会主义法学"日渐获得学界普遍认可,并成为法学发展所追求的目标。十八大以来,在以习近平同志为核心的党中央的集中统一领导下,在全面深化改革、全面推进依法治国的背景下,法理学界提出并积极参与构建中国特色社会主义法学体系。需要指出的是,对于这一目标的实现,学界在具体途径的选取上还存在着不同观点。

第三,法学的理论架构。在改革开放40年间,我国法学的理论架构经历了一段演变过程。20世纪70年代末至80年代中期,由于当时整个社会仍然深受"以阶级斗争为纲"这一错误思想的影响,致使法学的理论架构也是建构在这一思想之上。80年代末以来,法学界在深刻反思过去理论失误所造成的惨痛教训的基础上,积极寻求从新的视角探求和阐释顺应时代发展要求的全新的法学理论架构。据此,倡导以权利和义

---

❶ 参见徐爱国:"论中国法理学的'死亡'",载《中国法律评论》2016年第2期。

务作为我国法学理论研究的核心内容和基石范畴便在新时期应运而生了。这一新的理论架构不仅有助于我国法理学和法学的理论发展和创新，而且还对我国的法治实践变革大有裨益。

第四，法学现代化。作为现代化重要组成部分的法学现代化，是与法制现代化相得益彰的动态的、持续的过程。法学现代化的基本目标在于：整个国家应建立社会主义市场经济、实现民主政治、构建精神文明，同时吸纳古今中外人类的法律文化精华，体现社会发展规律和时代前进方向的现代法学，简言之，法学现代化就是要达至中国特色的社会主义现代法学。法学现代化涉及各个方面的现代化，如法学观念和理论、法学内容、法学结构和体系、法学方法和手段等。

2. 法学研究创新问题

创新是一个日新月异的时代所必然产生的社会意识和动力，也是21世纪的最大时尚。推动法学理论研究，促进法理学的进一步转型升级，需要在观念、方法和理论上实现创新。

其一，在观念上不断更新。改革开放前，我国的法学研究在观念上深受"左"的思想的影响，致使错误的观念制约着法学研究的创新。改革开放后，包括法学研究在内的思想观念在时代的变迁中不断获得更新，为法治实践的发展提供了丰富的观念基础。例如，以吉林大学为代表的高校在我国法学研究观念更新中贡献出了许多智识资源，先后提出了"以权利和义务为基本范畴重构中国法学理论体系""以现代法的精神为核心推动中国法律制度创新""以权利本位为范式实现当代中国法哲学研究范式的转换""以法学学术前沿和法治实践前沿为目标促进中国法学与时俱进不断创新"等理论主张。

其二，在方法和范式上日渐革新。在以美国科学哲学家库恩的"范式"理论等西方研究方法转向的影响下，我国的法学研究也掀起了一场波澜壮阔的范式革命。经过学者们的广泛而深入的争鸣，大家日益意识到我国的法学研究应当是多元的研究范式。例如，有学者认为，改革开放以来中国法哲学经历了从阶级斗争范式到权利本位范式的变革。有学者认为，法理学研究范式创新经历了从阶级斗争范式到权利本位范式再到以人为本范式的转变。还有学者认为，当前中国的法学研究传统存在政法法学、诠释法学、社科法学三种范式。[1] 值得注意的是，邓正来教授在2005年的系列长文《中国法学向何处去》中，通过对中国法学研究中较具代表性的四种理论模式即"权利本位论""法条主义""法律文化论""本土资源论"进行全面深入的探讨，批判性地指出我国的法学研究深受"现代化范式"的支配，致使"中国法律理想图景"长期阙如，因此，他提出法学研究要实现从"主权中国"到"主体中国"的转变，最终建构起"中国法律理想图景"。[2]

---

[1] 参见苏力："也许正在发生——中国当代法学发展的一个概览"，载《比较法研究》2001年第3期；苏力："中国法学研究格局的流变"，载《法商研究》2014年第5期。

[2] 参见邓正来："中国法学向何处去"，载《政法论坛》2005年第1~4期。

其三，在理论上日臻创新。改革开放40年来，中国法制大致发生了四次具有标志性意义的变革。第一次变革发生在70年代末80年代初，以改革开放进程的启动为推动力，以大量制法修法、恢复秩序和保障人权等举措为标志。第二次变革发生在90年代，以建立和发展社会主义市场经济体制为推动力，以建立社会主义市场经济法律体系、张扬现代法律精神为标志。第三次变革发生在21世纪初期，以加入WTO和全面建设小康社会为推动力，以法律的全球化、知识化、信息化、技术化为标志。第四次变革发生在2012年前后，以党的十八大尤其是十八届三中、四中全会提出的全面深化改革、全面依法治国为推动力，以推进国家治理现代化、中国特色社会主义法治体系、法治中国为标志。以四次变革为背景，并由四次变革所推动，中国的法学理论已然经历了多次具有标志性意义的理论创新。例如，"依法治国，建设社会主义法治国家""社会主义市场经济是法治经济""构建中国特色社会主义法治体系"等等。值得注意的是，张文显教授在2017年提出，把"法理"作为法理学的研究对象和中心主题，并倡导部门法学与法理学应共同关注"法理"问题。这一法学理论创新，必将使"法理"研究引领法学思潮。❶

3. 马克思主义法学中国化研究

马克思主义法学中国化是马克思主义中国化的重要组成部分和必然逻辑结果，也是马克思主义法学的基本原理同中国革命与建设密切结合并立足中国国情的理论体系。改革开放40年来，马克思主义中国化的理论成果随着我国的民主法制建设的不断推进，业已形成了在不断传承和创新中建构中国特色社会主义理论体系，包括邓小平理论、"三个代表"重要思想、科学发展观、习近平新时代中国特色社会主义思想，这一套理论体系中蕴含着丰富的法学理论思想。作为我国法理学重要组成部分的马克思主义法学中国化理论，也随着中国化的马克思主义和中国特色社会主义理论体系在不断的发展和创新。马克思主义法学中国化问题一直是我国法理学研究的热点和重点论题，吸引了一大批研究者的关注，产出了一系列丰富的学术成果，这无疑对于实现我国治理现代化，建设中国特色社会主义法治国家具有重要的理论和实践意义。

大家普遍认为，坚持和发展马克思主义，使马克思主义法学日渐中国化是中国法学发展的根本保证。为此，至少必须做到以下两点：一是坚持马克思主义法学的基本原理，尤其是将辩证唯物主义和历史唯物主义这一世界观和方法论贯穿于法学研究之中；二是形成鉴别马克思主义和非马克思主义的认识能力，运用回到马克思主义经典文献而非教条主义和本本主义的方法理解马克思主义的精髓，清除附加在马克思主义名下的错误观点，进而使马克思主义更加纯化。学者们还一致认为，在当下中国，发展马克思主义要秉持解放思想、实事求是、与时俱进、求真务实的态度，将马克思主义法学基本原理同中国特色社会主义民主法制建设实际相结合，并在具体实践中不断验证和发展马克思主义法学。同时，要坚持从实际出发，具体问题具体分析，积极建

---

❶ 参见张文显："法理：法理学的中心主题和法学的共同关注"，载《清华法学》2017年第4期。

构包括法学体系在内的中国特色社会主义理论体系，在创新和发展中不断完善中国特色社会主义理论体系。

三、总结：法理学40年的主要成就、历史经验与突出问题

（一）主要成就

1. 学科建设：从实现独立到走向成熟

中华人民共和国成立后一直到改革开放初期这一较长时间里，我国的法理学因受苏联学科体系的影响长期与政治学合二为一，法理学甚至法学被当作政策的补充、政治的附庸，致使法理学学科长期以来缺乏独立性。改革开放后，我国的法理学学科建设逐渐实现了独立地位，而法理学教材名称的变迁是一项重要表征。我国法理学教材名称在50年代为"国家与法的理论"（"国家与法权理论"），改革开放后经过法理学者的不懈努力经历了80年代的"法学基础理论"（法的一般理论）和90年代的"法理学"不同发展阶段。随着"法理学"这一名称在法学界获得广泛接受和应用，法理学学科的独立地位也最终确立并不断巩固。进入21世纪以来，法理学学科在实现独立的基础上日益走向成熟。这种成熟主要体现在：第一，40年来，全国法学院系的数量急剧增加、规模不断壮大，许多新兴的法学院系异军突起，发展势头较为强劲；独立的法学理论教研室或研究室纷纷成立，专门的法理学教学科研人员陆续获得配备和充实。第二，经过40年的发展，我国的法学理论硕士、博士学位授权点数量日益增加，招生和培养规模不断壮大，培养体系日趋完善。第三，作为独立学术组织的中国法学会法理学研究会，在其成立后经过几十年的发展，对于加强学术交流与合作、推动法理学科的发展和创新、增进学术友谊等方面具有重大的助推作用。第四，40年来，随着整个科学领域日益呈现出"分化—整合"的发展趋势，随着法理学研究范围的日渐拓宽，加之我国经济社会的发展和法制环境的改善，致使法理学学科群在悄然兴起后不断向前深入推进。当前，形成了以法理学为龙头，包含法社会学、法解释学、比较法学、行为法学等诸多分支学科在内的内容丰富、结构完整的学科群体系。这些交叉、边缘学科的兴起和发展，有助于推动我国法理学的更新发展。

2. 研究主题：从基础性宏观理论到多样化微观问题

中华人民共和国成立到改革开放初期，由于受阶级斗争和"左"的思想影响，我国法理学研究的主题囿于政策范畴，偏重于探讨社会或国家全局性的"大词"，政治意识形态颇为浓厚，而学术性较为不足。在真理标准大讨论和党的十一届三中全会的影响下，法理学研究的主题发生了重大转变，日渐关注于立法及其相关问题的基础性宏观理论研究，如法的概念与本质、法的起源与发展、法的理念、法律与政策、人治与法治、民主与法制等。及至21世纪，中国特色社会主义法律体系形成后，以经济全球化、全面深化改革、全面推进依法治国为时代背景，以前那种"宏大叙事"式的"大问题"研究日渐式微，而法理学的研究主题逐渐转向关注司法及其相关问题的微观问

题,如法制现代化、人权理论、民间法、法律方法、法律全球化,法治理念或理论、法治体系、地方法治、法治评估等法治建设问题,以及司法规律、司法责任制、员额制改革等司法改革问题。现如今,法理学研究主题日渐朝着多元化、微观问题的方向发展。

3. 研究方法:从陈旧单一到多元丰富

改革开放40年来,我国的法理学研究方法经历了从陈旧单一到多元丰富的发展过程,这促使研究结论也经历了从"理论论断"到"理论论证"的转变。具体而言,在改革开放初期,由于深受前期"以阶级斗争为纲"思想的影响,致使我国的法理学研究方法也充斥着阶级斗争观念,因此,单一的阶级分析方法在当时一度极为盛行,成为学术研究的唯一分析工具。进入90年代后,随着改革开放和民主法制建设不断深化,加之法律方法论研究的持续推进,我国的法理学研究一方面合理借鉴古代和西方的相关研究方法,另一方面根据中国的社会实际阐释法律问题,使得以往较为沉闷的法学研究重新焕发生机,打破了80年代研究方法较为陈旧单一的格局,最终推进法理学研究方法逐渐朝着多元丰富的方向发展。其中,这种多元丰富研究方法有三种典型表现形式:一是包含语义分析法、价值分析法、阶级分析法等方法的权利本位论;二是包含历史考察法、比较分析法等方法的法律文化论;三是包含个案分析方法等方法的本土资源论。这些研究方法的出现及广泛应用,有利于推动法理学研究的实证化、经验化,进而助益于法理学研究与法律实践的密切联系。21世纪以来,法理学研究方法的多元丰富特征进一步加强,且系统化、科学化也日趋明显,出现了法律的经济分析、法律论证等新的研究方法。尤其值得注意的是,社会实证研究,借助神经认知科学、大数据、人工智能等自然科学形成的新型研究方法备受法理学者的极大关注。当然,无论研究方法在单一化时期,还是在日益丰富多元化的当下,马克思主义的辩证唯物主义和历史唯物主义这种一元化方法都贯穿于我国法理学研究之始终。

4. 科研成果:从较为稀少到日渐丰富

从1978~2018年这40年间,广大法理学学者以马克思列宁主义、毛泽东思想、邓小平理论、"三个代表"重要思想、科学发展观以及习近平新时代中国特色社会主义思想为指导,孜孜不倦、辛勤耕耘、艰苦探索,深入研究社会发展过程中出现的新情况、新经验、新问题,使得法理学研究成果在数量上经历了较为稀少到日渐丰富的过程,在质量上不断提升,并产出了许多具有重大学术价值和社会影响的科研成果。具体表现在:其一,就法理学教材而言,40年来,我国的法理学教材经历了多次改革创新,实现了由一般教材向专著教材、由国家统编教材一统天下向以国家组编教材为主体[1]和

---

[1] 就国家组编教材而言,较具代表性的论文例如,20世纪80年代初,司法部组织孙国华、沈宗灵等老一辈法理学家编写了《法学基础理论》;20世纪90年代初,国家教委委托沈宗灵教授主持编写了国家"八五"规划教材《法理学》;1997年党的十五大以后,教育部委托张文显教授主持编写国家"九五"规划教材(也即面向21世纪课程教材)。这些组编法理学教材经过多次重编或修订后不断朝着理论化、体系化方向发展。

不同风格教材互相配套❶的转变。其二，就研究成果的表现形式而言，一是以教材、讲义、著作、译著和学术论文等传统形式出版和发表；二是以论丛、文丛、缩影或影印等多种方式批量化、系统地出版研究成果；三是借助研究机构网站、学者个人网站、博客、微博和微信等新型媒介传播最新的研究成果。其三，就研究成果的内容而言，40年来，我国的法理学研究成果经历了一个由分散研究向专题研究、由理论研究向实践研究、由政治应对研究向专业学术研究的转变过程。

5. 研究队伍：人才储备渐趋充足且老中青结构日益合理

改革开放初期，由于受长期的政治斗争影响，致使我国的法理学研究队伍遭受重创，法理学甚至整个法学研究元气大伤，故此在法理学恢复和初步发展阶段一度出现了诸如法理学专业研究人才十分紧缺、人才结构极其不合理的诸多问题。在改革开放和民主法制不断深化的背景下，经过我国几代法理学研究者的不懈努力，使得上述局面逐渐有所改观，法理学研究队伍日益朝着人才充足且老中青结构合理的方向发展。40年来，我国的法学教育实现了跨越式发展，而法学队伍建设也取得长足的发展，已然形成了一支政治素质过硬、思想理论渐趋成熟、业务能力日益精湛、研究梯队初具规模的队伍。尽管新时期中国法理学的开拓者和奠基人现如今由于年龄原因基本已荣休，但是法理学研究人才依然获得了源源不断的新鲜血液补给，学术队伍呈现出老中青结构日渐合理的发展态势。具体而言，20世纪70年代末80年代初培养起来的学术骨干与中坚力量现如今已经成为法理学界的领导者，引领着中国法理学的正确前进航向，他们要么仍然坚守在教学科研第一线，要么在投身教学科研的同时，积极参与中国的法治建设实践；20世纪90年代培养出来的一批青年学者经过近二十年的磨砺和沉淀，现如今已经成长为法理学界新的学术骨干与中坚力量，他们的辛勤耕耘为我国法理学的知识生产贡献出诸多学术增量和思想洞见；21世纪初期培养出来的年轻法理学研究者经过多年的修炼，现如今已经成为法理学术圈中不可或缺的新生代力量，为法理学的创新和发展注入全新的活力，为新时代我国的法治建设和法学理论繁荣储备了丰富的人才资源。值得注意的是，一些在法理学界逐渐崭露头角的80后青年学术新锐，在借助当前经济全球化、信息便捷化的时代东风下，深入夯实自身的专业理论知识，积极放眼全球，努力培养批判意识和创新精神，因此，这些后起之秀在法理学界的快速成长深刻诠释了"长江后浪推前浪"这句古诗之意涵。当前，我国法理学人才

---

❶ 这些独具风格和特色的法理学教材一般由国内一些拥有优越条件的高校编写。例如，为了强调法理学教学内容与教材的学术化，实现法理学教材编写和教学活动的规范化，以及展现法理学教材学术观点与体系的多元化，西南政法大学在国内较早提倡"一分为二"的教学模式与教材模式，即将法理学教材分为《法理学初阶》和《法理学进阶》两部分，分别适用于不同年级的本科生。为了有效化解法理学教材所出现的教条式的说教，吉林大学理论法学研究中心在国内较早提出，法理学教材应当面向生活，关注法律现实，关注部门法的应用、变化及发展，为此，该中心积极倡导通过"生活中的法理"这一教学形式连接法理学与社会生活，通过"部门法哲学"课程勾连法理学与部门法，并组织编写和出版姚建宗主编：《法理学——一般法律科学》，等等。经过多年的实践探索，上述教材改革模式获得了较大的成就，为国内许多高校所学习和借鉴。

储备稳步推进，研究队伍持续优化，初步形成了一个完整的学术研究团体，既有学术造诣精深的老一辈法理学家，也有继往开来、承前启后的学术骨干与中坚力量，还有各方面实力强大的优秀青年研究者。因此，我国逐渐形成了老中青层次有别、梯度合理的法理学研究团队。

6. 法治实践：参与的力度、广度和深度不断增强

在真理标准大讨论和党的十一届三中全会的影响下，我国法理学不仅积极加强自身理论研究，而且还高度重视并不断提高自身服务于改革开放事业的水平，增强自身参与民主法制建设的能力。在改革开放40年的发展历程中，法理学参与法治实践的力度、广度和深度不断增强。主要表现在：首先，经济上，坚持以经济建设为中心，积极参与并服务于经济体制改革，从法理上回答了如何以法制引导、保障、推动经济体制改革的逐步深化与社会主义市场经济体制的建立和完善的重大实践问题，特别是重点研究了社会主义市场经济法律体系的建构、市场经济是法治经济及公平与效率的关系等问题，为加强经济法治建设和推进经济"新常态"，从法理学的维度提供了有效的理论指导和支撑。其次，政治上，以中国特色社会主义理论体系为指导，积极参与政治体制改革，从理论上阐释了政策与法律、民主与法治、党规与国法、政治体制改革与法治建设的密切关系，探讨了如何以法治保障和扩大社会主义民主、推进政治体制改革、加强廉政建设等重要实践问题，为充分认识和有效建设中国特色社会主义民主政治，推动法治国家和法治中国建设提供了富有建设性的建议。此外，法理学者还积极参与我国的立法工作，如宪法、刑法、民法通则、三大诉讼法、物权法、监察法、民法典等相关法律法规的制定或修订，并对其中的许多理论问题展开广泛深入的探讨。再次，思想文化上，一方面，法理学者积极、主动地参与思想理论战线和整个意识形态领域的斗争，如法律面前人人平等、人治与法治、法制与法治、法的本位、德治与法治等相关论题之争，有利于破除思想僵化、消除"左"的错误和批判资产阶级自由化思潮。进而推进我国的法治国家建设；另一方面，从理论上论证了精神文明建设与法治建设的密切关系，阐释了法治在推动社会主义精神文明建设、繁荣中国特色社会主义文化以及有效应对日新月异的科学技术等方面发挥了重要作用。复次，法治建设上，努力扎根社会主义法治建设这一理论研究的主战场，从法治观念的更新、法的精神的弘扬、政法体制的改革、法律体系的重构、法治体系的构建等方面，提出了大量富有成效的理论和对策，这无疑对我国的立法、执法和司法实践大有裨益。最后，法学体系建构上，法理学作为中国特色的马克思主义法学体系的理论基础，参与中国特色的马克思主义法学体系的建构，为民法、刑法、行政法、法史学、比较法学等学科提供了必要的理论指导。[1]

---

[1] 参见张文显等："中国法理学二十年"，载《法制与社会发展》1998年第5期；刘雪斌等："改革开放三十年的中国法理学：1978~2008"，载《法制与社会发展》2008年第5期。

7. 学术交流：开展的数量、范围、频次日渐增加拓展

40年来，我国法理学的学术交流在数量、范围、频次等层面日渐增加拓展。在国内学术交流方面，中国法学会法理学研究会等学术组织或研究机构和众多高校都举办了大量的法理学学术会议。例如，中国法学会法理学研究会举办的法理学年会，其探讨的主题主要围绕法学理论和法律实践的重大热点问题，其中，"法治"（"法制"）问题是法理学界探讨最为高频的议题。各研究机构和高校在不同时期还举办了形式多样的专题研讨会，探讨了主题各异的问题，如权利和义务，法治与市场经济，法治理论，现代法的精神，法制现代化，人权理论，法律文化，法律方法，法律全球化，法律体系与法治体系，司法制度理论，法理学的创新与发展，等等。这些研究主题不仅涉及面较广，而且极具时代特色。在国际学术交流方面，随着我国的对外开放不断推进，法理学界积极保持开放的姿态拥抱世界，以多种形式开展对外学术交往和合作，逐步走向世界。其中，最主要的学术交流形式有两种：一种是"请进来"，即邀请国外知名学者来华讲学或研讨；另一种是"走出去"，即派学者去国外留学或讲学，或参加国际性学术会议。我国先后有一批学者去国外特别是欧美国家留学、讲学或作访问学者，他们学习、吸收了国外先进的法理学理论成果与法制建设经验的同时，也向世界介绍、传播了中国法学研究与法制建设的最新成就，在中外法学或法制交流与沟通中发挥了桥梁作用。[1] 我国举办了多种形式的、高规格的法理学国际学术研讨会，或者中国法理学者积极参加国际性学术组织和会议，如国际法哲学与社会哲学大会、亚洲法哲学大会、东亚法治学大会等。一方面，有利于我国的法理学最新研究成果通过国际学术交流的方式向世界传播，以便提高我国法理学在国际上的话语权和影响力；另一方面，也有助于我国法理学界及时把握国外学界的最新研究动向，加强与国际社会的沟通和合作能力，进而促使我国的法理学研究更好地融入世界。

（二）历史经验

1. 基本条件：改革开放与民主法制建设的实践推动

改革开放与民主法制建设实践的巨大推动，是新时期我国法理学取得重大成就的基本条件。其中，改革开放为我国法理学界的思想解放和理论创新提供了实践来源，民主法制建设实践在我国法理学发展过程中具有"本"和"源"的作用。40年来，改革开放与民主法制建设实践对我国的法理学研究产生了重大影响。一方面，它们对法理学研究提出了一系列复杂的、独具中国特色的课题。例如，坚持党的统一领导与司法机关依法独立行使职权、国家法律的统一实施与各地区经济社会发展不平衡、国家法治建设中出现的信访不信法等问题。这些都无法通过西方的法学理论加以阐释和化解，而只能通过我国的实践自主进行探索和研究，进而寻求符合我国国情的答案；另一方面，它们为法理学研究提供了独特而丰富的实践经验。在改革开放与民主法制建设实践40年中，我国在政治体制、立法、行政、司法、纠纷解决、普法教育等方面积

---

[1] 张文显等："中国法理学二十年"，载《法制与社会发展》1998年第5期。

累或形成了许多知识、经验、智慧，这些智识资源来源于我国的历史和实践经验的理性升华，是我国法理学发展创新的重要动力。实践需要法理学，也解放和推动了法理学。例如，经济体制改革的不断深化与社会主义市场经济的发展，政治体制改革的逐步推进与社会主义民主政治的发展，文化教育科技体制改革与社会主义精神文明的发展，以及全面深化改革、全面推进依法治国的伟大实践，不断向法学家提出全新而丰富的课题和素材，促使他们思索和创新，同时也为他们在社会实践中应用、检验、修正、完善法学理论提供了广阔的场域和无限的机会。

2. 思想动力：坚持解放思想、实事求是的精神

解放思想、实事求是，是我国改革开放和现代化建设不断深入的思想动力，也是我国法理学研究不断开拓新境界、迈上新台阶的基本经验。在真理标准大讨论的影响下，我国法学界积极解放思想、实事求是，在改革开放初期开展拨乱反正，进行了"法律面前人人平等""人治与法治""法制与法治"等诸多问题的大讨论，出现了多次思想解放运动。具体而言，坚持解放思想、实事求是的精神主要体现在以下三个方面：其一，以科学的态度和实事求是的精神，研究新情况，解决新问题，概括新经验，得出新结论，形成新观点，发展新理论。其二，在研究工作中要冲破种种思想禁锢，破除各种教条，坚持不唯书、不唯上、只唯实、只求是的工作态度；针对学术讨论中的各种观点，要倡导学术争鸣和批判，避免上纲上线，进而形成一个自由、开放和宽容的思想生态市场。其三，敢于突破人为设定的某些研究禁区，突破某些强加于人的不合理的条条框框，不断开拓研究的新领域。

3. 学术立场：坚持以马克思主义及其中国化的最新理论为指导

坚持以马克思主义及其中国化的最新理论为指导，是新时期我国法理学沿着正确的方向不断开拓前进所秉持的学术立场，为法理学取得一系列具有时代意义和实践价值的理论成果创造了条件。坚持这一学术立场具体而言遵循了以下原则：首先，坚持辩证唯物主义和历史唯物主义相统一原则；其次，坚持马克思主义法学的基本原理，坚持党在我国社会主义初级阶段的基本路线，将马克思主义普遍原理与我国的具体实际相结合，在实践中发展和完善马克思主义；再次，自觉加强马克思主义法律思想、特别是中国特色社会主义理论体系中的法律思想的研究；复次，清楚地认识到且始终坚持我国当前处于、并将长期处于社会主义初期阶段这一基本国情；最后，坚持以邓小平理论、"三个代表"重要思想、科学发展观以及习近平新时代中国特色社会主义思想为指导的中国特色社会主义理论体系。

4. 研究策略：广泛吸收古今中外的法学研究成果

一方面，吸收了西方发达国家的先进法学理论与方法，将其中具有普遍性的观念、方法和理论引进到我国的法理学研究和法学实践当中。同时，法理学研究展开了大规模的对外学术交流和学术成果翻译，为我国的法理学研究提供了宝贵的理论资源和学术借鉴；另一方面，法理学研究继承了传统法律思想中合理的、有生命力的内容，并将其与我国的现代化建设相融合。在我国的法治建设中，将马克思主义及其中国化的

最新理论、中国传统优秀法律文化以及西方资本主义法制建设的先进经验共同融入我国的法治建设实践之中，进而形成了独具中国特色的制度和道路。另外，继承和培育中国法学的学术传统也是我国法理学实现繁荣发展的一项研究策略。

5. 研究战略：注重从实践出发，理论联系实际

实践的观点是辩证唯物主义认识论首要的和基本的观点。实践产生理论、检验理论、发展理论，是理论的活水源头；理论反过来进一步指导实践、推动实践、升华实践，是对实践的抽象凝练。法学是一门实践性很强的应用学科。如若离开深厚的社会实践土壤，法学将会变成无源之水、无本之木。因此，法学研究应当深入实际，深入群众，深入生活，研究新情况，解决新问题，总结新经验。例如，积极参与党和政府在经济体制改革、政治体制改革、精神文化和社会建设等领域改革的理论研究；积极对法治与改革的关系、改革中遇到的法治和法理、科技迅猛发展中的法律应对等重大问题进行深入阐述；围绕社会现实生活中发生的重大疑难案件、群体性事件、热点问题展开理论探讨。

6. 研究方针：坚持"双百"方针，营造良好的学术争鸣环境

坚持"双百"方针（百花齐放，百家争鸣），不仅是中国共产党长期以来指导科学文化事业的一项重要方针，而且还是我国的一项宪法原则。40年来，我国法理学取得的每一个成就应该说都与实行"双百"方针、提倡民主讨论和争鸣密切相勾连。进入新时期，在深刻反思以往经验教训的过程中，学术界认识到，与政治生活领域一样，科学文化领域最可怕的也是禁锢思想、鸦雀无声，或者是在某种压力下的异口同声。因此，营造自由、开放和宽容的学术环境对包括法理学在内的法学研究显得尤为重要。实践证明，40年来我国所展开的法律面前人人平等、人治与法治、法的本位、法制与法治、现代法的精神、德治与法治等诸多重大理论和实践问题的探讨，无疑是对坚持"双百"方针、营造良好的学术争鸣环境的最好注脚。

（三）突出问题

1. 数量与质量：知识生产总量庞大而增量较小

在过去的40年间，中国法理学甚至法学的知识生产在总量上非常庞大。据不完全统计，最近几年我国每年出版的法学学术著作有上千部，而发表的论文则近八万篇。且这一增长速度在不断提高。因此，包括法理学在内的法学无疑已经成为哲学社会科学领域最为重要的知识产业之一。然而，相较于经济学等其他社会科学而言，法理学甚至法学的知识增量相对较小，对整个社会科学体系的贡献显得颇为微弱。造成量大质小的原因主要有：第一，在数量众多的法理学成果中，尽管大多数属于知识增量类成果，但是真正具有思想性、创新性甚至原创性的成果却较为少见。第二，包括法理学在内的法学领域重复研究问题仍然较为突出，而学术评价体系的扭曲导致唯利是图、急功近利现象时常频发。第三，法理学领域不断涌现的诸多新思想、新理论、新方法，其实许多都是移植、吸收和借鉴于其他人文社会科学和自然科学，而真正来源于法理学自身的理论创新部分相对较少。这使得法理学从其他学科中索取过多，而对后者的

贡献甚少；法理学知识侵入其他学科偏少，而被后者侵入偏多；法理学论著引证其他学科文献的频率很高，而后者引证法理学文献的频率很低。

2. 范式与方法：系统性、科学性不足

法理学研究方法由过去单一的阶级分析方法逐渐转变为包含比较研究、实证研究等多元方法，且这些多元研究方法日趋系统化、科学化。然而，我国法理学研究范式和方法长期以来也存在着许多亟须解决的问题，这些问题具体而言主要有：一是深受概念主义、教条主义和形式主义研究风格的支配，价值分析的痕迹颇为浓厚。由于中国法理学的研究仍然深受形而上的模式和风格影响，大多数学者依然习惯于从理论到理论的推演式研究，有的研究甚至还停留于简单地堆砌、罗列各种各样的观点、结论之中，而缺乏实质性的推理、分析和论证。二是法理学学者往往关注抽象理论和宏观方法，而对部门法知识和方法的关注较为欠缺，解决实际问题的能力亟待提升。另外，法理学学者缺乏实证方法的训练，对其关注和运用较少，这使得实证研究在法理学中的发展显得步履蹒跚。尽管越来越多的学者日益意识到这一方法的重要性，有的甚至开始积极致力于通过多种努力推进我国法理学的实证研究，但是这仍然与经济学、社会学等学科在进行实证研究时所具有的客观性、严谨性、准确性特征相去甚远。三是许多法律问题涉及多学科的知识，而法理学者的单一知识储备在应对这些问题时显得力不从心。

3. 创新与发展：创新能力和动力严重不足

尽管我国的法理学研究经过40年的发展取得了巨大的成就，但是其中的创新不足问题却仍然不容忽视，主要包括前些年的创新能力不足和当下的创新动力不足。[1] 具体而言主要表现在：其一，重复研究问题依然严重。例如，对法治、法制现代化等问题的研究虽然发表了数量可观的论著，但是许多论著无论在思路和方法上还是在观点和结论上都无法摆脱重复研究的弊病。这种对既有知识的重组、重复，极易产生学术"泡沫化"问题，进而影响知识增量和学术创新。其二，学术争鸣缺乏真正的理论深度。尽管近几十年来学者们针对各种热点和重大问题进行了多次学术争鸣和学术批判，但是，由于不少学者对对方观点缺乏真正的理解甚至主观树立假象的论争对象，致使学术争鸣和学术批判的水准实质上较为低下，这使得学术争鸣缺乏实质意义上的理论交锋与学术观点的真正碰撞。更令人深恶痛绝的是，许多理论争鸣者缺乏基本的学术宽容精神，时常以政治意识形态的标准审视学术问题，这无疑也是法理学学术争鸣表现出低水准的重要因素。其三，真正的学术争鸣、学术批判严重匮乏。在当下的法理学学术研究中，研究者们时常远离重大理论与实践问题和论题，研究成果追求过多的套话、空话，像20世纪80、90年代那种轰轰烈烈的真正的学术争鸣、学术批判成为渐行渐远的历史记忆，而颇为严肃的学术评论也难寻踪迹了。

4. 科际与科内：彼此之间的交流和对话仍显不足

法理学与其他学科、部门法学之间虽然时常保持着一定的交流、合作和对话，但

---

[1] 张文显、郑成良、徐显明："中国法理学：从何处来？到何处去？"，载《清华法学》2017年第3期。

是仍显不足。一方面，法理学与其他社会科学缺乏沟通和对话。尽管法理学的快速发展得益于从哲学、社会学、政治学和经济学等其他学科中获得思维启迪、理论资源和方法创新，但是其与其他学科的交流与合作仍显不足，最终导致它们彼此之间无法实现平等的对话。这主要表现在：一是法理学未能及时吸收和借鉴其他学科的最新思想和理论成果；二是法理学研究方法更新缓慢，许多研究者仍停留在传统的价值分析方法中，对经济学、社会学等学科盛行的实证研究方法在法理学中的应用不够重视。另一方面，法理学与部门法学存在较大的张力。这主要表现在：一是法理学过往的研究主要侧重于法的本质等宏观问题，这些研究成果对部门法学的影响较为有限；二是由于许多法理学学者的部门法学知识功底薄弱，致使他们无法对部门法学最新的研究成果进行提炼并抽象出一般的理论，进而影响法理学在部门法学中发挥应有的理论指导作用。

5. 理论与实践：法学理论与社会实践严重脱节

40年来，尽管法理学者们以饱满的热情、强烈的社会责任感积极参与我国的民主法治建设实践，并针对法律实践中出现的新情况、新经验、新课题，经过深思熟虑的研判后提出了许多既富有理论深度又颇具实践操作功效的真知灼见，为党和国家重大方针政策的制定和实施提供了坚实的理论基础，同时也为国家立法、执法和司法活动贡献了有力的学理支撑。然而，我国的法学理论研究与社会实践也存在着许多不容忽视、亟须化解的问题。具体而言主要表现在：其一，法学理论在面对时代发展、现实需要和社会期望时常常出现明显的滞后窘境；其二，法学理论回应现实、参与实践的能力经常疲软、乏力，更遑论对现实的法律实践发挥有效的形塑作用；其三，法学理论研究无法全面、准确地从纷繁复杂的社会实践中概括、总结出一般性的理论，并将这些一般性的理论重新在社会实践中加以检验。

6. 传统与现代：缺乏中国传统法律文化和学术传统的奠基

我国现代意义上的法理学甚至法学是在西方法学思想和理论体系的影响下建立和发展起来的，因此，自清末修律，尤其是中华人民共和国成立和党的十一届三中全会以降，我国的法理学体系建构和理论研究都实现了重大转变，取得了巨大成就。然而，这种外表被西方现代理论所装饰的法理学，其内部因缺乏坚实的理论基础而表现出虚空状态。造成这一虚空状态的原因主要有：一方面，一些法理学学者对中国传统法律文化抱持历史虚无主义态度，缺乏对中国传统法律文化中的精华进行正确的梳理和继承。例如，有学者喜欢用西方话语、西方模式格式化我国法学知识体系和理论体系，或者胡乱地解读中国法律与中国法学，未能将我国的传统法治思想融入法律体系完善和法治体系的建构中，致使研究结论缺乏理论根基和底色。❶另一方面，法理学研究缺乏深厚的学术传统。由于我国的法理学研究起步较晚，且长期深受西方法理学的影响，

---

❶ 参见张文显、郑成良、徐显明："中国法理学：从何处来？到何处去？"，载《清华法学》2017年第3期。

加之我国长期处于政治斗争的漩涡之中，致使独立的学术传统和良好的学术规范未能最终形成，进而影响法理学学术研究在支撑点和生长点上发展和创新。

7. 国内与国际：缺乏平等的对话能力，对世界法理学的贡献偏低

尽管中国法理学界表现出积极融入国际法理学的期盼，越来越多的中国法理学学者积极主动地参与国际法理学的多种学术活动，但令人遗憾的是，就总体而言，中国法理学仍然缺乏与国际社会展开平等交流和对话的能力。这主要表现在：其一，中国学者较少参与全球性或重大的国际学术会议，即使有机会参与也很难融入国际学术前沿问题的讨论之中，在国际学术会议上，中国法理学学者主要侧重于介绍中国的研究情况和经验，而较少提出富有原创性和启发性的问题或洞见，致使我国的国际话语权依然较为微弱，而中国元素在国际话语体系中时常出现缺位。其二，中国法理学学者在学术研究中往往将视野局限于国内，缺乏对国外最新研究动态的关注，很少在国际权威性刊物上发表学术论文，而在国外知名出版社出版的颇具影响的学术著作更是少之又少。其三，当前我国的对外学术交流总体而言是一种从西方向东方的单向知识引进运动，法理学研究尚无明显优势。换言之，我国的法理学研究主要偏重于大量引进外国，特别是西方发达国家的知识、理论和方法，而很少输出本国的法学理论研究成果。这些问题使得中国法理学无法真正走向世界，更遑论在世界范围内作出重大的贡献，最终致使我国的法理学形成中国风格、中国特色、中国气派显得道阻且长。

（撰稿人：吉林大学理论法学研究中心杜宴林教授、博士研究生　彭军）

黄柳建　北京大学法学院博士研究生
黄宇宸　北京大学法学院博士研究生

一、当代中国宪法学学科历史发展脉络

1978年在我国历史进程上是一个重要的年份。随着十一届三中全会的胜利召开,中国共产党确立新的思想、政治和组织路线,把工作重心放在经济上,实现伟大的历史性转折。政治上的新气象也为宪法学科的恢复和发展提供了有利的政治环境,老一辈宪法学家重新开始探索宪法学所应承担的历史使命,谋划宪法学科的恢复和发展。在新时期成长起来的新一代宪法学者为我国宪法学科的发展作出巨大贡献。改革开放40年,宪法学的恢复和发展主要经历了以下四个阶段。

(一) 1978~1988年:恢复重建阶段

1978年宪法的颁布标志着我国宪法、法律秩序的重新确立,为刑法、刑事诉讼法、选举法、人民法院组织法、人民检察院组织法等法律提供宪法基础。然而,1978年《宪法》并未完全摆脱"文革"意识形态的影响。在肯定中国共产党领导中国革命及社会主义建设的历史成就的同时,1982年《宪法》确认了党和国家发展方向的重大调整。伴随着1982年《宪法》的颁布实施,各类有关宪法宣传、介绍、评价的书籍和文章如雨后春笋般涌现出来。在1982年《宪法》颁布至1983年8月期间,不到一年内就出版了13本介绍宪法的小册子和400多篇中国人民大学民商事法律科学研究中心文章。❶沐浴着改革开放的春风,我国的宪法学也开始恢复重建。

在学科教育方面,继高考恢复之后,北京大学、吉林大学、湖北财经学院等高校开始招收法学本科生。到1980年,全国已有14所院校恢复或重建法律专业,招生人数达到2828人。同时,1978年起,各大院校也开始陆续招生宪法学的硕士和博士研究生。❷ 课程设置方面,除《中国宪法》课程外,许多院校还开设了《中国宪法史》《外国宪法》和《比较宪法》等课程;❸ 学术活动方面,1985年10月成立的中国法学会宪法学研究会标志着中国宪法学研究走向专业化。此后,各省市也相继成立宪法学会。这些研究团体为宪法学者提供了广阔的学习和交流平台。学术成果方面,这期间出版了上百种有关宪法的教材、专著、工具书和普及性读物,发表论文约2800篇。❹ 其中较有代表性的著作包括许崇德、何华辉的《宪法与民主制度》(1982年)、张光博的《宪法论》(1984年)、王叔文、张庆福的《宪法讲话》(1984年)、龚祥瑞的《比较宪

---

❶ 参见杨海坤主编:《跨入新世纪的中国宪法学》,中国人事出版社2003年版,第41页。
❷ 参见童之伟:"中国30年来的宪法教学与研究",载《法律科学》2007第6期。
❸ 参见许崇德、王玉明:"十年宪法学的回顾与展望",载《法律学习与研究》1989第4期。
❹ 许崇德、王玉明:"十年宪法学的回顾与展望",载《法律学习与研究》1989第4期。

法与行政法》（1985年）、张友渔的《宪政论丛》（1986年）、蒋碧昆的《中国近代宪政宪法史略》（1987年）等。

这一时期中国宪法学界主要关注的问题有宪法的概念、宪法的起源、宪法规范的特点、宪法序言的法律效力、我国的立法体制、我国的国家元首、议行合一、人权和公民权、农村基层政权建设、我国的国家结构形式、我国宪法的内容、我国宪法的修改、我国的人民代表大会制度、选举制度、我国宪法的事实保障等。❶

改革开放的第一个10年是中国宪法学恢复重建的时期，学科体系、人才储备初具规模，学术气氛也日渐活跃。这是老一辈宪法学家辛勤耕耘和无私奉献的结果，但是也受到时代的局限。❷ 客观而言，20世纪80年代的中国宪法学还未完全摆脱意识形态的桎梏，主要围绕"以秩序为本位的制度建设"，学术的积累体现在宪法学总论与教材建设上。❸

（二）1989~1999年：加速发展阶段

20世纪90年代是改革开放不断深化拓展的年代，同时也见证了1993年修宪、1999年修宪和1997年《香港基本法》与1999年《澳门基本法》实施等在我国宪法发展史具有重大意义的事件。在此背景下，中国的宪法学学科获得加速发展。

就学科建设和学术成果而言，这一时期的主要特点如下：第一，人才培养方面，1984年中国社会科学院率先取得宪法学博士点，1986年、1989年和1990年，中国人民大学、北京大学和武汉大学也开始培养宪法学博士，为我国宪法学的发展培养了大量优秀人才；第二，在学术成果方面，据统计，在《中国法学》《法学研究》《中外法学》《法学家》《现代法学》《法学》《法学评论》《法商研究》《政法论丛》等杂志上发表的宪法学文章达三百余篇。❹ 这一时期也出版了大量宪法学著作，张庆福主编的《宪法学基本理论》和《宪政论丛》、徐秀义与韩大元所著的《宪法学基本原理》等较有代表性。第三，这一时期宪法学界开始注重译介西方著作，较有代表性的是由三联书店出版的"宪政译丛"以及由知识出版社出版的"人权译丛"等。❺ 第四，20世纪90年代，我国宪法学研究在方法论方面也出现了一些新气象。一是宪法解释学的兴起。在1990年，王玉明教授的论文《论宪法解释》发表在《现代法学》上，该文系统论述了宪法解释的概念、原因、原则、机关及效力等宪法解释的基本问题。❻ 尽管当时的宪法解释还只是一个初步框架，但这为21世纪初宪法解释学的发展奠定了基础。二是规

---

❶ 韩大元主编：《中国宪法学说史研究》（上），中国人民大学出版社2012年版，第485~486页。

❷ 20世纪80年代的资深宪法学者多数于50年代初期接受宪法学教育。所学习的宪法学知识主要以苏联宪法学基本理论为主。参见韩大元主编：《中国宪法学说史研究》（上），中国人民大学出版社2012年版，第486页。

❸ 韩大元主编：《公法的制度变迁》，北京大学出版社2009年版，第22页。

❹ 韩大元主编：《中国宪法学说史研究》（上），中国人民大学出版社2012年版，第504页。

❺ 教育部人文社会科学重点研究基地——法学基地（9+1）合作编写：《中国法学三十年（1978~2008）》，中国人民大学出版社2008年版，第68页。

❻ 参见王玉明："论宪法解释"，载《现代法学》1990年第4期。

范宪法学的初倡。规范宪法学是中国宪法学领域的一个重要流派。在20纪90年代，以林来梵教授为代表的学者提出规范宪法学的概念，❶ 预示着21世纪初宪法学研究方法论多元时代的到来。三是交叉宪法学研究的起步。正是与经济学、社会学、历史学、哲学等学科的交流和合作，促成了宪法经济学、宪法社会学、宪法史学、宪法哲学等学科的建立和发展，从而极大丰富了宪法学研究的广度和深度。

（三）2000~2007年：全面勃兴阶段

21世纪初期是宪法权利的勃兴和宪法学科的繁荣时期。国家越来越重视宪法制度层面的建设，公民的宪法意识也不断增强。特别是2004年人权入宪为21世纪中国宪法学的发展提供了重要的价值基础。❷ 中国宪法学以保障人权为目的，以民主和法治建设为基本路径，进行宪法权利论证，分析宪法权利的法律结构。❸

同时，中国社会中发生的一系列宪法性事件也推动着宪法学的发展。2001年齐玉苓案极大地推动了学界对"宪法司法化"的讨论；2003年的孙志刚事件则引发了学术界对宪法权利和违宪审查的讨论。诸多事件受到宪法学界的广泛关注，表明公民宪法意识的提升。在此背景下，21世纪以来，我国的宪法学开始迅速发展、全面勃兴。这一阶段主要有以下三个特点。

（1）宪法学研究多元化趋势不断加强。宪法学研究打破了1982年《宪法》所确立的固定结构模式，❹ 涌现出众多具有较高学术水准的宪法学教材和著作，❺ 林来梵教授所著的《从宪法规范到规范宪法》，张千帆教授所著的《宪法学导论》，韩大元、林来梵和郑贤君合著的《宪法学专题研究》等是比较有代表性的著作。

（2）中国宪法学界更加关注对实际问题和案例的研究。在社会转型期的背景下，大量具有宪法意义的事件引起宪法学界的关注。正如张千帆教授在《宪法学导论》里所讲到的："每当我们谈论宪法问题的时候，我们所谈论的并不是什么玄妙高深的理论，而是关系到你我实际生活中的平常事情。"❻ 因此，许多学者开始以案例为题材出版教材和著作，如韩大元教授主编的《中国宪法事例研究》，胡锦光教授主编的《宪法学原理与案例教程》，以及焦洪昌、姚建国两位教授合著的《宪法学案例教程》等。

（3）深入开展外国宪法研究。这一时期，比较有代表性的著作有张千帆教授的《西方宪政体系》（上下两册）、韩大元教授的《亚洲立宪主义研究》（第2版）、刘向文教授等著的《俄罗斯联邦宪政制度》、赵宝云教授著的《西方五国宪法通论》、郑全

---

❶ 林来梵："关于中日两国宪法学研究特色的比较探讨——《以现代中国宪法论》（日文版）为素材"，载《法学家》2007年第4期。

❷ 姜明安主编：《公法理论研究与公法教学》，北京大学出版社2009年版，第16页。

❸ 姜明安主编：《公法理论研究与公法教学》，北京大学出版社2009年版，第16页。

❹ 在20世纪八九十年代，1982年宪法的研究主要以苏联模式为范本，带有明显的"权力本位"特征，内容较为单调和刻板。

❺ 韩大元主编：《中国宪法学说史研究》（上），中国人民大学出版社2012年版，第519页。

❻ 张千帆：《宪法学导论：原理与应用》（第三版），法律出版社2014年版，第3页。

咸教授著的《资本主义国家宪法论》等。

(四) 2008~2018年：百花齐放阶段

进过21世纪初期的积淀，这一阶段的中国宪法学研究呈现出百花齐放之势，主要表现有以下四个方面。

(1) 宪法学流派逐步形成诠释宪法学、规范宪法学、政治宪法学等"多足鼎立"的格局。林来梵教授的《从规范宪法到宪法规范》是规范宪法学的代表。韩大元教授和张翔教授所致力推动的诠释宪法学也日趋完善。2008年陈端洪教授发表的《论宪法作为国家的根本法与高级法》被认为是中国政治宪法学流派的开山之作，随后高全喜教授等学者对此作进一步的阐述。

(2) 实证宪法学的发展。实证宪法学是指和宪法相关的经验实证研究，包括大众和精英的政治行为、权力制约的必要性及其成本、制度设计等。与规范宪法学和诠释宪法学不同，实证宪法学是基于对人类行为的普遍经验假定以及对特定制度下的行为所作的经验调查，探讨社会与政治过程中不同事件的因果关系，进而对制度设计是否实现了所期望的功能做出评价。❶ 在20世纪90年代，一些学者就已开始在宪法学领域开展实证研究，较有代表性的成果是蔡定剑教授的《中国人民代表大会制度研究》，该书以实证研究方法对我国的人大制度作了较为全面的梳理和阐述。进入21世纪后，宪法学领域的实证研究得到进一步发展，较有代表性的著作有张千帆教授的《国家主权与地方自治》，该书以实证研究的方法重新审视了我国中央与地方的关系问题。

(3) 社会主义依宪执政理论的阐述。依宪执政就是把文本的宪法落实到现实政治生活。中国的社会主义依宪执政理论是指实施现行宪法，推动中国的民主、法治建设，实现党的领导和人民民主的有机结合。对这一理论贡献较大的学者包括华东政法大学的童之伟教授、武汉大学的秦前红教授、西北政法大学的华炳啸教授。其他著名宪法学家诸如李步云教授、郭道晖教授、韩大元教授、林来梵教授等也发表文章进行阐述，极大地促进了这方面理论的形成和发展。❷

(4) 有关宪法审查机制设计讨论的深入。探寻适合我国国情的宪法审查制度成为这一阶段学界聚焦的热点。宪法学学者提出了很多方案，主要包括以下四种：第一，通过授予最高人民法院宪法解释权的方式建立宪法审查制度；第二，在人大常委会下设一个宪法监督委员会进行宪法审查；第三，在全国人大下设平行于常委会的宪法委员会；第四，建立独立的宪政法院。十九大报告明确要求"加强宪法实施和监督，推进合宪性审查工作，维护宪法权威"。如何具体落实，仍需中国宪法学人的努力和贡献。

(五) 小结

回首当代中国宪法学40年的发展，中国的宪法学人以自己的智慧、勇气和努力使

---

❶ 张千帆：《宪法学导论：原理与应用》（第三版），法律出版社2014年版，第41页。
❷ 关于对社会主义依宪执政理论阐述的文章，可在"爱思想"的专栏中查阅。

我国宪法学研究基本脱离了政治口号和意识形态话语体系，发展出不断适应与引领时代的宪法学理论，方法日渐多元，流派日趋成熟，理论百花齐放。展望未来，宪法学的继续前行仍需宪法学人的不懈努力。

二、中国宪法学学科建设

（一）宪法学人

过去40年是宪法学人才辈出的时代，许多优秀的宪法学学者在不同时期为我国宪法学发展作出了巨大贡献。限于篇幅，我们在此无法一一列举。下表所包括的是各个时期比较有代表性的宪法学学者（按出生前后排列）。

表1 我国各时期较有代表性的宪法学学者

学人姓名	出生年份	教育背景及主要任职	主要著作
张友渔	1898年	1918年考入山西第一师范学校；1923年考入国立法政大学。中华人民共和国成立后，历任中共北京市委副书记、书记处书记、北京市人民政府常务副市长，中国科学院哲学社会科学部副主任兼法学研究所所长，中国社会科学院副院长，全国人大常务委员会法制委员会副主任，全国人大常务委员会委员兼法律委员会副主任等职	著有《中国宪政论》《法学基础知识讲话》《社会主义法制的若干问题》等
龚祥瑞	1911年	1929年，进入上海沪江大学生物学系学习。1930年，入读沪江大学生物学系。1931年，转入清华大学法学院政治系。1935年，考取庚子赔款留学英法。1938年，获英国伦敦政经学院政治学硕士学位。1939年，获法国巴黎大学法学院比较法研究所法学博士学位。1954年以后，长期担任北京大学法律系教授，直至逝世	著有《欧美员吏制度》《西方国家的司法制度》《文官制度》《比较宪法与行政法》《法与宪法近论》《法治的理想与现实》《宪政的理想与现实——宪法与宪政研究文集》《英国行政机构和文官制度》等
肖蔚云	1924年	1951年毕业于北京大学法律系，1959年毕业于苏联列宁格勒大学法律系，获国家法副博士学位。北京大学法学院教授，博士生导师，全国人大常委会澳门特别行政区基本法委员会委员，澳门科技大学法学院院长	著有《加强社会主义法制讲话》（合著）《中华人民共和国宪法讲话》（合著）《我国现行宪法的诞生》（独著）《论新宪法的新发展》（独著）《香港基本法与一国两制的伟大实践》（独著）等

续表

学人姓名	出生年份	教育背景及主要任职	主要著作
何华辉	1925年	1951年毕业于北京大学法律系。1953年在中国人民大学法律系国家法研究生班毕业。1953年研究生班学业满之后，被分配到武汉大学。1985年赴美国法学排名第一的耶鲁大学法学院访问讲学。武汉大学法学院教授、博士生导师、中国法学会宪法学研究会副总干事	著有《什么是人民代表大会制度》（合著）《比较宪法学》《分权学说》《宪法与民主制度》等
吴家麟	1926年	1951年从北京大学毕业，1951年9月至1951年12月在中国人民大学法律系研究生班学习1951年12月至1961年年底在中国人民大学法律系执教。1983年任宁夏大学校长	著有《宪法基本知识讲话》《故事里的逻辑》《审案、破案与逻辑》《法律逻辑学》《宪法学》等
王叔文	1927年	1950年毕业于四川大学法律系，1957年毕业于苏联莫斯科大学法律系，获法学学士学位，1988年获日本立命馆大学名誉法学博士学位。历任中国社会科学院法学研究所助理研究员、副研究员、研究员，国家法研究室主任，法学所副所长、所长	著有《现代中国宪法概论》《香港公务员制度研究》《有中国特色的马克思主义法学理论》《市场经济与宪政建设》等。
蒋碧昆	1927年	中华人民共和国第一批法学专业本科生（1950年就读于中国人民大学法律系），中国法学会宪法学研究会顾问、中南财经政法大学教授、湖北省宪法学会会长	著有《中华人民共和国宪法名词解说》《中国近代宪政宪法史略》《法在生活中》等
许崇德	1929年	1951年于复旦大学法律系毕业，入中国人民大学读研究生，1953年毕业，留校任教。1971年调北京师范大学政教系任教。1980年调回中国人民大学法律系，宪法学与行政法学博士学位点建立人和主持人。中国人民大学法学院教授、博士生导师	著有《许崇德全集》（共12卷）《中华人民共和国宪法史》《宪法学》等

续表

学人姓名	出生年份	教育背景及主要任职	主要著作
郭道晖	1928年	1951年清华大学电机系毕业。曾任清华大学党委常委兼宣传部长、哲学讲师、全国人大常委会法制工作委员会研究室副主任、中国法学会研究部主任、《中国法学》杂志社总编辑等。中国法学会法理学研究会顾问,北京大学宪法学行政法学博士生导师组成员、公法研究中心客座研究员,湖南大学教授兼《岳麓法学评论》主编,最高人民检察院专家咨询委员会委员	著有《中国法律制度》《法的时代精神》《法的时代呼唤》《法的时代挑战》《走向民主法治新世纪》《法理学精义》等
张光博	1929年	1949年考入东北行政学院学习法律。后被送到中国人民大学法律系研究生班学习,主攻宪法。1953年毕业后回到吉林大学法律系任教,从此在吉林大学辛勤耕耘近四十年。先后担任过吉林省社会科学院法学研究所所长、《当代法学》主编、吉林大学法学院院长等职	著有《宪法论》《比较宪法纲要》《法论》《马克思主义法理学》《坚持马克思主义法律观》《坚持马克思主义权利义务观》等
廉希圣	1932年	1954年毕业于中国人民大学法律系。曾任中国政法大学法律系宪法教研室主任,研究生院宪法专业硕士研究生导师组组长,中国宪法学会秘书长,中国政法大学比较研究所所长,兼港澳台法研究室主任	著有《中华人民共和国宪法释义》(合著)《宪法学教程》(主编)《宪法概要》(合编)等
李步云	1933年	1957年入北京大学法律系学习,1962年本科毕业,1965年研究生毕业。1967年2月到中国社会科学院法学研究所工作至今。中国社会科学院荣誉学部委员、法学研究所研究员、博士生导师,广州大学人权研究中心主任	著有《新宪法简论》《法制、民主、自由》《法理探索》《走向法治》等

续表

学人姓名	出生年份	教育背景及主要任职	主要著作
张庆福	1937年	法学硕士，中国社会科学院法学研究所研究员，所学术委员会委员，公法研究中心名誉主任，中国社会科学院研究生院教授、博士生导师。曾任中国社会科学院法学研究所宪法行政法研究室副主任、主任，所学位委员会委员，中国社会科学社会政法学科正高职称评审委员会委员，中国新闻法制研究中心研究员	著有：《宪法学基本理论》《宪法学研究述略》《中国宪法概论》《我国公民的基本权利和义务》等
陈云生	1942年	1966年北京政法学院（现中国政法大学）法律系毕业，毕业后在广西从事过司法、教育、行政工作；1978年考入中国社会科学院研究生院法学系深造，师从著名法学家张友渔教授攻读宪法学专业，1981年和1987年先后获得法学硕士和法学博士学位	著有《民主宪政新潮——宪法监督的理论和实践》《权利相对论——权利与义务价值模式的建构》《反酷刑——当代中国的法制与人权保护》《超越时空——加拿大多元文化主义》《中国民族区域自制制度》《宪法监督司法化》等
童之伟	1954年	历任武汉大学助教、讲师、副教授，中南财经政法大学教授，《法商研究》杂志副主编、主编，上海交通大学法学院常务副院长。现中国宪法学会副会长，华东政法大学法学院教授	著有《国家结构形式论》《法权与宪政》等
蔡定剑	1956年	北京大学法学博士，中国政法大学教授，宪政研究所所长。曾任全国人大常委会秘书组副组长，兼任北京大学法学院人民代表大会与议会研究中心执行主任，中国法学会法理学研究会常务理事，中国法学会宪法学研究会干事，北京市政治管理干部学院特聘教授	著有《国家监督制度》《中国人民代表大会制度》《历史与变革——新中国法制建设的历程》等，主编《中国宪法精解》《人民代表大会20年发展与改革》等
王人博	1958年	1979~1983年，西南政法学院法律系，获法学学士学位，后留校任教；1986~1989年，西南政法学院法律史专业，获法学硕士学位；1999~2001年，中国政法大学法律史专业，获法学博士学位。中国政法大学教授、博士生导师	著有《法治论》（与程燎原合作）《宪政文化与近代中国》《中国近代宪政思潮》《宪政的中国之道》《桃李江湖》等

续表

学人姓名	出生年份	教育背景及主要任职	主要著作
蒋劲松	1959 年	1982 年毕业于湖南湘潭大学，获历史学学士学位。1982~1984 年在湖南益阳师专马列室和历史科任教师。1984~1987 年在武汉大学攻读美国现代史，并于 1987 年 7 月毕业，获历史学硕士学位。2002 年 9 月至 2005 年 7 月在中国社会科学院研究生院师从张庆福教授，攻读宪法学与行政法学专业，并于 2005 年 7 月毕业，获法学博士学位。现中央财经大学法学院教授	著有《美国国会史》《议会之母》《中国全国人大》《德国代议制》等
胡锦光	1960 年	中国人民大学学士、硕士、博士。1986 年 7 月至今，在中国人民大学法学院先后任助教、讲师、副教授、教授、博士研究生导师	著有《中国宪法问题研究》《行政处罚研究》《违宪审查论》等
韩大元	1960 年	毕业于吉林大学和中国人民大学。中国人民大学法学院教授，院长。兼任中国法学会常务理事、中国宪法学研究会会长，教育部法学教育指导委员会委员、国务院学位委员会第六届学科评议组成员等	著有《亚洲立宪主义研究》《东亚法治的历史与理念》《韩国国会》《1954 年宪法与新中国宪政》《宪法学基础理论》《感悟宪法精神》等
马岭（女）	1960 年	1983 年毕业于西北政法学院法律系，原中国青年政治学院法律系教授、现社会科学院大学教授	著有《宪法原理解读》《宪法权利解读》《宪法权力解读》
焦洪昌	1961 年	法学博士，教授，中国政法大学法学院院长、博士生导师，北京市第二检察院专家咨询委员，中国宪法学会副会长	著有《选举权的法律保障》《私有财产权法律保护研究——一个宪法学视角》等
高全喜	1962 年	曾任北京航空航天大学法学院教授，人文与社会科学高等研究院院长，现上海交通大学凯原法学院教授。哲学博士（师从贺麟先生）。曾任中国社会科学院研究生院教授，法学研究所研究员。研究领域为西方政治哲学、法哲学和宪政理论	著有《理心之间——朱熹和陆九渊的理学》《法律秩序与自由正义——哈耶克的法律与宪政思想》《休谟的政治哲学》《论相互承认的法权——精神现象学研究两篇》《政治宪法学纲要》等

续表

学人姓名	出生年份	教育背景及主要任职	主要著作
林来梵	1963年	本科毕业于福建师范大学政教系。曾留学日本近八年，先后就读于大阪外国语大学及立命馆大学等，获法学硕士、法学博士学位。先后任教于香港城市大学法律学院、浙江大学法学院；2009年9月起任清华大学法学院教授、博士生导师	著有《中国的主权、代表与选举》（日文版）《从宪法规范到规范宪法》《剩余的断想》等
周叶中	1963年	武汉大学法学学士、硕士、博士。现任武汉大学法学院教授、博士生导师，武汉大学党委常委、副校长	著有《代议制度比较研究》《宪政中国研究》（上、下册）《台湾地区"宪政改革"研究》等
刘茂林	1963年	湖北财经学院法学学士、中南财经政法大学法学硕士、武汉大学在职法学博士。湖北警官学院院长、党委副书记。中南财经政法大学学位委员会委员，中南财经政法大学宪法学与行政法学专业博士研究生导师组组长，宪政理论研究所主任	著有《当代中国地方制度》《中国宪法新论》《农民法律意识与农村法律发展》《中国宪法导论》《宪法学》等
张千帆	1964年	南京大学物理学学士、卡内基-梅隆大学生物物理学博士、德克萨斯大学奥斯汀分校政府学博士，北京大学宪法学教授。曾任南京大学法学院教授、博士生导师（1999~2002年）。现任北京大学法学院教授，政府管理学院双聘教授，博士生导师，北京大学宪法与行政法研究中心常务副主任，中国宪法学会副会长	著有《宪法学导论》《西方宪政体系》《为了人的尊严》《宪政原理》《权利平等与地方差异：中央与地方关系法治化的另一种视角》《国家主权与地方自治：中央与地方关系法治化》《司法审查制度比较研究》（合著）《市场经济的法律调控》《大学招生与宪法平等：国际经验与中国问题》等
秦前红	1964年	武汉大学法律系本科、硕士、博士，师从著名学者何华辉教授。武汉大学宪政与法治国家研究中心常务副主任，武汉大学宪法与行政教研室主任，兼任中国法学会宪法研究会副会长、中国法学会比较法研究会常务理事等职	著有《宪法变迁论》《社会主义宪政研究》等，编有：《通向二十一世纪法治之路》《新宪法学》《比较宪法学》等

续表

学人姓名	出生年份	教育背景及主要任职	主要著作
郑贤君（女）	1964年	中国政法大学法律系学士、复旦大学法律系外国法制史专业硕士、中国人民大学法学院博士。1986~1995年任教于河北师范学院。现任教于首都师范大学政法学院，硕士研究生导师	著有《论中国宪政模式的走向》《基本权利的宪法构成及其实证化》等
王磊	1965年	北京大学法学院本科、硕士、博士。1990年留校任教，曾任北京大学法学院党委副书记，现任北京大学法学院教授、博士生导师，北京大学宪法行政法研究中心专职研究员	著有《选择宪法》《布什诉戈尔》《宪法的司法化》等
莫纪宏	1965年	1986年毕业于北京大学法律学系，获法学学士学位。同年考入中国社会科学院研究生院法学系，师从我国著名宪法学家王叔文研究员，并于1989年、1994年分别攻取法学硕士学位和法学博士学位。中国社会科学院法学研究所副所长、研究员，中国社会科学院研究生院法学系教授、博士生导师	著有《宪政新论》《宪法审判制度概要》《现代宪法的逻辑基础》等
陈端洪	1966年	1984年就读于湖南师大，1988~1993年就读于中国政法大学和中国社会科学院研究生院，1995~1996在伦敦大学从事博士后研究工作；先后在悉尼大学、墨尔本大学、耶鲁大学访学。北京大学法学院教授、博士生导师	著有《中国行政法》《宪治与主权》《制宪权与根本法》等
华炳啸	1969年	武汉大学宪法学专业博士，师从周叶中教授。西北大学政治传播研究所所长，《宪政社会主义论丛》编委会副主任、主编	著有《超越自由主义——宪政社会主义的思想言说》《大国复兴的宪治之道》《政党、社会与自由》《复合民主与治理转型》等
姚国建	1972年	法学博士，中国政法大学法学院宪法研究所所长、教授	著有《违宪责任论》《宪法学讨论教学教程》《宪政背景下的公民财产权刑法保护分析》《宪政背景下中国检察权的属性定位》《人民法院对人民代表大会报告工作的宪法分析》

续表

学人姓名	出生年份	教育背景及主要任职	主要著作
张翔	1976年	中国人民大学法学院法学学士、硕士；北京大学法学院博士。中国人民大学法学院教授、博士生导师	著有《基本权利的规范建构》，主编《德国宪法案例选释 第一辑 基本权利总论》《德国宪法案例选释 第二辑 言论自由》等
翟小波	1978年	先后毕业于郑州大学法学院、北京大学法学院和中国社会科学院研究生院法学系，获法学学士、法学硕士和法学博士学位。2005~2007年，在北京大学法学院作博士后研究，曾为北京大学法学院讲师，北京大学宪法行政法研究中心成员。现为郑州大学法学院教授，郑州大学边沁研究中心主任	著有《论我国宪法的实施制度》《人民的宪法》等
王锴	1978年	中国人民大学历史学学士、法学硕士、博士。北京航空航天大学法学院教授，博士生导师	著有《财产权保障与宪法变迁》《财产权保障与司法审查》《立法不作为与基本权利保障》《公法释义学与比较方法》《部门宪法研究》等
李忠夏	1979年	西北政法学院法学学士，中国人民大学法学院法学硕士，北京大学法学院法学博士。山东大学法学院教授、博士生导师、副院长。中国宪法学研究会理事、山东省宪法学研究会副会长	著有 Die Möglichkeit der föderativen Gleichheit in China- Vor dem Hintergrund der deutschen Erfahrung
田飞龙	1983年	南京大学法学学士、北京大学法学硕士、博士。北京航空航天大学法学院副教授，"一国两制"法律研究中心执行主任	著有《现代中国的法治之路》《中国宪制转型的政治宪法原理》等

(二) 代表性著作简介

经过40年的发展，我国的宪法学科发展总体上已趋体系化、成熟化和专业化。在不同时期也曾出现较有代表性和教材和论著。这里选取了在过去40年间具有代表性的35本教材或论著并进行简单的介绍。

1. 张友渔著：《学习新宪法》，天津人民出版社1983年版

全书共提出了15个问题，内容包括：为什么要修改1978年《宪法》，关于修改1978年《宪法》的基本指导思想的问题，关于坚持四项基本原则的问题，关于以1954年《宪法》为基础的问题，关于社会主义经济制度的问题，关于建设社会主义精神文明的问题，关于中国人民政治协商会议的地位和作用的问题，关于知识分子在国家中的地位和作用的问题，关于加强人民民主和保障人民自由、民主权利的问题，关于扩大人大常委会职权的问题，关于恢复国家主席的问题，关于国务院职权和国务院机构改革的问题，关于设立中央军事委员会的问题，关于地方制度和民族区域自治制度的问题，关于健全社会主义法制的问题。该书出版的背景是1982年《宪法》的颁布，是作者对人们在学习1982年《宪法》过程可能特别关心或要求解答的问题所作出的解答。

2. 吴家麟主编：《宪法学》，群众出版社1983年版

全书共5编18章。内容包括：宪法学的概述，宪法的概念和本质，宪法的产生和发展，国家阶级本质，政权组织形式，选举制度，国家结构形式，两种不同类型国家的经济制度，中华人民共和国的经济制度和两个文明建设，资产阶级国家公民的基本权利和义务，社会主义国家公民基本权利和义务，中华人民共和国公民的基本权利和义务，国家机构概述，代表机关，国家元首，最高行政机关，地方机关，审判机关和检察机关。该书以马克思主义关于国家和法律的学说为指导，系统论述了宪法的本质和发展过程，介绍了各种类型宪法和各国政治制度的内容和主要特点，并对我国1982年《宪法》的条文和基本精神作了全面介绍和学理解释。

3. 张光博著：《宪法论》，吉林人民出版社1984年版

全书共5编18章。内容包括：宪法的概念，宪法的产生和发展，国体，政体，国家结构，经济制度概述，两种不同性质的社会经济制度，我国的社会主义经济制度，建设高度的社会主义精神文明，公民的基本权利和义务概述，资产阶级人权，社会主义国家公民的基本权利和义务，国家机构概述，立法机关和最高国家权力机关，国家元首，最高国家行政机关，地方国家机关，审判机关和检察机关。本书以马克思主义关于国家和法律的学说为指导，系统地论述了宪法的基本理论、我国的政治制度、经济制度、公民的基本权利和义务、国家机构等相关内容。

4. 许崇德著：《中国宪法教学大纲》，中国人民大学出版社1985年版

全书共10章。内容包括：宪法基本理论，宪法的历史发展，人民民主专政制度，人民代表大会制度，社会主义经济制度，社会主义精神文明建设，地方制度，公民的基本权利和义务，国家机构，国旗、国徽、国歌和首都。该书第一章、第二章阐明宪法的理论和历史；第三章至第七章是有关我国宪法总纲的主要问题；其他三章均为我国宪法的相应各章的内容。

5. 龚祥瑞著：《比较宪法与行政法》，法律出版社1985年版

全书共2编15章。其中比较宪法部分内容包括：宪法的概念，宪法基本原则，宪

法的实施,公民权利,国家机构,政治团体。其中比较行政法部分内容包括:行政法的基本原则,行政法的由来和发展,行政机构,文官制度,行政立法,行政行为,行政司法,行政诉讼,行政监察。该书的比较宪法部分主要介绍了英国、美国、法国等国家的宪法及宪政经验。该书是我国改革开放后比较公法领域的开山之作。

6. 张庆福主编:《中国宪法概论》,河北教育出版社1988年版

全书共13章。内容包括:宪法的概念和本质,宪法的产生与发展,我国的国家本质,我国的基本政治制度,我国的选举制度,我国的国家结构,我国的行政区划,我国的经济制度,我国的社会主义精神文明建设,我国公民的基本权利和义务,我国的国际机构,我国的国旗、国徽、国歌与首都,宪法实施保障。本书以1982年《宪法》为中心,结合前几部宪法,扼要地阐明了宪法学的基本原理、发展历史和宪法学的基本问题,是一本颇具学术价值的宪法学教材。

7. 蒋碧昆编著:《中国近代宪政宪法史略》,法律出版社1988年版

全书共7章。内容包括:改良主义的变法运动,晚清的宪法问题,中华民国临时约法,北洋军阀统治时期的宪法,广州、武汉国民政府的宪法性文件,国民党政府的宪法问题,新民主主义宪政运动。本书从历史的角度,简明扼要地介绍了我国近代以来各个时期和阶段的宪法和宪政状况。该书梳理了我国近代以来宪法制度的发生和演变史。

8. 王叔文著:《宪法》,四川人民出版社1988年版

全书共14章。内容包括:宪法的概念和本质,宪法的最高法律效力,我国宪法的历史发展,现行宪法是治国安邦的总章程,我国的国体,我国的政体,我国的国家结构形式,我国的经济制度建设社会主义精神文明,现行宪法关于公民基本权利和义务规定的特点,现行宪法关于国家机构规定的特点,我国的基层群众性自治组织,国旗,国徽,首都,我国宪法实施的保障。本书以马克思主义关于国家和法律的学说为指导,系统论述了宪法的本质、发展过程、基本理论、政治制度、经济制度、公民的基本权利和义务、国家机构等相关内容。

9. 廉希圣、王雁飞合编:《宪法概要》,中国政法大学出版社1989年版

全书共8章。内容包括:宪法的基本知识,我国宪法的历史发展,我国宪法的序言,我国宪法的总纲,我国公民的基本权利和义务,我国的国家机构,我国的国旗、国徽和首都,培养全民宪法观念保证宪法贯彻实施。该书既是一本宪法学教材,也是一本法律知识普及类图书,简明扼要、深入浅出地介绍了我国宪法的相关知识。

10. 蔡定剑著:《中国人民代表大会制度》,社会科学文献出版社1992年版

全书共4编15章。第一编总论,包括:人大制度建设理论,人大的性质、地位和作用,人大的由来与发展,人大制度建设原则,外国议会与中国人大;第二编组织,包括:人大代表的选举,人大代表,人大的组织体制;第三编职权,包括:立法权,决定权,任免权,监督权;第四编运行,包括:人大会议,人大联系群众制度,人大办事机构。本书全面介绍了中国人民代表大会的运行状况。

11. 王人博著:《宪政文化与近代中国》,法律出版社 1997 年版

全书共 13 章。各章标题为:由中到西的思想变迁,航程的开启,理想与现实之间,寻求综合,以自由为体,初步试验,革命选择,探索中的方案,宪殇,伦理革命,惟民主义的情结,苦味烈的药方,宪政之累。"宪政为用、富强为本"观点揭示了我国近代以降立宪运动屡屡失败的根源。

12. 蒋劲松著:《议会之母》,中国民主法制出版社 1998 年版

全书共 26 章。内容包括:议会的诞生,中世纪议会的发育,宪政革命,18 世纪初至 20 世纪初议会制的成长,现代君主制下的国王,现代英国议员选举制度,现代英国议员,平民院特权,现代英国政党概要,现代英国议会大厦,现代英国议会任期会期,现代英国立法的准备阶段,现代英国议会平民院立法程序,现代英国贵族院,现代英国立法流程总结,现代英国平民院的组织结构,现代英国议会的财政工作,现代英国政府对议会负责制,现代英国平民院的质询制,现代英国议会平民院的国家论坛作用,现代英国利益集团与议会,平民院助理制度,现代英国议会平民院附属机构,平民院永久议事规则简论,现代英国议会的决策作用应该增强。该书体系全面、内容深入,是国内第一本系统介绍和分析英国议会制度的专著。

13. 王磊著:《宪法的司法化》,中国政法大学出版社 2000 年版

全书的内容包括:宪法是法,宪法的渊源,宪法的适用、效力和制裁力,宪法的基本原则,宪法之下的权力,宪法解释,宪法的司法化,"一国两制"与香港基本法、20 世纪中国宪法学之回顾。该书的一个基本观点就是宪法应当司法化,随着齐玉苓案的影响扩大,宪法学研究开启了一个新时代。

14. 张千帆著:《西方宪政体系》(上下),中国政法大学出版社 2000 版

全书共 19 章,分为上下两册。上册 8 章谈论美国宪政体制的不同侧面,包括:美国联邦政体在纵横两个方向的分权结构,个人基本自由与权利。下册 11 章谈论了欧洲主要法治国家的宪政发展。该书系统介绍了美、法、德等国家和组织的宪政理论及其实践。

15. 童之伟著:《法权与宪政》,山东人民出版社 2001 年版

全书共 6 个部分,分别为:法与法权,权利权力还是权利义务,以法权为核心还是以权利义务为基石,宪法的基本理念与法权配置,法权宪法理论的方法与体系以及民主,宪政和法治。该书大胆提出最基本的法现象不是权利和义务,而是权利和权力,并将权利-权力关系命名为"法权",揭示了立法上的权力和私法上的权利这对矛盾,以及权利和权力分别所对应的义务。该书研究方法独具匠心,观点创新,为宪法学研究提供了一种可借鉴的崭新思路。

16. 林来梵著:《从宪法规范到规范宪法》,商务印书馆 2001 版

全书共 4 编。第一编宪法规范的认识手段,包括:宪法学的根本方法,宪法学的普通方法,宪法学的具体方法;第二编宪法规范的价值核心,包括:宪法权利总论,平等权,政治权利,精神文化活动的自由,人身自由与人格尊严,社会经济权利,获

得权利救济的权利，宪法义务；第三编规范宪法的生成条件，包括：规范宪法的条件，宪法的民法基础；第四编规范宪法的制度保障，包括：违宪审查制度，法律冲突的解决机制，司法独立的实现模式，香港特别行政区的基本法诉讼。该书全面阐述了规范宪法学的基本立场和观点，是规范宪法学的代表性论著。

17. 徐秀义、韩大元合著：《现代宪法学基本原理》，中国人民公安大学出版社2001年版

全书分为上下篇，共28章。上篇包括：宪法概念，宪法制定权，立宪主义，宪法结构，宪法渊源，宪法关系，宪法规范，宪法原则，宪法价值，宪法作用，宪法文化，宪法解释，宪法修改，宪法惯例，宪法的司法适用性，宪法判例；下篇包括宪法学概述，宪法学的历史与未来，宪法学的方法，宪法学与民法学，宪法学与刑法学，宪法与行政法学，宪法学与国际法学，宪法学与军事法学，宪法学与刑事诉讼法学，宪法学与劳动法学，宪法学与哲学，宪法学与政治学。该书对宪法的概念，宪法制定权、宪法解释、宪法惯例等原理的介绍比较有新意；对宪法与其他部门法之间的关系的介绍则让读者从整个法律体系的角度来理解宪法，尤其是理解宪法在整个法律体系中的作用。

18. 张千帆著：《宪法学导论》（第一版），法律出版社2004年版

本书分为三大部分，共8章。第一部分是概论，包括：宪法学的基本概念，宪法的形成、发展和思想渊源，宪法审查机制；第二部分介绍国家机构，包括：国家权力结构的划分，政府组织结构，政府产生的方式；第三部分讨论公民权，包括：权利的基本概念，宪法保障。该书打破我国传统宪法教科书的编写体例，在每一章节中引入若干评注、西方典型宪法案例以及中国宪法事例，是一本非常有学术价值的宪法学教材，广受学生好评。

19. 韩大元编著：《1954年宪法与中国宪政》，武汉大学出版社2004年版

全书共10章。内容包括：导论，为制宪权与1954年《宪法》的正当性，1954年《宪法》的制定背景，1954年《宪法》的起草，1954年《宪法》的审议（上），1954年《宪法》的审议（下），1954年《宪法》的诞生，1954年《宪法》文本的结构与体系，1954年《宪法》的实施与保障机制，1954年《宪法》对中华人民共和国宪政的影响。该书全面介绍了1954年《宪法》制定的背景、起草、审议和通过。

20. 韩大元、林来梵、郑贤君著：《宪法学专题研究》，中国人民大学出版社2004年版

全书共分3编：第一编为宪法学基本原理，系统介绍宪法学的性质与功能，提出宪法存在的社会与道德基础、宪法规范与社会生活冲突等基本理论；第二编为基本人权部分，该部分从我国宪法现实问题意识出发，结合宪法判例，系统介绍和阐述基本人权的价值与现实；第三编为国家机构，该部分对各种国家权力的组织、体系和功能等进行了分析。该书以宪法的价值与事实关系的分析为出发点，以宪法文本、制度、实践的分析为基本框架，以原理的比较为基本研究方法，系统介绍和论述现代宪法学

的基本命题。

21. 陈云生著：《宪法监督司法化》，北京大学出版社2004年版

全书共11章。内容包括：宪法是最伟大的社会发明——从"天国里的居民宁愿不要宪法"的话题说开去，宪法监督的概念、地位与性质，宪法监督的一般理论体系，宪法监督的历史图景和发展状况，宪法监督的宪法、宪政、宪治的理论基础，宪法监督司法化的概念及其当代发展趋势，与宪法监督司法化直接相关的理论要素，政治司法化与司法政治化，宪法监督司法化的价值预期，宪法监督司法化的局限与争议，宪法监督司法化的发展前景展望。该书对宪法监督及宪法监督司法化等热点课题进行了深入探讨，反思和展望了中国的宪法监督司法化体制。

22. 韩大元主编：《中国宪法事例研究》，法律出版社2005年版

该书由众多宪法学学者合编而成，通过对我国社会发展过程中出现的宪法事例进行分析和解释，力求揭示宪法原理与中国现实之间的互动，传播宪政理念，推动宪法社会化进程。

23. 陈端洪著：《宪治与主权》，法律出版社2007年版

全书共四部分。第一部分是宪法与宪政的概念，包括：宪政初论，兴盛时期话宪政，革命、进步与宪法；第二部分是主权理论，包括：我们时代的国家理论需求，博丹的立法主权理论，人民主权的观念结构，主权者—政府—臣民：政治法的平衡结构，论中国宪法的根本原则及其格式化修辞，主权政治与政治主权：香港基本法对主权理论的应用于突破，主权国家是可超越的吗；第三部分是国家权力，包括：国家权力作为财产，立法的民主合法性与立法至上，行政许可与个人自由，对峙—从行政诉讼看中国的宪政出路，司法与民主：中国司法民主化及其批判，法律程序价值观；第四部分是公民权利，包括：《财产权与宪政》译序，排他性与他者化：中国农村"外嫁女"案件的财产权分析，农民工的新"公共"渴求，在衙门与广场之间。该书中，作者以深厚的政治哲学功底对宪法、宪政、主权、司法、民主等重大话题提出了自己独到的见解，是我国政治宪法学流派的开山之作。

24. 张翔著：《基本权利的规范建构》，高等教育出版社2008版

全书共7章。内容包括：导论，"基本权利—国家义务"的对应关系，基本权利规范分析框架的革新，基本权利的防御权功能与国家的消极义务，基本权利的受益权功能与国家的给付义务，基本权利的客观价值秩序功能与国家的保护义务，基本权利的构成、限制、竞合与冲突。该书尝试建立一套基于中国宪法文本的基本权利的宪法解释框架，以厘清宪法中基本权利条款的规范内涵和规范结构，使之在技术层面上成为可以适用的规范，是关于"基本权利总论"的较为系统的研究成果，对于基本权利的研究与教学都有较高参考价值。

25. 秦前红、叶海波著：《社会主义宪政研究》，山东人民出版社2008年版

全书分为4编14章。第一编总论，包括：宪政的历史回眸，社会主义宪政的基本内涵，社会主义宪政的中国语境；第二篇当代中国宪政的产生，包括：当代中国宪政的

文化根据，当代中国宪政的经济基础，当代中国宪政的政治前提；第三编当代中国宪政的理想图景，包括：当代中国宪政的实体价值，当代中国宪政的形式价值，当代中国宪政的基本主题（一），当代中国宪政的基本主题（二）；第四编当代中国宪政的建设，包括：当代中国宪政建设的前提：依法立政，当代中国宪政建设的基本要求：依法行政，当代中国宪政建设的核心：依法执政，当代中国宪政建设的必备机制：违宪审查。该书从经济、政治、文化、价值、制度、历史等多维度对社会主义宪政这一理论进行了阐述，是一本全面阐释社会主义宪政基本理论的著作。

26. 韩大元著：《亚洲立宪主义研究》，中国人民公安大学出版社 2008 年版

全书共 7 章。内容包括：亚洲立宪主义概念与起源，亚洲国家制宪过程分析（一），亚洲国家制宪过程分析（二），当代亚洲立宪主义模式，亚洲立宪主义基本功能，亚洲立宪主义的保障机制，经济全球化与亚洲立宪主义的未来。该书从宪法哲学的视角探讨亚洲社会结构中存在的多元立宪主义形态，也从功能主义的视角比较了不同文化、宗教背景的国家中立宪主义的实践及其社会效果，并分析了经济全球化时代亚洲立宪主义的发展走向。

27. 周永坤著：《宪政与权力》，山东人民出版社 2008 年版

全书共 5 章，分别为：宪政——基础与规范，权力——结构与运行，控权——立法与守制，控权——裁量与控制，控权——裁判与正义。前两章论述宪政与权力的一般问题，后三章则侧重对立法、行政、司法三权的研究，致力于在三权间建立相互牵制的合理关系。该书主要讲述了宪政与权力之间的关系，虽以理论和抽象论述为主，但论题都是从中国的现实问题出发，颇能切中时代要害。

28. 陈端洪著：《制宪权与根本法》，中国法制出版社 2010 年版

该书收录了作者 5 篇宪法学论文，分别为《一个政治学者和一个宪法学者关于制宪权的对话》《人民必得出场》《人民既不出场也不缺席》《第三种形式的共和国的人民制宪权》《论宪法作为国家的根本法与高级法》。该书直面中国政治秩序中最根本的现实，即中国宪法与执政党领导之间的复杂关系，是宪法学研究本土化的一本力作。

29. 蔡定剑著：《论道宪法》，译林出版社 2011 年版

全书共 4 篇。第一篇为宪法要义，包括：什么是宪法，中华人民共和国宪法的制定背景，宪法实施的意义、问题和建议，我国宪法监督制度探讨，宪法权威来自宪法的生活化；第二篇为宪法司法，包括：宪法实施的概念与宪法施行之道，宪法的司法适用是个普遍常识，宪法实施途径探索——论中国宪法的私法化之路，中国宪法司法化探索，宪法如何解释，美国联邦最高法院与司法审查透视；第三篇为政制改革，包括：政治体制改革与法制建设，国家权力界限论，论地方政府领导人的选举，关于我国的检察监督制度及其改革，法院制度改革刍议，走出司法改革的迷途，国外有关公职人员的日常行为准则，民主责任制政府——1997 年月 1 日后的香港政制；第四篇为宪政发展，包括：中国宪政百年回眸与脚下的路，宪政建设与人民代表大会制度，中国社会转型时期的宪政发展，中国宪法 30 年变革与未来。该书集合了作者二十多年来

发表的主要文章，全面展示了其在宪法和政制研究领域的丰硕成果。

30. 蔡定剑、王占阳主编：《走向宪政》，法律出版社 2011 年版

全书分为中国宪政前景篇、中国宪政道路篇、民主法治人权篇、会议纪要四部分。该书是一本论文和会议发言集，收录了当今中国众多著名学者有关宪政问题的论文和发言。如蔡定剑的《论国家意识形态的重建》、李步云的《中国宪政之路》、郭道晖的《当今中国宪政运动思潮评述》、吴稼祥的《从新权威到宪政民主》、茅于轼的《全社会必须恢复讲理的风气》、姜明安的《正当法律程序：扼制腐败的屏障》等。

31. 张千帆、包万超、王卫明合著：《司法审查制度比较研究》，译林出版社 2012 年版

本书共分为四部分。第一部分探讨宪政国家和宪政转型国家的司法审查制度；第二部分探讨司法审查制度的历史发展、现实和未来趋势；第三部分主要以东欧国家和苏联为对象，探讨司法审查制度在宪政转型国家的命运；第四部分总结比较研究所得出的经验和教训。具体包括：比较研究对中国的启示，中国需要什么样的司法审查制度，如何分阶段逐步建构中国的司法审查制度。该书采用实证主义、功能主义和比较分析的研究方法，系统探讨了不同司法审查制度在世界各国的成败得失，并分析制度设计本身的利弊及其在特定国家成败的社会原因。

32. 张千帆著：《国家主权与地方自治》，中国民主法制出版社 2012 年版

全书共分为六部分。第一章主权与分权——中央与地方关系的基本理论；第二章中央与地方的立法分权；第三章中央与地方的财政分权；第四章中央与地方的治理分权；第五章走向法治统一的国度——地方保护主义及其治理机制；代结语走向中央与地方关系的法治化。该书从比较宪法的角度重新审视了中国的央地关系。

33. 高全喜著：《政治宪法学纲要》，中央编译出版社 2014 年版

全书内容包括：政治宪法学的兴起与嬗变，宪法与革命及中国宪制问题，革命、改革与宪制：1982 年《宪法》及其演进逻辑，人民也会腐化堕落，财富、财产权与宪法，战争、革命与宪法，心灵、宗教与宪法，美国现代政治的"秘密"，附录：当代中国的宪法体制与政治宪法学话语——高全喜学术思想中的百年宪政主义传统之后（陈弘毅）。该书辑录了作者 2008 年以来关于政治宪法学主题的代表性论文，较为完整地展现了作者所坚持的自由主义政治宪政思想路径。

34. 田飞龙著：《中国宪制转型的政治宪法原理》，中央编译出版社 2015 年版

全书共 9 章，分别为：大国宪政的异数：比较视野中的中国宪政转型，中国宪法文本中的"政治宪法结构"：历史与思想溯源，政治宪政主义理论基础的比较考察（上）：美国的"人民自己"模式，政治宪政主义理论基础的比较考察（中）：英国的"议会自己"模式，政治宪政主义莅临基础的比较考察（下）：德国的"总统自己"模式，中国宪法学脉络中的政治宪法学（上）：价值基础与学术状况，中国宪法学脉络中的政治宪法学（下）：学术对话与初步理论，政治宪政主义的制度运用：一个初步的讨论，结语：政治宪政主义与中国宪政转型。该书是作者在其博士论文的基础上修改和

完善而成，集合了其对政治宪法学的理论思考。

35. 张晋藩著：《中国宪法史》（修订本），中国法制出版社 2016 年版

全书共 8 章。内容包括：西学东渐与宪政思想的萌发，君主立宪方案的一次实践——戊戌变法，晚清的预备立宪与宪法性文件，民主共和的宪政目标与《中华民国临时约法》，北洋政府的制宪活动与《中华民国宪法》，南京国民政府的制宪活动与 1946 年《中华民国宪法》，新民主主义宪政运动与宪法性文件，中华人民共和国的制宪活动与宪法。该书从历史角度系统梳理了我国自近代以来宪法与宪政的产生和实践过程。

（三）中国宪法学四十年大事记

1978 年

3 月 1 日，叶剑英在第五届全国人大第一次会议上作《关于修改宪法的报告》。

3 月 5 日，第五届全国人大第一次会议通过 1978 年《宪法》。

1979 年

6 月 30 日，第五届全国人大第二次会议谈论通过了《关于修改宪法若干规定的决议草案》。

7 月 1 日，第五届全国人大第二次会议审议了全国人大常委会提出的关于修正 1978 年《宪法》的议案，这是 1978 年《宪法》的两次修改中的第一次。

7 月 1 日，第五届全国人大第二次会议一次性通过 7 部重要法律。分别为《全国人大和地方各级人民代表大会选举法》《地方各级人民代表大会和地方各级人民政府组织法》《人民法院组织法》《人民检察院组织法》《刑法》《刑事诉讼法》《中外合资经营企业法》。

1980 年

4 月 16 日，第五届全国人大常委会第十四次会议通过《关于建议修改宪法第 45 条的议案》，取消原第 45 条关于公民"有运用'大鸣、大放、大辩论、大字报'的权利"的规定。

9 月 10 日，第五届全国人大第三次会议通过《关于修改宪法和成立宪法修改委员会的决议》，同意中共中央关于修改宪法和成立宪法修改委员会的建议。

9 月 10 日，第五届全国人大第三次会议通过《国籍法》，同日公布实施。

9 月 15 日，宪法修改委员会举行首次会议，宣布正式成立。

1981 年

3 月 2 日，第五届全国人大常委会举行第十七次会议，听取时任民政部部长、全国县级直接选举工作办公室主任陈子华作《关于全国县级直接选举工作情况的报告》。

1982 年

4 月 26 日，第五届全国人大常委会第二十三次会议一致通过了《关于公布中华人民共和国宪法修改草案的决议》，决定公布宪法修改草案，交付全国各族人民讨论。

11 月 4~9 日，宪法修改委员会召开第四次全体会议。

11 月 26 日，彭真代表宪法修改委员会在第五届全国人大第五次会议上作关于宪法修改草案的报告。

12 月 4 日，第五届全国人大第五次会议全文宣读宪法修改草案，以无记名投票方式通过了《宪法》。

12 月 4 日，第五届全国人大第五次会议通过《关于中华人民共和国国歌的决议》，恢复《义勇军进行曲》为中华人民共和国国歌，撤销本届全国人大第一次会议 1978 年 3 月 5 日通过的关于中华人民共和国国歌的决定。

12 月 4 日，第五届全国人大第五次会议通过《关于本届全国人大常委会职权的决议》。

12 月 10 日，第五届全国人大第五次会议通过了《全国人大组织法》《国务院组织法》，修改了《全国人大和地方各级人民代表大会选举法》《地方各级人民代表大会和地方各级人民政府组织法》。

1983 年

9 月 2 日，第六届全国人大常委会第二次会议修改了《人民法院组织法》《人民检察院组织法》。

1984 年

5 月 31 日，第六届全国人大第二次会议通过《民族区域自治法》《兵役法》。

1985 年

4 月 10 日，第六届全国人大第三次会议通过《关于批准〈中国人民共和国政府和大不列颠及北爱尔兰联合王国政府关于香港问题的联合声明〉的决定》《关于成立香港特区行政区基本法起草委员会的决定》。

1986 年

3 月 1 日，香港特别行政区基本法咨询委员会在香港举行全体委员第一次会议。

4 月 18~22 日，香港基本法起草委员会第二次全体会议，通过了《香港特别行政区基本法结构（草案）》《香港特别行政区基本法起草委员会工作规则》和《关于设立香港特别行政区基本法起草委员会专题小组的决定》。

11 月 29~12 月 2 日，香港特别行政区基本法起草委员会第三次全体会议在北京举行，通过了会议公报，决定于1987年4月召开第四次全体会议。

12月2日，第六届全国人大常委会第十八次会议修改了《地方各级人民代表大会和地方各级人民政府组织法》《全国人大和地方各级人大代表大会选举法》《人民法院组织法》。

1987年

11月24日，第六届全国人大常委会第二十三次会议通过《村民委员会组织法（试行）》《全国人大常委会议事规则》。

1988年

1月15日，《中华人民共和国政府和葡萄牙政府关于澳门问题的联合声明》宣告生效。

2月28日，《中共中央向全国人大常委会提出修改〈宪法〉个别条款的建议》。

3月5~12日，第六届全国人大常委会第二十五次会议在北京召开。会议通过了根据中共中央关于修改宪法个别条款的建议提出的全国人大常委会关于《宪法》的修正案，并决定将草案提请第七届全国人大第一次会议审议。

4月12日，《宪法》修正案第1条、第2条由第七届全国人大第一次会议通过并公布施行。

1989年

5月10日，第七届全国人大常委会举行委员会会议，审议《集会游行示威法（草案）》的议案，听取《新闻法》起草情况的汇报等。

6月29日至7月6日，第七届全国人大常委会第八次会议在北京召开。会议对《集会游行示威法（草案）》进行初步审议后，决定公布全文，广泛征求意见。

10月31日，第七届全国人大常委会第十次会议通过了《集会游行示威法》。

12月20~26日，第七届全国人大常委会第十一次会议在北京举行。会议通过了《城市居民委员会组织法》《环境保护法》《城市规划法》。

1990年

3月20日至4月4日，第七届全国人大第三次会议在北京人民大会堂召开。会议通过了《香港特别行政区基本法》及其三个附件和区旗、区徽图案等。

1991年

12月8日，国务院发出《关于进一步贯彻实施中华人民共和国民族区域自治法若干问题的通知》。

1992年

4月16日,经国务院批准,公安部发布《集会游行示威法实施条例》,自即日起施行。

1993年

2月14日,中共中央向第七届全国人大常委会建议修改《中华人民共和国宪法》的部分内容。

3月15~31日,第八届全国人大第一次会议审议和通过了《宪法》修正案、《澳门特别行政区基本法》。

1994年

1月31日,国务院发布《中华人民共和国境外外国人宗教活动管理规定》《宗教活动场所管理条例》,自发布之日去施行。

1995年

2月21~28日,第八届全国人大常委会第十二次会议在北京举行。会议通过了全国人大常委会关于修改《全国人大和地方各级人民代表大会选举法》和《地方各级人民代表大会和地方各级人民政府组织法》的决定。

1996年

2月28日至3月1日,第八届全国人大常委会第十八次会议在北京举行。会议通过了《戒严法》。

1997年

1月2日,国务院发布《出版管理条例》,自1997年2月1日起施行。

2月19~25日,第八届全国人大常委会第二十四次会议召开。会议通过了《关于根据〈香港特别行政区基本法〉第160条处理香港原有法律的决定》等。

10月16日,国务院新闻办公室发表《中国的宗教信仰自由状况》白皮书。

1998年

5月5日,澳门特别行政区筹备委员会在北京宣告成立。

5月25日,香港特别行政区第一届立法会选举产生。

10月25日,国务院颁布《社会团体登记管理条例》《事业单位登记管理暂行办法》,自发布之日起施行。

11月4日,全国人大常委会通过《村民委员会组织法》,自公布之日起施行。

1999 年

1月16日，全国人大澳门特别行政区筹备委员会第五次全体会议通过《澳门特别行政区第一任行政长官人选的产生办法》《澳门特别行政区区旗、区徽使用暂行办法》。

1月30日，全国人大常委会第七次会议审议了中共中央提出的修宪建议，提出了宪法修正案草案，提请第九届全国人大第二次会议审议。

3月15日，1982年《宪法》第三次修正。第九届全国人大第二次会议通过宪法修正案，此次对宪法进行了6处修改，包括"邓小平理论""依法治国"被明确写入宪法，非公有制经济由社会主义公有制经济的"补充"变为社会主义市场经济的"重要组成部分"，"反革命罪"的提法被删除等。

6月8日，国务院常务会议讨论通过了关于提请解释《香港特别行政区基本法》有关条款的议案。

6月26日，全国人大常委会发布《全国人大常委会关于香港特别行政区基本法》第22条第4款和第24条第2款第3项的解释。

2000 年

2月17日，国务院新闻办公室发表题为《中国人权发展五十年》的白皮书。

3月15日，《立法法》由第九届全国人民代表大会第三次会议通过，自2000年7月1日起施行。

9月27日，国务院公布实施《中华人民共和国境内外国人宗教活动管理规定实施细则》。

10月16日，第九届全国人大常委会第三十四次委员长会议通过《行政法规、地方性法规、自治条例和单行条例、经济特区法规备案审查工作程序》。

2001 年

12月14日，国务院颁布《法规规章备案条例》，自2002年1月1日起施行。

2002 年

1月10日，中国人权研究会创办《人权》杂志，李鹏写信祝贺。

12月4日，首都各界在人民大会堂集会，隆重纪念宪法公布实施20周年，时任国家主席胡锦涛发表讲话。

2003 年

12月22日，中共中央公布《中共中央关于修改宪法部分内容的建议》。

2004 年

3月14日，第十届全国人大第二次会议通过14条宪法修正案。

4月6日，全国人大常委会通过《全国人大常委会关于香港特别行政区2007年行政长官和2008年立法会产生办法有关问题的决定》。

5月 全国人大常委会法工委增设法规审查备案室。

9月15日，胡锦涛在"纪念全国人民代表大会成立50周年"大会上提出，"依法治国首先要依宪治国，依法执政首先要依宪执政。全党同志、全体国家机关工作人员和全国各族人民都要认真学习宪法，遵守宪法，维护宪法，保证宪法在全社会的贯彻实施。"

11月30日，国务院颁布《宗教事务条例》，自2005年3月1日起实施。

2005年

3月14日，全国人大通过《反分裂国家法》，自公布之日起施行。

5月19日，国务院颁布《国务院实施民族区域自治法若干规定》，自2005年5月31日起施行。

9月25日，国务院新闻办公室、信息产业部颁布《互联网新闻信息服务管理规定》，自公布之日起施行。

9月30日，新闻出版总署颁布《报纸出版管理规定》，自2005年12月1日起施行。

2006年

8月27日，全国人大常委会通过《中华人民共和国各级人民代表大会常务委员会监督法》，自2007年1月1日起施行。

10月31日，全国人大常委会第二十四次会议通过关于修改《人民法院组织法》的决定，将死刑案件的核准权收归最高人民法院统一行使。

2007年

11月18日，香港特别行政区举行第三届区议会选举。

12月29日，第十届全国人大常委会通过了《全国人大常委会关于香港特别行政区2012年行政长官和立法会产生办法及有关普选问题的决定》。

2008年

3月22日，台湾地区领导人选举投票，马英九获胜。

2009年

6月27日，全国人大常委会授权澳门管辖横琴岛澳大校区。

2010年

3月14日，十一届全国人大三次会议表决通过了《关于修改〈中华人民共和国全国人民代表大会和地方各级人民代表大会选举法〉的决定》，我国农村和城市每一名全国人大代表所代表的人口数比例规定为1：1，实现城乡平权。

2011年

8月26日，全国人大常委会因刚果（金）欠债案解释《香港基本法》。

2012年

6月21日，国务院批准设立地级市三沙市。

2013年

10月21日，最高人民检察院检察长向全国人大常委会作反腐败专项报告。

2014年

10月，党的十八届四中全会作出决定，将每年12月4日定为国家宪法日。据此建议，第十二届全国人民代表大会常务委员会第十一次会议决定将12月4日设立为国家宪法日。

2015年

7月1日，全国人大常委会设立宪法宣誓制度。
6月18日，香港立法会否决特首普选方案。

2016年

11月7日，全国人大常委会解释《香港基本法》第104条。
12月25日，国家推行监察体制改革试点。

2017年

6月27日，通过《关于修改〈中华人民共和国民事诉讼法〉和〈中华人民共和国行政诉讼法〉的决定》，初步建立起我国的行政公益诉讼制度，人民检察院发现生态环境和资源保护、食品药品安全、国有财产保护、国有土地使用权出让等领域存在行政机关违法行使职权或者不作为的情形时，可以向人民法院提起诉讼。

（四）十大宪法事例

自2006年以来，中国人民大学宪政与行政法治研究中心每年举办中国十大宪法事例评选活动，以期凝聚社会共识，推动宪法发展。通过回顾过去十余年的年度宪法事例，我们可以管窥中国宪法事业发展进程。

2006年十大宪法事例
1. 监督法获得通过
2. 西部教育免费
3. 死刑复核权的收回
4. 《物权法草案》合宪性学术争议
5. 深圳"卖淫女"示众事件
6. 福建漳州纳税大户子女中考加分事件
7. 手机短信"侮辱"县委书记案
8. 孟母堂事件
9. 郑州市政府专项工作报告未被通过事件
10. 《无极》被"恶搞"为《一个馒头引发的血案》事件

2007年十大宪法事例
1. 重庆"最牛钉子户"事件
2. 山西"黑砖窑"事件
3. 因同居者"不签字"致孕妇胎儿死亡事件
4. 69名专家学者签名建议废除劳动教养制度事件
5. 《劳动合同法》的颁布与深圳华为公司7000名员工辞职等事件
6. 山东淄博淄川区实行城乡按相同人口比例选举人大代表事件
7. 《政府信息公开条例》制定
8. 厦门PX项目事件
9. 上海医保修改方案因争议搁浅
10. 广电总局对娱乐节目、"选秀节目"进行限制事件

2008年十大宪法事例
1. 三鹿"毒奶粉"事件
2. 北京机动车限行令
3. 广东法院判决企业禁止员工外宿违背宪法精神
4. 重庆等地出租车集体停运事件
5. 梁广镇身兼两地人大代表事件
6. 电影《苹果》遭禁
7. 《中共中央关于推进农村改革发展若干重大问题的决定》允许农村土地使用权流转
8. 律师依据《律师法》会见当事人遭拒
9. 贵州瓮安县群体性突发事件

续表

2008 年十大宪法事例
10. 国务院为汶川大地震死难者设立全国哀悼日

2009 年十大宪法事例
1. "躲猫猫"事件
2. 重庆高考状元民族加分造假
3. 山西煤矿整合
4. 上海"钓鱼"执法
5. 全国人大常委会授权澳门管辖横琴岛澳大校区
6. 广电总局大规模关闭视听网站
7. 先育后婚考公务员遭拒录
8. "政审门"
9. 四川乐山村民投票剥夺轮换农民身份
10. 成都自焚抗拆事件

2010 年十大宪法事例
1. 北京安元鼎保安公司截访事件
2. 赵作海冤案
3. 福建法炜律师事务所被责令解散事件
4. 北京市变更部分行政区划事件
5. 李国喜(人大代表)工作室被撤销事件
6. 四川省巴中市白庙乡"全裸"财政事件
7. 陕西省国土厅协调会否决法院判决事件
8. 王鹏举报公务员考试作弊被刑事拘留案
9. 谢朝平出版作品被刑事拘留案
10. 首例艾滋病教师就业歧视案

2011 年十大宪法事例
1. 全国人大常委会因刚果(金)欠债案解释《香港基本法》
2. 深圳大运会期间清理治安高危人群
3. "金山"诉"360"引发微博言论自由之争
4. 李承鹏等人在人大直接选举中自荐参选
5. 清华女生起诉国土资源部等部委要求信息公开

续表

2011 年十大宪法事例
6. 重庆、上海开征房产税
7. 广电总局禁止电视剧插播广告
8. 居民身份证添加指纹信息
9. 成力因裸体"行为艺术"被劳动教养
10. 乌坎村民因土地问题向政府抗议

2012 年十大宪法事例
1. 吴英集资诈骗案终审改判死缓
2. 国务院批准设立地级市三沙市
3. 陈平福发网帖被控煽动颠覆国家政权罪事件
4. 四川农民与国家争夺乌木归属权案
5. 异地高考公共政策中的"约辩"事件
6. 任建宇因网络发帖被劳动教养事件
7. 人大代表李万钧为农民工讨薪被警方通缉事件
8. 中国多个城市爆发针对日本"钓鱼岛国有化"示威游行事件
9. 陕西省安康市镇平县强制堕胎事件
10. 微博反腐之典型事例"杨达才案"

2013 年十大宪法事例
1. 唐慧案
2. 设立中国（上海）自由贸易区
3. 甘肃初中生发帖被刑拘
4. 交通运输部强制安装车载导航
5. 人大代表提案收回税收立法权
6. 广西武鸣错发二胎准生证
7. 司法公开破除"司法神秘主义"
8. 北京市门头沟区法院判决小产权房买卖合同有效案
9. 最高人民检察院检察长向全国人大常委会作反贪腐专项报告
10. "常回家看看"正式入法

2014 年十大宪法事例
1. 设立国家宪法日并在全国普及宪法教育
2. 内蒙古呼格吉勒图再审案
3. 黄海波被收容教育
4. 福建省周宁县人大常委会否决上海市公安局刑拘人大代表的请求
5. "秦火火"网络谣言案
6. 全国人大常委会解释公民姓名权
7. 浙江女大学生就业性别歧视案
8. 重庆失独家庭集会维权事件
9. 冷冻胚胎继承案
10. 北京 APEC 期间车辆单双号限行

2015 年十大宪法事例
1. 全国人大常委会设立宪法宣誓制度
2. 广东某校女生因高校教材"污名"同性恋起诉教育部及类似案件
3. 《浙江省宗教建筑规范》公开征求意见引发涉嫌侵犯宗教信仰自由争议事件
4. 习近平主席根据全国人大常委会决定签署特赦部分罪犯的命令
5. 香港立法会否决特首普选方案
6. 国家全面实施居住证制度进行户籍改革
7. 南充公款拉票贿选案
8. 河南商丘 5 名青年拒服兵役被处罚事件
9. 《刑法修正案（九）》中的宪法争议
10. 安徽省政府发文件取消花炮生产企业行政诉讼案及类似典型个案

2016 年十大宪法事例
1. 辽宁贿选案
2. 聂树斌案
3. 全国人大常委会解释《香港基本法》第 104 条
4. 国家监察体制改革试点
5. 全面放开二孩
6. 住宅用地使用权争议
7. 同性恋者申请婚姻登记第一案

续表

2016 年十大宪法事例
8. 快播案
9. 国务院推进中央与地方财政事权与支出责任划分改革
10. 网约车新政

2017 年十大宪法事例
1. 潘洪斌等就有关规范性文件提请全国人大常委会审查
2. 检察机关职权调整，公益诉讼法定化
3. 多地城市治理措施引发争议
4. 《甘肃祁连山国家级自然保护区管理条例》违法问责
5. 云南省首例政府控告辍学案
6. 《网络安全法》等一批互联网领域的法律规范实施
7. 淮安市公开性侵未成年人犯罪人员信息
8. 个别省份出现行政区划争议
9. 我国发出首张基层群众性自治组织特别法人"身份证"
10. 梁国雄等因宣誓无效被香港高等法院宣告丧失议员资格

（五）宪法学会历年年会

中国法学会宪法学研究会自 1985 年成立以来，每年召开一次学术年会（1996 年未召开）。学术年会既能展现学科发展内容，又能帮助我们把握时代脉搏，以下内容引自中国宪治网。❶

表　宪法学会历年年会

时间	地点	中心主题（背景）	具体题目一	具体题目二	具体题目三	具体题目四	具体题目五	具体题目六	与会人数	提交论文数
1985.10.12~17	贵州贵阳		如何保障宪法实施	宪法与经济体制改革的关系					112	68
1986.12.10~15	广东汕头	地方国家权力机关的建设	地方国家权力机关如何行使决定权	人民代表大会行使监督权	地方性法规的制定	地方人大自身建设			120	65

---

❶ 中国宪治网：http://www.claw.cn/article/default.asp?id=12275。

续表

时间	地点	中心主题（背景）	具体题目一	具体题目二	具体题目三	具体题目四	具体题目五	具体题目六	与会人数	提交论文数
1987.11.25~29	河南郑州	宪法与体制改革	党的十三大报告与现行宪法的关系	党政分开	人民代表大会制度的建设	社会主义初级阶段的宪法与宪法学理论的发展				140+
1988.8.24~28	黑龙江哈尔滨	宪法的实施保障	宪法实施保障的途径和措施	各级人大常委会在保障宪法实施中的作用	宪法学教学和科研发展				150	69
1989.8.31	北京	坚持四项基本原则与繁荣法学							90+	76
1990.4.10~14	陕西西安	坚持和完善人民代表大会制度							90+	45
1991.11.17~21	广东中山	保障公民基本权利与维护社会稳定的关系	权利和义务的关系	公民权利立法					近百人	
1992.6.6~10	山东济南	以邓小平南巡重要谈话为指导,结合现行宪法颁布十周年	强化宪法权威和作用	保障宪法实施	加强地方立法				90+	51
1993.12.13~17	海南海口	宪法与改革开放	宪法与改革开放的关系	经济特区的立法问题	宪法学研究的新任务和具体方向				79	45
1994.9.16~20	四川成都	认定代表大会制度的理论与实践	完善人大制度中的代表制度	完善人大制度中的权力机关组织制度	落实加强权力机关的职权问题				70+	50

续表

时间	地点	中心主题（背景）	具体题目一	具体题目二	具体题目三	具体题目四	具体题目五	具体题目六	与会人数	提交论文数
1995.11.27~30	河北石家庄	人民代表大会制度理论研讨	发挥全国人大及地方人大的作用	加强宪法的作用	保障宪法和法律的实施				约130	
1996 未召开										
1997.8.25~27	山东济南	依法治国与宪法监督	宪法监督在依法治国中的作用	宪法监督的基本理论问题	加强人大制度建设				百余人	
1998.10.20~23	浙江杭州	宪法与国家机构改革	以邓小平理论作为国家机构改革的理论指导	宪法与国家机构改革之间的关系	国家机构改革的具体问题	国家机构改革在依法治国中的重要作用			100+	
1999.9.13~16	广东东莞	宪法与依法治国	宪法修正案的意义	宪法在依法治国中的地位与作用	如何进一步保证宪法实施				80+	40+
2000.10.23	北京	21世纪中国宪法学的发展趋势	20世纪中国宪法学的发展特点与基本经验	两个人权公约与我国人权保障制度的完善	加入WTO与宪法学研究的新课题	人民代表大会制度的发展趋势	立法制度		80+	
2001.10.18~21	江苏苏州		宪法学理论创新对宪法发展的意义	宪法与司法体制改革	宪法与《经济、社会、文化权利公约》实施机制	宪法的人权保障功能			110	70+
2002.10.15~18	湖北武汉	回顾与展望：纪念现行宪法颁布实施二十周年	回顾和评价现行宪法	反思现行宪法若干制度	探讨宪法学研究的理论问题	探讨公民宪法权利的保障	展望宪法发展		150+	100+

续表

时间	地点	中心主题（背景）	具体题目一	具体题目二	具体题目三	具体题目四	具体题目五	具体题目六	与会人数	提交论文数
2003.11.17~18	上海	十六大后中国宪政制度发展展望	宪法与政治文明	宪法与公民基本权利保护	宪法与司法体制改革	如何完善和启动我国违宪审查程序			130+	100+
2004.10.23~25	江苏南京	回顾与展望：中华人民共和国宪法发展50年	1954年《宪法》的历史回顾	1954年《宪法》的历史地位及其对中华人民共和国宪政的影响	人民代表大会制度50年	司法与人权保障	中华人民共和国宪法学发展50年		200+	
2005.10.22~23	山东济南	人权的宪法保障	人权与公民权	人权的立法保障	人权的司法保障	"人权"入宪与依宪执政	人权公约的实施机制		200+	130+
2006.11.13~14	广东广州	宪法与社会主义新农村建设	城市化进程中的农民平等权保障	农地的征用补偿与公共利益	村民自治中的宪法问题	基层政权建设的宪法保障			250+	
2007.10.20~21	福建厦门	社会转型时期的宪法课题	宪法文本的变迁	宪法与民生	宪法与部门法的关系	中央与地方关系的法治化			约300	
2008.10.25~26	四川成都		依宪执政与宪法学的使命	规范性文件的审查机制	基本权利的理论与实践	宪法学的发展与机构改革			230+	
2009.8.23~24	黑龙江哈尔滨	共和国60年：公民基本权利保障的变迁	从《共同纲领》到"人权条款"	公民参与政治权利	社会经济权利及其国家责任	自由权的限制及其标准			210	
2010.8.27~28	河南郑州	宪法与法律体系	宪法与法律体系	宪法与部门法、地方立法	基本权利与国家制度				约230	约200

续表

时间	地点	中心主题（背景）	具体题目一	具体题目二	具体题目三	具体题目四	具体题目五	具体题目六	与会人数	提交论文数
2011.10.22~23	陕西西安	中国社会变迁与宪法	社会转型与宪法	中央地方关系法治化	宪法与国家权力的结构与运作	财政立宪主义与保障	宪法与刑法的关系		约300	
2012.8.25~26	北京	1982年《宪法》实施30年：回顾与展望	基本权利保障和国家机构的法治化	宪法与文化建设和社会建设	宪法学的发展				200+	
2013.10.26~27	重庆	法治国家建设与宪法实施	"社会主义法治国家"的规范内涵	法治思维与宪法实施	宪法权威与宪法共识	宪法实践与宪法学的体系化			200+	
2014.10.18~19	江西南昌	宪法与国家治理体系现代化	宪法与全面深化改革	人民代表大会制度的发展完善	宪法实施监督机制与程序的完善	宪法与《立法法》《行政诉讼法》的修改	宪法与司法体制改革	国家治理与人权保障		
2015.10.24~25	贵州贵阳	宪法监督：理论构建与制度完善	依宪治国、依宪执政与宪法监督	宪法解释程序机制的完善	《立法法》修改与法规备案审查制度	宪法监督的启动机制	各国机关在宪法实施中的作用	法律保留与基本权利保障	200+	160+
2016.10.22~23	河北保定	法律体系的合宪性控制	立法权的合宪性控制	宪法与法律的"立改废释"	"重点领域立法"的宪法基础				150+	
2017.8.26~27	吉林长春	宪法与人民代表大会制度的发展	人民代表大会制度规范的宪法解释	监察体制改革的宪法基础	宪法与选举制度改革	全面深化改革与宪法修改	议会制度的未来走向		200+	

（撰稿人：北京大学法学院博士研究生　黄柳建、黄宇宸）

黄宇骁　北京大学法学院博士研究生
王子晨　北京大学法学院博士研究生

中国行政法学四十年

1978~2018

对于具有数千年官僚行政传统的中国，现代意义上的行政法和行政法学是舶来品。大革命后的法国，成为世界历史上首个行政权与司法权分离的国家，因此被称作"行政法的母国"。❶ 法国的行政法学则是在19世纪70年代"依法行政"或"法治国"的理念被社会和时代所接受时形成，其价值目标是通过法律控制行政权的行使和滥用，使行政服从法律，保护公民的合法权益。❷

1895年，深谙法国行政法学的德国学者奥托·迈耶出版了《德国行政法》一书。❸ 该书在总结法国行政法学成果的基础上，一改其判例与个案探究模式，将民法学上的潘德克顿体系导入行政法，从纷繁复杂的行政活动中抽象出一般概念和原理，建构了行政法的总论体系。迈耶开创的这种行政法学研究范式迅速在德国确立主流地位，并向外辐射至欧陆其他国家，乃至亚洲的日本，成为大陆法系行政法学的典范。另一方面，20世纪后，以英国、美国为代表的普通法系国家也发展出自己的行政法学，展现出与大陆法系国家明显不同的特点。❹

在此背景下，中国行政法和行政法学实属后来者。自改革开放至今走过了40年，时间虽不长，却已形成了较为完整的现代行政法学学科体系，在理论层面提出了大量学说，各种学术流派百花齐放。但是中国行政治理实践中出现的一系列新问题急需新的行政法知识去应对和解决，中国行政法学因此也正面临从简单移植到本土化之转型。此刻，如何构建既有国际眼光、又扎根本土的行政法学成为当下学人思考的重点。既往才能开来，推陈方可出新。这就需要我们对中国行政法学所走过的40年历程展开总结和反思，并在此基础上寻找发展的新方法、新领域和新范式。据此，本章将从学科史视角出发，考察中国行政法学晚近40年的发展历程，努力发掘与梳理其中的脉络、知识、人物等内容，以期较为系统全面地展现中国行政法学40年之风貌。

一、中国行政法学学科历史发展脉络

（一）行政法学学科发展概况

现代意义上的中国行政法学在20世纪70年代末才真正起步。国家经济体制从计划经济向市场经济的转型，政府行为从"依政策行政"到"依法行政"的转变，是中国

---

❶ 参见饶艾："略论法国行政法的产生"，载《中南政法学院学报》1993年第2期。
❷ 参见王名扬：《法国行政法》，北京大学出版社2007年版，第25页。
❸ 参见[德]奥托·迈耶：《德国行政法》，刘飞译，商务印书馆2013年版，第1页。
❹ 有关英美行政法研究的经典论述，可参见王名扬所著的《英国行政法》（1987年）与《美国行政法》（1995年）。这两本书是早期我国学者了解英美行政法的经典文献。

行政法学发展的必要条件。

一个独立学科形成的关键因素是学科理论体系的定型。理论体系是指一个学科的知识框架及其内在逻辑体系，这必须解决调整对象、基本原则、基本范畴、研究方法、法律规范体系等问题。中国行政法学学科的建立，是从高等法律院校的教学需要出发的，并在此基础上形成教学大纲和概念体系，但同时受到教研者自身知识结构、法制环境等主客观因素的影响。

1. 1978年至1990年：从萌芽到奠基

（1）20世纪70年代末，党的十一届三中全会后，夏书章、刘海年、张尚鷟、姜明安等学者在报刊上发表文章，开始为我国应健全行政法制和建立行政法学呼喊。❶ 与之同时，龚祥瑞等一些学者也开始研究和介绍外国行政法和行政诉讼制度，部分高校也开始讲授行政法课程，编写自用讲义和教材。❷ 然而，有学者认为："行政法学的产生并不是以第一篇行政法论文或第一部行政法著作的出版为标志的，而是以理论范畴的基本定型，学科体系的基本建立，相应研究和传播方法的运用，社会的基本公认为标志。"❸ 对于作为现代法学的行政法学而言，这种观点是较为中肯。因此，尽管本阶段行政法相关论文的发表、试用教材的编印、课程的开设纷纷出现，但尚未形成系统、科学的研究，严格意义上的行政法学也并未形成，本阶段只能界定为行政法研究工作的萌芽阶段，其具体特征如下：

第一，行政法学刚刚开始纳入全国法学研究和教育的框架之中，既没有出版全国通用教科书，也未形成稳定、成熟的教研队伍。早期的萌芽主要体现在：1979年中国社科院法学所主持讨论制定《全国法学研究（1979~1985）发展规划纲要》，要求加强对行政法学等法律学科的研究；1981年司法部、教育部领导的法学教材编辑部决定试编的高等学校试用教材之中包括"行政法学"这一科目；1982年安徽大学开始招收行政法研究生。❹

第二，该阶段已发表的关于行政法的论文较为零散、论题也较空乏，尚未形成行政法学专业的研究规范，但对行政法学建设具有启蒙作用。行政法学被视为"始终在落后的法律科学体系中处于微不足道的地位，是最为薄弱的环节之一"。❺

（2）1982年12月，我国现行宪法颁布，奠定我国行政法制建设的根本依据。我国行政立法研究工作随之提上日程，我国行政法学研究步入正轨。以下四个事件推动中国当代行政法学的奠基。

一是1983年6月王珉灿先生主编的我国第一部行政法学统编教材《行政法概要》

---

❶ 例如1979年4月10日，刘海年等在《人民日报》发表《健全和严格执行之行政法》。早期的行政法学文章，部分收集在姜明安教授编写的北京大学法律学系教学参考用书《行政法（文选）》中。

❷ 如1982年4月西南政法学院法理教研室编印了《中华人民共和国行政法概论》，同年北京政法学院编印了《行政法概要》。

❸ 叶必丰："二十世纪中国行政法学的回顾与定位"，载《法学评论》1998年第4期。

❹ 参见许崇德、皮纯协主编：《新中国行政法学研究综述》，法律出版社1991年版，第4~5页。

❺ 王珉灿主编：《行政法概要》，法律出版社1983年版，第36~37页。

由法律出版社正式出版。该书标志着行政法学作为一门法学分支学科的诞生，但囿于时代，书中所表达的学科理论体系仍有待于进一步修正和完善。直到1989年，罗豪才教授主编的第二部全国统编教材《行政法学》由中国政法大学出版社出版，行政法学总论的理论体系基本建立，摆脱行政管理学色彩。

二是1985年5月16日中国法学会行政法学会在江苏省常州市成立，这是中华人民共和国成立以来我国建立的第一个行政法学专业研究团体。

三是1986年10月，在全国人大法律委员会顾问陶希晋的倡导下，成立了行政立法研究组，开创了立法机关组织专家起草法律草案的先河，为行政法学者将理论与实践相结合提供了组织基础，让中国的行政立法研究开始变得有组织、有领导、有具体立法目标。

四是1989年4月14日第七届全国人大第二次会议通过《行政诉讼法》。该法正式建立了以"规范行政权、保护公民权利"为目标的行政诉讼制度。正是在诉讼中，公与私、权力与权利之间发生了对峙，这才有了真正意义上的行政法。❶ 中国行政法学从此获得了关键的制度基础。

这段时间，我国行政法学发展主要呈现以下三个特点。❷

第一，在行政法学教育方面，开展了针对高校行政法教研人员和立法、执法、司法实务工作者的培训，在全国范围内形成一支人员相对稳定、专业化的教研和实践队伍。1985年后，更多院校开设行政法课程。至1987年，全国法律院系已经普遍开设行政法课程，其中约有一半设为必修课。受1987年中共十三大的影响，1988年我国编写和出版了许多新行政法学教材和专著，包括外国行政法专著。"行政诉讼法"第一次成为单行教材出现，单独的行政诉讼法课程在部分院校开始设置。

第二，行政法研究开始进入立法导向型的研究阶段。此时的研究方式仍带有浓厚的宪法学、行政管理学学科的痕迹，学术规范仍较为粗糙，对于政策文件和马列经典著作引用较多；且主要集中于总论部分，对部门行政法关注较少；个别学者开始对英、法、美、日等国外行政法进行有限的介绍，但比较行政法和外国行政法的研究仍比较薄弱。本阶段，学界在建构行政法学体系时受我国台湾地区影响较大，主要承袭大陆法系的传统。❸

第三，在重点课题研究方面，本阶段国家哲学社会科学"七五"（1986~1990年）重点法学课题规划主要是围绕政府法制建设与监督等较为宏观的理论和制度来设定，其中与行政法学直接相关的课题有：①政府法制监督机制——朱维究（中国政法大

---

❶ 在以"司法审查"作为行政法核心机制的西方国家学者看来，没有司法审查或者行政诉讼制度自然谈不上有行政法。参见陈端洪："对峙——从行政诉讼看中国宪政的出路"，载《中外法学》1995年第4期。

❷ 参见罗豪才、姜明安、湛中乐、陈端洪："行政法学研究现状与发展趋势"，载《中国法学》1996年第1期。

❸ 当时，我国台湾地区的一些学者如管欧、林纪东、翁岳生等的行政法学著作开始在大陆流行，并成为大陆学者编著行政法教科书的主要参考文献。

学);②社会主义商品经济新秩序与行政法制研究——蔡伦倬(西南政法大学);③中国行政法制建设的理论与实践;④外国行政诉讼研究。❶

2. 1990年至2011年:从稳步发展到百花齐放

(1)《行政诉讼法》于1990年10月1日开始实施,标志着我国进入行政法学原理研究与行政法律制度建设携手前行、稳步发展的新时期。行政法领域开始形成立法、执法、司法实践促进理论研究深入发展,理论研究又推动和指导立法、执法、司法实践的良性循环。这种积极探索、稳步发展主要发生在1989年至2000年的十余年期间。这十余年中,我国行政法学学科发展有如下六个特点。

第一,行政立法迅速发展。这一时期,行政诉讼、行政处罚、行政赔偿、行政复议、行政强制等行政法律制度的建立与运行,既是前期行政法学研究的现实结晶,又给我国行政法学研究提出了许多新问题,贡献了许多新实践,极大促进了行政法学理论的发展和完善。

第二,研究范式进入专题性研究阶段。这十多年间,支撑行政法学科体系的一些基本范畴经过行政法律制度与实践的磨合,并辅以行政法学学者的提炼,渐趋成熟,伴有大量教材、理论专著、工具书、普法读物的出版。如行政诉讼、国家赔偿研究率先自成体系;行政程序、行政处罚、行政许可、行政监察、行政执行等领域也纷纷出现研究专著;❷ 部门行政法,尤其是经济行政法、税务行政法、土地行政法以及诸多具体领域的规制研究有了良好开端。在20世纪90年代末期,尽管部分学者持有不同观点,但行政法学科体系中基本概念、理论最终定型,体现在姜明安教授主编的1999年版《行政法与行政诉讼法》。这是中国现代行政法学科体系成熟的一个重要标志。

第三,在比较行政法和域外行政法方面,主要围绕英、美、法、德、日及我国台湾地区展开介绍和研究,其中以日本、美国行政法为主,其他国家比重相对较少;形式上,则主要以外国行政法律汇编、外国行政法教材编写为主,对国外行政法教材直接引进或翻译的较少。❸

第四,在重点研究领域上,众多学者沿着20世纪80年代末初步建立的行政法理论体系,逐一展开深入研究,重点围绕以下五个方面。一是自20世纪90年代初期,学界兴起对行政法理论基础的研究和争鸣,相继形成了"平衡论"和"控权论"等主流学说。二是针对行政行为的研究,研究领域从行政立法、行政处罚、行政许可,一直扩展到行政指导、行政合同、行政给付、行政奖励、行政规划等诸多行政法新领域。三

---

❶ 参见孙琬钟:《中华人民共和国法律大事典》,中国政法大学出版社1993年版,第846页。

❷ 代表性著作有:叶必丰著《行政处罚概论》(1990年)、江必新著《行政程序法概论》(1991年)、应松年主编《行政行为法》(1993年)、方世荣著《论具体行政行为》(1996年)、杨解君著《行政救济法》(1997年)等。

❸ 代表性成果有:张正钊主编《外国行政法概论》(1990年)、王名扬主编《法、美、英、日行政法简明教程》(1991年)、姜明安主编《外国行政法教程》(1993年)、"行政立法研究组"编译《外国国家赔偿、行政程序、行政诉讼法规汇编》(1994年)、胡建淼《比较行政法:二十国行政法评述》(1999年)。本阶段外国行政法条汇编著作主要有应松年主编的《外国行政程序法汇编》(1999年)。

是加强了对监督行政理论、行政法律责任和行政救济等方面的理论研究，促进了《行政监察法》《行政复议法》《国家赔偿法》等法律的出台。四是围绕行政诉讼制度，对司法审查的原理和范围展开了专题研究，特别针对行政诉讼的受案范围、具体行政行为与抽象行政行为的界分等问题进行了深入研究。五是在1996年《行政处罚法》出台之后，不少学者将精力转向对公正、科学的行政程序制度的研究。

第五，重点课题方面，承继"七五"期间对行政法学宏观问题的探索，这十余年间国家哲学社会科学"八五"（1991~1995年）、"九五"（1996~2000年）重点法学课题围绕"建设有中国特色的社会主义"的主题，开始关注中观层面的理论和制度问题，提出"行政法的改革"的研究方向，其中与行政法学直接相关的课题包括：当代中国执法问题研究、行政法制建设研究、行政法的改革与完善、监督和廉政法制建设等。

第六，在行政法学教育领域，1989~2000年的十余年间，全国行政法学研究生教育逐步兴盛，拥有硕士学位授予权和博士学位授予权的高校及研究机构不断增多。❶ 1993年，北京大学、中国人民大学和中国政法大学分别培养的第一批行政法学博士顺利毕业并获得博士学位。从此，我国行政法学人才培养从无到有，形成进修生、专科生、本科生、硕士生、博士生等多层次培养体系。1998年，教育部进行本科专业调整时，法学本科由原来的五个专业调整为一个法学专业，法学教学指导委员会确立了本专业的14门核心课程，"行政法与行政诉讼法"为其中之一。

（2）经历了20世纪90年代的稳步发展，进入21世纪以来，我国行政法学百花齐放，迈向全方位、多元化的发展。2000~2011年间，其主要特点为以下六个方面。

第一，在行政法学教育方面，各高校、科研单位行政法专业或方向的博士点、硕士点迅速增多，行政法专业研究生规模也迅速扩大。截至2011年年底，全国法学学位授权点中，具有法学一级学科博士授予权的高校达到38所。❷ 这也意味着这些学校全部都具有宪法学与行政法学二级学科博士授予权。截至2007年年底，所有单位共培养行政法专业方向博士200人左右，硕士人数则更多，难以统计。

第二，在科研机构设置方面，各高校行政法学教研机构经历了改革和重组，组建了众多相对独立、更精细化的研究中心、研究所等，并聘用其他相关学科的学者和校外同领域的学者为研究人员或兼职研究员，共同开展研究和交流。由此，行政法与经济法、刑法及相关学科的跨学科、交叉研究开始兴起。

第三，部分中青年行政法学者开始将行政法学作为公法学体系中的一个重要部门，

---

❶ 2000年之前拥有行政法学博士点的单位是北京大学、中国人民大学、中国政法大学、中国社会科学院法学研究所、苏州大学等。

❷ 这些高校分别是：华东政法大学、复旦大学、上海交通大学、同济大学、南京师范大学、南京大学、苏州大学、山东大学、安徽大学、浙江大学、厦门大学、北京大学、清华大学、中国人民大学、中国政法大学、中国社会科学院、对外经贸大学、北京航空航天大学、中国人民公安大学、南开大学、武汉大学、中南财经政法大学、湖南大学、中南大学、湖南师范大学、湘潭大学、郑州大学、西南政法大学、重庆大学、四川大学、西南财经大学、吉林大学、辽宁大学、大连海事大学、黑龙江大学、中山大学、华南理工大学、海南大学。

尝试走向综合学科的宏观化、理论化研究，如展开"统一公法学"的学科体系建构。❶

第四，新生代行政法学者走上舞台。与老一辈行政法学人相比，他们经过了知识革新，致力推动行政法学研究范式转型，研究方法日趋多元，哲学、经济学、政治学、社会学等学科的研究方法被引入行政法学研究。

第五，比较法和域外行政法方面，进入21世纪的中国行政法学界已经不再自己编写外国行政法教科书，而是直接翻译或引进大量外国及我国台湾地区的行政法著述。❷本阶段对德国行政法的介绍和翻译大大超过日、美、英、法等国，德国行政法学中的概念被学者广泛援引来解释或批判本国的行政法理论与实践。中国行政法学的知识结构得以调整，理论和概念亦多有创新。

第六，重点课题方面，经过前期宏观、中观层面的研究，本阶段国家哲学社会科学"十五"（2001~2005年）、"十一五"（2006~2010年）重点规划的法学课题兼具宏观和中观层面，主题呈现多元化。如越来越结合中国的经济发展大背景，重点关注WTO、社会治安综合治理和司法改革等问题。

3. 2011年至今：行政法学本土化的细作深耕

经过前三十多年的萌芽、奠基、探索与发展，行政法学在中国终于成为一门举足轻重的法学学科。行政法治、依法行政、法治政府、法治国家等思想和理念启蒙也为行政法学的进一步发展奠定了良好的基础。

然而，荣耀属于过去。进入21世纪第二个10年的中国行政法学该何去何从？实际上，早在21世纪初，就有行政法学者对这一问题进行了思考。例如张树义教授认为，包括行政法学在内的中国法学经过了几十年的发展成果丰硕，但依然没有跳出"西方中心主义"的窠臼。"我们放弃了人治而选择了法治，但在人治向法治的过渡中，西方法治理论中却缺少相应的指导，应该说这是中国法学所能做的贡献。"❸ 简言之，新时代的中国行政法学，是应继续奉行对外国法的"拿来主义"与借鉴移植，还是要立足中国、扎根本土，走自己的路？某种程度上，这一问题是"本土资源"概念和"中国法学向何处去"之问在行政法学科的具体适用与展开。❹ 2011年后发生的下列几件大

---

❶ 例如姜明安教授自2002年就开始在北京大学法学院开设"公法导论"研究生课程，开展对公法学基本原理的研讨。袁曙宏教授则在这段时期一直致力于从事"统一公法学"的探索，先后完成了《统一公法学原论——公法学总论的一种模式》（2005年）、《公法的分散与统一》（2007年）等论述。

❷ 代表性著作有：张越著《英国行政法》（2004年）、应松年主编《四国行政法》（2005年）、张千帆等著《比较行政法：体系、制度与过程》（2008年）、江利红著《日本行政法学基础理论》（2008年）等。代表性译著有高家伟译《德国行政法总论》（2000年）、高家伟译《行政法》（2002年）、刘飞译《德国行政法》（2002年）、鲁仁译《法国行政法》（2008年）、沈岿译《美国行政法的重构》（2002年）、毕洪海译《裁量正义》（2009年）、杨伟东译《英国行政法教科书》（2007年）、杨建顺译"盐野宏行政法三部曲"（2008年）等。我国台湾地区的代表性著作有：陈新民著《中国行政法学原理》（2002年）、陈新民著《公法学札记》（2010年）、翁岳生主编《行政法》（2002年）等。

❸ 张树义：《中国社会结构变迁的行政法学透视——行政法学背景分析》，中国政法大学出版社2002年版；张树义：《变革与重构——改革背景下的中国行政法理念》，中国政法大学出版社2002年版。

❹ 可参见朱苏力：《法治及其本土资源》（2014年）；邓正来：《中国法学向何处去》（2011年）。

事，标志着中国行政法学研究本土化。

第一，2011年，中国特色社会主义法律体系宣布形成。这是中国民主法制建设历史上具有重大意义的里程碑。中国特色社会主义法律体系，是改革开放以来我国政治、经济、社会发展实践经验制度化、法律化的集中体现，行政法被表述为其七个组成部分之一，与宪法及宪法相关法、民法商法、经济法、社会法、刑法、诉讼与非诉讼程序法并列。既然是有中国特色的法律体系，其核心就应当也只能是中国问题和中国经验。"从中国国情与实际出发"也是官方总结的中国特色社会主义法律体系形成过程的宝贵经验。❶ 因此，2011年中国特色社会主义法律体系的形成，为中国行政法学研究的本土化奠定了基本前提。

第二，2014年，实施25年的《行政诉讼法》获得系统性修改。行政诉讼法虽然属于诉讼程序法的一部分，但其与行政法之间有着密不可分的联系。传统上，行政法学体系基本就是以依法行政为中心而架构起来的，司法审查则被广泛认为是保障依法行政最直接、最有力的手段。因此，《行政诉讼法》的修改可谓牵一发而动全身。修改过程中，几乎所有行政法学人都"动了起来"，做了大量研究，并积极建言献策。这种氛围在2011年时达到高潮。❷

第三，2014年党的十八届四中全会召开，审议通过《中共中央关于全面推进依法治国若干重大问题的决定》，集中体现了新一代领导集体对法治事业的高度重视。对行政法学学科而言，该决定影响是极其深远的，它将"深入推进依法行政，加快建设法治政府"列为全面推进依法治国的七大措施之一，具体提出了"依法全面履行政府职能、健全依法决策机制、深化行政执法体制改革、坚持严格规范公正文明执法、强化对行政权力的制约和监督、全面推进政务公开"等六个方面的要求。该决定的这些表述将行政法学的重要性提到了一个新的高度。同时，该决定也强调中国的法治建设必须"坚持从中国实际出发"，进一步为中国行政法学研究指明了本土化方向。

基于以上三件法治实践中的大事，中国行政法学在2011年后加速本土化进程，表现主要有以下五个方面。

第一，研究方向上，2011年以来的行政法学研究更加突出立足中国的问题意识，提倡和强化对外国法学理论的本土吸收以及对中国经验的分析研究。具体来说，分为以下三个步骤：首先，学者们揭示和描述中国独特的转型行政法现象；其次，在此基础上以中国行政法的立场对这些现象提炼对应理论，为中国的制度创新提供规范性基础和学术支持；最后，根据这些理论对策形成中国行政法的自己的概念、命题、范畴

---

❶ 国务院新闻办公室出版的白皮书对法学研究中本国与外国法的关系采取了如下立场："研究借鉴国外的立法经验"，"外国法律体系中有的法律，但不符合我国国情和实际的，我们不搞；外国法律体系中没有的法律，但我国现实生活需要的，我们及时制定"。可参见国务院新闻办公室编《中国特色社会主义法律体系》(2011年)。

❷ 参见湛中乐："《行政诉讼法》的'变革'与'踟蹰'"，载《法学杂志》2015年第3期。

和术语。❶在对待外国法的态度上，有学者总结为"从中国问题出发进入西方问题再返回中国问题"的研究径路。❷

第二，研究方法上，本阶段的主要特征是以政府规制理论为代表的新行政法对传统行政法学研究方法的挑战。过去，我国传统行政法学研究方法深受德日法学影响，讲究抽象的概念与体系，强调从一般概念出发到具体法命题再到一般概念的演绎逻辑思维。同时，传统英美法学以司法审查为中心的关注重点也被我国行政法学学科普遍接受，学者们往往更多关注如何通过司法审查来规范行政权力，维护相对人的权益。❸近十年来，这种传统的研究方法和进路受到以政府规制理论等为代表的新行政法理论的有力挑战。❹许多学者提倡多学科、多视角、关注真实行政过程、理解多元行政目标的政策分析与制度设计，致力于革新传统行政法的概念架构和学理体系。❺以规制与治理等为代表的法政策学、社科法学研究成果丰硕，极大地开阔了中国行政法学的视野。

第三，法学教育方面，本阶段各高校、科研单位行政法专业或方向的博士点、硕士点以及培养的行政法专业的研究生数量都趋于稳定和成熟。❻

第四，重点研究课题方面，本阶段国家哲学社会科学"十二五"（2011~2015年）重点规划法学课题进一步反映出本土化的趋势。如中国特色社会主义法律体系形成的重大意义和基本经验、政府自身建设相关法律制度、行政体制改革法律保障、农村改革发展法律制度、土地利用管理法律制度等极具中国本土特色的论题被列入重点研究课题范围。

第五，比较法和域外行政法方面，本阶段在继续对传统的德、日、法、英、美五国行政法进行介绍和著作翻译的同时，❼加强了对过去比较忽视的其他国家行政法的引

---

❶ 详细可参见包万超著《行政法与社会科学》（2011年）。

❷ 王学辉："反思中国行政法学存在的政治背景——往中国行政法学自我意识之路"，载《行政法学研究》2010年第3期。

❸ 参见沈岿："监控者与管理者可否合一：行政法学体系转型的基础问题"，载《中国法学》2016年第1期。

❹ 政府规制理论研究的兴起可以追溯至2005年，参见朱新力、宋华琳："现代行政法学的建构与政府规制研究的兴起"，载《法律科学》2005年第5期。

❺ 参见李洪雷："中国行政法（学）的发展趋势——兼评'新行政法'的兴起"，载《行政法学研究》2014年第1期。

❻ 例如，法学博士一级学科博士点截至2016年年底数量依然维持在38所，虽内部具体高校有所微调（增加了上海财经大学与东南大学，撤销了一些高校的资格）。全国研究生招生数量经过前一阶段的大力增加后，这一阶段的增长幅度已趋势稳定。

❼ 本阶段代表性的著作有：罗豪才、毕洪海编《行政法的新视野》（2011年）、应松年主编《英美法德日五国行政法》（2015年）、陈新民著《德国公法学基础理论》（2010年）等。代表性的译著有：沈岿译《风险规制与行政宪政主义》（2012年）、宋华琳等译《创设行政宪制：被遗忘的美国行政法百年史（1787~1887）》（2016年）、苏苗罕译《行政法》（2016年）、林明锵译《秩序理念下的行政法体系建构》（2012年）、杨桐译《日本行政法入门》（2012年）、田林等译《日本现行行政法》（2017年）等。

介和研究，相关著述原版著作陆续翻译出版。❶

综上，改革开放以来，通过几代行政法学人和无数实务工作者的辛勤耕耘，中国的行政法学从风雨中萌芽奠基，稳步发展，直至百花齐放，如今正走在深入本土化的新阶段。我国当代行政法学尽管起步较晚，但顺应了我国政治、经济、社会和行政管理体制不断深化改革的客观需要，也为法治国家、法治政府与法治社会的构建持续贡献力量，是中国当代法学研究中极富潜能和活力的一个分支。

（二）行政法学理论体系沿革——以23部教材为切入口

经过40年的发展，我国行政法学总论体系已基本成熟。本文以1983年来具有一定代表性和特点的行政法学教材型著作为切入点，将其作为我国行政法学总论体系发展过程中的若干关键节点进行研究，以求明晰其中的传承与变革，呈现中国行政法学体系的基本沿革。

1. 1983年6月，王珉灿主编、张尚鷟副主编，《行政法概要》，法律出版社，字数23.4万

【体系】全书共分3编15章。第一编序论，包括行政法的概念、行政法学是法学的一门分支学科、我国社会主义行政法和行政法学的产生发展和现状；第二编总论，包括我国国家行政管理的指导思想和基本原则、国家行政机关、国家行政工作人员、行政行为、国家行政管理的法律监督；第三编分论，包括军事行政管理、外事行政管理、民政行政管理、公安行政管理、司法行政管理、国民经济的行政管理、教育科技文化卫生体育的行政管理。

【简评】该书在马克思主义法学理论指导下，以中华人民共和国成立以来颁布的行政管理法规为基础，通过总结和概括中国的行政法制实践，同时借鉴各国的有益经验，力图创建中国的行政法学，行政法学理论体系中的"绪论、行政组织法、行政行为法、行政救济法"四大组成部分已具雏形。该书还根据当时我国行政管理体制特点，分别介绍了我国行政法学分论部分的主要组成部门。该书注释较为零散，主要援引一些规范性问卷，未列参考文献。此外，该书受时代所限带有很深的行政管理学和"管理论"的印痕。这是因为改革开放后不久，我国的行政法依然基本以苏联行政法为主要参照标准，而后者的突出特点即管理论模式。本书即带有这种行政法学与行政管理学相混淆的特征。但该书所体现的理论联系实际的学风、新建立起来的体系以及其中的某些章节对日后我国行政法学理论体系的最终形成和发展产生了深远的影响。

该书由司法部法学教材编辑部组织编写，是中华人民共和国成立以来高等院校第一部统编的行政法学试用教材，对于我国行政法学科具有开创性作用，标志着我国当代行政法学研究自此步入正轨。

---

❶ 例如朱应平著《澳大利亚行政裁量司法审查研究》（2011年）、王敬波著《欧盟行政法研究》（2013年）、李修译《行政法原理》（2013年）、黄显辉等译《行政法教程（第一卷）》（2014年）、冯文庄译《行政法》（2014年）等。

2. 1985年8月，姜明安著，《行政法学》，山西人民出版社，字数32.1万

【体系】全书共分为6章和2个附录，依次为导论、国家行政机关、国家工作人员、行政活动、行政法制监督、行政诉讼；附录则包括该书的主要参考文献和引用的主要法律文件。

【简评】该书全面、系统地阐述了行政法学的基本内容，体例清晰，资料丰富，以中国行政法为主，附带介绍和论述外国政府机构改革的一般趋势、苏东国家及西方国家的文官制度。尤其值得称道的是，该书辟专章对行政诉讼制度展开研究，初步介绍了外国两大法系代表性国家的行政诉讼制度等。该书虽基本沿袭了王珉灿主编的《行政法概要》中所确立的概念体系，仍具有浓厚的行政管理学知识色彩，但与同期出版的行政法学教科书相比，原创性鲜明，开风气之先。

3. 1985年12月，应松年、朱维究编著，《行政法学总论》，工人出版社，字数28万

【体系】全书分为7章，依次为行政法的概念和调整对象、行政法与行政法学的历史发展、行政法的基本原则、行政组织法（一）、行政组织法（二）、行政行为、国家行政管理的法制监督。

【简评】该书结构在王珉灿《行政法概要》的理论框架下，开始有所突破，以专章对"行政法的基本原则""行政行为"的一般理论进行阐述，并对制定和发布行政管理法规的行为和行政措施、行政强制执行、行政处罚等具体行政行为展开初步探讨。但行政管理学的痕迹并没有消失，例如行政组织法篇幅占比过多以及以大量篇幅研究内部行政问题。此外，该书关于"行政诉讼即行政机关或司法机关按行政程序或司法程序处理纠纷的活动"的观点，尽管如今与相关制度存在偏差，但在当时具有一定代表性和原创性，也是同期教材中较有影响的一部行政法学教材。

4. 1987年4月，侯洵直主编，《中国行政法》，河南人民出版社，字数23.5万

【体系】全书分为5编18章。第一编导论，包括行政法概念、我国行政法的产生和发展、我国行政法的基本原则；第二编行政组织，包括国家行政机关、国家行政机关工作人员；第三编行政法的结构，包括行政法结构概述、行政法律、行政法规、地方性行政法规、行政规章；第四编行政法的实施，包括行政法实施的概述、说服教育和行政指导、行政强制、行政制裁、行政监督；第五编行政争讼，包括行政争讼的概述、行政争议、行政诉讼。

【简评】该书尝试摆脱1983年《行政法概要》所创建的行政法教科书概念和知识体系，试图用"行政法的结构、行政法的实施、行政争讼"等新的概念来描述行政法中的行政立法、行政行为和行政救济等现象，集中探索了中国各种行政法规范所具有的共性问题并对其进行初步分类。尽管书中的相关概念后来被学界所弃用，但在当时具有一定的理论创新意义，对促进中国行政法学研究的争鸣和深入有重要作用。

5. 1988年8月，应松年主编，《行政法学教程》，中国政法大学出版社，字数32万

【体系】全书分为4编12章。第一编绪论，包括行政法概述、行政法与行政法学

的历史发展;第二编组织编,包括行政机关组织法、公务员法、行政违法与行政责任;第三编行为编,包括行政行为法、行政立法、行政执法、行政合同、行政司法、行政程序法;第四编监督编,包括对行政法制监督、国家行政赔偿等问题的论述。

【简评】该书是继1983年《行政法概要》之后,体系结构和内容上最为完善和科学的教科书,对中国行政法学理论体系的形成作出了较大贡献。特别是该书对"行政合同"首次展开研究,并集中论述了行政程序法和国家赔偿法问题,这对我国行政法制建设具有重要的参考价值。

6. 1988年8月,皮纯协主编《中国行政法教程》,中国政法大学出版社,字数32万

【体系】全书分为5编26章。第一编导论,包括行政法学概述、行政法是重要的法律部门、行政法律规范与行政法律关系、我国社会主义行政法的产生与发展;第二编行政法主体,包括国家行政机关、国家行政机关工作人员、行政法其他主体;第三编行政行为,包括行政行为概述、行政立法、行政执法、行政司法;第四编行政保障,包括行政法律意识、行政法制监督;第五编部门行政法综论,主要论述我国各主要部门行政法的特点和任务,包括人事行政法、公安行政法、军事行政法、外交行政法、民政行政法、司法行政法、经济行政法、卫生行政法等。

【简评】与应松年教授主编的《行政法学教程》相比,该书结构更为具体和详实,并增加了对行政法律意识、部门行政法等领域的研究,体现了1983年以后行政法学研究的成就,是一部较为完备而又有创新精神的教科书。

7. 1988年11月,罗豪才主编,《行政法论》,光明日报出版社,字数38万

【体系】全书分5编12章,依次为导论、行政法的基本原则、国家行政机关、国家工作人员、行政立法、行政行为和行政指导、行政合同与许可证制度、行政奖励和行政制裁、行政监督、行政侵权责任、对行政的监督、行政争议和行政诉讼。

【简评】该书适应了中国行政管理科学化、民主化和制度化的要求,参考国外相关制度经验,对当时中国行政法制建设进程中出现的一些制度和现实问题,如行政侵权责任,率先作出了有益探讨;书中关于行政立法和行政行为的变动、行政指导等具体行政行为的专门阐述,代表了当时行政行为理论的最高水平,为我国"行政行为"理论体系的形成奠定了基础。

8. 1989年7月,罗豪才主编、应松年副主编,《行政法学》,中国政法大学出版社,字数29万

【体系】全书分为12章,依次为行政法基本概念、行政法的基本原则、行政法律关系主体、行政立法、行政执法、行政司法、行政监督、行政合同、行政程序法、行政责任与行政赔偿、监督行政行为、行政诉讼,并附主要参考书目录。

【简评】该书为法学教科编辑部编审的高等学校法学试用教材系列之一,是继1983年《行政法概要》之后的第二本全国行政法统编教材,标志着中国行政法学理论体系已经摆脱行政管理学的色彩,基本实现独立。1992年,该书获得司法部第二届法学优

秀教材奖,并在 1996 年、1999 年由原作者先后做过两次修订。此外,该书还被日本学者上杉信敬翻译成日文,日本近代文艺社以《中国行政法概论》为书名于 1995 年、1997 年先后出版。

该书宏观体系和具体内容上较《行政法概要》都有显著突破和创新,其重新确立的行政法学的范畴、体系、基本概念和原则,特别是"行政法律关系主体"的概念,对之后的行政法主体理论体系构建影响较大。在内容上,该书具有以下特点:(1)以行政法律关系的核心即行政主体的职、权、责作为一条主线,贯穿全书;(2)坚持行政法既有保障行政权有效行使,又有保障个人和组织合法权益作用的观点,强调权力不受监督就会发生腐败,重视对行政民主化、法制化问题的研究;(3)行政实体法和程序法并重;(4)该书注释较少,开始附有参考文献。

9. 1989 年 7 月,张焕光、胡建淼著,《行政法学原理》,劳动人事出版社,字数 42.8 万。

【体系】全书共分 8 编 37 章。第一编绪论,包括行政与行政权、行政法的概念、行政法律关系、行政法基本原则、行政法学、行政法学及行政法学的历史发展;第二编行政法主体,包括行政主体、行政人、相对人;第三编行政法行为,包括行政行为的概述、行政规范行为、行政处理行为、行政合同行为、准司法行为、行对人行为;第四编行政法程序,包括行政程序、行政程序法、国外行政程序法典、相对人程序规则;第五编行政违法与行政不当,包括行政违法、行政主体违法——违法行政、相对人违法、行政不当;第六编行政责任,包括行政责任概述、行政责任主体及责任划分、行政赔偿责任;第七编行政司法,包括行政司法概述、行政争议、行政调解、行政复议、行政仲裁;第八编行政诉讼,包括行政诉讼概述、行政诉讼的历史发展、行政诉讼法原则、行政诉讼主体、行政诉讼程序。

【简评】该书力求阐述和探索相对完整的行政法学原理,是中国恢复行政法学研究以来用"原理"命名的、最具后续影响力的行政法学教材,体系宏大而全面,其目的在于用以指导行政管理活动和解释行政现象,为解决行政争议提供理论支持。该书基本上包括了现行通用行政法教科书中所有的知识节点,其中一些概念的使用和表述较为科学和准确。此外,该书还引进了当时国内行政法研究很少适用的案例分析方法,推动了后来行政法学研究方法的拓展。

10. 1996 年,罗豪才主编、湛中乐副主编,《行政法学》,北京大学出版社,字数 37 万字(2006 年第 2 版、2012 年第 3 版、2016 年第 4 版)。

【体系】本书初版分为 12 章,并附有附录、参考文献(共计 25 种)、后记。正文依次为绪论(包括行政法的概念、行政法关系、行政法的基本原则、行政法在法律体系中的地位和作用、行政法学的发展及其学科体系)、行政法律关系主体、行政行为概述、抽象行政行为、具体行政行为、行政合同、行政指导、行政程序法、行政违法与行政责任、行政赔偿、行政复议、司法审查。

该书初版后经过三次修订,至 2016 年已发行第 4 版,字数已达 70 万字。在最新的第 4 版中，与初版相比除"行政赔偿"一章已经随着《国家赔偿法》的颁布更改为"国家赔偿与国家补偿"，其余章节均与初版时保持了一致。

【简评】该书是 20 世纪 90 年代初期行政法学基础理论研究兴起和 1993 年罗豪才教授、袁曙宏教授等三人提出"平衡论"学说在教材中的反映。其初版是以平衡论为理论基础构建中国行政法学体系的初步尝试，同过去的行政法学教材相比，它注重围绕"政府—公民"之间权利（权力）义务关系的互动展开论述、分析，对行政法学的理论问题进行了较为深入的研究和探讨，是当时以罗豪才教授为首的北京大学行政法学教研团队成果的集中展示。此外，书中将行政诉讼直接称为司法审查，并辟专章讨论行政违法与行政责任等，都在当时引起巨大反响，是重要的学术创新。

该书自 2006 年开始修订出版，现在已成为北京大学出版社 21 世纪法学系列教材的组成部分，在全国范围内被广泛使用。书中的许多表述基本都采用学界通说，是了解当代中国行政法学通说和多数说的一本重要教材。

11. 1998 年，胡建淼著，《行政法学》，法律出版社，字数 51 万（2003 年第 2 版、2010 年第 3 版、2015 年第 4 版）

【体系】全书分为 20 章，依次为行政法基本概念、行政法基本原则、行政法（学）历史发展、行政主体、行政人、行政相对人、行政职权（一）、行政职权（二）、行政行为、抽象行政行为、具体行政行为、行政处罚、行政相关行为、行政依据、行政程序、行政瑕疵、行政责任、行政赔偿、行政补偿、行政复议。

在最新的第 4 版中，作者将全书所有章节整理成绪论、主体论、行为论、要件论、责任论、监督论六大编。具体章节构成比起 1998 年版本已经发生了很大变化，主要是在"行为论"编中，已抛弃 90 年代占主导地位的抽象行政行为与具体行政行为的两分说，代之以行政规定与行政决定的两分法，将各种传统上的具体行政行为当作行政决定的不同形式加以分章论述。

【简评】胡建淼教授这本独著教科书于 1998 年首次出版，一改以往多人编写或合著教材的惯例，个人观点和个人风格鲜明突出，具有以下特点：（1）主张构建动态的"双线型"行政法学体系，尝试从行政主体、行政人、行政相对人出发，创建一种中观行政法学；（2）该书认为行政法学不应该包括"行政诉讼法"部分内容，行政诉讼法应是一个独立的法律部门，故在书中不予论述；（3）与之前的教科书相比较，书中引用法院判例较多，体系了重视案例研究的风格。

至 2015 年，该书已出版了三个修订版本，渐趋成熟。在第 4 版中，作者构建了一个"绪论—主体—行为—要件—责任—监督"连贯成线的行政法学总论体系，层层递进，逻辑性强。尤其是在行为论中，作者修正了早先版本对行政行为的抽象和具体之分，提出了自己对行政行为的分类主张，并以"行政决定"为支点撑起行政法学主要的教义概念（处罚、许可等），不失为一个富有解释力的理论尝试。

12. 1999 年，姜明安主编，《行政法与行政诉讼法》，北京大学出版社、高等教育出版社，字数 60 万（2005 年第 2 版、2007 年第 3 版、2011 年 5 月第 4 版、2011 年 8

月第 5 版、2015 年第 6 版)

【体系】全书共分 5 编 32 章,并附有关键词表、参考文献目录、后记。依次为绪论、行政法主体、行政行为、行政诉讼、行政赔偿等五编,具体包括:行政法的一般原理、原则及有关行政法、行政法学历史发展的知识;行政法主体的一般理论及有关行政主体职责、职权、管理手段与行政相对人权利、义务的具体理论和知识;行政行为的一般理论及有关行政行为的性质、特征、构成要件、合法要件与各种类型行政行为运作程序的具体理论知识,以及行政诉讼和行政赔偿与补偿的有关章节等。

至 2015 年,本书已修订到第 6 版,最新版分 6 编 38 章,除与第 1 版相比增加了"行政复议"编外,其余基本概念框架并无太大变化。

【简评】该书是根据教育部高等学校法学学科教学指导委员会的要求,为高校法学专业核心课程编写的专门教材之一,现已成为我国大学本科行政法学教学中获得最广泛使用的教材,是中国大陆最具代表性的行政法教材型著作。

该书由姜明安教授牵头,集中了活跃在我国行政法学界的多名权威学者编写,汇聚了多所法学重点院校的智慧精华。该书的出版标志着中国行政法学总论体系已经成熟,为我国行政法学知识的规范化和传播作出了巨大贡献。该书自出版后修订多次,重印多次,紧跟我国行政法治实践最新发展,吸收行政法学理论研究的最新成果,使其确立的行政法学总论体系日趋成熟和完善。该书具有以下特点:(1) 在继承、批判和扬弃国外行政法学的控权论、管理论、行政权力本位论、相对人权利本位论等各种学术流派的基础上,全面阐述了行政法与行政诉讼法的基本理论知识;(2) 主要以我国行政法治实践和行政法学说为基本素材,同时也吸收、借鉴了国外,特别是西方发达国家的行政法治实践和行政法学研究的大量成果,所附参考文献较为详实。(3) 建立了富有中国特色的行政法学概念体系,例如以"行政处理"的概念代替过去的具体行政行为概念;(5) 附有行政法学关键词词目表,统一规范了行政法学知识谱系中的学术用词;(6) 各章节普遍使用规范的脚注,包括注释型、参见式等各种脚注,直接引用大量外文文献,形成了一套较为严谨的学术规范体系。

13. 2002 年 10 月,陈新民著《中国行政法学原理》,中国政法大学出版社,字数 47 万

【体系】全书分为 5 章和 4 个附录(法律性文件或法律草案),正文依次为通论、行政组织法、行政行为法、国家责任、行政救济制度——行政争诉法。

【简评】该书为我国台湾地区学者对大陆行政法治开展研究而形成的第一部行政法学专著。受作者知识结构的影响,该书内容重心不在于对具体的行政法律制度作简要介绍,而是着重运用德国行政法学的概念和原理对中国行政法律制度进行解读。当然,该书在介绍行政法学的基本原理时并未流于空泛的理论推演,而是紧密联系中国的行政法治实践,并为我国行政法治事业推进献计献策。

14. 2003 年 2 月,叶必丰著,《行政法学》,武汉大学出版社,字数 47.2 万

【体系】全书分为 12 章,依次为行政法的基本理论、行政法的渊源与效力、行政

立法与行政规范、行政法的基本原则、行政法律关系、行政决定原理、模式化行政决定、行政强制、行政指导和行政合同、行政复议、行政诉讼、行政赔偿。

【简评】该书体系完整，结合大量判例来解释相应的原理和制度，是作者在多年行政法学教学和研究工作基础上总结、创新和理论化的重要成果。该书以公共利益本位论为理论基础和指导思想，对行政法学的主要问题进行了系统阐述，其中重点论述了行政法律关系和行政决定原理，尤以对行政行为，即行政决定的模式化的系统论述较有特色和创新。

15. 2004年10月，杨海坤、章志远著，《中国行政法基本理论研究》，北京大学出版社，字数67.2万。

【体系】全书共20章。分别为行政法的概念研究、行政法与宪法的关系研究、行政法理论基础研究、行政法基本原则研究、行政法的渊源研究、行政法律关系理论研究、行政主体理论研究、行政行为概念研究、行政行为效力理论研究、行政处罚研究、行政许可研究、行政强制研究、行政指导研究、中国行政程序法法典化问题研究、行政听证制度研究、行政公开制度研究、行政复议制度研究、行政赔偿制度研究、行政诉讼类型化研究、当代中国行政法学发展趋势研究。

【简评】该书是杨海坤教授《中国行政法基本理论》（南京大学出版社1992年版）一书的延续、深化和发展。该书以21世纪初中国法治与宪政思想为切入点，回顾了20世纪80年代以来我国行政法学的发展状况，对我国行政法治建设过程中一系列主要的理论和实践问题进行专题性探讨，在资料引证、观点评述等方面较为客观、全面、深入。作为一部研究型、专题式的行政法学著作，该书注意吸收国内外最新行政法学学术研究成果，是一部优秀的中国行政法学基本理论的综述之作。

16. 2005年3月，应松年主编，《当代中国行政法》，中国方正出版社，字数211万。

【体系】全书在行政组织法、行政行为法、行政程序法、行政监督与救济法五大纲目的统率下谋篇布局，渐次展开行政法制的各个侧面，内容完善，结构严谨。该书对中国行政法的基本范畴、基本原则、基本制度和规则进行了综合、系统的阐述，并将法理、法条与判例熔于一炉，兼顾学术与实务两种用途。

【简评】编者把该书定位为一本综合性、系统性兼具研究性的教科书。该书集合了21世纪初中国行政法学界四十余位知名学者，对改革开放以来的研究成果进行了系统的梳理和诠释，对我国行政法总论知识谱系中的每个知识节点分专题探讨，同时努力探索行政法学的学术前沿，给行政法学的未来发展指明方向，是当时国内规模最大的行政法学著作，亦是二十多年来中国行政法学研究的集大成之作。

17. 2008年1月，应松年主编，《行政法与行政诉讼法》，中国政法大学出版社，字数40万（2011年第2版、2017年第3版）

【体系】全书分为4编17章。4编分别为：绪论、行政法主体、行政行为、行政法制监督与行政救济。17章依次为：行政法概述、行政法学的历史、行政法的基本原则、行政主体、行政公务人员、行政相对人、行政行为、制定规范行为、授益行政行为、不利行政行为、非权力行政行为、行政程序、行政裁决和行政复议、行政法制监督、行政诉讼（一）、行政诉讼（二）、行政赔偿与行政补偿。

【简评】 该书是由应松年教授及其弟子编写的、面向本科生教学之用的行政法教科书，主要供中国政法大学课堂之用，是其行政法的代表性教科书。该书体现了中国行政法学的总论体系至此已基本定型。所有的基本教材都不外乎概论（包括原则、法源等）、主体、行为、程序、救济五大块内容；不同教科书只是在具体的概念和定义上有些许区别，且主要体现在行政行为的定义和分类上，例如本书中将行政行为分类为制定规范行为、授益行政行为、不利行政行为与非权力行政行为，且将行政程序和复议与裁决也纳入行政行为的体系。本书简明扼要，是一本快速了解行政法精髓的必读书目。

18. 2008 年 10 月，章剑生著，《现代行政法基本理论》，法律出版社，字数 87.6 万（2014 年第 2 版）

【体系】 初版分为 4 编，分别为：现代行政法序说、行政实体法、行政程序法、行政诉讼法。第一编下列 5 章、第二编下列 17 章、第三编下列 17 章、第四编下列 16 章，共 55 个章节。该书以通说行政法学概念体系为基础，几乎囊括了所有的具体分论题。

第 2 版分上下两卷，达 110 万字，为行政法学独著作品之最。第 2 版在每编下增设了若干章，以适应新的变化。其中变化最大的是第一编，题目更改为"现代行政法前言"，并增加了现代行政法与社会秩序差异、现代行政法与行政模式、现代行政法与给付行政、现代行政法中的合作、现代行政法中的行政惯例等章节。

【简评】 该书是作者二十余年研习行政法学的心血之作，基本穷尽了行政法学理论的重要议题。用作者自己的话说："本专著基于现代行政法的内、外部逻辑关系，以专题研究的方法，系统地论述了现代行政法的基本理论。"❶ 总的来说，该书有以下三大特色：（1）一改以往教材型著作讲义式、辞典式的写作方式，而是采用论文式，上下段落逻辑性强，从头到尾一气呵成，连贯而完整，可阅读性非常强；（2）在充分研究比较法的基础上，不拘泥于外国法，结合丰富的中国实证材料和实务案例，提出许多独树一帜、深具中国特色的本土化理论和概念体系；（3）本书不是随意打破重来式的创新，而是在继承过去中国行政法学积累的学说、体系和既有理论的基础上，进行分析、突破和自说创新，具有承前启后的意义；（4）与作者的另一本著作相比，❷ 该书理论性更强、学理性更深，因而也更适合研究生或学术界人士阅读。

经过修订，2014 年推出的第 2 版不仅增加了对近几年学界热点话题的讨论，而且随着实践变化修改了部分措辞和观点，保持了与最新理论和实践的同步，可以说是代表中国行政法解释学最高成就的著作之一。

---

❶ 参见章剑生：《现代行政法基本理论》，法律出版社 2008 年版，第 40 页。
❷ 参见章剑生：《现代行政法总论》（2014 年）。

19. 2010年3月，周佑勇主编，《行政法专论》，中国人民大学出版社，字数48.8万

【体系】该书共设10章，分别为：行政法：基本范畴、法律渊源与法律关系研究，行政法学：基本观念与方法论研究，行政法的基本原则与行政裁量研究，行政立法、行政规范与技术标准研究，行政法的适用与解释研究，公务主体的法律形态研究，公务主体的法律形态研究，公物法与公务员法问题研究，行政行为与行政程序问题研究，行政责任与行政救济问题研究。

【简评】该书是由东南大学周佑勇教授带领一批活跃在学科前线的中青年行政法学者编写的一本面向研究生的教材型著作，列入"东南大学研究生教学用书建设项目"。该书采用专题式的编写方式，注重对制度原理、背景及内在逻辑的分析，体现了当代中国行政法学的深层次思考。值得指出的是，该书在维持传统中国行政法学所积累并定型的概念体系，即"概论（包括原则）—主体—行为（包括抽象、具体）—救济"的同时，增加了对富有传统德日法学特色的"公物与公营造物"的讨论，同时也就近年来主要来自英美法学的新行政法，包括政府规制、行政民主化、民营化、信息法以及全球行政法等最新论题做了论述，在诸多教材型著作中有所创新。

20. 2010年7月，姜明安、余凌云主编，《行政法》，科学出版社，字数133万

【体系】该书篇幅宏大，分设绪论和11编，共54章。11编分别为：行政法的理论基础、行政法基本原则、行政组织法与行政主体、行政规范的制定、行政处理行为、非强制行政行为、行政自由裁量行为、行政程序、监督行政与行政责任、行政救济、公物法原理。文后列有705篇（本）参考文献，除中文著作、译作外，还有大量英文、德文和日文文献，资料丰富详实。

【简评】该书由北京大学姜明安教授和清华大学余凌云教授牵头，组织一大批名校法学院的行政法学者编写，属于面向本科生、研究生和司法人员的通用型教材。撰稿人中既有资深教授，也有当时在行政法学界崭露头角的中青年学者，可谓是21世纪学科成果的一次集中展示。该书也是"新世纪法学创新教材大系"之一。比起先前的教材型著作，该书继承了几十年来形成的行政法学通说概念体系，也与同年出版的《行政法专论》一样，加入了公物法的理论知识。但该书具有三点鲜明的特色：（1）该书篇幅逾百万字，为过去的入门型教材所不多见，细致与全面程度空前，是行政法初学者想要迅速全面掌握学科知识的一本最佳著作，具有类似"辞海"的功能。（2）每一章后设案例与新闻栏目，将抽象的理论知识与鲜活的实证材料结合起来，不失为一个有益的教学尝试。（3）与一般教材相比，本书问题意识强烈，力图学以致用，完整全面又不失突出重点。总之，该书是我国几十年行政法教科书发展的一个里程碑，标志着中国行政法统编型教科书的成熟。

21. 2010年8月，余凌云著，《行政法讲义》，清华大学出版社，字数41.4万（2014年第2版）

【体系】该书初版分9章，依次为：公共行政与行政法、行政法学的总论与分论、

发展之中的行政法基本原则、行政主体理论变革与第三部门的勃兴、行政自由裁量及其控制、行政调查、行政行为理论、非强制行政手段、行政上实效性确保手段。该书第2版在初版9章的基础上又增加了4章，分别为：政府信息公开、行政问责制、行政复议法的修改、行政诉讼法的修改。

【简评】从初版的体系可以看出，该书主要是有关行政法总论或一般行政法的讲义，并不包括救济法（复议、诉讼、赔偿）的内容。不过在第2版中，作者增加了对复议法与诉讼法修改看法的相关章节，使之成为一本包括行政法总论与部分行政救济法的、比较全面的教材。本书为余凌云教授独著，采用专题式的结构、论文式的行文方式，结构上并不讲究面面俱到，而是在纷繁复杂的行政法知识中选取关键问题构成专题章节，进行重点讨论。该书行文上讲究上下文逻辑连贯，通过论文式叙述层层递进，最后推向作者的结论。本书由于是面向研究生而写作，属于"中国法学前沿·研究生教学参考书"的组成部分，故内容上较为前沿、深入，书中所述观点个人色彩鲜明，已成为中国行政法学科研究生必读书目之一。

22. 2014年4月，李洪雷著，《行政法释义学：行政法学理的更新》，中国人民大学出版社，字数46.1万

【体系】本书分为导言和10章，依次为：行政法的基础范畴、行政法基本原则、行政法的适用与解释、公务主体的法律形态、公务员法的基本制度、作为法律行为的行政处理、对行政裁量的司法审查：英德比较、对行政解释的司法审查：以美国为例、行政诉讼的举证责任、行政法（学）的新趋势。书后附有中英德三国参考文献。

【简评】本书是李洪雷教授的独作，同样属于体系化的教材型著作，遵循"概论—主体—行为—司法审查"的传统概念体系。虽不是一部"大而全"的通用型教材，但对行政法学基本知识都有涉及，是专题式、面向研究生以上专业人士的著作。该书与以往教材型著作最大的不同在于：作者集中从一种方法论和一种研究流派处罚，对行政法进行了抽丝剥茧式的考察。具体来说，该书严格基于德国式的"法律方法"，也即法教义学（Rechtsdogmatik，作者称法释义学）而写作。近十年来，所谓法教义学与其他方法学（以社科法学为代表）的争论在中国已从法理学科扩散到了刑法、民法、经济法、宪法等多个学科。但行政法学科的争论似乎并不激烈，因为法教义学从来就未主宰过中国当代的行政法学。[1] 该书可以说是对基于教义学编写行政法学教科书的有益探索和尝试。

本书的最大特色是区分通说、多数说、有力说、少数说和自说，在借鉴外国学说的同时，对国内几十年来的行政法学学说进行了归纳、整理和分析，呈现出全面的行政法解释现状，对实务中的司法审判工作有直接的借鉴意义。[2]

---

[1] 参见何海波："中国行政法学研究范式的变迁"，载姜明安主编《行政法论丛》第19卷，法律出版社2008年版，第501页。

[2] 参见戴加佳："探寻中国行政法释义学的体系化——评《行政法释义学：行政法学理的更新》"，载姜明安主编《行政法论丛》第21卷，法律出版社2017年版，第241~254页。

23. 2017年6月，姜明安著，《行政法》，北京大学出版社，字数81.9万

【体系】 本书为5编30章，5编是：绪论、行政法主体、行政行为、行政程序、行政救济。30章分别为：行政：管理与治理，行政法：保障权利与控制权力，我国行政法的历史发展，中国行政法学的历史发展和各国行政法学的主要流派，行政法的法源，行政法的基本原则，行政组织与法治政府建设，行政法主体与行政机关，其他行政主体，公务员，行政相对人，行政行为概述，行政立法，行政执法，行政司法，行政处理，行政监管，行政裁量，行政合同与行政指导，行政程序概述，中国行政程序法典化的意义、目标与路径，行政程序若干重要制度，政务公开，行政救济概述，行政法制监管，行政责任，行政复议，行政诉讼，行政赔偿，行政补偿。

【简评】 姜明安教授是中国行政法学40年学科发展的亲历者和见证人，也是当代中国行政法学的权威学者。该书既是姜明安教授迄今学术生涯的成果总结，也是中国行政法学40年几代学人共同努力形成和积淀的学科基本知识与体系的总结，具有重要意义。

该书名义上是作者过去著作的修订版（第1版是1985年山西人民出版社出版的《行政法学》、第2版是1986年北京大学出版社出版的《行政法概论》、第3版是1990年中国卓越出版公司出版的《行政法与行政诉讼》），但该书在内容上有全面系统地更新，故实质上是一本全新的教材型著作。该书遵守已基本成型的行政法学体系框架，即"概论—主体—行为—程序—救济"进行编排；内容上包括概念定义、内容特征、法律性质、必要性等在内的法律基本问题。书中观点不仅属于学界通说，也基本与司法实践中的做法相一致，体现了作者的学术贡献和地位。

（三）行政法学重要机构与组织概览

1. 中国法学会行政法学研究会

中国法学会行政法学研究会是中国法学会下属的16个学科、专业、专门研究会之一，是全国性行政法学界的社会团体，成立于1985年8月。从成立起，行政法学研究会每年在国内举行一次全国范围的年会，行政法学研究会还不定期举行学术研讨会、调研和考察活动，为全国行政法学专家学者提供交流平台；不定期组织从事行政法教学的理事举行行政法学教研研讨会，讨论教学中的重点、难点问题，交流教学经验。

行政法法学研究会积极推动与台湾、香港、澳门地区以及海外学术交流。为推进中国海峡两岸的行政法学术交流，行政法学研究会同台湾行政法学会合作，每年在大陆和台湾地区轮流举行一次研讨会，迄今已达10次；并同香港特别行政区、澳门特别行政区开展多种形式的学术交流活动。研究会还同英、美、德、日、法、意、韩等国积极开展多边交往和双边交往，同日本、韩国和我国台湾地区合作建立东亚行政法学会，每两年举行一次国际研讨会，现已举办8次。

行政法学研究会作为大陆行政法学研究的核心和中坚力量，致力于团结大陆行政法学工作者在立法、执法、教学、科研、对外交流方面积极努力，推进依法行政、建设法治政府的进程，促进学术繁荣发展，为建设法治国家作出了贡献。

（1）行政法学研究会历届年会及其主题。

表　行政法学研究会历届年会主题

会议时间和地点	主题
1985年8月 江苏常州	成立大会； 选举第一届干事会
1986年12月 重庆	建立我国行政诉讼制度和大中城市法制建设以及行政立法等问题
1988年8月 山西太原	选举第二届干事会； 研讨行政执法等相关议题
1990年12月 河南郑州	实施《行政诉讼法》的理论与实践问题
1992年11月 湖北宜昌	选举第三届干事会； 讨论行政法学的基础理论、行政行为、市场经济与行政法的关系问题
1993年12月 北京	市场经济与行政法
1994年11月 广东广州	立法、行政立法和草拟中的"中华人民共和国立法法"
1996年1月 黑龙江哈尔滨（注：实为1995年年会）	行政法学研究会成立10年之回顾与展望
1996年1月 浙江杭州	行政法治的理论与实践
1997年8月 新疆乌鲁木齐	选举第四届理事会； 行政许可和行政合同
1998年7月 山西太原	机构改革与行政组织法、行政许可法等
1999年5月 广东珠海	行政诉讼与《行政诉讼法》颁布十周年
2000年7月 山东青岛	行政强制问题
2001年11月 云南昆明	依法行政的理论与实践
2002年7月 内蒙古海拉尔	主要讨论《行政程序法专家试拟稿框架稿（第二稿）》

续表

会议时间和地点	主题
2003年8月 宁夏银川	选举第五届理事会； 研讨《中华人民共和国行政程序法（试拟稿）》
2004年8月 重庆	2004年修宪后的中国行政法
2005年8月 海南博鳌	中国行政法学20年
2006年7月 青海西宁	行政管理体制改革的法律问题
2007年8月 江苏南京	行政法与财产权保护
2008年9月 贵州贵阳	选举第六届理事会； 服务型政府与行政法
2009年8月 湖南长沙	行政程序的法治化
2010年7月 山东泰安	社会管理创新与行政法
2011年11月 江西南昌	行政法的实施与强化社会管理的行政法问题
2012年10月 上海	行政救济制度的完善
2013年8月 黑龙江哈尔滨	法治中国背景下的行政法治
2014年8月 河南郑州	国家治理体系现代化与行政法
2015年8月 四川成都	行政法学与加快法治政府建设：行政法学发展30年回顾与展望、 行政执法体制改革、政府权力清单制度、重大行政决策程序
2016年10月 广西南宁	行政法重点问题：行政不作为、市场监管、行政检察监督
2017年8月 湖北武汉	选举第七届理事会； 国家监察体制改革与监察立法，城市治理与行政法

（2）东亚地区行政法学研讨会及海峡两岸行政法学研讨会纵览。

表 东亚地区行政法学研讨会及海峡两岸行政法学研讨会纵览

时间	地点	会议	主题
1995	日本名古屋	东亚行政法学会成立暨第一届学术研讨会	——
1997	韩国首尔	第二届东亚行政法学研讨会	——
	中国北京	首届海峡两岸行政法学研讨会	行政程序法
1998	中国上海	第三届东亚行政法学研讨会暨行政程序法国际研讨会	行政程序法
	中国台北	第二届海峡两岸行政法学研讨会	具体行政行为（行政处分）
1999	中国西安	第三届海峡两岸行政法学研讨会	行政强制及相关行政程序法问题
2000	中国台北	第四届东亚行政法学研讨会暨海峡两岸行政法学研讨会	行政立法与行政处罚（东亚）行政诉讼与行政复议（海峡）
2001	中国南京	第五届海峡两岸行政法学研讨会	行政契约（含政府采购）政府信息公开
2002	日本名古屋	第五届东亚行政法学研讨会	行政诉讼制度改革和民营化 规制缓和与行政法
	中国台北	第六届海峡两岸行政法学研讨会	公务员法与地方制度法
2003	——	——	——
2004	韩国首尔	第六届东亚行政法学研讨会	行政法的参与与协作 行政的透明性与情报公开
	中国重庆	第七届海峡两岸行政法学研讨会	行政赔偿与行政补偿问题研究
2005	中国台北	第八届海峡两岸行政法学研讨会	行政行为中的协力义务 行政调查制度
2006	中国杭州	第九届海峡两岸行政法学研讨会第七届东亚行政法学研讨会	国家赔偿的理论与实务

续表

时间	地点	会议	主题
2008	中国台北	第十届海峡两岸行政法学研讨会第八届东亚行政法学研讨会	行政程序法实施中的问题 行政调查与人权保障
2009	中国敦煌	第十一届海峡两岸行政法学研讨会	土地权利的行政法保障 政府信息（资讯）的行政规制
2010	日本东京	第九届东亚行政法学研讨会	地方政府的角色 行政的统制
2010	中国台北	第十二届海峡两岸行政法学研讨会	民生福利原则与行政法制 行政计划法制
2011	中国满洲里	第十三届海峡两岸行政法学研讨会	依法行政考核 风险治理
2012	韩国首尔	第十届东亚行政法学研讨会	全球化背景下的行政法 福利国家与财政行政
2012	中国台南	第十四届海峡两岸行政法学研讨会	特别权力关系的理论与实务之发展 合作行政与公私协作
2013	中国宁波	第十五届海峡两岸行政法学研讨会	行政合同的基础理论 行政程序法的最新发展
2014	中国广州	第十六届海峡两岸行政法学研讨会 第十一届东亚行政法学研讨会	食品安全治理与行政执法体制（海峡） 行政组织法制完善与行政复议制度的完善和发展（东亚）
2016	中国高雄	第十七届海峡两岸行政法学研讨会 第十二届东亚行政法学研讨会	行政程序法制之发展与变革（海峡） 政府资料开放之法制与争议处理（东亚） 风险社会与行政诉讼（东亚）
2017	中国大连	第十八届海峡两岸行政法学研讨会	行政公益诉讼 PPP协议及争议解决

2. 各高等院校、科研单位内部设立的行政法相关教研机构

1998年，国家行政学院行政法研究中心成立，设在法学教研部，与法学教研部是一个机构、两块牌子。除学院教师外，中心聘请国内外行政法学专家作为兼职研究员和副研究员。依照该中心章程规定，研究中心作为学院下属机构，能以自己名义独立对外活动，主要从事科研、教学和咨询工作以及国内外学术交流和学术作品的编辑、翻译和出版。

这种独立性较强的、科研一体化的研究中心，打破了传统校内院系下设的"教研室"的藩篱，在人员设置、对外交流、学术出版等方面具有明显优势。继国家行政学院行政法研究中心成立之后，全国各主要高等院校也纷纷成立相关研究中心。限于篇幅，本文仅选择10所在行政法学界影响力较大、科研成就较突出的科研单位进行统计，相关数据均来自各院校及有关科研机构的官方网站。

表　高等院校、科研单位内部设立的部分行政法相关教研机构

院校名称	研究生教育	科研机构设置及教研队伍状况	教研成就
北京大学	1982年11月获得硕士学位授予权，1985年12月获得博士学位授予权	1999年12月成立公法研究中心，2002年10月更名为宪法与行政法研究中心，现为"教育部人文社科重点研究基地""重点学科"。本中心前身北京大学法律系宪法与行政法教研室是全国最早开展宪法学与行政法学教学研究的机构，中心目前有校内专职研究员9人，其中教授8人、博导8人、助教教授1人，另有许多校内外兼职研究人员。该中心下设4个子研究中心：软法研究中心、公众参与研究与支持中心、人大与议会研究中心和教育法研究中心	北大宪法与行政法研究中心一直注重公法基础理论研究。特别是罗豪才教授多年来提出和倡导平衡理论、协商民主理论、软法理论，不断追求理论和学术创新。 中心多年来直接参与了国家的各项立法咨询和法律案草拟，并注重国内外的交流，为社会主义法律体系的初步建立作出了重要贡献。 自2004年以来，中心学者出版了上百部各类学术著作、译著和教材等。中心还主办了学术刊物《行政法论丛》，组织出版了4套公法著作系列。 自2004年以来，中心的学者发表重要学术论文一千余篇。共研究各类课题七十多项
中国社会科学院法学研究所	1978年开始招收宪法学（后含行政法学方向）硕士，2001年开始正式招收宪法学与行政法学专业硕士；自1984年招收宪法学与行政法学专业博士	设有宪法与行政法研究室，系法学研究所内主要承担行政法学研究的专业机构。现有研究人员10人，其中研究员6人，副研究员3人，助理研究员1人。在职人员均拥有博士学位，并有在国外研究机构或大学长期学习的经历，与国外宪法行政法学界建立了广泛的学术联系。该室设有1个博士点，是全国最早设立的法学博士点	本室在行政法学领域拥有一批崭露头角的中青年行政法学者，是"新行政法"研究的重镇。近期的研究主要涉及法治政府建设、行政管理体制改革、行政许可、政府规制、政府信息公开、个人信息保护、网络法、电子政府法、信息化法律体系建设、行政诉讼、信访、地方政府法和都市法、公私合作（PPP）和行政合同等领域。本研究室研究人员在政府规制与网络信息法的研究，在国内处于领先地位。 研究人员曾参与上百部重要法律的起草和立法咨询工作，出版了一批有重要学术影响的著作

续表

院校名称	研究生教育	科研机构设置及教研队伍状况	教研成就
中国人民大学	国家级重点学科，拥有宪法学与行政法学专业硕士、博士授予权（1993年）	设有宪法与行政法治研究中心、中国行政法研究生、比较行政法研究生等机构，创办了"中国宪治网"。主要教学与研究方向为中国宪法学、比较宪法学、中国行政法学、比较行政法学、行政诉讼法学、港澳基本法等	科研人员在法学研究领域辛勤耕耘，结合国家和社会发展中的重要理论与实践问题进行深入、开拓性研究，并直接参与我国宪法和基本法、基本法律和重要法规的起草及司法方面的研究咨询工作，完成和发表了一大批有深度、有价值的科研成果
中国政法大学	拥有宪法学与行政法学专业硕士、博士授予权（1993年）	其法学院内设有行政法研究所，有专任教师12人，其中教授9人，副教授2人，讲师1人。行政法研究所具有行政法专业硕士学位授予权，承担行政法与行政诉讼法、行政程序法、比较行政法、国家赔偿法等的教学与科研工作。学校另专门设有二级学院"法治政府研究院"，是依托中国政法大学建立的北京市哲学社会科学重点研究基地之一，同时是教育部青少年法制教育研究基地，是学校直属、与院（部）平行的实体性研究机构，现有专职研究人员10名	法治政府研究院是中国政法大学的特色学院，该院聚集了一大批中国宪法和行政法学领域的知名学者。研究院现有专兼职研究人员50余名，其中教授18人，博导16人，硕导25人，获得博士学位的有15人，现有在读的博士、硕士研究生300多名。研究院自2005年以来出版学术著作30多部，发表论文200余篇，提交研究咨询报告数十份，科研成果获多项省部级以上奖励，成果的数量、质量和所获奖项居于本学科领先地位。研究院出版的《行政法学研究》是我国首家部门法学术期刊，也是迄今为止行政法学领域唯一的专业期刊
清华大学	拥有宪法学与行政法学专业硕士（2003年）、博士授予权（2006年）。	法学院下设公法研究中心，拥有专职研究人员6人。其中，余凌云教授与何海波教授皆为行政法学科著名学人	改革开放后，清华大学的行政法学科虽然起步较晚，建立学科历史较短，但近20年的发展取得了很大成果，现如今已成为行政法学研究的重镇之一。其研究特色主要围绕探讨司法审查的合法性基础、行政诉讼法的修改、警察法学、裁量理论、数据法学等展开。多年来参与多部重大课题，在核心期刊发表上百篇论文

续表

院校名称	研究生教育	科研机构设置及教研队伍状况	教研成就
浙江大学	1994年获得硕士学位授予权，2000年获得博士学位授予权	1996年，该学科成为浙江省重点学科，2007年被确认为国家重点学科。该学科学术队伍的团队组合已形成相当明显的学术优势与学术潜力。学科成员都有博士学位，且多人有海外留学学术背景。设有公法与比较法研究所，有研究人员9人，编有刊物《公法研究》	在研究生培养方面注重学术规范化和学术机制的多元性，培养的硕士、博士研究生学术成熟得快，新秀阵容较强，大都活跃在国内著名大学的公法讲坛上。多年来为国家和地方的立法承担了百余件课题，提供了高质量的理论支持。2004年又推出了"公法时代"丛书，2009年推出了"公法论坛"。集刊《公法研究》在学术界乃至港澳台地区具有较大的影响。该所多位学者多次受邀请参加国内外举办的盛大学术交流活动，并且多次在活动中受到褒奖
武汉大学	拥有宪法学与行政法学专业硕士、博士授予权（2002年）	拥有专职教师10人，设有"宪政与法治国家研究中心"，被评为武汉大学人文社会学科重点基地。2005年成立的湖北省地方立法研究会，常设机构挂靠本学科	武汉大学的行政法教研团队主要研究行政法的基本观点、基本原则和基本制度，解决我国行政法制建设中的现实问题。承担多项省部级以上课题，出版学术专著50余部，在核心刊物发表论文300余篇。多年来举办多次大型行政法学术会议
中南财经政法大学	行政法学科自1986年开始招收硕士研究生，1996年获得硕士学位授予权，1998年被确定为司法部重点学科，2003年获得博士学位授予权	法学院下设宪法与行政法学系，现有在职教职人员22人。2001年创建宪政理论研究所，建有网站"中国公法评论网"。2002年创办刊物《公法评论》	宪法与行政法学系是在原法律系宪法教研室与行政法教研室的基础上，经过院系机构改革于2004年9月组建而成的，现已初步形成以宪法学基本理论和行政法学基本理论为主要内容的公法理论方向、中国宪法方向、中国行政法与行政诉讼法方向、比较宪法与行政法方向等构成的学科体系。本学科点已完成和正在进行的科研课题有四十多项，其中绝大多数为省部级以上科研项目。目前，在研的省部级以上科研课题22项，共出版专著、教材近六十部，其中专著20部，担任主编、副主编的部级以上教材十余部

续表

院校名称	研究生教育	科研机构设置及教研队伍状况	教研成就
西南政法大学	拥有宪法学与行政法学专业硕士、博士授予权	设有行政法学院，系该校2003年新设立的学院，也是全国第一个被冠名为"行政法"的法学院。至今，行政法学科已经形成年龄结构合理、理论功底深厚、颇有学术造诣和竞争力的学术梯队。现有教师15人。其中教授2名，副教授5名，讲师8名。9人具有法学博士学位	在核心期刊发表论文100多篇，多篇被人大复印资料《诉讼法学》《宪法学行政法学》转载。在研国家社科基金、教育部、司法部重点科研课题以及其他省部级课题多项。依托于宪法学与行政法学学科和行政法学教研室的研究机构有"中国地方法制研究中心"等，并建有在全国具有较大学术影响力的"宪行天下"网站
上海交通大学	拥有宪法学与行政法学专业硕士（1998年）、博士授予权（2006年），并管理学科一级学科下招收博士研究生	设有宪法行政法研究所，成立于2002年10月，专职研究人员10人。依托该所，2005年经批准设立了区域与都市法制研究中心，以实现对区域与都市法制的综合、交叉研究。2004年行政法与行政诉讼法获上海市精品课程	本所重点研究经济宪法、公民权利、区域与都市法制、地方自主权、立法学、行政行为、公众参与和判例等。其中，区域与都市法制系"211"三期建设项目。中心自成立以来，承担了多部省部级以上课题，在核心期刊发表论文近百篇，出版著作若干

（四）行政法学人

1. 综述

历史是人书写的。回首中国当代行政法学40年的发展史，就不能不提到书写历史的人们。按照学人出生年代和从事行政法学教学研究的年限等因素，本文将中国当代行政法学者作如下划分。

第一代学人主要是1950年前出生的学者，他们在全国各高校中率先从事行政法学教研，多为各校行政法学科的奠基人和开拓者。他们中的很多人至今仍活跃在学界，是我国行政法学科的领军人物。

第二代学人主要出生于1950~1965年间，大多师承第一代学人，在继承前辈学术积累的基础上，开始积极借鉴外国法。这一代学人大多接受了良好的、正规的学术训练，学术成果丰富，学术观点创新，其主张大多已经成为当代行政法学的主流。

第三代学人主要是1965~1979年间出生的学者，是一个极富学术创造力的群体，目前都已成为所在单位行政法学科的骨干力量。这一代学人的学术训练更加完备，学术素养更加深厚，外语水平和眼界视野都有了进一步的提高，是当今中国行政法学学术研究的中坚力量。

新生代学者主要指2005年以后博士毕业、获得教职的学人，现在大多是33~45岁的行政法学科最具活力的中青年学者。他们大多师承第二代或第三代学人，不少有海外留学经历和较高的外语能力，正在承担着大量科研和教学任务，并逐步树立起自己的学术地位。

需要指出的是，出生年龄绝非划分学人代际唯一或最客观准确的标准。但由于过去的40年间，中国行政法学的发展一直呈稳步上升的趋势，故学人的年龄基本可以代表其在行政法学发展历程中的角色。此外，在上述四代学人之外，还有两位学术生涯起步于改革开放甚至中华人民共和国成立之前，对改革开放以来中国行政法学40年的发展起到了奠基性作用的学者先贤，他们是中国当代行政法学的奠基者：王名扬教授和龚祥瑞教授。

2. 中国当代行政法学的奠基者

（1）王名扬（1916~2008年）。

王名扬先生早年获得法国巴黎大学公法学博士学位，是中华人民共和国成立后出版的第一本行政法教材《行政法概要》（1983年）的作者之一，而且是该书作者中唯一完整地、系统地学习、研究过行政法的科班出身者。他对该教材基本概念和范畴的确定、体系架构的安排、主要内容及与其他相关学科边界的划定作出了巨大的贡献。

1987年3月，王名扬先生所著的《英国行政法》由中国政法大学出版社出版。该书根据大量第一手资料，系统、准确地阐述了英国行政法的性质、行政机构及其权力来源、司法审查的性质等问题。这本书与之后相继出版的《法国行政法》和《美国行政法》一起，构成了"外国行政法三部曲"，是中国学者研习外国行政法不可绕过的经典著作。该套丛书形成于我国行政法总论体系初创时期，书中介绍的外国行政法相关概念、原理为我国行政法总论体系的构建提供了重要的知识基础，至今仍是行政法学研习者的必读书目。

除"外国行政法三部曲"以外，王名扬先生还主编了《法、美、英、日行政法简明教程》（1991年）和《外国行政诉讼制度》（1991年）。这两本书在当时为我国行政法学学习和研究人员提供了可贵的参考资料。

（2）龚祥瑞（1911~1996年）。

龚祥瑞先生早年求学于英国，师从著名的宪法学者詹宁斯。他致力于将西方宪政思想和制度介绍到中国，并倡导对中国法律实践进行实证调查研究。在行政法领域，中华人民共和国成立后，他最早在中国开设比较文官制度研究班，并最早将欧美国家的文官制度和司法制度介绍到中国，对中国公法学的奠基作出了巨大贡献。

龚祥瑞先生于1985年出版的著作《比较宪法与行政法》，开创了在宪政视野下比较研究各国宪法与行政法的先河。该书介绍了国外文官制度、行政裁判所等制度，以及"越权无效""自然正义"等行政法原则，为中国行政法注入了新的理念。他认为行政法乃是宪法的直接延伸，与宪法须臾不可分离，是宪法的一部分，并且是动态的宪法。宪法是行政法的基础，而行政法则是宪法的实施。没有行政法，宪法只是一些空洞的纲领和一般原则；反之，没有宪法作为基础，则行政法无从产生，或至多不过是一大堆零乱的细则。龚先生高瞻远瞩,是当代中国比较行政法的一位关键奠基者。

3. 四代行政法学人谱系表

需要说明的是,在中国行政法学40年的发展历程中,涌现出大量优秀学人。限于篇幅,我们无法在此完全收录。下表所列的诸位学者,是群像中的代表,集体里的典型,但仍不免挂一漏万。

表 四代行政法学人谱系表

第一代行政法学人(按出生先后排列)		
出生年月	学人姓名	学术背景及简介
1915	陈安明	武汉大学法学院本科(1943) 武汉大学法科研究生硕士(1945) 当代中国行政法学科的重要奠基者之一,安徽大学行政法学科的主要创建者
1918	王珉灿	中央政法干部学校毕业(1953) 中华人民共和国第一部统编行政法教科书《行政法概要》的主编
1925	张尚鷟	西南联合大学法律系(1946) 司法部首届行政法研究班进修(1984) 当代中国行政法学科重要奠基者之一
1928	皮纯协	中国人民大学法律系(1956) 中国人民大学行政法学科的主要创建者
1931	张焕光	东北人民大学(现吉林大学)法律系本科(1955) 中国人民大学法律系行政法专业研究生(1957) 中华人民共和国最早培养的行政法专业研究生,中国社会科学院法学研究所行政法学科的主要创建者
1933	王连昌	西南政法学院政法专业本科(1958) 司法部首届行政法研究班进修(1984) 西南政法大学行政法学科的主要创建者
1933	郭润生	山西大学历史系本科(1960) 中共山西省党校研读马克思主义哲学(1966) 山西大学行政法学科的主要创建者
1934	罗豪才	北京大学法律系(1960) 当代中国行政法学理论体系的重要创建者,北京大学法学院行政法学科的主要创建者
1936	应松年	华东政法学院本科(1960) 司法部首届行政法研究班进修(1984) 当代中国行政法学理论体系的重要创建者,中国政法大学行政法学科的主要创建者

续表

		第一代行政法学人（按出生先后排列）
1944	朱维究	北京政法学院（现中国政法大学）（1966） 司法部首届行政法研究班进修（1984） 中国行政法制建设的重要参与者，中国政法大学行政法学科的主要创建者
1944	杨海坤	中国人民大学哲学系（1967） 司法部首届高校行政法师资进修班培训（1985） 苏州大学行政法学科的主要创建者
1951	姜明安	北京大学法律学系法学学士（1982） 司法部首届行政法研究班进修（1984） 当代中国行政法学理论体系的重要创建者，北京大学法学院行政法学科的主要创建者
		第二代行政法学人
1953	张树义	北京大学分校法律系学士（1982） 中国政法大学硕士（1986） 中国政法大学行政法学科的创建者之一
1953	崔卓兰	吉林大学法学硕士（1983） 吉林大学行政法学科的主要创建者
1956	刘莘	中国政法大学法学硕士（1986） 中国政法大学法学院教授，行政法学科骨干
1956	于安	西南政法大学法学学士（1982） 中国政法大学法学硕士（1988） 北京大学法学博士（2005） 清华大学公共管理学院教授，行政法学科骨干
1956	江必新	西南政法大学本科（1981） 西南政法大学硕士（1984） 北京大学博士（2002） 具有重大贡献的行政法实务工作者，现为最高人民法院副院长
1956	方世荣	湖北财经学院法律系学士（1982） 北京大学法学博士（1999） 中南财经政法大学行政法学科的主要创建者
1956	莫于川	西南师范大学本科 西南政法大学硕士（1995） 中国人民大学法学博士（2000） 中国人民大学法学院教授，行政法学科骨干
1957	胡建淼	杭州大学哲学学士（1982） 中国政法大学硕士（1989） 国家行政学院法学部教授，浙江大学行政法学科的主要创建者

续表

	第二代行政法学人	
1958	袁曙宏	安徽大学本科 安徽大学硕士（1984） 北京大学法学博士（1993） 曾是北京大学、国家行政学院行政法学科骨干，现国务院法制办党组书记、副主任
1959	杨小军	西南政法学院法学学士（1982） 司法部首届行政法研究班进修（1984） 西北政法学院法律硕士（2002） 国家行政学院法学部教授，西北政法大学行政法学科的主要创建者
1960	王周户	西北政法学院本科（1983） 司法部首届高校行政法师资进修班培训（1985） 西北政法大学硕士（2003） 西北政法大学教授，行政法学科的主要创建者
1961	关保英	西北政法学院学士（1983） 司法部首届高校行政法师资进修培训（1985） 中南政法学院在职硕士（1995） 上海政法学院教授，行政法学科骨干，中南政法学院行政法学科的主要创建者
1961	薛刚凌	国防科技大学工学学士（1983） 中国政法大学法学硕士（1990） 中国政法大学法学博士（1999） 曾为中国政法大学行政法学科建设骨干，现为华南师范大学法学院教授
1962	沈开举	郑州大学法学学士（1984） 司法部首届高校行政法师资进修班培训（1985） 郑州大学法学院教授，行政法学科的主要创建者
1962	熊文钊	中国政法大学法学学士（1985） 中国政法大学法学硕士（1987） 苏州大学法学博士（2003） 中央民族大学法学院教授，行政法学科骨干
1963	杨建顺	中国人民大学法律系本科（1980） 日本筑波大学社会科学学士（1986） 日本一桥大学法学硕士（1988） 日本一桥大学法学博士（1992） 中国人民大学法学院教授，行政法学科骨干

续表

第二代行政法学人		
1963	朱芒	华东政法学院学士（1985） 日本京都大学法学硕士（1995） 日本京都大学博士课程毕业（1998） 浙江大学法学博士（2007） 上海交通大学法学院教授，行政法学科骨干
1963	程雁雷	安徽大学法律系本科（1985） 北京大学法律系行政法学研究生课程班结业（1992） 安徽大学教授，行政法学科骨干
1963	叶必丰	华东政法学院学士（1984） 司法部首届高校行政法师资进修班培训（1985） 武汉大学法学博士（2002） 武汉大学、上海交通大学行政法学科的主要创建者，现上海社会科学院法学研究所教授
1963	杨解君	中南政法大学学士（1986） 中国政法大学硕士（1994） 武汉大学法学博士（2002） 广州大学法学院教授，曾为南京大学、东南大学行政法学科骨干
1964	湛中乐	北京大学法律系本科（1987） 北京大学法学硕士（1990） 北京大学法学博士（2003） 北京大学法学院教授，行政法学科骨干
1964	周汉华	武汉大学法律系本科（1986） 中国社会科学院法学硕士（1989） 中国社会科学院法学博士（2000） 中国社会科学院法学研究所研究员（教授），行政法学科骨干
1964	刘恒	中南政法学院学士（1985） 中南政法学院法学硕士（1988） 中山大学经济学博士（1998） 武汉大学法学博士（2000） 中山大学法学院教授，行政法学科骨干
1964	章剑生	华东政法学院法学学士（1985） 中国政法大学法学硕士（1991） 浙江大学法学院教授，行政法学科骨干
1964	林莉红	武汉大学法学学士（1985） 武汉大学法学硕士（1988） 武汉大学法学博士（2000） 武汉大学法学院教授，行政法学科骨干

续表

第二代行政法学人		
1964	王克稳	苏州大学法学学士（1986） 苏州大学法学博士（2003） 苏州大学法学院教授，行政法学科骨干
1964	朱新力	杭州大学法律系本科 杭州大学法学硕士（1986） 浙江大学法学院教授，行政法学科骨干
1965	马怀德	北京大学法律系本科（1988） 中国政法大学法学硕士（1990） 中国政法大学法学博士（1993） 中国政法大学教授，行政法学科骨干
1965	王学辉	西南政法学院法学学士（1986） 西南政法学院法学硕士（1989） 西南政法大学教授，行政法学科骨干
1965	杨临宏	云南大学法律系学士（1987） 云南大学行政法学科骨干
1965	冯军	中国人民大学法学博士（1993） 中国社会科学院法学研究所行政法学科骨干
1966	陈端洪	湖南师范大学外语系学士（1988） 中国政法大学法学硕士（1990） 中国社会科学院法学博士（1993） 北京大学宪法学与行政法学学科骨干
第三代行政法学人		
1964	何兵	巢湖师专物理系（1983） 北京大学法学硕士（1993） 北京大学法学博士（2001） 中国政法大学教授，行政法学科骨干
1966	余凌云	南京大学法律系学士（1989） 中国人民大学法学硕士（1994） 中国人民大学法学博士（1997） 清华大学法学院教授，行政法学科骨干
1968	杨寅	安徽省司法学校（1988） 中国政法大学法学硕士（1994） 澳大利亚墨尔本大学法学博士（1999） 上海政法学院行政法学科骨干
1968	高家伟	西南政法学院学士（1991） 中国政法大学法学硕士（1994） 中国政法大学法学博士（1997） 中国政法大学教授，行政法学科骨干

续表

		第三代行政法学人
1968	王锡锌	中南政法学院学士（1990） 北京大学法学硕士（1996） 北京大学法学博士（1999） 北京大学法学院教授，行政法学科骨干
1969	王天华	北京大学文学学士（1991） 北京大学法学硕士（1996） 日本信州大学经济学硕士（1999） 日本东京大学法学博士（2004） 中国政法大学法学院教授，行政法学科骨干
1970	沈岿	北京大学法学学士（1992） 北京大学法学硕士（1995） 北京大学法学博士（1998） 北京大学法学院教授，行政法学科骨干
1970	包万超	广西师范大学政治经济学学士（1993） 北京大学法学硕士（1997） 北京大学法学博士（2001） 北京大学政府管理学院教授，行政法学科骨干
1970	解志勇	山东纺织工学院工学学士（1992） 中国政法大学法学硕士（2000） 中国政法大学法学博士（2003） 中国政法大学行政法学科骨干
1970	杨伟东	河南大学教育学学士（1994） 中国政法大学法学硕士（1995） 中国政法大学法学博士（2001） 国家行政学院法学部教授，行政法学科骨干
1970	黎军	中南政法学院学士（1992） 中南政法学院法学硕士（1997） 北京大学法学博士（2000） 深圳大学法学院教授，行政法学科骨干
1970	周佑勇	中南政法大学法学学士（1992） 武汉大学法学硕士（1997） 武汉大学法学博士（2002） 东南大学教授，行政法学科的主导力量
1970	石佑启	中南政法学院学士（1992） 中南政法学院硕士（1998） 北京大学法学博士（2002） 中南财经政法大学教授，行政法学科骨干
1970	王敬波	西北政法学院法学学士（1993） 西北政法学院法学硕士（1996） 法国巴黎第一大学第三阶段大学文凭（2004） 中国政法大学法学博士（2005） 中国政法大学教授，行政法学科骨干

续表

第三代行政法学人		
1971	何海波	浙江政法专科学校（1992） 北京大学法学硕士、法学博士（2001） 英国杜伦大学法学硕士（2004） 清华大学法学院教授，行政法学科骨干
1971	宋功德	安徽警官职业学院（1992） 山西大学法学硕士（1999） 北京大学法学博士（2002） 原国家行政学院行政法学科骨干，现中共中央办公厅法规局副局长
1971	刘飞	中国政法大学学士（1993） 中国政法大学法学硕士（1996） 德国科隆大学法学博士（2003） 中国政法大学教授，行政法学科骨干
1973	高秦伟	中国人民大学法学学士、硕士、博士 中央财经大学法学院行政法学科骨干
1973	王万华	中国政法大学学士（1993） 中国政法大学硕士（1996） 中国政法大学博士（1999） 中国政法大学教授，行政法学科骨干
1975	章志远	安徽大学法学学士（1996） 安徽大学法学硕士（1999） 苏州大学法学博士（2002） 华东政法大学教授，行政法学科骨干
1976	李洪雷	中国政法大学法学学士（1997） 中国政法大学法学硕士（2000） 北京大学法学博士（2003） 中国社会科学院法学研究所研究员（教授），行政法学科骨干
新生代学人（以获得博士学位的年份排序）		
获得博士学位年份	姓名	学术背景及简介
2005	赵宏	中国政法大学法学学士（1999） 中国政法大学法学硕士（2002） 北京大学法学博士（2005） 中国政法大学比较法学院教授，行政法学科骨干
2006	胡敏洁	中国矿业大学教育学学士（2000） 河海大学法学硕士（2003） 浙江大学法学博士（2006） 浙江大学法学院教授，行政法学科青年骨干

续表

	新生代学人（以获得博士学位的年份排序）	
2006	宋华琳	浙江大学法学博士（2006） 南开大学法学院教授，行政法学科骨干
2006	郑春燕	浙江大学法学学士（2001） 浙江大学法学博士（2006） 浙江大学法学院教授，行政法学科青年骨干
2007	王贵松	中南财经政法大学法学学士（2000） 中国人民大学法学硕士（2004） 北京大学法学博士（2007） 中国人民大学法学院教授，行政法学科骨干
2007	王青斌	中南财经政法大学本科（2000） 武汉大学法学硕士（2003） 武汉大学法学博士（2007） 中国政法大学教授，行政法学科骨干
2007	凌维慈	华东师范大学法学学士（2000） 华东政法学院法学硕士（2003） 浙江大学法学博士（2007） 华东师范大学法学院副教授，行政法学科骨干
2008	苏苗罕	浙江大学法学学士、法学硕士（2005） 中国社会科学院法学博士（2008） 中央财经大学法学院讲师，行政学科青年骨干
2009	毕洪海	中国青年政治学院法学学士（2001） 北京大学法学硕士（2005） 北京大学法学博士（2009） 北京航空航天大学法学院副教授，行政法学科青年骨干
2009	喻文光	中国政法大学法学学士（1998） 中国政法大学法学硕士（2001） 德国法兰克福大学法学博士（2009） 中国人民大学法学院副教授，行政法学科骨干
2009	赵鹏	中国政法大学法学学士（2003） 中国政法大学法学硕士（2006） 中国政法大学法学博士（2009） 中国政法大学法治政府研究院副教授，行政法学科青年骨干
2010	鲁鹏宇	吉林大学法学学士（1998） 吉林大学法学硕士（2001） 吉林大学法学博士（2010） 吉林大学法学院副教授，行政法学科骨干

续表

	新生代学人（以获得博士学位的年份排序）	
2010	陈越峰	上海交通大学法学博士（2010） 华东政法大学法律学院副教授，行政法学科青年骨干
2010	曹鎏	中国政法大学法学院本科（2004） 中国政法大学宪法学硕士（2007） 中国政法大学法学博士（2010） 中国政法大学法治政府研究院副教授，行政法学科青年骨干
2010	杜仪方	吉林大学法学学士（2005） 浙江大学法学博士（2010） 复旦大学法学院副教授，行政法学科青年骨干
2010	成协中	武汉大学法学硕士（2003） 北京大学法学硕士、博士（2010） 中国政法大学法学院教授，行政法学科青年骨干
2010	郑雅方	吉林大学法学学士（2004） 吉林大学法学硕士（2007） 吉林大学法学院与美国爱荷华大学法学院联合培养博士（2010） 对外经济贸易大学法学院副教授，行政法学科青年骨干
2012	程雪阳	郑州大学与荷兰格罗宁根大学联合培养法学博士 苏州大学法学院副教授，行政法学科青年骨干
2013	熊樟林	东南大学法学博士（2013） 东南大学法学院副教授，行政法学科青年骨干

（五）行政法制建设大事记

行政法制建设大事记

时间		主体	事件
年	月		
1978	3	第五届全国人大第一次会议	1978年《宪法》通过
	12	中共第十一届三中全会	发布公报，将民主法制建设提到崭新高度，象征中国当代法治进程的开始
1980	9	第五届全国人大第三次会议	通过《中外合资经营企业所得税法》《个人所得税法》，该法中规定了行政诉讼，是1978年后最早的行政诉讼立法例

续表

时间		主体	事件
年	月		
1982	3	第五届全国人大第四次会议	《通过民事诉讼法（试行）》，行政审批开始有法可依
	12	第五届全国人大第五次会议	通过现行1982年《宪法》
1985	8	中央组织部、劳动人事部	组织起草《国家机关工作人员法》
	8	中国法学会行政法学研究会	宣告成立
1986	4	国务院法制局	恢复设立
	6	第六届全国人大常委会第十七次会议	通过1986年《治安管理处罚条例》
1987	10	中共十三大	提出政治体制改革
1988	9	最高人民法院	设立行政审判庭
1989	4	第七届全国人大第二次会议	通过《行政诉讼法》
1990	12	国务院	发布《行政复议条例》
1991	6	最高人民法院	发布行政诉讼法司法解释
1993	3	第八届全国人大第一次会议	政府工作报告第一次提出"依法行政"
	4	国务院	通过《国家公务员暂行条例》
1994	5	第八届全国人大常委会第七次会议	通过《国家赔偿法》
1996	3	第八届全国人大第四次会议	通过《行政处罚法》
1997	5	第八届全国人大常委会第二十五次会议	通过《行政监察法》
	9	中共十五大	提出"依法治国"
1999	3	第九届全国人大第二次会议	修改1982年《宪法》，"依法治国"入宪
	4	第九届全国人大常委会第九次会议	通过《行政复议法》
	7	国务院	召开全国依法行政工作会议，决定全面推进依法行政
2000	3	第九届全国人大第三次会议	通过《立法法》
	3	最高人民法院	发布实施行政诉讼法新司法解释
2002	1	中华全国律师协会	成立行政法委员会

续表

时间		主体	事件
年	月		
2003	8	第十届全国人大常委会第四次会议	通过《行政许可法》
2004	3	国务院	颁布《全面推进依法行政实施纲要》
	3	第十届大人第二次会议	修改1982年《宪法》，"人权"入宪，确立公民合法私有财产不受侵犯
2005	8	第十届全国人大常委会第十七次会议	通过《治安管理处罚法》
2007	10	第十届全国人大会常委会第三十次会议	通过《城乡规划法》，行政法制建设深入行政规划领域
2008	5	国务院	《政府信息公开条例》开始施行
2009	2	第十一届全国人大会常委会第七次会议	通过《食品安全法》
	10	最高人民法院	最高人民法院要求各级人民法院在现行法律框架之内，创造性地探索化解行政争议新机制
2010	4	湖南省政府	《湖南省规范行政裁量权办法》出台，这是我国首部规范行政裁量权的省级政府规章
	4	第十一届全国人大会常委会第十四次会议	修改《国家赔偿法》
2011	1	国务院	通过《国有土地上房屋征收与补偿条例》
	3	第十一届全国人大四次会议	中国特色社会主义法律体系宣布形成
	6	第十一届全国人大常委会第二十一次会议	通过《行政强制法》
2012	11	中共十八大	提出"全面推进依法治国、明确法治是治国理政基本方式"

续表

时间		主体	事件
年	月		
2014	10	中共第十八届四中全会	审议通过《中共中央关于全面推进依法治国若干重大问题的决定》
	11	第十二届全国人大常委会第十一次会议	系统性修改《行政诉讼法》
2015	3	第十二届全国人大三次会议	修改《立法法》
	4	最高人民法院	发布行政诉讼法司法解释
	7	第十二届全国人大常委会第十五次会议	通过《全国人民代表大会常务委员会关于授权最高人民检察院在部分地区开展公益诉讼试点工作的决定》
2016	9	专家学者	提出《中华人民共和国行政程序法（建议稿）》
2017	11	最高人民法院	审议通过行政诉讼法司法解释二

二、中国行政法学流派与学说梳理

（一）行政法学的研究视角

中国当代行政法学发展40年来，以研究视角的抽象层次为区分标准，呈现三个学术流派：微观行政法学、中观行政法学和宏观行政法学。首先，所谓微观行政法学，"即对行政法某种具体而单一问题的研究……它虽不形成行政法的价值和模式问题，但对于行政法价值和模式可以提供基本的材料"。其分析工具主要包括"对个案进行解析、对资料进行分类统计、对现象进行归类并举等"。其次，所谓中观行政法学，主要是对"行政法一系列具体制度以及一些行政法典的研究"，方法包括对制度作跨时空的比较，进行实效评估、规范评价等。最后，宏观行政法学则指"对行政法现象进行定性，确定其基本价值、基本功能、基本模式等"，研究手段包括"现代结构主义、现代系统化、现代功能分析等"。[1]

胡建淼教授曾从历史沿革出发，对上述三个学派作如下评价："自中国恢复行政法学以来的前半段，宏观行政法学居多，其中的一个原因是，当初有不少政治学和宪法学学者们研究行政法。宏观行政法学研究的理论基点高，有助于深刻地认识行政法的本质和国家行政权力的地位。但它操作性不强，对具体的行政立法，行政执法和行政

---

[1] 关保英："行政法学分析逻辑的认识"，载《中国法学》2007年第3期。

审判缺乏明显而直接的指导意义。因此，自1989年4月中国行政诉讼法制定后，由于行政审判实践的需要，不少人开始研究具体行政法律规定以及在行政审判中的适用，从而出现了微观行政法学……宏观行政法学操作性太弱，微观行政法学又走向另一个极端，它虽然有明显的操作性，但超先的理论性不够，势必滑向注释法学。鉴此，中国已有学者开始意识到需要建立一种中观行政法学……它既不是停留在仅研究行政权在国家政权中的地位，也不沉溺于研究具体行政法律规范的具体适用，而是在中国宪政理论的指导下，具体探讨'隐藏'在行政法律条文背后且又支配行政法律条文的抽象性的理性规范和'精神内核'"。❶

我们认为，宏观、中观和微观三种研究视角并非截然可分，功能上也是彼此互补。比如宏观研究视角离不开中观和微观研究视角的例证，微观研究视角亦无法摆脱宏观、中观研究视角所确立的观察方向，中观研究视角则须同时兼顾宏观理论和微观制度，方能具有描述、解释和批判的力量。因此，当代中国行政法学出现这三种研究视角，是学术积累成熟的一大标志，正确的态度不应是择一而排他，而应是兼收并蓄、博采众长。

（二）行政法学的理论基础

20世纪80年代末，中国行政法学界掀起了一场关于行政法理论基础的大讨论，一直延续至21世纪初。据初步统计，学界关于此议题所作论文200余篇，专著20多部。❷ 期间，适逢《行政诉讼法》的起草和制定，该法究竟应是"保权"还是"控权"问题所引发的争论再次深化了学界对行政法理论基础，尤其是本土行政法理论基础重要性的认识。

1. "行政法理论基础"概念的提出与辨析

在我国首次正式提出"行政法理论基础"的文献是应松年、方彦和朱维究三位教授合著的《行政法学理论基础问题初探》。该文指出"行政法学的理论基础问题是很重要的课题之一。它不仅反映了不同类型行政法学的阶级本质和形成过程的具体历史特点，而且直接影响行政法学的体系结构、主要观点以及整个行政法学的研究和发展方向"。❸ 这一观点在学界得到响应，如杨海坤教授就认为"行政法学的理论基础是行政法学体系中的核心部分，由其决定一个国家行政法学的社会阶级性质、基本框架结构、基本原则以及发展方向，对于该国行政法的建设和发展具有直接的指导意义"。❹ 据此，我们可以获得"行政法理论基础"的三个原初内涵：（1）对行政法学体系、观点、方向、原则有着重要影响；（2）具有阶级属性；（3）具有时空特定性。

---

❶ 胡建淼："中国行政法学理论体系的模式及评判"，载《中国法学》1997年第1期；胡建淼："中国行政法学的理论模式及发展展望"，载《法制现代化研究》2004年第九卷，第338页。
❷ 杨海坤、章志远：《中国特色政府法治研究》，法律出版社2008年版，第64页。
❸ 应松年、方彦、朱维究："行政法学理论基础问题初探"，载《中国政法大学学报》1989年第1期。
❹ 杨海坤："论我国行政法学的理论基础"，载《北京社会科学》1989年第1期。

此后，更多学者开始探讨"行政法理论基础"这一概念。❶ 武步云教授指出，作为行政法的"理论基础"要同时兼具释明行政法学之特殊性和普遍性双重功能，即应当具备三个条件："能够正确地解释行政法的本质、功能、价值"，"是行政法作为一种部门法赖以建立起体系，因而也是行政法学的基本范畴、原理和体系赖以建立的理论基础"，以及"能够揭示行政法产生、发展的客观规律"。❷ 周佑勇教授强调"理论基础"与"基础理论"的差异，指明"理论基础"的唯一性与基本性。同时，他也为"行政法理论基础"提出三个条件："能够揭示行政法赖以存在的基础""能够全面阐释各种行政法的现象"和"具有对行政法学研究和行政法制建设进行正确指导的价值"。❸ 郭殊教授则从各具体的"行政法理论基础"出发，探索学者们对"理论基础"的认识。他认为，"控权论"将"理论基础"视作功能，"公共权力论"和"公务论"则从范围和管辖的视角理解行政法理论基础，"平衡论"者将行政法的目标视为理论基础，唯有早期的"为人民服务论"，以及现在的"政治政府论"方才从"本质论"的角度理解"理论基础"概念。❹

2. 开拓与继承：为人民服务论、人民政府论、政府法治论、服务论

1989年，应松年、方彦和朱维究三位教授在引入"行政法理论基础"议题的同时，也对中国行政法学理论基础的定位作出了判断——"为人民服务论"。其主要观点如下：（1）根据人民主权原则，行政权属人民委托，只能直接或间接地用于为人民服务；（2）多渠道的行政监督体系并非"控权"，而是为了贯彻"服务"；（3）为人民服务是制定和执行行政管理法规的出发点和落脚点；（4）为人民服务兼具两方面内容：保证人民充分行使民主权利，把物质文明和精神文明提高到一个前所未有的高度，最大限度地满足全体劳动人民的物质和文化需要；（5）在社会主义行政法学新体系的建立过程中，分论当着重反映为人民服务的广度与深度，同时，总论也应从为人民服务的角度出发，研究行政法关系的主体和主体的行为。❺

尽管三位作者本人之后并未进一步阐发"为人民服务论"，但它事实上成为后续出现的"人民政府论""政府法治论"和"服务论"的先声。杨海坤教授于1989年撰文《论我国行政法学的理论基础》，指出中国行政法的理论基础当被概括为五个方面："政府由人民产生，政府由人民控制，政府为人民服务，政府对人民负责，政府与公民之间关系逐步实现平等化"。❻ 这被总结为"人民政府论"。❼ 杨海坤教授后对前述观点作出完善，提出"政府法治论"。2004年，杨海坤教授与章志远教授合著的《中国行政

---

❶ 杨解君："关于行政法理论基础若干观点的评析"，载《中国法学》1996年第3期；郑贤君："对行政法理论基础问题讨论的评价"，载《首都师范大学学报（社会科学版）》1999年第6期。
❷ 武步云："行政法的理论基础——公共权力论"，载《法律科学》1994年第3期。
❸ 周佑勇："行政法理论基础诸说的反思、整合与定位"，载《法律科学》1999年第2期。
❹ 郭殊："论行政法治主义与行政法的理论基础"，载《重庆社会科学》2006年第3期。
❺ 应松年、方彦、朱维究："行政法学理论基础问题初探"，载《中国政法大学学报》1989年第1期。
❻ 杨海坤："论我国行政法学的理论基础"，载《北京社会科学》1989年第1期。
❼ 杨海坤："行政法的理论基础：政府法治论"，载《中外法学》1996年第5期。

法基本理论研究》一书指出:"自1989年提出'人民政府论'以来,我们一直都在关注着行政法理论基础问题的讨论,并于1996年将其进一步修正、发展为'政府法治论',其核心思想由五句话组成:政府由法律产生(民主型政府)、政府由法律控制(有限型政府)、政府依法律管理并为人民服务(治理型政府)、政府对法律负责(责任型政府)、政府与公民法律关系平等化(平权型政府)。"❶

在"为人民服务论"的延长线上展开的还有"服务论"。1996年,朱维究教授撰文指出:"管理首先要依法管理好人民的公仆,进而全面规制政府的行政行为;最后在健全完善各项对人民政府的法律监督制度的基础上,确立'服务'。这一观点应成为我国行政法的理论基础。"❷由于服务论顺应了关注行政国家和福利国家兴起现象的潮流,于20世纪90年代后传播较广。如陈泉生教授在比较西方各国家理论基础定位点的利弊得失之基础上,揭示行政的"现代性"内涵(受益、积极、民主、非权力方法),结合本土市场经济的发展需要,论证服务论之于行政法学的必要性。❸杨海坤与关保英教授合著的《行政法服务论的逻辑结构》则综合了政治学、哲学、经济学、逻辑学、行政学等学科的视角与方法,探讨了服务论的逻辑基础、内在精神,以及服务精神在行政实践中的现状等议题。

3. 突破与反思:平衡论

"平衡论"的开山之作是罗豪才、袁曙宏、李文栋于1993年发表的《现代行政法的理论基础——论行政机关与相对一方的权力义务平衡》。该文冠古代行政法以"管理法",称近代行政法为"控权法",突出"平衡法"之于现代行政法的重要性。在此基础上,文章引出"平衡论":"与现代行政法实质上是'平衡法'相适应,现代行政法存在的理论基础应是'平衡论'。它的基本含义是:在行政机关与相对方的权利义务关系中,权利义务在总体上应当是平衡的,它既表现为行政机关与相对方权利的平衡,也表现为行政机关与相对方义务的平衡;既表现为行政机关自身权利义务的平衡,也表现为相对方自身权利义务的平衡。平衡论也可称之为'兼顾论',即兼顾国家利益、公共利益与个人利益的一致。不论哪一方侵犯了另一方的合法权益,都应予以纠正。在我国,国家利益、公共利益与个人利益在根本上和总体上是一致的、统一的。这正是平衡论存在的客观基础。"❹相较"为人民服务论","平衡论"有所突破,体现为呼吁行政法褪去更多的阶级属性,回归现代法学的权利义务范畴。

随后,平衡论者围绕"行政权与公民权应当平衡"的规范命题进行深入阐述,主要围绕两大基点:第一,揭示管理论和控权论两大理论模型,并以此为标准界分古今

---

❶ 杨海坤、章志远:《中国行政法基本理论研究》,北京大学出版社2004年版,第86页。
❷ 朱维究:"行政法的理念:服务、管理、法制监督",载《中外法学》1996年第5期。
❸ 陈泉生:"论现代行政法学的理论基础",载《法制与社会发展》1995年第5期。
❹ 罗豪才、袁曙宏、李文栋:"现代行政法的理论基础——论行政机关与相对一方的权力义务平衡",载《中国法学》1993年第1期。

中外的各类行政法;❶第二，论证现代行政法的理论基础为什么应该是平衡论而非其他。❷根据沈岿教授的回顾，为了证成规范命题，平衡论者分别援用了"本质探索、矛盾分析、历史观察、类型构建与整体认知的方法……在这一方法论的自我觉醒、自我界定过程中，反省并修正了以往一些较为草率、粗略的观点，更是让其基本主张的合理性、有效性得到了更为可靠的范围和哲学基础"。❸

1999 年开始，平衡论者开始着墨于具体的实证命题，即"行政权与公民权如何平衡"。其切入点有二：一方面，探讨行政法的机制设计。事实上，早在 1996 年，罗豪才教授就在《现代行政法的平衡理论》一文中提出"既保护、激励又制约的平衡机制"。❹但"平衡论"由理念倡导转入制度设计的标志是 2000 年发表的《行政法学与依法行政》一文;❺《现代行政法学与制约、激励机制》一文中，平衡机制设计则实现系统化。❻另一方面，平衡论者也开始主张研究方法的多元选择。他们放眼新制度经济学、政治经济学、社会学、行政学等学科，主张吸纳博弈论、❼公共选择、❽利益均衡❾等理论和研究方法，不断丰富平衡论的工具箱，以增进平衡论的社会回应能力。❿

当然，"平衡论"的发展壮大离不开学界的反思、商榷和批评。武步云教授指出"权利义务的平衡性、对应性是一切法律关系，包括行政法律关系的一个普遍性特征，因此，如果说权利义务的平衡是行政法的理论基础，那么它同时也是如民法等其他法的理论基础，这样它也就不能称其为某一种法的理论基础了"。⓫杨解君教授认为，在立法和行政环节，权力与权利尚无平衡，在司法环节却有平衡之存在，但司法平衡不

---

❶ 参见罗豪才："行政法制语义与意义分析"，载《法制与社会发展》1995 年第 4 期；王锡锌、陈端洪："行政法性质的反思与概念的重构——访中国法学会行政法研究会总干事 北京大学副校长罗豪才教授"，载《中外法学》1995 年第 3 期；李娟：《行政法控权理论研究》，北京大学出版社 2000 年版。

❷ 参见罗豪才主编：《现代行政法的平衡理论》，北京大学出版社 1997 年版；甘雯："行政法的平衡理论研究"，载罗豪才主编：《行政法论丛》第 1 卷，法律出版社 1998 年版；沈岿：《平衡论：一种行政法的认知模式》，北京大学出版社 1999 年版。

❸ 沈岿："行政法理论基础回眸——一个整体观的变迁"，载《中国政法大学学报》2008 年第 6 期。

❹ 罗豪才主编：《现代行政法的平衡理论》（第 1 辑），北京大学出版社 1997 年版，第 6 页。

❺ 罗豪才："行政法学与依法行政"，载《国家行政学院学报》2000 年第 1 期。

❻ 罗豪才、宋功德："现代行政法学与制约、激励机制"，载《中国法学》2000 年第 3 期。延续平衡机制设计议题的研究还包括：宋功德：《行政法哲学》，法律出版社 2000 年版；宋功德：《论经济行政法的制度结构》，北京大学出版社 2003 年版。

❼ 参见罗豪才、宋功德："行政法的失衡与平衡"，载《中国法学》2001 年第 2 期；宋功德："寻找均衡——行政过程的博弈分析"，载《中外法学》2002 年第 2 期；罗豪才："行政诉讼的一个新视角——如何将博弈引进行政诉讼过程"，载《法商研究》2003 年第 5 期。

❽ 参见包万超："阅读英美行政法的学术传统"，载《中外法学》2000 年第 4 期；包万超：《行政法与公共选择——论建立统一的行政法学实证理论》，北京大学博士论文 2001 年。

❾ 参见甘雯："行政法的平衡理论研究"，载罗豪才主编：《行政法论丛》（第 1 卷），法律出版社 1998 年版；沈岿：《平衡论：一种行政法的认知模式》，北京大学出版社 1999 年版。

❿ "平衡论对公共行政领域的具体应用"，参见宋功德：《行政法的均衡之约》，北京大学出版社 2004 年版，第 279 页以下；"平衡论在新行政法背景下的挑战与发展方向"，参见成协中："行政法平衡理论：功能、挑战与超越"，载《清华法学》2015 年第 1 期。

⓫ 武步云："行政法的理论基础——公共权力论"，载《法律科学》1994 年第 3 期。

能构成"总体上的平衡"。❶ 皮纯协、冯军两位学者指出：(1) 平衡论存在观念上的连贯性瑕疵；(2) "总体上的平衡"思想缺乏深入分析；(3) 缺乏情境设定，缺乏国情考量。❷ 刘连泰教授援用人民主权原则质疑宏观平衡的判断，通过对《行政诉讼法》的分析及实然观察，质疑监督关系中相对人的优越地位，进而质疑平衡论者作出的微观平衡之判断。❸

4. 争鸣与正名：(新) 控权论、管理论

在"行政法理论基础"议题中，"控权论"的重要性仅次于"平衡论"。❹ 作为"控权论"的主要提倡者，张树义教授指出：(1) "对于行政法来说，核心不在于对行政权的保障，而在于行政权依照法律规范的要求去行使，监督控制行政权是否依法行使是行政法的主要功能"；(2) "行政关系本质上是行政权力运用所形成的关系"，因而，行政权才是"全部行政法理论的基点和中心范畴"，行政法关心的不是行政权的存在事实，而是行政权的运作后果。❺ 控权论所恪守的古典行政法价值在1999年孙笑侠教授的著作《法律对行政的控制——现代行政法的法理阐释》中展现得淋漓尽致。孙教授从"权力运行规律"和"权利实现规律"出发，论证控权之必要，从法治理论和法治国家出发，证成控权之可行；剖析"理论基础"的合理标准，提出"现代行政法是综合控权法"的基本命题；宏观设计控权模式、控权结构与控权原则；微观建构规则以控制权力来源，创设程序以控制行政过程，提供救济以界定违法责任，引入自治以增进沟通协商、明确合理以限缩自由裁量。有鉴于孙教授甄别了"控权"与"限权"的区别，呼吁接纳"管理"相较于"控权"的次要地位，❻ 学界由此敬称其学说为"新控权论"。

前行政法的时代背景，让中国行政法学人对"管理论"持保留态度，然亦不乏理性的学者为其"正名"。高家伟教授就从"有关行政法本质的界限理论""有关行政法学研究方法的行政过程理论""有关行政法目的的服务论"等三个方面重构了"管理论"的内涵。❼

5. 拓展与齐放：公共利益本位论、公共权力论、职责本位论

公共利益本位论的开创者是叶必丰教授。他在1995年发表的《公共利益本位论与

---

❶ 杨解君："关于行政法理论基础若干观点的评析"，载《中国法学》1996年第3期。
❷ 皮纯协、冯军："关于'平衡论'疏漏问题的几点思想——兼评'平衡论'的完善方向"，载《中国法学》1997年第2期。
❸ 刘连泰："斜坡上的跷跷板游戏：平衡论述评"，载《清华法学》2015年第1期。
❹ 杨海坤、章志远：《中国行政法基本理论研究》，北京大学出版社2004年版，第68页。
❺ 张树义等主编：《中国行政法学》，中国政法大学出版社1989年版，第5~9页；张树义主编：《行政法学新论》，时事出版社1991年版，第8~10页；王连昌主编：《行政法学》，中国政法大学出版社1994年版，第19~20页。
❻ 孙笑侠：《法律对行政的控制——现代行政法的法理阐释》，山东人民出版社1999年版，第2页。
❼ 高家伟："为管理论正名——兼论现代行政法学的理论基础"，载《法学文稿》2000年。转引自杨海坤、章志远：《中国行政法基本理论研究》，北京大学出版社2004年版，第70页。之所以称为"重构"，是因为其已与平衡论者所拟构的"管理论"相去甚远。

行政诉讼》一文中提出:"法决定于利益关系,权利来源于法,是实现利益的手段;公共利益和个人利益是一组对立统一的矛盾,而公共利益是该矛盾体的主要方面,决定着该矛盾的性质、内容和发展方向,行政法所体现和调整的正是以公共利益为本位的利益关系"。❶ 经过深化,❷"公共利益本位论"集大成的专著《行政法的人文精神》于1999年面世,将"一定层次的公共利益和个人利益关系"作为主要分析工具,来阐释行政法的性质、特征与现代使命。

与此同时,又出现了以武步云教授为代表的"公共权力论"及文正邦教授秉持的"职责本位论"。武教授提出:将公共权力论作为行政法的理论基础,是"由行政法的本质决定的",它"是行政法体系赖以建立的理论基础",而且还能成为"说明行政法历史发展"的工具;❸ 文教授则认为:行政法的理论基础当"立足于正确解决行政法的基本问题(即行政权力与公民权利的关系)","应能反应和体现行政法律关系的基本特点(即权力义务的不对等性)"。职责本位论指出职权与职责的统一非并列关系,职责的首要地位,它是公民权利本位在行政法上的折射和倒置,更能"兼顾国家利益、公共利益和个人利益",更能促成"权、责、利"的统一。❹

6. 扩张与成熟:统一公法学、软法与治理理论

严格来说,行政法理论基础大讨论并不包括"统一公法学""软法"以及"治理"等命题。在此简述,原因有二:其一,统一公法学命题的证成有助于"行政法理论基础"向其他公法部门的辐射,使之接受整个公法学研究的检阅,进而拾遗补阙、修正进步。其二,软法与治理是公共行政的新图景,代表行政法学的新视角、新议题。面对公共行政领域的变迁,"新行政法"应运而生。❺ 对此,除知识结构的更新换代,❻ 既有行政法理论基础的适应能力和实践指导能力也成为有待观察的议题。

袁曙宏教授是首位呼吁打破部门公法学科边界、建立统一公法学的学者。在1993年发表的《论建立统一的公法学》一文中,他首倡"建立一门介于法学与部门公法学

---

❶ 叶必丰:"公共利益本位论与行政诉讼",载《中央政法管理干部学院学报》1995年第6期。

❷ 叶必丰:"论公共利益与个人利益的辩证关系",载《上海社会科学院学术季刊》1997年第1期;周佑勇:"行政法理论基础诸说的反思、整合与定位",载《法律科学》1999年第2期;叶必丰:"公共利益本位论与行政程序",载《政治与法律》1997年第4期;王诚:"公共利益本位论与行政审批改革",载《行政与法》2002年第3期。

❸ 武步云:"行政法的理论基础——公共权力论",载《法律科学》1994年第3期。

❹ 文正邦:"职责本位论初探——行政法理论基础试析",载《法商研究》2001年第3期。

❺ 关于"新行政法"的讨论,参见王锡锌:"行政正当性需求的回归——中国新行政法概念的提出、逻辑与制度框架",载《清华法学》2009年第2期;姜明安:"全球化时代的'新行政法'",载《法学杂志》2009年第10期;李洪雷:"中国行政法(学)的发展趋势——兼评'新行政法'的兴起",载《行政法学研究》2014年第1期。

❻ 关于新旧行政法的知识结构,新旧转换的不同路径的介绍,见沈岿:"监控者与管理者可否合一:行政法学体系转型的基础问题",载《中国法学》2016年第1期;关于新行政法的具体变革方案,参考江利红:"论行政法学中'行政过程'概念的导入——从'行政行为'到'行政过程'",载《政治与法律》2012年第3期;江国华:"从行政行为到行政方式:中国行政法学立论中心的挪移",载《当代法学》2015年第4期。

之间的中观层次的统一公法学",并提出一个逻辑连贯的统一公法学三阶范畴体系:(1) 元概念:公共权力;(2) 核心范畴:公共权力与公民权利、自由与秩序、公平与效率以及公益与私益;(3) 基本范畴:法治、公法、公法主体、公法关系、公法行为、公法现象、公共治理、公共职能、公共服务、公法责任等。❶ 统一公法学概念一经提出便反响广泛。2005年,《法商研究》专设《"统一公法学"若干问题研讨》栏目,供学界研讨。姜明安教授详述了"公权力""公法关系""公法制度"之间的逻辑关系和内涵外延,以及之于统一公法学研究的重要性;王广辉教授就统一公法的价值议题出发,阐发出"整合""和谐""指引"和"平衡"四大基本价值;于立深教授从方法论的视角切入,呼吁"从历史法学、逻辑分析和社会实证主义"三条进路努力;杨解君教授则从"公法在法律体系中的位置"、统一公法学的努力方向以及统一公法制度的欠缺三个方面出发,提出商榷意见,呼吁反思"公法分散研究现状的改变,是否只能通过构建统一的公法学才能完成?对上述一般问题的整体性探讨,是否必须在'统一公法学'的前提下方可为之?"❷ 此时,统一公法论者一边审慎采纳意见,❸ 一边悉心修缮理论,进一步产出了丰硕的学术成果,如体系化专著《统一公法学原论——公法学总论的一种模式》的面世,❹ 刑法学者的响应❺以及研究群体的不断壮大。❻

"软法"概念的首要提倡者目前难以考证,有学者推测是英国国际法学家麦克耐尔(Arnold Duncan McNair)。❼ 至20世纪70年代,西方国际法学界已对其不陌生。❽ "治理"概念出现较晚。1989年,世界银行首次将"治理危机"概念引入公众视野,❾ 由

---

❶ 袁曙宏:"论建立统一的公法学",载《中国法学》2003年第5期。
❷ 参见姜明安:"公法学研究的几个基本问题",王广辉:"论统一公法学的价值",于立沈:"中国公法学现代化的方法论进路",杨解君:"公法(学)研究:'统一'与'分散'的统一",均载《法商研究》2005年第3期。
❸ 袁曙宏、赵永伟:"建立统一公法学的时代意义——兼达'统一公法学'可能遭遇的质疑",载《现代法学》2005年第5期。
❹ 袁曙宏、宋功德:《统一公法学原论——公法学总论的一种模式》(上下卷),中国人民大学出版社2005年版。
❺ 彭凤莲:"统一公法学与刑法及刑法学的关系",载《政法论丛》2006年第5期。
❻ 《法学论坛》杂志于2007年第4期专设的《"统一公法学"专题研究》窗口即为缩影之一。其中包含五篇文章:袁曙宏:"统一公法学的基本理论架构";莫于川:"公法共同价值论要";沈开举、郑磊:"论统一公法学建构的宪政基础——兼谈公法学总论研究的几个误区";孟宏志、王秀哲:"论宪法与行政法的统一与互动——兼谈宪法与行政法在公法体系中的地位";宋功德:"公法研究范式的构造、确立及其变迁"。
❼ 见张小平:《全球环境治理的法律框架》,法律出版社2008年版,第305页。另外关于软法在国际公法上的内涵,王铁崖教授认为"软法是指在严格意义上不具有法律约束力,但又有一定法律效果的国际文件"。见王铁崖主编:《国际法》,法律出版社1995年版,456页。
❽ 参见万霞:"国家法中的'软法'现象探析",载《外交学院学报》2005年第1期。
❾ 高秉雄、张江涛:"公共治理:理论缘起与模式变迁",载《社会主义研究》2010年第6期。

此开启了政治学、管理学和行政学界的持续关注。❶ 率先将上述概念引入中国行政法学视野的是罗豪才教授。在他引领撰写的《软法与公共治理》一书中，对软法研究的概况介绍如下："对软法的研究兴趣应该说同他们研究现代行政法发展的趋势，公法制度的变迁，特别是同他们倡导并致力于推动的现代行政法平衡理论一脉相承的……平衡论自提出以来一直处于发展完善当中，不断吸纳新的研究成果和方法，并始终注意公法制度和规范在实践中的发展变化。2004年下半年以来，罗教授及其合作者开始注意到全球范围内广泛兴起的公共治理对公法制度和公法学提出的挑战。"❷

关于"软法"与"治理"的关系，《软法与公共治理》一书作如下解释：

"软法具有特殊的重要价值。这尤其体现为，在当代社会，软法因'公共治理'的兴起而大规模地重生，它是'公共治理'的根据和基础。…软法是治理模式的主要依据或手段，是其在规范维度上的表现形式，不仅如此，软法和治理模式是同构同质的，公共治理就是软法治理……从规范层面来说，自由放任或实体管制时代是严格国家法的时代；新治理时代则是'软法'时代"。❸

由此，本文将以"软法"为主要概念线索来简述相关贡献与成果。罗豪才教授洞察软法现象、提出治理议题，所引领开展的探索包括：软法概念内涵和外延的界定、❹ 公共治理领域软法规范的渊源、❺ 软法的生成与实施机制、❻ 软法在治理过程中的作用和价值❼等。2009年出版的《软法亦法》，是对软法理论议题的系统诠释和翔实总结。该书从传统"管制——硬法"范式的缺陷出发，分析软法在"法"概念中的内生空

---

❶ 政治学教授 Rhodes 教授将"治理"的适用情形概括为六个方面，除了善治（As 'good governance'），还包括最小的国家管理活动（As the minimal state）、公司管理活动（As corporate governance）、新型公共管理活动（As the new public management）、社会控制系统（As a socio-cybernetic system）和自发组织网络（As self-organizing networks）。See: R. A. W. Rhodes, "The New Governance: Governing without Government", Political Studies, 1996, p. 47. 俞可平教授从政治学视角出发，将统治与治理作如下区分：(1)"权威主体"。统治主体单一，治理主体则是多元的。(2)"权威的性质"。统治呈现强制性，治理则更多协商性。(3)"权威的来源"。统治源于国家法律，治理还包括"非国家强制的契约"。(4)"权力运行的向度"。统治权力呈现自上而下之运作模式为主，治理权力则更多趋于平行。(5)"作用及范围"。统治范围以"政府权力所及领域为边界"，治理范围则更广，其以整个公共领域为边界。见俞可平：《论国家治理现代化》，社会科学文献出版社2015年版，第2页。

❷ 罗豪才等：《软法与公共治理》，北京大学出版社2006年版，第324页。

❸ 罗豪才等：《软法与公共治理》，北京大学出版社2006年版，第132页、第144页。

❹ 姜明安："软法的兴起和软法之治"，载《中国法学》2006年第2期；翟小波："'软法'及其概念之证成——以公共治理为背景"，载《法律科学》2007年第2期；沈岿："软法概念之正当性新辨——以法律沟通论为诠释依据"，载《法商研究》2014年第2期。

❺ 宋功德："公域软法规范的主要渊源"，载罗豪才等：《软法与公共治理》，北京大学出版社2006年版，第189~203页。

❻ 袁文峰："软法在什么时候出现"；牟效波："软法在什么条件下靠得住？——从软法的实施机制切入"；韩春晖："软法机制初探——沿袭经验主义的认知方式"，皆载罗豪才等：《软法与公共治理》，北京大学出版社2006年版。

❼ 罗豪才、宋功德："公域之治的转型——对公共治理与公法互动关系的一种透视"，载《中国法学》2005年第5期；罗豪才、宋功德："认真对待软法——公域软法的一般理论及其中国实践"，载《中国法学》2006年第2期。

间,从必要性和可行性两个维度证成了软法、硬法平分秋色的命题,并从形式和实质两个维度厘清了软法、硬法的界限。在为软法正名的基础上,该书阐释了软法的功能,与硬法互补进行混合法治理之必要,并以实证统计的方式给读者展示了中国实践中混合法治理规则中的软法比重。在该书的引领下,许多学者开始投身各具体的公共行政领域,深入关注特定类型的软法规范。❶

(三) 行政法学的研究方法

1. 立法法学

1984 年,中央组织部和原劳动人事部组织专家和实务人员,着手起草《国家机关工作人员法》。❷ 行政法学界的姜明安、皮纯协、张焕光三位教授参与其中。1986 年,行政立法研究组成立,设于全国人大法工委之下,成员 14 人,包括组长江平,副组长罗豪才、应松年,朱维究、姜明安、张华光、皮纯协等行政法学者位列成员名单。行政立法研究组的纲领性任务是"为重要的行政法提供毛坯",首要任务则直指"新六法"中尚且缺位的行政法与行政诉讼法。❸ 此后,推进行政法制发展成为中国行政法学界责无旁贷的使命,立法法学亦由此成为行政法学的主要研究方法。❹

立法法学的研究范式如下:(1) 发现法制缺漏的部门领域;(2) 呼吁制定法典,并讨论、研究法典内含的重点制度构成;(3) 法典颁布后提出修改和完善方案,呼吁一个新的立法开端。以《行政诉讼法》为例。根据姜明安教授的回忆与梳理,在 1989 年该法颁布前夕,学界围绕"立法目的""调整范围""基本模式""受案范围""原告资格""审理依据""司法审查""复议前置""举证责任""司法审判""公开审判""调解""检察监督""执行"等议题大规模展开研讨和争鸣。❺ 至 2014 年该法大修,学界再次对这些基本问题(如立法宗旨、目标,以及诉讼类型、构造)进行了新一轮研

---

❶ 刘长秋:"软法视野下的党规党法研究",载《理论学刊》2012 年第 9 期;湛中乐、赵玄:"我国软法规制的现状与出路——以大学章程为例的分析",载《南京社会科学》2015 年第 6 期;马长山:"互联网+时代'软法之治'的问题与对策",载《现代法学》2016 年第 5 期。

❷ 该草案引发激烈争议,最终以《国家公务员暂行条例》的形式颁布。

❸ 关于行政立法研究组的成立经过、行政立法贡献,参见法制网:"法学界一个战斗的团队——行政立法研究组成立 30 周年掠影",http://www.legaldaily.com.cn/government/content/2016 - 10/13/content_6835794.htm? node=81820,最后访问日期:2018 年 1 月 31 日。

❹ 叶必丰教授的观察:行政法学者从一开始就是以改革者而不是以保守主义者和法典注释者的面貌出现的,行政法学从一开始就是以立法论而不是以解释论的形式出现的。叶必丰:"二十世纪中国行政法学的回顾与定位",载《法学评论》1998 年第 4 期;何海波教授的相似观察:从 1980 年代中期至今,立法法学几乎主宰了行政法学研究……在今后可预见的一段时间内,立法法学预计仍将成为行政法学的主流范式。何海波:"中国行政法学研究范式的变迁",载罗豪才主编:《行政法论丛》,法律出版社 2008 年版,第 389 页、第 393 页。

❺ 姜明安:《行政诉讼法学》,北京大学出版社 1993 年版,第 37~50 页。当时更多的探讨参见:韦宗、阿江:"行政诉讼立法要论",载《中国法学》1988 年第 6 期;王名扬:"评行政诉讼法草案",载《政法论坛》1989 年第 1 期。

讨。❶ 时至今日，尽管中国特色社会主义法律体系已经形成，但许多学者仍在期盼和呼唤一部统一的中国行政程序法典。❷ 在此意义上，中国行政法学研究中的立法法学视角依然没有过时。

2. 比较法学

行政法学从萌芽到独立再到蓬勃发展，每个环节都离不开比较法学的研究方法。在早期的知识输入阶段，这种研究方法独挑大梁，为学术研究、立法实践提供了丰富的素材和资源。具体而言，按照时间顺序，比较法学的关注对象历经从"以苏联为师"❸到"博采众长"的转型。❹ 其中，尤其值得铭记的是两位学术巨匠——龚祥瑞教授和王名扬教授。龚祥瑞教授早年留学英国，所著的《比较宪法与行政法》（1985年）系以其北大授课讲义为基础撰写，其中的"越权无效"与"自然正义"等行政法原则制度为中国行政法打开新视野，注入新理念。王名扬教授早年留法，其皇皇巨著《英国行政法》（1986年）、《法国行政法》（1988年）和《美国行政法》（1995年），是至今必读的经典三部曲，❺ 不仅"浇灌两代行政法学人"，❻ 还巩固了行政法学的基本框架。❼

关于比较法学的研究范式，章志远教授借鉴意大利学者卡佩莱蒂的"六部曲"，将之表述为：寻找比较共同点、归纳不同解决方法、解析不同方案理由、展示方案产生原因、评判不同解决方案以及展望未来发展趋势。❽ 章教授同时指出这本质上是一种功

---

❶ 此次讨论产生了大量文献，比较有代表性的可见薛刚凌："行政诉讼法修订基本问题之思考"，载《中国法学》2014年第2期；于安："我国新政诉讼现代化的转型问题"，载《行政法学研究》2014年第2期。

❷ 关于行政程序立法的建议、研究，学界成果丰硕。姜明安教授将法典化路径归纳为"先地方，后中央，先单行法，后统一法典"，并提出"北大版"的《〈中华人民共和国行政程序法〉（专家建议稿）》。参见姜明安等：《行政程序法典化研究》，法律出版社2016年版，第21页、第394~450页。其他高校亦有编写关于行政程序立法的专家建议稿。比如中国政法大学在王万华、应松年教授主持下编写的《〈中华人民共和国行政程序法〉（专家建议稿）》、中国人民大学在皮纯协教授主持下编写的《〈中华人民共和国行政程序法〉（建议稿）》。

❸ 苏联行政法学饱含浓厚的"管理论"色彩，具体原则和制度参见：司徒节尼金：《苏维埃行政法：总则》，中国人民大学国家法教研室译，中国人民大学出版社1953年版；瓦西林科夫主编：《苏维埃行政法总论》，姜明安等译，北京大学出版社1988年版。

❹ 何海波教授将其表述为"西方东渐，五国丰登"。见何海波："中国行政法学的外国法渊源"，载《比较法研究》2007年第6期；骆梅英、朱新力教授则认为中国行政法学在理论架构上"间接继受"于大陆法系，而在"理念传承"上却倒向英美法系。见骆梅英、朱新力："前行没有障路——比较行政法学与当代行政法学发展的一个概览"，载杨建顺主编：《比较行政法——研究、规制与程序》，中国人民大学出版社2007年版，第7~10页。

❺ 根据朱苏力教授的统计，1998年至2002年间，在法学教科书著作中，《美国行政法》以194次引用率高居榜首，《法国行政法》以170次位列第四，《英国行政法》以104次居于第十二位。

❻ 何海波："中国行政法学的外国法渊源"，载《比较法研究》2007年第6期。

❼ 从"行政主体"和"行政行为"概念的引入，到组织法、行为法、监督救济法的界分，王名扬教授的《法国行政法》功不可没。参见胡建淼：《外国公法译介与移植》，北京大学出版社2009年版，第230页、第242~243页。

❽ [意]卡佩莱蒂："比较法教学与研究：方法和目的"，王宏林译，载《比较法学的新动向》，北京大学出版社1993年版，第15~19页。转引自章志远："比较行政法学的历史使命和方法论"，载杨建顺主编：《比较行政法——研究、规制与程序》，中国人民大学出版社2007年版，第28~29页。

能主义的研究范式。王维达教授得出同样的观察，提出"（行政法比较的方法）与研究对象和比较目的联系……研究方法必须根据研究对象和认识目标来发展"。❶

就比较对象而言，中国当下的比较行政法研究主要针对以下国家和区域。（1）美国：该国行政法对当代中国行政法学界的影响尤深。❷其发达的法学教育系统吸引了各代行政法学人前往深造。正当程序原则、❸司法审查制度、❹政府信息公开制度❺等论题受到中国行政法学界极大关注。（2）日本：我国行政法学界一直关注日本行政法学的发展，多位行政法学者曾留学日本。行政过程、❻行政指导❼等日本行政法理论和制度尤受关注。（3）德国：作为大陆法系的代表性国家，德国的法学对中国的法学研究影响甚深。中国行政法学界不仅从德国行政法学中知悉了法律优先原则、法律保留原则、比例原则、信赖保护原则❽等概念，更是在相当程度上继受了以"行政行为"为核心发展出的法教义学体系与方法。（4）法国：相较而言，中国行政法学界对法学行政法的了解最为薄弱，但作为"行政法的母国"，法国的行政主体理论、公务理论、行政法院设计等话题正在引起越来越多的关注。❾（5）英国：英国行政法中自然正义、❿越权无效、⓫行政裁判所⓬等原则、制度受到中国学界的深入观察与借鉴。

除上述国家外，欧盟为比较行政法学开辟了新的研究篇章，⓭催生了新的研究视角。⓮但不可否认，中国当代比较行政法学的视野仍主要局限在发达国家和地区；在我国法学研究日益成熟、逐步走上世界舞台的今天，我们有理由期待中国比较行政法学视野的进一步拓展。

3. 法解释学

法解释学是法学作为一门独立学科特有的方法，可谓法学的"看家本领"，某种意义上体现和标志着一国法学的成熟程度。由于法解释学、法释义学、诠释法学、教义

---

❶ 王维达："论行政法比较的可能性与比较方法"，载杨建顺主编：《比较行政法——研究、规制与程序》，中国人民大学出版社2007年版，第32页。

❷ 参见宋华琳："中国的美国行政法研究：一个学术史的概观"，载《浙江学刊》2005年第6期。

❸ 高秦伟："美国行政法中正当程序的'民营化'及其启示"，载《法商研究》2009年第1期。

❹ 张千帆："司法审查的标准与方法——以美国行政法为视角"，载《法学家》2006年第6期。

❺ 周汉华："美国政府信息公开制度"，载《环球法律评论》2002年第3期。

❻ 江利红："日本行政过程论的主要观点探析"，载《国家检察官学院学报》2012年第3期。

❼ 闫尔宝："日本的行政指导：理论、规范与救济"，载《清华法学》2011年第2期。

❽ 周佑勇："论德国行政法的基本原则"，载《行政法学研究》2004年第2期。

❾ 正是围绕法国公务理论的探讨，才引发了前文所介绍的中国"行政法学的理论基础"之争。见应松年、方彦、朱维究："行政法学理论基础问题初探"，载《中国政法大学学报》1989年第1期。

❿ 章剑生："从自然正义到正当法律程序——兼论我国行政程序立法中的'法律思想移植'"，载《法学论坛》2006年第5期。

⓫ 何海波："'越权无效'是行政法的基本原则吗？——英国学界一场未息的争论"，载《中外法学》2005年第4期。

⓬ 郑磊、沈开举："英国行政裁判所的最新改革及其启示"，载《行政法学研究》2009年第3期。

⓭ 彭錞："迈向欧盟统一行政程序法典：背景、争议与进程"，载《环球法律评论》2016年第3期。

⓮ 参见江国华、李鹰："行政法的全球视野——行政法学研究的新方法"，载《环球法律评论》2011年第6期。

法学等家族近似概念目前没有公认的区分方法，❶在此说明本文所称的"法解释学"是指：（1）形式上，以具体的行政法律规范为分析对象；以一套抽象的概念体系作为分析工具；以一套逻辑化的解释方法的分析方法；（2）实质上，力求实现行政法学的概念化、❷体系化，❸以求分析行政法规范时能够逻辑自洽。

叶必丰教授曾指出："我国行政法学中的注释理论……发展和流行于《行政诉讼法》颁布以后。"❹而何海波教授认为："虽然'诠释法学'是一个法学界耳熟能详的概念，但是它从未主导过行政法学。"❺这两个貌似悖反的观察各有其现实基础。一方面，借1982年《民事诉讼法（试行）》起步，中国当代的行政诉讼制度发展历时三十余年，司法实践对体系化、逻辑化的法解释学之需求日益增强，这促进了中国行政法法解释学的发展；但另一方面，在行政法制状况还不尽如人意、制度构建缺乏统一顶层设计的背景下，法解释学可以发挥的空间的确比较狭窄。

尽管如此，经过40的提炼与积累，当代中国的行政法学已在总论部分发展出一套共识程度较高的概念体系，包括行政法基本原则、行政组织法、行政行为法和行政监督救济法。相较而言，法解释学在后两部分的研究更加深入和成熟。❻如关于行政行为法，学界围绕《行政处罚法》❼《行政许可法》❽《行政强制法》❾等行政法制度进行了大量、深入的研究。在行政监督救济法方面，学界的主要注意力放在《行政诉讼法》

---

❶ 陈越峰教授和李洪雷教授援用"法释义学"的表述，其内涵为"对现行行政法规范的客观内容进行概念性、系统性的考察和说明"，而"狭义的行政法学就是行政法释义学"。见陈越峰："中国行政法（释义）学的本土生成——以'行政行为'概念为中心的考察"，载《清华法学》2015年第1期；李洪雷：《行政法释义学：行政法学理的更新》，中国人民大学出版社2014年版，第1~2页；何海波教授援用"诠释法学"的表述。见何海波："中国行政法学研究范式的变迁"，载罗豪才主编：《行政法论丛》，法律出版社2008年版，第382页；德国行政法学惯用"法教义学"的表述，如德国法学家阿列克西将其区分为三项子活动：（1）"对现行有效法律的描述"；（2）"对这种法律之概念—体系的研究"；（3）"提出解决疑难的法律案件的建议"。见［德］阿列克西：《法律论证理论——作为法律证立理论的理性论辩理论》，舒国滢译，中国法制出版社2002年版，第317页。

❷ 叶必丰：《行政行为原理》，商务印书馆2014年版，第1~4页。

❸ 赵宏："行政法学的体系化建构与均衡"，载《法学家》2013年第5期。

❹ 叶必丰："二十世纪中国行政法学的回顾与定位"，载《法学评论》1998年第4期。

❺ 何海波："中国行政法学研究范式的变迁"，载罗豪才主编：《行政法论丛》，法律出版社2008年版，第382页。

❻ 有鉴于行政法基本原则的司法适用性，其内涵与外延主要受制于比较法的态度；行政组织法制度尚不健全，因而，立法法学更适宜在此出场。薛刚凌教授是主要的制度设计者和倡导者。

❼ 章剑生："违反行政法义务的责任：在行政处罚与刑罚之间——基于《行政处罚法》第7条第2款之规定而展开的分析"，载《行政法学研究》2011年第2期；尹培培："不予行政处罚论——基于我国《行政处罚法》第27条第2款规定之展开"，载《政治与法律》2015年第11期。

❽ 杨小君、黄全："机动车牌照拍卖行为的合法性认识——解读《行政许可法》第12、53条的相关规定"，载《行政法学研究》，2005年第4期；肖泽晟："论许可证有效期的延续——基于《行政许可法》第五十条的解释"，载《浙江学刊》2016年第3期。

❾ 丁晓华："强制拆除违法建筑行为定性与规范——基于对《行政强制法》第44条的解读"，载《法学》2012年第10期；胡建淼："论作为行政执行罚的'加处罚款'——基于《中华人民共和国行政强制法》"，载《行政法学研究》2016年第1期。

上，对审理依据、❶ 裁判标准、❷ 判决类型❸等内容展开细致的解释与梳理。

随着我国行政法制的不断完善，行政诉讼案件量的持续增长，❹ 以及行政法学者和实务人员孜孜不倦的努力，法解释学作为一种研究进路，将在我国行政法学研究中获得更大空间。

4. 案例分析

从 20 世纪 50 年代初起，最高人民法院便开展对案例指导制度的探索。❺《人民法院改革五年纲要（1999~2003）》规定了"地方法院典型案件"的公布程序；2000 年的《最高人民法院裁判文书公布管理办法》又确立了"最高人民法院典型案件"的公布程序；❻ 2010 年，《关于指导案例工作的规定》发布，基本确立了案例指导制度。司法实践对典型案例的重视，推动了学界对案例分析法的探索和使用。早期相关著作包括陈桂明、马怀德合著的《案例诉讼法教程》（1996 年），以及关保英教授编著的《行政法案例教程》（1999 年）。2000 年后，叶必丰教授主持出版了"行政行为判解"系列丛书。2008 年后，朱芒、章剑生等学者发起了"判例研读沙龙"。❼ 对行政法学知识体系的系统检视，预示着案例分析法的进一步深化与成熟。这方面较有代表性的著作有：（1）叶必丰教授的《行政行为原理》。该书以案例分析法为"最重要的研究方法"，"一半以上的章节都是运用这一方法撰写"，力求通过对司法实践的观察、概括和总结，提炼共性，将解决问题的方法概括为可适用的规则，提高行政行为理论的本土元素。❽（2）何海波教授的《行政诉讼法》（第二版）。何教授坦言："一部没有案例的法律教科书，在我看来就像一本没有图画的儿童书，不可爱。"因此，他在该书中致力于勾勒司法视镜下的中国行政法规则体系，淡化对行政法学原理的阐释，甚至"基本不谈行政诉讼法的完善"。❾

---

❶ 马得华："论'不予适用'：一种消极的司法审查——以《行政诉讼法》第 63 条和第 64 条为中心的考察"，载《环球法律评论》2016 年第 4 期。

❷ 何海波："论行政行为'明显不当'"，载《法学研究》2016 年第 3 期；梁君瑜："行政程序瑕疵的三分法与司法审查"，载《法学家》2017 年第 3 期。

❸ 黄锴："论给付判决的适用范围——以《行政诉讼法》第 73 条为分析对象"，载《浙江学刊》2017 年第 4 期；黄学贤、徐恒婧："新《行政诉讼法》第 75 条确认无效判决的司法适用探讨"，载《法治研究》2017 年第 3 期。

❹ 1983~2014 年的行政诉讼案件量增长曲线，参见何海波：《行政诉讼法》（第二版），法律出版社 2016 年版，第 23 页。

❺ "最高人民法院研究室主任胡云腾———人民法院案例指导制度的构建"，载法制网，http://www.legaldaily.com.cn/bm/content/2011-01/05/content_2427562.htm? node=20739，最后访问日期：2018 年 1 月 31 日。

❻ "地方法院典型案件"和"最高人民法院典型案例"的二分来自章剑生教授，具体规范依据、公布程序，参见章剑生：《现代行政法基本理论》，法律出版社 2008 年版，第 60 页。

❼ 详见黄卉等编：《大陆法系判例：制度·方法——判例研读沙龙实录》，清华大学出版社 2012 年版。另外近期仍然活跃的判例研读会包括：浙江大学"公法研读会"、华东政法大学"公法研读会"、上海交通大学"公法判例研读会"、华东师范大学"判例研读会"、南京大学"判例研读沙龙青年工作坊"等。

❽ 叶必丰：《行政行为原理》，商务印书馆 2014 年版，前言第 3 页。

❾ 何海波：《行政诉讼法》（第二版），法律出版社 2016 年版，作者自序。

关于案例分析法的成果与贡献，有必要将其细分为"个案研究"与"群案研究"，分别阐释：（1）个案研究。学界对个案的关注、分析，有助于推动法治进步。比如有学者延续"田永诉北京科技大学拒绝颁发毕业证、学位证案"（指导案例38号）中的判词说理，呼吁放开行政诉讼受案范围和原告资格，❶ 阐释成文法律之外的正当程序原则内涵。❷ 这给后来的"刘燕文诉北京大学案""于艳茹诉北京大学案"打开空间，为司法介入学位评定与学位授予的实践凝聚共识。类似地，"鲁潍（福建）盐业进出口有限公司苏州分公司诉江苏省苏州市盐务管理局盐业行政处罚案"（指导案例5号）也成为学界呼吁垄断行业体制改革的支点。❸ 更晚近的"陆红霞诉南通市发展和改革委员会政府信息公开答复案"亦成为学者探讨"知情"与"滥权"之边界，❹ 呼吁信息公开申请门槛改革❺。（2）群案研究。群案研究往往与归纳法耦合，通过数个类案，甚至是大量样本案件的梳理，提炼不易察觉的实务经验和判断，塑造抽象要旨，反哺学理和立法。这种提炼本土释义学的研究范式曾被概括为"学说—立法—裁判"的互动，强调三者相互配合，完成对行政法特定概念的本土阐释。❻

5. 社科法学

过去40年间，最早尝试援用社会学科的研究方法处理行政法学议题的代表作品是龚祥瑞教授主编的《法治的理想与现实：〈中华人民共和国行政诉讼法〉实施状况与发展方向调查研究报告》（1993年）。该著作是我国法学界首次对一部法律的运行状况所作的实证调研，"运用问卷、访谈和统计数字等方式，对新生的行政诉讼法制度进行实证研究"，并以此为基础揭示问题，提出建议。之后，中国法学界普遍认识到实证观察研究的重要性。❼ 具体到行政法学研究，社科法学的方法论之勃兴是与平衡论密切关联的。如前所述，1999年后，平衡论研究开始向"行政权与公民权如何平衡"的命题进军。平衡论者只有在获悉特定公共领域的面貌之后，方可援用激励机制、博弈理论、公共选择、利益衡量等理论工具开展深入研究。如2009年起，北京大学公众参与与支持中心开风气之先，用社会科学的研究方法观察政府信息公开、国家治理与行政过程

---

❶ 袁明圣："解读高等学校的'法律法规授权的组织'资格——以田永诉北京科技大学案为范本展开的分析"，载《行政法学研究》2006年第2期。

❷ 何海波："司法判决中的正当程序原则"，载《法学研究》2009年第1期。

❸ 沈岿："指导案例助推垄断改革——以指导案例5号为分析对象"，载《行政法学研究》2014年第2期；戴杕："盐业垄断的司法破除与局限——从指导性案例5号鲁潍案的影响与后续发展谈起"，载《政治与法律》2017年第4期。

❹ 耿宝建、周觅："政府信息公开领域起诉权的滥用和限制——兼谈陆红霞诉南通市发改委政府信息公开案的价值"，载《行政法学研究》2016年第3期。

❺ 王锡锌："滥用知情权的逻辑及展开"，载《法学研究》2017年第6期。

❻ 陈越峰："中国行政法（释义）学的本土生成——以'行政行为'概念为中心的考察"，载《清华法学》2015年第1期；朱思懿："'滥用职权'的行政法释义建构"，载《政治与法律》2017年第5期。

❼ 冯象："法学的理想与现实：兼评龚祥瑞主编《法治的理想与现实》"，载《中国书评》第3期。转引自何海波："中国行政法学研究范式的变迁"，载罗豪才主编：《行政法论丛》，法律出版社2008年版，第391页。

透明度、慈善组织透明度、司法透明度、食品安全监管信息公开等议题，取得丰硕成果。❶ 自2013年起，中国政法大学法治政府研究院年度性地发布《法治政府蓝皮书：中国法治政府评估报告》。❷ 在更为传统的行政法制领域，社科法学的方法也受到青睐。何海波教授曾"运用全国性的统计数字、行政法官所写的文章和报告并结合个别案例和访谈"，考察行政诉讼撤诉制度的落地状态和权利保障效果。❸

作为一种研究方法，社科法学形式上表现为运用一系列实证研究方法，具体包括实地走访、调研、问卷、访谈、统计等。在信息时代，研究人员还可借助网络进行在线观察，依托资料平台、数据库进行关键词抓取，进行大数据分析。❹ 随着学科对话的不断深入，经济学、政治学、行政学、社会学等学科理论开始更多对法学研究产生影响。❺ 归根结底，包括法学在内，这些学科都以人的行为和活动作为微观经验基础。因此，有学者就主张发展"以人类行为理论为中心的中国行政法解释学"。❻

6. 规制研究

规制研究首先是一个知识集合，它致力于回答"什么是规制，为什么规制，如何规制，规制与利益，规制与可问责性"等问题。❼ 规制研究在我国行政法学界的起步较晚，早期开拓者包括杨建顺、周汉华、董炯等。❽ 2000年后，越来越多的学者开始关注规制理论，倡导行政法学理论体系的革新。❾ 由此，规制理论在中国迎来了蓬勃发展。

---

❶ 有关已出版的著作包括《政府信息公开公民指南》，《中国行政透明度观察报告》系列、《中国公益慈善组织透明度观察报告》《国家治理透明度报告》等。

❷ 中国政法大学法治政府研究院：《法治政府蓝皮书：中国法治政府评估报告（2017）》，社会科学文献出版社2017年版。

❸ 何海波："行政诉讼撤诉考（1987~2008）"，载何海波：《实质法治：寻求行政判决的合法性》，法律出版社2009年版。

❹ 黄娟："论行政法规范解释的司法审查——基于90个工商行政管理案例的分析"，载《华东政法大学学报》2012年第6期；余凌云："政府信息公开的若干问题——基于315起案件的分析"，载《中外法学》2014年第4期；俞祺："上位法规定不明确之规范性文件的效力判断——基于66个典型判例的研究"，载《华东政法大学学报》2016年第2期。

❺ 例如，冯玉军："权力、权利和利益的博弈——我国当前城市房屋拆迁问题的法律与经济分析"，载《中国法学》2007年第4期；吴元元："双重博弈结构中的激励效应与运动式执法——以法律经济学为解释视角"，载《法商研究》2015年第1期。

❻ 包万超："面向社会科学的行政法学"，载《中国法学》2010年第6期。

❼ ［英］罗伯特·鲍德温、马丁·凯夫、马丁·洛奇编：《牛津规制手册》，宋华琳、李鹢、安永康、卢超译，宋华琳校，上海三联书店2018年版，第768页。

❽ 杨建顺："规制行政与行政责任"，载《中国法学》1996年第2期；杨建顺：《行政规制与权利保障》，中国人民大学出版社2008年版；周汉华："行政立法与当代行政法——中国行政法发展方向略论"，载《法学研究》1997年第3期；周汉华：《政府监管与行政法》，北京大学出版社2009年版；董炯："政府管制研究：美国行政法学发展新趋势评介"，载《行政法学研究》1998年第4期。

❾ 朱新力、宋华琳："现代行政法学的建构与政府规制研究的兴起"，载《法律科学》2005年第5期；于立深："概念法学和政府管制背景下的新行政法"，载《法学家》2009年第3期。

学界围绕规制基础理论、❶ 规制机构、❷ 规制工具、❸ 自我规制、❹ 风险规制❺等议题进行研究。同时，面对核能、食药、环境等具体规制领域，学界也是成果频出。❻

规制研究同时也是一套分析框架。朱新力教授与宋华琳教授指出"政府规制研究本质上是一种问题导向的政策分析理论，它是法律科学内的整合，它不只是行政法，甚至也不只是公法，是为了彻底解决问题而综合运用各种法律手段、法律机制和法律思维的理论。它是一个不曾有着体系建构的雄心，却对真实世界和行政过程有着超强解释力的理论"。❼ 所以，这里将规制研究不仅视为一种实质性的研究领域，同时也当做一种独立的行政法研究方法。它有独立的问题意识，是一套独立的分析框架；更重要的是，它接纳了实质合法性的分析标准，拓宽了行政法的观察视野，回应了公共行政对实体正当性的需求。

三、行政法学的反思与展望

历时四十载，几代耕耘人。

四十年间，初代行政法学人致力于勾勒学科的独特研究视角，谋求行政法学的独立自主，让行政法成为拥有独特价值、功能和原则的话语体系，成为能够解决具体行政争议的分析工具和方法；第二代和第三代行政法学人则在前辈的引领下，携手探索行政法学的理论基础，推动行政法立法进程，探究域外行政法律制度；第三代和新生代学者则秉承先辈精神，与时俱进，提炼行政法学的研究方法，丰富行政法学的教义体系，归纳中国行政诉讼的裁判要旨，观察本土行政活动的运作方式，勾勒公共行政和治理之蓝图。

从"研究视角"到"行政法学的理论基础"，再到"研究方法"，流派界分标准的更替昭示着行政法学科的现代化。但是，以下三点问题尤其值得反思：第一，立法法学与比较法学的效用困境。伴随行政法制的完善，立法法学与比较法学在政治与学术方面的贡献率日趋衰微。我们期待它们与其他研究方法的结合与对话，以增进立法建

---

❶ 江必新："论行政规制基本理论问题"，载《法学》2012年第12期；宋亚辉："社会性规制的路径选择：行政规制、司法控制抑或合作规制"，法律出版社2017年版。

❷ 马英娟：《政府监管机构研究》，北京大学出版社2007年版。

❸ 规制工具类型繁多，标准制定和行政许可是较为传统和常见的。相关文献参见高秦伟："私人主体与食品安全标准制定：基于合作规制的法理"，载《中外法学》2012年第3期；高秦伟："行政许可与政府规制影响分析制度的建构"，载《政治与法律》2015年第9期。

❹ 李洪雷："论互联网的规制体制——在政府规制与自我规制之间"，载《环球法律评论》2014年第1期。

❺ 宋华琳："风险规制与行政法学原理的转型"，载《国家行政学院报》2007年第2期；金自宁：《风险中的行政法》，法律出版社2014年版。

❻ 伏创宇：《核能规制与行政法体系的变革》，北京大学出版社2017年版；宋华琳：《药品行政法专论》，清华大学出版社2015年版；金自宁："作为风险规制工具的信息交流——以环境行政中TRI为例"，载《中外法学》2010年第3期。

❼ 朱新力、宋华琳："现代行政法学的建构与政府规制研究的兴起"，载《法律科学》2005年第5期。

议和域外对策对本土问题的解决能力。第二，法解释学与案例分析的体系薄弱。统一法典的先天缺位，加之域外制度和知识的纷繁汇集，让中国行政法学深陷教义匮乏和知识体系薄弱的窘境。所以，珍惜和重视当下的规范资源，立足行政诉讼实践，开拓本土行政法教义，恢复行政法学的统一话语，是当下的重中之重。第三，社科法学与规制研究的价值堕落。当社科法学与规制研究生长于知识体系薄弱的行政法土壤之上，公法核心价值的堕落，并进而冲击和解构原有的松散知识体系就会成为可能。追求现实可能迷信现实，忠于科学、合理也可能遗忘法与非法的界限。如何保持行政法的本真，如何弘扬和助推行政法学的统一性，亦是流派间讨论和商榷的核心议题。

横看"流派"，是抽象的学科派系分布，但纵看"流派"，可品味40年来的传承与源远。往后展望，我们期待《行政程序法典》的颁布，期待对欧盟和发展中国家行政法制度和知识的系统观察，期待中国行政法的成熟教义，期待中国行政诉讼指导案例的集成汇编，期待大型的行政立法、执法、司法数据库，期待对人工智能的深入理解和理性规制……相信不同的时代会有不同的任务与期待。在种种期许的背后，传承不变，信念不改。

面对行政法的未来，让我们不忘初心，坚守前行！

（撰稿人：北京大学法学院博士研究生　黄宇骁、王子晨）

中国刑法学四十年

1978～2018

时延安 中国人民大学刑事法律科学研究中心教授、主任

王熠珏 中国人民大学刑事法律科学研究中心博士研究生

一、引言

纵览我国刑法学研究的时代脉络，学界常以某一重要事件为节点，选取一定的时间跨度，对刑事立法的演进、刑事司法的完善、刑法理论的更新进行回顾与反思，从而推陈出新，为今后学界的精力投放和研究方向指点迷津，以期更好地回应实践对理论的期待。时下论者们关于刑法学发展的代际总结无外乎有以下三种进路：一是依循综观的进路，以中华人民共和国的成立、刑法典的颁布或是改革开放的实行，抑或是世纪之交等时间节点，通过鸟瞰的视野对刑法学的发展脉络进行总体回溯，其内容涵摄广泛，既有对刑法观念的变革、刑法体系的完善等宏大叙事的介述，又有对刑法总论、分论中研究热点的反思，从而科学地分析和把握刑法发展的脉络；❶ 二是从微观层面出发，就某一基础理论或具体犯罪类型追古溯今，梳理其在刑事立法中的变迁或是在实践中面临难题，通过归纳和对比不同立场的学说，对其理论精要进行解析，以期探寻解决实际问题的最佳路径；❷ 三是以开放的思路放眼欧美和日本，沿着引介西学的进路，对域外刑法学的前沿问题进行爬梳，廓清某一问题在西方的来龙去脉，对比国内外的研究概况和规范差异，寻找域外理论与国内实践的契合之处，以期为"他山之石"的本土化可能性提供理论上的支撑和准备。❸ 可以肯定的是，上述阶段性的研究已是刑法学界一个约定俗成的惯例，该研究方式对于推进我国刑事法治向纵深发展具有重要的理论和现实意义，同时也反映出学者们高度关注当下中国法治建设的理论自觉。如今正值改革开放四十周年暨1997年《刑法》颁布21年，我国刑法发展虽成绩斐然、进步显著，但离迈向自主型刑法的道路仍有差距，是故未来任务依然艰巨。当此之际，全面客观的检阅总览我国刑法学的研究发展仍颇有裨益，通过对以往的成果进行理性

---

❶ 参见高铭暄："新中国刑法学六十年发展的简要历程和基本经验"，载《法学杂志》2009年第11期，第1~7页；梁根林、何慧新："二十世纪的中国刑法学（中）——反思与展望"，载《中外法学》1999年第3期，第1~13页；赵秉志："改革开放30年我国刑法建设的成就及展望"，载《北京师范大学学报（社会科学版）》2009年第2期，第76~80页。

❷ 参见高铭暄、曹波："当代中国刑法理念研究的变迁与深化"，载《法学评论》2015年第3期，第1~9页；戴玉忠："我国贿赂犯罪刑法制度的演变与发展完善"，载《法学杂志》2016年第4期，第9~18页；刘仁文、陈妍茹："死刑改革的重要进展——以《刑法修正案（九）》为视角"，载《法学杂志》2017年第2期，第75~83页。

❸ 参见黎宏："日本近现代刑法学的发展历程及借鉴意义"，载《法学评论》2004年第5期，第115~122页。付立庆："日本刑法学中的行为无价值论与结果无价值之争及中国的选择"，载《江苏行政学院学报》2013年第1期，第129~136页；托马斯·魏根特、张志钢："德国刑法何处去？——21世纪的问题与发展趋势"，载《刑法论丛》2017年第1期，第374~389页。

的分析，从理论上凝结提炼出前人所达成的共识、遭遇的困境以及未解的分歧，进而把握我国刑法未来的发展。

对于分析和解读问题的方法，为避免迷失于汗牛充栋、浩如烟海的论文和著述之中，本文力求将刑法变革熔铸于改革开放的背景，从中探寻刑法演进与社会变迁背后的互动逻辑，而非拘泥于对已有文献的程式化总结。随着研究成果的累积，围绕刑法变革进行阶段性回顾的研究方式也逐渐趋于钝化，成为一种逻辑归纳少、厘定话题庞杂、专深研究少、内容略显涣散的资料堆砌。因此，本文以改革开放以来刑法的发展进程为轴，解决以下三个方面的问题，即40年来我国刑法嬗变呈现出的现象是什么、背后的动力是什么以及存在的问题是什么，即沿着"事实勾勒—原因探寻—问题反思"的逻辑路径层层递进，这是认识事物发展的事理逻辑。这三者之间既是一种逻辑递进关系，同样也能共时共存，虽各有侧重，但总是以一种复调的形式相互影响，共同成为展现刑法变革这一生动图景所不可或缺的因素。换言之，首先在事实层面，需要梳理刑法学发展对刑法变革的贡献，描绘出社会转型时期中刑事立法、司法与学科研究之间的互动；其次要深挖刑事法制在向刑事法治推进过程中的动力所在，回答刑法变革原因层面的问题；继而还应弄清在本土知识与外来理论的互益与背反中困扰当前刑法研究迈向自主化道路的症结，探寻我国刑法未来的发展契机。

二、改革开放40年的刑法演进：历史与现状

我国刑法的理论研究和制度构建肇始于中华人民共和国成立初期，当时以全面引介苏联的刑法理论为主，具有鲜明的时代烙印。初成于1950年7月25日的《中华人民共和国刑法大纲（草案）》勾勒出"总则—罪刑指导原则"与"分则—具体犯罪与具体处罚"两部分的轮廓雏形，后经1954年10月至1957年6月的起草历程形成了《中华人民共和国刑法草案》第22稿，蕴含了刑法学者们在中华人民共和国刑法初创过程中的探索努力和真知灼见。至1978年党的十一届三中全会重新将民主与法制提上了党和国家的议事日程，我国刑法学的研究逐渐复苏，沉寂数年的刑法起草工作得以重启，在以刑法草案第33稿为基础的同时，结合当时的新经验和新情况，终于在1979年7月1日由第五届全国人大第二次会议通过了《中华人民共和国刑法》（以下简称《刑法》），结束了我国自成立30年来刑法典缺位的历史，从此拉开了构筑我国刑事法制的序幕。❶ 然而，1979年《刑法》面对改革开放背景下的新兴犯罪现实逐渐力不从心。事实上，自1981年起至1997年3月前，我国最高立法机关便先后通过了26部单行刑法，并在107部非刑事法律法规中设置了附属刑法规范❷，对刑法典进行一系列的补充

---

❶ 高铭暄："刑法学"，载张友渔主编，《中国法学四十年》，上海人民出版社1989年版，第215~220页。

❷ 参见高铭暄、赵秉志编：《新中国刑法立法文献资料总览》（第二版），中国人民公安大学出版社2015年版。

和修改，内容牵涉甚广，其中仅就罪名就由之前的 130 个增至 263 个；❶ 与此同时，围绕全面修改 1979 年《刑法》的设想和建言也从未停歇，在历经 18 年的理论争鸣和实践试错后，我国最高立法机关几经易稿、数次审议，最终于 1997 年 3 月 14 日经第八届全国人民代表大会第五次会议通过了新的《刑法》。❷ 我国刑法学界以新刑法典的颁行为契机，既对以往的刑法理论和制度进行研究，又对新领域、新情况进行开拓性探索。迄今为止，我国立法机关先后颁行了 10 个刑法修正案和 4 部单行刑法❸，形成刑法典与单行刑法并存的格局。

党的十一届三中全会的召开是中国法制建设的一个重要拐点，意味着我国法制建设进入了一个前所未有的历史时期，因此也常被视为我国刑法学的复苏繁荣期。若以刑法典的修改与更迭为节点，大体可将我国的刑法学研究分为三个阶段，即以 1979 年《刑法》为研究重心的阶段（1979 年 7 月至 1988 年 7 月）、以特别刑法的适用和刑法改革为研究重心的阶段（1988 年 7 月至 1997 年 3 月）、以 1997 年刑法典为研究重心的阶段（1997 年 3 月至今）。❹ 还有论者在改革开放三十周年之际，以刑法立法为视角，将 1997 年《刑法》的颁布作为轴心，把我国刑法学研究分为两个阶段，即"中国刑事法制由初创到成熟（1979~1997 年）"和"中国刑事法制由成熟到完善（1997~2008 年）"❺，其中，还围绕最高立法机关的修法工作将第一阶段细划为酝酿准备期、初步修改期、重点修改期、全面修改期以及审议通过期五个时期。❻ 另有论者以立法论与司法论的研究特点将两部刑法典的前后衔接区分为两个阶段，认为 1997 年以前是"以立法为中心的刑法研究"，而 1997 年《刑法》的颁布才为我国刑法教义学的发轫提供可能，就此我国刑法理论从立法论转向了司法论。❼

不过，无论是"三分法"还是"二分法"，总体上均揭示了我国刑事法制逐步向现代化迈进的历程。纵然迄至今日仍无一个广泛认同的现代化定义，但这并不妨碍人们对现代化概念的实质把握，现代化就是前现代向现代转变的过程，从系统论的角度

---

❶ 高铭暄："20 年来我国刑事立法的回顾与展望"，载《中国法学》1998 年第 6 期，第 25~29 页。

❷ 高铭暄、赵秉志、刘远："1997 年刑法学研究的回顾与展望"，载《法学家》1998 年第 1 期，第 43~52 页。

❸ 单行刑法包括：《全国人民代表大会常务委员会关于惩治骗购外汇、逃汇和非法买卖外汇犯罪的决定》（1998 年 12 月 29 日）、《全国人民代表大会常务委员会关于取缔邪教组织、防范和惩治邪教活动的决定》（1999 年 10 月 30 日）、《全国人民代表大会常务委员会关于维护互联网安全的决定》（2000 年 12 月 28 日）、《全国人大常委会关于加强反恐怖工作有关问题的决定》（2011 年 10 月 29 日）。不过后三个文本中没有具体的罪刑规范。参见高铭暄、赵秉志编：《新中国刑法立法文献资料总览》（第二版），中国人民公安大学出版社 2015 年版。

❹ 高铭暄、赵秉志："改革开放三十年的刑法学研究"，载《中国刑事法杂志》2009 年第 3 期，第 3~15 页。

❺ 谢望原、陈琴："改革开放 30 年的刑事法制——以刑法立法为视角"，载《法学论坛》2008 年第 6 期，第 5~11 页。

❻ 赵秉志主编：《新刑法全书》，中国人民公安大学出版社 1997 年版，第 69~99 页。

❼ 陈兴良："回顾与展望：刑法学的研究现状和发展方向"，载《政治与法律》2017 年第 3 期，第 2~16 页。

来看，其实质内涵便是组成系统法基础即结构的转变。❶ 循此思路，我国刑法的现代化，不仅需要塑造现代刑法的精神气质，而且需要一个结构严密、层次分明、前后一致、互相连贯、和谐协调的刑事法律规范体系。❷ 对这一方向的努力，理论上经历了一个漫长而曲折的过程，主要围绕刑法理念、刑法本体和刑法技术这三个维度展开。其中，关于刑法观念的探讨是根基，作为刑法本体的犯罪论、刑罚论等刑法基础理论则是主干和枝叶，丰富了刑法学的知识体系；而此处所称的刑法技术❸，主要针对刑法立法体例的选择和修法方式的取舍，它们共同构成为刑法体系修枝整叶的技术综合。

综而观之，40年来无论是因刑法修改引发的研究热潮，还是由热点案例掀起的理论聚讼，我们所进行的各类回溯与反思贯穿的逻辑主线是：刑法观念之转换、刑法本体之生成、刑法技术之嬗变。

(一) 刑法观念之转换

改革开放以经济领域为先导，由此牵涉着政治、文化、社会、法制等多个领域的变革，沿着一条从公到私、从国家到个体、从计划到自由的变迁路径。在这一过程中，人权观念的提升、法治文化的养成、刑事法制的构建促使着刑法观念的转变。刑法观念是人们对刑法的性质、功能、犯罪、刑罚、罪刑关系、刑法的制定与实施等一系列问题的认识、看法、心态和价值取向的总称。刑法观念居于深层的或潜隐的地位，它不一定与刑事立法和刑事司法永远保持一致，但控制和影响着居于表层结构的刑事立法的规范设计和刑事司法的具体操作功效。❹

就刑法观念的类型而言，若从刑法由生成到落地的不同阶段来看，可分为刑事立法观和刑事司法观，有论者曾归纳了与1997年《刑法》相适应的五种刑事司法观：(1) 经济执法观；(2) 效益执法观；(3) 民主执法观；(4) 平等执法观；(5) 开放执法观。❺ 如果就内容差异而言，则可将刑法观念归纳为十种类型，包括：(1) 经济刑法观；(2) 法制刑法观；(3) 民主刑法观；(4) 平等刑法观；(5) 人权刑法观；(6) 适度刑法观；(7) 轻缓刑法观；(8) 效益刑法观；(9) 开放刑法观；(10) 超前刑法观。❻ 应当指出的是，尽管围绕刑法观念的理论研讨话题众多，且应时而变，但其中影响巨大的理论成果有两个方面：一是关于刑法指导思想的揭示，体现为不同时期的刑事政策对刑事立法、司法、执法的指导，实质上是一种动态意义上的刑法观；另一个则是关于刑法基本原则的规定，其中备受瞩目的便是1997年《刑法》对罪刑法定原则的明文宣

---

❶ 储槐植："刑罚现代化：刑法修改的价值定向"，载《法学研究》1997年第1期，第111~120页。
❷ 田宏杰："论刑事立法现代化的标志及其特征"，载《政法论坛》2001年第3期，第3~16页。
❸ 刑法技术包括立法技术和司法技术，其中立法技术是指在整个立法过程中产生和利用的经验、知识和操作技巧，包括立法体制确立和运行技术、立法程序形成和进行技术、立法表达技术等。本文所称的刑法技术主要是指立法技术中的立法体例和修法模式。
❹ 高铭暄、赵秉志编著：《新中国刑法学研究60年》，中国人民大学出版社2009年版，第279页。
❺ 赵长青："树立当代刑法新理念"，载《现代法学》1997年第2期，第4~11页。
❻ 高铭暄、赵秉志、鲍遂献："当前的十大刑法观"，载《人民检察》1994年第12期，第46~47页。

示,作为保障人权的铁则、刑事法治的同义语,罪刑法定原则是研究我国刑法现代化所无法绕开的话题。

1. 刑法的指导思想

作为刑法的指导思想,刑事政策的指导意义贯穿于刑事立法和刑事司法领域。刑事政策对刑事立法的指导是显而易见的,刑事立法是刑事政策得以表达和实现的工具。刑事政策对刑事司法中的影响也无处不在,其中作为制定刑事政策的主体之一的最高司法机关发布的规范性司法解释便是国家基本刑事政策的体现;此外,在具体的个案判决中,法官个人在适用刑法时对法律所作的个别司法解释,往往也是法官自发地与刑事政策相契合的过程。有论者甚至将刑事政策上升为"治国之道",认为刑事政策理应从专政的工具手段、打击犯罪的策略措施升华为一种治国的战略或艺术。❶

从改革开放以来我国刑事政策的发展脉络来看,主要有"两阶段说"与"三阶段说"之分,前者主张我国的刑事政策经历了从"惩办与宽大相结合"到"宽严相济"刑事政策的变迁,其间"严打"是特定时期对"惩办与宽大相结合"政策中"严"的凸显;❷而后者则认为"惩办与宽大相结合的刑事政策主要适用于1979年至1983年;1983年作为权宜之计的'严打'刑事政策后来上升为刑事政策的主要载体;2005年以后,随着宽严相济的刑事政策的提出,'严打'刑事政策才逐步回归到应有的位置。"❸以上观点的分歧在于对"严打"政策的定位,学说之间的争议在所难免,不过这并不影响对我国刑事政策变迁趋势的总体把握:一方面,从政策表述来看,"宽"和"严"位序的变化在规范学中具有特殊意义,体现了不同时期刑事政策在侧重基点、司法倾向及关注重点等方面的不同。❹另一方面,1979年《刑法》脱胎于20世纪60年代的刑法草案第33稿,"惩办与宽大相结合"的刑事政策作为该部刑法典第1条的表述,其内容难免渗透了当时以阶级斗争为纲的底色,故而强调一种自上而下的贯彻;相较之下,宽严相济的刑事政策却是司法机关和学界对20年来"严打"政策的理性反思,是一种自下而上的"刑事政策决策民主化的成就"❺。

从"阶级意志"到罪刑法定,从"镇压工具"到社会调节器,从"严厉打击"到普遍约束,是1997年《刑法》对刑法观的重塑。❻在明晰我国刑事政策发展的走向之后,接下来需要讨论的便是刑事政策的指导思想如何落地的问题。1997年《刑法》自颁布至今一共历经了10次修改,我国最高立法机关先后出台了10个刑法修正案,时间

---

❶ 卢建平:"作为'治道'的刑事政策",载《华东政法学院学报》2005年第4期,第41~49页。
❷ 马克昌:"刑法三十年反思",载《人民检察》2008年第19期,第5~9页。
❸ 莫洪宪:"改革开放以来我国刑事政策总体评估和启示",载《东方法学》2008年第5期,第3~14页。
❹ 黄京平:"宽严相济刑事政策的时代含义及实现方式",载《法学杂志》2006年第4期,第10~12页。
❺ 王顺安:"宽严相济的刑事政策之我见",载《法学杂志》2007年第1期,第21~24页。
❻ 王学沛:"现代刑法观的重塑",载《现代法学》1997年第3期,第46~51页。

跨度覆盖了宽严相济刑事政策从提出到最终确立为基本刑事政策的整个过程❶。对此，有论者指出，《刑法修正案（一）》至《刑法修正案（四）》处于第三轮"严打"政策的辐射期，而《刑法修正案（五）》至《刑法修正案（六）》处于宽严相济刑事政策仅官宣为刑事司法政策时期，自《刑法修正案（七）》以后宽严相济才真正被上升为基本刑事政策进而指导刑事立法的修订工作。❷ 以《刑法修正案（九）》为例，一则是与《刑法修正案（八）》的死刑改革精神一脉相承，继续废除了9个死刑罪名，并且通过修改死缓犯执行死刑的条件从执行层面进一步限制死刑，同时还修改了绑架罪中的绝对死刑条款，多维度的降低死刑判处、执行的可能性，彰显了宽严相济中的"宽"。二则是在严惩恐怖主义、极端主义犯罪、完善网络犯罪规制、加强公民人身权利保护、加大腐败犯罪治理力度、惩治失信背信行为以及强化社会治安的维护等方面严密刑事法网，可谓是宽严相济中"严"的体现。不过值得注意的是，尽管《刑法修正案（九）》进一步呈现出刑事扩张的趋势，但蕴含了刑法体系由原先"厉而不严"向"严而不厉"的转向❸，通过区分犯罪的重、轻、微的差异而配以轻重适度的刑罚措施❹，这正是宽严相济刑事政策所致力实现的刑罚配置公平与均衡的目标。可见，刑事政策已从过去局限于犯罪预防和控制，逐步发展为对犯罪治理合理性和正义性的探求。❺

2. 刑法的基本原则

关于刑法的基本原则，在理论上展开的讨论可分为两个时期，第一段时期是1997年《刑法》前时期，除了探讨我国刑法应否增设基本原则、增设哪些基本原则外，还包括罪刑法定的立法化与类推制度的废止❻。第二段时期是1997年《刑法》后时代，将罪刑法定作为刑事司法的试金石，借此引发的问题包括：以扩大解释与类推适用的区分为中心探讨刑法解释的边界和路径❼，对社会危害性理论的诘难与质疑❽，以罪刑

---

❶ 2005年12月时任中央政法委书记的罗干同志在全国政法工作会议上提出，在政法工作中要注重贯彻宽严相济的刑事政策，随后在中共中央十六届六中全会通过的《中共中央关于建构社会主义和谐社会重大问题的决定》，以及2007年1月最高人民检察院《关于在检查工作中贯彻宽严相济刑事司法政策的若干意见》中均将其定位为刑事司法政策，尽管如此，2007年10月中国法学会刑法学研究会召开的纪念新刑法颁布十周年学术研讨会上，绝大多数学者倾向于将宽严相济认定为基本刑事政策。参见卢建平："宽严相济与刑法修正"，载《清华法学》2017年第1期，第54~69页。

❷ 卢建平："宽严相济与刑法修正"，载《清华法学》2017年第1期，第54~69页。

❸ 储槐植："'严而不厉'：为刑法修订设计政策思想"，载《北京大学学报（哲学社会科学版）》1989年第6期，第99~108页。

❹ 参见卢建平："宽严相济与刑法修正"，载《清华法学》2017年第1期，第54~69页。

❺ 莫洪宪："改革开放以来我国刑事政策总体评估和启示"，载《东方法学》2008年第5期，第2~14页。

❻ 参见赵秉志主编：《刑法争议问题研究》（上卷），河南人民出版社1996年版，第42页。

❼ 冯军："论刑法解释的边界和路径：以扩张解释与类推适用的区分为中心"，载《法学家》2012年第1期，第63~77页。

❽ 樊文："罪刑法定与社会危害性的冲突——兼论新刑法第13条关于犯罪的概念"，载《法律科学》1998年第1期，第26~28页。

法定的本土化为切面,洞悉我国刑事法治乃至考察整个法治在中国社会的命运❶等。这些研究立论新颖、资料翔实、开拓显著,递进推动刑法研究与刑法实践的互动向纵深发展。在几经论争与交锋之后,学界逐渐在几个关键点达成一致,诸如刑法的基本原则需要同时具备以下要素,即为刑法所特有、具有全局性和根本性意义、能够协调犯罪、刑事责任与刑罚关系、指导刑事立法和刑事司法的要素❷以及类推制度与罪刑法定是彼此绝缘的理论,潜藏着司法擅断、侵犯人权的风险,故应当在刑法修改中明文规定罪刑法定原则同时废除类推制度等。❸ 这一系列见解精辟、论述充分的理论共识为1997年修法时废除刑事类推以及明文确立罪刑法定、罪刑相适应和刑法平等适用原则产生了深远影响。

罪刑法定原则的确立是衡量一个国家刑事立法是否走向刑法现代化的重要标志。学界对该领域的研究一直兴趣不减,现择其要者予以简介:

(1) 从历史分析角度探讨中国古代是否存在罪刑法定原则。学者们对此看法迥异,理论上可分为肯定说❹、否定说❺、自相矛盾说❻、矛盾统一说❼等。值得一提的是,对中国当代刑事法进行历史分析,并非去发现所谓的"民族精神",而是寻找刑事法律制度得以形成的脉络以及在法制演进中的政治、经济和文化因素,是故在进行刑事法的历史分析研究时,应考虑制度比较、社会比较以及价值比较的研究。❽ 就此而言,中国传统法中虽有语词意义上的罪刑法定规定,但其关注的是"此罪彼罪"的区别,这与近代意义上罪刑法定以保障人权为基石并侧重"有罪无罪"的判断不尽相同,故价值冲突才是真正破解中国传统法不存在罪刑法定原则的迷思所在。❾

(2) 从价值变迁角度来解读罪刑法定的自我调整和完善。有论者指出,罪刑法定从原初的"保障自由、限制权力"的价值意蕴渐次演变为具备"人权保障与社会保护相统一"的现代刑事法治精髓❿,这对该领域的深化无疑具有启迪意义。与之相谐的是罪刑法定原则从绝对化到相对化的转向,如允许有条件的适用类推和严格限制扩大解释、允许采用相对确定的不定期刑,以及允许采取从旧兼从轻的原则等。例如,尽管1979年《刑法》第9条在事件效力上确立了"从旧兼从轻"原则,但后来却有两部单行刑法突破了这一限制,即《关于严惩严重破坏经济的罪犯的决定》(1982年3月8日)

---

❶ 参见劳东燕:《罪刑法定的本土化叙事》,北京大学出版社2010年版。
❷ 参见赵秉志主编:《刑法争议问题研究》(上卷),河南人民出版社1996年版,第42页。
❸ 参见高铭暄:"试论我国刑法改革的几个问题",载《中国法学》1996年第5期,第12~19页。马克昌:"加大改革力度,修改、完善《刑法》",载《法学评论》1996年第5期,第1~9页。赵秉志、肖中华:"论刑法修改中罪刑法定原则的立法化",载《中国人民大学学报》1996年第6期,第67~73页。
❹ 蔡枢衡:《中国刑法史》,中国法制出版社2005年版,第120~123页。
❺ 彭凤莲:《中国罪刑法定原则的百年变迁研究》,中国人民公安大学出版社2007年版,第82~83页。
❻ 钱大群:《唐律研究》,法律出版社2000年版,第76~79页。
❼ 张晋藩:《中国法律传统与近代转型》,法律出版社1997年版,第254~276页。
❽ 时延安:"论刑事法的历史分析",载《法律科学》2008年第2期,第54~59页。
❾ 王熠珏:"中国传统法中的罪刑法定省思",载《研究生法学》2014年第2期,第74~81页。
❿ 田宏杰:"论刑事立法现代化的标志及其特征",载《政法论坛》2001年第3期,第3~16页。

采取了有条件的从新原则，而《关于严惩严重危害社会治安的犯罪分子的决定》（1983年9月2日）更是直接采取了从新原则，成为刑事法制退步的内在痼疾❶。不过这样的现象在1997年《刑法》确立罪刑法定原则之后得到了纠正。

（3）从实际贯彻角度研究罪刑法定原则的司法化。因为罪刑法定不能仅是法治橱窗中的展览品，需要被真正践行。对这方面的研究主要从以下三条路径展开：一是在司法体制方面，认为司法独立是罪刑法定司法化的重要保障❷，必须积极推进政治体制与司法体制改革，合理分配政治权力与司法权力的边界，使刑法从政治附属品和阶级斗争工具的桎梏中解脱出来，真正拥有自己独立的品格❸。二是在司法技术上，从构成要件符合性的判断方式探究法律解释的技巧❹，或是解读"法律明文规定"的意涵，认为既包括显形层面的"字面上的直接规定"，又包括隐形层面的"内容上的包容规定"❺。三是对其司法化的实际效果总结其功过、反思其得失，认为罪刑法定不仅在于推动冤假错案的纠正，从以往依靠"真凶重现"或"亡者归来"的路径转变为依靠司法能动性主动予以纠错，同时还增进了与民权刑法、刑法谦抑理念之间的互动；但令人忧喜共存的是，近年来司法解释对行政违法领域的频繁介入、精细量刑规则的缺乏等问题仍是践行罪刑法定原则的阻碍。❻

如今，罪刑法定原则与宽严相济的刑事政策成为主流刑法观念的重要内容，是"依法治国，建设社会主义法治国家"基本方略在刑法领域的集中体现，无论对刑事立法还是刑事司法都具有重要的指引和制约作用，成为40年来我国刑事法制建设取得长足进步的重要表征。总而言之，只有夯实了刑法观念的根基，作为刑法本体的理论建设才可能在正确、合理的指导下发展完善，因此，在厘清了刑法观念的转换后，有关刑法主干的基础理论成为我们考察改革开放以来刑法演进的另一重要维度。

（二）刑法本体之生成

有别于前述作为根基讨论的刑法观念，构建刑法本体和主干的知识体系是40年来刑法学研究的另一个争讼之处，在这群芳竞艳的园地中各类学说碰撞、思想激荡、立场分野，共同促使着我国刑法学术品味的不断提升、学术底蕴的日益深厚。其中，围绕犯罪论和刑罚论展开的研讨是两个重要的有机环节，不仅是理论和实践互动的重要领域，同时也为我们管窥本土资源与外来知识的相融和背反提供了有益视角。

---

❶ 高铭暄："十一届三中全会以来我国刑法的回顾和展望"，载《法制现代化研究》1999年第5卷，第3~19页。
❷ 陈兴良："罪刑法定司法化研究"，载《法律科学》2005年第4期，第38~48页。
❸ 阮方民："罪刑法定原则司法化的障碍及其克服"，载《华东政法学院学报》2002年第6期，第16~20页。
❹ 张明楷："罪刑法定原则与法律解释方法"，载《华东刑事司法评论》，法律出版社2003年版，第13~29页。
❺ 陈兴良："罪刑法定司法化研究"，载《法律科学》2005年第4期，第38~48页。
❻ 刘宪权："中国刑法发展的时代脉动——97刑法颁布实施20年刑事法治纵览与展望"，载《法学》2017年第5期，第12~26页。

1. 犯罪论部分的纠葛

我国刑法学关于犯罪论部分的研究围绕着两种对应的立场和思路进行，一是有关犯罪论体系之争，这是"去苏俄化"论者矛头直指的领域，主要体现于"四要件"与"三阶层"的去废存留之争，对此，论者们各持己见，分别就各自立场在不同构成要件间的内容填充、阶层区分以及判断顺序等方面进行了颇为深入地研析。二是探幽于一些基础的刑法理论，诸如在犯罪主体、犯罪客体、社会危害性、刑事责任、不作为犯、因果关系、违法阻却事由、过失犯、犯罪未完成形态、共犯论、罪数论等具体领域进行理论辩驳。这两种立场和思路之间没有绝对的泾渭分明，而是相伴而生、相互促进，对犯罪论体系的研究最终须落脚于具体构成要件要素的认定，而对于基础理论的探讨又恰好促进了犯罪论体系的建构，二者共同的研究旨趣最终都指向如何更为科学合理地解决实践中的犯罪成立问题。以下以犯罪论体系的论争作为考察理论与实践互动、本土知识与外来学说冲突的切入点。

犯罪论体系是犯罪成立条件的寓居之所，作为犯罪论的基础、刑罚论的前提，在刑法学中占据重要的理论地位。我国犯罪论体系的形塑缘于特定的历史情境，20世纪50年代我国刑法理论基础薄弱，来自苏俄的四要件理论在犯罪论体系的建构中居于主导地位。然而，自20世纪80年代开始，主张改良四要件理论的声音和努力便一直存在。随着21世纪以来，德日三阶层、英美双层次犯罪构成理论的引入，四要件理论长期的一统地位再次受到冲击，引发人们对这一领域的持续性反思。目前来看，围绕犯罪论体系的建构，学界一共开展了三次前后相继、交织重叠的论争，姑且可以称之为：构成要件的改良之争、逻辑结构的重塑之争、司法适用的践行之争。

（1）犯罪构成的改良之争。第一次论争，主要是结合司法实践对犯罪论体系的运用对既有的四要件理论进行改良，在不改变平面结构的基础上对犯罪构成要件内容进行增减，由此产生了与"四要件"针锋相对的"二要件说""三要件说""五要件说"等❶。其中具有影响力的成果主要有三个，即犯罪构成的去留之争、犯罪主体的存废之争，以及构成要件的其他必备要素之争，具体而言有以下三个方面。

第一，犯罪客体的去留之争，其发难的根源在于传统理论将犯罪客体界定为"社会主义社会关系"。对此，反对论者认为犯罪客体不是犯罪的构成要件，而是犯罪概念所包含的内容❷，所谓的共同客体、同类客体、直接客体的划分只是刑法理论上的分类解释，但它不能决定犯罪性质❸，若将犯罪客体界定为社会关系，会导致犯罪构成系统结构和功能的紊乱，还会混淆犯罪概念系统和犯罪构成系统，不仅如此，若将其界定

---

❶ 例如，通过将犯罪客体和犯罪主体是构成要件从犯罪构成内容中予以剔除形成"二要件说"，通过减去犯罪主体或犯罪客体则是"三要件说"，抑或是在四要件基础上增加犯罪行为作为犯罪成立的第五个要件成为"五要件说"。参见高铭暄主编：《新中国刑法学研究综述（1949~1985）》，河南人民出版社1986年版，第116~118页。

❷ 张明楷："论犯罪构成要件"，载《中南政法学院学报》1987年第4期，第40~45页。

❸ 李静："再论犯罪客体——对传统犯罪客体理论的质疑"，载《法学论坛》1992年第2期，第51~52页。

为犯罪对象，同样还有许多问题值得继续探讨❶。作为肯定论的回声，则认为应结合我国是社会主义国家的制度特色，将犯罪客体的表述修正为"法益"即可消除反对论者对犯罪客体是社会主义社会关系的诘难，具体包括国家法益、社会法益、集体法益和个人法益；❷另有论者提出，犯罪客体肩负着规范评价的重任，唯有将其视为一个必要且独立的犯罪构成要件，才能使我国的犯罪构成理论实现事实评价与价值评价的统一，如此也与大陆法系、英美法系的犯罪构成理论中存在价值评价因素相对应。❸

第二，是针对犯罪主体的质疑，造成困惑的原因在于传统理论将犯罪主体界定为"实施了犯罪的人"。于是反对论者认为犯罪主体是犯罪构成的前提，只有具备犯罪的主体资格才有进一步讨论是否构成犯罪的必要，否则会陷入确定行为人是犯罪主体之后再研究犯罪主体的行为是否符合犯罪构成的循环论争中。❹然而，肯定论者认为犯罪主体是犯罪构成中的第一个要件，对犯罪是否成立以及某些犯罪的性质具有一定的决定和影响作用。❺

第三，探讨犯罪结果、犯罪对象、犯罪目的、犯罪动机等具体构成要件要素是犯罪构成的必备要素还是选择要素。以犯罪结果为例，反对论者认为犯罪结果不是所有犯罪的共同要件，所有完成形态的犯罪都以犯罪结果作为其犯罪构成的必备要素，而未完成形态的犯罪构成（包括预备、中止、未遂）都没有犯罪结果❻，该观点其实是将犯罪结果理解为实害结果；肯定论者主张，犯罪结果是一切犯罪的必备要素，无论既遂犯还是未遂犯的犯罪构成都要求犯罪结果❼，该观点相当于将犯罪结果理解为既包括实害结果又包含危险结果，则所有犯罪都具备犯罪结果。可见，产生纷争的原因在于对"犯罪结果"的理解存在差异。

应当说，构成要件改良之争的焦点在于划定构成要件必备要素的疆域，仍是一种在既有平面结构上所做的内容填充或删减，没有对四要件理论造成实质性否定，但不可否认，它是我国刑法学意欲改变苏俄模式长期禁锢的一次本土化的突围，可视作本土理论观点在犯罪论体系领域的延伸，让犯罪论体系领域的论争持续发酵，其带来的抛砖引玉之效不容忽视。

（2）逻辑结构的重塑之争。第二次论争试图将四要件的平面耦合式结构改为阶层式的递进结构，大有将传统四要件理论改弦更张、推倒重来之势，可谓是对犯罪论体系研究的一次前沿式推进，无论是三阶层的倡导者或是四要件的坚持者均各抒己见，

---

❶ 张文、孙仕柱："从系统论看犯罪客体"，载《中外法学》1996年第1期，第19~23页。
❷ 江礼华："再论犯罪客体的概念问题"，载《国家检察官学院学报》2003年第1期，第4~8页。
❸ 李希慧、童伟华："'犯罪客体不要说'之检讨——从比较法的视角考察"，载《法商研究》2005年第3期，第21~29页。
❹ 杨兴培："犯罪主体的重新评价"，载《法学研究》1997年第4期，第86~92页。
❺ 赵秉志："论犯罪主体在犯罪构成中的地位和作用"，载《法学家》1989年第6期，第44~48页。
❻ 李洁："犯罪结果在犯罪构成中的地位新探"，载《当代法学》1992年第1期，第45~49页。
❼ 周其华："犯罪结果应是犯罪构成的必要要件"，载《国家检察官学院学报》1993年第1期，第74~78页。

就各自立场进行审慎、缜密的逻辑推演，使这次论争与前述的构成要件改良之争不能同日而语，其研析的深度、广度相对于之前都有更为精深的突破。其中，仅2003年就有3部法学核心期刊针对犯罪构成理论设专栏讨论，即《法商研究》（2003年第3期）、《环球法律评论》（2003年秋季号）、《政法论坛》（2003年第6期），此外，有关"犯罪构成与犯罪成立基本理论"也成为国内重大学术会议的主要议题，如2002年中国刑法学研究会年会等。❶自1997年《刑法》颁布之后，政治对刑法学研究的钳制逐渐减弱，学术研究空间得以扩展，学术自由精神日益显现，司法实践所累积的问题亟待回应，加之大陆法系、英美法系刑法理论的引入等不一而足，共同成为触发三阶层理论研究热潮的诱因和导火索，于是在构成要件的判断顺序、正当化事由的体系定位、违法与责任的区分三个领域掀起了声势浩大的论争。

第一，关于构成要件的判断顺序之争，起因是论者们对四要件理论中各个要件的排序方式看法迥异，其中有两种观点最具代表性，一是主张以犯罪行为形成的过程或发展规律为依据，按照"犯罪主体—犯罪主观—犯罪客观—犯罪客体"的方式进行排列❷，二是认为以查明或认定犯罪的过程为标准，依循"犯罪客体—犯罪客观—犯罪主体—犯罪主观"的顺序进行列举❸。除此之外当然还有其他排序的主张，不过上述争论尚未尘埃落定，忧虑质疑之声便不绝于耳。其中"主观归罪的危险"是四要件理论科学性遭受诟病的关键，由于各个要件并非相互独立而是相互依存，难免会有主观先于客观的判断，这与德日三阶层理论缔造的客观先于主观判断的顺序相异，因此有论者指出仅靠排列组合无法消除四要件理论的内在痼疾，这无疑是一种换汤不换药的改革。❹

第二，正当化事由的体系定位之争，传统刑法理论认为正当化事由是在形式上似乎符合某种犯罪构成，但实质上既不具备社会危害性，也不具备刑事违法性，且大多是对社会有益的行为。❺然而，犯罪构成是犯罪成立的唯一标准，即符合四要件的行为一律构成犯罪，因此在如前所述的逻辑中存在着"正当化事由符合犯罪构成，却因不具备社会危害性而不构成犯罪"的吊诡现象，使得正当化事由游离于我国犯罪构成体系之外。有论者受英美双层次犯罪论体系将正当化事由置于犯罪论系统之内的启发，认为应该借鉴英美法系双层次犯罪构成的结构模式，同时吸纳我国传统犯罪构成体系中的合理成分，实现经验与理性的沟通，进而改造我国传统的耦合式犯罪构成体系。❻另有论者认为应效仿德日的三阶层理论，将正当化事由作为违法阻却事由纳入犯罪论体系之内考量，通过构成要件的积极判断与违法阻却事由的消极判断，实现从形式判断到实

---

❶ 曲新久主编：《共和国六十年法学论争实录（刑法卷）》，厦门大学出版社2010年版，第93页。
❷ 赵秉志、吴振兴主编：《刑法学通论》，高等教育出版社1993年版，第84~85页。
❸ 高铭暄、马克昌主编：《刑法学》，中国法制出版社1999年版，第105~106页。
❹ 姜伟："犯罪构成比较研究"，载《法学研究》1989年第3期，第37~43页。
❺ 赵秉志、吴振兴主编：《刑法学通论》，高等教育出版社1993年版，第266页。
❻ 田宏杰："刑法中正当化行为与犯罪构成关系的理性思考"，载《政法论坛》2003年第6期，第55~65页。

质判断、从原则到例外的逻辑自洽，进而形成一条畅通的出罪路径。❶ 以上观点也折射出遭遇困境的本土理论在面对域外理论时所作出的不同辨识和反思。

第三，有关违法与责任的区分之争，根本原因是社会危害性在四要件犯罪论体系中的定位困惑。由于四要件理论中的犯罪客观必然包含了事实要素的判断，但实践中社会危害性往往成为凌驾于构成要件之外的入罪要素，导致事实判断与价值判断间的纠葛，限缩了四要件理论的出罪通道；不仅如此，在1997年《刑法》确立罪刑法定原则之前，社会危害性理论作为刑事类推认定的核心根据而广受诟病，被视为罪刑法定原则在中国践行的客观障碍。除了前述四要件理论本身存在的问题之外，随着德日刑法理论的引入，三阶层理论的构成要件该当性的事实判断和违法阶层的价值判断，呈现出了一条由事实到价值判断的递进而清晰的判断路径，为一直纠结于社会危害性入罪与出罪可能性中的论者们另辟蹊径，加上诸如违法认识错误、欠缺期待可能性等责任阻却事由也纷纷进入我国刑法学的研究视野，学界开始有声音呼吁设立独立的违法（不法）和责任阶层，以期突破传统四要件理论的封闭性缺点，在构成要件该当层面向公众表明罪与非罪的界限，彰显罪刑法定的精神要义；在违法层面将正当化事由纳入犯罪论体系，从而凸显国家对利益的保护；在责任层面重视违法认识错误等理论对刑事责任所产生的影响，从而使理论供给真正能满足实践需要。❷

当然，德日的三阶层理论也并非金瓯无缺，同样存在着前后冲突、现状和初衷背离、唯系统论等弊端，于是部分论者纷纷从学理和实践层面对重构论的观点予以回应。其中有论者通过剖析我国四要件理论的精要，认为可以通过贯彻客观优先的阶层递进观念以及梳理不同意义的犯罪概念的方法消除我国现有犯罪论体系中的弊端；❸ 还有论者认为，我国传统的犯罪构成理论体系基本适应我国刑事立法和司法的需要，它在总体上是合理的。❹ 职是之故，在四要件与三阶层理论之争进行得如火如荼之际，为避免陷入简单的非此即彼的错误泥沼，有论者尝试结合我国刑法的规定进行本土化的犯罪论体系构建，可谓是本土化理论的一种自我创新，如：构建"罪体—罪责—罪量"的三分法犯罪论体系❺，还有由"客观（违法）构成要件"和"主观（责任）构成要件"组成的两阶层论❻，以及由"客观要件—主观要件—犯罪阻却事由"所构成的新三阶层论❼等，创设这些犯罪论体系模型的初衷，在一定程度上是为了缓和我国传统四要件理

---

❶ 曲新久主编：《共和国六十年法学论争实录（刑法卷）》，厦门大学出版社2010年版，第100页。
❷ 参见周光权："违法性判断的独立性——兼及我国犯罪构成理论的改造"，载《中外法学》2007年第6期，第701~712页。陈兴良、周光权：《刑法学的现代展开》，中国人民大学出版社2006年版，第306~307页。
❸ 黎宏："我国犯罪构成体系不必重构"，载《法学研究》2006年第1期，第32~51页。
❹ 刘艳红："晚近我国刑法犯罪构成理论研究中的五大误区"，载《法学杂志》2001年第1期，第38~48页。
❺ 参见陈兴良：《规范刑法学》，中国政法大学出版社2003年版。
❻ 张明楷："犯罪论体系的思考"，载《政法论坛》2003年第6期，第26~38页。
❼ 周光权：《刑法总论》，中国人民大学出版社2007年版，第103~106页。

论与德日三阶层理论之间的张力，力图寻找一种容易被接受的理论来使人们在潜移默化中适应并接受从平面到阶层，从客观判断到主观判断，从事实评价到价值评价，从积极判断到消极判断的思维转换。

（3）司法适用的践行之争。第三次论争意图将学理层面的研讨转化为司法实践的指导理论，其产生的起点是司法部 2000 年出版的国家司法考试大纲对犯罪论体系进行的重大调整，采用了古典三阶层理论中的构成要件该当、违法、有责而一改以往的四要件理论❶，由此在学界再次掀起了四要件与三阶层理论探讨的轩然大波，2010 年的司法考试大纲恢复采用了四要件的犯罪论体系。此后，力推阶层式犯罪论体系的论者们也意识到，若欲使阶层犯罪论从学理层面走向司法实践，真正为实务界所接受并采纳，不能仅停留在书斋式的纸上谈兵，而是应当以司法适用为导向而建言建议、献计献策，阐明其在司法实务中如何使用，向人们展示出阶层犯罪论令人信服的司法前景。

2017 年《清华法学》第 5 期围绕"阶层论的实务运用"设专栏展开讨论，论者们除了对阶层论的基本原理阐明义理、剖析精要，还须以实务中的疑难案例为素材剖析其精要。就介述阶层犯罪论基本内容要义而言，论者们没有提出太多超越第二次论争时的新颖主张，其核心观点依然可归纳为两个方面：一是强调了构建犯罪成立要件之间的位阶层次，从而使不法与责任得以区分；二是重申了从客观到主观判断顺序的必要性和科学性。❷ 不过，这次理论聚讼援引了大量的司法案例，试图说明四要件理论在实务上容易导致的判断混乱，而如果采纳区分违法与责任的阶层式体系，承认违法意义层面上的犯罪概念，便能在解释转换型抢劫罪、帮助无责任能力人犯罪等法益侵害的场合更容易追究犯罪；在涉及《刑法》第 20 条特殊防卫权等不存在法益侵害的场合时，更容易按无罪处理；此外，在量刑方面，诸如"教唆不满十八周岁的人犯罪"等情形的"犯罪"作违法意义上的理解，更有助于处罚的合理性。❸ 如此而言，有别于以往激进式的犯罪论体系之争，论者们基本上在以司法适用为导向的立场上达成了共识，不再陷入彻底摒弃、推导重来等非此即彼的争执之中，而是心平气和地寻找解决疑难问题的途径。

2. 刑罚论部分的转向

一个科学的犯罪论需要一个协调的刑罚论与之相配。概括而言，40 年来学界在刑罚论上进行的研究，主要围绕着刑罚正当性、刑罚目的、刑罚机制这三条思维链条展开。如果说具体的刑罚机制（非监禁刑、监禁刑、死刑、财产刑、资格刑等）是刑罚建构所呈现的状态或结果，那么刑罚目的（报应或预防）则是刑罚制定和适用前所需

---

❶ 参见中华人民共和国司法部：《2009 年国家司法考试大纲》，法律出版社 2009 年版，第 63~65 页。

❷ 参见陈兴良："刑法阶层理论：三阶层与四要件的对比性考察"，载《清华法学》2017 年第 5 期，第 6~19 页。张明楷："阶层论的司法适用"，载《清华法学》2017 年第 5 期，第 20~39 页。车浩："体系化与功能主义：当代阶层犯罪理论的两个实践优势"，载《清华法学》2017 年第 5 期，第 41~67 页。周光权："阶层犯罪论及其实践展开"，载《清华法学》2017 年第 5 期，第 84~104 页。

❸ 付立庆："违法意义上犯罪概念的实践展开"，载《清华法学》2017 年第 5 期，第 68~83 页。

考量的前提，它决定着刑罚种类的选择和刑罚体系的构建，甚至影响着刑事政策的制定。而相对于刑罚目的，对刑罚正当性的追问和回答则是一个更加前置性的问题，因为理论上若缺乏根基，实践上便会有弊无利，刑罚正当性关系到刑罚权及其运作的合理性、必要性何在。亦即刑罚在何种情形下，以何种力量、何种方式来实施，才能为公众所认可和接受。因此，几十年来学界在刑罚论部分展开各类纷繁复杂的讨论，贯穿其中的线索其实是：刑罚正当性的追问、刑罚目的的探究、刑罚机制的完善。这三个环节有着紧密的内在联系，依次递进，层层相应。

（1）刑罚正当性的追问。

刑罚的正当性与刑罚目的是不同维度的概念，目的正当并不意味着手段也正当，因此为了实现刑罚目的所科处的刑罚不一定是正当的。在学说史上，刑法旧派与新派在刑罚论领域的绝对主义（报应刑论）与相对主义（目的刑论）之争，并不是关于刑罚目的本身的争论，而是关于刑罚的正当化根据的争论。❶ 其中，报应刑论是旧派所持的理论，主张刑罚的正当性根据在于报应，刑罚是对行为人基于自由意志而选择犯罪的报应，以行为人具备自由意志为前提，以行为人的责任为刑罚的上限，因此报应刑也谓之责任刑；与此相应，新派则倾向于目的刑论的立场，认为刑罚的正当性根据在于目的的正当性，刑罚的意义在于实现一定的目的即预防犯罪，以预防犯罪的必要性和有效性为限，因此也称之为预防刑，对此还可以进一步细分为威慑刑论、教育刑论、改善刑论等理论支系。总体来看，我国学界在刑罚正当性根据的探究过程中，大多沿着刑法新旧派学说观点的理论谱系进行爬梳，进而选取能同我国刑罚制度设计或实践相契合的观点进行解读，虽然论者们的见解不尽一致，但最终得出的结论无外乎三种，要么倚重于报应刑，要么青睐于预防刑，或是对二者的利弊进行斟酌取舍后得出折中说，试图让两种理论在刑罚的设计、裁量和执行阶段能各有侧重、博采众长。

除了以上的学说史研究进路之外，刑罚正当性的研究还经历着一个由"权力"到"权利"的视角转换。譬如有论者认为，人们在研究刑罚正当性时，易忽视将其与国家惩罚权力相联，事实上研究刑罚正当性就是研究刑罚权的正当性，即探讨人们会把什么样的刑罚权让渡给国家的问题。❷ 然而，刑罚不是为了贬低、减损人（个人）的价值，而是以尊重人（个人）的价值为基础而进行惩罚，通过惩罚不仅为了确保被害人的基本权利不受侵犯，同时也要确证犯罪人的基本权益不受非法和过度剥夺。❸ 刑罚的适用即意味着对自然人或单位重大权利的剥夺或限制，这类权利应否被剥夺或限制以及在何种程度上被剥夺或限制，不应从权力本身去自我证明其正当性，而必须以权利来反向证明刑罚权从形成到运作的正当性问题，因此以"权利"作为具体的检验标准

---

❶ 张明楷：《刑法学》（上），法律出版社2016年版，第504页。

❷ 宫玉静："宪政视野下的刑罚正当性"，载《山东师范大学学报（人文社会科学版）》2010年第1期，第158~161页。

❸ 时延安："理性与经验的弥合——中国刑罚改革中的认识论与方法"，载《法学论坛》2006年第4期，第19~22页。

应着眼于：一是任何权利行为都不应视为犯罪；二是单纯地违反没有利益体现的秩序的行为不应视为犯罪；三是任何社会相当性的行为，不应视为犯罪，而相当性的判断，应从公众承受能力和固有文化加以考虑。❶

（2）刑罚目的的探究。

刑罚目的是国家采用刑罚措施应对犯罪现象所期望到达的效果，如果说刑罚的正当性涉及国家是否应当动用刑罚权的问题，那么刑罚目的则关系到国家在构建刑罚体系和设置刑种时应当怎样取舍，相当于从"是否"应当动用刑罚到应当"如何"运用刑罚的过渡，由此成为论者们在继刑罚正当性证明之后所关注的另一个维度。对于这个问题的探讨，学界兼容和善纳了不同观点，形成了刑罚目的一元论、二元论、层次论、系统论等不同学说，下面择要予以述之。

一是刑罚目的一元论，其特点是仅将某一元素作为我国刑罚的根本目的，其中首推预防论，即认为刑罚的目的在于预防犯罪，包括特殊预防和一般预防，而惩罚和教育是达到刑罚目的的手段，特殊预防针对的是预防犯罪分子本人的再犯可能性，而一般预防不仅在于警戒社会上潜在犯罪人的功效，还具有增强广大人民群众的法制观念，提高同犯罪分子斗争的积极性的功效；❷对此，也引发了学界对一般预防对象范围的质疑，如有论者认为一般预防的对象不是犯罪人，而是包括以下四类社会人员：①危险分子，即具有犯罪危险的人；②不稳定分子，即容易犯罪的人；③犯罪被害人，即直接或间接受到犯罪行为侵犯的人；④其他社会成员，即上述以外的广大公民。❸但有学者认为"不稳定分子"即"潜在犯罪人"在刑法领域是不存在的，即一般预防虽然以一般人为对象，但不意味着一般人属于潜在犯罪人。❹

二是刑罚目的的二元论，该类学说在研究刑罚目的时不拘泥于单一元素，而是对各个可能成为刑罚目的的元素进行有机结合，旨在避免一元论片面强调刑罚的报应目的，或单纯推崇刑罚的预防目的的偏颇。在中华人民共和国成立初期，学界曾出现过"教育与惩罚说"❺"预防和消灭犯罪说"❻，这些学说带有鲜明的时代印痕，譬如教育改造说意在教育改造犯罪人，体现了社会主义国家与资本主义国家刑罚的本质区别；而消灭犯罪说则曾一度成为20世纪50年代学界在研究刑罚目的时达成的共识，反映了当时我国刑法基础理论薄弱、实践经验匮乏、对犯罪产生的原因和规律认识有误。此外，前述学说还折射出一个问题，那就是混淆了刑罚目的和刑罚功能之间的关系。刑罚功能是刑罚目的得以实现的重要环节，是国家在制刑、量刑、行刑过程中所产生的直接社

---

❶ 时延安："刑罚的正当性探究——从权利出发"，载《法制与社会发展》2010年第2期，第58~68页。
❷ 曲新久主编：《共和国六十年法学论争实录（刑法卷）》，厦门大学出版社2010年版，第215~217页。
❸ 张明楷：《刑法学》，法律出版社2014年版，第461页。
❹ 曲新久：《刑法的精神与范畴》，中国政法大学出版社2000年版，第305~306页。
❺ 林克谐："谈谈我国刑罚的目的"，载《法学研究》1957年第3期，第57页。
❻ 参见张景岳："预防犯罪和消灭犯罪是我国刑罚的目的"，载《教学简报》1956年第21期，第57页。转引自曲新久主编：《共和国六十年法学论争实录（刑法卷）》，厦门大学出版社2010年版，第221页。

会效应,若没有刑罚功能的存在,刑罚目的就如同海市蜃楼般虚无缥缈、难以实现。[1] 可见,刑罚目的是刑罚预期达到的结果,而刑罚功能则是推动这种预期成为现实的有效催化剂。尔后,随着时代发展尤其是改革开放以来,"预防和消灭犯罪说"逐渐销声匿迹,"报应与预防说"以及"报应与特殊预防说"日渐成为当前较具影响力和认可度的学说。其中,持"报应与预防说"的论者认为,囿于犯罪具有双重属性,是社会危害性与人身危险性的统一,因此,与之相应的刑罚目的也必然是二元论,对于已然之罪,刑罚以报应为目的;对于未然之罪,刑罚以预防为目的。[2] 对此,持"报应与特殊预防说"的论者则主张,将一般预防作为刑罚的目的,不仅违反了公正这一刑罚首要的价值追求和保障人权的刑法机能,而且也不符合一般预防与特殊预防、一般预防与报应之间的逻辑关系,因此在偏重特殊预防的基础上兼顾报应的要求,才是我国刑罚目的及其发展方向。[3] 不过,将一般预防从刑罚目的中所摒弃的观点也招致了质疑,有学者对"报应与特殊预防说"的观点进行了如下反驳:①一般预防与报应之间是一种既对立又同一的关系,基于二者的同一性,将一般预防作为刑罚的目的未必会导致严刑苛罚,基于二者的对立性,一般预防具有相对于报应而作为刑罚目的的独立意义;②解决一般预防与特殊预防冲突的正确途径不在于简单地取舍而是保全两者。[4]

除前述诸说之外,学界还曾出现过刑罚目的的层次论和系统论,这两类学说的共性在于意图揭示刑罚目的各元素间的内部规律。对于层次论,有论者将刑罚目的分为应然目的和实然目的,并进一步认为实然目的包括以下三个逐渐递进的层次:第一层是惩罚犯罪人;第二层是改造罪犯,预防和减少犯罪;第三层是保护人民,保障国家和社会公共安全,维护社会主义秩序。[5] 另有论者主张,刑罚目的包括"惩罚犯罪—预防犯罪—保护法益"三个层次,三者之间相互依存、相互作用,共同调整刑罚的制定、刑罚的裁量和刑罚的执行。[6] 而所谓的系统论在一定程度上可以归为层次论的范畴,该类学说试图将刑罚目的作为一个系统进行思考,并对其中的各个要素进行层次划分,例如有论者认为预防和消灭犯罪是国家适用刑罚的最高宗旨(第一层次的目的),为实现预防和消灭犯罪的最终目的,需要借由一般预防和特殊预防的双重手段加以实现(第二层次的目的),而上述的预防手段又须人民法院对犯罪分子适用管制、拘役、有期徒刑、无期徒刑、死刑以及附加刑(第三层次的目的)。[7] 应当说,层次论和系统论

---

[1] 例如,有学者将刑罚功能分为特殊预防的刑罚功能和一般预防的刑罚功能,前者包括限制、消除再犯条件的功能、个别威慑功能、教育感化功能,后者包括一般威慑功能、法制教育功能、安抚补偿功能、强化规范意识功能等。参见张明楷:《刑法学》(上),法律出版社2016年版,第519~520页。

[2] 陈兴良:"刑罚目的新论",载《华东政法学院学报》2001年第3期,第3~9页。

[3] 田宏杰:"刑罚目的研究——对我国刑罚目的理论的反思",载《政法论坛》2000年第6期,第68~77页。

[4] 邱兴隆:"论一般预防的正当性——兼与否定论者商榷",载《中国法学》2001年第4期,第20~36页。

[5] 谢望原:《刑罚价值论》,中国检察出版社1999年版,第122页。

[6] 韩轶:"刑罚目的的层次性辨说——兼论刑罚的最终目的",载《法商研究》2004年第4期,第44~54页。

[7] 苏惠渔、张国全、史建三:"对刑罚目的的系统思考",载《法治论丛》1989年第3期,第1~6页。

在研究刑罚目的均展现了一种立体思维,因此该类学说不失为一种方法论上的有益尝试。但该类学说将刑罚目的、刑罚功能,甚至具体的刑罚种类等不同维度的概念相混淆,其合理性仍有待商榷。

(3) 刑罚机制的完善。

"法与时转则治,治与世宜则有功"(《韩非子·五蠹》),社会的变迁与法律的稳定性之间的矛盾一直是难以破解的困局。如今我国正处于社会转型时期,政治、经济、文化的发展必然带来犯罪态势的变化,于是也催生着刑法改革和刑事政策的调整。由于刑法是如何运用刑罚权的法律,因此这种诊脉自疗的回应便集中于刑罚机制的调整和完善上,一则表现为刑罚权作用范围的扩张或收缩,二则体现于刑罚程度在局部领域的强化或弱化。虽然刑罚的本性是对人的权利的剥夺或限制,但这并不应当视为对人的尊严的抹杀,相反,对人的尊重、推崇人的价值,应当被作为未来刑罚改革的认识基础。立足于此,回顾我国恢复社会主义法制 40 年来的刑罚改革可谓是忧喜共存,总体上一直朝着尊重和保护个人价值的坐标倾斜。学界的研究线索主要着眼于以下三个方面:死刑控制、刑罚适度和刑罚多样。

第一,关于死刑控制,主要从理论和实践两条路径进行探索:一是,在理论层面,首先需要回答"为何要废除死刑"的问题,目前学界有关废除死刑的主要论述可归纳为"文明抵触说""人权抵触说"和"宪法抵触说"三条理论路径,然而以上三种学说都难以形成压倒性的说服力,其原因在于不同国家和社会对文明、人权的解读不尽相同,而各国宪法对基本权利的规定也存在差异,势必对死刑问题会有不同态度,这就决定了在我国语境下呼吁废除死刑,应着眼于"国家性质与功能抵触说"来寻找理论支撑。由于社会主义国家的功能定位是保护人民利益并实现每个人的"自由发展",显然死刑的存在与这一基本定位背道而驰、殊不可取,所以当社会主义制度处于稳定发展时期时,死刑的存在因与我国国家性质和职能相悖,应当予以废除。❶ 其次还面临着"如何废除死刑"以及"废除哪些罪名的死刑"的进一步追问,对此,有论者主张区分作为革命工具的死刑和作为刑罚形式的死刑,认为应当立即废除针对犯罪人的死刑,而保留针对敌人的死刑。❷ 不过,大多数论者趋向于认为对经济犯罪、贪利型犯罪和其他非暴力性犯罪的罪名适用死刑只是治表之策,非治本之道,其理由既有从罪刑相适应的角度对上述犯罪适用死刑的正当性进行拷问,又有从功利主义角度对死刑适用后的预防效果进行分析。❸ 除此之外,暴力犯罪的死刑罪名也可运用立法技术予以压缩,

---

❶ 时延安:"死刑、宪法与国家学说——论死刑废除的理论路径选择",载《环球法律评论》2017 年第 6 期,第 30~50 页。

❷ 冯军:"死刑、犯罪人与敌人",载《中外法学》2005 年第 5 期,第 608~616 页。

❸ 参见梁根林、张文:"对经济犯罪适用死刑的理性思考",载《法学研究》1997 年第 1 期,第 121~132 页。张小虎:"废除死刑的理论预期与保留死刑的现实必然——论我国死刑制度的完善",载《社会科学研究》2007 年第 1 期,第 81~86 页。张远煌:"贪利性犯罪死刑正当性的犯罪学追问",载《现代法学》2007 年第 3 期,第 48~55 页。

如采用转化犯理论的立法模式代替结果加重犯和情节加重犯的立法模式。❶

二是，在实践层面的努力则表现为死刑罪名的削减、死刑实际执行规模的限缩以及死刑替代措施的探寻等方面。具体而言：我国死刑制度的改革呈现出"由缓入苛、逐步削减"的演进趋势，我国 1979 年《刑法》的死刑规定政治色彩浓郁、罪名配置宽疏，在仅有的 28 个死刑罪名中便有超过 50%（15 个）来自于反革命罪名；之后的十多年间我国死刑罪名急剧膨胀为 74 个，同时受"严打"氛围的影响，实践中死刑适用率也居高不下；及至 1997 年全面修订刑法时仍然保留了 68 个死刑罪名，尽管此后我国没有再新增死刑罪名，但刑事立法在死刑问题上没有做出根本改善；直到 2007 年伊始最高人民法院收归了死刑复核权以及一系列有关死刑案件的程序性改革，使死刑改革在程序法上实现破冰；随后，实体法以《刑法修正案（八）》为起点拉开了中华人民共和国成立以来首次削减死刑罪名的序幕，废除了走私文物罪、票据诈骗罪、盗窃罪等 13 个非暴力犯罪的死刑罪名；接着在《刑法修正案（九）》则进一步取消了集资诈骗罪、组织卖淫罪、强迫卖淫罪等 9 个死刑罪名，使我国《刑法》的死刑罪名总数由之前的 68 个限缩至如今的 46 个，同时还进一步提高了死缓犯被执行死刑的门槛，并规定了对已满 75 周岁的人不适用死刑。

第二，在刑罚适度上，为了弥合无期徒刑、死刑缓期执行和死刑立即执行之间的不均衡，进一步满足罪责刑相适应的要求，在"加重生刑"方面的改革主要体现在：一是提高有期徒刑数罪并罚的最高刑期为 25 年；二是规定了"对累犯以及因故意杀人、强奸、抢劫、绑架、放火、爆炸、投放危险物质或者有组织的暴力性犯罪被判处十年以上有期徒刑、无期徒刑的犯罪分子"不得假释；三是规定了限制减刑型死缓，即"对被判处死刑缓期执行的累犯以及因故意杀人、强奸、抢劫、绑架、放火、爆炸、投放危险物质或者有组织的暴力性犯罪被判处死刑缓期执行的犯罪分子"限制减刑；四是提高了无期徒刑的最低实际执行期限，以及限制减刑型死缓犯被减刑后的最低实际执行期限；五是规定了终身监禁型死缓，即对贪污、受贿罪数额特别巨大，并使国家和人民利益遭受特别重大损失的，"被判处死刑缓期执行的，人民法院根据犯罪情节等情况可以同时决定在其死刑缓期执行二年期满依法减为无期徒刑后，终身监禁，不得减刑、假释"。学界对于以上"加重生刑"举措的评价褒贬不一，尤其以终身监禁引发的争议为甚，肯定论者认为对严重的贪污和受贿犯罪以终身监禁作为死刑立即执行的替代措施，有利于达到严惩严重贪污受贿犯罪和着力减少死刑立即执行之适用的双重功效。❷ 但反对论者对此持否定意见，其观点可归纳为以下几个方面：一是终身监禁的创设违反罪刑法定原则，认为其无论作为一种刑罚种类还是刑罚执行方式，在刑法

---

❶ 储槐植："刑罚现代化：刑法修改的价值定向"，载《法学研究》1997 年第 1 期，第 111~120 页。
❷ 赵秉志："论中国贪污受贿犯罪死刑的立法控制及其废止——以《刑法修正案（九）》为视角"，载《现代法学》2016 年第 1 期，第 3~13 页。

总则中均无法找到与之对应的规定,因此不满足刑罚法定化的要求;❶ 二是终身监禁的创设违反罪责刑相适应原则,认为将贪污贿赂犯罪的罪责归结于比杀人、强奸、抢劫等暴力犯罪更为深重的做法不具备合理性;❷ 三是终身监禁的适用导致罪犯实际服刑时间过长,如此不仅与保障人权的理念相抵牾,还会徒增刑罚执行成本和难度,由于刑有限而罪无极,一味地增加刑罚执行的报应程度终将难以实现一般预防与特殊预防的效果。❸

第三,对于刑罚多样化,进行了一系列完善刑罚配置的有益探索,例如,一则是调整轻刑种的执行方式或适用范围,避免过于倚重生命刑和严厉的自由刑的不良倾向,具体而言:一方面扩大罚金刑的适用范围,1979年《刑法》中只有23个罪名适用罚金,占罪名总数的17.7%,而1997年《刑法》中可适用罚金的罪名增至180个,约占罪名总数的43.5%,并且在之后的刑法修正案中进一步加大罚金刑的适用与执行;❹ 另一方面,创新了非监禁刑罚的执行方式:增加了社区矫正,即集合社会力量矫正其犯罪心理和行为恶习,促进其顺利回归社会的非监禁刑罚执行活动。二则是逐步形成刑罚与保安处分的二元制裁体系。优化了资格刑的配置,如《刑法修正案(九)》新增的职业禁止制度,规定因利用职业便利实施犯罪,或者实施违背职业要求的特定义务的犯罪被判处刑罚的,自刑罚执行完毕之日或者假释之日起,人民法院可以根据犯罪情况和预防再犯罪的需要禁止其从事相关职业。

(三)刑法技术之嬗变

任何法律均无法做到垂范久远、一劳永逸,面对社会转轨与市场经济伴生的大量新型犯罪,以"宜粗不宜细""宁疏勿密"思想为指导的1979年《刑法》显得捉襟见肘,于是大量的单行刑法和附属刑法规范应势而生。据统计,自1978年恢复法制至1997年颁布新法之前,先后有26部单行刑法轮番登场,并有107个非刑事法律中设置了附属刑法规范❺,对刑法典做了一系列的补充和修改:(1)在空间效力上增加普遍管辖原则;(2)在时间效力上个别单行刑法采取"从新"原则;(3)增加部分罪名的单位犯罪;(4)补充身份犯与非身份犯成立共犯的定罪处罚规定;(5)增加剥夺勋章、奖章、军衔的附加刑;(6)在量刑制度上增加"加重处罚";(7)增加战时缓刑制度;(8)新增了大量罪名;(9)完善了部分罪名的罪状,提高了某些犯罪的法定刑;(10)扩

---

❶ 魏东:"刑法总则的修改与检讨——以《刑法修正案(九)》为重点",载《华东政法大学学报》2016年第2期,第6~16页。

❷ 车浩:"刑事立法的法教义学反思——以《刑法修正案(九)》为中心",载《法学》2015年第10期,第3~16页。

❸ 时延安:"死刑立即执行替代措施的实践与反思",载《法律科学》2017年第2期,第183~192页。

❹ 高铭暄:"十一届三中全会以来我国刑法的回顾和展望",载《法制现代化研究》1999年第0期,第3~19页。

❺ 高铭暄、赵秉志编:《新中国刑法立法文献资料总览》(第二版),中国人民公安大学出版社2015年版。

大罚金刑的适用，等等。❶ 由于单行刑法和附属刑法规范的数量众多、内容庞杂，使得刑法体系整体凌乱，不便掌握的弊端显露无遗，因此全面系统地修订刑法成为必要之需。

在1997年全面修订《刑法》之前，曾有观点认为我国应采用以刑法典为核心，单行刑法和附属刑法为两翼的分散式立法体例，理由在于当今世界各国刑法都由三部分组成，不可能也没有必要将一切犯罪规定在刑法典中，从长远来看，刑法典与单行刑法、非刑事法律中的罪刑规范在内容上应有所分工：刑法典规定的犯罪应主要是能够简短描述的传统型犯罪；单行刑法规定的主要是具体类型较多、难以简短描述的犯罪；非刑事法律中的罪刑规范应主要规定与该法律密切相关的轻微经济犯罪与行政犯罪。❷ 如今，我国采用修正案的方式对刑法典予以补充或修改，在1997年《刑法》之后先后通过了10个刑法修正案。在立法体例的选择问题上，学界对单行刑法、附属刑法、刑法修正案的优缺利弊进行了比较。

针对单行刑法，论者们在谈及其优点时主要从灵活性、针对性、及时性、内容特定性等方面展开。例如，有观点认为单行刑法的灵活性和针对性能对社会发展予以及时回应，它在刑法体系中具有不可替代的效能：（1）能够及时地打击各种严重犯罪；（2）能够随时弥补刑法典留下的空白；（3）及时地协调罪刑关系；（4）形式单一、内容特定、适用性强。❸ 另有观点认为，一直以来学界对单行刑法的立法技术关注甚少，1997年《刑法》之前学界面对遍地开花的单行刑法应接不暇以至于无暇关注其立法技术，如今尽管刑法修正案成为修改刑法的最佳模式，但对单行刑法立法技术的深挖仍是推动刑法研究的一条不可偏废的途径。❹但其自身缺陷也较为突出，如有观点认为，利用单行刑法来完善经济刑事立法的途径并不可取，理由在于：第一，单行刑法频繁出台、内容庞杂，将有损刑法典的稳定性、严肃性和权威性；第二，过多制定单行刑法不利于保持刑法典的内在统一性，刑法典自身是个内容协调统一的整体，以单行刑法的方式修正刑法典，往往容易牵一发而动全身，以致破坏刑法典内部的逻辑联系。❺

关于附属刑法，从相关的论著中可以发现其某些方面的优势与前述的单行刑法存在共性，比如在刑法进行全面修改之前，附属刑法可以作为刑法典的重要补充形式之一，有效弥合规范与现实之间的缝隙。除此之外，肯定论者们还着眼于附属刑法的自身特点，从非刑事法律与刑法之间的衔接角度阐述了其存在的必要性，例如：有观点认为，在非刑事法中设置附属刑法规定，有助于向人们呈现该法律法规中的责任层次，不仅能做好民事责任、行政责任、经济责任与刑事责任的衔接，还能体现刑法是社会保护的最后一道屏障；此外，附属刑法可以节省立法成本，因为立法机关在制定相关

---

❶ 高铭暄："十一届三中全会以来我国刑法的回顾和展望"，载《法制现代化研究》1999年第0期，第3~19页。

❷ 张明楷："论修改刑法应妥善处理的几个关系"，载《中外法学》1997年第1期，第65~72页。

❸ 陈兴良主编：《刑法各论的一般理论》，中国人民大学出版社2007年版，第361页。

❹ 张波："关于单行刑法的立法技术的历史考察和展望"，载《安徽大学法律评论》2007年第2期，第238~245页。

❺ 赵秉志主编：《刑法修改研究综述》，中国人民公安大学出版社1990年版，第47页。

行政法、经济法或者民事法时，可对相关违法行为进行一并审查，分析是否有必要扩大或缩小犯罪圈，以及是否有必要在局部领域调解刑罚的轻重程度等，而不用专门启动一个制定单行刑法或刑法修正案的程序。❶ 与之相反，反对论者在列举附属刑法的内在缺陷时，也主要从其内容的分散性、破坏刑法的统一性和完整性、有损刑法的权威性和威吓性、司法适用的不便性、定罪量刑的混乱性等方面做出抨击，其中不乏有一些与单行刑法相类似的缺点。

从前述分析中可以发现，法律的稳定性与现实的易变性是古往今来都无法回避的矛盾，这就决定了需要因时因地修改和补充刑法，及时有效地回应社会现实。在立足于修改刑法具有不可避免性的前提下，接下来面临的便是应采取何种方式进行修改。无论是单行刑法还是附属刑法，都是为了缓和刑法滞后性所作出的努力，但二者终归只能解近水之渴而非长久之计，其缺陷集中体现在内容的"分散性"，破坏了刑法内部的逻辑协调。有鉴于此，探索既能够及时修改和补充刑法典，又不会破坏刑法条文间的逻辑关系的修改方式成为当务之急。

于是，1997年后单行刑法风头锐减、附属刑法日渐式微，刑法修正案成为当前修改、补充刑法的重要途径不足为奇。相较于单行刑法和附属刑法，修正案能够直接而明确地对刑法典相关条文进行修改、补充或更换，它属于刑法典的一部分，同样具备灵活性、针对性、及时性等优势，不会造成刑法典内部逻辑紊乱，且便于司法适用。不过，刑法修正案也并非万全之策，有论者将其缺陷归纳为：首先，由全国人大常委会进行修正案的立法，在修正案内容违反罪刑法定原则的情况下就难以弥补；其次，刑法修正案的新罪设定权侵犯了全国人大的立法权；再次，全国人大常委会行使刑法修正案的立法权，长此以往将使全国人民代表大会的刑事立法权虚置。❷ 另有论者认为，刑法修正案还存在：刑法修正过于频繁、罪名确定滞后、条款项表述欠清晰的问题，对此的完善措施应是：其一，罪名确定与条文修正一并进行；其二，对修正案条文进行编码；最后，采用更准确的表述法。❸

三、刑事法制向刑事法治推进：动因与效果

（一）法治理念的萌兴

探讨刑法改革的发轫，不得不论及法治理念的萌兴。法治是一种社会治理方式，其原初的含义是通过制定法律，运用法律调整社会生活关系，形成社会生活的法秩序，在形式意义上，法治意味着对法律至上权威的强调，在实质价值追求上，法治还意味

---

❶ 李运平："附属刑法相关问题探索"，载《西安外事学院学报》2007年第4期，第58~64页。
❷ 黄京平、彭辅顺："刑法修正案的若干思考"，载《政法论丛》2004年第3期，第50~55页。
❸ 左良凯："试论我国刑法修正案的现状、问题与完善"，载《广西政法干部管理学院学报》2007年第1期，第29~32页。

着"良法之治"。❶ 事实上,自中华人民共和国成立以来,法治问题一直或隐或现地出现于国人的视野之中,在继20世纪50年代发生关于法治与人治关系的论争之后,又于70年代末80年代初爆发的关于法治与人治问题研究成为波及整个法学界的大讨论,并集腋成裘为专门的论文集。❷ 随着改革开放政策的贯彻和深化,法治继续成为大众所关注的热门话题。1992年中共十四大把法制与社会主义市场经济更加紧密地联系起来,并决定在修改后的党章中增加"使国家各项工作逐步走上法制化轨道"❸的内容,建设社会主义法治国家的目标已初见端倪。1997年中共十五大在回顾和反思中华人民共和国成立以来法制建设经验和教训的基础上,明确将"依法治国,建设社会主义法治国家"作为跨世纪目标,逐步在观念形态和政治实践上协同促使法治成为一项重要的治国方略。1999年将"依法治国"载入我国宪法,意味着政治的运行逻辑必将被法治的运行逻辑所取代,国家在法治规制的范围内行事,尊重个人的自由意志,并为个人自由的发展保驾护航。

刑事立法关涉国家的治世理念。刑事法治是法治概念的自然延伸,判断刑事法治是否真正得以实现,关键在于是把刑法作为镇压犯罪的工具还是当作保障人权的手段,可见刑事法治是法治的根本标志之一。❹ 曾有论者以国家与公民在刑法中的地位为标准,将历史上的刑法划分为国权主义刑法与民权主义刑法,前者以保护国家的利益、维护社会秩序为出发点,以国民为对象并限制其行为;后者则是以保护国民的利益为依归,从而限制国家的行为。❺ 如此的类型区分与"政治刑法和市民刑法"❻的命题有异曲同工之妙,旨在揭示不同时代不同社会形态中刑法机能的差异。

国家主义作为一种历史传统和意识形态,一直熔铸于我国刑法的理论构建与制度实现之中。在传统的封建社会,中国没有相对独立于君主集权政府的"第三等级",商人们也没有维护自己的利益、发展自己的法律的动因和机会,"士"则被吸收到国家官僚机器中而无法形成法律职业集团"天"的宗教观念也是服从而不是制约皇权的,因而,"中国封建社会秩序的瓦解就不能像西方所作的那样产生一种'自由主义的国家和自由主义的理论'"❼,也不能产生近代意义的法治和"法治国"观念,个体只能在政治共同体的远景目标中寻找存在的价值,是故公民个人的权利和自由受到长期的压制。在中华人民共和国成立之初,虽然我国社会性质发生了根本变革,但在法制建设和法学研究上却与1949年之前的民国法制和法学相分野,转而学习和移植苏联法学。苏联法学的本质体现在国家主义法观念上,维辛斯基关于"法是以立法形式规定的代

---

❶ 张志铭、于浩:"共和国法治认识的逻辑展开",载《法学研究》2013年第3期,第3~16页。
❷ 参见《法治与人治讨论集》,群众出版社1980年版。
❸ 中共中央文献研究室编:《十四大以来重要文献选编》(上),人民出版社1996年版,第53页。
❹ 陈兴良:"法治国的刑法文化",载《人民检察》1999年第11期,第10~15页。
❺ 李海东:《刑法原理入门(犯罪论基础)》,法律出版社1998年版,第4~5页。
❻ 陈兴良:《从政治刑法到市民刑法——二元社会建构中的刑法修改》,中国政法大学出版社1997年版。
❼ [美]昂格尔:《现代社会中的法律》,吴玉章、周汉华译,译林出版社2001年版,第94页。

表统治阶级意志的行为规则和为国家政权所认可的风俗习惯和公共生活规则的总和，国家为了保护、巩固和发展对统治阶级有利的惬意的社会关系和秩序，以强制力量保证它的实施"❶的观点曾颇具影响力和接受度。在此情形下，刑法的工具主义思想并未根除，刑法成为阶级斗争的专政工具，致使其社会保障机能得以彰显，而人权保障机能受到忽视和冷遇。然而，过分强调法律的阶级性和工具性将导致法律虚无主义的蔓延。直至十一届三中全会否定了"以阶级斗争为纲"的错误路线，才促使着学界开始质疑和批判苏联的刑法理论，并重新思考刑法的性质及机能。

限制国家权力对公民个人权利的侵损是现代法治的题中之意，随着改革开放的发展，市场机制的引入，我国社会面貌发生着日新月异的改变。在刑法变迁上，可以归结为国家与个人关系的改变，实现了"从政治理性向经济理性的转变、从国家理性向个体理性的转变、从全权国家向保障国家的转变"。❷意味着国家从原有的"全权国家"退居为"保障者"的角色，说明国家不再以全能者自居，而是从社会领域中适度抽离，不必像之前一样事无巨细的亲力亲为，中共十八大之后所提出的"国家治理能力和国家治理体系的现代化"正是与这种"保障国"的思维相吻合的一种理念。❸这一治理模式的转变与中国的刑法变革构成了经验与规范之间的相互促动。首先，体现在刑法从"惩治犯罪"的工具向"保障人权"的利器转变，从前后两部刑法典的更迭中便可看出我国对人权观念的倚重，具体而言：一是确立了以保障人权为价值底蕴的罪刑法定原则，废除了长期以来备受诟病的类推制度，并且重申了从旧兼从轻的时间效力原则，分解了"口袋罪"以增强刑法规范的明确性和可操作性；二是确立了法律面前人人平等原则和罪责刑相适应原则，完善了未成年人、妇女、老年人的刑事责任承担机制，从而更好地保障犯罪嫌疑人、被告人的合法权益；三是重视对被害人权益的保护，体现于正当防卫制度、追诉时效延长制度以及少数民族公民合理的特殊处理等制度的设置；四是刑罚制度朝着轻缓化和人道化的趋势演进，一方面在立法上逐步消减死刑罪名，在司法上严格限制死刑的适用，另一方面重视罚金刑和资格刑的适用，以提高刑罚的针对性和适应性。❹其次，表现于刑法从"万能主义"到多元治理的模式转换，刑法不再事无巨细地干涉公民生活，而是作为社会治理的最后手段。这就决定了不仅要正确处理刑事不法与民事违法之间的关系，在肯定刑事违法性判断对民事不法判断具有实质从属性的基础上，以民事不法的成立作为刑事违法性判断的必要条件；❺同时，要以"行民优先"为原则，以"刑事先理"为例外进行行刑衔接机制的构建和刑民交叉案件的程序设计。❻并以刑事和解、社区矫正等柔性犯罪治理模式的引入，来弥合传

---

❶ [苏] 维辛斯基：《国家和法的理论问题》，李樵等译，法律出版社1955年版，第100页。
❷ 齐延平：《当代中国的法制转型——以权利为视角的考察》，山东大学出版社2016年版，第34页。
❸ 齐延平：《当代中国的法制转型——以权利为视角的考察》，山东大学出版社2016年版，第37~38页。
❹ 赵秉志、王俊平："改革开放三十年的我国刑法立法"，载《河北法学》2008年第11期，第2~8页。
❺ 时延安："论刑事违法性判断与民事不法判断的关系"，载《法学杂志》2010年第1期，第93~96页。
❻ 田宏杰："行政优于刑事：行刑衔接的机制构建"，载《人民司法》2010年第1期，第86~89页。

统刑事司法程序和刑事执法活动的刚性缺陷,从而实现对犯罪进行多元复合治理模式的目标。

(二)学科藩篱的打破

20世纪70年代末,我国刑事法制在废墟上重建,注释方法曾一度成为刑法学研究的主要方法,学科之间的交叉整合几乎处于空白状态,这种完全拘泥于刑法学内部的研究在很大程度上限制了学者的研究视野,妨碍了对犯罪和刑法本质的科学认知,影响了我国刑法学科取得突破性的进展。为改变这种一叶障目、以管窥天的研究模式,有论者在90年代初期便呼吁刑法学研究不仅应从刑法自身,而且应从刑法之外、刑法之上予以展开。❶此后,不断有学者尝试打破学科之间的壁垒,拓展长期被禁锢的视野,冲破思想僵化的沉重枷锁,本着立足刑法学并超越刑法学的思路,在多层面上对刑法学的本质、发展及其演进规律加以追问和反思,为启动此后方兴未艾的刑事法治理论和实践做准备。

突破狭隘的学术藩篱是我国刑法发展的应然取向,这不仅有着刑法方法论的革命意义,同时也预示着未来中国刑法学研究努力的方向。学者们用理性的目光重新审视,用冷静的头脑去思考和选择刑事法治的实现路径,对此可归纳为纵向与横向以下两个维度。

(1)在以时间为轴的纵向维度上,加强刑法学与法制史学科间的联系。我国5000年来的法制史可视为一部刑法史,虽然其中苛政酷刑不绝于耳,但是不乏精华值得后人反思:宽恕戒残、悲悯仁恤的宽宏精神,本乎人情、据于事理的情理精神,关注反省、释赦并举的自新精神,个别对待、分化瓦解的策略精神,和同公信、约定同法的契约精神,哀矜惟良、听明断平的司法精神等,均可成为法治建设中的"中国元素"。❷如今的中国人有一种不知往何处去的文化迷惘,造成文化失落的重要原因是我们不知道自己从哪里来。❸这就决定了,对我国传统法律文化的精要解读、义理阐明是构建现代刑事法治时不可或缺的一部分。这么做并非是为了陷入"现代法制有,中国古代是否也有"的简单攀比模式;也不是将西方奉为先进现代的象征,反而将传统中国视为一个西方的他者,一个腐朽挨批的待罪被告,不断遭怀疑、诘难和批判,❹而是为了认真汲取中国古代可资借鉴的法制精神。

(2)在以空间为面的横向维度上,扩大刑法学与其他学科间的互动。例如在20世纪80年代末由储槐植教授首倡的构建"刑事一体化"研究模式❺,距今虽已近1/3世纪却依旧鞭辟入里。刑事一体化既是一种观念也是一种方法,意欲疏通刑法学与犯罪学、刑事诉讼法学等其他相关学科间的隔阂,以跨学科、多层次、多维度的思路淡化

---

❶ 陈兴良:"刑法哲学研究论纲",载《中外法学》1992年第3期,第1~7页。
❷ 霍存福:"中国传统法文化精神论纲",载《吉林公安高等学科学报》2009年第5期,第5~8页。
❸ 金观涛、刘青峰:《观念史研究:中国现代重要政治术语的形成》,香港中文大学出版社2008年版,第1页。
❹ 徐忠明:《案例、故事与明清时期的司法文化》,法律出版社2006年版,第4页。
❺ 储槐植:"建立刑事一体化思想",载《中外法学》1989年第1期,第3~9页。

学科界限，融通学科联系，促使刑法内部结构合理与刑法运作前后协调，以一种大刑法的观念为具体问题的研究提供一个更为广阔的基础和背景，以现实的社会关心和终极的人文关怀为旨归。又如，刑法的变革不仅来自于立法者对社会现实的理性观察，同时还源于社会的客观要求。经济增长的同时伴随着地区贫富差距的分化、利益的多元与冲突、观念的分歧与碰撞以及社会控制力量的削弱，经济违法行为的犯罪化是1979年以来刑法立法中最为突出的一部分，为有效维护对经济秩序、合理规制经济违法行为，亟待加强刑民之间的对话、增进刑行之间的衔接。对此，以是否侵犯个体性法益为标准，将经济违法行为区分为单纯规制犯和非单纯规制犯是必要的，对于单纯规制犯的刑法立法应持审慎态度，对该类行为应当以行政处罚为宜；而对属于单纯规制犯的犯罪类型，在司法适用上则应通过目的解释方法对其实际适用范围予以限缩。❶

（三）学术交流的增进

就世界各国法制现代化的进程而言，无外乎有"自觉渐进式"和"被动突变式"两种模式，而我国的现代化模式当属后者，突出表现为本土性与世界性的冲突。❷"传统与现代""中方与西方"这两对纠缠一起的概念，形成困扰中国百年的迷局，我国刑法曾经因"阶级斗争为纲"的方向偏误，有过"南辕北辙"或"无功而返"，未能正确认识和吸收其他国家的有益经验，忽视了比较刑法研究的重要性。事实证明，在一个开放的世界中，仅对本土刑事法制进行诊脉自疗而对他国法治建设取得的进步视而不见的做法，无异于学术上的"闭关锁国"。任何将"传统与现代""中国与西方"予以对立的思想和实践都不足为取，单纯褒扬或贬抑某一方必将限制学术成长的空间。人类优秀的精神智慧理应共享，正如费孝通先生曾以"各美其美，美人之美，美美与共，天下大同"❸作为世界文化的多元化一体的格局的最佳概括。事同此理，中国的刑法学研究也须具有一种开放的胸怀，积极与世界刑法学研究的潮流接轨。

20世纪80年代是我国刑法进行比较研究的起步阶段，围绕外国刑法理论的最新进展，以及国际刑法和国际犯罪方面初步开展了研究，诸如对孟德斯鸠、贝卡里亚、边沁等人刑法思想的引介，对空中劫持、跨国走私、贩毒、盗运珍贵文物等国际犯罪的介绍，以及对世界新技术革命背景下产生的电子计算机犯罪、环境犯罪等予以关注，这对我国刑法学的研究视域无疑具有一种拓荒性的意义。1988年我国正式成为国际刑法学协会的会员国，标志着中国刑法学开始走向世界，并在世界刑法学论坛中占有一席之地。❹不过就总体研究水平而言，囿于所依据的资料来源有限，这一时期的对外研

---

❶ 时延安："刑法调整违反经济规制行为的边界"，载《中国人民大学学报》2017年第1期，第110~119页。
❷ 田宏杰："本土化还是国际化：中国刑法现代化的道路选择"，载《金陵法律评论》2001年第1期，第41~54页。
❸ 马戎、周星：《二十一世纪：文化自觉与跨文化对话》，北京大学出版社2001年版，第9页。
❹ 高铭暄、赵秉志、赫兴旺、颜茂昆："刑法学的研究现状与发展趋势"，载《法学家》1995年第6期，第9~27页。

究成果数量相对较少,所关注的内容较为零星分散,尚未形成一定的知识体系,且研究方法略显生涩,多为介述性的著作或译文,缺乏深化性、批判性的对比研究。

进入90年代后,国际交流对我国刑法变革的促进作用更加明显。自1992年起,每年的全国刑法学理论研究综述中均有专门针对"对外开放方面的刑法学问题"的归纳总结,又称之为"外向型刑法问题",其内容主要围绕国际刑法问题、外国刑法理论、中国区际刑法问题三个方面展开。❶ 从中亦可看出学界对外向型刑法领域的方向,相对而言,之前已有较为清晰明确的把握。其中,国际刑法在我国逐渐成为一门新的刑法分支学科,这与国际交流的日益频繁分不开,诸如危害国际航空罪、跨国经济犯罪等跨国犯罪数量的激增,促使不同国家之间就涉外司法方面探讨引渡的立法与适用、司法管辖权的选择,以及文书送达、调查取证、外国刑事判决的承认与执行等国际司法协助问题进行探讨;这一系列的研究在一定程度上推动了我国刑法修改,如1997年《刑法》新增的普遍管辖原则、劫持航空器罪与该领域的学术进步有着莫大关联,同时也有助于我国刑法与国际刑事条约之间的衔接。此外,大陆法系的理论和制度差异激发了学者们极大的学术热情,以德日为代表的大陆法系刑法理论不断被引入我国,内容涉及之广,既有犯罪论方面的未成年人犯罪、法人犯罪、过失犯罪、共同犯罪、集团犯罪、罪数理论、违法阻却事由,也有刑罚论相关的刑罚目的、具体刑种、保安处分,还有个罪之间的比较等;以英美为代表的普通法系刑法理论亦走进了国人视野,如英美的双层次犯罪构成理论、美国刑法中的"警察圈套"等均为我国刑法学研究添色不少。再者,随着90年代末我国香港、澳门的相继回归,"一国两制三法系四法域"的格局在我国逐渐形成,我国区际刑事法律间冲突的复杂性和不可避免性,客观上也为我国区际刑法研究的深化提供了良好契机,不断促进着各法域之间实体法与程序法的完善,从而有效惩治和预防犯罪,确保祖国统一大业的完成。

及至21世纪,在全球经济一体化氛围的影响下,我国刑法学术自由的氛围日渐浓郁,外向型刑法的研究也逐渐由曾经的纤弱萌芽长成苍天的理论大树,无论从质量上还是数量上都迈上了一个新的台阶。面对国际恐怖主义犯罪的新趋势,体现了我国与国际社会一同保护民众人身财产权益安全、保障社会和谐安定的反恐决心,如《刑法修正案(九)》强化了对恐怖活动犯罪的打击力度,其中很多行为属于恐怖活动的预备行为,体现了法益保护的早起化。此外,外国刑法的比较研究也进一步拓宽,对国外经典刑法著作的译介工作继续加强,跨国跨区的学术交流进展得如火如荼,一些优秀的理论学说和有益经验被不断引入,对我国刑法学的进步产生了深远影响。另外,中国区际刑法的研究逐渐呈体系化,在区际刑法规范的差异、区际刑事管辖权的冲突、区际刑事司法协助的完善方面均取得了突破,为一体化解决中国区际刑法问题奠定了良好基础。

---

❶ 高铭暄、赵秉志编著:《新中国刑法学研究60年》,中国人民大学出版社2009年版。

（四）立法、司法与学科的互动

学界曾有论者从立法论到司法论的演进视角反思刑事法治的时代脉动，明确了司法论的思考才是我国刑法发展的应然取向。具言之，立法论是关于法律的思考，法律是思考的客体，我国刑法学自 1989 年后基本上以围绕刑法修改为中心议题，于是立法论大行其道甚至遮蔽了司法论的思考空间，以至于刑法解释学的发展裹足不前。司法论则是根据法律的思考，以现行法的存在为逻辑演绎前提，奉法律为不能被质疑的圭臬，因此 2000 年后我国才开始进入刑法解释学的研究时代，刑法教义学在中国才有其得以生长壮大的土壤。❶ 该观点实际上是以 1997 年《刑法》为节点，将我国刑法学的发展划分为立法论时代与司法论时代，其产生具有特定的背景原因，却也有失片面性。因为在 1997 年《刑法》颁布之前的一段时期内，我国的法制建设确实进入了一个快速立法的年代，邓小平也曾言"现在立法的工作量很大，人力很不够因此，法律条文开始可以粗一点，逐步完善。有的法规地方可以先试搞，然后经过总结提高，制定全国通行的法律。修改补充法律，成熟条就修改补充一条……"。❷ 我国现代法律体系的主要框架基本上是这一时期形成的，刑事法律中激增了不少单行刑法和附属刑法。这种"成熟一个制定一个"的立法指导在改革初期特定的历史背景下有其存在的必然意义，有助于解决改革开放缺失法律的依凭问题，以及市场经济成长初期社会出现秩序失范的问题。并且，法学者并非躲在书斋里"不食人间烟火"的圣人，其既要应对社会改革和变迁，又要推进社会转型，他们本身就是社会转型的参与者。❸ 因此，学界围绕刑法修改与完善的研讨、论著以及建言交相辉映。

不过，改革开放 40 年间的刑法变迁是在刑事政策推行、立法、司法实践、刑法修改的相互作用下实现的，期间充满了矛盾、试验和冲突，并非单线条而是多线条的，故而单以"立法论"来概括 1997 年之前的刑法学研究特点有失公允。在改革开放初期，探讨法律的社会控制的研究者预设了改革的发展需要一个完备的法律体系，如何建立一套与改革相配套的法律制度是他们的主要目标，法律越发完备不仅能规范社会行为，而且能推进社会改革；而探讨法律实效的研究者们则发现初建的法律体系似乎没有沿着预设的目标发生作用，法律的实效并不理想甚至很不理想，于是如何解决法律在改革社会中的实效问题成了研究者的问题所在。❹ 快速立法的模式在某种程度上造成了立法者的短视和社会变迁之间的冲突，从而在某种程度上增加了法律难以实施的困境，法治的实现不仅需要良好的法律，还需要既有的法律被践行。因此，法律适用的实际效果即使在快速立法的时代也是备受关注的问题，而解决法律的实效问题又有

---

❶ 陈兴良："立法论的思考与司法论的思考——刑法方法论之一"，载《人民检察》2009 年第 21 期，第 6~9 页。
❷ 《邓小平文选》（第 2 卷），人民出版社 1983 年版，第 147 页。
❸ 齐延平：《当代中国的法制转型——以权利为视角的考察》，山东大学出版社 2016 年版，第 47 页。
❹ 付子堂：《文本与实践之间——马克思主义法律思想中国化问题研究》，法律出版社 2009 年版，第 201 页。

两个不同的基本方向:一是探寻法律自身的问题,回到法律本身,反思如何建构一个更细致、完备的法律制度,即所谓"立法论"的思考;二是运用法律解释的技术软化僵硬的法条,使其能与司法实践更好的贴合,对此学术研究与司法实践相互促进、相得益彰,实际上也是以法律为思考的根据,以拓展法律外延为己任为司法适用提供合理的裁判规则,不乏"司法论"的思考。

综上所述,制定法律与践行法律的重要性难分轩轾,枉顾刑法适用的效果势必导致刑事法治的进步付之阙如,因为"司法和执法是人们可以直接感知与体验法律的基本场域,是人们塑造法律形象的重要质料。如果司法或执法不公,或者腐败堕落,人们心中法律的高大形象就会轰然倒塌,因而断然与法律疏离。"❶诚如此言,司法适用的效果是任何时期均需考量的因素,因此即使在热议刑法修改的1997年之前,司法论仍是理论界与实务界关注的重要对象。

四、结语

我国正处于法治进路转型之中,亦即从偏重于学习和借鉴西方法律制度和理论的追仿型进路转向以适应中国国情、解决中国实际问题为目标的自主型进路。❷然而,刑法学领域无论是曾经学习苏俄还是近来效仿德日,我们似乎一直在追仿型的道路上乐此不疲,期间虽然不乏本土化理论突围的努力,但在勾勒我国未来刑事法制图景时仍存在着崇尚域外理论的思维偏向,这也导致我国刑法不能高瞻远瞩,形成高屋建瓴之势。

刑法不仅是一国由语言表达、条文编制的实定规范世界,还是一个表征理念、传达意义、人文色彩斑斓的精神文化世界。❸正如萨维尼所言,"法律已然秉有自身确定的特性,其为一定民族所特有,如同语言、行为方式和基本的社会组织形式。"❹当然,我们不否认任何民族的衍化都历经了本土文明与外来文明间的冲突和融合。如今世界各国都自觉或不自觉的融入全球化的浪潮里,在浪潮中前行的刑事法治需要中国学者的智识和主体意识,锻造我国刑法独立的品格,既要有"开眼看世界"的胸襟气魄,也需有"回首观故土"的主体意识。主体意识并非回到"闭门造车"的状态,而是强调刑法理论研究首先要关注本土现实问题,并将固有文化和社会现实作为思考、研究问题的来源之一。历史经验表明,国情差异和文明类型不同,在制度设计和运行上会有明显的差异,如果一味苛求与国外理论(甚至不是实践的)"接轨",只能造成本国理论与实践的混乱。

(撰稿人:中国人民大学刑事法律科学研究中心时延安教授,博士研究生 王熠珏)

---

❶ 汪太贤:"从'受体'的立场与视角看'普法'的限度",载《探索》2006年第1期,第154~156页。
❷ 顾培东:"中国法治的自主型进路",载《法学研究》2010年第1期,第3~17页。
❸ 谢佑平、王珂:"论修改《刑事诉讼法》的应有视角和立场——以刑事诉讼法与刑法比较为中心",载《法学论坛》2006年第5期,第57~66页。
❹ [德]弗里德里希·卡尔·冯·萨维尼:《论立法与法学的当代使命》,许章润译,中国法制出版社2001年版,第7页。

中国民法学四十年

1978~2018

统稿人 杨立新 中国人民大学民商事法律科学研究中心教授、主任

撰稿人
- 姚 辉 中国人民大学民商事法律科学研究中心教授、执行主任
- 李付雷 中国人民大学民商事法律科学研究中心研究人员
- 扈 艳 中国人民大学民商事法律科学研究中心研究人员
- 叶 翔 中国人民大学民商事法律科学研究中心研究人员
- 阙梓冰 中国人民大学民商事法律科学研究中心研究人员、中国人民大学法学院博士研究生
- 李怡雯 中国人民大学法学院硕士研究生
- 和丽军 中国人民大学民商事法律科学研究中心兼职副研究员、云南警官学院法学院副教授

自1978年改革开放以来，我国民法的立法、司法和学术研究已经走过了40年，经历了从无到有、由弱变强的历史发展进程，已经达到初步繁荣的局面。我国民事立法经历了只有一部《婚姻法》、形成松散的民法典和全面编纂民法典三个典型的阶段，即将开始全新的民法典时代。具有中国特色的中国民法典的编纂完成，使中国特色社会主义法治体系最终完成。民事司法经历了重刑轻民、民刑并举和民事突出的发展阶段，民事审判从普遍被轻视到受到特别重视，并在调整社会民事、经济关系中发挥越来越重要的作用，并且在民法立法的指导下，形成了规范众多、体系较为严谨的民法法官法体系，作为民法适用的指导，开创了民事审判的新局面。在民法学术上，民法理论围绕民事立法、司法的发展，广泛借鉴世界各国民法理论研究成果，突出问题意识，全面展开，深入研究，理论联系实际，不断推出创新研究成果，已经形成了百花齐放、百家争鸣的繁荣局面，民法理论研究成果逐步走出国门，奠定了中国特色民法理论发展的基础。

　　经过民法学者40年的努力，民法学术研究蔚然已成规模，不仅协助立法机关建立起了具有中国特色的民事法律体系，为司法机关建立具有中国特色的民事司法制度提供了重要理论支持，更重要的是把基本的民法概念和民法制度作为研究对象，在进行必要的知识准备基础上，完成了学说体系的创建，为编纂一部契合国情、体系融洽、逻辑周延、具有时代特色的民法典作了充分的理论准备。

　　我国民法学40年的研究，大致可以分为四个阶段：（1）《民法通则》制定之前为第一个阶段，1979~1980年间全国人大常委会组织了第三次民法典的起草，虽然由于种种原因而未完成，但对《民法通则》的制定奠定了基础，推动了民法学界对民法总则理论的研究和讨论。（2）第二个阶段以1986年4月颁布的《民法通则》为开启标志。《民法通则》明确了民法的调整对象包括人身关系和财产关系，为社会主义市场经济体制奠定了法律基础。伴随着社会主义市场经济的快速发展，民法学也取得了长足的进步。在此过程中，老一辈民法学家作出了卓越的学术贡献。❶（3）第三个阶段以《合同法》的颁布为开端，在进入21世纪以后，中国加入了WTO，与世界的联系更加紧密，民事立法和民法学的研究更加开放，也更加全面和深入。随着《物权法》《侵权责任法》等民法单行法的相继颁布，建立了成熟完善的民事法律体系，为指导司法裁判和民事行为提供了法律基础。（4）从2014年开始，中国的民法学进入了第四阶段，十八届四中全会提出"编纂民法典"的任务，全国人大常委会随后制定了"两步走"

---

❶ 参见佟柔：《佟柔文集》，中国政法大学出版社1996年版；谢怀栻：《谢怀栻法学文选》，中国法制出版社2002年版。

的立法规划，2017年《民法总则》的颁布标志着"编纂民法典"的第一步已经完成，开始步入第二步，分别编纂人格权编、婚姻家庭编、物权编、合同编、侵权责任编和继承编。中国民法学要在总结中国已有民事立法和民事司法经验教训的基础上，对与民法相关的其他社会实践和民法传统进行深入调查研究，广泛借鉴域外的民法理念和民法制度，完成"编纂民法典"的时代任务。同时，中国民法学是对中国的民事立法、民事司法和与民法有关的其他社会实践具有解释力的学问，要成为真正意义上"中国的民法学"，而非域外某个国家或地区民法学亦步亦趋的追随者。以此来看，中国民法学研究还要将眼光放宽到法典化之后，不但为民法的法典化提供必要的理论支撑，还要未雨绸缪，慎重考虑民法法典化以后的民法学的发展方向。

回顾中国民法在改革开放以来40年来的发展，可以看到，政治制度的昌明和民主是民事立法、司法和学术发展的基础。如果没有实行改革开放，推行民主政治，就不会有民法立法的进步、民事司法的推进和民法学术的全面发展。因此，中国必须继续坚持改革开放政策不变，保护好改革开放的成果，并且使其不断深化，以此推进中国的全面发展，包括民法的发展。

对于中国民法学40年的发展，本文分为民法总则、人格权法、婚姻家庭法、物权法、债权总则、合同法、侵权责任法和继承法八个部分，分别进行说明。

一、民法总则

民法总则是民法学理论研究的核心，其研究状况及其发展程度能反映出整个民法学的研究水平及其发展进程。民法总则的发展历程与整个中国民法学的研究密切相关。

（一）民法和经济法大论战

1978年中共中央十一届三中全会决定实行改革开放，大力发展商品经济。但是，改革开放给中国民法学带来的不是春天，而是一场几乎可称为生死存亡的考验，这就是那场著名的"民法和经济法大论战"。1979年8月7~8日，中国社会科学院法学研究所邀请在京法律院系的学者召开了著名的"民法与经济法问题学术座谈会"，会上形成所谓"大经济法观点"与"大民法观点"的对立，由此揭开长达7年之久的民法学与经济法学大论战的序幕[1]。论战的核心在于，商品经济关系究竟是由民法调整还是经济法调整，"大经济法观点"代表了传统计划经济的观点，认为应由经济法调整商品经济关系，民法仅调整婚姻、继承等关系；而"大民法观点"更为重视商品经济的私法本质，认为民法不仅调整婚姻、继承等人身关系，还调整商品经济关系，并不存在独立的经济法部门。由于民法学者的艰苦努力，更重要的是经济体制改革对民法的迫切要求，使民法与经济法之争在1985年年初进入一个新阶段，经济法对民法的冲击不再

---

[1] 梁慧星："中国民法学的历史回顾与展望"，载《望江法学》第1期，法律出版社2007年版。

那么强烈了❶。1986年《民法通则》颁行，第2条明确规定民法的调整对象包括财产关系和人身关系，对民法究竟是否有必要存在、民法与经济法的研究领域如何划分等一系列问题作出了明确回答，也宣告当时引起广泛关注的民法和经济法的大论战结束，在中华人民共和国民法发展过程中起到了至关重要的作用。

（二）民法典的体例问题

在颁布《民法通则》之后的三十余年时间中，对于中国是否需要一个民法典、制定民法典的时机是否成熟、条件是否具备等问题，虽有学者曾表示怀疑甚至反对，但在十八届四中全会决定"编纂民法典"之后已经有了定论。而对于究竟应当制定一部怎样的民法典等问题的讨论，虽然达成了许多重要的共识，但不同学者仍提出了差异较大的设计方案，并展开了激烈的论战。其中最富代表性的有三种观点，即"松散式、邦联式"的思路❷；提倡"回到罗马法"的理想主义的思路❸和主张以《德国民法典》为基础的现实主义的思路❹。然而，同样倡导以《德国民法典》为基础的学者之间在民法典分则的设立编排上也曾有分歧，主要争议点包括人格权法是否独立成编、侵权行为法是否独立成编、是否有必要规定独立的债法总则等。根据民法典的立法规划，立法机关已明确将侵权责任法独立成编，不设债法总则编。但是，人格权是否独立成编仍然存疑，且在民法学者内部引起了争议。

（三）民法基本原则

从整体看，民法基本原则的研究比较明显的发展趋势是：在改革开放初期到《民法通则》制定前后一段时间内，研究大多是将民法基本原则作为一个整体进行宏观概述❺。从80年代后期开始的很长一段时间内，学者们对基本原则的研究大多着眼于具体的基本原则，或专门探讨其意义，或与其他相关民法概念相联系分析，或概括其独自发展历程及趋势等。在此段时间内，对各个民法基本原则的研究深度达到一个新的水平。然而，随着"分离"研究的深入和具体问题探讨的丰富，学者们又逐渐将视野转移到较为宏观的方向，但与第一个阶段相比，这一时期对基本原则在宏观方面的研究已无论在深度上还是角度上和视野上都不可同日而语了。在对民法基本原则研究的进程中，徐国栋教授于1992年出版的《民法基本原则解释》一书，对推进民法基本原

---

❶ 孙宪忠、谢鸿飞："中国民法学六十年：1949~2009年"，载《私法研究》第8卷。
❷ 参见江平："制定一部开放型的民法典"，载《政法论坛》2003年第1期；江平："中国民法典制定的宏观思考"，载《法学》2002年第2期。
❸ 参见徐国栋："民法典草案的基本结构——以民法的调整对象理论为中心"，载《法学研究》2000年第1期；徐国栋：《绿色民法典草案》，社会科学文献出版社2003版。
❹ 梁慧星："当前关于民法典编纂的三条思路"，载《中外法学》2001年第1期。
❺ 虽然文中会谈到各个具体的基本原则，但是并非对其进行专门的研究，如徐开墅："我国民法的基本原则"，载《社会科学》1982年第1期；金葆文："对民法通则基本原则的初步认识"，载《政治与法律》1986年第3期；郑立群："试论我国民法通则的几项基本原则"，载《河北法学》1986年第4期。

则的研究，乃至民法学方法的研究和革新都具有重要意义。在其之前的大陆民法学者更多是对具体规则的研究，而少有法理的研究。虽然当时的研究由于改革开放的深化和社会发展等原因，很多观点已经被现在的学者们所抛弃，但当时的许多研究成果和研究方法对后来民法理论研究的发展具有重要意义，这主要表现在学者们逐渐开始将方法论的问题与民法具体问题的研究相结合❶。

虽然学者在定义的遣词造句上仍有分歧，但本质上均认为，民法基本原则是贯穿民事立法、民事司法与民事活动始终、具有普遍适用效力的基本准则❷。而民法基本原则究竟包括哪些内容，长期以来一直是一个众说纷纭的问题，时至今日依然没有形成通说。有学者认为应当包括平等原则、私法自治原则、公平原则、诚实信用原则以及公序良俗原则❸。有些学者还将禁止权利滥用原则、合同自由原则、等价有偿原则、私权神圣原则、过错责任原则等之中的一种或几种归于民法基本原则❹。90年代末以后，一些学者开始关注更为根本的问题，即究竟应当依据什么标准和方法来确定哪些属于民法的基本原则。学者们在讨论中多把民法基本原则的确定与我国经济和社会发展的历史背景、公私法的关系理论、民法的价值、民法的基本原则与其他原则之间的关系、民事法律关系理论等问题相联系❺，从而将问题的讨论上升到一个新的高度，尽管在结论上或者方法和进路上没有形成学者之间的论战，也未能形成通说，但是该问题的重要性不容忽视。

近年来，随着法学研究范式的转型，有学者开始从司法适用角度反思民法基本原则。根据可否在个案中适用，可以将民法基本原则区分为"一般法律思想"和"概括条款"，并进而提出，《民法通则》不加区分地将民法基本原则统一规定在"基本原则"

---

❶ 参见徐国栋：《民法基本原则解释——成文法局限性之克服》，中国政法大学出版社1992年版；梁慧星："诚实信用原则与漏洞补充"，载《法学研究》1994年第2期；刘凯湘、张云平："意思自治原则的变迁及其经济分析"，载《中外法学》1997年第4期。

❷ 参见江平主编：《民法学》，中国政法大学出版社2000年版，第200页；魏振瀛主编：《民法》，北京大学出版社2000年版，第20页；王利明主编：《民法》，中国人民大学出版社2005年版，第32页；梁慧星：《民法总论》，法律出版社2001年版，第46页；苏号朋：《民法总论》，法律出版社2006年版，第40页；刘凯湘：《民法总论》，北京大学出版社2006年版，第26页。

❸ 参见王利明主编：《民法》，中国人民大学出版社2005年版，第34页。

❹ 参见魏振瀛主编：《民法》，北京大学出版社2000年版，第24~29页；梁慧星：《民法总论》，法律出版社2001年版，第48~54页；张俊浩主编：《民法学原理》（修订3版），中国政法大学出版社2000年版，第37~41页；龙翼飞主编：《民法学》，中国人民大学出版社2003年版，第15页；龙卫球：《民法总论》（第2版），中国法制出版社2002年版，第60~62页；苏号朋：《民法总论》，法律出版社2006年版，第50~54页；刘凯湘：《民法总论》，北京大学出版社2006年版，第26页；董学立："方法整合与本体确立——关于民法基本原则的初步研究"，载《比较法研究》2007年第4期。

❺ 参见刘士国："论我国民法典应规定的基本原则体系"，载《山东大学学报（社会科学版）》2000年第2期；李小华、王曙光："民法基本原则序论"，载《华东政法学院学报》2000年第2期；章礼强："对民法本位的新审思——从民法基本原则及价值谈起"，载《电子科技大学学报（社科版）》2002年第2期；王国良、胡雪梅："论民法的价值与基本原则——对现行民法基本原则理论的质疑"，载《江西社会科学》2004年第5期。

章中有其特定的社会背景和历史原因，《民法总则》不应效仿《民法通则》的做法将一般法律思想成文化，而应将诚实信用、公序良俗这些概括条款各归其位，放在各自的适用领域之中❶。在实践中，诚实信用和公序良俗原则在适用范围、保护对象、标准设立、法律效果上有重大差异，应对诚实信用和公序良俗原则进行区分，公序良俗原则针对法律行为的内容进行"内容审查"，诚实信用原则针对权利的具体行使行为进行"行使审查"❷。

2017年颁布的《民法总则》，除继承了《民法通则》的"基本原则"章之外，还增加了绿色原则，以体现人与环境和谐发展的理念。但是，在《民法总则》中列举基本原则只是内在体系外显和体系融贯性追求的第一步，更加重要的工作是对这些原则相互之间的关系、价值排序、可能的动态体系化进行深入的研究，在随后的民法典编纂过程中应尽可能地将基本原则的价值理念在具体规则中体现出来，这是实现法典体系融贯性的关键❸。

（四）民事主体

1. 自然人

民事主体的自然人部分，在《民法通则》制定之前，我国学术界对此鲜有讨论。在《民法通则》颁行之后，学者的研究开始时大多只是结合理论介绍法律的规定❹。进入90年代，学者才对其相关的理论问题展开研究，首先是有关"自然人"与"公民"两个概念的使用。我国《民法通则》第二章的标题是"公民（自然人）"，这一"暧昧"的表述成为讨论的热点。实际上，在《民法通则》的起草过程中，这一标题就历经了数次变化。民法学者大多都是自然人概念的拥护者❺，虽然其具体理由各异，但最终均落脚于民法的私法本质。

在90年代后，有关自然人的权利能力、行为能力和责任能力等概念一直是学界讨论的热点，学者对各个概念及其相互之间的关系的争论针锋相对。对民事权利能力与自然人的人格问题、自然人出生前和死亡后等特殊情形［即胎儿问题和已故自然人民

---

❶ 于飞："民法基本原则：理论反思与法典表达"，载《法学研究》2016年第3期。
❷ 于飞："公序良俗原则与诚实信用原则的区分"，载《中国社会科学》2015年第11期。
❸ 方新军："内在体系外显与民法典体系融贯性的实现——对《民法总则》基本原则规定的评论"，载《中外法学》2017年第3期。
❹ 参见赵孟生："关于民事主体公民的几个问题"，载《中国法学》1986年第5期。
❺ 参见张俊浩主编：《民法学原理》（第3版），中国政法大学出版社2000年版，第102页；罗玉珍主编：《民事主体论》，中国政法大学出版社1992年版，第46页；孔祥俊：《民法上的人·自然人·公民》，载《法律科学》1995年第3期；刘心稳：《中国民法学研究述评》，中国政法大学出版社1996年版，第96页；曹新明、夏传胜："抽象人格论与我国民事主体制度"，载《法商研究》2000年第4期；朱晓喆："'公民'抑或'自然人'？——对民事主体的价值观念研究"，载《华东政法学院学报》2001年第1期。

事权利(如名誉权及著作权等)保护的问题[1]]成为讨论的热点,尤其是2003年之后关于权利能力与自然人人格的关系问题的讨论。实践中出现侵害胎儿和死者利益的案件,而"荷花女案件"成为保护死者利益的里程碑案件,《民法总则》明确规定应在一定限度内对胎儿和死者的利益进行保护。但是,因上述规定明显具有权宜性,保护范围过窄,仍然有待理论阐释和实践检验,比如"英雄烈士"的认定标准,一般死者的利益的保护范围等问题都需要进一步解释明确。

对自然人行为能力的研究大多围绕行为能力之本质及其与权利能力之区别、自然人行为能力的划分及其决定因素、监护与亲权制度、对无民事行为能力人相对方的保护等问题展开。与行为能力相关的,还有缔约能力这一概念,我国大多数学者均认为,缔约能力等同于或包含于行为能力之中,因此没有单独讨论的必要。但是学界仍有学者继续使用此一概念,而其实质研究内容与行为能力无异,即与国外的禁治产制度和行为能力瑕疵者订立合同的补救问题相结合,最终的结论也大多是建议在我国建立该制度以及对限制民事行为能力人,特别是未成年人提供相应制度保护[2]。另外,由《民法通则》《未成年人保护法》《老年人权益保障法》的有关规定构成的我国现行监护制度,存在混淆亲权与监护权的界限、成年监护制度不完善、缺少监护监督制度和监护财产关系规则等缺陷[3]。鉴于监护制度中存在的种种问题,2017年颁布的《民法总则》对监护制度进行了体系重构,以最有利于被监护人的原则,构建了"以家庭监护为基础,社会监护为补充,国家监护兜底"的监护体系,以加强对未成年人、丧失或者部分丧失民事行为能力的成年人以及身心障碍人的保护。

对于自然人的责任能力问题,最根本的责任能力的含义即纷争不断,由此,对于自然人责任能力的外延、自然人民事责任能力的判断标准、与行为能力的关系、完全民事行为能力人在无意识或意识丧失的情况下是否具有民事责任能力等问题,学者之

---

[1] 参见杨立新:"人身权的延伸法律保护",载《法学研究》1995年第2期;尹田:《民事主体理论与立法研究》,法律出版社2003年版,第3~29页;尹田:"论自然人的法律人格与权利能力",载《法治与社会发展》2002年第1期;陈信勇:"死者民事主体地位研究",载《浙江社会科学》2002年第1期;刘国涛:"权利能力与未出生者的民法地位",载《河北法学》2004年第10期;杜江涌:"现代民法中自然人制度的反思与重塑",载《当代法学》2004年第4期;朱呈义:"关于侵害胎儿人身利益的几个问题",载《法学杂志》2005年第6期;欧阳梦春:"从人权保护的视角考察宣告死亡制度",载《河北法学》2005年第8期;曹险峰:"论德国民法中的人、人格与人格权——兼论我国民法典的应然立场",载《法制与社会发展》2006年第4期;付翠英:"人格·权利能力·民事主体辨思——我国民法典的选择",载《法学》2006年第8期;马俊驹:"人与人格分离技术的形成、发展与变迁——简论德国民法中的权利能力",载《现代法学》2006年第7期;张莉:"胎儿的准人格地位及其人格利益保护",载《政法论坛》2007年第4期。

[2] 参见吴克友:"中英合同法上未成年人缔约能力的比较研究",载《法学论坛》1997年第6期;李先波:"缔约能力制度比较研究",载《中国法学》2001年第1期;张德芬:"自然人缔约能力制度比较及我国立法的完善",载《法学杂志》2001年第5期;崔广平:"精神缺陷者缔约能力比较研究",载《当代法学》2003年第2期;龙著华:"自然人缔约能力制度研究",载《现代法学》2004年第4期。

[3] 杨立新:"民法总则制定与我国监护制度之完善",载《法学家》2016年第1期。

间的观点针锋相对❶，至今没有达成通说。还有学者对自然人的特殊状态，如植物人以及自然人的特殊存在形式、连体人等进行了全面深入的研究❷。但总的看来，自然人部分的研究发展，与其说是理论上的突破，不如说是伴随改革开放的进程和市场经济的发展的思想解放和观念更新的结果。

2. 法人

在《民法通则》颁布之前的很长时间内，有关民事立法虽提及"法人"一词，却没有明确的法人概念，在法学理论上基本照搬了苏联民法关于法人的理论。《民法通则》正式以基本法的形式规定了法人的定义❸。法人制度是民法在这40年间变动最为突出的部分之一，主要原因是社会的改革和企业的改制，而这种在社会现实中丰富的变动在法律上也得到了反映：从1986年《民法通则》到1993年《公司法》，再到2005年《公司法》的修改，最后到《民法总则》对法人制度的规定。法人的主体地位包括法人权利能力和行为能力问题、法人财产和法人财产权、法人分支机构、法人人格否认等问题。

关于法人的权利能力与行为能力，以及与之相伴随的法人目的事业范围是对其何种能力的限制的问题，在《民法通则》颁布至今的几十年间一直是有关法人研究中的热点。就观点而言，有主张权利能力限制说者❹，主要根据是《民法通则》第42条的规定。有主张行为能力限制说者，其主要考虑是，法人目的不限制法人权利能力，即使目的之外亦有法人人格，于目的之外的效果只是行为无效，而非不承认其为法人行为，使法人仍对此负责❺；还有主张既不限制权利能力也不限制行为能力者❻，主要理由在于无论主张的是权利能力的限制还是行为能力的限制，法人的权利能力与行为能力在时间上和范围上都是一致的。

从改革开放初期到20世纪80年代末，我国司法实践都将企业超越经营范围所签合同的效力认定为无效。随着我国社会主义市场经济体制的建立，司法实践开始重新认识企业法人经营范围的法律意义，并改变了以往的做法❼。而在学界，最初认为超越经

---

❶ 参见刘保玉、秦伟："论自然人的民事责任能力"，载《法学研究》2001年第2期；余延满、吴德桥："自然人民事责任能力的若干问题——与刘保玉、秦伟同志商榷"，载《法学研究》2001年第6期；向金波："自然人民事责任能力立法规制探究"，载《黑龙江省政法管理干部学院学报》2002年第4期；丁文："自然人民事责任能力制度之反思与重构"，载《法商研究》2005年第1期。

❷ 参见杨立新、张莉："论植物人的法律人格及补正"，载《法律适用》2006年第8期；杨立新、张莉："论植物人的权利行使和保护"，载《法律适用》2006年第9期；杨立新、张莉："连体人的法律人格及其权利冲突规则"，载《法学研究》2005年第5期。

❸ 参见王利明：《民法总则研究》，中国人民大学出版社2003年版，第376页。

❹ 张俊浩主编：《民法学原理》（修订3版），中国政法大学出版社2000年版，第191页。

❺ 梁慧星：《民法总论》，法律出版社2001年版，第151～153页；罗晓静："浅探法人的能力限制"，载《河北法学》1989年第4期。

❻ 参见苏号朋：《民法总论》，法律出版社2006年版，第148～150页；胡安潮："对我国法人能力理论的思考"，载《法学》1990年第8期。

❼ 参见苏号朋：《民法总论》，法律出版社2006年版，第147～148页。

营范围根本就不是法人的行为,在超过目的范围后,法人即不再具有权利能力即主体资格,因此责任直接由行为人承担;后来变为认定是法人的行为,但该行为无效,对于行为无效的责任由法人承担,为了达此目的,主张超过目的范围是对行为能力的限制者增多。最后,随着《最高人民法院关于适用〈中华人民共和国合同法〉若干问题的解释(一)》的颁布和司法实践的发展,学界的观点也开始转变,逐渐认为超过经营范围的行为是法人的行为,而且也不认为超过目的范围的行为一律无效,以维护交易安全和对相对人的保护。虽然对于制度的具体安排仍有不同,但这属于民法问题中的解释选择问题,无论是代表权限制说,还是利益平衡说,学者间在价值取向上已基本达成共识。

在制定《民法总则》期间,争议最大的是法人的分类模式问题,对此,存在两种严重对立的观点,一种是根据其职能区分为营利法人和非营利法人,一种是根据结构区分为财团法人和社团法人。主张采纳区分财团法人和社团法人的学者认为,采纳以"人"或"财产"为基础的社团与财团法人分类的成熟模式远比企业法人分类说或营利法人与非营利法人分类说更能清晰地揭示自然人结社自由的目的所在、团体与成员之间的各自角色、意思表达、动态变化、监管强弱的立法态度❶。《民法总则》最终继承了《民法通则》的做法,根据法人的目的将其区分为营利法人、非营利法人和特别法人。这种分类考虑到不同法人的社会功能,凸显了中国社会市场化转型的需求,从体系建构的功能和规范功能实现的需求出发,具有形式逻辑上的周延性和自足性,所建立的法人类型体系具有开放性和流动性,有利于与其他法律的衔接,便于充分发挥不同类型法人的功能,便于公共管理❷。

(五)民事权利客体

民法作为权利法,民事权利客体在整个民事权利体系中具有重要价值,构成私权主体的指向私权的载体、建构私权体系的基础和私权一体化的支点❸。在民法总则中,从民事权利客体的角度反射性地对民事权利进行规定,这样既可以避免单纯为宣示权利而作出规定,也有利于弥补目前民事法律对民事权利客体界划不清的体系性缺陷,而且在体系上能够与此前的民事主体部分发生一定的对应关系❹。

但是,1986年《民法通则》并没有规定权利客体规则,而2002年全国人大常委会审议的《中华人民共和国民法(草案)》也没有规定权利客体。《民法通则》虽然被

---

❶ 参见傅穹:"法人概念的固守和法人分类的传承",载《交大法学》2016年第4期;谢鸿飞:"《民法总则》法人分类的层次和标准",载《交大法学》2016年第4期;张谷:"管制还是自治,的确是个问题",载《交大法学》2016年第4期;蔡立东:"法人分类模式的立法选择",载《法律科学》2012年第1期;谭启平、黄家镇:"民法总则中的法人分类",载《法学家》2016年第5期。

❷ 张新宝:"从民法通则到民法总则:基于功能主义的法人分类",载《比较法研究》2017年第4期;蒋大兴:"民法总则的商法意义——以法人类型区分及规范构造为中心",载《比较法研究》2017年第4期。

❸ 李建华、王国柱:"我国民法典总则编私权客体制度的立法设计",载《吉林大学社会科学学报》2012年第3期。

❹ 姚辉:"权利的民法典表达",载《中国政法大学学报》2017年第2期。

称为"通则"(原因在于其规定的内容超出了民法总则的范围,包括部分具体的民法规则),其主要内容仍然是民法总则的规则。在结构设计上,《民法通则》从权利主体即自然人和法人的规定,直接过渡到民事法律行为、民事权利、民事责任和诉讼时效等有关民事法律关系内容即权利义务关系的规则,中间缺少一个重要部分,即权利客体部分。杨立新教授指出,我国民事立法之所以没有规定民事权利客体有其历史原因,可能是因为受到反右斗争的严重影响,盲目照搬苏联民事立法的结果。

而对于民事权利客体在民法权利体系中的重要价值,学者对此具有充分的认知,这表现在学者提出的民法典草案建议稿都在其总则编规定了权利客体。例如,王利明教授主编的《中国民法典学者建议稿》总则编第 5 章规定"民事权利客体";梁慧星教授主编的《中国民法典草案建议稿》总则编第 4 章规定"权利客体";徐国栋教授主编的《绿色民法典草案》序编的第 3 题规定"客体";杨立新教授主编的《中华人民共和国民法总则草案建议稿》系以法律关系为其逻辑结构,在第 5 章设有"民事法律关系客体"。

但是,由于当代的法律关系日趋复杂,权利客体制度受到了较大冲击,现代法上主客体的界限变得已非绝对,人体的分离物不完全具有物性,有的人格要素财产化,有生命的物有一定的主体性,承载人格利益的人格物具有非财产性❶。有学者认为民法总则不应规定民事权利客体,其理由是,民事权利客体在民法总则中规定的主要是物的规则,而《物权法》已有规定。并且,民法上的权利种类繁多,各种权利的客体并不相同且相互之间基本上没有共性,故无法归纳、抽象出权利客体的一般规则,因此权利客体应当依照其类别,分别纳入相关权利的规范中进行规定,不宜在民法典总则编中规定其一般准则❷。与《民法通则》没有规定权利客体的原因不同,这种观点主要是因为受到法国法传统的影响。《法国民法典》确实没有规定权利客体制度,那是因为立法传统的问题,而且由于《法国民法典》遵循人法、财产法和取得财产的各种方法的三编制,不设置民法总则,因而在简短的序编中无法规定权利客体。

虽然民事权利客体的内容复杂,但并不是没有基本规则可言。其一,民事权利客体最主要的内容是关于权利客体的,这也是可以明确规定的。其二,民事权利客体可以规定高度抽象的规则,目前各学者的民法典草案建议稿都归纳了简明的权利客体的一般性规则,并不存在特别的困难。其三,如果将各种不同的民事权利的客体分别放在物权、债权、人格权、身份权、继承权以及知识产权编中规定,例如像《物权法》规定物的概念那样,将会造成民法逻辑体系的混乱,且《物权法》仅仅规定了物的概念,并没有规定物的一般性规则,因而必定要将之规定在《民法总则》中。其四,也是最为重要的,就是《民法总则》规定的是法律关系的象规则,是按照民事法律关系三要素,即主体、客体和内容进行编排的。

---

❶ 郭明瑞:"关于民法典规定客体制度的几点思考",载《政法论丛》2016 年第 1 期。
❷ 尹田:"论中国民法典总则的内容结构",载《比较法研究》2007 年第 2 期。

如果《民法总则》不规定权利客体规则,那么《民法总则》的逻辑结构就少了一个独立的部分,造成民事权利客体的规则缺失,使民事主体使民事权利和履行民事义务失去了对象,《民法总则》就变成了残缺的法律关系的一般性规则。这正是《民法总则》规定权利客体的逻辑正当性和基础理论全面性之所在。

因此,有学者指出,为确保民法典的体系性,并完成权利客体的类型化工作,总则部分应当对权利客体作出总括性规定,而非仅就物加以规定❶。遗憾的是,刚刚颁布的《民法总则》并未将"权利客体"作为独立的一章予以规定,而是在"民事权利"章中列举式的规定了物、个人信息、虚拟财产、知识产权等权利客体。其中,尤其是对虚拟财产的规定,增加了物的种类,丰富了物权客体的内容,这是在工业技术革命发现电能之后,民法关于物的范畴的又一次重大的扩展。但是,这种体例的缺点是将未被列举的客体排除在权利客体的范畴之外,缺点是难以周全保护权利人的正当权益。

(六) 法律行为制度

民事法律行为制度的相关理论在现代民法学说中居于重要地位,但与其地位的显赫不相适应,在《民法通则》颁布之后很久的时间里,其研究却显得较为薄弱。仅针对民事行为、民事法律行为、法律行为三个概念的内涵、外延及其相互之间的关系就有诸多争论,在此领域具有突出贡献的成果是董安生教授所著的《民事法律行为》一书❷。《民法通则》第 54 条对民事法律行为设置了合法性的要求,对此学者有不同看法。有学者主张,将民事行为作为民事法律行为概念的属概念使用,而民事法律行为仅指合法的民事行为,除此之外尚有其他效力类型的民事行为,如可撤销的民事行为、效力未定的民事行为等❸。但就民事行为是相对于行政行为、刑事行为的一个概念抑或是区别于事实行为的一个概念,学者之间还有争议❹。为了将民法中的法律行为与其他法律领域中法律行为的概念区分开来,一般都赞同在法律行为之前加上"民事"一词❺。因我国《民法通则》对民事法律行为概念的规定主要接受了苏联学者阿加尔科夫的观点,这样除了造成法律概念逻辑上的问题之外,直接的弊端就是人为地割裂了与大陆法系法律行为概念的联系,造成了借鉴法律行为理论的障碍,不利于法律交流❻。

对于法律行为的核心要素,即意思表示的研究,向来都吸引着学者的目光。自《民法通则》颁布之后,对意思表示与法律行为的关系、意思表示的构成要素、意思表示的拘束力、意思表示不真实与不自愿的情形,以及由此给法律行为效力产生的影响

---

❶ 温世扬:"民法总则中的'权利客体'的立法考量——以特别'物'为重点",载《法学》2016 年第 4 期。

❷ 董安生:《民事法律行为》,中国人民大学出版社 1994 年版。

❸ 参见佟柔主编:《中国民法学·民法总则》,法律出版社 1991 年版,第 63 页;张俊浩:《民法学原理》,中国政法大学出版社 2000 年版,第 215~216 页;郭明瑞、房绍坤、唐广良:《民商法原理(一)》,中国人民大学出版社 1999 年版,第 231 页。

❹ 参见梁慧星:《民法总论》,法律出版社 2001 年版,第 176 页。

❺ 参见王利明:《民法总则研究》,中国人民大学出版社 2003 年版,第 512 页。

❻ 参见龙卫球:《民法总论》(第 2 版),中国法制出版社 2002 年版,第 427 页。

等问题，都有学者予以关注并进行讨论。与此同时，学者还不断引入和比照德国学界的理论成果以为启示❶。关于意思表示的构成要素，我国民法学界存有不同认识，持"二要素说"❷"三要素说"❸"五要素说"❹。对此问题讨论的混乱与纷繁的主要原因，除了学者在对各个概念的定义和使用上有差异，除在对德国等大陆法系国家学说继受过程中产生偏差之外❺，对于民法问题类型及其不同论证规则的忽视也是其中重要原因之一。

除了对传统意思与表示的不一致和意思表示不自由进行类型化研究之外❻，对意思表示研究的发展主要是由于实践中新领域、新问题的出现引起意思表示理论的解释和适用的需求，如网络意思表示，法人的意思表示等。另一方面，对意思表示的研究开始越来越多地与物权行为理论相结合，这使得研究更加深入❼。而且意思表示的解释理论开始逐渐引起学者的兴趣❽。有学者选择精神科学的进路，认为包括意思表示解释在内的规范解释亦是旨在实现语言的意义理解，特别之处在于，意思表示解释所实现之意

---

❶ 这其中包括陈卫佐译注：《德国民法典》；[德]梅迪库斯著，邵建东译：《德国民法总论》；[德]拉伦茨著，王晓晔、邵建东、程建英、徐国建、谢怀栻译：《德国民法通论》等译作。参见邵建东："论意思表示的生效时间——德国民法的启示"，载《外国法译评》1995年第3期；唐莹："论意思表示错误——中德民法比较研究"，载《比较法研究》2004年第1期；纪海龙："论意思表示的要素、解释与意思表示错误——以德国法的研究为核心"，载《研究生法学》2004年第3期。

❷ 佟柔主编：《中国民法学·民法总则》，法律出版社1990年版，第219页；史浩明："论意思表示"，载《宁夏社会科学》1991年第5期；意思表示的形成过程可以分为三个阶段：动机、效果意思和表示行为，而动机只在附条件的法律行为等少数场合有意义，因此，通常情况下，动机不是意思表示的构成要素。

❸ 王利明主编：《民法》，中国人民大学出版社2005年版，第159页；魏振瀛主编：《民法》，北京大学出版社2000年版，第142~143页；王利明：《民法总则研究》，中国人民大学出版社2003年版，第538页；马俊驹、余延满：《民法原论》（第3版），法律出版社2007年版，第189页；董安生：《民事法律行为》，中国人民大学出版社2002年版，第165页。也有学者认为三要素中的主观要素应该是效果意思和表示意思。参见梁慧星：《民法总论》，法律出版社2001年版，第189~190页。或认为主观要素应该是行为意思和效果意思，参见苏号朋：《民法总论》，法律出版社2006年版，第263~264页。

❹ 张俊浩主编：《民法学原理》（第3版），中国政法大学出版社2000年版，第228~233页。

❺ 参见纪海龙："论意思表示的要素、解释与意思表示错误——以德国法的研究为核心"，载《研究生法学》2004年第3期。

❻ 参见王利明主编：《民法》，中国人民大学出版社2005年版，第168~173页；梁慧星：《民法总论》，法律出版社2001年版，第194~200页；马俊驹、余延满：《民法原论》（第3版），法律出版社2007年版，第193~198页；龙卫球：《民法总论》（第2版），法律出版社2002年版，第484~515页；解志国："意思表示错误的界定与认定"，载《法制与社会发展》2000年第5期；徐晓峰："民事错误制度研究"，载《法律科学》2000年第6期。

❼ 参见田士永：《物权行为理论研究》，中国政法大学出版社2002年版。

❽ 参见朱庆育：《意思表示解释理论》，中国政法大学出版社2004年版；王利明主编：《民法》，中国人民大学出版社2005年版，第165页；魏振瀛主编：《民法》，北京大学出版社2000年版，第149~150页；王利明：《民法总则研究》，中国人民大学出版社2003年版，第547~557页；梁慧星：《民法总论》，法律出版社2001年版，第211~216页；马俊驹、余延满：《民法原论》（第3版），法律出版社2007年版，第191~192页；张俊浩主编：《民法学原理》（第3版），中国政法大学出版社2000年版，第260~263页；董安生：《民事法律行为》，中国人民大学出版社2002年版，第179~183页；龙卫球：《民法总论》（第2版），中国法制出版社2002年版，第544~553页。

义理解，并非落足于日常生活世界。法律规范为人类交往创造了一个意义不同于日常世界的规范世界，亦为之配备相应的规范概念❶。

新颁布的《民法总则》部分继承了《民法通则》《合同法》中的相应规则，借鉴大陆法系主要民法典立法经验，在修正"民事法律行为"定义后，采用了"民事法律行为"这一传统用语。第六章"法律行为"一章的内容结构为："一般规定""意思表示""无效和可撤销法律行为""附条件和附期限法律行为"❷。民事法律行为制度的立法完善，在规范思想上明确了法律行为是践行私法自治的工具并兼顾信赖保护原则，在规范技术上重点对法律行为的效力作了例外性规定，在规范体系上系统完善法律行为的类型之时完成了各类法律行为体系化❸。在《民法总则》颁布后，有学者还从基本权利角度，阐述了公法性强制规范和公序良俗原则对民事法律行为效力的影响及其限度❹。

（七）代理

代理制度作为法律行为的延伸，在我国立法进程中引发了越来越多的争议和思考，其原因在于我国属于大陆法系，但同时借鉴了英美法代理制度，导致体系冲突。市场经济的发展在代理领域引发了众多变革：商事代理、间接代理、职务代理、隐名代理、表见代理等问题日趋重要。有学者通过对民事代理理论与立法的比较分析，以大陆法系为基础，引入英美法系代理制度的内容，主张以此建立和完善我国民事代理立法制度❺。

在具体问题方面，关于代理权的概念和性质，历来都有争议，主要分为权利说❻、资格说❼和权力说❽。《民法通则》公布以前，我国民法学界对代理关系中的连带责任讨论甚少。《民法通则》对代理关系规定了四种连带责任，这得到了一些学者的肯定❾，同时也提出了有力的质疑。有学者认为，由代理人和被代理人一起承担授权不明的连带责任是不合理的，授权行为的性质为单方法律行为，授权不明的过错在于被代理人，只

---

❶ 参见朱庆育：《民法总论》（第二版），北京大学出版社 2016 年版，第 214 页。
❷ 参见温世扬："民法总则应如何规定法律行为"，载《法学家》2016 年第 5 期；陈小君："民事法律行为效力之立法研究"，载《法学家》2016 年第 5 期。
❸ 参见朱广新："民事法律行为制度的反思与完善"，载《政治与法律》2015 年第 10 期。
❹ 刘志刚："基本权利对民事法律行为效力的影响及限度"，载《中国法学》2017 年第 2 期。
❺ 江帆：《代理法律制度研究》，中国法制出版社 2000 年版。
❻ 参见王家福、谢怀栻：《民法基本知识》，人民日报出版社 1987 年版，第 136 页；江帆：《代理法律制度研究》，中国法制出版社 2000 年版，第 7 页。
❼ 参见张新宝："代理权若干问题研讨"，载《法学研究》1987 年第 6 期；佟柔主编：《中国民法》，法律出版社 1990 年版，第 199 页；李开国：《民法基本问题研究》，法律出版社 1997 年版，第 215 页；魏振瀛：《民法》，北京大学出版社 2000 年版，第 176 页；王利明：《民法总则研究》，中国人民大学出版社 2003 年版，第 629~631 页；张俊浩主编：《民法学原理》（修订 3 版），中国政法大学出版社 2000 年版，第 318 页。
❽ 梁慧星：《民法总论》，法律出版社 2001 年版，第 242~243 页；王利明主编：《民法》，中国人民大学出版社 2005 年版，第 199 页。
❾ 杨家仁："论代理关系中的连带责任"，载《政法论坛》1986 年第 4 期。

能由被代理人承担责任❶。也有学者认为虽然代理人不应该承担连带责任，但其并非不承担任何责任，因为在授权不明的情况下，代理人仍然从事一定的代理行为也是有过错的，因此代理人应该根据其过错承担相应的责任。❷ 近来有学者认为授权不明是意思表示解释与举证责任分配问题，在适用法律时只有有权代理和无权代理两种，而不存在所谓的"不明"代理关系，从根本上否定了授权不明问题的存在基础。❸

《合同法》颁布后，该法第48条、第49条、第50条、第402条和第403条增加了有关表见代理和隐名代理的规定，进一步完善了代理制度。但是《合同法》设置第402条和第403条时，较多地借鉴了《国际货物销售代理公约》第12条和第13条的规定，系借鉴英美法代理制度的结果，❹ 引发了隐名代理和行纪合同的冲突。《民法总则》考虑到代理的体系性，专设一章予以规定。❺《民法总则》通过整合现有代理制度，以意思自治为主线，将其意义脉络更为清晰地内部体系化。❻ 但是，《民法总则》第七章"代理"制度仍然留下很多的法律漏洞需要通过解释论予以补充和完善，这些法律漏洞主要包括：显名主义原则和例外及其与《合同法》第402条、第403条在解释论上需要协调；复代理的前提条件过于严格，需要扩张解释；无权代理人的责任需要进行类型划分；表见代理中"相对人有理由相信行为人有代理权"的认定方法尚无定论等。❼

（八）其他问题

在这40年期间，我国民法总则的发展无论是深度还是广度方面都是有目共睹的，诸如民事权利、民事责任、诉讼时效、法学方法论等方面都有显著进步。特别令人欣慰的是民法方法论的发展。较早关于法学方法论的系统化成果，当推梁慧星教授于1995年出版的《民法解释学》❽，包括在该书基础上修订并于2005年出版的《裁判的方法》❾，该书对各种法律解释方法以及法律漏洞填补方法都进行了深入细致的分析和探讨，标志着我国民法学者对民法学方法论问题的觉醒。此后许多中青年学者也投入到法学方法论的研究，为我国民法学方法论研究开辟了新的视野❿。而杨立新教授出版的《民事裁判方法》，理论结合实际，提出了将民事法律关系定性方法和请求权法律基

---

❶ 参见张新宝："代理权若干问题研讨"，载《法学研究》1987年第6期；梁慧星：《民法总论》，法律出版社2001年版，第259页。
❷ 参见王利明：《民法总则研究》，中国人民大学出版社2003年版，第637~638页。
❸ 参见朱庆育：《民法总论》，北京大学出版社2013年版，第332页。
❹ 参见崔建远、耿林："未来民法总则如何对待间接代理"，载《吉林大学社会科学学报》2016年第3期。
❺ 王利明、周友军："我国民法总则的成功与不足"，载《比较法研究》2017年第4期。
❻ 参见徐涤宇："代理制度如何贯彻私法自治——《民法总则》代理制度述评"，载《中外法学》2017年第3期。
❼ 方新军："民法总则第七章代理制度的成功与不足"，载《华东政法大学学报》2017年第3期。
❽ 梁慧星：《民法解释学》，中国政法大学出版社1995年版。
❾ 梁慧星：《裁判的方法》，法律出版社2005年版。
❿ 参见王涌："私权的分析与建构——民法的分析法学基础"，中国政法大学博士论文，1999年；王轶："民法价值判断问题的实体性论证规则——以中国民法学的学术实践为背景"，载《中国社会科学》2004年第6期。

础方法结合起来的"五步裁判法",得到理论界和实务界的高度评价。近年来,民法学学者开始转向将方法论应用于具体问题的研究,不仅为民法学方法论注入了新的生命力,也提高了对具体问题的研究水准。❶王利明教授出版的《法学方法论》❷ 一书指出,法学方法论的研究对象是法律适用过程,这就决定了其具有浓厚的实践理性色彩,是可以直接沟通法学研究和司法实践的学科。法学方法论的这一目的也决定了法学方法论应当具有"从实践中来,到实践中去"的特点,它应当总结司法实践的经验,同时将其上升为理论体系,进而为法律适用提供理论指导。

二、人格权法

民法是人法。保护好民事主体的人格权,是实现宪法"尊重和保障人权"在民法领域的落实,是"以人为本"的指导思想在民法领域的体现。在世界范围内,以"二战"结束为标志,世界各国在战争蹂躏人权的残酷现实下,开始重视对人格权的保护。在我国,以开始进行改革开放为标志,立法者认识到保护人格权的重要价值和极端必要性,❸ 于1986年颁布《民法通则》。这充分尊重并反映了人民群众对加强人格权保护的意愿,用单独一节规定了人格权的基本类型,并在第120条规定了人格权受到损害的救济规则,不仅奠定了我国人格权保护的基本方式,也为我国人格权法理论研究提供了初始思路。❹ 改革开放之后,尤其是进入21世纪以来,随着社会经济发展与人民权利意识和文化水平的提高,涉及人格权的纠纷数量不断增多,❺ 司法保护在我国人格权保护中发挥着重要作用。❻ 与此同时,民法学学者对人格权理论的关注与研究,使我国人格权法理论得到了长足的进步与发展,为我国的司法与立法提供了可靠的理论支撑,为我国人权保护事业提供了科学路径,逐渐形成了包含人格权基础理论(人格权

---

❶ 参见姚辉、段睿:"民法的法源与法律方法",载《法学杂志》2012年第7期;许德风:"法教义学的应用",载《中外法学》2013年第5期;许德风:"论法教义学与价值判断——以民法方法为重点",载《中外法学》2008年第2期;熊丙万:"法律的形式与功能——以'知假买假'案为分析范例",载《中外法学》2017年第2期。

❷ 王利明:《法学方法论》,中国人民大学出版社2011年版。

❸ 参见杨立新:"以十九大精神统一编纂民法典的人格权立法思想",载《盛京法律评论》2017年第2期。

❹ 在此之前,通过现存再查的资料表明,人格权研究在民法学界鲜有人问津。参见杨立新、王轶等:《中国民法学三十年(1978~2008)》,第112页。

❺ 通过北大法宝司法案例数据库,可检索到我国1998年1月1日至2018年1月1日审结的人格权纠纷共计554372件。

❻ 最高人民法院于1988年颁布《关于死亡人的名誉权应依法保护的复函》,1993年颁布《关于审理名誉权案件若干问题的解答》,2002年颁布《关于确定民事侵权精神损害赔偿责任若干问题的解释》,2004年颁布《关于审理人身损害赔偿案件适用法律若干问题的解释》,2014年颁布《关于审理利用信息网络侵害人身权益民事纠纷案件适用法律若干问题的规定》,同年公布8起利用信息网络侵害人身权益典型案例,2016年公布4起"狼牙山五壮士"等保护英雄人物人格权益典型案例。最高人民法院通过颁布司法解释和公布指导案例、典型案例等形式在我国人格权法立法相对薄弱的现实下,为保护我国民事主体人格权的全面实现做出巨大贡献。

总论)、一般人格权、❶ 具体人格权在内的，相对科学完整的理论体系，在研究范围和理论深度上，呈现出不断细化、深化的特点；在研究内容上，集中在上述三个部分之中，验证了该理论体系的科学性；在研究趋势上，呈现出紧跟立法、司法热点，越发关注司法案例的特点，佐证了"人格权是判例法"❷的论断。

(一) 人格权基础理论的发展

在人格权基础理论部分，40年中有三个方面备受学界关注。

第一，对于人格权理论体系构造的关注。至1986年《民法通则》颁布之前，学界对人格权法的研究十分薄弱，鲜有对人格权理论进行体系化研究的成果。❸ 随着《民法通则》的颁布，人格权纠纷不断进入司法程序，司法实践对人格权理论表现出强烈需求，从具体人格权纠纷的处理方式到人格权立法的价值，从人格权的基本概念与客体到人格权的体系构造，都需要科学系统的理论予以指导。我国民法学学者从人格权的基础理论入手，逐步构建人格权的理论体系，使之成为人格权理论研究领域难度最大的课题之一。王利明教授❹、杨立新教授❺、马俊驹教授❻、姚辉教授❼、张红教授❽等，均完成了有关的专著，还提出了完整的立法建议与理由，❾搭建了以"人格权总论——一般人格权—具体人格权"为内容的人格权理论框架，形成了在此领域中的最大程度的学术共识，大幅度提升了我国人格权理论的体系化和科学化的程度。

第二，对于人格权与相关公法尤其是宪法关系的关注。无论从历史演进抑或权利本身属性角度，在人格权研究中，民法人格权与宪法人格权的关系问题，都是该领域

---

❶ 此处一般人格权概念非德国法意义上的一般人格权，是相对具体人格权而言的，对于具体人格权之外所需法律保护之人格法益之概称。

❷ 张红：《人格权总论》，北京大学出版社2012年版，第1页。

❸ 参见杨立新、王轶等：《中国民法学三十年（1978-2008）》，第112页。

❹ 王利明教授在此方面撰写的代表性著作有：王利明主编：《人格权法新论》，吉林人民出版社1994年版；王利明、杨立新、姚辉编著：《人格权法》，中国法律出版社1997年版；王利明：《人格权法研究》，中国人民大学出版社2005年版；王利明：《民法典·人格权法重大疑难问题研究》，中国法制出版社2007年版；王利明：《人格权法》，中国人民大学出版社2009年版；王利明：《人格权法》，中国人民大学出版社2016年版。

❺ 杨立新教授在此方面撰写的代表性著作有：杨立新：《人身权法论》，中国检察出版社1995年版；杨立新：《人格权法专论》，高等教育出版社2005年版；杨立新主编：《中国人格权立法报告》，知识产权出版社2005年版；杨立新：《人格权法》，中国法制出版社2006年版；杨立新：《杨立新民法讲义（贰）·人格权法》，人民法院出版社2009年版；杨立新：《人格权法》，法律出版社2011年版；杨立新：《人格权法》，法律出版社2015年版；杨立新：《人格权法》，法律出版社2016年版。

❻ 马俊驹：《人格和人格权理论讲稿》，法律出版社2009年版。

❼ 姚辉：《人格权法论》，中国人民大学出版社2011年版。

❽ 张红：《基本权利与私法》，法律出版社2010年版；张红：《人格权总论》，北京大学出版社2012年版；《人格权各论》，高等教育出版社2015年版。

❾ 王利明主编：《中国民法典学者建议稿及立法理由·人格权编·婚姻家庭编·继承编》，法律出版社2005年版。杨立新、扈艳："中华人民共和国人格权法建议稿及立法理由书"，载《财经法学》2016年第4期。

中的重要问题。40年中，我国人格权研究越发注重与公法尤其是宪法的关系，力求为民法人格权在中国特色社会主义法治体系中寻求其科学、合理的定位。赵友琦教授的《论保障公民人格权的思想依据和法理依据》❶较早地将宪法规范作为民法中人格权保护的理论依据。其后，随着一般人格权概念的提出❷及其后续论证，❸这两个问题相伴而行。进入21世纪，随着我国宪法学的发展与人格权自身理论的生发，该问题在宪法学界和民法学界均得到比较充分的讨论。宪法学界对于基本权利以及域外的人权保护经验的研究逐渐深入❹，既为我国民法人格权研究提供了良好的外部环境与学科资源支持，也在一定程度上引发了部分民法学学者对于人格权本身私法属性的质疑，以致仍有个别学者认为保障人权之事业似乎应为宪法等公法之任务，❺宪法人格权与民法人格权的讨论一度成为学界热点。❻除此之外，民法学界更多学者关注民法人格权本身的属性，从人格权的基础理论模式❼到私法属性的明确定位，❽力求在尊重公私法合理界限与分工的基础上，丰富和完善人格权理论，并逐渐形成民法人格权是对宪法规范在民法领域具体化的相对共识。❾

第三，对人格权积极权能的关注。在下文详述的人格权是否应独立成编的立法体例之争中，支撑反对观点的一个重要理由即人格权只具消极保护权能，不能被支配。❿但随着人格权商业化利用现实存在的广泛展开，与我国人格权理论研究在哲学、社会

---

❶ 参见赵友琦："论保障公民人格权的思想依据和法理依据"，载《法律学习与研究》1989年第5期。

❷ 参见杨立新、尹艳："论一般人格权及其民法保护"，载《河北法学》1995年第2期。

❸ 后文"一般人格权"部分详述。

❹ 参见林来梵："人的尊严与人格尊严——兼论中国宪法第38条的解释方案"，载《浙江社会科学》2008年第3期；林来梵："宪法上的人格权"，载《法学家》2008年第5期；周云涛："论德国宪法人格权——以一般行为自由为参照"，载《法学家》2010年第6期。

❺ 参见梁慧星："中国民法典中不能设置人格权编"，载《中州学刊》2016年第2期。

❻ 参见蒋学跃："人格与人格权的源流——兼论宪法与民法的互动关系"，载《法学杂志》2007年第5期。熊静波："表达自由和人格权的冲突与调和——从基本权利限制理论角度观察"，载《法律科学》2007年第1期。张红："方法与目标：基本权利民法适用的两种考虑"，载《现代法学》2010年第2期。张善斌："民法人格权和宪法人格权的独立与互动"，载《法学评论》2016年第6期。

❼ 参见薛军："人格权的两种基本理论模式与中国的人格权立法"，载《法商研究》2004年第4期。

❽ 参见马俊驹："论作为私法上权利的人格权"，载《法学》2005年第12期；张红："论一般人格权作为基本权利之保护手段——以对'齐玉苓案'的再检讨为中心"，载《法商研究》2009年第4期。

❾ 参见刘凯湘："人格权的宪法意义与民法表述"，载《社会科学战线》2012年第2期。张平华、曹相见："人格权的'上天'与'下凡'——兼论宪法权利与民事权利的关系"，载《江淮论坛》2013年第2期。张红："指纹隐私保护：公、私法二元维度"，载《法学评论》2015年第1期。王利明："何谓根据宪法制定民法？"，载《法治现代化研究》2017年第1期。王锴："论宪法上的一般人格权及其对民法的影响"，载《中国法学》2017年第3期。尹志强："论人格权一般保护之民法实现——兼评《中华人民共和国民法总则》第109条"，载《新疆社会科学》2017年第4期。

❿ 参见李永军："论我国人格权的立法模式"，载《当代法学》2005年第6期；尹田："论人格权的本质——兼评我国民法草案关于人格权的规定"，载《法学研究》2003年第4期。

学以及政治经济学方面的不断深入,❶ 人格权具备积极权能并具有自发开放性的观点逐渐被更多学者所接受,认为现代社会民事主体人格权的全面实现,不仅要靠权利被侵害之后的有效救济,亦应该关注民事主体的主观能动性,尊重民事主体在合理范围内支配人格利益的自由,❷ 这与人格权请求权理论的设计一脉相承。❸

(二) 人格权具体内容的展开

针对人格权的具体内容,我国人格权理论研究经历从具体人格权到一般人格权的过程,这是由我国立法、司法实践的发展轨迹决定的,也符合具体人格权和一般人格权的初始制度分工。

具体人格权是我国人格权理论研究前30年的重点问题之一,且实践和问题导向明显。1978~2008年,根据民事纠纷呈现的实际状态,在理论研究中受到较多关注的具体人格权是名誉权、姓名权、肖像权、身体权等基础类型,研究内容主要集中在权利内涵、典型侵权行为样态、损害赔偿范围等方面。❹ 近十年来,具体人格权的研究持续推进,生物科技的发展、互联网时代的到来以及经济模式的演进使得部分具体人格权有了新的发展空间,也使得部分新型人格权利或利益进入可以讨论其是否应固化为具体人格权的阶段。受到生物科技发展的影响,新型人格利益开始出现,传统物质性人格权有了可被支配的可能,❺ 诸如性别选择权(行为人因生理差异或性别焦虑原因依法自主变更为另一目标性别的权利),❻ 体外胚胎及相关权利研究,❼ 遗体及人体组织器官、生物识别信息的相关权利问题❽,基因相关权利问题❾,生育权相关问题❿等,成为

---

❶ 参见杨立新、刘召成:"抽象人格权与人格权体系之构建",载《法学研究》2011年第1期。杨彪:"不可让与性与人格权的政治经济学:一个新的解释框架",载《法律科学》2015年第1期。刘召成:"民事权利的双重属性:人格权权利地位的法理证成",载《政治与法律》第3期。

❷ 参见王利明:"人格权的积极确权模式探讨——兼论人格权法与侵权法之关系",载《法学家》2016年第2期。刘召成:"人格权主观权利地位的确立与立法选择",载《法学》2013年第6期。黄芬:"商品化人格权的定限转让",载《河北法学》2017年第1期。

❸ 杨立新、袁雪石:"论人格权请求权",载《法学研究》2003年第6期。

❹ 参见杨立新等:《中国民法学三十年》人格权法部分。

❺ 参见汪志刚:"生命科技时代民法中人的主体地位构造基础",载《法学研究》2016年第6期。

❻ 刘云生、吴昭君:"性别选择权:性质界定与法权塑造",载《东北师范大学学报(哲学社会科学版)》2018年第2期。

❼ 马丁:"体外胚胎在我国民法上的应然属性及其价值考量——基于国情和社会发展趋势的分析",载《东方法学》2017年第4期。

❽ 申卫星:"论遗体在民法教义学体系中的地位——兼谈民法总则相关条文的立法建议",载《法学家》2016年第6期。刘越:"论生物识别信息的财产权保护",载《法商研究》2016年第6期。黎桦:"生命科技发展语境下的遗体捐献利用制度构建研究",载《武汉理工大学学报(社会科学版)》2015年第4期。冷传莉:"人体基因法益权利化保护论纲——基于'人格物'创设的视角",《现代法学》2014年第6期。

❾ 参见王康:"基因公开权:对人类基因的商业利用与利益分享",载《安徽大学学报(哲学社会科学版)》2014年第2期。田野、刘霞:"论基因不知情权",载《上海交通大学学报(哲学社会科学版)》2017年第1期。

❿ 参见马强:"论生育权——以侵害生育权的民法保护为中心",载《政治与法律》2013年第6期。

学者们关注的热点。上述研究发现,在人格权特性保持最为坚固的物质性人格权领域,对主体意志自由及由此生发的自我决定自由的尊重,正在到达前所未有的高度,人格权的支配性不断加强。受到互联网及相关科技迅猛发展的影响,我国学者对数据和个人信息的性质问题及个人信息保护问题❶,网络虚拟人格的属性与保护方式❷,通过网络进行人格权侵权的预防与救济❸,被遗忘权的历史源流与制度构造❹,人工智能及其对人格权的影响❺等问题展开了研究,观察到互联网与科技的发展不断降低人类直接相互接触的成本、不断增加个体被连接入社会的可能。在这样的趋势下,人更容易获得人格权的全面实现,隐私和生活安宁也更容易被侵犯。受到人格权在经济发展与商业模式不断演进的影响,学者对部分人格权的财产利益、人格权的商业化利用及其具体方式,❻信用权的内涵、性质及制度构造❼等问题进行研究,认识到人格权的可分离、可支配性再次得到加强,人格权积极权能的存在得到了证实。学者在对以上新生权益的具体内容与保护方式展开论述的同时,也开始逐步探索具体人格权法权构造的一般规律。❽

我国对于一般人格权理论的研究轨迹,大致经历了"提出—域外经验介绍与引进—中国化改造"三个阶段。首先,我国对于一般人格权理论的讨论肇始于20世纪90年代,其中以王利明教授的《人格权法新论》❾,杨立新教授与尹艳博士的《论一般人格权及其民法保护》❿以及姚辉教授的《论一般人格权》⓫为代表。上述著作对一般人格权的历史发展做了简要介绍,并对我国一般人格权的基本概念、特征、内容、发展趋势与

---

❶ 参见杨立新:"个人信息:法益抑或民事权利——对《民法总则》第111条规定的'个人信息'之解读",载《法学论坛》2018年第1期。王利明:"论个人信息权的法律保护——以个人信息权与隐私权的界分为中心",载《现代法学》2013年第4期。杨立新、陶盈:"公民个人电子信息保护的法理基础",载《法律适用》2013年第8期。齐爱民:"个人信息保护法研究",载《河北法学》2008年第4期。王叶刚:"人格权确权与人格权法独立成编——以个人信息权为例",载《东方法学》2017年第6期。

❷ 参见李佳伦:"网络虚拟人格保护的困境与前路",载《比较法研究》2017年第3期。李佳伦:"网络虚拟人格对民法典中民事主体制度的突破",载《法学论坛》2017年第5期。

❸ 参见彭中礼、饶传平:"网络隐私权的属性:从传统人格权到资讯自决权",载《法学评论》2006年第1期。

❹ 参见杨立新、韩煦:"被遗忘权的中国本土化及法律适用",载《法律适用》2015年第2期。

❺ 参见袁曾:"人工智能有限法律人格审视",载《东方法学》2017年第5期。高奇琦、李欢:"主奴辩证法与相互承认:试论人工智能战胜人类的可能性",载《理论探讨》2017年第6期。

❻ 参见王利明:"论人格权商品化",载《法律科学》2013年第4期。刘召成:"人格商业化利用权的教义学构造",载《清华法学》2014年第3期。黄芬:"商品化人格权的定限转让",载《河北法学》2017年第1期。

❼ 参见杨立新、尹艳:"论信用权及其损害的民法救济",载《法律科学》1995年第5期。李新天、孙聪聪:"信用的权利化及其民法保护",载《当代法学》2012年第3期。

❽ 参见张平华:"人格权的利益结构与人格权法定",载《中国法学》2014年第6期。刘召成:"论具体人格权的生成",载《法学》2016年第3期。

❾ 参见王利明:《人格权法新论》,吉林人民出版社1994年版。

❿ 参见杨立新、尹艳:"论一般人格权及其民法保护",载《河北法学》1995年第2期。

⓫ 参见姚辉:"论一般人格权",载《法学家》1995年第5期。

权利保护做了论述,在一般人格权的抽象性,内容涵盖人格独立、人格自由、人格平等和人格尊严等方面形成了学术共识,为我国一般人格权理论的讨论提供了初始思路。此后,叶金强教授的《一般人格权制度初论》、❶尹田教授的《论一般人格权》❷对此继续进行研究。进入 21 世纪,随着我国人格权纠纷数量不断上升,人民群众对于具体人格权之外的人格权益的保护需求迫切,加之新一代民法学人的成长与德系学者的回归,我国对于一般人格权理论的研究开始偏向于域外经验介绍。例如《权利,抑或法益?——一般人格权本质的再讨论》❸一文,以德国法制度流变为依托,阐释了权利与法益的区别,并对一般人格权的"权利"属性提出了质疑,在看似言辞激烈的质疑背后,体现着趋向问题本质的思考,以及对人格权法定问题的勾连。《论一般人格权的立法模式——以德国与瑞士立法例之对比考察为中心》❹《论一般人格权制度的适用——以德国法之做法为参考》❺《"索拉娅案"评注——德国民法中对损害一般人格权的非物质损害的金钱赔偿》❻,相对详实地呈现了德国法"一般人格权"来因缘由、与具体人格权的联系与区别,人格权法定化的意义,一般人格权的制度功能与适用方式。其后,《揭开"一般人格权"的面纱——兼论比较法研究中的"体系意识"》❼对于一般人格权"框架性权利"的性质及其内容进行了着重论证,再次揭示了"一般人格权"是德国法通过构造"权利"的方式对部分人格利益进行实质保护的制度工具,明确提出了该概念在中国实践下的生存空间问题,并进而指出了从事比较法研究应遵循的体系化思路,自此对于一般人格权的理论认知基本进入第三阶段。自此,对于"一般人格权"概念的反思全面展开,其与我国现行法律体系不相融合,不应在我国民法典中予以使用,人格权立法保护模式应采列举各种具体人格权结合一般人格保护条款的方式进行等观点,逐渐得到推开❽。此过程中杨立新教授与刘召成博士另辟蹊径,试

---

❶ 参见叶金强:"一般人格权制度初论",载《南京大学法律评论》1999 年第 1 期。
❷ 参见尹田:"论一般人格权",载《法律科学》2002 年第 4 期。
❸ 参见熊谞龙:"权利,抑或法益?——一般人格权本质的再讨论",载《比较法研究》2005 年第 2 期。
❹ 参见曹险峰:"论一般人格权的立法模式——以德国与瑞士立法例之对比考察为中心",载《当代法学》2006 年第 3 期。
❺ 参见曹险峰:"论一般人格权制度的适用——以德国法之做法为参考",载《河南省政法管理干部学院学报》2007 年第 2 期。
❻ 参见齐晓琨:"'索拉娅案'评注——德国民法中对损害一般人格权的非物质损害的金钱赔偿",载《现代法学》2007 年第 1 期。
❼ 参见薛军:"揭开'一般人格权'的面纱——兼论比较法研究中的'体系意识'",载《比较法研究》2008 年第 5 期。
❽ 参见冉克平:"一般人格权理论的反思与我国人格权立法",载《法学》2009 年第 8 期;尹田:"论人格权概括保护的立法模式——'一般人格权'概念的废除",载《河南政法管理干部学院学报》2011 年第 1 期;马俊驹、王恒:"未来我国民法典不宜采用'一般人格权'概念",载《河北法学》2012 年第 8 期;沈建峰:"德国法上的法人一般人格权制度及其反思",载《政治与法律》2012 年第 1 期;许可、梅夏英:"一般人格权:观念转型与制度重构",载《法制与社会发展》2014 年第 4 期;朱晓峰:"作为一般人格权的人格尊严权——以德国侵权法中的一般人格权为参照",载《清华法学》2014 年第 1 期。方金华:"一般人格权理论分析及我国的立法选择",载《法律科学》2015 年第 4 期。

图结合中国现实,为一般人格权注入新的内涵,以构建"抽象人格权"概念的方式解决上述问题,为具体人格权之外的人格法益保护提供相对简洁、统一的概念支撑。❶ 其后亦有学者通过对一般人格权内容类型化的方式,试图重新塑造一般人格权的内涵。❷ 学界对于一般人格权研究深入与展开的过程,在一定上也反映了我国民法学研究范式的演进特点:在问题的提出上,人格权法理论讨论源于实践需求;在论证方式上,经历从偏重域外经验研究到重视我国现实研究的过程。

(三)人格权立法体例的争论

十八届四中全会之后,中国民法典的编纂工作再次开启,人格权究竟应以何种体例存在于民法典之中的问题,再次引起学界关注,并引发了学界部分学者的强烈反应。人格权立法体例之争,最直接的观点冲突体现在是否应在民法典中独立成编上。该争议由来已久,2000 年以来,以王利明教授、杨立新教授为代表的中国人民大学民商法团队提出人格权应在我国民法典中独立成编的观点,并提出了具体的建议条文与立法理由。❸ 该观点得到学界较为广泛的支持。❹ 该观点认为,第一,人格权独立成编符合民法体系结构的内在逻辑;❺ 第二,人格权独立成编反映了民法的人文关怀,也符合人格权理论自身发展的需求;❻ 第三,人格权制度不能为民事主体制度所涵盖,也不能为侵权责任法所替代;❼ 第四,人格权独立成编是对我国优秀民事立法经验的总结;❽ 第五,人格权独立成编以具体人格权的法定化为前提;❾ 第六,符合民法发展趋势。❿ 与此相对,以梁慧星为代表的中国社会科学院法学所团队则反对人格权独立成编,有部分学者支持该观点。⓫ 该观点认为,第一,表现在人格权与人格的本质联系、人格权与主体自身无法分离,人格权单独设编会破坏民法典内部逻辑关系;⓬ 第二,人格权仅具有消极保障权能,并不具备民事权利的特性,不适用民法有关民事权利得失变动、权利行

---

❶ 参见杨立新、刘召成:"论作为抽象人格权的一般人格权",载《广东社会科学》2010 年第 6 期;杨立新、刘召成:"抽象人格权与人格权体系之构建",载《法学研究》2011 年第 1 期。

❷ 参见李岩:"一般人格权的类型化分析",载《法学》2014 年第 4 期。

❸ 参见王利明主编:《中国民法典学者建议稿及立法理由·人格权编·婚姻家庭编·继承编》,法律出版社 2005 年版。

❹ 该阶段,有代表性的学者有:王利明教授、杨立新教授、马俊驹教授、曹险峰教授等。

❺ 参见王利明:"人格权制度在中国民法典中的地位",载《法学研究》2003 年第 2 期;谢哲胜:"中国人格权法独立成编及其基本内容的立法建议",载《人大法律评论》2009 年第 1 期。

❻ 参见王利明:"再论人格权的独立成编",载《法商研究》2012 年第 1 期。

❼ 参见马俊驹、曹治国:"守成与创新——对制定我国民法典的几点看法",载《法律科学》2003 年第 5 期。

❽ 参见王利明:"人格权制度在中国民法典中的地位",载《法学研究》2003 年第 2 期。

❾ 参见曹险峰:"论人格权的法定化——人格权法独立成编之前提性论证",载《吉林大学社会科学学报》2006 年第 2 期。此后有学者对人格权法定提出质疑,参见沈云樵:"质疑人格权法定",载《环球法律评论》2013 年第 6 期。

❿ 参见王利明:"人格权制度在中国民法典中的地位",载《法学研究》2003 年第 2 期。

⓫ 该阶段,较有代表性的学者有梁慧星教授、李永军教授、尹田教授等。

⓬ 参见梁慧星:"松散式、汇编式的民法典不适合中国国情",载《政法论坛》2003 年第 1 期。

使的基本规则以及民法典总则的一般规则;[1] 第三,人格权立法应侧重人格权侵权后的民事责任规定,侧重人格权的保护,无独立成编的理由;[2] 第四,根据国外立法例,人格权独立成编没有成熟先例。[3] 也有学者认为,人格权是否独立成编,并非实质问题,只是立法形式上的差别。[4] 2012年以来,民法典编纂再次拉开帷幕,人格权立法体例之争为更多学者所关注。支持方阵营进一步扩大,理由较之前也更为饱满丰富,如:自然人对个人人格要素享有支配权,人格权商业化利用的倾向和现实都标明人格权是具有积极权能的权利。[5] 人格权独立成编是权利体系化的需要,符合民法典体系发展的规律,顺应了民法人文关怀的潮流。[6] 反对者提出了诸如"具体人格权类型很少,且各类人格法益已经获得侵权责任法的保护",[7] "须将人格权保护的一般条款和具体条款移入侵权责任制度""人格权为法定权利且纯属'防卫型'权利",[8] 独立成编存在技术障碍[9]等理由。2015年9月14~16日,在全国人大常委会法工委召开的民法总则专家研讨会上,对人格权是否独立成编持不同意见的专家在讨论中当面发生的激烈争论,[10] "人格权独立成编会引发颜色革命"的论断就此诞生。至此,人格权立法体例之争一度偏离学术讨论方向。[11] 这种对学术讨论强加政治色彩的方式[12]引发了大量民法学者的反对,其中《对民法典规定人格权法重大争论的理性思考》一文对该论断进行了从学术态度到学术观点全方位且有针对性的反驳。[13] 此后,学界持人格权独立成编意见的学者持续发声,《民法总则》的通过和党的十九大报告对"人格权"的肯定,使得人格权独立成编的立法趋势更加明朗。在此期间,持支持观点的学者再次梳理和丰富了论证

---

[1] 参见尹田:"论人格权独立成编的理论漏洞",载《法学杂志》2007年第5期。
[2] 参见李永军:"论我国人格权的立法模式",载《当代法学》2005年第6期;尹田:"论人格权的本质——兼评我国民法草案关于人格权的规定",载《法学研究》2003年第4期。
[3] 参见梁慧星:"民法典不应单独设立人格权编",载《法制日报》2002年8月4日。
[4] 参见龙卫球:"人格权的立法论思考:困惑与对策",载《法商研究》2012年第1期。
[5] 参见黄忠:"人格权法独立成编的体系效应之辨识",载《现代法学》2013年第1期。
[6] 参见王利明:"论民法总则不宜全面规定人格权制度——兼论人格权独立成编",载《现代法学》2015年第3期;张平华、曹相见:"人格权的'上天'与'下凡'——兼论宪法权利与民事权利的关系",载《江淮论坛》2013年第2期。
[7] 参见韩强:"人格权确认与构造的法律依据",载《中国法学》2015年第1期。
[8] 参见尹田:"人格权独立成编的再批评",载《比较法研究》2015年第6期。
[9] 参见尹田:"论人格权独立成编的技术障碍",载《政法论坛》2016年第1期。
[10] 参见杜涛:《民法总则的诞生——民法总则重要草稿及立法过程背景介绍》,北京大学出版社2017年版,第6页。
[11] 参见梁慧星:"中国民法典编纂中的最大争论和我的态度——在四川大学法学院的讲座",载http://www.360doc.com/content/16/1215/20/39118872_615098058.shtml,最后访问日期:2017年2月16日。此后,梁慧星教授在访谈中继续提出"党中央已确定不设置人格权编,学者应该服从中央决定,不能再提独立成编"等类似政治性色彩浓重的观点,参见"独家专访梁慧星教授——三十年弹指一挥间从民法通则到民法总则",载http://www.360doc.com/content/17/0902/07/1417717_684067918.shtml,最后访问日期:2017年2月16日。
[12] 参见梁慧星:"中国民法典中不能设置人格权编",载《中州学刊》2016年第2期。
[13] 参见杨立新:"对民法典规定人格权法重大争论的理性思考",载《中国法律评论》2016年第1期。

理由，从时代发展特点、社会治理需要、人权保障趋势、中国实际情况、立法逻辑体系、人格权自身发展需要等方面为人格权独立成编提供了充分的理论支撑。❶ 这些关于人格权编立法的深入讨论，是学术讨论深入发展的标志，并将推动我国人格权立法、司法和理论的进一步发展。

三、婚姻家庭法

1950 年我国制定的第一部法律是《婚姻法》，确定了其部门法的地位，并成为改革开放之前制定的唯一一部民法单行法。

改革开放之初，1980 年我国对《婚姻法》进行了修订，对其内容予以扩充和完善；2001 年，《婚姻法（修正案）》出台，修改内容多达 33 处。作为最具有本土性的民事法律之一，婚姻家庭法兼具伦理性和身份性、契约性和财产性，性质特殊。纵观婚姻家庭法的 40 年，下文笔者从立法和理论两个层面对其发展进行概述。

（一）婚姻家庭法四十年的立法嬗变

目前我国的婚姻家庭法内容已经相对完善，形成了以《宪法》为基础，以《婚姻法》为核心，以《收养法》《老年人权益保护法》《未成年人保护法》《妇女权益保障法》《反家庭暴力法》以及相关司法解释为重要组成部分的婚姻家庭法律体系。

《婚姻法》历经三次调整，并出台了四部司法解释进行补充、解释。与 1950 年《婚姻法》相比较，1980 年《婚姻法》所作的修改和补充主要体现在基本原则的补充、结婚条件的修改、离婚条款的增补方面；❷ 2001 年《婚姻法》进行了大幅度的修正，主要增加了禁止条款，补充了无效和可撤销婚姻制度，凸显了夫妻财产制法律地位以及细化了离婚制度。❸ 不过，重婚姻而轻亲属关系的特点仍然明显，在该法有限的 51 个条文中，仅仅有 13 个条文与亲子关系或其他家庭成员关系相关，其余 27 个条文均为调整婚姻关系的规范。❹《最高人民法院关于适用〈中华人民共和国婚姻法〉若干问题的解释（一）》的 34 个条文中，有关婚姻关系的条文为 25 个，有关家庭关系的仅为 6

---

❶ 参见王利明："人格权的积极确权模式探讨——兼论人格权法与侵权法之关系"，载《法学家》2016 年第 2 期；王利明："人文关怀与人格权独立成编"，载《重庆大学学报（社会科学版）》2016 年第 1 期；王利明："论人格权独立成编的理由"，载《法学评论》2017 年第 6 期；王利明："论我国《民法总则》的颁行与民法典人格权编的设立"，载《政治与法律》2017 年第 8 期；孟勤国："人格权独立成编是中国民法典的不二选择"，载《东方法学》2017 年第 6 期；刘凯湘："人格权立法中的论争与辨析"，该文为第 416 期"民商法前沿论坛"实录稿，发布于中国民商法律网公众号 2016 年 2 月 29 日。石佳友："人权与人格权的关系——从人格权的独立成编出发"，载《法学评论》2017 年第 6 期；许中缘："德国潘德克顿式《民法总则》之后的人格权法的立法"，载《东方法学》2017 年第 6 期；王叶刚："人格权确权与人格权法独立成编——以个人信息权为例"，载《东方法学》2016 年第 6 期。

❷ 杨大文主编：《婚姻家庭法》，中国人民大学出版社 2015 年版，第 35 页。

❸ 杨大文主编：《婚姻家庭法》，中国人民大学出版社 2015 年版，第 36~37 页。

❹ 夏吟兰："民法典体系下婚姻家庭法之基本架构与逻辑体例"，载《政法论坛》2014 年第 5 期，第 142 页。

个。2003年《最高人民法院关于适用〈中华人民共和国婚姻法〉若干问题的解释（二）》的29个条文中，有关婚姻关系的条文为26个，没有关于家庭关系的条文。2011年《最高人民法院关于适用〈中华人民共和国婚姻法〉若干问题的解释（三）》（以下简称《婚姻法司法解释（三）》）的19个条文中，有关婚姻关系的条文为16个，有关家庭关系的为2个。2018年1月《最高人民法院关于审理涉及夫妻债务纠纷案件适用法律有关问题的解释》，推翻了以往夫妻共同债务的推定规则。

纵观《婚姻法》四十年的立法嬗变可见，第一，我国婚姻家庭法调整范围的倾向，始终是重婚姻关系轻家庭、亲属关系；第二，调整重心有所转移，调整财产关系的规范所占比例越来越大。

（二）婚姻家庭法四十年的学术动态

学术界对于婚姻家庭法的理论研究，大体与立法同步。数量上而言，根据中国人民大学图书馆超星网统计，2011年《婚姻法司法解释（三）》出台后，有关婚姻法方面的论著为3822篇，是近四十年来婚姻家庭法理论研究的最高峰。[1] 如今民法婚姻家庭编的立法启动，又将学术研究推向了新高潮。从内容上而言，婚姻家庭法的理论研究总体上呈现阶段性特征。第一阶段是1980~2001年，侧重宏观研究，研究的核心内容为具有本土特色的婚姻家庭价值基础理论探究[2]以及以借鉴国外经验为基础的制度构建，主要专著有杨大文教授主编的《婚姻法学》《亲属法》，[3]李志敏教授主编的《比较家庭法》[4]，张贤钰教授的《外国婚姻家庭法资料选编》[5]。第二阶段为2001~2011年，侧重进行微观研究，主要内容为具体制度的理解与适用。对此，曾有学者认为，长期停留在法条解释和制度设计的研究层面，将阻碍婚姻家庭法学研究纵深发展。[6] 这段时期重要的学术著作有巫昌祯教授主编的《中国婚姻法》[7]，杨立新教授主编的《亲属法专论》[8]，陈苇教授的《家事法研究》[9]和《中国婚姻家庭法立法研究》[10]等。第三阶段为2011年至今，民法婚姻家庭编的编纂为理论研究提供了新的契机，学界重新

---

[1] http://ss.zhizhen.com/s.do? sw=婚姻法&go=q，最后访问日期：2018年2月4日。
[2] 曹诗权："婚姻自由的社会约束"，载《法商研究》1987年第2期；曹诗权："中国亲属法的法文化源流和形式特点"，载《法商研究》1997年第3期；何俊萍："论婚姻家庭领域道德调整与法律调整的关系——兼谈对婚外恋的道德调整和法律调整"，载《政法论坛》2000年第3期。
[3] 杨大文主编：《婚姻法学》，北京大学出版社1991年版；杨大文主编：《亲属法》，法律出版社1997年版。
[4] 李志敏主编：《比较家庭法》，北京大学出版社1998年版。
[5] 张贤钰：《外国婚姻家庭法资料选编》，复旦大学出版社1991年版。
[6] 雷春红："婚姻家庭法的定位：'独立'抑或'回归'——与巫若枝博士商榷"，载《学术论坛》2010年第5期，第146页。
[7] 巫昌祯主编：《中国婚姻法》，中国政法大学出版社2001年版。
[8] 杨立新：《亲属法专论》，高等教育出版社2006年版。
[9] 陈苇：《家事法研究》，群众出版社2007年版。
[10] 陈苇：《中国婚姻家庭法立法研究》，群众出版社2010年版。

回归对法理基础、价值取向的考量,[1]有关家事司法审判的内容也进入了学者的视野。这段时期的代表作有雷春红的《当代中国婚姻家庭法价值取向的审视与建构——以我国夫妻财产制和离婚救济制度为例》[2]、陈苇的《21世纪家庭法与家事司法实践与变革》[3]。下文对40年来有关婚姻家庭法部分重点、热点、难点问题的研究情况作简要概述。

1. 婚姻家庭法的一般理论

（1）婚姻家庭法正名。

从1950年起,《婚姻法》虽历经两次修改,但仍以婚姻法命名,无法概括婚姻家庭法的全部内容,损害了法律体系的内在逻辑性,[4]因而学界一致认为,首先应当修改现行婚姻法的名称,为婚姻法正名。有学者认为,应当修订为亲属法,只有这样才能使我国亲属法制建设不至于再次错过走向现代化和面向未来的历史机遇,使之适应市场经济对亲属制度的需求。[5]有学者认为,应当修订为婚姻家庭法,比较切合我国社会实际,并且具有一定的传承性,便于民众接受。[6]也有学者认为命名问题,其实是无关宏旨的,可以婚姻家庭编为名,也可以亲属编为名。与古代不同,在当代社会中,以婚姻为基础的家庭是唯一的实体性的亲属组织,婚姻家庭法和亲属法一般说来是可以作为同义语使用的。[7]

（2）婚姻家庭法与民法的关系。

婚姻家庭法的基础性问题,是婚姻家庭法与民法的关系问题。关于婚姻家庭法与民法的关系有两种学说,一为独立法律部门说,二为回归民法说。独立法律部门说的论据有四,一是不认同回归民法的提法;二是婚姻家庭法与民法的调整对象不同;三是婚姻家庭法与民法的调整手段不同;[8]四是婚姻法回归民法后产生了不利影响[9]。回归民法

---

[1] 刘征峰:"家庭法与民法知识谱系的分立",载《法学研究》2017年第4期;金眉:"婚姻家庭立法的同一性原理——以婚姻家庭理念、形态与财产法律结构为中心",载《法学研究》2017年第4期;曹贤信:"亲属法的伦理价值取向及其立法对策",载《河南师范大学学报（哲学社会科学版）》2012年第4期。

[2] 雷春红:《当代中国婚姻家庭法价值取向的审视与建构——以我国夫妻财产制和离婚救济制度为例》,浙江大学出版社2016年版。

[3] 陈苇:《21世纪家庭法与家事司法实践与变革》,群众出版社2006年版。

[4] 杨立新:"完善我国亲属法律制度的六个基本问题",载《浙江工商大学学报》2008年第6期,第14页。

[5] 李春斌:"为什么民法典应将'婚姻法'正名为'亲属法'",载《甘肃社会科学》2016年第2期。

[6] 杨大文主编:《婚姻家庭法》,中国人民大学出版社2015年第6版,第37页;杨立新:"对修订民法典婚姻家庭编30个问题的立法建议",载《财经法学》2017年第6期,第6页。

[7] 杨大文:"民法的法典化与婚姻家庭法制的全面完善——关于民法婚姻家庭编的总体构想",载《中华女子学院学报》2002年第4期,第2页。

[8] 薛宁兰:"婚姻家庭法定位及其伦理内涵",载《江淮论坛》2015年第6期,第134~135页。

[9] 巫若枝:"三十年来中国婚姻法'回归民法'的反思——兼论保持与发展婚姻法独立部门法传统",载《法制与社会发展》2009年第4期。

说的论据主要有三,一是亲属关系是市民社会关系中不可或缺的组成部分❶;二是婚姻家庭法与民法有着本质联系❷;三是婚姻家庭法在民法体系中具有相对独立性❸。1950年《婚姻法》借鉴苏联的做法,将婚姻法从民法中分离出去,成为一个独立的法律部门,标榜为社会主义的法律特点,借以与资本主义国家民法划清界限。❹1986年《民法通则》颁布后,有关二者的关系正处于广泛讨论时期,所以,在90年代左右对于民法学研究述评的内容中不包含婚姻家庭法部分。❺ 21世纪初民法典草案编纂时,婚姻家庭法作为民法典组成部门,已经被学术界的大多数学者和立法部门所认同。❻

婚姻家庭法形式上回归民法后,对如何回归这一议题的讨论核心,在于如何处理好婚姻法这一身份法与物权法、合同法等财产法之间的关系,主要涉及两大问题:一是法律行为问题,即对于婚姻当中的各类身份关系,法律行为理论中在多大程度内能够适用;二是夫妻财产制问题,即对于夫妻之间的财产关系,既有财产法规则能否以及如何适用。❼ 对第一个问题大多数学者持悲观态度❽,少数学者持乐观态度❾。第二个问题逐渐进入学者的视野,以研究婚姻法与物权法、合同法、侵权法的关系为主。❿

(3) 婚姻家庭法在民法典中的体系安排。

婚姻家庭法在民法典中的体系安排,能够直接体现婚姻家庭法的地位。讨论的中心问题是:婚姻家庭法应当安排在财产法之前还是之后?大多数学者认为婚姻家庭法编应当置于财产法之前,⓫有昭示人身关系法重于财产关系法的用意,⓬囊括私人生活

---

❶ 江平:"制定民法典的几点宏观思考",载《政法论坛》1999年第3期。

❷ 余延满:《亲属法原论》,法律出版社2007年版;李洪祥:"我国亲属法应当回归未来民法典",载《吉林大学社会科学学报》2011年第2期。

❸ 夏吟兰:"论婚姻家庭法在民法典体系中的相对独立性",载《法学论坛》2014年第4期。

❹ 杨立新:"《最高人民法院关于适用〈婚姻法〉若干问题的解释(三)》的民法基础",载《法律适用》2011年第10期,第40页。

❺ 《法学研究》编辑部编著:《新中国民法学研究综述》,中国社会科学出版社1990年版;刘心稳主编:《中国民法学研究述评》,中国政法大学出版社1996年版。

❻ 有关《民法典草案》的专家建议稿分别是:梁慧星:《中国民法典草案建议稿》,法律出版社2003年版;徐国栋:《绿色民法典草案》,社会科学文献出版社2004年版;王利明:《中国民法典草案建议稿及其说明》,中国法制出版社2004年版。

❼ 贺剑:"论婚姻法回归民法的基本思路——以法定夫妻财产制为重点",载《中外法学》2014年第6期。

❽ 苏永钦:"大陆法系国家民法典编纂若干问题探讨",载《比较法研究》2009年第4期;邓丽:"论民法总则与婚姻法的协调立法——宏观涵摄与微观留白",载《当代法学》2015年第4期。

❾ 朱庆育:"法典理性与民法总则",载《中外法学》2010年第4期。

❿ 许莉:"夫妻财产归属之法律适用",载《法学》2007年第12期;田韶华:"婚姻领域内物权变动的法律适用",载《法学》2009年第3期;杨立新、刘德权主编:《亲属法新问题与新展望》,人民法院出版社2009年版;裴桦:"也谈夫妻间赠与的法律适用",载《当代法学》2016年第4期;夏吟兰、罗满景:"夫妻之间婚内侵权行为的中美法比较",载《比较法研究》2012年第3期。

⓫ 王利明:《中国民法典基本理论问题研究》,人民法院出版社2004年版,第12页;于海涌:"中国民法典编纂的基本思路和立法体例",载《法治研究》2016年第3期,第15页;夏吟兰:"现代大陆法系亲属法之发展变革",载《法学论坛》2011年第2期,第11页。

⓬ 董学立:"也论民法典的体系",载《山东大学学报(哲学社会科学版)》2005年第6期,第141页。

之全部的民法典自然应从人生起始点即温情脉脉的家庭开始。❶也有学者认为婚姻家庭法编应当置于财产法之后,❷更加符合法典的逻辑性、体系化。

(4)婚姻家庭法的基本原则。

在婚姻家庭编立法中对于基本原则重构的讨论主要有四种观点:一是应当取消婚姻法的基本原则,在婚姻家庭编中不设基本原则。因为《民法总则》已经明确规定了民法的基本原则,婚姻家庭编应当适用《民法总则》的基本原则,且婚姻家庭编的具体规定已经体现了婚姻法的基本原则。二是应当完整保留婚姻法的基本原则,这不仅是我国婚姻家庭立法的重要价值目标与立法宗旨,也是司法实践的导向性规定。三是保留属于婚姻家庭编具有重要价值目标与立法宗旨的基本原则,取消其他法律有明确规定且非婚姻家庭立法核心价值的基本原则,如计划生育原则,禁止家庭暴力的规定等。四是在保留婚姻法基本原则的基础上,根据我国社会的发展与国际公约的要求,应当进一步完善婚姻法的基本原则。❸

(5)婚姻家庭法的调整范围。

第一,是否应当纳入非婚同居。一种观点认为,多元性、开放性、宽容性的家庭法应将非婚同居关系纳入婚姻家庭法调整的范围,❹以保障当事人选择非婚同居生活方式的自由,❺同时通过法律的指引,保护同居期间双方的子女以及无过错一方的合法权益。❻另一种观点则认为,应当坚持法律的严肃性,既然法律明确规定了结婚的实质要件与形式要件,婚姻家庭编就不应将非婚同居关系纳入法律的调整范围予以保护。

第二,是否调整同性伴侣关系。一种观点认为,应当给予同性伴侣以合法婚姻的地位,认为同性恋者缔结婚姻的权利是基本人权,应得到法律的保障。❼另一种观点则认为,现阶段我国立法对同性婚姻合法化应持反对态度,我国同性恋合法化的社会环境与欧洲差异甚远,考虑到中国传统文化、人口基数等国情,我国目前尚无必要立即进入为同性恋者立法或修法阶段。❽第三种观点认为,应当适用单行法的模式,在婚姻之外,创设另一种共同生活模式来规定,这样在适用范围、调整力度和对婚姻法律制

---

❶ 易继明:"历史视域中的私法统一与民法典的未来",载《中国社会科学》2014年第5期,第141页。
❷ 梁慧星:"当前关于民法典编纂的三条思路",载《律师世界》2003年第2期,第4~8页;刘士国:"论中国民法典的体系",载《法制与社会发展》2002年第3期,第130~133页;孙鹏:"民法法典化探究",载《现代法学》2001年第2期,第17页。
❸ 夏吟兰:"民法分则婚姻家庭编立法研究",载《中国法学》2017年第3期,第74~75页。
❹ 何丽新:《我国非婚同居立法规制研究》,法律出版社2010年版,第373页。
❺ 杨立新:《杨立新民法讲义·婚姻家庭法》,人民法院出版社2009年版,第178页;陈苇:《中国婚姻家庭法立法研究》,群众出版社2010年版,第188页。
❻ 夏吟兰:"民法分则婚姻家庭编立法研究",载《中国法学》2017年第3期,第79页。
❼ 孙振栋:"同性恋者人权保护问题研究",载梁慧星主编:《民商法论丛》(第24卷),香港金桥文化出版有限公司2002年版,第622~623页;杨立新:"完善我国亲属法律制度的六个基本问题",载《浙江工商大学学报》2008年第6期,第17页。
❽ 蒋月:《婚姻家庭法前沿导论》,科学出版社2007年版,第331页。

度的冲击程度较小，易于被社会接受。❶

第三，是否纳入监护制度。大多数学者对此持肯定态度，理由在于：第一，符合未来民法典的总分体例；第二，符合监护制度的双重法律属性；第三，符合大陆法系民法典的体系化传统；第四，有利于监护制度的完善与发展。❷ 对此持反对意见的少数学者则认为，监护制度不应纳入婚姻家庭法中，仍然以保留在民法中规定为好。❸

2. 婚姻家庭法的具体制度。

对于婚姻家庭法的调整范围的学术讨论，集中在婚姻关系（包括人身关系和财产关系）和家庭关系两个方面。

（1）婚姻人身关系。

结婚制度方面，对事实婚姻与无效可撤销婚姻的研究居多。

第一，事实婚姻。前期侧重于事实婚姻效力的讨论，❹ 一种是赞同论，主要认为婚姻关系有利于稳定现存的婚姻家庭关系和社会的安定团结；一种是否定论，认为违反结婚程序也是违法行为，不应该得到法律的保护，否则，有悖于法律的严肃性。❺ 事实婚姻的效力整体上经历了由相对承认到绝对不承认再到相对承认的转变，❻ 后期则侧重于研究事实婚姻与非婚同居的关系。❼

第二，无效与可撤销婚姻。前期的争论主要在于是否需要区分无效与可撤销，学术观点分为单一制说与双轨制说，❽ 后期的争论将内容予以细化，分别有"疾病是否应当成为无效婚姻事由之一"❾ "无效婚姻与可撤销婚姻的法律效果之区分" "欺诈、重大误解、通谋虚伪意思表示等意思瑕疵对婚姻效力的影响" ❿ 以及 "无效可撤销婚姻中当事人与第三人利益保护" ⓫ 等问题。

---

❶ 何丽新：《我国非婚同居立法规制研究》，法律出版社2010年版，第324页。
❷ 夏吟兰："民法典体系下婚姻家庭法之基本架构与逻辑体例"，载《政法论坛》2014年第5期，第146页。
❸ 陈苇：《中国婚姻家庭法立法研究》，群众出版社2010年版，第470页。
❹ 张学军："事实婚姻的效力"，载《法学研究》2002年第1期；刘素萍、周万玲："浅析事实婚姻的法律效力"，载《法学家》1987年第2期；陈苇："略论事实婚姻的法律效力"，载《法学家》1987年第3期；陈苇、高伟："我国事实婚姻制度之重构——澳大利亚的《事实伴侣关系法》的启示"，载《法学杂志》2008年第2期；袁俊："试论事实婚姻的认定及处理"，载《现代法学》2000年第3期。
❺ 巫昌祯："中国婚姻家庭法学四十年（上）"，载人大复印报刊资料《法学》1990年第3期，第96~97页。
❻ 金眉："论我国事实婚姻制度之完善"，载《南京社会科学》2017年第10期。
❼ 何丽新："论事实婚姻与非婚同居的二元化规制"，载《比较法研究》2009年第2期；徐涤宇："历史视野下夹缠于非婚和婚姻之间的事实婚——兼论我国未来民法典对事实婚的应然构建"，载《法学评论》2016年第3期；巫昌祯、夏吟兰主编：《婚姻家庭法学》，中国政法大学出版社2007年版，第89~90页。
❽ 王利明："婚姻法修改中的若干问题"，载《法学》2001年第3期，第47页。
❾ 孙若军："疾病不应是缔结婚姻的法定障碍——废除《婚姻法》第7条第2款的建议"，载《法律适用》2009年第3期；王小英："试论我国无效婚姻立法的缺陷及完善"，载《法学杂志》2012年第5期；刘余香："我国《婚姻法》规定的结婚禁止条件质疑"，载《法学杂志》2009年第1期。
❿ 冉克平："论婚姻缔结中的意思表示瑕疵及其效力"，载《武汉大学学报（哲学社会科学版）》2016年第5期；金眉："论通谋虚伪结婚的法律效力"，载《政法论坛》2015年第3期。
⓫ 徐国栋："无效与可撤销婚姻中诚信当事人的保护"，载《中国法学》2013年第5期。

婚姻关系存续期间，人身关系方面的争论焦点主要集中在忠实义务、生育权、配偶权。在忠实义务方面，2001 年《婚姻法》出台之前就法律是否应当明确规定忠实义务的问题上存有争论。《婚姻法》第 4 条明确规定夫妻之间应当互相忠实后，即引发新的争议点，即忠实协议的效力。学界有四种学说，分别是无效说、有效说、❶ 区别说❷ 以及自然债务说❸。在生育权方面，主要争议点有生育权的主体是妻子还是丈夫、生育权如何行使及其救济、生育协议的效力、生育权冲突后如何处理❹等。对配偶权的争议，焦点在于是否要在法律上明确规定配偶权。❺ 此外，婚内侵权、❻ 同居义务、❼ 日常家事代理权❽近些年来也有相应的深入研究。

离婚制度争议点的最大问题，大致是两方面：一是裁判离婚的标准：20 世纪 80 年代末期开始，学界就感情破裂主义是否妥当进行了争论，立场分为两种：感情说与关系说。❾《婚姻法》出台后，集中讨论裁判离婚法定理由中的例示性规定，❿ 整体意见为在保障离婚自由的同时，防止轻率离婚。⓫ 二是对登记离婚制度的缺陷进行理论上的补

---

❶ 吴晓芳："关于'婚姻契约'问题的思考——兼与陈甦研究员商榷"，载《人民法院报》2007 年 2 月 8 日；景春兰："夫妻'忠实协议'的裁判规则解释"，载《政治与法律》2017 年第 8 期。

❷ 王歌雅："夫妻忠诚协议：价值认知与效力判断"，载《政法论丛》2009 年第 5 期；隋彭生："夫妻忠诚协议分析——以法律关系为重心"，载《法学杂志》2011 年第 2 期。

❸ 刘加良："夫妻忠诚协议的效力之争与理性应对"，载《法学论坛》2014 年第 4 期。

❹ 朱晓喆、徐刚："民法上生育权的表象与本质——对我国司法实务案例的解构研究"，载《法学研究》2010 年第 5 期；马忆南："夫妻生育权冲突解决模式"，载《法学》2010 年第 12 期；樊林："生育权探析"，载《法学》2000 年第 9 期；张作华、徐小娟："生育权的性别冲突与男性生育权的实现"，载《法律科学》2007 年第 2 期；周永坤："丈夫生育权的法理问题研究——兼评《婚姻法》解释（三）第 9 条"，载《法学》2014 年第 12 期；朱振："妊娠女性的生育权及其行使的限度——以《婚姻法》司法解释（三）第 9 条为主线的分析"，载《法商研究》2016 年第 6 期；张学军："论妻子擅自中止妊娠的损害赔偿责任"，载《政治与法律》2011 年第 4 期。

❺ 蒋月："配偶身份权的内涵与类型界定"，载《法商研究》1999 年第 4 期；裴桦："配偶权之权利属性探究"，载《法制与社会发展》2009 年第 6 期；冉克平："论配偶权之侵权法保护"，载《法学论坛》2010 年第 4 期；杜启顺："配偶权立法必要性的理论检讨与实践基础"，载《东北师范大学学报（哲学社会科学版）》2017 年第 5 期；曾祥生："论配偶权的侵权责任法保护"，载《法学评论》2014 年第 6 期。

❻ 夏吟兰、罗满景："夫妻之间婚内侵权行为的中美法比较"，载《比较法研究》2012 年第 3 期。

❼ 王丽萍："别居制度的比较研究"，载《法学家》1998 年第 5 期；罗思荣、马齐林："分居制度研究"，载《政法论坛》2000 年第 2 期；邵世星："夫妻同居义务与忠实义务剖析"，载《法学评论》2001 年第 1 期。

❽ 马忆南："论夫妻人身权利义务的发展和我国《婚姻法》的完善"，载《法学杂志》2014 年第 11 期；马忆南、杨朝："日常家事代理权研究"，载《法学家》2000 年第 4 期；史浩明："论夫妻日常家事代理权"，载《政治与法律》2005 年第 3 期。

❾ 刘纪炎："感情破裂与离婚标准"，载《法学家》1992 年第 2 期；曹诗权："海峡两岸裁判离婚标准的比较研究"，载《法商研究》1998 年第 1 期；马忆南："婚姻法修改中几个争议问题的探讨"，载《中国法学》2001 年第 1 期，第 145~147 页。

❿ 余华："我国离婚法定理由制度之不足及完善"，载《法学杂志》2010 年第 8 期；薛宁兰："离婚法的诉讼实践及其评析"，载《法学论坛》2014 年第 4 期。

⓫ 巫昌祯、夏吟兰主编：《婚姻家庭法学》，中国政法大学出版社 2016 年版，第 207 页；夏吟兰、何俊萍："现代大陆法系亲属法之发展变革"，载《法学论坛》2011 年第 2 期，第 10 页。

充和完善，譬如增加登记结婚的冷静期。❶

(2) 婚姻财产关系。

在当代，婚姻家庭中财产关系的地位越来越重要。夫妻财产与物权、债权、股权、知识产权都有交集，其宏观定位、基本价值取向、整体结构、具体问题都至关重要。在宏观定位中，涉及财产处理时，每一个环节都会与物权法、合同法、知识产权法的规则发生冲突，如何协调其中的关系成为理论上亟待解决的问题之一。❷ 在价值取向中，我国夫妻财产制度应以何为依归，也需要学界予以解答。❸ 在整体结构中，前期进行了比较法的研究，❹ 确立了法定财产制与约定财产制，但在非常法定财产制度❺仍有缺失。此外，在实践中约定财产制的情况较少，所以这方面的专门性研究并不多。❻

在四十年的婚姻法学研究中，夫妻财产制的具体问题研究成果颇丰。

第一，个人财产与共同财产方面争议点有：个人财产中孳息的归属认定❼、个人财产的转化规则❽、共同财产的性质❾、范围❿以及分割。其中共同财产的分割研究十分深

---

❶ 邵俊武："离婚程序探析"，载《政治与法律》2004 年第 3 期；夏吟兰："对中国登记离婚制度的评价与反思"，载《法学杂志》2008 年第 2 期。

❷ 裴桦："夫妻财产制与财产法规则的冲突与协调"，载《法学研究》2017 年第 4 期；肖立梅："我国《物权法》与《婚姻法》在调整婚姻家庭财产关系中的适用"，载《法学杂志》2014 年第 8 期。

❸ 夏吟兰："民法分则婚姻家庭编立法研究"，载《中国法学》2017 年第 3 期，第 73 页；赵玉："司法视域下夫妻财产制的价值转向"，载《中国法学》2016 年第 1 期；杨大文："略论婚姻财产关系法律调整的价值取向——由婚姻法司法解释（三）引起的社会反响谈起"，载《中华女子学院学报》2011 年第 6 期；陈苇、黎乃忠："现代婚姻家庭法的立法价值取向——以《婚姻法解释（三）》有关夫妻财产关系的规定为对象"，载《吉林大学社会科学学报》2013 年第 1 期。

❹ 杨大文："中国诸法域夫妻财产制的比较研究"，载《法学家》1996 年第 6 期；李志敏、马忆南："海峡两岸夫妻财产制之比较"，载《中外法学》1992 年第 1 期。

❺ 陈法："论我国非常法定夫妻财产制的立法建构"，载《现代法学》2018 年第 1 期；陈苇："完善我国夫妻财产制的立法构想"，载《中国法学》2000 年第 1 期，第 89 页；罗冠南："意大利夫妻财产制度的历史发展与现状"，载《比较法研究》2015 年第 6 期。

❻ 林承铎："论夫妻约定财产制度的适用困境——由夫妻二人公司出资协议性质争议引发的思考"，载《法学杂志》2012 年第 3 期；刘宏渭、赵军蒙："论我国婚姻家庭立法的价值取向——兼议夫妻财产约定"，载《法学杂志》2012 年第 7 期；夏吟兰、何俊萍："现代大陆法系亲属法之发展变革"，载《法学论坛》2011 年第 2 期，第 9~10 页。

❼ 贺剑："夫妻个人财产的婚后增值归属——兼论我国婚后所得共同制的精神"，载《法学家》2015 年第 4 期；贺剑："'理论'在司法实践中的影响——以关于夫妻个人财产婚后孳息归属的司法实践为中心"，载《法制与社会发展》2014 年第 3 期；胡苷用："婚姻中个人财产增值归属之美国规则及其启示"，载《政治与法律》2010 年第 6 期；许莉："夫妻个人财产婚后所生孳息之归属"，载《法学》2010 年第 12 期。

❽ 贺剑："论夫妻个人财产的转化规则"，载《法学》2015 年第 2 期；杨立新："对婚前个人财产转化为夫妻共同财产的评释"，载杨立新：《民法判解研究与适用》，中国检察出版社 1994 年版。

❾ 龙俊："夫妻共同财产的潜在共有"，载《法学研究》2017 年第 4 期。

❿ 王竹青："《婚姻法》第 17 条第 4 项立法之商榷——兼论婚后继承或受赠财产的权利属性"，载《河北法学》2012 年第 7 期；夏吟兰："对中国夫妻共同财产范围的社会性别分析——兼论家务劳动的价值"，载《法学杂志》2005 年第 2 期。

入，譬如离婚后的财产分割即细化到房产❶、知识产权❷、股权❸、遗产❹等特殊财产❺的处理。

第二，与夫妻个人财产、共同财产相对应的划分，是个人债务与共同债务，2018年"反24条"司法解释的出台，更是离不开学界对这一问题的不断研究，譬如共同债务的认定范围、时间推定等。❻

第三，根据婚姻关系的订立与消灭时间的不同，引发了婚姻关系尚未建立之前的彩礼返还、婚姻关系存续期间财产的处理、离婚后的财产分割问题。彩礼❼与婚约❽有密切的关系，是前期学界研究的重心，后期则转移至婚内夫妻处理财产的问题上，譬如婚内财产分割❾、夫妻之间的赠与❿、对交易第三人的影响⓫等。值得注意的是，新近研究指出夫妻间的赠与行为能否直接适用合同法有关赠与合同的规则，学者认为不可一概而论。⓬

最后，保障弱势群体权益保护的离婚救济制度，譬如离婚经济补偿制度、离婚损

---

❶ 冀放："规则碰撞中的离婚房产分割问题——以立法史为视角"，载《河北法学》2017年第9期；贺剑："离婚时按揭房屋的增值分配：以瑞士法为中心"，载《政治与法律》2014年第10期；陈雪萍："论离婚房产分割中信托法律制度之应用——以英国法上的共同意图的推定信托和归复信托为借鉴"，载《政治与法律》2014年第6期；孙若军："离婚时处理按揭房屋的法律问题探析"，载《法学家》2009年第3期。

❷ 裴桦："也谈离婚时知识产权尚未取得的收益的归属——兼评《婚姻法》司法解释（二）第12条"，载《当代法学》2010年第5期。

❸ 张伟、叶名怡："离婚时夫妻所持公司股权分割问题研究"，载《法商研究》2009年第3期。

❹ 刘耀东："放弃继承与夫妻共同财产制的冲突与协调——以《物权法》第29条与《婚姻法》第17条为中心"，载《北方法学》2016年第1期；王竹青、薛峰："关于离婚时尚未分割的遗产处理"，载《法律适用》2010年第12期。

❺ 叶名怡、张伟："离婚案件中三类特殊共有财产分割探析"，载《法学杂志》2009年第11期。

❻ 冉克平："夫妻团体债务的认定及清偿"，载《中国法学》2017年第5期；叶名怡："《婚姻法解释（二）》第24条废除论——基于相关统计数据的实证分析"，载《法学》2017年第6期；蒋月："域外民法典中的夫妻债务制度比较研究——兼议对我国相关立法的启示"，载《现代法学》2017年第5期；孙若军："论夫妻共同债务'时间'推定规则"，载《法学家》2017年第1期；杨晓蓉、吴艳："夫妻共同债务的认定标准和责任范围——以夫妻一方经营性负债为研究重点"，载《法律适用》2015年第9期；王歌雅："离婚财产清算的制度选择与价值追求"，载《法学论坛》2014年第4期；张驰、翟冠慧："我国夫妻共同债务的界定与清偿论"，载《政治与法律》2012年第6期；李红玲："论夫妻单方举债的定性规则——析《婚姻法解释（二）》第24条"，载《政治与法律》2010年第2期。

❼ 张学军："彩礼返还制度研究——兼论禁止买卖婚姻和禁止借婚姻索取财物"，载《中外法学》2006年第5期。

❽ 邱玉梅："婚约问题探析"，载《法商研究》2000年第5期；陈会林："婚约制存废的伦理法理考量"，载《法学》2015年第1期。

❾ 程啸："婚内财产分割协议、夫妻财产制契约的效力与不动产物权变动——'唐某诉李某某、唐某乙法定继承纠纷案'评释"，载《暨南学报（哲学社会科学版）》2015年第3期。

❿ 冉克平："夫妻之间给予不动产约定的效力及其救济——兼析《婚姻法司法解释（三）》第6条"，载《法学》2017年第11期；裴桦："也谈夫妻间赠与的法律适用"，载《当代法学》2016年第4期。

⓫ 刘贵祥："论无权处分和善意取得的冲突和协调——以私卖夫妻共有房屋时买受人的保护为中心"，载《法学家》2011年第5期；田韶华："婚姻领域内物权变动的法律适用"，载《法学》2009年第3期；蒋月："夫妻财产制与民事交易安全若干问题研究"，载《法学》1999年第5期。

⓬ 田韶华："夫妻间赠与的若干法律问题"，载《法学》2014年第2期。

害赔偿制度。自 2001 年婚姻法修正案实施后，学界初期集中研究离婚救济制度的主体、构成要件、法律效果等基础性理论，❶ 但由于后期的实施效果不尽如人意，学者们开始进行大量实证研究，❷ 分析背后的制度性构建问题，并对离婚救济制度提出完善的建议，❸ 实现了从单一的制度性研究到多元的对策性研究的转变。

（3）家庭亲属关系。

我国立法缺乏亲属关系的详细规则，学界对于亲属关系的基本原理包括亲属的概念、范围、亲系、亲等及其计算方法、亲属法律行为、亲属关系的效力等方面做了全面的研究。❹ 在婚姻家庭编中增设亲属通则，完善体系架构、填补立法空白，已成为学界共识。将亲属关系通则放于哪一章节或独立成章以及具体编排顺序，颇有争议。主要观点有以下三种：一是独立成章，将亲属关系通则规定于婚姻家庭编通则之后、结婚之前❺。二是将亲属关系通则的内容与婚姻家庭编的基本原则等内容合并为一章，共同构成民法典婚姻家庭编之通则❻。三是将婚姻家庭编的基本原则等内容做婚姻家庭法总括规定置于开篇，亲属关系通则放于亲属编第一章，并不统率婚姻制度。❼

有关亲属问题中的具体制度，主要有以下三个方面。

第一，父母子女关系涉及婚姻、继承、收养等多个方面，亲权作为父母子女权利义务关系的核心，大多数学者认为亟待在立法上予以确立，❽ 同时予以补充婚生子女的

---

❶ 孙若军："论离婚损害赔偿制度"，载《法学家》2001 年第 5 期；陈苇："离婚损害赔偿法律适用若干问题探讨"，载《法商研究》2002 年第 2 期；许丽琴："离婚损害赔偿制度探析"，载《法学杂志》2009 年第 4 期。

❷ 陈苇、何文骏："我国离婚救济制度司法实践之实证调查研究——以重庆市某基层人民法院 2010—2012 年被抽样调查的离婚案件为对象"，载《河北法学》2014 年第 7 期；夏吟兰："离婚救济制度之实证研究"，载《政法论坛》2003 年第 6 期；薛宁兰："离婚法的诉讼实践及其评析"，载《法学论坛》2014 年第 4 期。

❸ 夏吟兰："民法分则婚姻家庭编立法研究"，载《中国法学》2017 年第 3 期，第 81 页；王歌雅："离婚救济的实践隐忧与功能建构"，载《法学杂志》2014 年第 10 期；龙翼飞、侯方："离婚救济制度的辨析与重构"，载《法律适用》2016 年第 2 期；李欣："论离婚经济补偿制度的完善"，载《法学杂志》2011 年第 6 期；陈苇、于林洋："论我国离婚经济补偿制度的命运：完善抑或废除"，载《法学》2011 年第 6 期；宋豫："试论我国离婚经济补偿制度的存废"，载《现代法学》2008 年第 5 期；张学军："离婚损害赔偿制度辨析"，载《政治与法律》2008 年第 2 期；张学军："离婚救济制度的评价与选择"，载《中外法学》2005 年第 2 期。

❹ 夏吟兰、李丹龙："民法典婚姻家庭编亲属关系通则立法研究"，载《现代法学》2017 年第 5 期；李洪祥、王春莹："婚姻法律存在的问题及对策研究——以亲属法体系的完善为视角"，载《当代法学》2012 年第 2 期；张作华："亲属身份行为的分类研究"，载《政法论坛》2009 年第 3 期。

❺ 梁慧星：《中国民法典草案建议稿附理由·亲属编》，法律出版社 2006 年版；杨大文："中国婚姻家庭法的修订和完善"，载《法商研究》1999 年第 4 期，第 3~5 页；夏吟兰："民法典体系下婚姻家庭法之基本架构与逻辑体例"，载《政法论坛》2014 年第 5 期，第 142~148 页。

❻ 王利明：《中国民法典草案建议稿及说明》，中国法制出版社 2004 年版。

❼ 徐国栋：《绿色民法典草案》，社会科学文献出版社 2004 年版。

❽ 肖新喜："亲权社会化及其民法典应对"，载《法商研究》2017 年第 2 期；杨立新："《民法总则》制定与我国监护制度之完善"，载《法学家》2016 年第 1 期；冯源："论儿童最大利益原则的尺度——新时代背景下亲权的回归"，载《河北法学》2014 年第 6 期；夏吟兰、高蕾："建立我国的亲权制度"，载《中华女子学院学报》2005 年第 4 期；夏吟兰："比较法视野下的父母责任"，载《北方法学》2016 年第 1 期。

推定与否认制度，❶ 非婚生子女的准正与认领制度。❷ 随着科技的发展，还出现代孕、冷冻胚胎、人工授精等问题，❸ 学界也积极地做出了回应。《收养法》回归婚姻家庭法已是大势所趋，❹ 如何衔接收养与其他制度的关系，完善其条件、效力，❺ 以及如何保障离婚后未直接抚养子女的父母一方探望权，❻ 也是学界研究的焦点。第二，祖孙、兄弟姐妹之间的关系，一般由广义上的扶养制度（包括抚养、赡养与扶养）予以调整。有关扶养的基本问题已经形成通说，目前的争议在于扶养关系的主体范围、行使权利义务的顺序、扶养的程度、方式以及扶养的变更与消灭等。此外，对夫妻间的扶养也应注意区分婚姻存续期间的扶养和离婚后的扶养。❼ 第三，2011年至2014年的中国婚姻法年会均将家庭暴力作为研究议题之一，有关家庭暴力的研究逐渐深化。❽ 在学界的推动下，2015年我国立法机关颁布了《反家庭暴力法》。该法出台后，近两年学界开始集中于对该法的学理阐释。❾

（三）小结

综合上述内容，回顾40年来婚姻家庭法的变化，其立法与时俱进，其学术研究成果丰富，成就值得充分肯定。不过，在婚姻家庭法的立法和司法中，"重婚姻关系轻家庭关系"实为一大弊病，为了改变婚姻家庭法为"结婚离婚法"的现状，未来应当加大对于家庭关系研究的广度和深度。此外，婚姻作为家庭和社会得以发展和延续的根

---

❶ 叶自强："亲子关系推定的许可与禁止——对《婚姻法司法解释三》第二条的评析"，载《政治与法律》2013年第8期；李洪祥、徐春佳："我国未来民法典中亲子关系否认制度的建构"，载《当代法学》2008年第9期；杨立新："论婚生子女否认和非婚生子女认领及法律疏漏之补充"，载《人民司法》2009年第17期；王洪："论血缘主义在确定亲子关系时的修正与限制"，载《现代法学》1999年第4期。

❷ 黄娟："非婚生子女认领制度比较研究——兼及立法建议"，载《比较法研究》2006年第4期；孟令志："论DNA鉴定技术下父母子女身份的确认"，载《法商研究》2003年第6期；杨玲、杨遂全："论市场经济条件下的私生准正问题"，载《法商研究》1999年第4期。

❸ 朱晓峰："非法代孕与未成年人最大利益原则的实现——全国首例非法代孕监护权纠纷案评释"，载《清华法学》2017年第1期；彭诚信："确定代孕子女监护人的现实法律路径——'全国首例代孕子女监护权案'评析"，载《法商研究》2017年第1期；杨立新："适当放开代孕禁止与满足合法代孕正当要求——对'全国首例人体冷冻胚胎权属纠纷案'后续法律问题的探讨"，载《法律适用》2016年第7期。

❹ 薛宁兰："我国亲子关系的立法体例与构造"，载《法学杂志》2014年第11期，第36页。

❺ 夏吟兰："民法典体系下婚姻家庭法之基本架构与逻辑体例"，载《政法论坛》2014年第5期，第147~148页。

❻ 景春兰、殷昭仙："探望权及其主体扩展的立法思考——以'儿童最大利益'原则为视角"，载《法学杂志》2011年第8期；陈苇、张庆林："离婚诉讼中儿童抚养问题之司法实践及其改进建议——以某县法院2011—2013年审结离婚案件为调查对象"，载《河北法学》2015年第1期。

❼ 李洪祥、王春莹："婚姻法律存在的问题及对策研究——以亲属法体系的完善为视角"，载《当代法学》2012年第2期，第104页。

❽ 林建军："规制夫妻暴力民事立法的功能定位与制度完善"，载《中国法学》2012年第6期；张洪林："反家庭暴力法的立法整合与趋势"，载《法学》2012年第2期；金眉："论反家庭暴力的立法缺失"，载《法学家》2006年第2期。

❾ 薛宁兰："反家庭暴力法若干规定的学理解读"，载《辽宁师范大学学报（社会科学版）》2017年第1期。

本，面对未来科学技术的发展、不同学科交叉融合带来的挑战，民法婚姻家庭编急需积极做出答复，以保持我国婚姻家庭法立法的前瞻性与现实性。

四、物权法

自全国人民代表大会将《中华人民共和国物权法》列入"八五"立法规划时起，我国物权法研究开始进入快速发展期。北京大学钱明星教授于 1994 出版的《物权法原理》❶是改革开放以来第一部物权法专著，随后王利明教授的《物权法论》❷和陈华彬教授的《现代建筑物区分所有权制度研究》❸《物权法原理》❹以及孙宪忠教授的《德国物权法》❺和尹田教授的《法国物权法》❻大大拓展了我国物权法研究的视野，将该领域的研究提升到了全新水平。1999 年《中华人民共和国合同法》颁行以后，我国立法机关加快了物权法立法的步伐，物权法的研究也成为热点。梁慧星教授和王利明教授相继推出了主编或独著的物权法专著❼，并分别领衔完成了《中华人民共和国物权法专家建议稿》的起草工作，对于推动中国的物权法研究乃至推动《中华人民共和国物权法》的出台居功甚伟。另外，孟勤国教授的专著《物权二元结构论》❽及其物权法草案❾，为物权法起草提供了新的思路。然而，物权法的制定过程其争论时间之久、问题之多、程度之激烈，在我国其他立法过程中都是前所未有的。❿纵观争论的历史过程，不难发现这是一个社会经济发展和思想解放的见证；同时也是学术研究不断加深和自动纠偏的过程。"理不辩不明"，在争论中产生了许多精彩的佳作和思想的火花，众多成果为我国今后的立法提供了经验，也为今后物权法的研究提供了宝贵财富。至今，《物权法》已经生效十余年，最高人民法院针对实践中出现的问题出台了《最高人民法院关于适用〈中华人民共和国物权法〉若干问题的解释（一）》（以下简称《物权法司法解释（一）》），无论是学术研究水平还是司法实践经验都有了明显提升，为正在进行的物权编立法提供了充分的理论和实践基础。

（一）物权法基本原则

物权法基本原则是民法基本原则在物权法中的具体体现，表达物权法的基本价值

---

❶ 钱明星：《物权法原理》，北京大学出版社 1994 年版。
❷ 王利明：《物权法论》，中国政法大学出版社 1997 年版。
❸ 陈华彬：《现代建筑物区分所有权制度研究》，法律出版社 1995 年版。
❹ 陈华彬：《物权法原理》，国家行政学院出版社 1998 年版。
❺ 孙宪忠：《德国物权法》，法律出版社 1997 年版。
❻ 尹田：《法国物权法》，法律出版社 1998 年版。
❼ 梁慧星主编：《中国物权法研究》，法律出版社 1998 年版；王利明：《物权法论》，中国政法大学出版社 1998 年版。
❽ 孟勤国：《物权二元结构论》，人民法院出版社 2002 年版。
❾ 孟勤国："中国物权法草案建议稿"，载《法学评论》2002 年第 5 期。
❿ 参见苏永通："中国物权法立法历程：从未如此曲折，从未如此坚定"，载《南方周末》，网址：http://www.ce.cn/xwzx/gnsz/gdxw/200703/22/t20070322_10783983.shtml，最后访问时间：2018 年 2 月 1 日。

取向，是物权法中高度抽象的、最一般的行为规范和价值判断准则。然而法学界对此分歧严重，主张"三原则说""四原则说""五原则说"者皆有，且主张相同数量原则的学者可能在具体为哪几项原则的问题上并不统一。一般来说，一物一权原则、物权公示公信原则和区分原则作为物权法的基本原则在学者之间几乎没有争议[1]。而效率原则[2]、物权优先效力原则[3]、物权变动无因性原则[4]和物权特定原则[5]各有学者主张，亦有学者反对。有学者认为，如"一物一权""物权效力优先"等原则，只是法律技术的产物，并没有表达价值取向，故而上述原则只能成为物权法的具体原则，而物权法的基本原则应该包括平等原则、所有权神圣原则、公序良俗原则、公平原则和诚实信用原则[6]。

而获得最多关注的当是物权法定原则，尽管《物权法》和《民法总则》都明确承认了物权法定原则，但是对物权法定原则的反思一直都没有停止过。有学者指出，对物权法定主义的传统解释导致了物权法的僵硬性[7]。在制定《物权法》之前，苏永钦教授从社会成本角度反思了物权法定的价值，他指出，法定物权固然有诸多合理的经济与非经济方面的价值，如提高资源利用效率、实现分配的公平等，但是也会制造未必能够内化于交易本身的显著社会成本，如确认物权状态的成本，以及因不合特定交易需求而发生的排除、补充与防止法定物权的成本，并会扭曲竞争机制[8]。其后，又有许多学者从物债区分的角度，指出物权和债权并非截然对立的存在，而是存在着诸多中间类型，比如让与担保等，为了能够对实践中存在的权利提供物权性保护，建议民法典应该缓和物权法定原则[9]。

物权公示公信问题是物权法上的一大重要理论领域，但是在早期并未受到足够重视，《物权法》制定时才出现了一些针对物权公示公信问题的研究专著[10]。不动产登记

---

[1] 但有学者提出的原则为"物权绝对原则"，该原则的内涵包括而不限于一物一权原则。孙宪忠：《中国物权法原理》，法律出版社2004年版。刘保玉：《物权法学》，中国法制出版社2007年版，第45~49页。

[2] 王利明："物权法立法的若干问题探讨"，载《政法论坛》2001年第4期。

[3] 参见崔建远："我国物权法应选取的结构原则"，载《法制与社会发展》1995年第3期。钱明星："论我国物权法的基本原则"，载《北京大学学报（哲学社会科学版）》1998年第1期。需注意的是崔建远教授所主张者为物权法的结构原则，并不认可这些原则为基本原则。

[4] 孙宪忠：《中国物权法原理》，法律出版社2004年版，第156~171页；崔建远：《物权：规范与学说》，清华大学出版社2011年版，第79~178页；梁慧星、陈华彬：《物权法》（第5版），法律出版社2010年版，第83~84页。

[5] 孙宪忠：《中国物权法总论》，法律出版社2014年版，第322~324页。

[6] 王轶："略论物权法的基本原则"，载《中国司法》2007年第5期。

[7] 梁上上："物权法定主义：在自由与强制之间"，载《法学研究》2003年第3期。

[8] 苏永钦："法定物权的社会成本——两岸立法政策的比较和建议"，载《中国社会科学》2005年第6期。

[9] 参见张鹏："物债二分体系下的物权法定"，载《中国法学》2013年第6期；常鹏翱："物权和债权在规范体系中的关联"，载《法学研究》2012年第6期；朱虎："物权法自治性观念的变迁"，载《法学研究》2013年第1期；冉昊："论'中间型权利'与财产法二元化框架——兼论分类的方法论意义"，载《中国法学》2005年第6期；杨立新："民法分则物权编应该规定物权法定缓和原则"，载《清华法学》2017年第2期。

[10] 马栩生：《登记公信力研究》，人民法院出版社2006年版。

法在实践中虽具有十分重要的地位，但对此的学术研究也一直比较薄弱。学者过去普遍认为登记问题过于专业化和技术化，属于"程序法"，在民法理论上没有太多价值。有学者从理论方面对不动产登记制度进行了深入分析，并且结合我国物权立法和实践广泛借鉴国外理论和立法资料，在实务方面提供了富有操作性的规则和建议❶。从不动产物权的登记程序中抽离出"物权程序"这一概念，并以之为出发点，探讨正当程序的建构及其效应，使得程序规范和实体规范得到统一❷。其重要贡献在于，首先，扭转了学者原先的普遍偏见，即登记制度没有过多的理论价值可言；其次，将程序法的理念引入物权法相关领域的研究。2013年，国务院常务会议决定，整合不动产登记职责，建立不动产统一登记制度，并随后制定颁布了《不动产登记暂行条例》，为落实物权公示公信原则，保护交易安全提供了制度支持。

（二）物权变动模式

物权法最核心的问题是物权变动模式。在《民法通则》之前，对于财产所有权的移转在立法中未作规定，民法理论的观点是，允许双方当事人在买卖合同中对标的物所有权的移转进行约定，当事人无约定时，所有权转移的时间依标的物是种类物还是特定物而分别确定❸。而在《担保法》中，该法第41条规定以合同设定抵押权时，"抵押合同自登记之日起生效"，第64条规定："质押合同自质物移交于质权人占有时生效"。因以上规定误将物权生效条件应用于合同中，混淆了债权和物权的基本区分，严重损害了债权人的利益，遭到了学者的激烈批判❹。在起草《物权法》的过程中，基于合同行为的物权变动是理论界和实务界讨论的一个热点问题，我国学界的分歧也是最为深刻的。主张债权形式主义、物权形式主义、意思主义的学者都坚持己见，未能达成共识❺。

在对此问题的研究发展过程中，王轶教授的《物权变动论》是我国学界第一部系统地、深入地探索该问题的专著。在此之前，我国学界在讨论我国物权变动模式的立法选择时，要么将其作为事实认定问题，要么作为纯粹的价值判断问题。而《物权变动论》从分析物权变动模式立法选择的问题属性入手，引入哲学解释学的思考方法，并在比较法考察的基础上，探讨我国物权变动模式应该作出的立法选择❻。同时还力图将物权变动模式的立法选择作为进一步考察相关问题的逻辑起点，分析物权变动立法

---

❶ 参见李昊、常鹏翱、叶金强、高润恒：《不动产登记程序的制度建构》，北京大学出版社2005年版。
❷ 参见常鹏翱：《物权程序的建构与效应》，中国人民大学出版社2005年版。
❸ 参见王作堂、魏振流、李志敏、朱启超：《民法教程》，北京大学出版社1983年版，第257页。
❹ 孙宪忠：《中国物权法总论》，法律出版社2003年版，第176~178页。
❺ 参见王利明：《物权法研究》，中国人民大学出版社2004年版，第137~159页；梁慧星、陈华彬：《物权法》（第3版），法律出版社2005年版，第74页；崔建远："从解释论看物权行为与中国民法"，载《比较法研究》2004年第2期；孙宪忠："物权行为理论探源及其意义"，载《法学研究》1996年第3期；肖厚国：《物权变动研究》，法律出版社2002年版。
❻ 王轶：《物权变动论》，中国人民大学出版社2001年版，王利明序第9页。

模式选择的体系效应,探讨中国民法的体系建构问题❶。有学者在介绍日、法、德三国物权变动模式理论及立法的基础上,分析了《日本民法典》引进西方民法关于这一制度的历史,尤其是百年来日本民法学家们对这一问题的争论和研究❷,指出中国应当从中吸收的经验教训和道路的选择。

与物权变动模式相关而不相同的一个重要问题是物权行为理论。自萨维尼的物权行为理论被引入我国,几十年来学界对此争议不断❸。迄今,国内主张物权形式主义的学者与主张债权形式主义的学者,基本上均否定纯粹的意思主义的立法,也均肯定物权变动的公示公信原则、物权变动的结果与债权合同的区分原则、善意取得制度以及民法基本原则和法律行为制度在物权法上的适用。如此一来,实质分歧已趋消弭❹。其实更深层次的原因就在于作为争议根源的物权变动模式的立法选择是一个解释选择的问题,而在价值取向上学者之间是有基本共识的,而立法技术上可资运用的制度也是有限的,因此达成统一是可以预料的。

(三) 用益物权

从物权法理念的变迁过程来看,物权法的中心逐渐从对物的归属转变为对物的利用,也就使得用益物权制度的地位日益突出。物权法对于用益物权制度的特别关注,又使得如何构建我国的用益物权体系成为我国制定《物权法》过程中争议最大的问题之一。对此学界观点分歧意见很多,但是争议大多都有关各具体用益物权所使用的名称及其内涵、外延等,属于民法问题中的立法技术问题,应当更多地基于体系强制的考虑进行论证。例如,如何整合物权法规定的建设用地使用权、分层建设用地使用权、乡村建设用地使用权和宅基地使用权的关系,学者提出建立大一统的地上权的概念,将四种用益物权涵盖其中❺。在《物权法》颁布十余年以后,现在已经步入制定民法典物权编的时刻,物权编不仅要对制定《物权法》时的问题"旧事重提",还面临着将"三权分置"政策落实在民法典中的重任。

农村土地问题是我国"三农"问题和城乡二元结构的根源,农村土地法律制度的成败可谓是"牵一发而动全身",在坚持土地公有制的前提下,《物权法》在第三编第十章到第十四章规定了四种土地用益物权:建设用地使用权、土地承包经营权、宅基地使用权和地役权,确认了改革开放以来形成的"由农民集体享有土地所有权,农户

---

❶ 参见王轶:《物权变动论》,中国人民大学出版社 2001 年版,魏振瀛序第 13 页。
❷ 参见王茵:《不动产物权变动和交易安全》,商务印书馆 2004 年版,孙宪忠序第 8~9 页。
❸ 主张不采纳物权行为理论,如王利明:"物权行为若干问题探讨",载《中国法学》1997 年第 3 期;主张取物权行为理论者,如孙宪忠:"物权行为理论探源及其意义",载《法学研究》1996 年第 3 期;孙宪忠:"德国民法对中国制定物权法的借鉴作用",载《中外法学》1997 年第 2 期。另外,孙宪忠所著《德国当代物权法》,法律出版社 1997 年版,介绍了德国的物权制度。
❹ 参见刘保玉:《物权法学》,中国法制出版社 2007 年版,第 87~88 页。
❺ 杨立新、王竹:"解释论视野下的《物权法》第 166、167 条",载《河南省政法干部管理学院学报》2008 年第 1 期。

享有土地承包经营权"的"两权分离"模式。但是,"两权分离"制度自始就存在制度理念重效率而轻公平,制度体系重利用而轻所有,权利设计重土地承包经营权而轻其他农地使用权的制度缺陷,致使现行农村土地法律制度的发展障碍重重❶。中共十八届三中全会站在全局高度对"三农"问题,尤其是农村土地问题作了系统论述,提出要在我国农村推行"坚持农村土地集体所有权,稳定农户承包权,放活土地经营权"的三权分置改革。有学者通过在实地调研发现,三权分置不但具有建立规模化农业、绿色农业、科技农业和提升我国农业产业地位的优势,而且还有保障农民收入,改善农村以及农业生态,从而解决困扰多年的"三农"问题的优势❷。在解释论层面,囿于物权法定原则,土地经营权原本并非物权,未来我国民法典物权编应当将土地经营权上升为法定的用益物权,进而实现土地经营权的法定化❸。

2016 年,温州市部分业主的住宅建设用地使用权 20 年期间届满,有关部门提出要有偿续期,在全国引起了强烈反响。因此举涉及全国几亿人的切身利益,关系重大,引起了法学界特别是民法学界中的很多学者的讨论,建议立法机关着手解决这个《物权法》遗留下来的重大问题。《物权法》第 149 条第 1 款规定:"住宅建设用地使用权期间届满的,自动续期。"《物权法(草案)》原来相应的条款并没有规定自动续期,只是根据当时的法律、法规规定,对建设用地使用权期间届满的续期作了规定。❹ 草案公开征求意见之后,在社会上引起了强烈反响,广大业主认为,工薪阶层辛辛苦苦一辈子攒下一套住宅,对房子享有永久的所有权,对土地却只有 70 年的住宅建设用地使用权,土地的权利到期后,国家收回土地使用权,我们住在哪里呢?将来怎么能够在土地上继续生活呢?这种意见非常普遍,立法机关对此进行了深入讨论,也充分认识到这个问题的严重性,进而统一认识,在《物权法(草案)》中明确规定,住宅建设用地使用权期间届满后自动续期❺。但是,法律委员会研究认为,续期后是否支付土地使用费问题,关系广大群众切身利益,需要慎重对待,当时以不作规定为宜,届时,可以根据实际情况再作慎重研究。❻ 可见,我国《物权法》第 149 条关于建设用地使用权期限届满后的续期缴费规定的缺失,构成立法留白。❼ 对此,学者提出了不同看法,王利明教授从土地公有制等因素考量,自动续期不宜永久续期,但要形成公民住宅财产的长久受保护、良好和稳定预期局面,续期不宜无偿,但续期收费不宜采纳出让金

---

❶ 高飞:"农村土地三权分置的法理阐释和制度意蕴",载《法学研究》2016 年第 3 期。
❷ 孙宪忠:"推进农地三权分置经营模式的立法研究",载《中国社会科学》2016 年第 7 期。
❸ 蔡立东:"农地三权分置的法实现",载《中国社会科学》2017 年第 5 期。
❹ 全国人大常委会法工委民法室编:《中华人民共和国物权法条文说明、立法理由及相关规定》,北京大学出版社 2007 年版,第 275 页。
❺ 杨立新:"住宅建设用地使用权期满自动续期的核心价值",载《山东大学学报(哲学社会科学版)》2016 年第 4 期。
❻ 梁慧星:"住宅用地'自动续期'规定的立法者意思",网址:http://www.360doc.com/content/16/0506/09/9742787_556683700.shtml,最后访问时间:2018 年 2 月 28 日。
❼ 王林清:"建设用地使用权期限届满法律后果比较观察",载《清华法学》2016 年第 4 期。

标准，而应当考虑最低居住面积等因素，尽可能减轻业主的负担。杨立新教授主张将"自动续期"解释为一次取得永久使用的永久性的用益物权，住宅建设用地使用权人应当向土地所有者即国家承担缴纳土地使用税的义务，政府不得在此外再收取其他费用❶。孙宪忠教授从社会主义国家土地所有权建立的法律思想的角度提出，"自动续期"为无条件续期，不应该再次向居民收费，也不应该一再收取土地出让金。

除此之外，还有是否在物权编中规定典权的问题。在制定《物权法》的过程中，主张废止典权❷和主张保留典权❸的学者各执己见，相持不下，最终没有规定典权。但是有学者认为，典权具有抵押权和用益物权两种性质，可为人提供一种较好的融资渠道，将之予以规定以备而用之，应不失为一种良好妥善的立法政策，应予在民法典中规定典权❹。典权是否应当为物权法所规定，主要应当考察典权在现实生活中是否还有适用余地，而判断其是否有适用余地最好的方法就是看它是否还存在于生活中，即是否还受到人们的选择。而典权是否在实际中存在属于事实判断问题，就事实判断问题的讨论而言，社会实证方法当属最重要的研究方法❺。

与典权相类似，在《物权法》立法时就已引起热议的居住权也再次引起关注，居住权是特定人因居住而使用他人房屋的权利，起源于罗马法，被德国、法国所承袭。有学者认为，根据我国社会发展的现状以及发展趋势，居住权是房屋这一财产在财产体系中的地位提高的必然反映，有利于提高房屋的利用效益、有利于发挥家庭职能、有利于平衡房屋的利用利益等，有必要在我国《物权法》中予以承认❻。从社会政策的角度来看，居住权绝不仅具有保护离婚妇女和保姆等社会弱势群体的功能，还具有更大的技术上的灵活性和适应性，以满足人们利用财产的形式上的多样性需求，更好地贯彻权利人的意志❼。反对意见则认为，居住权在我国并不存在广泛的适用对象，与中

---

❶ 杨立新："住宅建设用地使用权期满自动续期的核心价值"，载《山东大学学报（哲学社会科学版）》2016年第4期。

❷ 参见中国社会科学院法学研究所中国物权法研究课题组："制定物权法的基本思路"，载《法学研究》1995年第2期；马新彦："典权制度弊端的法理思考"，载《法制与社会发展》1998年第1期；张新宝："典权废除论"，载《法学杂志》2005年第5期。

❸ 参见梁慧星："制定中国物权法的若干问题"，载《法学研究》2000年第4期；王利明：《物权法研究》，中国人民大学出版社2002年版，第513~518页；米键："典权制度的比较研究——以德国担保用益和法、意不动产质为比较考察对象"，载《政法论坛》2001年第4期；刘保玉、陈龙业、张珍宝："典权、传贯权、不动产质权之比较"，载渠涛主编：《中日民商法研究》第4卷，法律出版社2006年版，第149页；梁慧星、陈华彬：《物权法》，法律出版社2005年版，第322~323页。

❹ 陈华彬："我国民法典典权编立法研究"，载《政法论坛》2017年第5期；崔建远："民法分则物权编立法研究"，载《中国法学》2017年第2期。

❺ 参见杨立新：《物权法》，高等教育出版社2007年版，第222~232页。

❻ 参见钱明星："关于在我国物权法中设置居住权的几个问题"，载《中国法学》2001年第5期。

❼ 申卫星："视野拓展和功能转换：我国设立居住权必要性的多重视角"，载《中国法学》2005年第5期。

国的国情和实际相违背,❶ 最终被从《物权法(草案)》中删除,致使实践中出现居住权只能以债权来处理。然而,居住权债权化的处理结果并不能为居住权人提供充分的保障,也未能忠实地执行所有权人的意志。❷ 最近,在制定民法典物权编过程中,有学者主张在民法典物权编中规定居住权,以确认这种主体对标的物的支配关系,即实质上的物权关系。❸

(四)担保物权

担保物权在现代几乎已经成为民法中最为活跃的部门之一,自《担保法》颁布以来,担保法研究开始由立法论向解释论的转移,由于制定《物权法》列入立法规划,又一度曾回到了指向立法的研究。学者一方面借鉴与反思,深化对已有制度的研究和认识,并从比较法的角度对各国立法、学说进行介绍和评析,就各国立法对各具体担保物权类型的取舍进行分析,为我国担保法的研究提供了重要的资料,也为我国物权法立法对担保物权各具体制度的取舍提供了借鉴;另一方面,对《担保法》和物权法尚未规定的制度、实践中不断出现的新情况和案例展开研究等。《物权法》起草过程中,对于担保物权的性质有一定的争议,有学者认为担保权不具有物权的性质和效力,担保权应置于民法典的债权编。❹ 也有学者坚持担保物权属于物权,理应与用益物权同归于物权编。❺ 还有学者认为担保物权具有与物权和债权完全不同的性质,在立法中应该独立成为一编,❻ 这种观点在编纂民法典期间再次引起了关注。最终,《物权法》在第四编规定了担保物权。在《物权法》实施过程中,我国担保物权体系中的重复、不协调甚而冲突或矛盾也都暴露了出来。在未来的民法典物权编中,应当在协调《物权法》和《担保法》相关规定的基础上对担保物权制度进行补充、修改和完善。具体而言,民法典物权编应当对实践中的典当、优先权、让与担保、排污权、经营权、收费权质押、后让与担保等做出回应,❼ 明确并完善动产抵押的法律规则,❽ 清晰界定抵押财产的范围,承认土地承包经营权、宅基地使用权抵押、建立担保物权的冲突解决规

---

❶ 参见梁慧星:"我为什么不赞成规定'居住权'",载中国法学网,网址 http://www.iolaw.org.cn/showarticle.asp?id=1245,最后访问时间:2018 年 1 月 31 日。

❷ 参见李显东:"我国居住权设立的正当性",载《法学杂志》2014 年第 12 期。

❸ 参见崔建远:"民法分则物权编立法研究",载《中国法学》2017 年第 2 期。

❹ 参见孟勤国、冯桂:"论担保权的性质及其在民法典中的地位",载《甘肃社会科学》2004 年第 5 期;李开国:"关于我国物权法体系结构的思考",载《现代法学》2002 年第 4 期;孟勤国:《物权二元结构论》,人民法院出版社 2002 年版。

❺ 参见王利明:"物权法立法的若干问题探讨",载《政法论坛》2001 年第 4 期;梁慧星:"制定民法典的设想",载《现代法学》2001 年第 2 期;程啸:《物权法·担保物权》,中国法制出版社 2005 年版,第 24 页;陈祥健:"关于担保物权立法定位的争议与思考",载《东南学术》2003 年第 6 期。

❻ 参见徐洁:《担保物权功能论》,法律出版社 2006 年版。

❼ 参见高圣平:"民法典中担保物权的体系重构",载《法学杂志》2015 年第 6 期;高圣平:"动产让与担保的立法论",载《中外法学》2017 年第 5 期。

❽ 董学立:"我国意定动产担保物权法的一元化",载《法学研究》2014 年第 6 期。

则、并完善担保物权的实现程序。❶

五、债法总则

40年来，学界围绕债法总则的一般理论问题与专题深入研讨，并贡献了大量的学术成果。王家福教授主编的《中国民法学·民法债权》一书对中国债权法的研究影响深远。❷ 近年来，债法总则的研究更趋体系化。王利明教授的《债法总则研究》在债法基本原理、典型与非典型之债的基础上，进一步展开对我国债法体系与债法总则在民法典体系中地位的研究❸；杨立新教授的《债与合同法》创新了债法体系的研究结构，以债与债法、债的发生、债的流转以及债的保障为体例展开对债的讨论。❹ 与此同时，债法总则的研究也更趋深入。例如，崔建远教授和韩世远教授合著的《债权保障法律制度研究》在债权保障制度的含义、机理的基础上，对债权保障制度的一般理论、责任财产、债的担保、违约责任等内容进行讨论。❺ 在比较法研究方面，也涌现了以翻译和借鉴世界先进国家、地区债法为主题的作品，例如《德国新、旧债法比较研究观念的转变和立法技术的提升》《欧盟债法条例与指令全集》《法国新债法——债之渊源（准合同）》等。❻

自1978年中共十一届三中全会提出了经济体制改革的目标与构想，学界对债的研究与讨论均建立于社会主义商品经济的理论基础之上，并随着经济发展程度与发展重心的变化显示出不同的研究侧重。总览40年的债法研究可以发现，债法总则的理论研究与立法工作大致上保持动态一致。在《民法通则》《民法总则》的通过前后学界分别围绕债的概念与债法总则制度之存废与债法总则是否独立成编展开了两次激烈论争。这两次论争大大推动了我国债法的发展。

（一）债法总则的立法论争

债的概念与债法总则制度之存废是债法研究中最重要与最基础的问题。1979年我国第三次开始民法的起草工作时，对于债的概念以及债法总则一般制度的立法安排存在两种意见。一种意见主张抛弃抽象的债法总则制度，将属于债的内容的各项制度独立出来，重新安排民法的体系。《中华人民共和国民法（草案）（第三稿）》就反映了

---

❶ 参见王利明："我国民法典物权编中担保物权制度的发展和完善"，载《法学评论》2017年第3期；许德风："论担保物权的经济意义及我国破产法的缺失"，载《清华法学》2007年第3期；任重："担保物权的实现程序标的：实践、识别与制度化"，载《法学研究》2016年第2期。
❷ 王家福主编：《中国民法学·民法债权》，法律出版社1991年版。
❸ 王利明：《债法总则研究》，中国人民大学出版社2015年版。
❹ 杨立新：《债与合同法》，法律出版社2012年版。
❺ 崔建远、韩世远：《债权保障法律制度研究》，清华大学出版社2004年版。
❻ 参见龙宗智、［德］Rudolf Steinberg主编：《欧盟债法条例与指令全集》，吴越等译，法律出版社2004年版；齐晓琨：《德国新、旧债法比较研究观念的转变和立法技术的提升》，法律出版社2006年版；李世刚：《法国新债法——债之渊源（准合同）》，人民日报出版社2017年版。

这种意见。❶ 同时期出版的北京大学《民法教程》中也采用了类似的体例。当时主张废弃债的概念之原因主要有：我国历史上责（债）的概念主要指金钱借贷、道德义务或情感负担，而非各种债权和债务；债的一般规则主要涉及合同，若单独立债之专篇，难免叠床架屋；以债概括合同、不当得利、无因管理和侵权行为，而其四者在性质、特点和法律适用上个性大于共性，没有严格的科学性。❷ 学者还指出债作为继承自罗马法传统的大陆法系国家的概念，与汉语固有的意义不同，对其使用与我国国情不符，有脱离我国的实际生活之嫌。❸ 支持保留债的概念与债法总则制度的学者主张，使用债的概念之实质在于对特定主体之间以特定给付为内容的民事法律关系作出一个总的概括。这种概括的必要性在于使债所概括的民事法律关系与其他的民事法律关系相区别而形成了相对独立的体系。同时，债的概念自产生至今为许多不同历史时代和不同社会制度的国家广泛使用也证明了其本身的科学性。❹ 其他理由还包括：债的规定是指导经济关系与进行现代化建设的有力工具、债权法在保护公有财产和个人财产上有着不可忽视的作用、债的产生与发展同商品经济发展的客观需求存在内在关系等。❺ 这一场论证，最终由立法的肯定性抉择而画下句号。《民法通则》第五章第二节"债权"以10个条文，分别规定了债的概念、多数人之债、债的履行、债的担保、债的移转等债法基本制度，并规定了合同、不当得利和无因管理三种具体类型的债。

  债法总则是否独立成编是当下民法典编纂体例中的重要争议，决定了债法体系的立法体例并直接关系到整部民法典的结构体例。2002年《中华人民共和国民法（草案）》中并不包含债法总则，而仅保留合同编和侵权责任编，由此引发了学界对是否设立债法总则问题的讨论。支持设立债法总则的学者主要从法典的体系完整性、法律的适用便利与比较法的经验三方面进行论证。在法典的体系完整性方面，学者指出，设立债法总则对于实现民法典体系的和谐一致有着重要意义，有利于整合债法自身的体系与提供有统领意义的框架，有利于构建财产权制度的体系与正确认识理解并行使财产权，有利于完善民事权利体系与规范财产流转关系。❻ 体系性是债法总则存在的理论基础之一。❼ 在法律适用便利方面，学者指出提取公因式，形成适用于各种类型的债的共同规则，即债法总则，可以避免不必要的重复规定，从而使民法典更为简约，减少本应"适用"却不得不"准用"的现象，并使得债权让与、债务承担等规则更为清晰、准确。这些共同规则包括但不限于债权效力、债的履行、债的保全与担保、债的

---

❶ 参见《法学研究》编辑部编：《新中国民法学研究综述》，中国社会科学出版社1990年版，第357页。
❷ 参见王作堂、魏振瀛等：《民法教程》，北京大学出版社1983年版，第14页。
❸ 参见史际春："关于债的概念和客体的若干问题"，载《法学研究》1985年第3期。
❹ 参见陈更生："我国民法应当使用债的概念——与史际春同志商榷"，载《法学研究》1986年第2期。
❺ 参见韩来璧："民法通则中债权独立成章之管见"，载《法学》1986年第7期；佟柔、赵中孚、郑立等：《民法概论》，中国人民大学出版社1982年版；佟柔主编：《民法原理》，法律出版社1983年版等。
❻ 参见王利明："债权总则在我国民法典中的地位及其体系"，载《社会科学战线》2009年第7期。
❼ 参见崔建远："中国债法的现状与未来"，载《法律科学》2013年第1期。

移转与债的消灭等方面。❶ 在比较法的经验方面，学者指出，债法总则之设立是大多数国家（地区）法典的通例，法国式和德国式作为民法典编纂体例的两大模式在债法的安排上均规定了债法总则。❷ 可以说"无论制定什么样的民法典，债法总则都是必要的"。❸ 另外，债法总则的设立有利于保持债法体系的开放以及促进民法和商法规则的融合。❹ 除正面立论外，学者也从反驳的角度进一步加强论证。学者指出，尽管合同法总则与债法总则存在密切关系，但是任何合同都只是债的构成单元之一。两者的规范重点、适用范围、意定性程度、统摄传统商法内容的功能、对民法典体系整合的功能以及包容性程度不同。❺ 况且，债法总则是民法典科学编纂的要求，取决于我国债法理论而非盲目迷信德国民法体系的结果。❻ 学者还就"债的一般规范对非合同之债适用性存疑"等反对观点进行针对性批驳。❼ 反对设立债法总则的学者则提出如下观点：其一，债的发生原因除合同、侵权、无因管理与不当得利外并无太多且侵权部分适用债法总则的比重不多，由此抽象出债法总则并不合乎法典的目的。❽ 因此，设立债法总则属于过度概括抽象。❾ 其二，从比较法的司法实践经验来看，债法总则在合同以外领域的适用值得怀疑。在侵权领域中，几乎不曾发生或很少发生迟延履行、担保、抵消、混同等制度的适用。在解决侵权纠纷时，民法典侵权行为法条文未规定的，债法总则也未发挥作用。❿ 其三，不设立债法总则可为侵权责任法的独立成编提供理论依据，节约法律条文，降低法典的抽象性。⓫ 其四，债法总则可以由合同法总则所取代。⓬ 尽管多数学者赞同在民法典中设立债法总则，但立法机关一直坚持不设立债法总则的态度⓭，根据法工委的立法规划，正在编纂的民法典不设债法总则编。因此近年来也有支持设立债法总则的学者改变立场，认为应以合同法发挥准债法总则的功能。⓮

---

❶ 参见崔建远："债法总则与中国民法典的制定——兼论赔礼道歉、恢复名誉、消除影响的定位"，载《清华大学学报（哲学社会科学版）》2003年第4期。

❷ 参见柳经纬："我国民法典应设立债法总则的几个问题"，载《中国法学》2007年第4期。

❸ 参见藤康宏："设立债法总则的必要性与侵权责任法的发展"，丁相顺译，载张新宝主编：《侵权责任法评论》，人民法院出版社2004年版，第178页。

❹ 参见王利明："债权总则在我国民法典中的地位及其体系"，载《社会科学战线》2009年第7期。

❺ 参见王利明："论债法总则与合同法总则的关系"，载《广东社会科学》2014年第5期。

❻ 参见梁慧星："松散式、汇编式的民法典不适合中国国情"，载《政法论坛》2003年第1期。

❼ 参见杨立新："论民法典中债法总则之存废"，载《清华法学》2014年第6期。

❽ 参见王胜明："制订民法典需要研究的部分问题"，载《法学家》2003年第4期。

❾ 参见江平、梁慧星、王利明："中国民法典的立法思路和立法体系"，载王卫国主编：《中国民法典论坛（2002-2005）》，中国政法大学出版社2006年版，第5页。

❿ 参见覃有土、麻昌华："我国民法典中债法总则的存废"，载《法学杂志》2003年第5期。

⓫ 参见许中缘："合同的概念与我国债法总则的存废——兼论我国民法典的体系"，载《清华法学》2010年第1期。

⓬ 参见薛军："论未来中国民法典债法编的结构设计"，载《法商研究》2001年第2期。

⓭ 参见江平（总）、柳经纬主编：《共和国六十年法学论争实录·民商法卷》，厦门大学出版社2009年版，第268页；杨立新："采用梯次方法编纂民法典"，载《中国社会科学报》2015年4月22日第729期。

⓮ 参见王利明："民法分则合同编立法研究"，载《中国法学》2017年第2期。

（二）债法总则的其他问题

除债法总则的立法论争之外，学界对债法总则的研究主要围绕债的一般理论、债的发生、债的移转、债的保障与债的消灭五个方面。

债的一般理论部分问题大多已形成通说，例如债权的性质是财产权、请求权与对人权，不当得利与无因管理均属于债的发生原因。❶ 有的问题在理论研究上存在重大转折，例如债的客体问题。在改革开放初期，通说认为债的客体为物、金钱、劳务或智力成果，❷ 但时至 21 世纪初，对此问题的认识已趋一致，即债的客体是"给付"行为。❸ 此外，学界对债的本质、多数人之债和自然之债的理解不断深化。20 世纪 90 年代末，债的本质已被确定为是一种可期待的信用，❹ 后有学者从债务人的角度入手，提出了债的本质为权利和义务的复合体，并以此区别于物权。❺ 晚近也有学者提出债的本质为事实状态性的法律关系。❻ 学者对多数人之债提出了不同的分类标准，并就不可分之债与不真正连带之债进行了深入剖析。❼ 不可分之债是数人负同一债务而债之标的为不可分给付。由于不可分之债和连带之债均涉及整体负责，因此造成了很多混淆与误解。有学者指出，连带之债与按份之债的对立取决于债设立行为所形成的结构，而可分之债与不可分之债的对立是基于给付的性质。❽ 不真正连带之债是数人基于不同的发生原因对债权人负内容相同的给付的数个债务，因一人之完全履行使其他债务而消灭。❾ 对不真正连带之债的由来、效力以及发生原因之类型化的研究不断深化，❿ 且在侵权领域得到了更为集中地探讨。⓫ 但多数人之债仍存在并未达成共识的问题，例如不可分之债的立法选择以及不真正连带之债与连带之债的关系等。近年来对自然之债的研究不断深入。通说认为自然债务是指债权人不能依诉强制履行，但债务人一旦为给付，则

---

❶ 参见刘心稳主编：《中国民法学研究述评》，中国政法大学出版社 1999 年版，第 452~453 页、第 472 页。

❷ 参见《法学研究》编辑部编：《新中国民法学研究综述》，中国社会科学出版社 1990 年版，第 363~366 页；史际春："关于债的概念和客体的若干问题"，载《法学研究》1985 年第 3 期；聂天贶："论债的概念和特征"，载《河北法学》1988 年第 1 期等。

❸ 参见刘心稳主编：《中国民法学研究述评》，中国政法大学出版社 1999 年版，第 452 页。

❹ 参见刘心稳主编：《中国民法学研究述评》，中国政法大学出版社 1999 年版，第 452 页。

❺ 参见龙卫球："债的本质研究：以债务人关系为起点"，载《中国法学》2005 年第 6 期。

❻ 参见鄢斌："论债之本质的事实状态性定位"，载《环球法律评论》2008 年第 2 期。

❼ 参见张玉敏："论我国多数人之债制度的完善"，载《现代法学》1999 年第 4 期。

❽ 参见齐云："不可分之债与连带之债关系的历史沿革研究——以不可分之债考察为中心"，载《中外法学》2008 年第 5 期；齐云："不可分之债理论流变史考"，载《清华法学》2010 年第 4 期。

❾ 参见王洪亮：《债法总论》，北京大学出版社 2016 年版，第 501 页。

❿ 参见孔祥俊："论不真正连带债务"，载《中外法学》1994 年第 3 期；刘克毅："论不真正连带债务：一种方法论的思考"，载《法律科学》2003 年第 6 期；张定军："论不真正连带债务"，载《中外法学》2010 年第 4 期；李中原："不真正连带债务理论的反思与更新"，载《法学研究》2011 年第 5 期；章正璋："不真正连带债务在中国的理论与实践分析"，载《苏州大学学报》2011 年第 2 期。

⓫ 参见杨立新："论不真正连带责任类型体系及规则"，载《当代法学》2012 年第 3 期。

构成有效清偿,债务人不得基于非债清偿而请求返还的债务。❶ 就自然之债的定义和范围,其与不法原因给付的关系被进一步挖掘;❷ 就自然之债的限制,有学者认为其履行与履行允诺在必要时受债的保全制度的制约;❸ 就自然之债在民法典债法体系中的安排,有否定说和肯定说两种观点,直接规定与间接规定两种模式。❹

债的发生部分,不当得利与无因管理的基本问题已无争议。就概念而言,普遍认为无法律上的根据,使他人受到损害而获得利益即为不当得利;❺ 无法律上的根据,而为他人利益管理他人事务是无因管理。❻ 在不当得利的分类、例外,无因管理的制度功能、社会意义等方面均已形成通说。这一领域讨论较多的问题有不当得利的利益返还范围❼、无因管理与见义勇为❽、无因管理偿还请求权❾等。近年来对不当得利和无因管理的讨论已深入到法律适用的细节中。就不当得利与侵权行为的竞合,有学者提出在因侵权而获利的情形下有认可请求权竞合之必要,但不当得利请求权宜作为辅助性救济。❿ 不当得利的比较法研究也拓展至英美债法体系。⓫ 无因管理与侵权行为的区分争议颇多,存在一元说与二元说两种观点。⓬ 晚近也有学者提出在"大侵权主义"的发展趋势下,应以正当性代替合法性作为区分标准。⓭ 此外,学界对单方允诺也进行了深入的研究。单方允诺即自愿为自己设定给付义务之单方法律行为。法律是否应赋予单方允诺以强制执行力、其正当性根据以及具体形式等问题受到了学者的关注。⓮

---

❶ 参见李永军:"自然之债源流考评",载《中国法学》2011年第6期;朱晓喆:"诉讼时效完成后债权效力的体系重构——以最高人民法院《诉讼时效若干规定》第22条为切入点",载《中国法学》2010年第6期。

❷ 参见李永军、李伟平:"论不法原因给付的制度构造",载《政治与法律》2016年第10期。

❸ 参见施鸿鹏:"自然债务的体系构成:形成、性质与效力",载《法学家》2015年第3期。

❹ 参见李永军:"论自然之债在我国未来民法典债法体系中的地位",载《比较法研究》2017年第1期;仲杨:"略论自然债务",载《北京工商大学学报(社会科学版)》2006年第5期。

❺ 参见佟柔主编:《民法原理》,法律出版社1983年版,第253页。

❻ 参见郭明瑞:"关于无因管理的几个问题",载《法学研究》1988年第2期。

❼ 参见王家福主编:《中国民法学·民法债权》,法律出版社1991年版,第582~583页。

❽ 参见徐武生、何秋莲:"见义勇为立法与无因管理制度",载《中国人民大学学报》1999年第4期;徐国栋:"见义勇为立法比较研究",载《河北法学》2006年第7期。

❾ 参见张虹:"无因管理人的报酬请求权问题研究:兼论民法制度设计中的'人性预设'问题",载《法律科学》2010年第5期;李中原:"论无因管理的偿还请求权——基于解释论的视角",载《法学》2017年第12期。

❿ 参见左传卫:"权益侵害型不当得利之反思",载《法学》2010年第3期。

⓫ 参见肖永平、霍政欣:"英美债法的第三支柱:返还请求权法探析",载《比较法研究》2006年第3期;王栋:"英美法上不当得利返还责任的独立性探析",载《环球法律评论》2015年第3期;范雪飞:"差异与融合:最新三大不当得利示范法比较研究",载《法学评论》2015年第2期。

⓬ 参见蒋云蔚:"论不适法的无因管理",载《社会科学》2009年第10期。

⓭ 参见王道发:"论侵权责任法与无因管理之债的界分与协调——兼评《侵权责任法》第23条",载《法治与社会发展》2017年第2期。

⓮ 参见徐涤宇、黄美玲:"单方允诺的效力根据",载《中国法学》2013年第4期;黄美玲:"允诺原则之历史解释",载《环球法律评论》2014年第5期;李俊:"论允诺的效力体系",载《法商研究》2017年第6期。

债的移转部分的焦点问题是债权让与。其中债权让与性质、债权移转依据、优先顺序与禁止让与约定的效力问题争议较多。债权让与的性质主要有准物权行为说和债权合同说。前者依循大陆法系民法学传统且对债权让与的有因性和无因性进行了讨论，后者则遵循英美法系国家处理债权让与的思路认为债权让与本质上是无名合同。❶另外还有事实行为说，认为债权让与本身是事实行为，以此区别于债权让与合同。❷对债权让与性质之理解的不同带来了债权移转依据问题上的分歧，但概括而言，传统认识均将债权让与之依据归结为债权让与协议的生效。❸晚近有学者从《合同法》的规定、司法实践的态度以及合同相对性原理的阐释出发提出债权让与通知说，即认为债权移转的依据应被界定为债权让与的通知。❹债权让与的优先顺序是债权让与制度中最具争议性的问题。在债权的二重或多重让与中，何位受让人取得该债权取决于立法例在让与通知效力上的不同态度。采合同成立主义的，先受让人取得债权，次受让人不取得债权；采通知主义的，先取得让与通知的受让人取得债权；采登记主义的，已登记让与信息的受让人优先于未登记者，先登记者优先于后登记者。❺就禁止让与约定的效力，比较法上有无效主义、有效主义和对抗主义三种。❻学界尤其关注日本法上的对抗主义，并认为应当继受受让人主观状态的观点。❼近年来也有学者指出，从利益衡量角度出发，应以当事人表示的意思为作为区分禁止让与约定的效力之标准。❽

债的保障部分，学界的研究起步较晚，在80年代后期才有涉及债的保全的论文和著作出现，并且基本都以介绍我国台湾地区的相关理论为主。1999年有学者结合《合同法》第73条、第74条对代位权与撤销权作了分析和比较，阐明了其区别。❾债权人代位权行使效力归属的争议结果未明，对此存在入库规则与直接受偿规则两种学说。入库规则认为，债权人行使代位权时，只能请求次债务人向债务人履行义务，但不得

---

❶ 参见谢潇："债权让与性质斟酌及其类型化尝试"，载《政治与法律》2015年第3期；庄加园："《合同法》第79条（债权让与）评注"，载《法学家》2017年第3期。

❷ 参见崔建远、韩海光："债权让与的法律构成论"，载《法学》2003年第7期。

❸ 参见崔建远："债权让与续论"，载《中国法学》2008年第3期；王洪亮：《债法总论》，北京大学出版社2016年版，第456页；张谷："论债权让与契约与债务人保护原则"，载《中外法学》2013年第1期。

❹ 参见尹飞："债权让与通知的主体及效力"，载王利明主编：《判解研究》第3辑，人民法院出版社2002年版，第136~137页；尹飞："论债权让与中债权移转的依据"，载《法学家》2015年第4期。

❺ 参见李永锋、李昊："债权让与中的优先规则与债务人保护"，载《法学研究》2007年第1期；申建平："债权双重让与优先权论"，载《比较法研究》2007年第3期；李宇："债权让与的优先顺序与公示制度"，载《法学研究》2012年第6期。

❻ 参见李永锋："债权让与中的若干争议问题——债务人与债权受让人直接的利益冲突与整合"，载《政治与法律》2006年第2期。

❼ 参见申建平："禁止让与条款效力之比较研究"，载《环球法律评论》2008年第6期。

❽ 参见冯洁语："论禁止债权让与特约效力的教义学构造"，载《清华法学》2017年第4期。

❾ 参见翟云岭："中国法学会民法学经济法学研究会1999年年会综述"，载《中国法学》1999年第6期。

请求次债务人直接向自己履行清偿义务,且代位债权人不享有优先受偿权。❶ 直接受偿规则认为,债权人行使代位权时,次债务人应直接向债权人履行清偿义务,债权人与债务人、债务人与次债务人之间相应的债权债务关系即予消灭,产生代位债权人较其他债权人的优先受偿的事实效果。❷ 类似的争议也在债权人撤销权的法律效果中出现。❸ 债权人代位权的客体❹以及构成要件❺也争讼满庭。此外,在债的担保方面学界取得了较多突破,例如对担保的从属性有所放宽❻,有限制地承认独立担保❼;人保与物保并存之受偿顺序规则不断发展❽;先诉抗辩权、诉讼时效和约定保证期间三者关系得到梳理❾等。由于债的担保与物权法担保物权联系紧密,在此不加深入讨论以免赘述。

债的消灭部分,学界的研究并不丰富,研究重点多与实践难题相关。例如近年来对以物抵债的热烈讨论与社会实践中该现象的日益增多密切相关。现存学说对以物抵债性质的认识分歧很大。主流学说认为在广义上以物抵债是一种契约,是双方合意的产物。❿ 其下又可细分为狭义以物抵债和代物清偿。⓫ 以物抵债与买卖性担保联系紧密,从而进一步增加了讨论的难度。随着交易形态的复杂化,清偿抵充制度也得到了学界的关注。清偿抵充次序的确定对债务人、债权人以及第三人利益产生重要影响。⓬

---

❶ 参见崔建远、韩世远:"合同法中的债权人代位权制度",载《中国法学》1999 年第 3 期。
❷ 参见徐澜波:"合同债权人代位权行使的效力归属及相关规则辨析——兼论我国合同代位债权司法解释的完善",载《法学》2011 年第 7 期。
❸ 参见黄家镇:"超越抑或回归:论撤销权的法律效果",载《学术论坛》2008 年第 6 期;徐山平:"债权人撤销权入库规则质疑",载《求索》2006 年第 5 期;李芳:"债权人撤销权行使的效力问题探讨",载《中州学刊》,2004 年第 3 期。
❹ 参见申卫星:"合同保全制度三论",载《中国法学》2000 年第 2 期;黄积虹:"债的代位保全问题评析",载《现代法学》2002 年第 4 期;洪学军:"债权人代位权性质及其构成研究",载《现代法学》2002 年第 4 期。
❺ 参见娄正涛:"债权人代位权制度之检讨",载《比较法研究》2003 年第 1 期;崔建远:"债权人代位权的新解说",载《法学》2011 年第 7 期。
❻ 参见崔建远:"'担保'辨——基于担保泛化弊端严重的思考",载《政治与法律》2015 年第 12 期。
❼ 参见魏森:"独立担保界定研究",载《政治与法律》1999 年第 5 期。
❽ 参见程啸:"保证与担保物权并存之研究",载《法学家》2005 年第 6 期。
❾ 参见张谷:"论约定保证期间——以《担保法》第 25 条和第 26 条为中心",载《中国法学》2006 年第 4 期。
❿ 参见崔建远:"以物抵债的理论与实践",载《河北法学》2012 年第 3 期;参见严之:"代物清偿法律问题研究",载《当代法学》2015 年第 1 期。
⓫ 参见崔建远:"以物抵债的理论与实践",载《河北法学》2012 年第 3 期。
⓬ 清偿抵充次序问题即在债务人对同一债权人负有数宗同种债务,但各债务情况有异而债务人所为给付不足以清偿全部债务时,何宗债务优先清偿的问题。参见齐云:"抵充制度的起源",载《政治与法律》2008 年第 12 期;曲佳、翟云岭:"论清偿抵充",载《法律科学》2014 年第 3 期;黄文煌:"清偿抵充探微——法释〔2009〕5 号第 20 条和第 21 条评析",载《中外法学》2015 年第 4 期。

六、合同法

合同法是民法学研究的重点领域，始终保持学术积累，❶ 40 年的研究成就硕果累累。总体来说，这 40 年的合同法学的研究有如下特征：（1）在早期，合同法学的研究内容以宏观和中观视角为主，并"由粗到细"，逐渐向中观视角倾斜，但较为缺乏对具体合同法实践问题的研究并基本忽略了合同的制作与审查，可以说是"法律教义学的研究多于案例的分析研讨"❷；（2）以《合同法》的通过为节点，合同法学的研究立场由立法论逐渐转向解释论，旋又以民法典编纂的启动为节点逐渐转向立法论；（3）合同法学的研究方法更注重概念分析和体系化的思维方式，而较少运用社会科学的成果，缺乏与其他学科的良性互动❸；（4）合同法的研究始终偏重总则，对分则的研究则相当薄弱❹；（5）比较法材料的运用贯穿始终，表现为介绍外国法的作品、跟踪国际合同法学的最新发展与以各国的制度和理论为《合同法》规范的论证基础❺；（6）值得注意的是，近年来，合同法学界开始关注新的技术手段发展所致的新问题。❻

（一）四十年合同法研究阶段的分期

我国合同法学学科发展大致可分为四个阶段，其中尤以 1999 年《合同法》颁行以及 2014 年民法典编纂的启动为标志性事件。

1. 初期阶段

改革开放初期，在民法学派和经济法学派的论争的大背景下，学者对合同基本理论问题进行了研究，贡献了诸多成果。王家福与谢怀栻合著的《合同法》对合同法学的发展产生了重大的影响。❼ 这一阶段的学者也注重域外制度的研究，以域外合同制度为研究对象或翻译域外合同法著作形成的成果众多。❽ 由于时代的局限性，该阶段合同法理论研究方面存在诸多矛盾，例如合同的一般概念与经济合同概念并存❾；区分民事

---

❶ 参见谢鸿飞：《合同法学的新发展》，中国社会科学出版社 2014 年版，第 1 页。
❷ 参见王利明、周友军：《民法典创制中的中国民法学》，载《中国法学》2008 年第 1 期。
❸ 参见王轶："对中国民法学学术路向的初步思考——过分侧重制度性研究的缺陷及其克服"，载《法制与社会发展》2006 年第 1 期。
❹ 参见常鹏翱："《法学研究》三十年：民法学"，载《法学研究》2008 年第 3 期。
❺ 参见谢鸿飞：《合同法学的新发展》，中国社会科学出版社 2014 年版，第 12~13 页。
❻ 《中外法学》编辑部："中国民法学发展评价"，载《中外法学》2015 年第 2 期。
❼ 王家福等：《合同法》，中国社会科学出版社 1986 年版；佟柔、赵中孚：《民法概论》，中国人民大学出版社 1982 年版。
❽ 前者如周林彬等：《美国合同法》，兰州大学出版社 1989 年版；高尔森：《英美合同法纲要》，南开大学出版社 1984 年版；何美欢：《香港合同法》，香港中文大学出版社 1990 年版。后者如［英］阿蒂亚：《合同法概论》，程正康等译，法律出版社 1982 年版；［美］马汶·A. 希尔斯坦：《合同法理论与判例研究》，杨明成等译，重庆大学出版社 1980 年版。
❾ 参见王家福等：《合同法》，中国社会科学出版社 1986 年版，第 157~163 页。

合同与经济合同❶；计划原则与合同自由原则并重❷等，但其仍为《合同法》的立法工作奠定了深厚的理论根基。

2. 发展阶段

20世纪末期，特别是自1993年《合同法》立法启动以来，合同法学成为中国民法学的研究重镇，表现为相当规模的教材、体系书与专著的出台。❸ 这一阶段也延续了对域外合同制度研究的热情。❹ 在对合同一般问题的研究上，尤其具有进步意义并为立法所吸收的成果主要有：取消经济合同与民事合同的分类，建立统一的合同制度❺；合同的成立与生效被作严格区分❻；标准合同的概念、意义以及解释原则形成通说❼；缔约过失责任的提出以及对其概念、必要性、构成要件和类型的论述❽等。对于具体合同的研究讨论主要围绕有名合同进行，并细化到诸如合同的特征、当事人主要权利义务等具体方面。❾

3. 立法完成阶段

1999年《合同法》通过，在当时被誉为跨世纪的市场经济基本大法。❿ 在之后的十余年内，合同法学研究"繁花似锦、枝繁叶茂"，合同法学教材、体系书、专题研究和释义书的数量之多，使得任何列举都难免挂一漏万。⓫ 这一阶段，合同法学研究的全

---

❶ 参见王峻岩："我国经济法调整对象及其体系的探讨"，载《经济法理论学术论文集》，群众出版社1985年版，第266~267页；史际春："试论我国合同制度的性质和分类问题"，载《安徽大学学报》1984年第2期。但这种分类方式由于缺乏科学依据至90年代中期学者普遍认为应将其取消。参见史浩明："关于完善我国合同法制的思考"，载《南京社会科学》1993年第4期；刘心稳主编：《中国民法学研究述评》，中国政法大学出版社1996年版，第532页。

❷ 参见王家福等：《合同法》，中国社会科学出版社1986年版，第153~154页，转引自《法学研究》编辑部编著：《新中国民法学研究综述》，中国社会科学出版社1990年版，第416~417页；梁慧星："论我国合同法律制度的计划原则和合同自由原则"，载《法学研究》1982年第4期。

❸ 其中之代表有王利明教授和崔建远教授合著的《合同法新论·总则》，郭明瑞教授和王轶教授合著的《合同法新论·分则》。参见王利明、崔建远：《合同法新论·总则》，中国政法大学出版社1996年版；郭明瑞、王轶：《合同法新论·分则》，中国政法大学出版社1997年版。

❹ 其中代表性著作有尹田的《法国现代合同法》与王军编著的《美国合同法》。参见尹田：《法国现代合同法》，法律出版社1995年版；王军编著：《美国合同法》，中国政法大学出版社1996年版。

❺ 参见史浩明："关于完善我国合同法制的思考"，载《南京社会科学》1993年第4期。

❻ 参见赵德铭："合同成立与合同效力辨"，载《法律科学》1994年第3期；刘心稳主编：《中国民法学研究述评》，中国政法大学出版社1996年版，第550~551页。

❼ 参见王利明："标准合同的若干问题"，载《法商研究》1994年第3期。

❽ 参见崔建远：《合同责任研究》，吉林大学出版社1992年版；陈朝阳："缔约责任——民事责任新探"，载《法学》1993年第12期。

❾ 例如肖敏、严少芳："论连环购销合同的性质及商业风险的承担"，载《法商研究》1994年第5期；顾泰华、李后龙："试论企业间借贷行为的效力认定"，载《法学评论》1994年第2期；徐筱非："试论我国经纪人的法律地位和法律调整"，载《中国法学》1990年第2期；张士顺、姚仁甫："论技术合同的违约责任"，载《法律适用》1994年第3期；杨立新："论合伙共有财产"，载《政治与法律》1995年第2期；梁慧星："融资性租赁契约法律性质论"，载《法学研究》1992年第4期等。

❿ 参见王家福："跨世纪的市场经济基本大法"，载《中国法学》1999年第3期。

⓫ 参见谢鸿飞：《合同法学新发展》，中国社会科学出版社2014年版，第1~9页。

面性进一步加强，代表著作有：王利明教授的《合同法研究》系列、王利明教授与崔建远合著的《合同法新论·总则》（修订版）、杨立新教授的《合同法专论》、李永军教授的《合同法》与韩世远教授的《合同法总论》等。❶ 学者也钩深索隐，深入研究合同法具体专题。以杨立新的《中国合同责任研究》一文为例，该文对合同责任的归责原则提出了新的意见，认为合同责任绝不是单一的严格责任，而是过错责任、过错推定原则和无过错责任原则并存的归责原则体系。❷ 民法学界也深化了对合同分则的研究，出版了《合同法分则制度研究》《买卖合同·赠与合同》等学术专著。❸ 另外，比较法材料仍然是合同法学研究运用的重点。❹

4. 编纂民法典阶段

2014年民法典编纂工作启动前后，民法学界除延续20世纪以来的解释论视角外，也开始更为密切地关注合同法修订入典的相关问题。特别是2017年民法分则编修正式提上日程后，学者就合同编的立法技术以及制度安排进行了深入研究，结合国内相关学理与实务之最新进展与境外前沿理论与判例，便于立法机关及时清理滞后规则、协调与完善具体制度以及回应现实问题。❺

（二）合同法研究的一般问题

1. 合同法的基础理论

合同法基础理论领域一直是合同法学研究的核心部分。尽管由于对基本价值体系、基本原则、合同概念等宏观主题渐已形成通说，随着《合同法》的出台，晚近以来基础理论领域方向的选题日渐稀少，但也不乏充满新意、洞察敏锐的佳作。契约自由是经久不衰的论题。早在《合同法》通过之前，契约自由作为合同法的基本原则已得到充分论证❻，并被学者拓展至鼓励交易之合同法目的。❼ 在"从契约到身份"运动的推动下，20世纪以来合同法发展的一个重要趋向是限制契约自由❽，表现为国家与格式条

---

❶ 王利明：《合同法研究》（第1卷），中国人民大学出版社2002年版；王利明：《合同法研究》（第2卷），中国人民大学出版社2003年版；王利明：《合同法研究》（第3卷），中国人民大学出版社2012年版；王利明、崔建远：《合同法新论·总则（修订版）》，中国政法大学出版社2000年；杨立新：《合同法专论》，高等教育出版社2006年版；李永军：《合同法》，法律出版社2004年版；韩世远：《合同法总论》，法律出版社2011年版。

❷ 参见杨立新："中国合同责任研究"（上、下），载《民商法学》2000年第7期，第45~58页、第58~72页。

❸ 根据引证率高低，在此略做列举。易军、宁红丽：《合同法分则制度研究》，人民法院出版社2003年版；张新宝、龚赛红编著：《买卖合同·赠与合同》，法律出版社1999年版；何志：《合同法分则判解研究与适用》，人民法院出版社2002年版。

❹ 参见谢鸿飞：《合同法学新发展》，中国社会科学出版社2014年版，第12页。

❺ 参见王利明："民法分则合同编立法研究"，载《中国法学》2017年第2期；谢鸿飞："民法典合同编总则的立法技术与制度安排"，载《河南社会科学》2017年第6期；石佳友："我国《民法总则》的颁行与民法典合同编的编订"，载《政治与法律》2017年第7期。

❻ 参见王胜明："关于合同法的基本原则"，载《中国法学》1999年第3期。

❼ 参见王利明："合同法的目标与鼓励交易"，载《法学研究》1996年第3期。

❽ 参见徐伟功："法律选择中的意思自治原则在我国的运用"，载《法学》2013年第9期。

款合同对合同缔结以及当事人选择自由的限制等。❶ 学界对契约自由的新近关注主要表现在消费者合同领域，尤其是消费者的撤回权。针对消费者撤回权与契约自由原则的冲突，有学者指出，消费者撤回权制度的主旨，在于救济消费者意思形成之障碍与保障消费者在订立消费合同时的真实意思，因而并不构成对契约自由的违反。❷ 但《消费者保护法》之立法说明指出消费者撤回权应被理解为法定合同解除权。❸ 近期又有学者指出该制度由经营者的规避与消费者的滥用而障碍重重，并且由于信息不对称与意思表示不自由都无法证成其正当性，因此应当将撤回权的规定理解为任意性规定。❹ 契约正义也备受学界的关注。学界普遍认为，契约正义是为弥补契约自由在现代市场经济中的弊病和缺陷所作的对契约自由的修正。对契约正义的研究主要表现在格式条款领域。❺ 就契约自由和契约正义关系的争论，通说在承认契约正义对契约自由的限制的基础上更应强调这两种价值应"相互补充、相互协力"。❻ 信赖保护作为合同法倡导的观念也是学界关注的焦点。❼ 就信赖保护的性质和地位，主要有原则说和法则说两种。前者将信赖保护与意思自治、诚实信用等同作为合同法基本原则❽，而后者认为信赖保护是信赖原则指导下所涉领域最宽、波及内容最广的规则体系。❾ 此外，学界一直尝试对合同效力的正当性来源作出回答：一为意志说，其将法律行为的效力归结为私法主体的自由选择❿；二为原因说，用具有"德性意义"的慷慨和交换正义来解释合同效力的正当性⓫；三为合同拘束力说，又可细分为债权构成论与合同构成论。⓬ 近年来合同相对性是学界研究的热点之一。通说认为，合同相对性是指合同原则上只在当事人之间

---

❶ 参见杨立新：《债与合同法》，法律出版社2012年版，第301~302页；韩世远：《合同法总论》，法律出版社2011年版，第37~39页；王利明：《合同法研究（修订版）》（第1卷），中国人民大学出版社2011年版，第166页。
❷ 参见张学哲："消费者撤回权制度与合同自由原则：以中国民法法典化为背景"，载《比较法研究》2009年第6期；王洪亮："消费者撤回权的正当性基础"，载《法学》2010年第12期。
❸ 参见杨立新："非传统销售方式购买商品的消费者反悔权及其适用"，载《法学》2014年第2期。
❹ 参见徐伟："重估网络购物中的消费者撤回权"，载《法学》2016年第3期。
❺ 参见刘心稳主编：《中国民法学研究述评》，中国政法大学出版社1996年版，第524页。
❻ 参见梁慧星：《民法总论》（第3版），法律出版社2007年版，第258页；杨立新：《债与合同法》，法律出版社2012年版，第304页；韩世远：《合同法总论》，法律出版社2011年版，第40页。
❼ 参见马新彦：《现代私法上的信赖法则》，社会科学文献出版社2010年版；朱广新：《信赖责任研究——以契约之缔结为分析对象》，法律出版社2007年版。
❽ 参见丁南："信赖保护与法律行为的强制有效——兼论信赖利益赔偿与权利表见责任之比较"，载《现代法学》2004年第1期；朱广新："信赖保护理论及其研究述评"，载《法商研究》2007年第6期。
❾ 参见马新彦："信赖原则指导下的规则体系在民法中的定位"，载《中国法学》2011年第6期。
❿ 参见李军："法律行为的效力依据"，载《现代法学》2005年第1期。
⓫ 参见徐涤宇："合同效力正当性的解释模式及其重建"，载《法商研究》2005年第3期。
⓬ 债权构成论将合同与其他债发生之根据并列而一视同仁，而合同构成论则将合同从债权中脱离。二者的差异体现在违约责任的归责事由、损害赔偿的范围、履行请求权以及履行障碍之定位等问题上。参见解亘："我国合同拘束力理论的重构"，载《法学研究》2011年第2期。

发生效力，不及于第三人，内容上体现为主体、内容与责任的相对性。❶ 对合同相对性例外构成的讨论主要围绕涉他合同展开。❷ 其中，围绕《合同法》第 64 条、第 65 条及第 121 条的涉他合同定位以及合同第三人范围问题争议较大。❸

2. 合同的成立及内容

在合同的成立及内容部分，学界关注的焦点有格式条款、缔约过失责任及预约合同问题。早在《合同法》通过以前，学界对格式条款即有着较为深入的研究❹，认识到尽管其具有一般合同的性质，但是由于实践中存在影响契约自由的情况，对其成立与解释应规定有特殊限制。❺ 但同时对格式条款，仍存在不少争议。就其甄别而言，学界对"重复使用"和"未与对方协商"这两个核心要素有着不同的理解❻，并对如何识别格式条款提出了诸多标准❼；就免责格式条款而言，对《合同法》第 39 条第 1 款的规范性质认识不一❽；就格式条款内容控制而言，对《合同法》第 40 条的理解尚存在不同的学术观点❾，也有学者提出应当区分不同条款进行内容规制。❿ 关于缔约过失责任理论，学界对其应纳入立法之正当性和合理性并无争议⓫，但在缔约过失责任的性质、

---

❶ 参见韩世远：《合同法总论》，法律出版社 2011 年版，第 13 页；王利明："论合同的相对性"，载《中国法学》1996 年第 4 期。

❷ 参见张家勇：《为第三人利益合同的制度构造》，法律出版社 2007 年版；朱广新：《合同法总则》，中国人民大学出版社 2012 年版，第 19 页。

❸ 参见尹田："论涉他契约——兼评合同法第 64 条、第 65 条之规定"，载《法学研究》2001 年第 1 期；叶金强："第三人利益合同"，载《比较法研究》2001 年第 4 期；崔建远："为第三人利益合同的规格论——以我国《合同法》第 64 条的规定为中心"，载《政治与法律》2008 年第 1 期；马强："附保护第三人作用之合同研究"，载《政治与法律》2005 年第 1 期；周江洪："《合同法》第 121 条的理解与适用"，载《清华法学》2012 年第 5 期；薛军："论《中华人民共和国合同法》第 64 条的定性与解释——兼与'利他合同论'商榷"，载《法商研究》2010 年第 2 期。

❹ 参见郭星亚："经济合同标准化的探讨"，载《法学季刊》1985 年第 4 期。

❺ 参见张新宝："定式合同基本问题研讨"，载《法学研究》1989 年第 6 期；王利明："标准合同若干问题"，载《法商研究》1994 年第 3 期；徐涤宇："关于标准合同若干问题的探讨"，载《法商研究》1994 年第 3 期。

❻ 主张"重复使用"与"未与对方协商"要素不能成为格式条款之必备要素的观点，参见王利明：《合同法研究（修订版）》（第 1 卷），中国人民大学出版社 2011 年版，第 407 页；张建军："合同格式条款立法缺陷之分析"，载《法律适用》2005 年第 12 期。

❼ 参见朱岩："格式条款的基本特征"，载《法学杂志》2005 年第 6 期。

❽ 通说认为《合同法》第 39 条第 1 款为管理性强制性规定，参见王利明主编：《中国民法典学者建议稿及立法理由——债法总则编·合同编》，法律出版社 2005 年版，第 231 页。

❾ 一说认为《合同法》第 40 条与第 39 条规定存在矛盾，参见梁慧星："统一合同法：成功与不足"，载《中国法学》1999 年第 3 期；二说认为第 40 条与第 39 条规定不同不存在矛盾，参见王利明："对《合同法》格式条款规定的评析"，载《政法论坛》1999 年第 6 期。

❿ 参见解亘："格式条款内容规制的规范体系"，载《法学研究》2013 年第 2 期；王剑一："合同条款控制的正当性基础与适用范围——欧洲与德国的模式及其借鉴意义"，载《比较法研究》2014 年第 1 期。

⓫ 参见尹鲁先："关于缔约过失责任理论的几个问题"，载《现代法学杂志》1996 年第 4 期；钱玉林："缔约过失责任与诚信原则的适用"，载《法律科学》1999 年第 4 期。

构成要件与信赖利益损害赔偿之范围的理解上却歧见纷呈。就其性质而言,大致存在独立责任说❶和侵权责任说❷两类。该部分争议最大的是合同有效时是否会产生缔约过失责任。❸就信赖利益的赔偿来说,学界对是否包括间接损失、履行利益、固有利益,以及是否适用与有过失、可预见规则等问题上存在较大分歧。❹预约合同问题是晚近学界的又一研究热点,也是民法典合同编立法研究的要点之一。从我国交易实践来看,预约已经广泛运用于房屋买卖、货物订购等许多交易领域。❺在预约的概念、性质和要件上已形成通说,但对于预约效力与违约救济学界却莫衷一是,观点甚至大相径庭。在预约合同效力上,有善意(必须)磋商说、实际履行(应当缔约)说和内容决定说;在违约救济上,对于继续履行救济有支持、否定、根据具体情况处理的认识;在损害赔偿范围上,存在履行利益与信赖利益等不同理解。❻

3. 合同的效力

在合同的效力部分,学界关注的问题主要有合同的成立与生效之区分、需行政审批合同的效力、无权处分合同、无效合同的效力以及违反强行法的合同。合同的成立与生效须严格区分已得到通说认可。❼《合同法》通过以来,学界对需行政审批合同效力的研究逐渐深化。司法解释已明确没有办理批准、登记等手续的合同属于"未生效"的合同。学界也达成了报批义务不需要经批准手续而生效的共识。❽但对报批义务的性

---

❶ 此说认为缔约过失责任既非违约责任也非侵权责任,而独立成为债的发生原因。参见韩世远:《合同法总论》,法律出版社 2011 年版,第 133 页。

❷ 此说认为,先合同义务是法定义务,违反则构成侵权责任。参见李中原:"缔约过失责任之独立性质疑",载《法学》2008 年第 7 期。

❸ 通说为否定说,参见杨立新:《债与合同法》,法律出版社 2012 年版,第 484 页;肯定说参见韩世远:《合同法总论》,法律出版社 2011 年版,第 125 页;孙维飞:"《合同法》第 42 条(缔约过失责任)评注",载《法学家》2018 年第 1 期。

❹ 参见王利明:《合同法研究(修订版)》(第 1 卷),中国人民大学出版社 2011 年版,第 367 页;韩世远:《合同法总论》,法律出版社 2011 年版,第 144~145 页;杨立新:《债与合同法》,法律出版社 2012 年版,第 480 页。

❺ 参见王利明:"民法分则合同编立法研究",载《中国法学》2017 年第 2 期。

❻ 参见文献如王利明:"预约合同若干问题研究——我国司法解释相关规定述评",载《法商研究》2014 年第 1 期;陆青:"《买卖合同司法解释》第 2 条评析",载《法学家》2013 年第 3 期;汤文平:"论预约在法教义学体系中的地位——以类型序列之建构为基础",载《中外法学》2014 年第 4 期;耿利航:"预约合同效力和违约救济的实证考察与应然路径",载《法学研究》2016 年第 5 期。

❼ 参见赵德铭:"合同成立与合同效力辨",载《法律科学》1994 年第 3 期;赵旭东:"论合同的法律约束力与效力及合同的成立与生效",载《中国法学》2000 年第 1 期。这种传统二元观近期受到了一些学者的批评。参见易军:"事实判断亦或是价值判断——对合同成立事实判断说的质疑",载《人大法律评论》2004 年第 6 卷;尹飞:"合同成立与生效区分的再探讨",载《法学家》2003 年第 3 期。

❽ 参见刘贵祥:"论行政审批与合同效力——以外商投资企业股权转让为线索",载《中国法学》2011 年第 2 期;杨永清:"批准生效合同若干问题探讨",载《中国法学》2013 年第 6 期。

质的解释大不相同，一说为违约责任❶；二说为缔约过失责任❷；三说为具体情况区分说❸；四说为责任竞合说❹。新近也有学者提出在行政审批与合同效力区分的基础上，以合同履行规则来处理需行政审批合同效力问题的思路。❺《合同法》第 51 条规定的无权处分行为引起了合同法学界的激烈争议。对无权处分合同有效力待定说❻和合同生效说❼。这一场论争在司法实践上则已由最高人民法院《合同法司法解释（二）》第 15 条和《买卖合同司法解释》第 3 条所终结。针对实践中存在的大量合同无效情况，学界逐渐达成了为鼓励交易应限制合同无效情形的共识。❽ 就违反强行法的合同中的"强行法规范"性质而言，通说认为此时对合同效力的判断应区分效力性规范与管理型规范，就此学者提出了各种方案以便于法官在实践中的判断。❾ 此外，学界对可撤销合同与刑民交叉案件中民事合同的效力的认识也不断深入。❿

4. 合同的履行

在合同的履行部分，学界主要关注利益第三人合同、情事变更原则与履行抗辩权问题。对利益第三人合同的讨论结果分歧较多，该领域混乱纷杂的概念表述就是最典型的表现。⓫ 不仅如此，对《合同法》第 64 条、第 65 条的规定是否是大陆法系中的利

---

❶ 此说认为报批义务是约定和法定的义务，违反义务则构成违约。参见刘贵祥："论行政审批与合同效力——以外商投资企业股权转让为线索"，载《中国法学》2011 年第 2 期。

❷ 反对"未生效"合同的学者认为，未生效合同在生效前并无合同效力，违反诚信所致损害属于信赖利益损失，因此应按缔约过失责任处理。参见沈德咏、奚晓明主编：《最高人民法院关于合同法司法解释（二）理解与适用》，人民法院出版社 2009 年版，第 75 页。

❸ 此说认为，若存在专门针对报批义务约定违约责任的则按违约处理，若无则按照缔约过失责任处理。参见杨永清："批准生效合同若干问题探讨"，载《中国法学》2013 年第 6 期。

❹ 此说认为，报批义务既为先合同义务也是合同义务，因此违反报批义务可发生责任竞合的结果。参见吴光荣："行政审批对合同效力的影响：理论与实践"，载《法学家》2013 年第 1 期。

❺ 参见蔡立东："行政审批与权利转让合同的效力"，载《中国法学》2013 年第 1 期。

❻ 参见崔建远："无权处分辨——合同法第 51 条规定的解释与使用"，载《法学研究》2003 年第 1 期。

❼ 参见王轶："论无权处分行为的效力——以物权变动模式的立法选择为背景"，载《中外法学》2001 年第 3 期；翟云岭："再论无权处分合同的效力——为《买卖合同司法解释》第 3 条辩护"，载《法商研究》2015 年第 6 期。

❽ 参见王卫国："论合同无效制度"，载《法学研究》1995 年第 3 期；刘凯湘、夏小雄："论违反强制性规范的合同效力——历史考察与原因分析"，载《中国法学》2011 年第 1 期。

❾ 参见朱庆育："《合同法》第 52 条第 5 项评注"，载《法学家》2016 年第 3 期；许中缘："论违反公法规定对法律行为效力的影响——再评《中华人民共和国合同法》第 52 条第 5 项"，载《法商研究》2011 年第 1 期；解亘："论违反强制性规定契约之效力"，载《中外法学》2003 年第 1 期。

❿ 参见刘宪权、翟寅生："刑民交叉案件中刑事案件对民事合同效力的影响研究——以非法集资案件中合同效力为视角"，载《政治与法律》2013 年第 10 期；王林青、刘高："民刑交叉中合同效力的认定及诉讼程序的构建——以最高人民法院相关司法解释为视角"，载《法学家》2015 年第 2 期；尚连杰："合同撤销与履行利益赔偿"，载《法商研究》2017 年第 5 期；朱广新："论可撤销法律行为的变更问题"，载《法学》2017 年第 2 期。

⓫ 利益第三人合同的概念表述有，向第三人履行的合同、利他合同、利益第三人合同等，参见张家勇：《为第三人利益的合同的制度构造》，法律出版社 2007 年版，第 13 页。

益第三人合同（取得合同权利）问题的评价不一，存在肯定说❶和否定说❷两种认识。但不论支持何种学说，狭义意义上的第三人利益合同（取得合同权利）的制度构造都得到了充分的重视，特别是债权人与债务人的合同解除权、第三人利益约款的变更与解除问题与第三人的合同权利等问题。❸ 情事变更是履行障碍问题研究的重心。早在《合同法》立法工作启动之前学界就展开了对情事变更原则的讨论，并达成了其应予确立的共识。❹ 尽管《合同法》并未规定情事变更原则，鉴于现实需要，多数学者仍呼吁将情事变更原则引入立法❺，并指出其不可被不可抗力制度所取代。❻ 这一理解被《合同法司法解释（二）》第 26 条所采纳。此后，对情事变更原则的研究多集中于法律适用问题，包括其适用条件❼，与不可抗力、商业风险的甄别❽，以及在具体领域中的适用问题。❾ 就履行抗辩问题而言，在肯定了双务合同产生了履行抗辩权的基础上❿，学界对其认识不断细化。在认可同时履行抗辩权和先履行抗辩权制度的正当性与合理性的前提下⓫，学者对同时履行抗辩权的构成要件进行了深入研究⓬，并关注何种给付义务能构成对抗给付⓭与未为适当履行的形态问题。⓮ 另外，学界就如何理解不安抗辩权和预期违约制度的关系一直聚讼盈庭。早在《合同法》颁布前，不安抗辩权与预期违

---

❶ 参见崔建远：“为第三人利益合同的规格论——以我国《合同法》第 64 条的规定为中心”，载《政治与法律》2008 年第 1 期。

❷ 参见王利明：“民法分则合同编立法研究”，载《中国法学》2017 年第 2 期；参见薛军：“论《中华人民共和国合同法》第 64 条的定性与解释——兼与'利他合同论'商榷"，载《法商研究》2010 年第 2 期。

❸ 参见朱岩：“利于第三人合同研究”，载《法律科学》2005 年第 5 期；陈任：“第三人利益合同的变更和解除”，载《法律科学》2007 年第 5 期。

❹ 参见梁慧星：“合同法上的情事变更问题”，载《法学研究》1988 年第 6 期；杨振山：“试论我国民法确立'情势变更原则'的必要性"，载《中国法学》1990 年第 5 期；耀振华：“情事变更原则的适用”，载《法学研究》1992 年第 4 期；马俊驹：“我国债法中情势变更原则的确立”，载《法学评论》1994 年第 6 期。

❺ 参见左平凡：“情势变更原则焦点问题探析”，载《法制与社会发展》2000 年第 2 期。

❻ 参见姚辉：“情事变更重述——以 5·12 震灾为视角”，载《中州学刊》2008 年第 5 期。

❼ 参见崔文星：“论情事变更原则的适用”，载《河北法学》2013 年第 4 期。

❽ 参见韩世远：“情事变更若干问题研究”，载《中外法学》2014 年第 3 期；王成："情事变更、商业风险与利益衡量——以张革军诉宋旭红房屋买卖合同纠纷案为背景"，载《政治与法律》2012 年第 1 期。

❾ 参见黄喆："情势变更原则在建设工程合同中的适用——德国建筑私法实践及其对我国的启示"，载《法律科学》2013 年第 5 期。

❿ 参见张金海：“论双务合同中给付义务的牵连性”，载《法律科学》2013 年第 2 期。

⓫ 参见崔建远：“履行抗辩权探微”，载《法学研究》2007 年第 3 期。

⓬ 参见王洪亮：“《合同法》第 66 条（同时履行抗辩权）评注”，载《法学家》2017 年第 2 期。

⓭ 参见王利明：《合同法研究（修订版）》（第 2 卷），中国人民大学出版社 2011 年版，第 72 页；施建辉："同时履行抗辩之适用限制"，载《华东政法大学学报》2007 年第 4 期。

⓮ 参见韩世远：“构造与出路：中国法上的同时履行抗辩权”，载《中国社会科学》2005 年第 3 期。

约制度就引起了合同法学界的关注,并就其二者的构成要件与区分进行了讨论。❶《合同法》规定的不安抗辩权制度融入了英美法系预期违约制度的成分,从而激化了对这一问题的讨论。其二者的冲突主要表现在"预期不能履行"领域的共识基础上❷,学界就两者的统一与并存进行了深入的讨论。支持统一的学者也分为不安抗辩权统合论与预期违约统合论。❸通说认为该二者制度尽管有相似性但各有特色、不可互相替代,分属抗辩制度与违约责任制度,应当考虑如何有效衔接这两种制度。❹

5. 合同的解除

在合同的解除部分,重点关注的问题有解除的原因、解除权的行使以及解除的效力。法定解除是合同解除的核心部分,就其适用范围而言,学界的讨论已从有效成立的合同拓展至已成立但未生效的合同、可撤销合同以及单务合同。❺就解除事由而言,学界将《合同法》第94条规定的5种情形归纳为违约解除与不可抗力解除❻,并就根本违约情形进行了深入探讨。❼就合同解除的效力,已形成了直接效果说、间接效果说和折中说三种学说。❽对法定解除权行使的讨论成果较为丰富。❾在《合同法司法解释(二)》通过前后,学者对合同解除异议制度进行了讨论,但该争议至今仍未停歇。❿近年来风险负担和合同解除的竞合关系以及委托合同的任意解除权问题也得到了学者的关注。⓫

---

❶ 参见王谊友、张晓琪:"对不安抗辩权制度几个问题的思考",载《政法论坛》1994年第2期;王利明:"预期违约制度若干问题研究",载《政法论坛》1995年第2期;韩世远、崔建远:"先期违约与中国合同法",载《法学研究》1993年第3期;张谷:"预期违约与不安抗辩权之比较",载《法学》1993年第4期;南振兴、郭登科:"预期违约理论比较研究",载《法学研究》1993年第1期。

❷ 参见蓝承烈:"预期违约与不安抗辩权的再思考",载《中国法学》2002年第3期;刘凯湘、聂孝红:"论《合同法》预期违约制度适用范围上的缺陷",载《法学杂志》2000年第1期;李薇、黄辉:"论不安抗辩权与预期违约——兼谈我国法中不安抗辩权制度的协调问题",载《当代法学》2002年第2期;李军:《默示预期违约与不安抗辩权制度法系适应性之探讨》,载《政法论坛》2004年第4期。

❸ 支持以不安抗辩权统合预期违约的观点,参见李伟:"不安抗辩权、给付拒绝和预期违约关系的再思考——以德国法为中心的考察",载《比较法研究》2005年第4期;支持以预期违约统合不安抗辩权的观点,参见刘凯湘、聂孝红:"论《合同法》预期违约制度适用范围上的缺陷",载《法学杂志》2000年第1期。

❹ 参见王利明:"预期违约与不安抗辩权",载《华东政法大学学报》2016年第6期。

❺ 崔建远:"合同解除的疑问与解答",载《法学》2005年第9期;张民:"再论未生效合同的解除",载《法学》2012年第3期;韩世远:《合同法总论》,法律出版社2011年版,第509~511页。

❻ 谢鸿飞:《合同法学的新发展》,中国社会科学出版社2014年版,第387页。

❼ 伍治良:"根本违约判定标准功能之回归研究——兼评我国合同法相关规定之不足",载《法律科学》2003年第3期;崔建远:"合同一般法定解除条件探微",载《法律科学》2011年第6期。

❽ 参见谢鸿飞:《合同法学的新发展》,中国社会科学出版社2014年版,第396~397页。

❾ 参见刘心稳:《中国民法学研究述评》,中国政法大学出版社1999年版,第563页。

❿ 参见崔建远:"合同解除权问题的疑问与释答",载《政治与法律》2005年第3期;崔建远、吴光荣:"我国合同法上解除权的行使规则",载《法律适用》2009年第11期;贺剑:"合同解除异议制度研究",载《中外法学》2013年第3期。

⓫ 参见周江洪:"风险负担规则与合同解除",载《法学研究》2010年第1期;崔建远、龙俊:"委托合同的任意解除权及其限制——'上海盘起诉盘起工业案'判决的评释",载《法学研究》2008年第6期;周江洪:"委托合同任意解除的损害赔偿",载《法学研究》2017年第3期。

6. 违约责任

在违约责任部分，归责原则、责任形式与责任竞合问题是研究的热点。《合同法》规定了违约责任与侵权责任的竞合规则。❶《合同法》终结了对过错责任原则和严格责任原则的讨论。❷ 值得注意的是，有学者指出过错责任体系与客观责任体系在分配履行障碍风险上取得的结果是相似的。❸ 就物的瑕疵担保责任与违约责任的关系而言，存在统合论和分立论两种观点。❹ 在责任形式领域，《合同法》坚持了实际履行而拒绝了效率违约，并从效率违约适用的前提不存在以及其违反合同法的核心价值角度提出批评。❺ 损害赔偿作为责任形式领域的重要问题取得了新的研究进展。在损害赔偿范围的问题上，学界引入了履行利益、信赖利益与固有利益的分类方法❻；深化了对可预见规则的理解，对预见主体、预见时间预见内容、可预见的证明标准与适用进行了研究❼；提出了应明确影响损害赔偿范围的法律政策。❽ 此外，违约金性质、功能、分类与适用也得到进一步的深入讨论。但对违约金仍有很多问题未达成共识，例如即使《合同法》明确将违约金违约金作为违约责任的一种方式，仍有学者指出惩罚性违约金具有担保功能。❾ 就赔偿性违约金和惩罚性违约金的区分问题，学界大致采用结果论❿与目的论⓫两种路径，亦有学者归纳多种类型要素作为区分的参考因素。⓬

---

❶ 参见王利明、周友军："与改革开放同行的民法学——中国民法学30年的回顾与展望"，载《吉林大学社会科学学报》2009年第1期。

❷ 参见张宇霖："我国经济合同法无过失责任原则初探"，载《法学研究》1984年第6期；郑立、曹守晔："试论我国经济合同法所确认的过错责任原则"，载《法学杂志》1986年第6期；今晓："'过错'并非违约责任的要件"，载《法学》1987年第3期；王卫国："试论民事责任的过错推定"，载《法学研究》1982年第5期；徐杰："合同法中的违约责任制度"，载《中国法学》1999年第3期。

❸ 参见王洪亮："试论履行障碍风险分配规则——兼评我国《合同法》上的客观责任体系"，载《中国法学》2007年第5期。

❹ 统合论认为物的瑕疵担保是不适当履行构成违约，而分立论认为该二者至少在期限的限制与救济的方式等方面存在不同。统合论可参见韩世远："出卖人的物的瑕疵担保责任与我国合同法"，载《中国法学》2007年第3期；分立论可参见崔建远："物的瑕疵担保责任的定性与定位"，载《中国法学》2006年第3期。

❺ 效率违约相关文献可参见唐清利："效率违约：从生活规则到精神理念的嬗变"，载《法商研究》2008年第2期；霍政欣："效率违约的比较法研究"，载《比较法研究》2011年第1期；孙良国："效率违约理论研究"，载《法制与社会发展》2006年第5期；孙良国、于忠春："有意违约研究"，载《法制与社会发展》2009年第6期。

❻ 参见谢鸿飞：《合同法学的新发展》，中国社会科学出版社2014年版，第481页。

❼ 参见毛瑞兆："论合同法中的可预见规则"，载《中国法学》2003年第4期；范在峰、张斌："两大法系违约损害可预见性规则比较研究"，载《比较法研究》2003年第3期。

❽ 参见姜占军："损害赔偿范围确定中的法律政策"，载《法学研究》2009年第6期。

❾ 参见韩强："违约金担保功能的异化与回归——以对违约金类型的考察为重心"，载《法学研究》2015年第3期。

❿ 参见崔建远："关于违约金责任的探讨"，载《法学研究》1991年第2期。

⓫ 参见韩世远："违约金的理论问题——以《合同法》第114条为中心的解释论"；孙瑞玺："论违约金的性质——以《合同法》第114条为视角"，载《法学杂志》2012年第4期。

⓬ 参见姚明斌："违约金的类型构造"，载《法学研究》2015年第4期。

7. 有名合同

相较于总则而言，合同法学界对合同分则的研究较为薄弱与分散，且呈现出与社会热点同步的特征。此处仅选择部分有名合同的研究情况进行概述。买卖合同作为首要的合同形式，不仅反映在立法体例安排上，也表现在学术成果的数量与成果上。其中以一物数卖为研究重镇。针对一物数卖中各买卖合同效力，已形成了无其他无效情形均为有效之通说。❶ 然对于标的物所有权确定的认识则歧见纷呈。就动产而言，司法解释确立了支付价款优先、合同成立在先以及交付的效力优于登记的标准，但该规定饱受学界争议。❷ 另外，风险负担、标的物检验以及分期付款买卖问题也颇得学者青睐。❸ 在租赁合同方面，已形成了"买卖不破租赁"的通说，并得到了价值和法技术层面的论证。❹ 但对于"买卖不破租赁"的法律效果则看法不一，包括原租赁合同当事人约束说、对抗模式说、有权占有说、并存债务承担说与契约地位承受说等。❺ 学界对融资租赁合同的界定、合同结构与权利登记的研究不断深入。❻ 建设工程合同领域作为公法对私法限制最多的领域也是分则研究的重点，其中尤以无效建设工程合同与承包人优先受偿权问题为甚。❼ 随着民间借贷纠纷高发，近年来借贷合同又重回学界的视野。❽

---

❶ 参见王轶："论一物数卖——以物权变动模式的立法选择为背景"，载《清华大学学报（哲学社会科学版）》2002年第4期；许德风："不动产一物二卖的救济与防范"，载《法学研究》2012年第4期；石冠彬、江海："论一物数卖合同效力与买受人权利救济"，载《法律科学》2014年第5期。

❷ 反对者称支付价款优先于合同成立在先标准违背了债权平淡原则、剥夺了出卖人的自主决定权，且在特殊动产买卖中登记效力应当优先于交付。相关文献可见：程啸："论动产多重买卖中标的物所有权归属的确定标准——评最高法院买卖合同司法解释第9、10条"，载《清华法学》2012年第6期；刘保玉："论多重买卖的法律规制——兼评《买卖合同司法解释》第9、10条"，载《法学论坛》2013年第6期；王利明："特殊动产一物数卖的物权变动规则——兼评《买卖合同司法解释》第10条"，载《法学论坛》2013年第6期；孙毅："我国多重买卖规则的检讨与重构"，载《法学家》2014年第6期。

❸ 参见江海、石冠彬："论买卖合同风险负担规则：《合同法》第142条释评"，载《现代法学》2013年第5期；武腾："合同法上难以承受之混乱：围绕检验期间"，载《法律科学》2013第5期；孙新宽："分期付款买卖合同解除权的立法目的与行使限制——从最高人民法院指导案例67号切入"，载《法学》2017年第4期。

❹ 参见徐澜波："'买卖不破租赁'规则的立法技术分析"，载《法学》2008年第3期；黄凤龙："'买卖不破租赁'与承租人保护"，载《中外法学》2013年第3期。

❺ 相关总结参见周江洪："买卖不破租赁规则的法律效果——以契约地位承受模式为前提"，载《法学研究》2014年第5期。

❻ 参见梁慧星："融资性租赁若干法律问题"，载《法学研究》1993年第2期；蒋建湘、李依伦："融资租赁出租人的风险承担"，载《法学》2012年第7期。

❼ 参见张学文："建设工程承包人优先受偿权若干问题探讨"，载《法商研究》2000年第3期；王全弟、丁洁："物权法应确立优先权制度——围绕合同法第286条之争议"，载《法学》2001年第4期；王建东："评《合同法》第286条"，载《中国法学》2003年第2期。

❽ 参见龙翼飞、杨建文："企业间借贷合同的效力认定及责任承担"，载《现代法学》2008年第2期；黄忠："企业间借贷合同无效论之检讨"，载《清华法学》2013年第4期；姚辉："关于民间借贷若干法律问题的思考"，载《政治与法律》2013年第12期。

此外，旅游合同以及网络交易相关合同的问题也得到了关注。❶

七、侵权责任法

（一）侵权法的体系化变迁

在传统大陆法系的民法典中，侵权行为之债与合同之债、不当得利之债和无因管理之债等同属债的发生原因。早于 1981 年，《中华人民共和国民法（草案）（第三稿）》便提出了将民事责任独立成编，1986 年通过的《民法通则》将侵权的民事责任作为民事责任章的一节，正式确定这一体例，为此后中国侵权法研究的发展确立了基本方向，为《侵权责任法》的制度奠定了基础。

在早期侵权法著作中，学者的研究主要集中于厘清各种民事责任之间的关系❷以及对特殊侵权行为的研究上。❸ 20 世纪 90 年代中后期，学者逐渐开始对中国侵权行为法理论进行体系化研究。❹

21 世纪以来，随着中国民法典的起草规则的进行，侵权法是否独立成编一直存在争议，学术界存在截然相反的观点。赞成侵权责任法独立的主要理由在于：其一，在比较法上，英美侵权行为法独立的模式更具合理性；其二，传统的债法体系虽然注重了各种债的关系的共性，但忽略了各种债的关系的个性，且债法体系主要是以合同法为中心建立，侵权之债的规范寥寥无几；其三，侵权责任形式具有多样性，传统债法无法对其完全涵盖，除此之外，还有债的许多一般规则对侵权责任并不适用。❺ 反对侵权法独立的主要理由是：其一，如果从法律效果的角度来看，合同的效力是请求权，侵权行为的效力也是发生请求权，二者之间的"同"也是一样的突显；其二，不应高估赔礼道歉等非财产侵权责任方式的作用，也切不可低估损害赔偿的功能作用；其三，民法典应设立债法总则以统帅各种具体债，以维护债法体系的完整性，而侵权法独立成编将会导致债法体系的混乱，对整个民法体系产生不良影响。❻

---

❶ 参见薛杉："旅游纠纷民事责任配置若干问题研究——以'焦建军旅游侵权纠纷案'为中心"，载《政治与法律》2014 年第 7 期；叶金强："旅游纠纷中的连带责任——以'焦建军与中山国旅等旅游侵权纠纷案'为参照"，载《法学》2015 年第 2 期；王天凡："网络购物标价错误的法律规制"，载《环球法律评论》2017 年第 2 期；杨立新："网络交易法律关系构造"，载《中国社会科学》2016 年第 2 期。

❷ 参见郭明瑞：《民事责任论》，中国社会科学出版社 1991 年版；谢邦宇、李静堂：《民事责任》，法律出版社 1991 年版。

❸ 参见杨立新：《侵权特别法通论》，吉林人民出版社 1990 年版。

❹ 参见张新宝：《中国侵权行为法》，中国社会科学出版社 1995 年版；杨立新：《侵权法论》，吉林人民出版社 1998 年版；张新宝：《中国侵权行为法》（第二版），中国社会科学出版社 1998 年版。

❺ 参见魏振瀛："制定侵权责任法的学理分析——侵权行为之债立法模式的借鉴与变革"，载《法学家》2009 年第 1 期；王利明："论侵权行为法的独立成编"，载《现代法学》2003 年第 4 期；王利明、周友军："与改革开放同行的民法学——中国民法学 30 年的回顾与展望"，载《吉林大学社会科学学报》2009 年第 1 期。

❻ 参见柳经纬："我国民法典应设立债法总则的几个问题"，载《中国法学》2007 年第 4 期。

2002年《民法典草案》第八编正式确定了"侵权责任法"的名称和独立成编的体例,中国法学会民法学研究会2006年年会更是第一次以侵权行为法的制定为主题,将中国侵权责任法的理论研究和起草工作推向高潮。在这一时期,学者发表了多篇论文并出版了多部专著,将侵权责任法的理论构建提升至新的层次。❶除此之外,学者还推出了三部主要的侵权法草案,❷基本确立了《侵权责任法》的内容和体例。

2009年《侵权责任法》正式出台,意味着我国侵权责任法独立于债法的体系正式形成,为民法体系的重大创新。正因如此,我国侵权责任法的立法工作引起了德国、法国、奥地利、日本等传统大陆法系国家和美国等英美法系国家的大量学者的普遍关注和高度评价。❸我国侵权责任法的独立,其重要意义还在于预示着侵权责任将在我国民法典中占据独立编章。

2015年开始全面编纂民法典,2017年3月15日《民法总则》正式问世,又使侵权责任归属于债法,为侵权责任之债,但《侵权责任法》仍将作为民法分则的侵权责任编,对此,学者对其意义进行了初步探讨。❹对于如何对《侵权责任法》进行适当调整,并编为民法侵权责任编,从而使民法侵权责任编在法律关系的调整中发挥更大的作用,学者撰文进行了探讨。❺

(二) 侵权责任构成的一般理论

侵权法的一般条款,是指在成文法中居于核心地位的,构成一切侵权请求权之基础的法律规范,在《侵权责任法》的立法过程中,学界普遍赞同规定一般条款,❻但学者对于规定一般条款的具体模式有不同认识。有学者认为应延续《民法通则》的做法,继续采取"全面的一般条款全面列举"的模式,❼亦有学者认为应借鉴大陆法系的做法

---

❶ 主要论文包括:彭诚信:"民事责任现代归责原则的确立",载《法制与社会发展》2001年第2期;王利明:"违约责任和侵权责任的区分标准",载《法学》2002年第5期;王利明:"侵权行为概念之研究",载《法学家》2003年第3期;张民安:"侵权法在我国未来民法典中的地位",载《法学评论》2006年第2期;张新宝:"侵权责任法的法典化程度研究",载《中国法学》2006年第2期;郭明瑞:"侵权立法若干问题思考",载《中国法学》2008年第4期。主要专著包括:王利明:《侵权行为法研究》,中国人民大学出版社2004年版;杨立新:《侵权法论》(第三版),人民法院出版社2005年版;张新宝:《侵权责任法原理》,中国人民大学出版社2005年版。

❷ 三部草案按照时间先后顺序分别为:梁慧星主编:《中国民法典草案建议稿附理由·侵权行为编/继承编》,法律出版社2004年版;王利明主编:《中国民法典学者建议稿及立法理由·侵权行为编》,法律出版社2005年版;杨立新主编:《中华人民共和国侵权责任法建议稿及说明》,法律出版社2007年版。

❸ 参见王利明:"侵权责任法的中国特色",载《法学家》2010年第2期。

❹ 参见杨立新:《民法总则条文背后的故事与难题》,法律出版社2017年版。

❺ 参见王利明:"论我国侵权责任法分则的体系及其完善",载《清华法学》2016年第1期;杨立新:"民法典侵权责任编修订的主要问题及对策",载《现代法学》2017年第1期;张新宝:"民法分则侵权责任编立法研究",载《中国法学》2017年第3期。

❻ 参见张新宝:"侵权行为法的一般条款",载《法学研究》2001年第4期;周永军:"论我国过错侵权的一般条款",载《法学》2007年第1期;王利明:"论侵权责任法中一般条款和类型化的关系",载《法学杂志》2009年第3期。

❼ 参见张新宝:"侵权法立法模式:全面的一般条款+全面列举",载《法学家》2003年第4期。

采取有限的一般条款模式，❶还有学者应结合两大法系的先进经验形成具有我国特色的侵权责任一般条款。❷最终《侵权责任法》打破常规，规定了具有中国特色的大小搭配的双重侵权责任一般条款。❸在《侵权责任法》出台后，学者的关注焦点由立法论逐渐向解释论转变，关于侵权法一般条款的探讨主要围绕《侵权责任法》中相关规定的理解与适用展开。❹近几年来，许多学者就侵权责任法一般条款中的权益区分保护模式进行了探讨。❺

关于侵权行为类型特别列举的范围，《类型侵权行为法研究》融合了大陆法系和英美法系侵权法研究的精髓，❻将侵权行为类型分为四大类、二十三小类、两百余种具体侵权行为，另外也有学者对各种过错侵权责任进行了系统研究。❼关于侵权行为归责原则的探讨，也是理论的一大热点。王卫国教授的《过错责任原则：第三次勃兴》❽对于确立过错责任原则具有重要的意义，王利明教授的《侵权行为法归责原则研究》❾则第一次对侵权责任归责原则进行了体系化论述。归责原则领域争议的焦点，主要是我国侵权法究竟由几个归责原则构成，以及公平责任是否属于独立的归责原则，学者对此发表了不同的见解。其中王卫国教授持一元论的观点，即认为侵权法仅由唯一归责原则即过错责任原则。❿一些学者持二元论观点，但具体表述并不相同，如有观点认为侵权法归责原则由过错责任原则和无过错责任原则构成，⓫也有观点认为其由过错责任原则和风险责任原则组成。⓬此外，还有学者持三元论的观点，其核心在于认为公平责任是独立的归责原则。⓭在《侵权责任法》颁布后，这种争议仍然没有停歇，有学者认为，我国《侵权责任法》的规定实际上采用了三元论的做法，第 24 条规定的是公平责

---

❶ 参见王利明："侵权责任法一般条款的保护范围"，载《法学家》2009 年第 3 期。

❷ 参见杨立新："论侵权行为一般化和类型化及其我国侵权行为法立法模式选择"，载《河南省政法管理干部学院学报》2003 年第 1 期；房绍坤："论侵权责任立法中的一般条款与类型化及其适用"，载《烟台大学学报（哲学社会科学版）》2009 年第 3 期。

❸ 参见杨立新："中国侵权责任法大小搭配的侵权责任一般条款"，载《法学杂志》2010 年第 3 期。

❹ 参见杨立新："中国侵权责任法大小搭配的侵权责任一般条款"，载《法学杂志》2010 年第 3 期；王成："侵权之'权'的认定与民事主体利益的规范途径——兼论《侵权责任法》的一般条款"，载《清华法学》2011 年第 2 期；张新宝："侵权责任一般条款的理解与适用"，载《法律适用》2012 年第 10 期。

❺ 参见方新军："权益区分保护的合理性证明"，载《清华法学》2013 年第 1 期；阳庚德："侵权法对权利和利益区别保护论"，载《政法论坛》2013 年第 1 期；曹险峰："我国侵权责任法的侵权构成模式——以'民事权益'的定位与功能分析为中心"，载《法学研究》2013 年第 6 期；朱虎："侵权法中的法益区分保护：思想与技术"，载《比较法研究》2015 年第 5 期。

❻ 参见杨立新：《类型侵权行为法研究》，人民法院出版社 2006 年版。

❼ 参见张民安：《过错侵权责任制度研究》，中国政法大学出版社 2002 年版。

❽ 参见王卫国：《过错侵权责任：第三次勃兴》，浙江人民出版社 1987 年版。

❾ 参见王利明：《侵权行为法规则原则研究》，中国政法大学出版社 1992 年版。

❿ 参见王卫国：《过错侵权责任：第三次勃兴》，浙江人民出版社 1987 年版。

⓫ 参见米健："现代侵权行为法归责原则探索"，载《法学研究》1985 年第 5 期。

⓬ 参见叶金强："风险领域理论与侵权法二元归责体系"，载《法学研究》2009 年第 2 期。

⓭ 参见刘淑珍："试论侵权损害的归责原则"，载《法学研究》1984 年第 4 期；徐祖林："侵权法归责原则的论争及其解析"，载《法律科学（西北政法学院学报）》2007 年第 6 期。

任原则；❶ 也有学者认为，我国《侵权责任法》采用了二元论的归责模式，第 24 条并非关于公平责任原则的规定，而是关于损害分担的一般性规定。❷ 此外，还有学者围绕不同的侵权责任承担方式应适用的归责原则，❸ 以及不同归责原则视野下侵权责任的成立展开了探讨。❹

与归责原则密切相关的是侵权责任构成要件的学说领域，张新宝教授出版的《侵权责任构成要件研究》❺是这一领域的力作，理论上争议的焦点主要是三要件说和四要件说，❻ 后者为最高人民法院司法解释多次肯定。违法性与过错的关系向来是侵权行为构成要件中最为复杂的问题之一，学界对其展开了激烈的讨论，许多学者认为违法性要件应当独立，❼ 也有学者认为我国侵权法事实上否定了违法性要件。❽

关于侵权责任的承担方式，学界主要围绕独具特色的赔礼道歉责任的存废及其强制执行展开；❾ 在侵权责任形态领域，杨立新教授提出的"侵权责任形态理论"具有较强的创新性，其将侵权责任形态分为三种类型，即直接责任和替代责任、单方责任和双方责任以及单独责任和共同责任，厘清了侵权责任形态的体系。❿ 关于多数人侵权，杨立新教授所著《多数人侵权行为及责任》⓫是该方面的力作，该著作对共同侵权行为、分别侵权行为、共同危险行为、第三人侵权行为进行了细致研究。还有不少学者也通过专著和论文表达了对于多数人侵权规则的不同理解。⓬ 至于免责事由，学界

---

❶ 参见沈幼伦："侵权责任归责原则三元化之思考——对《侵权责任法》的解读"，载《法学》2010年第 5 期。

❷ 参见陈本寒、陈英："公平责任归责原则的再探讨——兼评我国《侵权责任法》第 24 条的理解与适用"，载《法学评论》2012 年第 2 期；窦海阳："侵权法中公平分担损失规则的司法适用"，载《法商研究》2016 年第 5 期。

❸ 参见崔建远："论归责原则与侵权责任方式的关系"，载《中国法学》2010 年第 2 期；魏振瀛："侵权责任方式与归责事由、归责原则的关系"，载《中国法学》2011 年第 2 期。

❹ 参见刘文杰："论侵权法上过失认定中的'可预见性'"，载《环球法律评论》2013 年第 3 期；李中原："论侵权法上因果关系与过错的竞合及其解决路径"，载《法律科学（西北政法大学学报）》2013 年第 6 期；杨垠红："侵权法上不作为因果关系之判定"，载《法学》2014 年第 1 期。

❺ 参见张新宝：《侵权责任构成要件研究》，法律出版社 2007 年版。

❻ 持三要件说的主要观点见于王利明：《侵权行为法研究》，中国人民大学出版社 2004 年版。四要件说的观点参见杨立新：《侵权法论》，人民法院出版社 2005 年版。

❼ 参见张金海："论违法性要件的独立"，载《清华法学》2007 年第 4 期；叶金强："侵权构成中违法性要件的定位"，载《法律科学（西北政法学院学报）》2007 年第 1 期。

❽ 参见王利明："我国《侵权责任法》采纳了违法性要件吗？"，载《中外法学》2012 年第 1 期。

❾ 参见葛云松："民法上的赔礼道歉责任及其强制执行"，载《法学研究》2011 年第 2 期；姚辉、段睿："'赔礼道歉'的异化与回归"，载《中国人民大学学报》2012 年第 2 期；张红："不表意自由与人格权保护——以赔礼道歉民事责任为中心"，载《中国社会科学》2013 年第 7 期；黄忠："一个被遗忘的'东方经验'——再论赔礼道歉的法律化"，载《政法论坛》2015 年第 4 期。

❿ 参见杨立新："侵权责任形态研究"，载《河南省政法管理干部学院学报》2004 年第 1 期。

⓫ 参见杨立新：《多数人侵权行为及责任》，法律出版社 2017 年版。

⓬ 参见李中原：《多数人侵权责任分担机制研究》，北京大学出版社 2014 年版；叶金强："共同侵权的类型要素及法律效果"，载《中国法学》2010 年第 1 期；王利明："论共同危险行为中的加害人不明"，载《政治与法律》2010 年第 4 期；程啸："论侵权法上的第三人行为"，载《法学评论》2015 年第 3 期。

主要聚焦点在于过失相抵规则与其他制度的衔接❶以及不可抗力的适用之上。❷

关于特殊主体的侵权责任的探讨，学者重点关注雇主责任❸和监护人责任❹的理解与适用。此外，违反安全保障义务的侵权责任向来是较为热门的话题，❺有专著对该问题进行了详细的比较法研究，❻在相应司法解释和《侵权责任法》确认其补充责任后，学界对此种立法模式展开了解释、反思与批判。❼随着信息化时代的来临，侵权人利用信息网络侵犯他人合法权益的事件时有发生。2014 年最高人民法院发布《关于审理利用信息网络侵害人身权益民事纠纷案件适用法律若干问题的规定》，对网络时代的突出问题进行了回应，而侵权责任法领域的研究热点也逐渐转向对网络侵权责任加以探讨。杨立新教授出版专著《网络交易民法规制》❽对此进行专门研究，具有跨时代的意义，此外还有许多学者也围绕网络侵权的责任主体、❾归责原则、❿具体侵权类型⓫以及侵权责任形态⓬进行了探讨。

---

❶ 参见冉克平：";论未成年人受侵害的过失相抵";，载《法律科学（西北政法大学学报）》2010 年第 4 期；程啸：";过失相抵与无过错责任";，载《法律科学（西北政法大学学报）》2014 年第 1 期；袁文全、杨天红：";过失相抵规则在侵权受害人自杀情形的适用";，载《现代法学》2016 年第 6 期。

❷ 参见杨立新：";地震作为民法不可抗力事由的一般影响";，载《政治与法律》2008 年第 8 期；陈本寒、艾围利：";侵权责任法不可抗力适用规则研究——兼评《中华人民共和国侵权责任法》第 29 条";，载《现代法学》2011 年第 1 期；袁文全：";不可抗力作为侵权免责事由规定的理解与适用——兼释《中华人民共和国侵权责任法》第 29 条";，载《法商研究》2015 年第 1 期。

❸ 参见张民安：";雇主替代责任在我国未来侵权法中的地位";，载《中国法学》2009 年第 3 期；班天可：";雇主责任的归责原则与劳动者解放";，载《法学研究》2012 年第 3 期；郑晓剑：";揭开雇主'替代责任'的面纱——兼论《侵权责任法》第 34 条之解释论基础";，载《比较法研究》2014 年第 2 期。

❹ 参见金可可、胡坚明：";不完全行为能力人侵权责任构成之检讨";，载《法学研究》2012 年第 5 期；李永军：";被监护人受损害时法律救济的理论与实证考察";，载《华东政法大学学报》2013 年第 4 期。

❺ 参见张新宝、唐青林：";经营者对服务场所的安全保障义务";，载《法学研究》2003 年第 3 期。

❻ 参见周友军：《交往安全义务理论研究》，中国人民大学出版社 2008 年版；杨垠红：《侵权法上作为义务安全保障义务之研究》，法律出版社 2008 年版。

❼ 参见张新宝：";我国侵权责任法中的补充责任";，载《法学杂志》2010 年第 6 期；李中原：";论违反安全保障义务的补充责任制度";，载《中外法学》2014 年第 3 期；张淞纶：";关于'交易安全理论'：批判、反思与扬弃";，载《法学评论》2014 年第 4 期。

❽ 参见杨立新：《网络交易民法规制》，法律出版社 2018 年版。

❾ 参见刘文杰：";网络服务提供者的安全保障义务";，载《中外法学》2012 年第 2 期；蔡唱：";网络服务提供者侵权责任规则的反思与重构";，载《法商研究》2013 年第 2 期；崔国斌：";网络服务商共同侵权制度之重塑";，载《法商研究》2013 年第 4 期；徐伟：";网络服务提供者'知道'认定新诠——兼驳网络服务提供者'应知'论";，载《法律科学（西北政法大学学报）》2014 年第 2 期。

❿ 参见梅夏英、刘明：";网络侵权归责的现实制约及价值考量——以《侵权责任法》第 36 条为切入点";，载《法律科学（西北政法大学学报）》2013 年第 2 期。

⓫ 参见杨立新：";侵害公民个人电子信息的侵权行为及其责任";，载《法律科学（西北政法大学学报）》2013 年第 3 期；张新宝、任彦：";网络反腐中的隐私权保护";，载《法学研究》2013 年第 6 期。

⓬ 参见杨立新：";网络平台提供者的附条件不真正连带责任与部分连带责任";，载《法律科学（西北政法大学学报）》2015 年第 1 期。

（三）侵权损害赔偿

损害赔偿向来是侵权责任法研究的重要内容，早于20世纪90年代便有学者出版专著对其进行了研究，❶ 2001年3月10日，最高人民法院公布《关于确定民事侵权精神损害赔偿责任若干问题的解释》，该解释在保护人格权方面，具有里程碑式的意义，学者撰文对该解释的理解与适用进行了探讨。❷

关于侵权损害赔偿的研究热点和重要问题主要有：第一，关于我国法中纯粹经济损失应否得到赔偿的解释论问题。多数意见认为部分纯粹经济损失应该得到保护，❸ 但对于何种纯粹经济损失应得到保护不同学者表达了不同的观点，如有学者认为在立法上应以违反善良风俗为得以主张纯粹经济损失的要件，❹ 也有学者认为应对纯粹经济损失进行类型化，❺ 这一领域还有相关译著的出版。❻ 第二，关于惩罚性赔偿制度的相关问题。由于惩罚性赔偿与传统大陆法系同质救济原则相悖，许多学者认为其在我国不应有适用空间，❼ 但也有学者建议采纳这一制度，以期在完全弥补受害人损失的同时达到惩罚恶意侵权人的目的。❽ 在我国《侵权责任法》和其他相关法律确认惩罚性赔偿制度后，学者开始对惩罚性赔偿在我国应否扩大适用范围，❾ 以及侵权惩罚性赔偿和违约惩罚性赔偿的衔接进行了讨论，❿ 许多意见被修订后的《消费者权益保护法》《食品安全法》所采纳。第三，关于死亡赔偿金的相关问题，我国的《国家赔偿法》虽对死亡赔偿金做出了规定，但是由于该法只能适用于国家赔偿的场合，而不能适用于侵权责任领域，之后出台的《最高人民法院关于审理人身损害赔偿案件适用法律若干问题的解释》和《侵权责任法》弥补了这一缺憾，但后者关于死亡赔偿金的计算，采取了区

---

❶ 参见杨立新、韩海东：《侵权损害赔偿》，吉林人民出版社1990年版；刘士国：《现代侵权损害赔偿研究》，法律出版社1998年版。

❷ 参见杨立新、杨帆："最高人民法院《关于确定民事侵权精神损害赔偿责任若干问题的解释》释评"，载《法学家》2001年第5期。

❸ 参见张新宝、张小义："论纯粹经济损失的几个基本问题"，载《法学杂志》2007年第4期；姜战军："论纯粹经济损失的概念"，载《法律科学（西北政法大学学报）》2012年第5期。

❹ 参见于飞："违反善良风俗故意致人损害与纯粹经济损失保护"，载《法学研究》2012年第4期。

❺ 参见满洪杰："论纯粹经济利益损失保护——兼评《侵权责任法》第2条"，载《法学论坛》2011年第2期。

❻ 参见［意］毛罗·布萨尼、［美］弗农·瓦伦丁·帕尔默：《欧洲法中的纯粹经济损失》，张小义、洪钟明译，林嘉审校，法律出版社2005年版。

❼ 参见张弛、韩强："民法同质补偿原则新思考"，载《法学》2000年第3期；金福海："论惩罚性赔偿责任的性质"，载《法学论坛》2004年第3期。

❽ 参见王利明："惩罚性赔偿研究"，载《中国社会科学》2000年第4期；朱凯："惩罚性赔偿在侵权法中的基础及其适用"，载《中国法学》2003年第3期。

❾ 参见马新彦："内幕交易惩罚性赔偿制度的构建"，载《法学研究》2011年第6期；罗莉："论惩罚性赔偿在知识产权中的引进及实施"，载《法学》2014年第4期；白江："我国应扩大惩罚性赔偿在侵权责任法中的适用范围"，载《清华法学》2015年第3期。

❿ 参见朱广新："惩罚性赔偿制度的演进与适用"，载《中国社会科学》2014年第3期；张保红："论惩罚性赔偿制度与我国侵权法的融合"，载《法律科学（西北政法大学学报）》2015年第2期；李友根："惩罚性赔偿的中国模式研究"，载《法制与社会发展》2015年第6期。

分模式，因此引来了学术界新一轮的争论。如有学者认为《侵权责任法》的相关规定造成了同命不同价的情况；❶ 也有学者认为，事实上侵害生命权的法律后果并不是对生命本身进行所谓的"命价赔偿"，而是一种"改良"了的继承说；❷ 更有学者认为上述分歧的产生是并未正确理解"原则不同特殊情况可相同"的相关规定所造成的。❸ 此外，还有学者对该制度提出了完善的建议。❹ 第四，关于精神损害赔偿的问题。精神损害赔偿一直是我国侵权法研究的突出领域之一，❺ 精神损害赔偿的应包含多大的范围，是理论与实践中历久弥新的话题，学者发表了诸多论文❻亦出版了专著❼对此进行探讨，最近学者开始关注英美法的"精神打击"损害，并提出我国引入"精神打击"以完善精神损害赔偿制度。❽

（四）对具体侵权行为的探讨

学界对于产品责任特别是食品致害责任的研究不乏推陈出新的成果，学者围绕产品责任的构成、产品责任的责任形态以及恶意产品侵权惩罚性赔偿的适用进行了着重介绍，❾ 而关于侵权法能否对产品自损提供救济的问题也成为学术讨论的热点。❿ 这些理论成果都直接或间接影响着我国《消费者权益保护法》《产品质量法》《食品安全法》的立法进程。

在机动车道路交通事故责任领域，2003 年通过的《道路交通安全法》取代了原

---

❶ 参见傅蔚冈："'同命不同价'中的法与理——关于死亡赔偿金制度的反思"，载《法学》2006 年第 9 期；冉艳辉："确认死亡赔偿金应以个人的生命价值为基准"，载《法学》2009 年第 9 期。

❷ 参见姚辉、邱鹏："论侵害生命权之损害赔偿"，载《中国人民大学学报》2006 年第 4 期。

❸ 参见张新宝："《侵权责任法》死亡赔偿制度解读"，载《中国法学》2010 年第 3 期。

❹ 参见田韶华："论死亡赔偿所得的分配——兼谈我国死亡赔偿制度的完善"，载《法律科学（西北政法大学学报）》2015 年第 1 期。

❺ 参见杨立新：《精神损害赔偿疑难问题》，吉林人民出版社 1991 年版。

❻ 参见朱启超、蒋贤争："精神损害赔偿的范围探讨"，载《中外法学》1993 年第 2 期；周利民："论法人的精神损害赔偿"，载《政法论坛》2002 年第 3 期；姜战军："损害赔偿范围确定中的法律政策"，载《法学研究》2009 年第 6 期；陆青："违约精神损害赔偿问题研究"，载《清华法学》2011 年第 5 期；崔建远："精神损害赔偿绝非侵权法所独有"，载《法学杂志》2012 年第 8 期；张力："论法人的精神损害赔偿请求权"，载《法商研究》2017 年第 1 期。

❼ 参见杨立新：《新版精神损害赔偿》，国际文化出版公司 2002 年版；张新宝：《精神损害赔偿制度研究》，法律出版社 2012 年版。

❽ 参见张新宝、高燕竹："英美法上'精神打击'损害赔偿制度及其借鉴"，载《法商研究》2007 年第 5 期；刘朋："奥地利'精神打击'损害赔偿制度的最新发展及其借鉴"，载《当代法学》2012 年第 2 期；谢鸿飞："惊吓损害、健康损害与精神损害——以奥地利和瑞士的司法实践为素材"，载《华东政法大学学报》2012 年第 3 期。

❾ 参见冉克平：《产品责任理论与判例研究》，北京大学出版社 2014 年版；董春华："对严格产品责任正当性的质疑与反思"，载《法学》2014 年第 12 期；杨立新："论侵权责任并合"，载《法商研究》2017 年第 2 期。

❿ 参见马一德："论消费领域产品自损的民事责任"，载《法商研究》2014 年第 6 期；金印："论作为绝对权侵害的产品自损——兼论'物质同一说'的能与不能"，载《政治与法律》2015 年第 9 期；董春华："论影响产品自损侵权法救济的规则——以中美司法实践为视角"，载《比较法研究》2016 年第 1 期。

《道路交通事故处理办法》，第76条成为理论和实务上争议的焦点，2007年年底全国人大常委会又再次修订该法第76条，学界及时对该条文进行了解读。❶而随着《侵权责任法》和《最高人民法院关于审理道路交通事故损害赔偿案件适用法律若干问题的解释》的出台，学者围绕其确立的规则进行了理论与实务的研究，并提出了诸多完善的建议。❷此外，关于我国机动车交通事故责任强制保险制度，学界亦展开了较多讨论。❸

医疗卫生事业与广大人民群众的生活息息相关，而医疗损害侵权责任的研究，对于促进卫生与健康事业的法治化治理至关重要。早在《侵权责任法》出台前，学者便围绕国务院出台的《医疗事故处理办法》及修订后《医疗事故处理条例》，以及最高人民法院出台的《关于参照〈医疗事故处理条例〉审理医疗纠纷民事案件的通知》中确立的医疗损害侵权责任的相关规则进行了探讨。❹《侵权责任法》出台后，学者针对该法规定的医疗损害责任类型进行了解释研究，❺并提出了诸多完善建议，❻许多意见被2017年年底发布的《最高人民法院关于审理医疗损害责任纠纷案件适用法律若干问题的解释》所采纳。

随着工业化程度的提高，日益恶化的环境成为人类必须面对的问题。《侵权责任法》设专章对环境污染侵权责任进行了规制，2015年发布的《最高人民法院关于审理环境侵权责任纠纷案件适用法律若干问题的解释》对此进行了细化，学者主要就环境

---

❶ 参见张新宝："道路交通事故责任归责原则的演进与《道路交通安全法》第76条"，载《法学论坛》2006年第2期；杨立新："我国道路交通事故责任归责研究"，载《法学》2008年第10期。

❷ 参见刘家安："机动车交通事故的归责原则及责任归属"，载《政治与法律》2010年第5期；曹险峰、张龙："《侵权责任法》第49条的解释论研读——主体分离下的道路交通事故侵权责任纲论"，载《法律科学（西北政法大学学报）》2017年第1期；王琦："机动车交往安全义务人对交通事故的侵权责任——对立法、司法解释以及比较法资源的整合性建构"，载《政治与法律》2017年第2期；郑志峰："租借机动车交通事故侵权责任的类型化分析——《侵权责任法》第49条的适用困境及其破解"，载《法学》2017年第7期。

❸ 参见韩长印："责任保险中的连带责任承担问题——以机动车商业三责险条款为分析样本"，载《中国法学》2015年第2期；邢海宝："机动车自愿责任险排除连带赔偿责任"，载《中国法学》2016年第3期；李青武："论我国道路交通事故社会救助基金制度之重构——以补偿制度为重点"，载《法商研究》2018年第1期。

❹ 参见龚赛红：《医疗损害赔偿立法研究》，法律出版社2001年版；艾尔肯：《医疗损害赔偿研究》，中国法制出版社2005年；杨立新：《医疗损害责任研究》，法律出版社2009年版；杨凯："医疗损害赔偿纠纷案件若干问题探讨"，载《法学评论》2004年第5期；杨立新："论医疗过失赔偿责任的原因力规则"，载《法商研究》2008年第6期。

❺ 参见杨立新："中国医疗损害责任制度改革"，载《法学研究》2009年第4期；梁慧星："论《侵权责任法》中的医疗损害责任"，载《法商研究》2010年第6期；杨立新："医疗损害责任一般条款的理解与适用"，载《法商研究》2012年第5期；郑晓剑："《侵权责任法》第54条解释论之基础"，载《现代法学》2014年第1期。

❻ 参见杨立新："《侵权责任法》改革医疗损害责任制度的成功与不足"，载《中国人民大学学报》2010年第4期。

污染责任的构成、❶ 类型化、❷ 与生态侵权责任的界分❸及举证责任❹进行了探讨。

进入21世纪以来,人类自身活动已成为现代社会风险的根本性来源,而与之相对应,对于高度危险责任的研究也是一大热点。学者建议应在我国侵权法中独立规定危险责任的一般条款,被《侵权责任法》所采纳,❺而关于高度危险责任的责任类型和具体判断标准,学者也展开了详细探讨。❻ 此外,还有学者研究了动物损害责任和物件损害责任,这些研究主要针对现行法规定饲养动物损害责任、动物园损害责任及物件损害责任中存在的不足展开,并提出了诸多有益的完善建议。❼

除《侵权责任法》规定的侵权类型外,学界还根据侵权法基本理论,分析和回应了一些社会热点、难点问题,诸如对于转基因作物、❽ 钻井平台油污❾造成的污染损害,以及对于文化产品、❿ 疫苗、⓫ 信用评级不实等⓬致害的讨论,为这些问题的解决提供了法治化方案。此外在金融领域,学者对于内幕交易⓭、银行卡欺诈等责任构成的探讨,也为司法实践处理该种新兴纠纷类型提供了助益。⓮

---

❶ 参见张新宝、庄超:"扩张与强化:环境侵权责任的综合适用",载《中国社会科学》2014年第3期;张新宝、汪榆森:"污染环境与破坏生态侵权责任的再法典化思考",载《比较法研究》2016年第5期。

❷ 参见竺效:"论环境侵权原因行为的立法拓展",载《中国法学》2015年第2期;窦海阳:"环境侵权类型的重构",载《中国法学》2017年第4期。

❸ 参见陈伟:"环境标准侵权法效力辨析",载《法律科学(西北政法大学学报)》2016年第1期。

❹ 参见胡学军:"环境侵权中的因果关系及其证明责任评析",载《中国法学》2013年第5期。

❺ 参见朱岩:"危险责任的一般条款立法模式研究",载《中国法学》2009年第3期;王利明:"论高度危险责任一般条款的适用",载《中国法学》2010年第6期;周友军:"我国危险责任一般条款的解释论",载《法学》2011年第4期。

❻ 参见窦海阳:"《侵权责任法》中'高度危险'的判断",载《法学家》2015年第2期;薛军:"高度危险责任的法律适用探析",载《政治与法律》2010年第5期。

❼ 参见周友军:"我国动物致害责任的解释论",载《政治与法律》2010年第5期;韩强:"论抛掷物、坠落物致损责任的限制适用——《侵权责任法》第87条的困境及其破解",载《法律科学(西北政法大学学报)》2014年第2期;袁中华:"规范说之本质缺陷及其克服——以侵权责任法第79条为线索",载《法学研究》2014年第6期;吕宁:"论公有公共设施致害的国家赔偿",载《政治与法律》2014年第7期;张新宝、吴婷芳:"物件致人损害的再法典化思考",载《现代法学》2017年第2期。

❽ 参见王康:"基因改造生物环境污染损害的私法救济",载《法律科学(西北政法大学学报)》2015年第5期;阙占文:"转基因作物基因污染受害者的请求权",载《法学研究》2015年第6期。

❾ 参见王慧:"钻井平台油污损害赔偿研究",载《法律科学(西北政法大学学报)》2015年第6期。

❿ 参见宋亚辉:"文化产品致害的归责基础与制度构造",载《法律科学(西北政法大学学报)》2015年第6期。

⓫ 参见刘洪华:"我国疫苗伤害救济的路径选择和制度构想",载《法学评论》2015年第1期;冯珏:"民事责任体系与无过错补偿计划的互动——以我国疫苗接种损害救济体系建设为中心",载《中外法学》2016年第6期。

⓬ 参见伍治良:"论信用评级不实之侵权责任——一种比较法视角",载《法商研究》2014年第6期;李晓安:"论金融生态系统中的信用评级机构责任承担",载《法学杂志》2015年第8期。

⓭ 参见曾洋:"证券内幕交易主体识别的理论基础及逻辑展开",载《中国法学》2014年第2期;"内幕交易侵权责任的因果关系",载《法学研究》2014年第6期;王林清:"内幕交易侵权责任因果关系的司法观察",载《中外法学》2015年第3期。

⓮ 参见阳东辉:"论银行卡欺诈民事责任分配规则",载《法学评论》2015年第6期。

八、继承法

我国的继承制度从产生到发展，无不与我国经济建设发展密切相关。自1978年党的十一届三中全会实行改革开放以来，自然人的个人财产随着经济发展而不断迅速增加，对个人财产的处置也不断大量涉及继承法领域，为继承制度的发展提供了最直接的动力。在改革开放四十周年之际，梳理我国继承法在其间的发展演进，总结所取得的相关学术成果，客观地认识中国继承法建设的成就与不足，对中国继承法的发展进行反思与展望，为我国继承法的研究发展提供问题与思路，对我国当前修订、完善民法继承编将会有所助益。

（一）改革开放四十年中国继承法的发展

从1978年我国实施改革开放至2018年，我国继承法的发展总体上可以分为以下三个阶段。

1. 起步阶段

该阶段始于1978年改革开放政策的实行，止于1985年4月《中华人民共和国继承法》（以下简称《继承法》）颁行之前。

在该阶段，基于我国对前期政治、经济等各个领域的拨乱反正和社会主义法制建设的恢复与发展，针对保护自然人个人财产继承的突出问题，1979年2月2日颁发的《最高人民法院关于贯彻执行民事政策法律的意见》，对遗产的继承人范围、继承顺序以及遗产分配方式等做出概括性的规定，作为法院审理继承案件的直接依据。1980年《婚姻法》，也对夫妻之间、父母和子女之间相互继承遗产的权利，以及强制执行遗产案件的判决作出了规定。1982年《宪法》再次肯定了国家保护公民的私有财产继承权。1984年9月8日颁发的《最高人民法院关于贯彻执行民事政策法律若干问题的意见》的继承问题部分，在1979年意见的基础上进一步详化了继承中应遵循的相关规则，具体规定了保护公民私有财产继承权、正确处理继承纠纷的政策界限，以作为民事审判工作中参照执行的依据，并要求各法院将执行中的意见与问题及时反馈。

该时期对继承法的研究主要表现在针对继承领域存在的各类问题撰写相关专业文章，但无继承法的专著。

2. 发展阶段

该阶段始于1985年《继承法》的颁行，止于2002年我国立法机关组织制定《民法（草案）》之前。

1985年4月10日立法机关通过《继承法》，于1985年10月1日实施。这标志着我国继承法的发展进入了一个新的时期。《继承法》填补了我国有关继承立法的空白，构建了我国继承制度的基本框架和主要内容，存在的缺点是较为概括、抽象，并不具体，有的条文在实践中操作性不强，个别条文甚至无法执行。《最高人民法院关于贯彻执行〈中华人民共和国继承法〉若干问题的意见》对《继承法》的具体适用作出解释，解决了实务问题。同时，为完善遗嘱继承制度，针对实践中公证遗嘱规则的缺乏，司法部于 2000 年 3 月 1 日通过并颁发了《遗嘱公证细则》，以对遗嘱公证的要件进行规范，为实践中依法进行遗嘱公证作出指导。对我国涉外、涉港澳台继承关系的处理，依据《继承法》及其相关司法解释的规定。

在此阶段，无论是针对继承领域相关问题的论文，还是体系化的专著都大量出现。

3. 民法继承编的准备阶段

该阶段始于 2002 年我国立法机关组织制定《民法（草案）》，并延续至今。

尽管 2002 年我国立法机关提出的《民法（草案）》经过了一审，但因只是进行了法律汇编而未达到法典编纂的要求，故最终被搁置，但确定下来的立法思路为继承法的研究指明了路径。在该阶段，除针对继承法新问题的文章大量涌现外，新的研究进一步深入，对继承法展开整体研究的专著继续增多，❶ 深入研究的专题研究著作也开始出现。❷ 不仅出现以实证研究的方式对民众继承习惯展开研究的著作，❸ 还出现了针对罗马继承法展开研究的著作。❹ 有学者结合多年继承领域的研究所得与我国继承法的本土现实，针对现行《继承法》，对我继承制度提出了总体构想，❺ 先后提出多部继承法学者建议稿，将继承法的研究成果以体系化的形式予以总结完善。❻ 这一系列的研究为民法典继承编的最终制定做好了充分准备。

（二）继承法取得的主要成就

四十年来，继承法的发展在每一阶段都各有重点，后阶段的研究也都是以前阶段的研究为基础并不断推进。

1. 继承制度体系及基础理论的建构

在继承法的起步阶段，因国家没有继承法，继承实务与司法裁判所可依据的重点也仅为司法解释，故研究的重点多围绕两部司法解释进行。在理论上，学者对我国建立继承制度必要性的研究，不仅从制度本身的积极作用进行论述，还对因杜绝"不劳

---

❶ 参见杨立新、朱呈义：《继承法专论》，高等教育出版社 2006 年版；孙若军编著：《继承法》，中国人民大学出版社 2008 年版；陈苇主编：《外国继承法比较与中国民法典继承编制定研究》，北京大学出版社 2011 年版；程维荣：《中国继承制度史》，东方出版中心 2006 年版；张平华、刘耀东：《继承法原理》，中国法制出版社 2009 年版。

❷ 参见李宏：《遗嘱继承的法理研究》，中国法制出版社 2010 年版；张康林：《继承回复请求权研究》，中国政法大学出版社 2010 年版；和丽军：《继承权丧失研究》，法律出版社 2017 年版。

❸ 参见陈苇：《当代中国民众继承习惯调查实证研究》，群众出版社 2008 年版。

❹ 参见费安玲：《罗马继承法研究》，中国政法大学出版社 2000 年版。

❺ 参见陈苇、杜江涌："我国法定继承制度的立法构想"，载《现代法学》2001 年第 3 期。

❻ 学者建议稿主要有：徐国栋主持的《绿色民法典草案》；梁慧星主持的《中国民法典草案建议稿附理由》中的继承编；何丽新主持的《民法典草案建议稿附理由·侵权行为编、继承编》；王利明主持的《中国民法典学者建议稿及立法理由》中的继承编；张玉敏主持的《中国继承法立法建议稿及立法理由》；杨立新主持的《中华人民共和国继承法（修正草案建议稿）》。

而获"而否定继承的观点进行批驳。❶ 更多的文章,无论是从总体上对继承问题进行探讨,是对遗产范围、法定继承、法定继承人的范围和顺序提出自己的见解,还是就遗嘱继承进行研究,多欲解决实务中缺乏相关规定的现实问题,都表达了在我国建立继承制度,有利于保护公民个人合法财产权益及促进社会主义家庭关系安定团结的观点,认为这与我国的社会经济基础相适应,符合人民的觉悟水平,更能为老有所养,幼有所育提供保障。❷ 在继承制度基本原则的确立上,在保护公民个人财产所有权原则、继承平等原则、互谅互让、和睦团结原则、养老育幼原则上达成了共识。也有学者认为,关于继承关系与亲属、血缘之间的关系问题,继承人的范围与顺序,继承开始的时间问题等,都还值得继续研究探讨。❸ 此阶段对继承法的研究,除针对各具体问题展开研究的文章外,全国既无继承法教材,也无系统研究的著作,其相关内容在著作中都被纳入民法学教材,作为独立的一部分来编写。❹ 此阶段的研究为《继承法》的制定奠定了基础,共识的形成对其法条的形成功不可没。

2. 继承法理论的深入发展

在继承法的发展阶段,随着改革开放的深入及国际学术交流的增多,学者已经不仅仅限于对我国既有规则进行探讨,而是多从各国继承法的比较中进行反思与借鉴。这使我国继承法的研究获得较大发展,不仅出现了适用于高等院校的继承法专业教材,也出现了一系列从不同角度对继承法展开研究的专著。❺ 对继承权的研究,包括其概念、性质、取得、实现、放弃、丧失以及法律保护等各个方面。在此阶段,各类问题的研究都较前一时期更向纵深处发展。比如,前一时期的继承关系与亲属、血缘间的关系问题,在此阶段已经深化为继承权的取得依据问题,有学者认为其基础应该是血缘关

---

❶ 参见陈嘉梁、张佩霖:"正确认识我国继承制度的性质及其继续存在的必要性",载《法学研究》1980年第4期。

❷ 参见刘素萍、杨大文:"论我国公民的继承权",载《人民日报》1980年1月29日;温卓文:"我国继承权问题初探",载《西南政法学院学报》1981年第2期;李维云:"处理继承案件中的几个问题",载《人民日报》1981年5月15日;黄子鸿:"关于继承问题的一些不同看法",载《法学》1982年第5期;参见荣霖:"划清遗产与共有财产的界限",载《人民司法》1980年第4期;金友成:"从一件继承案看夫妻财产约定",载《法学》1982年第2期;朱平山:"法定继承初探",载《法学研究》1981年第6期。

❸ 参见王卫国:"配偶继承和血亲继承不可偏废",载《法学季刊》1982年第2期;吴培洪:"浅谈丧失配偶的媳妇或女婿对公婆、岳父母遗产的继承问题",载《上海司法》1981年第1期;刘新熙:"祖父母应列入第三继承顺序",载《西南政法学院学报》1982年第1期;刘涌:"关于继承应从何时开始的探讨",载《法学》1982年第5期。

❹ 参见佟柔、赵中孚、郑立主编:《民法概论》,中国人民大学出版社1982年版;佟柔:《民法原理》,法律出版社1983年版。

❺ 参见河山、肖水:《继承法概要》,群众出版社1985年版;佟柔主编:《继承法教程》,法律出版社1986年版;刘春茂、刘雯:《继承法通论》,四川人民出版社1986年版;李由义、王作堂主编:《继承法概论》,法律出版社1987年版;刘素萍:《继承法》,中国人民大学出版社1988年版;刘春茂、刘雯、赖永忠:《实用财产继承260问》,人民法院出版社1992年版;龙翼飞:《比较继承法》,吉林人民出版社1996年版;郭明瑞、房绍坤编著:《继承法》,法律出版社1996年版;张玉敏:《继承法律制度研究》,法律出版社1999年版;秦伟:《继承法》,上海人民出版社2001年版。

系、婚姻关系和扶养关系。❶ 该问题与继承权的放弃问题,经讨论已都达成共识。学者探讨的专业问题,包括继承权丧失事由、遗产债权人的利益保护,也包括对无人继承遗产制度、继承权制度的体系完善等。但对继承权恢复的研究,作为继承权法律保护中的核心内容,与继承权如何才能得到全面的法律保护一样,仍然有必要加强。

3. 继承法理论的完善与民法继承编的准备

在继承法的深入完善与民法继承编的准备阶段,学者除对遗产的概念、特征、法定继承、非继承人取得遗产的权利、被继承人债务的清偿问题等进行深入研究外,对继承法研究的重点还集中在遗产的范围、继承人范围与顺位等问题上。就遗产的范围而言,有学者认为对遗产的规定应坚持"凡私有财产均可为遗产"的观念。❷ 针对社会的发展与新技术领域的拓展,被继承人的遗体、知识产权中的财产权利、土地承包经营权成为讨论对象。❸ 对因网络发展而产生的虚拟财产的继承研究也不断深入。❹ 有关配偶是否应作为无固定顺位继承、孙子女外孙子女的继承权如何保障、继承人范围应否增加、继承顺位可否调整等问题,更是引起社会的关注与讨论。❺ 在对遗嘱继承予以全面研究的基础上,学者也认为应在我国应增设特留份制度,以在保护特别法定继承人利益的同时对过度的遗嘱自由进行适当限制。❻ 归扣制度、共同遗嘱存在的立法空白也应填补。❼ 学者也提出应与时俱进地将遗嘱或者遗赠扶养协议的证据方法扩及电子遗嘱对应的电子数据。❽ 而近代中国的分家习惯与继承法难以兼容。❾ 而随着国家民法典工作的推进,学者提出应抓住机遇,对我国现行继承制度进行全面改革,提出了继承编入典时应当坚持的指导思想,并要求妥当设计继承编的篇章结构,对继承制度全面

---

❶ 参见刘春茂、刘雯:"简析继承权取得的根据",载《现代法学》1989 年第 3 期。
❷ 参见郭明瑞:"论继承法修订应考虑的因素",载《四川大学学报(哲学社会科学版)》2018 年第 1 期。
❸ 参见汪洋:"土地承包经营权继承问题研究——对现行规范的法构造阐释与法政策考量",载《清华法学》2014 年第 4 期;陈甦:"土地承包经营权继承机制及其阐释辨证",载《清华法学》2016 年第 3 期。
❹ 参见林旭霞:"论网络运营商与用户之间协议的法律规制",载《法律科学(西北政法大学学报)》2012 年第 5 期;李岩:"虚拟财产继承立法问题",载《法学》2013 年第 4 期;和丽军:"虚拟财产继承问题研究",载《国家检察官学院学报》2017 年第 4 期。
❺ 参见杨立新、和丽军:"我国配偶法定继承的零顺序改革",载《新华文摘》2013 年第 9 期;张玉敏:"法定继承人范围和顺序的确定",载《法学》2012 年第 8 期;郭明瑞:"完善法定继承制度三题",载《法学家》2013 年第 4 期;杨立新:"孙子女外孙子女等继承权的保障制度改革",载《四川大学学报(哲学社会科学版)》2018 年第 1 期;杨震:"我国法定继承人范围与顺序的历史检视与当代修正",载《四川大学学报(哲学社会科学版)》2018 年第 1 期。
❻ 参见杨立新、和丽军:"对我国继承法特留份制度的再思考",载《国家检察官学院学报》2013 年第 7 期。
❼ 参见李洪祥:"遗产归扣制度的理论、制度构成及其本土化",载《现代法学》2012 年第 5 期;杨立新、和丽军:"遗产继承归扣制度改革的中间路线",载《国家检察官学院学报》2014 年第 6 期;王毅纯:"共同遗嘱的效力认定与制度构造",载《四川大学学报(哲学社会科学版)》2018 年第 1 期。
❽ 参见王雷:"20 论《继承法》中的证据方法规范",载《法律适用》2017 年第 21 期。
❾ 参见俞江:"继承领域内冲突格局的形成——近代中国的分家习惯与继承法移植",载《中国社会科学》2005 年第 5 期。

地作出具体规定。❶ 在此阶段，学者的各类文章、专著、继承法草案建议稿，都对民法典继承编的制定提供了坚实的理论基础。随着民法典继承编修订工作的启动，对继承法多年的研究终将助益于民法典的完成。

纵观继承法的发展可见，我国的继承法与国家整个法律制度的建设发展同步，从起步开始，学者们围绕司法解释从具体问题展开研究，既解决具体实务问题，也从理论层面研究建构，为《继承法》的制定提出看法、见解。在《继承法》及《继承法实施意见》颁行后，无论是理论研究还是实务研究的著述都大幅度增加，对他国在相关领域研究的借鉴与参考也日益增多，对争议问题经过讨论形成共识成为趋势。随着国家立法机关组织制定民法继承编草案工作的展开，将多年研究形成的共识以法律草案形式予以表现，成为继承法研究成果的集中体现。而各草案以及不同草案间存在的差异，又成为继承法研究讨论的重点，对此予以深入研究而逐渐形成的共识也为后期制定民法继承编打下了坚实基础。

（三）对中国继承法的反思与展望

四十年来，《继承法》的颁行在继承法发展进程中具有里程碑的意义，其构建了我国继承制度的基本架构及主要内容，填补了我国自1949年以来无《继承法》的空白，为民法继承编的制定打下了基础。同时，司法解释的对《继承法》进行补充，将《继承法》中的原则性规定予以具体化，保证了《继承法》在实务中得以贯彻、执行。但随着时代的发展、经济的增长及人民财富的迅猛增加，三十多年前制定的《继承法》存在的缺漏与不足越发突显，对《继承法》进行现代化便成为立法者当下紧迫的任务。

1. 对现行继承法的反思

纵观40年继承法的研究发展历程，反思现行继承法，当前继承法急需完善的不足之处主要有以下十三个方面。

（1）总体上看，现行《继承法》原则性规定过强，多数条文无司法解释便无法适用，而且，为解决处理实务问题，部分司法解释条文已经对《继承法》并未涉及的问题进行规定，这已经突破司法解释本身所具有的作用与功能。

（2）遗产的范围应予扩大。现行规定所列举的遗产范围过窄，一些重要的遗产、新类型的遗产没有概括其中，比例网络虚拟财产。应当在现行法条文中增设遗产的一般概念和兜底条款。

（3）法定继承人的范围过窄，继承顺位不合理。现行规定将法定继承人的范围仅限于近亲属，在没有这类人时，遗产便会成为无人继承的遗产被收归国有。而独生子女政策的长期普遍适用，更会导致该问题的加重。在增加继承人范围的同时，继承顺位也应适当调整，在重点加强对配偶继承利益保护的同时，应对不同继承人的遗产继

---

❶ 参见杨立新："民法分则继承编立法研究"，载《中国法学》2017年第4期；王利明："继承法修改的若干问题"，载《社会科学战线》2013年第7期；王歌雅："论继承法的修正"，载《中国法学》2013年第6期。

承利益进行区别保护。

（4）在继承权方面，应完善继承权丧失制度，规定继承权承认和放弃制度，规定继承权回复请求权。现有的继承权丧失事由、恢复情形与条件均规定得不够完整，对继承权丧失后的不同后果缺乏规定。同时，针对现行法对继承权的承认没有作出规定、对继承权的放弃只作笼统规定的现状，应明确规定继承权承认和放弃制度。而且，由于我国没有规定继承回复请求权，对继承权受到侵害的继承人缺乏必要的保护措施。

（5）遗嘱继承须进一步完善的有以下九个方面：一是为利于普通群众的理解，避免法定继承优先于遗嘱继承的误解，应将遗嘱继承放在法定继承之前进行规定。二是增加密封遗嘱这一遗嘱方式，以便给遗嘱人更多的选择。同时，因公证遗嘱绝对优先会导致对遗嘱自由的不合理限制与剥夺，应改变这种状况。就口头遗嘱，应对其有效期间进行明确规定。三是针对现实生活中大量存在的共同遗嘱，司法实践上也有承认的现状，应当有条件地承认夫妻之间共同遗嘱的效力。四是在遗嘱形式上，应规定更多的遗嘱形式，以适应当前社会实际生活的需要，比如增加打印遗嘱、电子数据遗嘱等，同时，也应有条件的承认形式有瑕疵的遗嘱的效力。五是应规定遗嘱执行人制度，改变现行法对遗嘱执行人法律地位未作明确规定的现状，以保障遗嘱的执行。六是应明确完整的规定遗托制度，对遗嘱人与遗嘱继承人、受遗赠人之间的权利义务进行明确规定，以对各方利益予以保护。七是应规定后位继承，从发挥遗产实际利用效率来合理配置社会资源，既能尊重遗嘱人的遗嘱自由，又能充分保证遗产利益承受者对物的实际使用权。八是应规定替补继承，这既能满足社会生活的实际需要，也能避免有遗嘱却出现无人继承或者无人受遗赠的现象出现。九是应对遗嘱变更的形式与效力作出科学的具体规定。

（6）应对代位继承制度重新做出规定。当前的代位继承规定明显存在缺陷，在继承权丧失时对其采取的是代表权说，即在被代位继承人丧失继承权时，不发生代位继承。但却又规定，在代位继承人处于特定情形时，可分遗产。这明显存在矛盾。而且，当今世界上采代表权说对代位继承制度进行规定的国家屈指可数，建议对其采固有权理论重新进行规定。

（7）应增设特留份制度。在现行法中，为保护"双无人员"的继承利益，除以必留份制度对遗嘱自由进行适当限制外，为保护非继承人的遗产利益，甚至还在立法上规定了酌情分得遗产权，但对世界各国广泛采取的以对至亲的特定法定继承人利益予以保护的特留份制度在我国立法上却是空白，而必留份仅保护"双无人员"，它并不是特留份，二者无法代替、合并，故应当增设特留份制度。

（8）应增设归扣制度。既能充分尊重被继承人自由处分财产的意志，又能发挥其平衡共同继承人利益调整功能的归扣制度，在我国继承法中缺失，正确的增设此制度实能充分保障各继承人之间遗产分配的公平。

（9）应完善遗产处置规则。我国现有的遗产管理规定过于简陋，应当借鉴国外立法有关遗产管理的规定，建立遗产管理人制度。同时，对无人承受的遗产，也应对其管理作出明确确定。

（10）应规定共同继承制度。为保障被继承人处分遗产的愿望得到全面实现，应该以具体的规则对共同继承予以规范，以确保出现纠纷时，能够正确适用具体规则解决纠纷，维护正常的继承秩序。

（11）应明确规定对债权人利益的保护方法。继承法不仅应当保护继承人与被继承人的利益，更应当对被继承人的债权人的利益进行保护，所以应当在合适位置对被继承人的债权人权利受到侵害时的救济途径作出明确规定。

（12）应规定遗嘱信托制度。为保证遗嘱人愿望的实现，以发挥遗产的最大功效，应在继承法中对遗嘱信托中的遗嘱问题进行具体规定，以确保信托法所规定的遗嘱信托符合继承法的规定。

（13）应完善遗赠与遗嘱扶养协议的规定。现行法既无概括遗赠及遗赠物效力范围的规定，对受遗赠人范围的限制也不妥当，遗赠的接受与放弃制度更不完善，对遗赠所存在的此类问题应予解决。现行法对遗赠扶养协议的形式、遗赠扶养协议中扶养人与法定扶养义务人之间的关系均未做出规定，对此缺漏应予避免。同时，对遗赠扶养协议与合同的关系，也应明确。

2. 对继承法发展的展望

40年来，随着经济的发展与人民财富的迅速增加，现行继承法的规定已经不能适应当前民众生活的需要。幸运的是，经过专家学者多年的讨论、研究与积累，共识已远远多于分歧，有关继承法的相关理论及体系均已成熟，制定一部体系完备、内容全面、规则具体的继承法的条件已经具备。针对我国经济、政治及文化发展的现状，结合我国民众的继承习惯与继承观念，民法典继承编必将是我国继承制度经由多年发展、积淀后的完备之作，它必然成为我国民法典的重要组成部分，为司法机关正确处理继承实务与保障民众的财产继承利益服务。

（撰稿人：中国人民大学民商事法律科学研究中心李付雷、扈艳、李怡雯、叶翔、阚梓冰、和丽军，杨立新教授、姚辉教授统稿）

卞建林　中国政法大学诉讼法学研究院教授、院长
肖建华　中国政法大学诉讼法学研究院教授
谭秋桂　中国政法大学诉讼法学研究院教授
高家伟　中国政法大学诉讼法学研究院教授
王贞会　中国政法大学诉讼法学研究院副教授

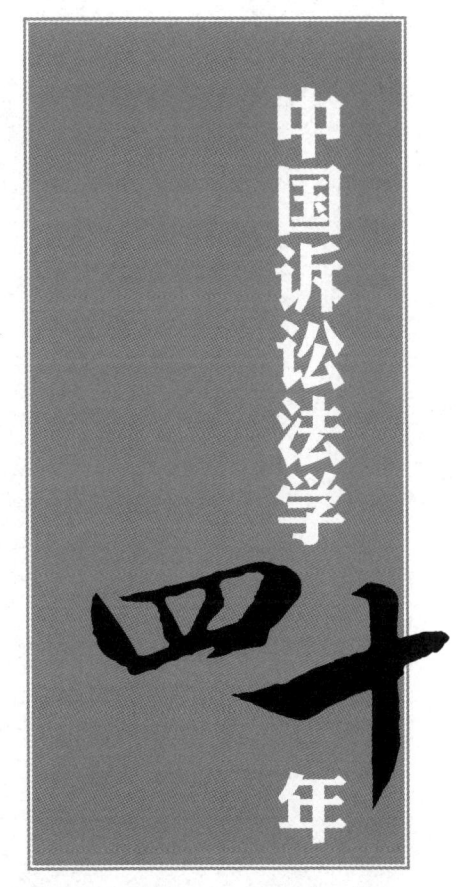

中国诉讼法学四十年

1978～2018

第一部分 刑事诉讼法学四十年（1978~2018）

改革开放的40年是刑事诉讼法学复苏、发展并逐渐取得丰硕成果的40年，在此期间刑事诉讼法学研究不断深入和拓展。以下将系统回顾改革开放40年来刑事诉讼法学研究的发展历程，总结刑事诉讼基础理论、原则以及程序制度的研究成果，以期对刑事诉讼法学研究的发展有所裨益。

一、四十年刑事诉讼法学发展历程回顾

20世纪70年代末，随着党的十一届三中全会提出"发展社会主义民主，健全社会主义法制"的方针，我国的法制建设重新起步，刑事诉讼法制建设和刑事诉讼法学研究也由此掀开了新的篇章。

（一）刑事诉讼立法的发展

1. 1979年《刑事诉讼法》的颁布

十一届三中全会后，关涉公民基本权利的刑事诉讼程序的规制开始成为立法的重点之一。1979年2月，全国人大常委会首先修订公布了《逮捕拘留条例》，对直接关涉公民基本自由与权利的逮捕拘留措施予以规制。1979年7月1日，《中华人民共和国刑事诉讼法》经第五届人大第二次会议审议通过，并于1980年1月1日起实施。与此同时，修订颁布了《人民法院组织法》和《人民检察院组织法》。《刑事诉讼法》的颁布与实施，在相当程度上改变了过去在刑事诉讼活动中无法可依的状况，标志着我国刑事诉讼活动初步走上法制轨道。

2. 1996年《刑事诉讼法》的修改

随着社会发展，1979年《刑事诉讼法》在实施过程中出现了很多不适应社会发展需要的问题，自20世纪80年代中后期起，刑事诉讼法学界呼吁修改完善刑事诉讼法。进入90年代以来，随着基础理论研究的深入，关于人权保障、正当程序、诉讼构造等方面的研究成果也迫切需要反映到立法中去，从而最终促成了1996年《刑事诉讼法》的重大修改。

1991年1月，全国人大法制工作委员会刑法室在中国政法大学召开教授座谈会，探讨修改刑事诉讼法问题。1991年8月，中国法学会诉讼法学研究会银川年会将"刑事诉讼法修改与完善"作为大会主题，会后编辑出版了专题论文集《刑事诉讼法的修

改与完善》。其后，1992年、1993年的全国诉讼法学研讨会继续就刑事诉讼法的修改与完善进行探讨。特别需要指出的是，1993年10月，中国政法大学陈光中教授受全国人大法制工作委员会委托，组织该校刑事诉讼法的教授专家对刑事诉讼法的修改进行研究，并于1994年7月提出《中华人民共和国刑事诉讼法（修改建议稿）》具体方案。该修改建议稿经修改、补充并加以论证，于1995年7月正式出版。这标志着修改刑事诉讼法的理论准备已经成熟。

1996年3月5日，《关于修改〈中华人民共和国刑事诉讼法〉的决定》在第八届全国人民代表大会第四次会议上顺利通过。该决定对1979年《刑事诉讼法》作出重大修改，加强了对公民权利的保障和对国家权力的制约，以防止国家机关任意或过度地侵犯公民权利与自由。修改内容主要有：将对公民财产权利的保护作为刑事诉讼的任务；在基本原则部分增加了人民法院、人民检察院依法独立行使职权原则，人民检察院对刑事诉讼实行法律监督的原则，未经人民法院依法判决，对任何人都不得确定有罪的原则；区分犯罪嫌疑人与被告人的称谓，将公诉案件委托辩护人的时间提前至审查起诉阶段，并赋予犯罪嫌疑人在侦查阶段获得律师帮助的权利；对各种强制措施的适用条件、程序等予以补充或修正；取消了免予起诉制度而规定了酌定不起诉制度，增加了证据不足不起诉的规定；取消了公诉案件开庭前的实体审查，取消了审判阶段的退回补充侦查制度，增加了证据不足、指控的犯罪不能成立的无罪判决等。

此外，最高人民法院、最高人民检察院、公安部、国家安全部、司法部、全国人大常委会法制工作委员会还于1998年1月联合公布了《关于刑事诉讼法实施中若干问题的规定》，最高人民法院于1998年9月公布了《关于执行〈中华人民共和国刑事诉讼法〉若干问题的解释》，最高人民检察院于1997年1月通过、1998年12月修订了《人民检察院刑事诉讼规则》，公安部于1998年5月出台了《公安机关办理刑事案件程序规定》，这些司法解释和部门规定对刑事诉讼法的具体实施作出了细化或补充的规定，推动了刑事诉讼法的实施，但同时也存在与刑事诉讼法规定不一致的情况。

3. 2012年《刑事诉讼法》的再修改

1996年《刑事诉讼法》的修改总体而言取得了巨大的成功，但也存在一些不周密、不协调之处，在实施过程中也存在各种问题。随着社会发展，《刑事诉讼法》与社会发展不协调的部分日益凸显，因此，再次修改《刑事诉讼法》的议题又被提上日程。

2003年10月第十届全国人大常委会将刑事诉讼法的再修改列入了5年立法规划。诉讼法学理论界再次兴起了刑事诉讼法修改的研究高潮，并出现了大批有分量的研究成果，如陈光中教授主编的《〈中华人民共和国刑事诉讼法〉再修改专家建议稿与论证》等。2005年9月，中国法学会诉讼法学研究会银川年会将诉讼法典修改作为一项重大议题，会上探讨了刑事诉讼法典修改的思路、理念及具体制度设计。2006年诉讼法学年会将刑事诉讼法再修改作为会议探讨的重点内容。2007年相关的主题学术活动非常密集，具有代表性的如中国政法大学诉讼法学研究院和北京市朝阳区人民检察院联合举办的"刑事诉讼法再修改重点问题研讨会"等。2009年，全国人大常委会法律工作委员会开始进行立法修改的研究起草工作。2011年，第十一届全国人大常委会第二十二次会议对《中华人民共和国刑事诉讼法修正案（草案）》进行审议并向社会公开征集意见。

2012年3月14日，第十一届全国人大第五次会议通过了《全国人民代表大会关于修改〈中华人民共和国刑事诉讼法〉的决定》，新法于2013年1月1日开始施行。2012年《刑事诉讼法》修改的内容主要有：将"尊重和保障人权"作为刑事诉讼法的任务写入刑诉法；完善辩护制度，明确侦查阶段辩护律师的法律地位，扩大法律援助的适用范围；完善证据制度，确立不得强迫自证其罪原则、非法证据排除规则、解决证人和鉴定人出庭作证问题；完善侦查程序，增加技术侦查措施的规定，强化对侦查措施的监督；完善逮捕、监视居住的条件和程序；完善审判程序，调整简易程序的适用范围，增设庭前会议制度，明确二审开庭审理的范围，对死刑复核程序作出具体规定；增设包括未成年人刑事案件诉讼程序在内的四个特别程序。

为配合此次《刑事诉讼法》的修改，最高人民法院于2012年11月5日通过了《最高人民法院关于适用〈中华人民共和国刑事诉讼法〉的解释》，最高人民检察院于2012年10月16日通过了《人民检察院刑事诉讼规则（试行）》，公安部于2012年12月13日公布了《公安机关办理刑事案件程序规定》，"六部委"于2012年12月26日联合颁布《关于实施刑事诉讼法若干问题的规定》。这些司法解释和规范性文件的发布一方面使刑事诉讼法更具有可操作性，但另一方面也存在着多部司法解释之间的协调衔接问题。

（二）刑事诉讼法学研究的发展

1. 刑事诉讼法学理论体系的构建与完善

40年来，我国刑事诉讼法学理论体系的发展大体上经历了以下阶段：第一阶段为以部分刑事诉讼原则和制度为主要研究对象的"拨乱反正"阶段。在这一阶段，学者们的研究主要是围绕一些过去遭受非理性批判的刑事诉讼原则和制度展开的，诸如法律面前人人平等原则、律师辩护制度、公开审判制度等，而尚未涉及刑事诉讼法学理论体系的整体构建。但是，这一时期的拨乱反正为整个刑事诉讼法学理论体系的构建奠定了基础。

第二阶段为以法典体例为模式的"注释法学"理论体系的构建阶段。随着《中华人民共和国刑事诉讼法》的颁布，学者们编写了大批教材，出版了一系列专著，逐渐形成了一定的理论体系并不断予以发展和完善。值得注意的是，这一阶段的刑事诉讼法学教材和专著基本上以保障对刑事诉讼法的正确理解与实施为目的，其基本体例是以刑事诉讼法的体例为模式，由此形成一种"注释法学"的理论体系，逐渐为学者们所诟病。

第三阶段为构建更为成熟的刑事诉讼法学理论体系的探索阶段。随着研究的深入，学者们逐渐认识到，刑事诉讼法学的体系，无论从深度还是从广度上，都要比刑事诉讼法的体系和作为一门课程教材的体系有更多的内容。❶ 陈光中先生明确指出:"如何走出'注释法学'的藩篱,构建一个更科学的刑事诉讼法学体系","是当前所面临的一个重大问题"❷。樊崇义教授认为,科学的刑事诉讼法学理论体系应分为刑事诉讼原理、刑事诉讼基本原则、刑事诉讼制度和刑事诉讼程序四大部分,其中刑事诉讼原理部分可以包括刑事诉讼性质、诉讼目的、诉讼主体、诉讼法律关系、诉讼结构、诉讼职能、诉讼阶段、证据理论等内容。

这些年来,刑事诉讼法学的理论体系仍处于不断发展与完善之中,学者们仍在不断地进行探索。首先,学者们不断拓展着我国的刑事诉讼法学理论体系,在更深入地研究刑事诉讼目的、价值、职能、构造等已为诉讼法学界所普遍接受的概念和范畴的同时,并对一些之前不够重视的基础理论展开了研究,如诉讼客体、诉讼行为、诉讼条件等,并对诉讼文化等一些新的概念和范畴进行有益的探索。其次,还有学者提出了新的理论体系,如卞建林教授所主编的《刑事证明理论》一书摒弃了传统证据法学以证据为核心的理论体系,而围绕刑事证明概念等十大问题开展专题研究,力图构建以证明为核心的新的理论体系❸,这为我国的刑事诉讼法学理论体系,尤其是证据法学理论体系注入了新的活力。再次,在加强理论研究的同时,学界还日益注重对国内外司法实践中出现的问题进行研究并上升为理论,这种实证性的研究也推动了刑事诉讼法学理论体系的更新。

此外,刑事诉讼法学的学科体系也在不断地发展与完善中,侦查学、检察学、审判学、辩护学、证据学、外国刑事诉讼法学、律师学和被害人学等分支学科相继问世,这些分支学科在理论上与刑事诉讼法学或交叉或重叠,但均在各自的角度上强化、发展了刑事诉讼法学理论。❹

但是,刑事诉讼法学理论体系构建上存在宏观思考不足的问题。有学者指出:刑事诉讼法学的理论体系尚未建成,学术界在刑事诉讼法律关系等基本范畴上尚未达成共识;对刑事诉讼原则体系的研究止步不前,难以担当构建科学、合理的刑事诉讼原则体系之使命,也难以对刑事诉讼制度和程序研究起到引领作用。❺

2. 刑事诉讼法学理论研究的深入与拓展

刑事诉讼法学理论研究的深入与拓展是与刑事诉讼法学体系的发展与完善相辅相成、互相促进的。

在改革开放初期,刑事诉讼法学理论的研究主要集中于一些亟待"拨乱反正"的基本原则。后来这一研究范围虽然不断得以拓展,但总体来说,整个20世纪80年代的刑事诉讼法学研究具有明显的功利化倾向,探讨的主要是一些诉讼原则和制度在中国

---

❶ 参见王国枢:《刑事诉讼法学》,第一篇"绪论"第一章,北京大学出版社1989年版。
❷ 陈光中、陈瑞华、汤维建:"市场经济与刑事诉讼法学的展望",载《中国法学》2007年第2期。
❸ 参见卞建林、郭志媛:"迈向理性的刑事诉讼法学",载《中国法学》2007年第2期。
❹ 参见陈岚:"近半个世纪我国刑事诉讼法学的回顾与前瞻",载《法学评论》1998年第2期。
❺ 参见熊秋红:"从《法学研究》看刑诉法学研究之转型",载《法学研究》2012年第5期。

司法实践中存在的问题及其对策，至于这些原则和制度本身的含义、要求、价值及赖以生存的环境等问题，则被长期忽略甚至误解。在这一时期，学者们讨论问题时仍然拘泥于刑事诉讼法典限定的范围，导致刑事诉讼法学理论处于较低、较浅的层次上。❶

随着对刑事诉讼法学理论体系和刑事诉讼法律体系的区分，自90年代初期起，刑事诉讼法学研究无论从深度还是从广度来讲，都取得了很大进展，这主要表现在以下方面：

其一，刑事诉讼法学的研究领域不断拓展，研究层面不断深入。自20世纪90年代初期起，学者们开始对刑事诉讼的目的、价值、构造等基本理论问题进行深入的思考，力图摆脱立法束缚，探索刑事诉讼发展中的规律性问题，并取得了显著的成绩。进入21世纪以来，学者们又开始研究一些以往未得到重视的范畴，如诉讼行为等，并将哲学、社会学、心理学、逻辑学等相关学科引入研究中，将刑事诉讼法学的研究领域拓展到了宏观层面，提升了我国刑事诉讼法学研究的层次。

其二，刑事诉讼法学的研究日益与人权问题结合，推动着整个社会价值观念的变迁。自90年代初期以来，刑事诉讼法学的研究与人权问题的联系日益紧密，这一趋势在进入21世纪后更为突出，无论是对刑事诉讼法学基本理论的研究，还是对具体程序和制度改革的研究，都与人权问题紧密结合，这不仅提升了刑事诉讼法学研究自身的高度，同时也扩大了刑事诉讼法学研究的影响力，推动了整个社会价值观念的变迁。

其三，刑事诉讼法学研究日益与国际接轨，国际刑事司法准则的本土化问题日益成为重要课题。自90年代初期以来，刑事诉讼法学研究中的国际化倾向日益明显，从最初只是对国外刑事诉讼制度和理论进行介绍，到对国外刑事诉讼制度和理论的比较与借鉴，再到国际刑事司法准则的本土化研究，其研究领域不断拓展，研究层面不断提升。进入21世纪以来，学者们在对一些西方诉讼制度的研究更加理性，更注意与我国的社会环境及配套制度的适应性问题，并对法律移植等深层次问题予以宏观探索。

3. 刑事诉讼法学教学科研工作的推进与发展

十一届三中全会后，各政法学院和北京大学、中国人民大学、武汉大学、吉林大学四个老牌大学的法学系恢复开办，此后几年间，全国各综合大学大都成立了法律系。同时，曾经被列入"刑事政策"课程的"诉讼法"课程也恢复设置。1984年教育部又将"刑事诉讼法学"确立为本科法学专业的必修课，将"证据学""外国刑事诉讼法学"列为选修课。同时，刑事诉讼法学专业的硕士点、博士点也不断地增加、发展，为刑事诉讼法学研究和国家司法建设输送大量人才。近年来许多高校建立了专门从事刑事诉讼法学或中国司法改革研究的学术机构或团队，在理论研究、人才培养、立法司法咨询、社会服务等方面发挥着重要作用。中国政法大学诉讼法学研究院是我国诉讼法学科唯一入选教育部人文社会科学重点研究基地的研究实体，对于引领全国诉讼法学研究繁荣发展，推动国家立法司法改革和刑事法治建设具有不可替代的地位。

---

❶ 参见陈瑞华："二十世纪中国之刑事诉讼法学"，载《中外法学》1997年第6期。

2012年7月11日,由中国政法大学、吉林大学、武汉大学三校联合国内外四十余家高校、科研机构、司法实务机关、行业组织等单位共同创建的"司法文明协同创新中心"在北京正式成立,并于2013年4月正式通过教育部认定,成为全国首批14个"2011计划协同创新中心"之一。借助这一高端平台,一系列学术活动得以陆续开展。

法学教育的发展带来了法学研究的繁荣。随着《刑事诉讼法》的颁布实施,学者们编写出版了大量的教材、专著和普及读物,这些书籍的出版推动了刑事诉讼法学研究的恢复与发展,但同时也导致了注释法学在80年代的盛行。自90年代初期起,学界开始对刑事诉讼的目的、价值、构造等基本理论问题进行深入思考,并由此形成了一系列影响深远的著作,如宋英辉的《刑事诉讼目的论》、左卫民的《价值与结构—刑事程序的双重分析》、李心鉴的《刑事诉讼构造论》、陈瑞华的《刑事审判原理论》、卞建林的《刑事起诉制度的理论与实践》等。21世纪以来,年轻学者和有价值的著作不断涌现,推动了刑事诉讼法学研究的发展。此外,各种学术期刊、论丛的发行,各种学术交流会议与论坛的举办也极大地促进了刑事诉讼法学研究的发展。特别值得一提的是,中国法学会诉讼法学研究会于1984年正式成立,从1986年起,每年举行一次全国性的诉讼法学年会,为学者们进行学术交流提供了平台,为刑事诉讼法学研究的日益繁荣作出贡献。

4. 刑事诉讼法学国际交流活动的发展

随着改革开放政策的实施,刑事诉讼法学界逐渐摆脱了唯苏联理论独尊的局面,开始加强与世界各国的学术交流活动。一方面,不断地派学者出国学习、考察和参加学术会议,另一方面,不断地召开各种专题的国际学术研讨会,了解各国的刑事司法制度,开展与境外的交流合作,探讨国际刑事司法制度的发展趋势。1987年,我国5名诉讼法学者到荷兰参加了世界第八届国际诉讼法学会议。1988年9月,在北京举办了有欧洲四国学者参加的国际诉讼法学会。1994年11月,在北京首次召开了有十余个国家和地区的代表参加的刑事诉讼法学国际研讨会。[1] 进入21世纪以来,刑事诉讼法学的国际交流活动更为频繁。例如,2012年12月由司法文明协同创新中心与诉讼法学研究院联合主办的"总结、交流、创新、发展:刑事法律援助国际研讨会"在北京召开,来自法国等多个国家的学者参加了会议。2015年7月22~23日,由中国政法大学、国际证据科学协会和澳大利亚阿德莱德大学法学院共同主办,阿德莱德大学诉讼法研究中心承办的"第五届证据理论与科学国际研讨会"在澳大利亚阿德莱德市召开,来自英国等15个国家和地区的220多名代表参加了会议。

5. 刑事诉讼法学研究方法的发展

改革开放以后,绝对的阶级分析方法逐渐退出了法学研究领域。随着《刑事诉讼法》的颁布,注释方法成为法学研究中的主要方法。但进入20世纪90年代以来,法哲学的研究方法和比较研究的方法得到倡导。这两种方法克服了注释方法的局限性,

---

[1] 参见陈光中、卞建林:"刑事诉讼法学研究现状与发展趋势",载《法学家》1996年第2期。

提升了研究的理论深度，扩大了研究视野，成为推动我国刑事诉讼法学研究不断深化的主要研究方法。但是，一直以来，我国的刑事诉讼法学研究都比较偏重于概念推演和理论辨析，对理论在实践中的可行性与操作性重视不足。近年来，立足司法实践的实证研究方法越来越受到重视。学者们基于实证研究提出的建议大多被修改后的《刑事诉讼法》所采纳，有的则被规范性文件吸收。例如，陈光中教授主持的"刑事二审程序改革实证研究"，樊崇义教授主持的"侦查讯问时录音录像和律师在场三项制度实验研究"，卞建林教授、杨宇冠教授主持的"非法证据排除规则试点项目"，陈卫东教授主持的"羁押场所巡视制度试点项目"，宋英辉教授主持的"未成年人刑事司法改革实证研究"等。但也有论者指出实证研究存在以下局限：实证研究基础数据严重不足，刑诉法学者受到实证研究方法系统训练的很少，实证研究对立法和司法改革决策的支撑作用不够明显。[1]

二、刑事诉讼法学基础理论的研究成果

40年来，随着刑事诉讼法学理论体系的构建与完善，我国的刑事诉讼法学基础理论研究取得了丰硕成果。虽然在许多问题上理论界仍存在争议，但正是这些争鸣推动着我国刑事诉讼法学的发展。

（一）刑事诉讼目的

刑事诉讼目的的确立及实现，决定着刑事诉讼活动的方向，是刑事诉讼法学研究的基本问题之一。[2] 在1978年之前，受阶级斗争观念的影响，我国的刑事诉讼奉行的是惩罚犯罪的一元目的观。改革开放以后，特别是进入20世纪90年代以来，权利意识的萌发促使刑事诉讼法学界开始对此片面的诉讼目的观进行反思，逐步确立起惩罚犯罪与保障人权、发现真实与程序正当的"双重目的论"，注意惩罚犯罪与保障人权之间的协调与平衡。有学者指出，刑事诉讼的历史表明，过分关注控制犯罪或者单纯追求人权保障，都会带来难以克服的弊端，甚至会出现与立法期望目标完全相反的结果。因此，在刑事诉讼制度和程序设计上，应追求控制犯罪与人权保障的有机统一，不能偏废。[3]

但亦有学者认为，将惩罚犯罪作为刑事诉讼的目的与无罪推定原则相矛盾；与刑事诉讼动态发展的特点及不确定性相矛盾；混淆了查明事实与适用法律之间的逻辑关系；抹杀了现代国家刑事司法分权的原则；强化了刑事诉讼的国家本位倾向。因此，刑事诉讼的目的应当是"发现真实，保障人权"[4]。

还有学者从刑事政策的视角出发，认为刑事诉讼不仅仅是将刑罚规定适用于犯罪

---

[1] 参见孙长永："刑事诉讼法学研究方法之反思"，载《法学研究》2012年第5期。
[2] 参见宋英辉："刑事诉讼目的论"，载《政法论坛》1992年第2期。
[3] 参见宋英辉、罗海敏："《刑事诉讼法》修改的理念与原则"，载《中国司法》2006年第3期。
[4] 李长城："刑事诉讼目的新论"，载《中国刑事法杂志》2006年第1期。

行为的机械过程,还应通过诉讼过程实现面向犯罪预防和犯罪人再社会化的"诉讼的刑事政策机能"。因此,应超越惩罚犯罪、保障人权的二元论,以恢复社会和谐为旨归的思想为指导,进一步整合诉讼目标,使诉讼目的更加合理。❶

(二) 刑事诉讼价值

诉讼法学界对刑事诉讼价值的研究主要集中在两个方面:一是刑事诉讼价值的概念;二是刑事诉讼的价值目标。有观点认为,刑事诉讼价值是指刑事诉讼活动通过满足社会及其成员的需要而对国家和社会所具有的效用和意义。刑事诉讼活动对国家和社会具有多方面的效用,由此形成多层次、多方面的刑事诉讼价值关系。与此对应,国家和社会对刑事诉讼价值的认识和追求也是多方面的,主要表现在对秩序、公正和效益这三个基本价值目标的追求上。❷ 也有学者认为刑事诉讼的价值目标应为公正、效率和效益,且为递次排列,三者相互统一并共同服务于刑事诉讼的目的。❸

对于上述观点,有学者指出,其对刑事诉讼价值的定义从外延上进行了两点限制:其一,刑事诉讼价值的主体是"国家和社会",作为个体的诉讼参与人不是刑事诉讼价值的主体;其二,刑事诉讼价值的客体是"刑事诉讼活动"而不包括刑事程序。这种概念限定的明显不足是导致了诉讼参与人的个体地位丧失以及刑事程序的效用和意义不受重视。❹

另有学者认为,刑事诉讼价值是指制定刑事诉讼法的掌握国家权力的统治阶级或者利益集团赋予的,能够满足其特定需要的刑事诉讼的利益属性。刑事诉讼价值体系由内在价值和外在价值构成,内在价值由刑事诉讼权利和刑事诉讼义务构成,外在价值分为实现刑法目的价值和妨碍刑法目的价值。❺

(三) 刑事诉讼构造

刑事诉讼构造,又称刑事诉讼结构、刑事诉讼形式或刑事诉讼模式,一般认为是指刑事诉讼程序的组合方式以及诉讼中各专门机关与当事人的诉讼地位和相互关系。现代刑事诉讼结构理论起源于美国,帕卡在深入研究美国刑事诉讼结构理念上和实践中的两种倾向之后,提出了"犯罪控制模式"与"正当程序模式"学说。其后,历经20世纪七八十年代的发展,逐渐形成有关诉讼结构的诸多学说和学派。90年代,"刑事诉讼构造"在我国被作为刑事诉讼的基本范畴进行专门研究。有学者从刑事诉讼法理学的角度出发,认为现代刑事诉讼法由刑事诉讼价值论和刑事诉讼构造论构成,并

---

❶ 参见马明亮:"'犯罪治理'作为刑事诉讼目的的若干思考",载《法律科学》2006年第4期。
❷ 参见陈光中、陈瑞华、汤维建:"市场经济与刑事诉讼法学的展望",载《中国法学》1993年第5期。
❸ 参见马贵翔:"公正 效率 效益——当代刑事诉讼的三个基本价值目标",载《海南大学学报(人文社会科学版)》1993年第4期。
❹ 参见陈岚:"近半个世纪我国刑事诉讼法学的回顾与前瞻",载《法学评论》1998年第2期。
❺ 参见曾友祥:"刑事诉讼价值的历史嬗变",载《政法论坛》2006年第3期。

对刑事诉讼价值论和刑事诉讼构造论进行了阐释。❶ 同时，该学者将刑事诉讼构造分为横向构造（控辩统一式）和纵向构造（侦审连锁式或侦审中断式）。也有学者提出了"两重结构说"，认为刑事诉讼结构包括控、辩、裁三方组成的"三角结构"和公、检、法三机关形成的"线形结构"。三角结构与线形结构由于基本构造的不同而产生结构矛盾与功能冲突，然而，以两种结构各自的非极端化为条件，对其作有机组合，形成一种复合的统一的刑事诉讼结构形态，不仅是可能的，而且是必要的。因为两种结构不同的功能目标——公正与效率，均为现代刑事司法所必需。❷ 有学者进一步分析了这两重结构产生的原因及其优缺点，并指出，三角结构和线形结构各有所长，也各有所短，理想的诉讼模式应是一种全面体现科学、民主、效率三方面的要求和扬长避短的混合型模式。❸

21世纪初，有学者从宪政型与集权型刑事诉讼制度的分类研究入手，对刑事诉讼模式进行导向性分析，揭示出集权型刑事诉讼制度和宪政型刑事诉讼制度的各自特征，在此基础上指出宪政型刑事诉讼制度应当成为我国当前刑事诉讼改革的方向。❹ 这些观点与讨论对于拓展和深化我国刑事诉讼构造基础理论的研究，起到了重要的作用。

十八届四中全会《中共中央关于全面推进依法治国若干重大问题的决定》提出推进以审判为中心的诉讼制度改革，刑诉法学界也对此展开热烈讨论。有学者指出，以审判为中心，是就侦查、审查起诉和审判这三个诉讼程序之间的相互关系而言的，❺ 是基于公、检、法三机关关系在立法和司法运行上的不足而提出的，是对三机关关系的完善和发展，❻ 本质在于构建一个科学、合理的刑事诉讼构造，以实现法院法官作为居中裁判者，审判作为侦查、起诉审查把关者以及案件最终决定者的功能。❼ 关于以审判为中心的基本内涵，有学者指出，"以审判为中心"的前提是优化司法职权配置、规范司法权力运行，核心在于"以庭审为中心"，强调重视第一审程序在认定事实和适用法律方面的重要作用，注意发挥审后程序对一审的救济和监督作用，并贯彻证据裁判原则。❽ 关于"以审判为中心"与"以庭审为中心"的关系，有学者认为首先应当在侦查、审查起诉和审判的关系上实现"以审判为中心"，其次在审判阶段应当做到"以庭审为中心"。❾ 只有坚持以庭审为中心，切实发挥庭审的决定性作用，才能推动建立以审判为中心的诉讼制度。❿ 有学者进一步指出庭审实质化是"以审判为中心"的诉讼制

---

❶ 参见李心鉴：《刑事诉讼构造论》，中国政法大学出版社1992年版，第1页。
❷ 参见龙宗智："刑事诉讼的两重结构辨析"，载《现代法学》1991年第3期。
❸ 参见左卫民："刑事诉讼基本结构论纲"，载《上海社会科学院学术季刊》1993年第1期。
❹ 参见万毅："宪政型与集权型：刑事诉讼模式的导向性分析"，载《政治与法律》2006年第1期。
❺ 参见沈德咏："论以审判为中心的诉讼制度改革"，载《中国法学》2015年第3期。
❻ 参见陈光中、步洋洋："审判中心与相关诉讼制度改革初探"，载《政法论坛》2016年第2期。
❼ 参见陈卫东："以审判为中心：当代中国刑事司法改革的基点"，载《法学家》2016年第4期。
❽ 参见卞建林、谢澍：" '以审判为中心'：域外经验与本土建构"，载《思想战线》2016年第4期。
❾ 参见魏晓娜："以审判为中心的刑事诉讼制度改革"，载《法学研究》2015年第4期。
❿ 参见沈德咏："论以审判为中心的诉讼制度改革"，载《中国法学》2015年第3期。

度改革的重要内容,并对其基本目标进行了分析。❶ 也有学者对我国刑事诉讼构造模式进行了类型化分析,认为刑事诉讼如能从"以侦查为中心"走向"以审判为中心",案件审查将从"顺承模式"转向"层控模式"。❷

（四）刑事诉讼职能

刑事诉讼中各项诉讼职能的区分与协调是刑事诉讼基础理论研究以及刑事诉讼制度完善的重要命题。伴随着刑事诉讼法学研究的逐渐深入,有关刑事诉讼职能的研究愈益受到重视。关于概念,学术界主要有以下观点:（1）刑事诉讼职能是指司法机关和诉讼参与人在刑事诉讼中具有的特定职权和相应的责任❸;（2）刑事诉讼职能是指为了实现刑事诉讼的目的,完成刑事诉讼任务,由刑事诉讼法所规定的不同诉讼主体具有的职责、权限或权利❹;（3）刑事诉讼职能是指在诉讼中,诉讼主体基于特定职权或地位,承担相应的责任并具有相应的效能的意思❺;（4）借鉴苏联诉讼法学者蒂里切夫的观点,将"职能"等同于"活动"❻;（5）刑事诉讼职能,是指刑事诉讼主体为实现特定目的和任务,在刑事诉讼过程中所具有的作用和功能。❼

关于刑事诉讼职能的划分,学者们亦持有不同观点,具有代表性的主要有❽:

（1）"主体说",将刑事诉讼职能分为基本职能与非基本职能、主要职能与次要职能或基本职能与辅助职能。诉讼主体不同,其职能也不同。这种观点得到许多学者的赞同。具体来说,公安机关具有侦查职能,人民检察院具有起诉职能和监督职能,人民法院具有审判职能,犯罪嫌疑人、被告人及其辩护人具有辩护职能,被害人具有控告职能,自诉人具有起诉职能,诉讼代理人具有代理职能,证人具有作证职能,鉴定人具有鉴定职能,翻译人员具有翻译职能,执行机关具有执行职能等,并将侦查职能和起诉职能合称为控诉职能。对于上述各种诉讼职能,控诉职能、辩护职能和审判职能是基本诉讼职能,其他职能则是非基本诉讼职能,为基本职能服务,是从基本职能中衍生出来的。❾

（2）"行为说",即不论主体是谁,只以诉讼行为为依归将诉讼职能划分为控诉、辩护和审判三大职能。

（3）"诉讼概念说",即刑事诉讼的概念有广义与狭义之分。狭义的诉讼仅指起诉

---

❶ 参见龙宗智:"庭审实质化的路径和方法",载《法学研究》2015年第5期。
❷ 参见李奋飞:"从'顺承模式'到'层控模式':'以审判为中心'的诉讼制度改革评析",载《中外法学》2016年第3期。
❸ 参见陈卫东、严军兴主编:《新刑事诉讼法通论》,法律出版社1996年版,第6页。
❹ 参见程荣斌主编:《中国刑事诉讼法教程》,中国人民大学出版社1997年版,第89页。
❺ 参见樊崇义、张建伟:"刑事诉讼职能论",载《现代法学》1992年第4期。
❻ 参见[苏]M. B. 蒂里切夫等编著:《苏维埃刑事诉讼》,法律出版社1984年版,第12页。转引自汪建成、王明达:"刑事诉讼职能研究",载《政法论坛》2001年第1期。
❼ 参见汪建成、王明达:"刑事诉讼职能研究",载《政法论坛》2001年第1期。
❽ 参见樊崇义、张建伟:"刑事诉讼职能论",载《现代法学》1992年第4期。
❾ 参见汪建成、王明达:"刑事诉讼职能研究",载《政法论坛》2001年第1期。

后的审判阶段,采狭义说者将诉讼职能划分为控、辩、审三项职能,这三项职能是以审判为中心加以划分的。广义的诉讼包括从侦查立案到判决执行的整个过程,持广义说者,一般主张将侦查作为独立的诉讼职能单列。

(4)"目的说",即以诉讼目的为标准,根据各诉讼主体在刑事诉讼中所要达到的直接目的将诉讼职能划分为不同种类。

在此基础上,有学者对诉讼职能与诉讼目的、诉讼结构的关系进一步展开论述。认为诉讼目的是刑事诉讼的出发点和归宿,是全部诉讼活动的宗旨;诉讼结构是实现诉讼目的,体现诉讼目的的手段和形式;诉讼职能是诉讼结构的主体和要素。这些研究,都为刑事诉讼法学基础理论体系的科学构建作出了贡献。❶

近年来,学界关于检察机关的刑事诉讼监督职能展开了诸多讨论。有论者指出《刑事诉讼法》在诉讼监督方面取得以下进步:一是扩展了诉讼监督的范围,增加了诉讼监督的内容;二是丰富了诉讼监督的手段,明确了诉讼监督的效力;三是强化了诉讼监督的责任,健全了诉讼监督的程序。❷ 有学者指出检察机关应对法律监督职能做出相应调整,包括实现法律监督的多元性、双向性等。❸ 也有学者认为,在当前司法实践中,检察监督内部化、纵向化、碎片化倾向较为严重,外部监督乏力等问题制约了监督效能的发挥。因此,检察机关应加强对外部监督的重视,建立刑事诉讼的外部监督导入机制,积极探索建立内外一体化的刑事诉讼监督工作机制。❹

(五)刑事诉讼主体

关于刑事诉讼主体,通常认为,刑事诉讼有控诉、辩护和审判三种职能,行使控诉职能的原告(检察官或自诉人)和行使辩护职能的被告构成双方当事人,他们与行使审判职能的法院共同构成诉讼主体。但也存在一些不同的看法。

有学者认为,不能将诉讼三主体说简单搬至我国刑事诉讼中。首先,从实际运作来看,侦查工作和侦查机关在刑事诉讼中的地位和作用十分重要,排除它不切实际。其次,诉讼三主体说忽视了检察机关的刑事诉讼法律监督职能。再次,诉讼三主体说混淆了刑事诉讼中追究犯罪机关与被追究者的区别,模糊了国家专门机关和当事人的界限。基于上述理解,认为我国刑事诉讼的实质是公安机关(包括国家安全机关等,下同)、人民检察院和人民法院追究、惩罚犯罪的活动,解决被告人定罪量刑是他们的职责,因而刑事诉讼的主体应当是公、检、法机关。此外,持这种观点的人还认为应当将刑事诉讼主体与刑事诉讼法律关系主体区分开来。还有学者认为刑事诉讼主体除了包括国家专门机关、当事人以及其他诉讼参与人外,还应当包括监狱及其主管司法

---

❶ 参见徐鹤喃:"从始点到起点——刑事诉讼法学 50 年回顾与前瞻(下)",载《国家检察官学院学报》2000 年第 2 期。
❷ 参见卞建林:"刑事诉讼监督的立法发展",载《河南社会科学》2012 年第 7 期。
❸ 参见樊崇义:"尊重和保障人权与诉讼法律监督",载《国家检察官学院学报》2013 年第 1 期。
❹ 参见单民:"外部监督视野下刑事诉讼检察监督的问题与完善",载《中国司法》2016 年第 11 期。

行政机关。❶

也有学者提出，作为刑事诉讼主体，必须具备两个条件：一是对一定诉讼职能的执行起主导作用；二是在刑事诉讼中享有主要的诉讼权利。因此，我国刑事诉讼主体应当是国家专门机关和案件当事人。持这种观点者还认为，辩护人虽然也行使辩护职能，但其仅处于辅助地位，因而不能作为诉讼主体。而诸如鉴定人等其他诉讼参与人居于次要地位，也不是刑事诉讼主体。但也有学者认为不能将辩护人、鉴定人等其他诉讼参与人排除在刑事诉讼主体之外，把诉讼中的"主导作用"等同于"主体地位"。同时认为，刑事诉讼主体与刑事诉讼法律关系主体是同一概念。❷

进入 21 世纪后，随着人权保障理念的弘扬，人们对诉讼主体问题的研究有了新的进展，指出将被追诉人排除在诉讼主体之外，必将对被追诉人的合法权益保障造成不利影响。有学者指出，我国刑事诉讼中客观存在着被追诉人客体化的现象，此外由于1996 年《刑事诉讼法》修改，将被害人规定为刑事公诉案件的当事人，存在控方过于强大、控辩构造失衡的问题。

（六）刑事诉讼文化

自 20 世纪 80 年代起，中国兴起"文化热"并于 90 年代延及法学领域，"法律文化"的研究因此成为法学界的一大热点问题。诉讼文化虽然属于法律文化的范畴，但其作为研究对象却落后于法学界对法律文化的研究。1990 年，有学者提出，刑事诉讼研究不能仅限于对执法过程本身作法理推导，而应从更广阔的社会生活和社会思想中吸取养分，从国家管理社会控制的宏观背景来探讨具体的司法模式，研究诉讼文化。该学者进一步指出研究诉讼文化的意义，包括有助于把握诉讼模式的内在生命及运行机制等。❸

关于诉讼文化的概念，有学者将其定义为"较为普遍地存在于一个民族或国家的，与诉讼机制有关的规范、设施、制度、理论、观念和价值等一切成果的总和"。❹ 近年来，对诉讼文化的研究更倾向于实证分析和实效性，例如，有学者提出要加强对"审判文化"和"检察文化"的研究。总之，对刑事诉讼文化的研究是刑事诉讼基础理论研究进行整体理性提升后的一个全新起点，尽管目前尚未形成较为系统的成果，但对其加以进一步拓展和深化是大势所趋。诚如有学者所述，"刑事诉讼文化学的建立有待于刑诉法学界在未来广泛开展刑事诉讼文化研究的基础上，完备其学科理论，丰富其学科内容。这并非是另一种假设"。❺

---

❶ 参见徐鹤喃："从始点到起点——刑事诉讼法学 50 年回顾与前瞻（上）"，载《国家检察官学院学报》2000 年第 1 期。
❷ 参见陈光中："中国刑事诉讼法学四十年（上）"，载《政法论坛》1989 年第 4 期。
❸ 参见龙宗智："应当研究'诉讼文化'"，载《中外法学》1990 年第 6 期。
❹ 参见谢佑平："诉讼文化论——兼谈我国诉讼法制的现代化"，载《现代法学》1992 年第 5 期。
❺ 参见陈岚："近半个世纪我国刑事诉讼法学的回顾与前瞻"，载《法学评论》1998 年第 2 期。

三、刑事诉讼基本原则的研究成果

（一）关于刑事诉讼基本原则的体系

刑事诉讼基本原则的体系问题是对刑事诉讼基本原则展开研究的一个前提性问题。20世纪90年代以前，刑事诉讼法学尚处于注释法学的发展阶段，因此学者们对刑事诉讼基本原则体系问题的探讨基本是以刑事诉讼法的规定为依据，当时的观点主要有三种：一是认为凡规定在总则第一章的内容均为刑事诉讼基本原则；二是主张依据是否贯穿刑事诉讼始终来区分刑事诉讼的基本原则和制度；三是认为基本原则应概括反映党和国家的政策，不宜指某些具体规则制度。❶ 这些观点尽管存在分歧，但从根本上讲，都没能摆脱注释法学的樊篱。进入90年代以后，随着刑事诉讼法学基础理论研究和比较研究的深入，学者们针对刑事诉讼基本原则的体系问题逐渐提出了新的见解。人们普遍认为，刑事诉讼的基本原则并不能局限于现行法律规定，它应是刑事诉讼规律与原理的体现，是刑事诉讼人文观念及精神的反映，是刑事诉讼具体制度、规则、程序的基础和依据。❷ 根据这一界定，司法独立原则、无罪推定原则、任何人不受强迫自证其罪原则以及控辩平等等起源于西方国家的刑事诉讼基本原则，也应成为我国刑事诉讼的基本原则，因为刑事诉讼基本原则的价值之一正在于指导立法。

在立法上，刑事诉讼基本原则集中体现在《刑事诉讼法》第一章的规定之中。1996年修改《刑事诉讼法》时，增加了人民法院、人民检察院独立行使职权；人民检察院依法对刑事诉讼实行法律监督；未经人民法院依法判决，不得确定有罪等三项原则。2012年《刑事诉讼法》增加了"不得强迫任何人证实自己有罪"的规定。下面仅择理论界关注较多的几个原则就其研究情况加以简要介绍。

（二）依法独立行使职权原则

在西方国家，司法独立是一项带有政治色彩的原则，起源于英国，后为西方国家所普遍接受，其要旨在于通过向法官提供多方面的保障，使其免受行政权力的控制，从而保障法官能够根据自己的理性与良知作出公正的裁判，通过被动、中立的司法权对主动、积极的行政权施以控制，防止其对公民权利与自由可能造成的侵害。

我国的第一部宪法"五四宪法"中曾明确规定：人民法院独立进行审判，只服从法律。但后来在"左"的思想影响下，1975年《宪法》和1978年《宪法》都取消了这项原则。十一届三中全会后，此项原则被重新确立。1982年《宪法》明确规定：人民法院依照法律规定独立行使审判权，人民检察院依照法律规定独立行使检察权，不受行政机关、社会团体和个人的干涉。《人民法院组织法》与《人民检察院组织法》对此予以重申。1996年修改《刑事诉讼法》时，也将人民法院、人民检察院依法独立

---

❶ 参见陈光中："中国刑事诉讼法学四十年"，载《政法论坛》1989年第4期。
❷ 参见宋英辉主编：《刑事诉讼原理》，法律出版社2003年版，第56~57页。

行使职权作为一项基本原则予以规定。

但严格来讲,我国的人民法院、人民检察院依法独立行使职权原则和西方的司法独立原则有着很大区别。主要表现在:其一,我国的司法机关包含审判机关与检察机关;其二,此原则主要调整司法机关独立行使职权与党的领导、人大监督、行政干涉等外部权力影响的关系;其三,法院独立行使职权涉及法院上下级之间的审级独立与法院内部承审法官与院长、庭长的关系,合议庭独立与审判委员会的关系等问题。对于这些问题的研究,在保障法院或合议庭的独立审判方面固然起到了积极作用,但与西方国家强调法官个人独立,强调法官仅仅服从于自己的理性与良知等内涵不同。

(三)无罪推定原则

无罪推定原则是当代各国刑事诉讼普遍适用的一项基本原则,其基本含义是,任何人在未经审判机关依法定程序确定有罪之前,应被推定或假定为无罪。

50年代前期,我国诉讼法学界曾对无罪推定及其是否适用于中国刑事诉讼的问题进行过探讨,但反右斗争对此加以批判,从此这个问题成为法学研究的禁区。十一届三中全会后,这一问题被重新提出,并引发争议。相当一部分人认为,无罪推定原则是主观唯心主义的观点,有悖于以事实为根据的原则。因此,1979年《刑事诉讼法》并未规定无罪推定原则。1996年修改《刑事诉讼法》时,关于应否规定和如何规定该原则的问题受到学界高度重视和热烈讨论,但由于传统观念的束缚,立法者仍未将"无罪推定"规定为基本原则,而采取了"任何人未经人民法院依法判决不得确定有罪"的表述。从《刑事诉讼法》的规定来看,至少在对犯罪嫌疑人、被告人的最终处理上体现了无罪推定精神,但还很不明确、不彻底。随着诉讼民主化的不断发展和人权保障理念的不断深入,学者们对在《刑事诉讼法》再修改时应当明确规定无罪推定原则已达成共识并极力呼吁。有学者指出,我国现行《刑事诉讼法》中,无罪推定的精神虽然在逐步加强,但仍未真正到位,有待进一步完善。应采取国际通行的表述;把排除合理怀疑与结论唯一结合适用;完善并坚决贯彻"存疑有利于被指控人"规则。❶

(四)任何人不受强迫自证其罪原则

任何人不受强迫自证其罪原则,是指任何人都不能被强迫承认自己有罪或提供有可能使自己陷于不利境地的陈述或证据。根据该原则,一般认为,犯罪嫌疑人或被告人应享有讯问时保持沉默的权利,不能仅因犯罪嫌疑人或被告人拒绝回答或保持沉默,就对其作出不利推定。

我国对任何人不受强迫自证其罪原则的研究最初主要是针对沉默权而展开的,而沉默权问题几乎可以说是所有刑事诉讼论题中争议最大的一个,学者们对赋予犯罪嫌

---

❶ 参见陈光中、张佳华、肖沛权:"论无罪推定原则及其在中国的适用",载《法学杂志》2013年第10期。

疑人沉默权的利弊问题进行了激烈的论战，直至英国通过例外规定对沉默权制度予以了适当的限制，这一论战才逐渐偃旗息鼓，并逐渐转向了对任何人不能强迫自证其罪的研究，而在后一问题上，学者们基本没有太大分歧，一致赞成应当将其作为刑事诉讼法的一个基本原则加以规定。此外，在1996年修改《刑事诉讼法》时，立法保留了"犯罪嫌疑人对侦查人员的提问，应当如实回答"的规定，这一规定遭到了广泛的质疑与批评，但由于在沉默权问题上的争议，导致学者们对这一规定所持的态度也各不相同。当学者们把研究重点转向"任何人不受强迫自证其罪"原则并就该原则的价值达成共识之后，对于这一规定的立场也就开始趋于一致，即认为，"应该如实回答"带有强制色彩，违反了"任何人不受强迫自证其罪"的原则。因此，在对《刑事诉讼法》再修改的讨论中，学者们大多主张取消"应当如实回答"的规定。

学界普遍认为"不得强迫任何人证实自己有罪"条款是2012年《刑事诉讼法》修改的重大进步。有学者指出，该条款在有效遏制刑讯逼供问题上被寄予很高期望。但是，从文本整体性和社会性角度看，该条款不属于基本原则，也不具有原则规范应有的分量。❶ 有学者认为，将该条款规定在证据章节，限制了其原则性作用的发挥，不利于其精神在《刑事诉讼法》中的贯彻，应将其放入《刑事诉讼法》总则的基本原则章节中，确立其原则性地位，并规定合理的例外情形。❷

关于不得强迫任何人证实自己有罪是否意味着我国确立了沉默权制度，学界存在不同认识。有学者认为，将"不能强迫任何人证实自己有罪"写进《刑事诉讼法》，标志着我国已然在法律上确立了默示的沉默权，❸ 也有学者认为法律的标准是要给出"明示"，既然没有明确的法律规定，就不能说"默认"了沉默权。在一定意义上，《刑事诉讼法》规定"不得强迫自认其罪"的内容是不完整的，不是很到位。❹

（五）程序公开原则

程序公开原则的主要意旨是通过公开的机制来保障当事人的合法权益，防止权力滥用和司法腐败，实现司法公正。最初，我国关于程序公开原则的研究主要集中在审判公开上，认为审判公开的基本含义是法院审理案件和宣告判决都公开进行，允许公民到法庭旁听，允许新闻记者采访和报道。其内容包括程序公开、证据公开及裁判公开。❺ 随着对程序公开原则认识的不断深化，公检法机关为实施刑事诉讼法所制定的程序规范的公开性问题和刑事审前程序的透明度问题，也被纳入对程序公开原则的研究之中。有学者指出，要贯彻程序公开原则，尚有许多工作要做，包括：进一步完善刑

---

❶ 参见吕清："基本属性与核心概念之争——评析'不得强迫任何人证实自己有罪'条款"，载《中国人民公安大学学报（社会科学版）》2012年第1期。
❷ 参见董坤："不得强迫自证其罪原则在我国的确立与完善"，载《法学》2012年第3期。
❸ 参见何家弘："中国已确立沉默权制度"，载《人民法院报》2012年8月1日，第6版。
❹ 参见陈光中："陈光中解读刑诉法修改：刑事诉讼法修改更侧重人权保障"，载《凤凰网》，http://news.ifeng.com/opinion/special/chenguangzhong/#pageTop。
❺ 参见樊崇义主编：《刑事诉讼法实施问题与对策研究》，中国人民公安大学出版社2001年版，第50页。

事诉讼法；对公检法机关的有关解释、规定建立规范、审查、公开的机制；增加审前程序的透明度，确立讯问犯罪嫌疑人时的律师在场权，引入录音录像制度；明确依法应当公开而没有公开时的程序后果；等等。❶

（六）一事不再理和禁止双重危险原则

一事不再理原则是大陆法系国家刑事诉讼的一项基本原则，其基本含义是法院对于任何已经生效裁判予以处理的案件，不得再行审判。禁止双重危险原则则是英美法系国家刑事诉讼的基本原则，其基本含义是指任何人不得因同一罪行而两次受到生命或身体上的危险，包括不得因同一罪行而受到两次起诉、审判和科刑。联合国《公民权利和政治权利国际公约》将禁止双重危险确立为公民的一项基本人权。

我国刑诉法学界对一事不再理和禁止双重危险原则的研究起步虽晚，但也取得了可喜成绩，特别是对两者的含义与价值的比较方面。有学者指出，一事不再理原则的着眼点在于程序的安定性，而禁止双重危险原则则侧重于公民的权利保障；一事不再理原则适用的前提是法院作出生效裁判，而禁止双重危险的适用不以此为限，只要司法程序已经对被告人产生了"危险"，则被告人就不应受第二次"危险"❷。有学者强调，从个案角度讲适用禁止双重危险可能会放纵犯罪，但从整体上讲不仅可以保障人权，维护判决的稳定性，节约诉讼资源，还可以调动公安司法机关的工作积极性。❸

四、刑事诉讼程序与制度的研究成果

改革开放40年来，刑事诉讼法学界对于我国刑事诉讼程序改革与刑事诉讼制度完善一直进行着锲而不舍的探讨，取得了重要进展和丰硕成果。

（一）审前程序

学界通常认为刑事审前程序包括法院开庭审判前的立案、侦查和审查起诉三大阶段，它担负着揭露和证实犯罪、为法庭审判提供裁判对象和依据等诉讼功能，其是否科学、合理、完善直接关系着审判程序的运行情况。21世纪初，国内有学者首次将刑事审判前程序作为一个整体加以研究，重点探讨了审前程序构造的主体、权力与权利的行使与保障等问题❹，从而引起了人们对审前程序研究的关注和兴趣。

1. 侦查程序

侦查程序是刑事诉讼具有实质性意义的阶段，对追诉犯罪具有重要意义，但由于我国以获取被告人口供为主的传统侦查模式，加之讯问活动缺乏公开性，司法实践中也不同程度地存在非法讯问甚至刑讯逼供的现象，不可避免地造成人们对侦查活动公

---

❶ 参见宋英辉主编：《刑事诉讼原理》，法律出版社2003年版，第135~136页。
❷ 参见宋英辉主编：《刑事诉讼原理》，法律出版社2003年版，第158页。
❸ 参见李玉华："从念斌案看禁止双重危险原则在我国的确立"，载《法学杂志》2016年第1期。
❹ 参见宋英辉、吴宏耀：《刑事审判前程序研究》，中国政法大学出版社2002年版。

正性的质疑。此外,由于犯罪手段的日益隐蔽和狡猾,需要赋予侦查机关更多查明犯罪和控制犯罪的手段。2012年《刑事诉讼法》将技术侦查措施正式写入法律。有论者认为这是技术侦查措施规范化道路上的一次重大进步,标志着我国技侦手段的规制开始迈向法治的轨道。❶但另一方面,国家在追诉犯罪中采取技术侦查必然会侵犯、限制个人隐私权,我国技术侦查中的隐私权保护还存在较大提升空间。❷

另外,在赋予警察暂时性人身限制权的问题上,有学者提出,一方面,允许警察在紧急情势下依照其职业经验进行一定的自由裁量。另一方面,应通过事前、事中和事后的多种措施防止警察滥用权力,尤其是事后应由司法官员对警察行为合法性进行审查。❸在职务犯罪侦查问题上,有学者提出,职务犯罪侦查的法治化建设应包括侦查主体的专业化、工作机制的一体化和侦查措施的技术化,并进一步规范和加强对职务犯罪侦查的监督。❹

2. 起诉制度

起诉制度的改革与完善也是刑事诉讼法学研究的重要内容,成果丰硕且争议较多。1996年以前,学界主要对检察机关未经审判即对被告人先行定罪的免予起诉制度提出质疑,社会上也对检察机关滥用免予起诉权存在担忧。1996年《刑事诉讼法》修改时采纳了学者的意见,取消免予起诉,将其合理内容规定在酌定不起诉制度中。此外,针对大量案件因证据不足被反复退回补充侦查,由此造成诉讼久拖不决,被告人被长期羁押的情况,立法增加了经两次退回补充侦查,证据不足不予起诉的规定,体现了疑罪从无的精神,保障了犯罪嫌疑人的合法权益。

随着形势发展,特别是宽严相济刑事政策的出台,学界继续对我国公诉制度和审查起诉程序的完善进行深入的研究。很多学者从比较法和实证法的角度出发,对我国的不起诉制度进行了细致考察,分析利弊并探讨完善途径。❺有学者认为,当前各国都在力图简化诉讼程序,以有限的司法资源有效地惩治犯罪,将起诉法定主义原则逐步转变为起诉裁量主义原则,赋予检察官更大的自由裁量权,是一项有效的方法。❻也有学者提出将"不宜追究刑事责任的情形"纳入撤回公诉的适用范围,以与起诉便宜主义相适应等完善建议。❼

3. 辩诉交易与认罪量刑协商

如何看待辩诉交易以及我国能否借鉴辩诉交易,是21世纪以来学界比较关注的问题。有学者提出,我国司法实践中实际存在着辩诉交易的现象,如"坦白从宽,抗拒

---

❶ 参见程雷:"检察机关技术侦查权相关问题研究",载《中国刑事法杂志》2012年第10期。
❷ 参见谢登科:"论技术侦查中的隐私权保护",载《法学论坛》2016年第3期。
❸ 参见郑曦:"警察暂时性人身限制权的体系和合理规制",载《求是学刊》2016年第4期。
❹ 参见王贞会:"我国职务犯罪侦查法治化探讨",载《法学杂志》2016年第4期。
❺ 参见陈光中、[德]汉斯·约格·阿尔布莱希特主编:《中德不起诉制度比较研究》,中国检察出版社2002年版。
❻ 参见樊崇义、叶肖华:"论我国不起诉制度的构建",载《山东警察学院学报》2006年第1期。
❼ 参见张小玲:"检察机关变更公诉制度初探",载《人民检察》2006年第12期。

从严"就含有协商交易的因素;自首制度等可以看作是辩诉交易的体现。许多学者认为,辩诉交易在国外被广泛适用的实践动因,在我国也同样存在,为了节省司法资源,同时化解刑事纠纷,为被害人及时提供赔偿和救助,恢复社会秩序,可以借鉴国外做法,探索建立适合我国的辩诉协商制度。值得一提的是,自2016年起在部分地区开展的认罪认罚从宽制度试点工作。关于"认罪认罚"的性质,有学者认为,认罪认罚从宽制度是建立在检察机关指控被追诉人有罪的基础上的一种制度延伸,在性质上兼有实体与程序双重属性,且明显有别于域外辩诉交易制度。❶

(二) 审判程序

审判是现代刑事诉讼的中心环节,长期以来,理论和实务部门围绕审判方式改革和审判程序完善进行了大量研究,很多成果已为立法修改时所吸收,或者指导着审判实践。现概要分述如下:

1. 庭前审查程序

针对我国原来刑事审判中较为普遍的"先定后审"现象,1996年《刑事诉讼法》修改时将开庭前对公诉案件的全面审查改为以程序性审查为主,以防止审判法官因在审判前单方面接触控方资料而产生被告人有罪的预断,导致庭审走过场。但由于相关制度不配套,实施中出现一些立法修改时始料不及的情况。一方面,由于法官在开庭审判前仍能接触到控方移送的主要证据,防止预断的问题并未真正解决;另一方面,由于辩护律师在庭前不能充分了解控方所掌握的证据,不能全面准确地把握案情,从而影响辩护权的有效行使。针对此种情况,学者们展开深入研究。有人建议我国应当设置庭前审查程序,对检察机关移送的案件予以接收和审查,实行审判前的案件分流,为开庭审判做好准备。❷ 庭前审查程序的设置应当独立于审判程序,实行立审分离及庭前审查法官与庭审法官的分离,并严格限制庭前审查法官与庭审法官就案件进行私下沟通,以克服先定后审、先入为主等弊端。

2012年《刑事诉讼法》对案卷移送制度的相关规定进行了修改。有学者认为此次修改是基于对客观实际的反思作出的更为理性的选择:一是将可能产生的法官预断的负面效应降到最低;二是有力保障了辩方的先悉权;三是修法中确立了相关配套制度,均可防止卷宗移送制度重回1979年《刑事诉讼法》的老路,值得肯定。❸ 此外,2012年《刑事诉讼法》增设了庭前会议制度,该规定改变了当前庭前审查程序的面貌,构建了具有实质功能的庭前程序,是本次修改的一大亮点。❹

2. 审判方式改革

审判方式指的是法院在审理案件中运用一系列程序、方式和方法所形成的模式。

---

❶ 参见陈卫东:"认罪认罚从宽制度研究",载《中国法学》2016年第2期。
❷ 参见宋英辉、陈永生:"刑事案件庭前审查及准备程序研究",载《政法论坛》2002年第2期。
❸ 参见汪建成:"刑事审判程序的重大变革及其展开",载《法学家》2012年第3期。
❹ 参见汪建成:"刑事审判程序的重大变革及其展开",载《法学家》2012年第3期。

我国的审判方式改革从 20 世纪 80 年代兴起，其发展轨迹是强化当事人举证责任—庭审方式改革—审判方式改革—审判制度改革—诉讼制度改革—司法制度改革。❶ 1996 年《刑事诉讼法》修改时对庭审方式进行了重大变革，主要表现在重新配置控辩审三方职能，加大控方举证力度，吸收了对抗制中庭审阶段交叉询问的方法和对证据的核查、辩论程序，改变过去由法官直接调查证据的方式，同时不排除法官调查权的庭审方式。有学者认为"我国目前的庭审方式是一种具有中国特色的混合式庭审方式，它是中国传统所固有的制度因素、现代职权主义以及当事人主义三大要素的糅合"❷。尽管 1996 年《刑事诉讼法》在审判方式改革上取得了重大的进步，但是我国的刑事诉讼制度在理论和实践中还存在一些问题，如庭审中控辩双方诉讼权利不对等，证人不出庭作证导致法庭上的交叉讯问制度落空等。

基于此，学者们继续探讨关于审判方式改革的方向和路径，主要有以下观点：第一种观点认为，应摒弃英美法系的当事人主义模式，重新回到大陆法系职权主义模式上来。第二种观点认为，我国原有的刑事诉讼模式是一种"超职权主义"的模式，因此应当合理吸纳一些当事人主义模式的内容，顺应两大法系借鉴和融合的趋势。第三种观点认为，应采用"积极的本土资源论"，改革的目标模式应当充分兼顾任何具有合理性的刑事诉讼制度都确认和追求的基本价值。❸ 第四种观点主张从国情出发，建构一种以职权主义为基础，适当吸收和融合当事人主义的对抗式的做法。

近年来，有学者提出，当前我国的刑事审判方式并非当事人主义和职权主义的简单相加，而是体现出明显的混合性、过渡性和变动性。综合考虑各种因素，我国宜确立直接言词原则和维持卷宗移送主义。❹ 有观点认为，近年来推进的庭审实质化改革，尽管取得了一定的积极效果，但并未从根本上摆脱"新间接审理主义"的困扰，导致法官庭前产生预断、庭审流于形式、法官排斥被告方的辩护观点、法庭审理失去纠错能力等。❺

3. 二审的全面审理制度

在对二审程序的研究中，有学者对于二审全面审理的制度提出了自己的质疑和见解，认为该项制度既不符合控审分离原理，违背了审判中立的基本原则，也不符合诉讼经济原则和各国普遍做法，应当在再修改时予以废除。❻ 2012 年《刑事诉讼法》保留了全面审查原则，但修改了刑事二审"开庭为原则、不开庭为例外"的规定，明确了二审应当开庭的情况，制度功能预期与审判方式之间存在一定错位。根据我国刑事二审制度功能定位，审判方式的具体适用应注意把握不开庭审理的条件、规制二审法

---

❶ 参见宋英辉：《外国刑事诉讼法》，法律出版社 2006 年版，第 19~20 页。
❷ 龙宗智：《相对合理主义》，中国政法大学出版社 1999 年版，第 238~239 页。
❸ 参见龙宗智：《刑事审判制度研究》，中国政法大学出版社 2001 年版，第 133 页。
❹ 参见熊秋红："刑事庭审实质化与审判方式改革"，载《比较法研究》2016 年第 5 期。
❺ 参见陈瑞华："新间接审理主义：'庭审中心主义改革'的主要障碍"，载《中外法学》2016 年第 4 期。
❻ 参见张智辉、武小凤："二审全面审查制度应当废除"，载《现代法学》2006 年第 5 期。

院选择审判方式的裁量权、保障开庭审理质量。❶

4. 简易、速裁程序

为合理分配司法资源，提高诉讼效率，1996年《刑事诉讼法》修改时在原来普通程序的基础上，增设了简易程序。2012年《刑事诉讼法》将简易程序的适用范围修改为：基层人民法院管辖的可能判处有期徒刑以下刑罚、被告人承认自己所犯罪行的案件。有学者认为，此次修改实现了审理层级的统一，仅在适用范围上对现状的冲击不大，反而更加规范、精确。❷ 关于简易程序的适用条件，有学者认为充分考虑了我国司法实践的需要，尊重被告人的选择权，兼顾了公正与效率，对提高诉讼效率、节约司法资源具有重大意义。❸

自2014年6月起，全国18个试点城市开展了为期两年的刑事案件速裁程序试点工作。有学者对速裁程序的概念提出了见解。❹ 有观点认为，刑事速裁程序试点呈现出制度创新，但也存在适用范围较窄、庭审功能弱化等问题。❺ 2016年，在总结速裁试点经验的基础上，认罪认罚从宽制度改革试点正式启动并向纵深推进。有学者对"认罪认罚从宽"的概念进行了分析❻，有学者认为完善认罪认罚从宽制度应从三方面着手：构建有效的审前分流机制；进一步分化审判程序，引入协商程序，改进速裁程序；引入程序激励机制。❼ 也有学者对试点方案中赋予侦查机关在某些情况下直接撤销案件的权力表示担忧。❽

5. 审判监督程序

关于审判监督程序，学界普遍认为，现行的审判监督程序违背了一事不再理（禁止双重危险）的原则，不能充分保障人权，需要加以改造。多数学者认为，构建科学的再审程序，应首先纠正片面强调"实事求是，有错必纠"的传统观念，并将程序公正与实体公正、程序的安定性与纠正错判结合起来，区别有利于被判决人的再审与不利于被判决人的再审。在对再审程序具体规则进行设计时，有学者指出应在满足公正要求的底线上，提高诉讼效率。❾ 还有学者认为，我国刑事再审理由宽泛，启动再审证

---

❶ 参见刘玫、耿振善："审判方式视角下刑事二审程序的制度功能——兼评新《刑事诉讼法》第223条"，载《上海大学学报（社会科学版）》2013年第3期。

❷ 参见樊崇义、艾静："简易程序新规定的理解与运用"，载《国家检察官学院学报》2012年第3期。

❸ 参见宋英辉："我国刑事简易程序的重大改革"，载《中国刑事法杂志》2012年第7期。

❹ 参见樊崇义、刘文化："我国刑事案件速裁程序的运作"，载《人民司法》2015年第11期。

❺ 参见樊崇义："刑事速裁程序：从'经验'到'理性'的转型"，载《法律适用》2016年第4期。

❻ 参见朱孝清："认罪认罚从宽制度的几个问题"，载《法治研究》2016年第5期；顾永忠："关于'完善认罪认罚从宽制度'的几个理论问题"，载《当代法学》2016年第6期；张建伟："认罪认罚从宽处理：内涵解读与技术分析"，载《法律适用》2016年第11期。

❼ 参见魏晓娜："完善认罪认罚从宽制度：中国语境下的关键词展开"，载《法学研究》2016年第4期。

❽ 参见陈光中："认罪认罚从宽制度实施问题研究"，载《法律适用》2016年第11期。

❾ 参见焦悦勤："公正与效率视野下的刑事再审程序重构"，载《理论导刊》2006年第8期。

明标准苛刻,应严格控制再审理由并适当放宽启动再审的证明标准。❶ 近年来,对于冤错案件和再审程序,学界进行了深入探讨。有学者认为应建立相对中立的刑事申诉复查机构,改良再审刑事案件合议庭的组成模式,明确刑事申诉案件再审的证明标准。❷ 也有学者认为应将审判监督程序分为对事实错误的再审程序和对法律错误的特别抗诉程序。❸

6. 死刑复核程序

死刑案件中复核权限的归属问题,自改革开放以来,几经变化。最初1979年《刑事诉讼法》规定,判处死刑和死刑缓期2年执行案件的核准权,分别由最高人民法院和高级人民法院行使。后由于"严打"政策的实施,最高人民法院根据《人民法院组织法》的有关规定,分批逐步将严重危害社会安全的犯罪案件的死刑核准权下放给省一级高级人民法院。但1996年《刑事诉讼法》和1997年《刑法》仍维持死刑案件由最高人民法院核准的规定,造成《人民法院组织法》与《刑法》《刑事诉讼法》法律规范的冲突,并引发刑事法学界关于基本法与一般法、新法与旧法法律冲突的激烈争论。2006年10月31日第十届全国人大常委会第二十四次会议通过了《关于修改〈中华人民共和国人民法院组织法〉的决定》,实现了死刑核准权的回收。在最高人民法院依法统一行使死刑核准权后,刑事诉讼法学界围绕如何进一步完善死刑复核程序展开了讨论。有学者认为,死刑复核程序改革的根本出路在于复核程序的诉讼化。❹ 还有学者进一步指出,死刑复核程序应从以下两个方面进行改革:一是被告人、检察院和被害人有不同程度的程序参与权,二是建立听审制度。❺ 还有学者认为,应从准确界定最高人民法院复核责任,确定适当的复核审理方式,允许辩护律师与检察官参加复核程序等方面加以完善❻。也有学者主张,死刑复核程序应是一个介于纯审判性程序与行政性程序之间的混合型程序,对不同类型的案件应作不同的处理。❼

死刑核准权收归最高人民法院以来,学界对于如何完善死刑复核程序进行了探讨。关于检察机关应否介入及如何介入死刑复核程序的问题,有学者认为检察机关对死刑复核程序进行法律监督于法有据。检察机关作为法律监督者,可通过备案审查、受理申诉控告等启动监督程序、监督方式主要包括提出案件意见、派员出席法庭或听审活

---

❶ 参见王新清、李江海:"刑事案件启动再审条件的分解与重构",载《人民检察》2006年第13期。
❷ 参见何家弘、刘译矾:"刑事错案申诉再审制度实证研究",载《国家检察官学院学报》2015年第6期。
❸ 参见卞建林、王贞会:"检察机关基于法律错误提起再审抗诉之探讨",载《河南社会科学》2016年第10期。
❹ 参见卞建林:"检察机关没有理由不介入死刑复核程序",载《检察日报》2006年4月6日,第3版。
❺ 参见陈光中:"《刑事诉讼法修改专家建议稿》重点问题概述",载《人民检察》2006年第21期。
❻ 参见龙宗智:"收回死刑复核权面临的难题及其破解",载《中国法学》2006年第1期。
❼ 参见谢佑平、杨富云:"死刑复核程序:理论思考与立法构想",载《华东政法学院学报》2006年第2期。

动、抗诉等。❶ 近年来,有学者对律师参与死刑复核程序进行了研究。有论者提出应当为死刑复核程序中没有委托辩护人的被告人提供法律援助,并明确死刑复核程序中的辩护律师享有会见权、阅卷权和调查取证权等权利。❷ 还有学者对死刑复核的法律监督❸、死刑临终告别权利❹等进行了研究。还有学者以死刑案件中的权力配置等方面作为研究视角,力求破解死刑程序问题的迷局,探索我国死刑复核问题相对合理的解决方案。❺

(三) 刑事强制措施

刑事强制措施是保障刑事诉讼顺利进行的必要手段,但是由于它会直接限制被追诉人的人身、自由等利益,若缺少司法控制,会造成错误羁押、超期羁押等问题,"在刑事司法实践中,没有哪一种弊端会比强制措施滥施损害国家法治形象的程度更为严重"❻。学界普遍认为刑事措施制度的立法宗旨必须兼顾打击犯罪与保障人权,我国应当从尊重公民的基本权利出发来改革和完善强制措施制度。

保障人权的立法宗旨在刑事强制措施中具体表现为以下原则:(1)程序法定原则,即刑事诉讼强制措施的适用及适用的种类、条件、程序等都应当由法律事先明确规定;刑事强制措施应当严格依法定程序进行。(2)必要性原则,即被告人所具有的人身危险性使得刑事羁押成为必要时,才应准予刑事羁押。(3)比例性原则,指是否要采取强制措施以及采取何种强制措施,要同犯罪的轻重程度和行为人的人身危险程度相适应,以防止自由裁量权的滥用,实现打击犯罪与保障人权的平衡。

我国的司法实践中,逮捕运用得非常广泛,并且存在超期羁押现象。针对这一情况,许多学者提出应实行令状主义和司法审查制度,减少逮捕、羁押的比例,以加强对犯罪嫌疑人、被告人的人权保障。❼ 也有学者认为,应进一步限制逮捕的条件和程序,对有证据证明有犯罪事实的,应提高证明标准;增加规定原则上只有可能判处3年以上有期徒刑的犯罪嫌疑人、被告人才能逮捕;检察机关在审查批捕时,原则上应当讯问犯罪嫌疑人,并听取其代理人或律师的意见;超期羁押的,必须变更为取保候审。

针对我国司法实践中批捕率、羁押率高的现象,学者们注意到一个重要原因是取保候审等非羁押措施适用较少且效用不高。由于我国现行的《刑事诉讼法》并未对取

---

❶ 参见万春:"死刑复核法律监督制度研究",载《中国法学》2008 年第 3 期。
❷ 参见吴宏耀:"死刑复核程序的律师参与",载《国家检察官学院学报》2012 年第 6 期。
❸ 参加陈辐宽、邓思清:"死刑复核法律监督的方向与路径",载《法学》2014 年第 5 期。
❹ 参见何成兵:"临终会见:究竟是谁的权利——死刑临行会见权的归属及保障探寻",载《政治与法律》2014 年第 1 期。
❺ 参见吴宏耀、罗海敏主编:《死刑的程序控制》,中国政法大学出版社 2014 年版。
❻ 参见樊崇义主编:《刑事诉讼法实施问题与对策研究》,中国人民公安大学出版社 2002 年版,第 125 页。
❼ 参见陈光中、张小玲:"中国刑事强制措施制度的改革与完善",载《政法论坛》2003 年第 5 期;陈瑞华:"审前羁押的法律控制——比较法角度的分析",载《政法论坛》2001 年第 4 期。

保候审、监视居住的适用作出详细规定，且对于在此期间逃脱的犯罪嫌疑人、被告人也未规定相应的法律责任，所以在实践中侦查机关更多采取羁押方式。有学者从观念方面、制度方面、物质方面详细分析了取保候审在我国扩大适用遭遇困难的原因，为改革和完善我国现有的取保候审制度提供了基础依据。❶还有学者认为我国刑事诉讼法应当对取保候审和监视居住的适用作出具有可操作性的规定，充分发挥其作用，减少逮捕、羁押的适用比例。还有学者认为应从取保候审的权利化与程序化两方面入手。❷

有学者提出将公安机关适用的搜查、扣押和拘留交由检察机关审查批准，将司法审查的诉讼方式引入检察机关的审查批准逮捕程序中；明确检察机关适用的决定逮捕要接受法院的司法审查；完善我国刑事强制性措施体系和当事人权利救济制度。❸也有学者认为，司法审查制度的基本精神在于通过中立的司法权力制衡强势的侦查权力，救济弱小的私权利，最终达到防止公权力滥用、保障个人基本人权的目的。从这一目的出发，并参考国外经验和国际刑事司法准则的要求，司法审查的权力不应当由检察院行使，而只能由法院的法官行使。❹

2012年《刑事诉讼法》修改的一个重要内容是逮捕、监视居住的条件和程序。修改后的《刑事诉讼法》将逮捕条件中"发生社会危险性，而由逮捕必要"细化为五种具体情形，增加规定了检察院审查批准逮捕时讯问犯罪嫌疑人及听取辩护律师意见的程序，并要在逮捕后进行羁押必要性审查。有学者表示对逮捕必要性的细化与强调，将给检察机关的工作方式、工作机制带来一定挑战。❺此外，2012年《刑事诉讼法》将监视居住定位为减少羁押的替代措施，规定了与取保候审不同的适用条件，增加了指定居所监视居住的执行方式，并明确由检察机关实行监督。有学者认为指定监视居住在性质上不同于通常的监视居住，也区别于其他强制措施，是一种独立的强制措施种类。建议进一步明确指定监视居住在强制措施体系中的独立地位；采用准司法化的适用程序；细化适用范围；确保适用的妥当性。❻

（四）刑事特别程序

特别程序是2012年《刑事诉讼法》新增的一编，包括未成年人刑事案件诉讼程序，当事人和解的公诉案件诉讼程序，犯罪嫌疑人、被告人逃匿、死亡案件违法所得的没收程序，依法不负刑事责任的精神病人的强制医疗程序。当前关于特别程序的司

---

❶ 参见周伟、邵尔希："释放还是羁押——扩大适用取保候审的困难与选择"，载《现代法学》2007年第1期。

❷ 参见宋英辉、王贞会："对取保候审功能传统界定的反思"，载《国家检察官学院学报》2007年第4期。

❸ 参见卞建林主编：《人民检察院组织法修改专家意见稿》，中国检察出版社2006年版。

❹ 参见孙长永："通过中立的司法权力制约侦查权力——建立侦查行为司法审查制度之管见"，载《环球法律评论》2006年第5期。

❺ 参见宋英辉、王贞会："刑事强制措施修改若干问题"，载《暨南学报（哲学社会科学版）》2012年第1期。

❻ 参见左卫民："指定监视居住的制度性思考"，载《法商研究》2012年第3期。

法实践仍在不断探索中，理论界也给予了关注。

1. 未成年人刑事案件诉讼程序

《刑事诉讼法》针对未成年人刑事案件设置特别程序，体现了我国对未成年人的特殊保护，为犯罪的未成年人改过自新和回归社会创造有利条件。该程序的确立在我国未成年人诉讼制度发展史上具有划时代的意义。❶

讯问和审判时合适成年人到场是社会力量参与未成年人刑事诉讼的一种重要形式，体现了国家监护理念。有论者指出，合适成年人讯问时在场在维护未成年人权利的同时，也有助于促进讯问的顺利进行和改善讯问方式，具有较高认可度，但也存在合适成年人地位与作用出现偏差等问题，需要进一步细化。❷

此次修改增设了对未成年人轻罪案件的附条件不起诉制度。有论者认为，规定未成年人附条件不起诉制度，可借司法途径实现对未成年人的非犯罪化、非刑罚化的实质性保护。但同时，该制度背后蕴藏了刑事司法效率与犯罪特殊预防等理念的冲突与平衡。❸

犯罪记录封存制度也是未成年人刑事案件诉讼程序中的一项重要内容，但相关规定比较原则，适用范围也有所限制。有论者认为，未成年人相对不起诉和附条件不起诉也应参照适用犯罪记录封存制度，从长远来看应适用于所有未成年人；在效力上应严格限定但书中"国家规定"的范围，并协调与其他法律规定的关系；适用主体除公安机关、检察院、法院和未成年犯管教所外，还包括知晓未成年人犯罪记录的有关单位和当事人、辩护人、诉讼代理人及其他人。为充分发挥该项制度的重要价值，应将其"升级"为未成年人犯罪记录消灭制度。❹

社会调查制度也是未成年人特别程序的重要组成部分。在理论基础上，有学者认为，未成年人社会调查制度契合国际上惯行的儿童福利理念的意旨；体现国家亲权理论的精神；是社会参与原则在未成年人刑事司法中的应用。❺ 在制度层面，有学者认为称谓不够准确，应为"未成年人全面调查制度"。调查主体既可以是公检法，也可以是经三机关委托或许可的组织、机构和辩护人。❻

值得一提的是，宋英辉、何挺、王贞会等著的《未成年人刑事司法改革研究》一书对未成年人刑事司法制度与实践改革进行了系统的归纳与总结。并对有关地区的实践改革与创新进行了实证调查研究，分析评估了现实效果，并提出了完善建议。此外，还邀请具有相关国家法律学习背景的作者，就英国等多个国家未成年人刑事司法制度

---

❶ 参见宋英辉："特别程序彰显对未成年人特殊保护"，载《检察日报》2012年4月2日，第3版。

❷ 参见何挺："'合适成年人'参与未成年人刑事诉讼程序实证研究"，载《中国法学》2012年第6期。

❸ 参见陈晓宇："冲突与平衡：论未成年人附条件不起诉制度"，载《中国刑事法杂志》2012年第12期。

❹ 参见曾新华："论未成年人轻罪犯罪记录封存制度"，载《法学杂志》2012年第6期。

❺ 参见王贞会："论未成年人社会调查制度的理论基础"，载《青少年犯罪问题》2014年第6期。

❻ 参见曾新华："未成年人全面调查制度若干问题之探讨"，载《法律科学》2014年第2期。

撰文介绍，有助于开拓国际视野。❶

2. 当事人和解的公诉案件诉讼程序

在当事人和解作为一项特别程序之前，学界就对刑事和解制度进行了探讨。刑事和解制度是指在刑事案件中，被害人和加害人通过协议达成一种谅解，从而国家机关不再追究刑事责任或者从轻处罚的诉讼制度。

有学者认为，刑事和解制度综合吸纳中西文化，是一种多元价值的平衡，也是和谐社会的内在要求。我国应该建立刑事和解制度，从立法上将刑事和解作为刑事诉讼的基本原则并予以明确规定。❷ 在刑事和解程序被写入《刑事诉讼法》之前，各地已进行了实践探索并取得了积极的效果。有论者认为公诉案件中建立刑事和解制度是本次修法的亮点，然而与刑事和解相呼应的控辩协调制度并没有引起本次修订的足够重视。刑事和解与控辩协商相互衔接，相互补充，才能真正实现刑事案件的合理分流。❸ 有学者认为，当前刑事和解制度在适用中存在性质异化、功能异化及程序异化等问题，并提出了细化和解适用条件等具体建议。❹ 另外，死刑案件能否适用刑事和解也是讨论的热点。有学者认为，一定范围内的死刑案件可以适用刑事和解，而确定死刑和解适用范围的标准是感情条件与客体条件。❺

3. 犯罪嫌疑人、被告人逃匿、死亡案件违法所得的没收程序

关于这一增设的特别程序，有论者指出，规定判决前财产没收程序的积极意义不容小觑。该程序不仅使刑事审判由"一元化"走向"多元化"，而且解决了刑事司法实践中的突出问题，在我国初步构建了犯罪嫌疑人、被告人逃匿、死亡时，追缴和没收违法所得及涉案财产的程序，有利于开展国际刑事司法合作及打击贪污贿赂犯罪和恐怖活动犯罪。❻ 但也有论者认为，该程序面临一些合宪性质疑，如未给被追诉人定罪即不加区分地没收其涉案财产有侵犯其宪法上财产权的嫌疑，应对惩罚性没收和非惩罚性没收采取不同的证据规则。❼ 关于该程序的性质，学界有不同认识。有学者认为，从程序解决的纠纷性质等方面来看，没收程序应属刑事程序。❽ 也有学者在认可其刑事属性的同时，认为在有利害关系人参与的情况下也兼有一定的民事性质，应适用"证据优势"的证明标准。❾ 还有学者以违法所得特别没收程序为主线，系统地梳理和研究

---

❶ 参见宋英辉、何挺、王贞会等：《未成年人刑事司法改革研究》，北京大学出版社2013年版。
❷ 参见陈光中："刑事和解的理论基础与司法适用"，载《人民检察》2006年第10期；陈光中、葛琳："刑事和解初探"，载《中国法学》2006年第5期。
❸ 参见汪建成："刑事和解与控辩协商制度的衔接与协调——基于对刑事诉讼法修正案（草案）第274-276条的分析"，载《政法论坛》2012年第2期。
❹ 参见姚显森："刑事和解适用中的异化现象及防控对策"，载《法学论坛》2014年第5期。
❺ 参见甄贞、郑瑞平："刑事和解在死刑案件中之适用初探"，载《法学杂志》2014年第1期。
❻ 参见陈卫东："论新《刑事诉讼法》中的判决前财产没收程序"，载《法学论坛》2012年第3期。
❼ 参见孙煜华："涉案财产没收程序如何才能经受宪法拷问"，载《法学》2012年第6期。
❽ 参见邵勋："特别没收程序的理论和适用问题探析"，载《法商研究》2014年第4期。
❾ 参见邓晓霞："未定罪没收程序的法律性质及证明标准"，载《政治与法律》2014年第6期。

了该程序涉及的主要问题，同时对实践中亟待解决的问题提出了初步的处理意见。❶

4. 依法不负刑事责任的精神病人的强制医疗程序

关于这一程序，有学者认为，我国强制医疗程序存在适用对象范围狭窄、适用条件模糊、程序衔接不明晰、审理和决定程序不完善、执行程序缺失、救济和监督不力等问题。应当完善当事人诉权、强化检察监督，进一步健全强制医疗程序。❷ 有学者著书介绍了国外强制医疗程序的立法经验，对我国强制医疗程序现行立法和司法现状进行了分析，在此基础上提出了完善建议。❸

（五）刑事辩护制度

辩护制度是现代法治国家法律制度的重要组成部分，反映了一国诉讼制度的民主性和公正性程度。辩护权是犯罪嫌疑人、被告人的宪法性权利，切实保障该权利的实现，对于维护其合法权益和保证司法公正有重大意义。

1996 年《刑事诉讼法》修改加强了辩护职能，如规定律师介入诉讼的时间提前，扩大了辩护人的权利，明确了刑事法律援助等，但是，我国刑事辩护制度实践中仍存在会见难、阅卷难、调查难等问题。针对这些问题，学者们普遍认为，应当赋予律师在侦查阶段辩护人的诉讼地位，充分保障犯罪嫌疑人与律师的会见、通信权。❹ 针对传统上刑事辩护仅限于实体性辩护，多位学者提出今后的刑事辩护制度应当强调程序性辩护，以维护程序法的独立价值以及保障被追诉者的合法权益。❺ 2012 年《刑事诉讼法》对辩护制度作出了较大修改，确立了实体辩护与程序辩护并重的辩护格局，亮点颇多。但要将其变成执法意义上的真正进步则任重而道远，有赖于公安司法机关切实依法办案。❻ 有论者进一步指出，有关辩护的法律规定比较抽象，只有进行合理解释，才能守护《刑事诉讼法》修改中关于辩护权制度改革取得的成果。❼ 此外，有学者基于有效辩护的理念，提出应当确立基本的辩护质量标准，并确立相应的质量控制体系。❽ 随着以审判为中心的诉讼制度改革的推进，有学者提出了当下刑事辩护存在的问题和

---

❶ 参见戴长林主编：《刑事案件涉案财物处理程序》，法律出版社 2014 年版。
❷ 参见田圣斌："强制医疗初论"，载《政法论坛》2014 年第 1 期。
❸ 参见赵春玲：《刑事强制医疗程序研究》，中国人民公安大学出版社 2014 年版。
❹ 参见陈卫东主编：《司法公正与律师辩护》，中国检察出版社 2002 年版；陈光中："辩护人的诉讼地位与证据开示"，载《中国律师》2002 年第 2 期。
❺ 参见陈瑞华：《问题与主义之间——刑事诉讼基本问题研究》，中国人民大学出版社 2003 年版；王敏远："刑事辩护概念的发展"，载《诉讼法理论与实践》（2001 年刑事诉讼法学卷），中国政法大学出版社 2002 年版；顾永忠："从审判中的辩护走向侦查中的辩护"，载《诉讼法学研究》（第 7 卷），中国检察出版社 2004 年版。
❻ 参见顾永忠："我国刑事辩护制度的回顾与展望"，载《法学家》2012 年第 3 期。
❼ 参见汪海燕："合理解释：辩护权条款虚化和异化的防线"，载《政法论坛》2012 年第 6 期。
❽ 参见陈瑞华："刑事诉讼中的有效辩护问题"，载《苏州大学学报（哲学社会科学版）》2014 年第 5 期。

建议。❶ 还有学者对律师庭外言论规制❷、参与审查逮捕程序❸、死刑复核程序中的律师辩护❹等问题进行了研究。

另外，学界对刑事法律援助制度也进行了深入探讨。对于将法律援助提前至侦查阶段，学者们予以高度评价，但由于制度设计是以审判阶段为参照的，导致审前阶段法律援助辩护操作性较差。未来应扩大审前阶段法律援助辩护的适用范围，建立法律援助保障机制和扩充专职律师队伍。❺ 有学者指出，修正后的《刑事诉讼法》加剧了有律师帮助与无律师帮助被追诉人的处境差异并提出了改善无律师帮助被追诉人处境的建议。❻ 有论者认为实践中的刑事法律援助仍然以"通知型"为主，援助律师缺乏调查取证的主动性。❼ 还有学者通过比较，主张应建立公设辩护人制度。❽ 有学者从国际视角总结了刑事法律援助制度的发展规律及趋势，推动我国刑事法律援助事业不断发展和完善。❾

（六）刑事证据制度

证据是事实认定的基础，是有效实现司法公正的基石。证据制度是法治国家的一项基本制度，是司法文明指数体系中的一个重要指标，也是《刑事诉讼法》学界讨论的热点问题。

2012年《刑事诉讼法》的修改对刑事证据制度进行了重要完善。学界普遍肯定此次修改的积极意义。有学者认为，"充分体现对人权的尊重和保障"是此次证据制度修改的"亮点"。❿ 关于证据概念的调整，学者们普遍认为具有积极意义。例如，有论者认为"事实说"改为"材料说"，显示出对证据运用的常识、经验和规律的尊重，也解决了原有的将"事实"混同于"材料"的逻辑难题。⓫ 但也有学者认为修改后《刑事诉讼法》中的证据定义存在以偏概全的问题。⓬ 关于修改后的《刑事诉讼法》关于举证责任的规定，有学者认为"反映了刑事诉讼规律和法治国家的通例，也契合我国刑事政策的精神和司法实际情况"，但同时认为将"举证责任"改为"证明责任"更能

---

❶ 参见顾永忠："以审判为中心背景下的刑事辩护突出问题研究"，载《中国法学》2016年第2期。
❷ 参见陈实："论刑事司法中律师庭外言论的规制"，载《中国法学》2014年第1期。
❸ 参见叶青："审查逮捕程序中律师介入权的保障"，载《法学》2014年第2期。
❹ 参见穆远征："死刑复核程序中律师辩护的困境与改革"，载《法学论坛》2014年第4期；郭烁："论死刑复核程序中的律师参与"，载《法学杂志》2014年第6期。
❺ 参见苏镜祥："审前阶段刑事法律援助实证分析——以新《刑事诉讼法》实施为背景"，载《法学论坛》2013年第4期。
❻ 参见罗海敏："论无律师帮助被追诉人之弱势处境及改善"，载《政法论坛》2014年第6期。
❼ 刘方权："刑事法律援助实证研究"，载《国家检察官学院学报》2016年第1期。
❽ 参见谢佑平、吴羽："公设辩护人制度的基本功能——基于理论阐释与实证根据的比较分析"，载《法学评论》2013年第1期。
❾ 参见顾永忠：《刑事法律援助的中国实践与国际视野》，北京大学出版社2013年版。
❿ 参见陈卫东、柴煜峰："刑事证据制度修改的亮点与难点"，载《证据科学》2012年第2期。
⓫ 参见陈瑞华："证据的概念与法定种类"，载《法律适用》2012年第1期。
⓬ 参见龙宗智："进步及其局限——由证据制度调整的观察"，载《政法论坛》2012年第5期。

体现证明责任的核心是结果责任。❶ 2012年《刑事诉讼法》对刑事证明标准中"证据确实、充分"作出了进一步解释。有学者认为将排除合理怀疑的证明标准首次写入我国的刑事诉讼法典，是我国一个历史性进步。❷ 但也有学者对此表示质疑，认为我国尚不存在适用"排除合理怀疑"这一证明标准的现实条件和程序保障，如此规定可能会使司法人员产生证明标准降低的误解。❸

近年来，学界关于刑事证据制度的讨论主要集中在非法证据排除和证明标准的问题上。关于非法证据排除规则，有研究指出我国的非法证据排除制度是基于我国的司法体制和司法制度而设，特色鲜明。❹ 有学者指出非法证据排除规则的困境在于："非法"的概念难以界定；应排除哪些证据不易明确；存在一概排除与选择性排除这一核心困境。❺ 还有学者从司法体制角度分析了非法证据排除难以实施的原因，认为这一现象背后是法院缺乏充分的司法权威。❻ 另有学者针对非法证据排除规则运行中的难点与重点提出了完善方案。❼ 有学者认识到唯有将那些受到强迫取证行为直接影响的派生证据和重复自白予以排除，才可以实现排除规则的立法宗旨。❽ 关于排除合理怀疑的证明标准，有学者认为"排除合理怀疑"的引入并不意味着传统证明标准发生改变，更不意味着证明标准的降低。❾ 关于此证明标准的实际适用，有学者认为不能孤立适用，而应与"证据确实、充分"的其他两项条件紧密联系，形成统一整体。❿

五、刑事诉讼法学研究的前景展望

改革开放的40年也是刑事诉讼法学研究不断发展的40年，我国的刑事诉讼法学逐步走向成熟，体现出面向实践和立足实际的特点。但是，由于国情和国际环境在不断变迁，我国刑事诉讼法学研究还需要对以下几个方面进行深入探索。

---

❶ 参见孙长永：《论刑事证据法规范体系及其合理构建——评刑事诉讼法修正案关于证据制度的修改》，载《政法论坛》2012年第5期。

❷ 参见陈卫东、柴煜峰：《刑事证据制度修改的亮点与难点》，载《证据科学》2012年第2期。

❸ 参见樊崇义主编：《公平正义之路——刑事诉讼法修改决定条文释义与专题解读》，中国人民公安大学出版社2012年版，第153页。

❹ 参见顾永忠：《我国司法体制下非法证据排除规则的本土化研究》，载《政治与法律》2013年第2期。

❺ 参见栗峥：《适用非法证据排除规则的困境与方式》，载《河南社会科学》2013年第9期。

❻ 参见陈瑞华：《司法审查的乌托邦——非法证据排除规则难以实施的一种成因解释》，载《中国法学评论》2014年第2期。

❼ 参见陈光中、郭志媛：《非法证据排除规则若干问题研究——以实证调查为视角》，载《法学杂志》2014年第9期；杨宇冠、郭旭：《非法证据排除规则实施考察报告》，载《证据科学》2014年第1期。

❽ 参见陈瑞华：《非法证据排除规则的适用对象——以非自愿供述为范例的分析》，载《当代法学》2015年第1期。

❾ 参见魏晓娜：《'排除合理怀疑'是一个更低的标准吗？》，载《中国刑事法杂志》2013年第9期。

❿ 参见卞建林、张璐：《我国刑事证明标准的理解与适用》，载《法律适用》2014年第3期。

(一) 研究我国刑事诉讼模式转型

刑事诉讼法的现代化进程的不断推进使两大法系日益呈现出借鉴与融合的趋势，绝对的当事人主义诉讼模式或职权主义诉讼模式已不再适应当前的需求。随着以审判为中心的诉讼制度改革的推进，以及认罪认罚从宽制度试点工作的展开，对抗与合作将成为我国未来刑事诉讼制度发展的关键词。这也意味着，我国刑事诉讼模式理论将迎来新的发展机遇。在传统的当事人主义诉讼模式、职权主义诉讼模式以外，刑事诉讼法学界应全面把握我国当下的发展趋势，提炼出切合我国本土实际的诉讼模式。

(二) 关注司法改革前沿动态

司法改革在不断深化，刑事诉讼法学界也始终关注着改革的最新动态。在当前的改革进程中，刑事司法改革尤其引人注目。"以审判为中心的诉讼制度改革"与"认罪认罚从宽制度"甚至被学者称为刑事诉讼改革的未来方向。现有研究虽然有一些是实证研究，但还是以理论探讨为主。一项制度重在落实，其实效如何是对该制度进行调整完善的关键所在。因此，今后还需要学者加强实证研究，以验证制度实效是否违背制度设计的初衷，进而提出程序完善的方向和如何细化的建议。另外，国家监察制度改革也在如火如荼地进行中，制度完善的相关问题也需要学者们继续展开深入研究。

(三) 完善刑事诉讼法学研究方法

对改革开放 40 年来我国刑事诉讼法学研究方法的发展历程进行回顾，可发现我国刑事诉讼法学研究方法大致经历了从注释法学到比较法学再到实证研究方法为主的三个发展阶段。可以说，每一种研究方法的盛行都受到当时社会状况的深刻影响，但绝无优劣之分。以当下为例，司法改革在不断深化，实践中各种问题层出不穷，这是学者们进行理论探讨时绕不开的话题，因此，实证研究方法在刑事诉讼法学研究中的广泛运用不仅是合理的，而且在一定程度上讲也是不可或缺的。但需要注意的是，这种研究方法在运用上还存在缺乏专业训练、资料获取困难等现实问题，需要其他研究方法来检验结论的可靠性。此外，借鉴其他学科成熟的研究方法如社会学、经济学等，在刑事诉讼法学研究方法上进行多元化探索尝试，也将是未来的一个趋势。

(四) 推动《刑事诉讼法》再修改

正如有学者指出，我国现行《刑事诉讼法》的基本结构与以审判为中心的诉讼理念相背离，需要进行适当调整。[1] 在深化刑事司法改革之时，改革创新应与刑事诉讼制度相契合，甚至通过适当的方式被刑事诉讼制度所吸纳。有学者认为，为贯彻深化司

---

[1] 参见刘计划："刑事诉讼法总则检讨——基于以审判为中心的分析"，载《政法论坛》2016 年第 6 期。

法改革的新要求，我国《刑事诉讼法》的新修改势必提上立法日程。❶ 而在此之前，需要进行理论论证和推进，为《刑事诉讼法》再修改作出充分的准备。此外，2012年《刑事诉讼法》修改幅度较大、进步明显，需要持续关注法律贯彻实施情况，并通过司法实践检验修法效果。理论研究应当直面实践问题，及时总结经验、深化理论并提供对策，以便在《刑事诉讼法》再修改之时得以体现。

（撰稿人：中国政法大学诉讼法学研究院　卞建林教授、王贞会副教授）

---

❶ 参见陈光中、唐彬彬："深化司法改革与刑事诉讼法修改的若干重点问题探讨"，载《比较法研究》2016年第6期。

第二部分　中国民事诉讼法四十年（1978~2018）

我国民事诉讼法学的发展经历了一个从无到有、从摸索试行到正式确立并逐步发展完善的过程。经过 40 年的摸索发展，至今成果丰硕，理论体系日益趋于完善。

1949 年中华人民共和国成立之后，根据"废除繁琐、迟缓、形式主义的诉讼程序，实行便民、简易迅速、实事求是的诉讼程序"的政策要求，在司法实务中"重刑轻民、重实体轻程序"的环境中，我国民事诉讼法学完全割断与 1949 年之前民事诉讼法学体系的联系，在几乎是一片空白的基础上蹒跚起步。然而，在 1957 年之前，我国的民事审判基本沿袭新民主主义革命时期根据地的做法和经验，强调"走群众路线"和"依靠群众办案"，法院的审判权事实上被虚无化，民事审判活动严重偏离诉讼规律；在立法上，除了最高人民法院于 1956 年 10 月起草并印发《关于各级人民法院民事案件审判程序的总结》以及 1957 年草拟《民事案件审判程序》之外，并无独立的民事诉讼法律规范。在这种背景下，我国民事诉讼法学基本以翻译苏联的民事诉讼法学著作、介绍甚至照搬苏联的民事诉讼法学理论为重心。从 1957 年开始，我国民事诉讼法学在刚刚起步后便陷入了长达 20 年之久的停滞期，民事诉讼法学理论研究基本处于瘫痪状态。因此，可以说，在国家实行改革开放政策之前，"我国民事诉讼法学因缺乏生成和发展的土壤而没有发展成一门独立而完备的学科"❶。

一、民事诉讼法四十年发展历程

1978 年 12 月，中国共产党在北京召开了十一届三中全会。会议作出了实行改革开放的战略决策，中国从此进入了改革开放和社会主义现代化建设的历史新时期。在改革开放和现代化建设春风的吹拂下，我国民事诉讼法学开始了新的发展历程。综合学科研究取得的突破性进展、学科人才培养的数量、学科发展的独立性程度等因素来看，这一历程大体可分为三个不同的阶段。

（一）第一阶段：从试行到正式确立（1978~1991 年）

1978 年 12 月，最高人民法院召开了第二次全国民事审判工作会议，并于次年 2 月印发了《人民法院审判民事案件程序制度的规定（试行）》。该规定就案件受理、审

---

❶ 江伟、邵明："民事诉讼法学的研究成就及其发展的若干问题"，载《中国法学》1998 年第 4 期。

理前的准备工作、调查案情和采取保全措施、调解、开庭审理、裁判、上诉、执行、申诉与再审、回访、案卷归档等11个方面的问题作出了较为详细的规定,❶成为当时民事审判工作的重要规范性文件。1979年9月,全国人大常委会法制委员会决定由从事民事审判实践工作和民事诉讼法学教学科研工作的人员组成民事诉讼法起草小组,开始起草民事诉讼法。经过两年零六个月的反复讨论、修改,并先后三次在全国范围内征求各方意见,最终于1982年3月8日,第五届全国人民代表大会常务委员会第22次会议通过了《中华人民共和国民事诉讼法(试行)》(以下简称《民事诉讼法(试行)》),并决定该法自同年10月1日起试行。这样,中华人民共和国第一部民事诉讼法典终于诞生了。民事审判工作的规范化和民事诉讼法典的颁行,为我国民事诉讼法学研究提供了新的对象,同时也推动着我国民事诉讼法学的恢复和发展。

在立法机关开展民事诉讼立法、司法机关规范民事审判工作的同时,民事诉讼法学教学和理论研究工作也开始复苏。随着高考制度的恢复,我国的高等政法院校及高等院校法律系自1978年开始陆续恢复或者新招法学专业本科学生,民事诉讼法学自始就是本科生的专业必修课程之一。为了满足民事诉讼法教学、研究和司法实践工作的需要,中国社会科学院法学研究所民法研究室民事诉讼法研究组与北京政法学院诉讼法教研室民事诉讼法研究组合编了《民事诉讼法参考资料》共3辑7分册,收集了我国新民主主义革命时期苏区、抗日战争时期根据地、解放区和中华人民共和国成立以后国家机关制定颁布的有关民事诉讼方面的资料以及有关的国际公约、条约、协定和有关国家的民事诉讼法资料,并于1981年8月由法律出版社出版。此外,1981年6月,司法部和教育部联合成立的法学教材编辑部开始组编全国高等学校法学统编教材《民事诉讼法教程》。此外,还有刘家兴编写的《民事诉讼教程》(北京大学出版社1982年12月)、柴发邦、江伟、刘家兴等合著的《民事诉讼法通论》(法律出版社1982年10月),等等。它们在我国民事诉讼法学教学乃至整个学科发展历程中所起的重要作用。在编写教材的同时,民事诉讼法学教学与研究参考资料的编辑和发行工作也加快了进度。这些参考资料主要包括:中国人民大学法律系民法教研室编写的《外国民事诉讼法分解资料(上、下)》(1982年6月印行)、北京政法学院民事诉讼法教研室编写的《外国民事诉讼法参考资料》(第一册于1982年12月印行、第二册于1984年6月印行)、西南政法学院诉讼法教研室编写的《民事诉讼法文选(上、中、下)》(1984年9月印行)、法学教材编辑部《民事诉讼法资料选编》编选的《民事诉讼法资料选编》(法律出版社1987年5月出版)等。这些参考资料的内容分别包括外国民事诉讼立法的相关资料、国内报刊刊发的学术论文或普及文章以及国内民事审判工作的规范性文件等,内容丰富,方便实用。这一时期,我国民事诉讼法学研究的视野已不再仅停留在苏联一处,而是放眼全世界,希望汲取人类民事诉讼立法的精华为发展和

---

❶ 法学教材编辑部、《民事诉讼法资料选编》编选组:《民事诉讼法资料选编》,法律出版社1987年版,第304~315页。

完善我国的民事诉讼制度所用。

1984年10月，中国法学会诉讼法学研究会宣告成立，中国的诉讼法学者有了自己专门的学术组织。从此以后，诉讼法学研究会每年举行一次全国性的学术研讨会，分刑事诉讼法学、民事诉讼法学、行政诉讼法学三个研究方向分别开展学术研讨活动。在每年的学术研讨中，民事诉讼法学者通过事先确定一个或者数个理论与实践相结合的主题，开展深入的学术研究，有力地推动了民事诉讼法学的发展。

在这一阶段，民事诉讼法学者通过各种方式开始研究民事诉讼法学的一些基本问题。例如，法学教材编辑部《民事诉讼法教程》编写小组在编写统编教材《民事诉讼法教程》时，就对民事诉讼法学的研究对象和研究方法进行了探讨，并基本形成了统一的意见，即认为民事诉讼法学应当以民事诉讼法以及民事诉讼的具体实践为研究对象，采取理论与实际相结合、个性与共性相结合、程序法与实体法相联系以及相互比较的方法开展研究。❶ 尽管后来的研究在这些问题上有所发展，但它基本确定了我国民事诉讼法学研究对象和研究方法的基调。又如，杨荣新在《中国法学》1985年第1期发表《论民事程序法》一文，提出要用系统科学的方法研究民事纠纷的解决机制，构建包括人民调解、公证、民事诉讼、执行、仲裁等机制在内的民事程序法系统工程，不但涉及民事诉讼法学研究方法的革新，而且是民事诉讼法学理论体系构建的重大突破。

在这一阶段的后期，随着形势的发展，民事诉讼法学的发展发生了三个方面的变化：一是民事诉讼法学者的研究视角已不再局限于对《民事诉讼法（试行）》的注释和论证，而是开始反思该法存在的缺陷与不足，探讨如何完善我国的民事诉讼制度，为修订民事诉讼法进行理论和舆论准备。学者们集中探讨的问题主要包括：民事诉讼法的任务问题、管辖问题、诉讼参加人的范围和参诉方式问题、法院调解问题、证据制度和举证责任问题、诉前财产保全问题、检察机关参与民事诉讼的问题、诉讼程序的完善问题、民事执行问题等。二是出版的一些民事诉讼法学教材的体系结构和内容已不再与《民事诉讼法（试行）》的体系结构和内容"完全同步"，而是依照民事诉讼法学研究问题的逻辑体系安排教材的体系结构，在内容上注重反映我国民事诉讼法学最新的研究成果，并提出作者自己对相关问题的见解。三是开始从法哲学的角度探讨民事诉讼法学理论问题。例如，顾培东所著《社会冲突与诉讼机制》（四川人民出版社1991年版）从宏观上探究了社会冲突与诉讼机制之间的关系以及民事诉讼的基本价值等理论问题，柴发邦主编的《体制改革与完善诉讼制度》（中国人民公安大学出版社1991年版）探讨了体制改革与完善诉讼制度之间的内在关系，提出了完善民事诉讼各项具体制度与程序的理论方案。

在整理这一时期民事诉讼实践经验，反思司法实务中暴露出的各种问题以及吸收

---

❶ 常怡："关于中国民事诉讼法学研究对象和方法的研究回顾与展望"，载《西南政法大学学报》1999年第3期。

理论界众多研究成果的基础上，1991年4月9日，第七届全国人民代表大会第四次会议通过了《中华人民共和国民事诉讼法》，该法于当日公布并施行，标志着民事诉讼法律制度在我国正式确立，我国民事诉讼法学迈入了一个全新的阶段。

(二) 第二阶段：从发展到逐步完善 (1991~2012年)

民事诉讼法的颁布和实施，一方面是对先前相关实践和理论研究的总结以及对相关争议的定论，另一方面又是新一轮实践和理论研究的开始，诠释、论证《民事诉讼法》的规定一度成为民事诉讼法学者的工作重心。1992年10月，中央决定建立社会主义市场经济体制。经济体制的转型，导致了利益格局的显著变化，民事纠纷的类型和数量急剧增多。1991年《民事诉讼法》虽然较之《民事诉讼法（试行）》有许多重大的变革，但是仍难以满足市场经济体制的要求。司法实践部门为了提高诉讼效率、解决人民法院人少案多的矛盾，陆续进行了从强化当事人的举证责任到庭审方式改革再到审判方式改革的讨论和实践。随着改革进程的发展，民事诉讼法学理论界热情地加入了相关研究和讨论，分析改革存在的问题，指明改革的发展方向。由此民事诉讼法学开始从注释法学走向关注司法实践，逐渐走出一条从司法实践汲取养分，不断深化研究从而完善民事诉讼理论体系，最终指导司法实践的新路。2007年10月28日，第十届全国人大常委会第三十次会议作出《关于修改〈中华人民共和国民事诉讼法〉的决定》。这是民事诉讼法自1991年4月9日开始实施以来的第一次修订，其内容主要涉及民事再审程序和民事执行程序。这次修订虽然对理论界批评多年以及长期困扰实务界的再审和执行程序作了完善，但从总体上来说，16年一次的局部微调难以适应社会转型的需要，也与各界的期盼相距甚远。因此，进一步推动《民事诉讼法》的全面修订成了民事诉讼法学这一时期研究的主要方向。

进入20世纪90年代后，民事诉讼法学的发展显著加速，进入了一个空前繁荣、成就显著的黄金发展期。在这个阶段，我国民事诉讼法学主要发生了以下几个方面的变化：

1. 研究领域和方法的显著变化

随着研究视野的不断拓展和相关研究的不断深化，民事诉讼法学者深刻认识到，如果不走出注释法学的樊篱，没有在民事诉讼法学研究对象和方法问题上取得彻底的突破，民事诉讼法学就不可能进一步向纵深发展。1996年6月，中国人民大学江伟教授在《现代法学》发表了《市场经济与民事诉讼法学的使命》一文，提出在市场经济体制条件下，我国民事诉讼法学必须扩大其研究的对象领域，加强对宪法与诉讼法、民事实体法与诉讼法、诉讼法理与非诉讼法理之间的关系的研究，构建由民事诉讼目的论、民事诉讼法律关系论、诉权论、诉讼标的论、既判力本质论等构成的民事诉讼法学基本理论体系，在方法论上超越注释法学，走向理论法学，通过多元化的研究方法构建由民事诉讼结构学、民事诉讼社会学、民事诉讼文化学、民事诉讼法哲学、比较民事诉讼法学以及民事诉讼法史学等构成的民事诉讼法理学，实现民事诉讼法学的繁荣，提高民事诉讼法学的理论素养与层次。❶ 该文在民事诉讼法学界引起了很大的震动，激起了民事诉讼法学者对许多民事诉讼基本问题的重新思考。此后民事诉讼法学研究领域明显扩大，有关民事诉讼法与实体法、诉权与审判权之关系以及民事诉讼目的、价值、民事之诉、诉讼标的、既判力等基本理论问题研究的、高质量的论文和专著相继发表或者出版，研究方法从注释法学走向理论法学的步伐明显加快，我国民事诉讼法学呈现出蓬勃发展的态势。

2. 研究成果的数量显著增加，水平普遍提高

在这一阶段我国民事诉讼法学研究成果的数量空前增多，而且有加速增长之势，研究成果的水平也不断提高。据不完全统计，1991~1995 年，各种报刊公开发表的民事诉讼法学论文大约为每年一百篇，1996~2000 年增至每年二百篇，2003 年和 2004 年达到每年五百多篇，2005~2012 年达到每年八百多篇。这些论文的内容既有纯理论的思辨，也有对司法实践问题的评论，还有理论与实践相结合的论证，大到诉讼模式的选择，小到诉讼管辖的规范，涉及的范围十分广泛。在著作方面，不但教材种类保持增长，而且专著数量快速上升，从最初每年几部发展到每年几十部。同时，专著的研究范围十分广泛，既有对民事诉讼基本理论的研究，也有对民事诉讼程序制度的研究。既有对民事诉讼程序的宏观研究，也有对民事诉讼程序制度的微观研究。同时也不乏研究其他国家民事诉讼程序制度的专著。在此阶段的后期，学者们又将《民事诉讼法》的修订作为重要的问题开展研究，或者通过发表论文的方式对《民事诉讼法》的修订提供建议，或者直接向国家立法机关提供立法建议稿，❷ 推动促成了 2007 年《民事诉讼法》的第一次修订。民事诉讼法学者发表的论文和出版的著作，不少是具有真知灼见的学术精品。他们从不同的角度对民事诉讼法学理论和实践问题进行了多元化、立体化的研究，民事诉讼法学的广度和深度都发生了重大变化，自身理论体系也不断完善，表明民事诉讼法学逐步走向成熟。

3. 人才培养的显著发展

20 世纪 90 年代，中国政法大学、中国人民大学和西南政法大学先后取得第一批诉讼法学专业博士授予点。1995 年，中国人民大学博士后流动站首次接收民事诉讼法学研究方向的博士后进站开展研究工作。此后的二十多年间，对应我国高等教育扩招政策，我国具有诉讼法学专业民事诉讼法学研究方向硕士学位和博士学位授予权的学校纷纷扩大了招生规模。一些没有诉讼法学专业硕士和博士学位授予权的学校，也挂靠在其他专业培养民事诉讼法学研究方向的硕士和博士研究生。至 2012 年年底，我国含民事诉讼法学专门研究方向在内的诉讼法学专业硕士学位授予点已达一百多个，含民事诉讼法学专门研究方向在内的诉讼法学专业博士学位授予点也极速扩充至四十多个。国家每年培养的民事诉讼法学研究方向的硕士和博士毕业生显著增加，学科队伍显著

---

❶ 江伟：“市场经济与民事诉讼法学的使命”，载《现代法学》1996 年第 3 期。
❷ 参见江伟等：《〈中华人民共和国民事诉讼法〉修改建议稿（第三稿）及立法理由》，人民法院出版社 2005 年版；毕玉谦、谭秋桂、杨路：《民事诉讼研究及立法论证》，人民法院出版社 2006 年版。

壮大。

4. 学科地位的明显提高

由于多方面的原因，我国有着"重实体轻程序""重刑轻民"的传统。在这种"传统"下，民事诉讼法学的学科地位不高。但是，20世纪90年代以来，由于法治观念逐渐深入人心，民事诉讼法学的学科地位也随着程序法学地位的上升而稳步上升。而在程序法学内部，从1996~2012年，民事诉讼法学的学科地位也在发生明显变化，集中体现为作为学术团体的中国法学会诉讼法学研究会的两次组织变迁。随着民事诉讼法学研究成果数量的增加和质量的提高，民事诉讼法学在诉讼法学科内部也越来越受到重视，地位稳步上升。1997年，中国法学会诉讼法学研究会常务理事会决定，在中国法学会诉讼法学研究会之下分设刑事诉讼法学专业委员会和民事诉讼法学专业委员会，并由民事诉讼法学专业委员会兼顾行政诉讼法专业的学术活动。"此举显然有助于改善长期以来我国诉讼法学研究领域'重刑轻民'及两大分支学科严重失衡的状况，从而使民事诉讼法学获得了相对独立的生存、发展空间。"❶ 2006年9月，中国法学会诉讼法学研究会分立为完全独立的两个研究会，即中国法学会刑事诉讼法学研究会和中国法学会民事诉讼法学研究会。民事诉讼法学研究会与刑事诉讼法学研究会的完全分立，一方面体现了诉讼法学的发展，两者分立有利于促进诉讼法学各分支学科在本专业领域内进行更为专业和更为深入的研究，从而为民事诉讼法学和刑事诉讼法学提供更为广阔的发展空间，另一方面也体现了民事诉讼法学的学科地位的提高。因此，有人称之为"民事诉讼法学界的一件盛事，意味着民事诉讼法学从此走上了独立发展的康庄大道"❷。

（三）第三阶段：再次修订与司法改革机遇（2012年至今）

2012年8月31日第十一届全国人大常务委员会第二十八次会议通过了《全国人民代表大会常务委员会关于修改〈中华人民共和国民事诉讼法〉的决定》，这是2007年《民事诉讼法》进行修订后我国民事诉讼法的第二次修订，标志着我国民事诉讼法律制度与理论进入更加成熟完善的第三个阶段。这次修法的主要内容包括：第一，完善民事诉讼法的基本原则，增加诚实信用原则，删除了人民调解原则并对检查监督原则的范围进行了扩大；第二，完善了管辖制度和回避制度；第三，完善了当事人制度和诉讼代理人制度，明确了公益诉讼原告的范围，增加了第三人撤销之诉以及限制了诉讼代理人的范围等；第四，完善了证据制度，在种类上增加了"电子数据"，规定了举证时限制度、当事人申请鉴定的权利以及法院接受证据后出具收据的要求，增加了专家辅助人制度以及诉前证据保全制度等；第五，完善了送达制度和诉讼保障制度，对留

---

❶ 赵钢："回顾、反思与展望——对二十世纪下半叶我国民事诉讼法学研究状况之检讨"，载《法学评论》1998年第1期。

❷ 汤维建："民事诉讼法学研究的现代视角及其关注重点——以2007年的研究为基准的介绍"，载《法学家》2008年第1期。

置送达和电子送达进行了规定，增加了行为保全制度，新增了对虚假诉讼和恶意串通逃避执行的行为进行处罚的规定并加大了对妨害诉讼和执行行为的罚款制裁力度；第六，完善了一审制度，确立了先行调解制度，完善了简易程序的规定并增设了小额诉讼程序等；第七，完善了二审程序，明确了二审不开庭的条件并扩大了二审改判的范围等。第八，扩大了特别程序的适用范围，增加确认调解协议程序和实现担保物权程序。第九，完善了再审制度，调整了再审事由、申请再审级别管辖和期限、再审的执行中止以及检察监督制度等内容；第十，完善了民事执行程序，新增执行和解恢复执行的规定，统一了撤销仲裁裁决与不予执行仲裁裁决的审查标准，改革了执行拍卖制度与执行通知制度并增加了民事执行检查监督原则等。从涉及的内容和改革的力度看，学界普遍认为这次修正案是一次中等规模的修改，这次修改对我国民事诉讼制度的完善和司法实践的发展具有重要的积极意义。

2014年10月23日中共十八届四中全会审议通过了《关于全面推进依法治国若干重大问题的决定》，该决定确立了"必须完善司法管理体制和司法权力运行机制，规范司法行为，加强对司法活动的监督，努力让人民群众在每一个司法案件中感受到公平正义"的总要求，从"完善确保依法独立公正行使审判权和检察权的制度、优化司法职权配置、推进严格司法、保障人民群众参与司法、加强人权司法保障、加强对司法活动的监督"六个方面对具体工作部署作出了细致规划，描绘了依法治国的蓝图，确立了司法改革的纲领，对我国民事诉讼制度的完善提出了新任务，我国民事诉讼法制度与理论迎来了司法改革的新机遇。该决定通过以来，司法体制改革稳步向前推进，改革方案不断细化，一系列带有顶层设计与实践探索相结合的改革举措陆续被推出，一批重大的改革任务启动进行试点并不断扩大范围。

为了满足司法实践的需要，配合新民事诉讼法的实施和《关于全面推进依法治国若干重大问题的决定》的规划部署，最高人民法院在2012年以后发布了大量有关民事诉讼的司法解释。其中，最为重要的是2015年2月4日发布并实施了最高人民法院有史以来条文数量最多、篇幅最长的司法解释——《最高人民法院关于适用〈中华人民共和国民事诉讼法〉的解释》（以下简称《民事诉讼法解释》），对有关如何正确适用2012年通过的《民事诉讼法》进行了详细的规定，也标志着我国民事诉讼法律制度达到了一个空前的完善水平。这部《民事诉讼法解释》制定周期长达两年多，参与部门接近20个，直接参与解释和论证的法官多达数百人，对人民法院适用民事诉讼法的相关问题作出了全面系统、明确具体的规定，较好地解决了民事诉讼法实施过程中可能遇到的疑难问题。《民事诉讼法解释》主要有以下七个方面的突破：（1）落实和保障程序公正，细化了管辖、回避、审前准备、缺席审判等制度规定，对保障诉讼程序依法、顺畅、公正、有序进行具有重大的现实意义；（2）尊重和保护当事人诉权，完善了保障当事人诉讼权利的相关制度，如确立了立案登记制，细化了第三人撤销之诉、案外人申请再审、执行异议之诉的条件、程序、救济方式等；（3）贯彻审判公开原则，细化了开庭审理、裁判文书送达和查阅的规范；（4）落实证据裁判规则，细化了举证、质证、认证的相关规范;(5)确保提高诉讼效率,细化诉讼保障、繁简分流、庭前会议等制度;(6)落实诚实信用原则,细化对不诚信诉讼行为、逃避执行行为的制裁规定;(7)对2012年《民事诉讼法》增加的程序进行细化规定,增加其可操作性,在《民事诉讼法适用意见》的基础上增加了公益诉讼、第三人撤销之诉、执行异议之诉等章节,增加了对人民检察院再审检察建议的受理条件、适用范围、审理或者审查的组织形式以及调解协议司法确认程序、实现担保物权案件程序等内容。

在这个阶段,民事诉讼法学界的学者们主要围绕《民事诉讼法》的运行适用以及修订、增加的新规定和新制度及其基本理论问题进行深入探讨辨析,不断完善民事诉讼理论体系,同时也推动促成《民事诉讼法解释》的形成与实施。在这期间,中国民事诉讼法学研究会每年如期举办一次年会,较为集中、全面地研讨一段时期内民事诉讼法学的热点、重点与难点问题,在一定意义上体现了该年度我国民事诉讼法学研究的总体水平及其发展趋势。其中,2012年和2013年的主题均为"新民事诉讼法的理解和适用",2014年的主题为"依法治国与民事诉讼制度的完善",2015年的主题为"新民事诉讼法司法解释的理论研讨",2016年的主题为"民事执行的司法实践与立法完善",2017年的主题为"民事司法管理的理论与实践研究"。梳理近几年的年会报告可以发现,2012年以来大会研讨的问题主要集中在诚实信用原则及其实施、公益诉讼制度、小额诉讼制度、第三人撤销之诉之诉、证据制度、保全制度、民事检察监督制度、执行体制机制、立案制度等方面。学者们对这些问题展开全面系统、深入细致的研究和热烈探讨,取得不俗的成果。据不完全统计,2012~2016年,在民事诉讼法学领域发表的论文年均达1600多篇,其中在CSSCI来源期刊上发表的民事诉讼法学相关论文年均数百篇、出版教材和著作数十部。在科研立项方面,近几年立项情况统计如下表所示。

表 2012~2016年民事诉讼法学科研立项概况

年份	科研立项
2012	国家社科基金项目6项;教育部人文社会科学研究项目15项(含一般项目14项;教育部重点研究基地重大项目1项);最高人民法院重大课题3项;最高人民检察院理论研究课题项目4项
2013	国家社科基金项目7项;教育部人文社会科学研究项目7项(含规划基金项目3项;青年基金项目3项);最高人民法院重大课题3项;最高人民检察院理论研究课题项目11项(含重点课题3项,一般课题6项,自筹经费课题2项)
2014	国家社科基金项目32项(含重点项目3项,一般项目19项,青年基金项目6项,西部项目4项);教育部人文社会科学研究项目6项(含规划基金项目4项;青年基金项目2项);司法部国家法治与法学理论研究项目9项;中国法学会项目20项

续表

年份	科研立项
2015	国家社科基金项目 32 项（含重点项目 3 项，一般项目 19 项，青年基金项目 6 项，西部项目 4 项）；教育部人文社会科学研究项目 6 项（含规划基金项目 4 项；青年基金项目 2 项）；司法部国家法治与法学理论研究项目 9 项；中国法学会项目 20 项
2016	国家社科基金项目 3 项；教育部人文社会科学研究项目 3 项（含规划基金项目 2 项；青年基金项目 1 项）；司法部国家法治与法学理论研究项目 6 项；中国法学会项目 10 项

整体来说，通过几十年的研究，积淀了比较厚重的学术成果，我国民事诉讼法学已经形成一个较为全面和完善的体系，为进一步发展打下了坚实的基础。尤其是近两年来，理论界和实务界的交流程度相比以前有较大的提升，随着理论界的问题意识觉醒和实务界的资讯公开，实证研究正在成为一种时尚。理论研究也回归到民事诉讼理论与立法研究本身，这一点在民事执行问题上尤为突出。但也应当清醒地认识到，我国民事诉讼法学还远远不能适应我国民事诉讼发展的需求。我国民事诉讼法学相较于域外其他法治发达的国家和地区，以及与国内民事实体法学、刑法学、刑事诉讼法学等相比，在研究的实效性、深度、独创性、针对性和厚重性等方面民事诉讼法学还有不小的差距，尚不能适应我国民事诉讼发展的需要。有学者将这些差距称为"民事诉讼法学贫困化"，并归纳出四个方面的原因：民事诉讼法学理论与实践的脱离；程序与实体的背离；研究自主性失位；研究方法的缺失与失范。❶

二、近十年民事诉讼法学发展概况

近十年民事诉讼法理论密切关注实践，一方面，民事诉讼法的修订和解释以及司法制度改革的热点都成为学界研究的重点，学者们对民事诉讼制度的方方面面展开丰富热烈的讨论和研究；另一方面，学界的研究成果也在很大程度上被司法实践吸收，理论在引导实践、支撑制度改革方面的先导作用越来越突出。

（一）民事审判概况

在这个方面，官方发表的有关民事案件审判的统计数据是一个很好的窗口。笔者从《中国法律年鉴》中整理出 2006~2015 年十年间的民事审判情况，如下表所示。

---

❶ 张卫平："对民事诉讼法学贫困化的思索"，载《清华法学》2014 年第 2 期。

表 2006~2015 年民事审判情况统计表 （单位：件）

年份	一审								
	收案	结案	在审结案件中						
			判决	裁定驳回起诉	撤诉	终结	调解	移送	其他
2006	4 385 732	4 382 407	1 744 092	51 473	986 780	43 663	1 426 245	26 451	103 703
2007	4 724 440	4 682 737	1 804 780	63 426	1 065 154	48 977	1 565 554	27 981	106 865
2008	5 412 591	5 381 185	1 960 452	64 975	1 273 767	41 538	1 893 340	35 377	111 736
2009	5 800 144	5 797 160	1 959 772	71 052	1 494 042	41 097	2 099 024	35 770	96 403
2010	6 090 622	6 112 695	1 894 607	70 565	1 619 063	37 272	2 371 683	31 969	87 536
2011	6 614 049	6 558 621	1 890 585	68 695	1 746 125	34 285	2 665 178	26 649	127 104
2012	7 316 463	7 206 331	1 979 079	68 333	1 906 292	35 301	3 004 979	26 313	186 034
2013	7 781 972	7 510 584	2 316 031	80 990	1 887 191	37 261	2 847 990	26 305	314 816
2014	8 307 450	8 010 342	2 921 343	128 215	1 895 743	37 857	2 672 956	33 145	321 083
2015	10 097 804	9 575 152	3 943 097	233 992	2 174 041	35 480	2 754 843	47 963	385 736

年份	二审								
	收案	结案	在审结案件中						
			判决	裁定驳回起诉	撤诉	终结	调解	移送	其他
2006	409 295	406 381	190 193	58 840	29 825	49 009	26 817	38 232	13 465
2007	425 654	422 041	198 363	56 560	29 986	51 841	26 904	46 083	12 304
2008	525 282	517 873	248 954	61 420	34 138	58 516	31 436	64 371	19 038
2009	598 760	598 355	280 246	65 164	36 334	73 491	36 574	89 886	16 660
2010	583 856	593 373	281 547	58 049	33 348	74 733	35 222	94 316	16 158
2011	575 082	571 762	270 111	51 802	32 059	77 557	31 019	91 172	18 042
2012	588 759	583 855	279 264	50 378	31 964	77 946	32 533	93 711	18 059
2013	627 116	612 431	301 778	52 262	30 321	78 254	37 341	88 957	23 518
2014	731 416	711 018	355 662	64 759	39 686	84 848	47 883	85 615	32 565
2015	918 605	901 462	460 752	85 541	49 692	102 778	78 835	81 331	42 533

年份	再审								
	收案	结案	在审结案件中						
			判决	裁定驳回起诉	撤诉	终结	调解	移送	其他
2006	43 140	42 255	14 376	13 758	560	2998	4504	6059	

续表

年份	再审		在审结案件中						
	收案	结案	判决	裁定驳回起诉	撤诉	终结	调解	移送	其他
2007	37 766	38 786	13 414	11 569	577	2849	5008	5369	
2008	35 246	35 704	11 719	10 492	612	3107	4452	5322	
2009	37 429	38 070	11 649	10 106	1097	4325	4853	6040	
2010	40 906	41 331	11 683	9953	1709	5012	5936	7038	
2011	37 740	38 609	10 784	8862	2747	4932	6031	5253	
2012	34 324	33 902	9369	7570	2621	5050	5220	4072	
2013	33 362	32 897	9857	7724	2254	4093	4298	4671	
2014	29 145	29 375	8545	7961	1857	3811	3277	3924	
2015	28 330	29 117	8260	8655	1753	3314	2875	4260	

根据上表，可以看出近十年民事司法审判的大致变化。首先，收案数量不断增长，公民保护自身权益的意识增强，保护诉权的相关机制更加完善。尤其是自2015年《最高人民法院关于全面深化人民法院改革的意见》出台，立案登记制的推行明显使得2015年后的收案数量高于以往，但同时驳回起诉的裁定也显著增加，说明立案登记制并未真正解决我国"立案难"问题。其次，一审和二审程序中撤诉案件逐年增多，这个现象说明多元化纠纷解决机制走向成熟化、制度化，减轻了民事诉讼的负担，也为公众提供更丰富的解决途径。再次，在收案数量不断增长的情况下再审收案量却逐年减少，侧面反映出我国民事审判质量与当事人对审判接受度的提升。

（二）主要理论课题

近十年来的理论研究主要是围绕2012年民事诉讼法修正案、2014年《关于全面推进依法治国若干重大问题的决定》的司法制度改革政策以及2015年《民事诉讼法解释》进行的，尤其是2012年之前对新民事诉讼法修正案的修订建议以及修正案颁布以后对新规定新制度的理论探讨研究，全面系统，深入细致，产生大量成果。2014年以后，党中央的司法改革政策成为确定理论研究课题的指南，司法改革的主要问题也成为理论研究的重点课题。《关于司法体制改革试点若干问题的框架意见》的出台，标志着我国司法体制改革正式启动。在司法改革的框架下，民事诉讼的学术研究迎来新机遇，呈现出覆盖范围广、研究重点突出的新局面。民事诉讼法学的重要研究主要集中在诚实信用原则及其实施、公益诉讼制度、第三人撤销之诉之诉、立案制度、执行体制机制改革、民事检察监督制度等方面。

1. 诚实信用原则

诚实信用原则是 2012 年民事诉讼法新增内容，引起学者们对诚实信用原则概念的界定、立法理念与技术的检讨以及该原则同辩论原则、处分原则等其他民事诉讼基本原则的关系等问题展开热烈的讨论。不少学者对诚信原则与处分原则规定在一个条文并作为处分原则的前置条款提出质疑，担心会引发诚信条款对处分条款的挤压。有学者认为处理该原则与具体化条款之间的关系时应遵循"穷尽法律规则方得适用法律原则"，在该原则与其他诉讼原则关系上，应遵循诚实信用原则属于下位原则。❶ 有不少学者担心诚信原则因欠规范化而被滥用，提出应限定在具体的场景中适用该原则，以防止对当事人的权利造成随意的限制。❷ 也有不少学者提出针对诚实信用原则的完善建议，如设立当事人自认规则和禁反言规则、完善证人强制出庭制度、明确规定鉴定人的真实义务等。❸ 而在司法裁判中的适用方面，应拓展适用于法院与当事人之间的观点已达成共识。❹

2. 公益诉讼制度

公益诉讼制度一直是近几年民事诉讼理论研究的热点。学者们对公益诉讼的基本理念、理论基础以及立法司法实践问题进行了深入讨论和研究。对于识别"公共利益"的标准，虽然未能达成一个共识标准，但已积累了十分丰富的理论观点，如有学者认为国家利益、社会利益、集体利益、不特定多数人的私人利益之间有明显的层次差别，不特定多数人的利益才是被纳入公益诉讼的客观范围❺，也有学者认为以具体化技术化的眼光将"公益"价值目标分为"集合性公益"与"纯粹性公益"并分别归于"群体性诉讼"制度和"公益侵害阻断程序"。❻ 对于检察院作为公益诉讼的主体问题，学者们分别对其合理性、必要性进行了全面的辩论。2015 年 7 月 1 日，第十二届全国人大常委会第十五次会议通过《关于授权最高人民检察院在部分地区开展公益诉讼试点工作的决定》，授权最高人民检察院在生态环境和资源保护、国有资产保护、国有土地使用权出让、食品药品安全等领域开展提起公益诉讼试点。学者们又对检察机关以何种身份参与公益诉讼、制度适用原则等展开论述与建议，对尊重私权原则、谦抑原则、法定原则、程序保障原则达成一定共识。❼

3. 第三人撤销之诉

对于第三人撤销之诉制度的讨论大致今已经历三个阶段：第一阶段，在 2011 年《民事诉讼法修正案（草案）》公布前，以比较法为视角，着重介绍法国及我国台湾

---

❶ 王福华："民事诉讼诚信原则的可适用性"，载《中国法学》2013 年第 5 期。
❷ 王亚新："我国新民事诉讼法与诚实信用原则——以日本民事诉讼法立法经过及司法实务为参照"，载《比较法研究》2012 年第 5 期。
❸ 刘敏："论诚实信用原则对民事诉讼当事人的适用"，载《河南社会科学》2014 年第 2 期。
❹ 王琦："民事诉讼诚实信用原则的司法适用"，载《中国法学》2014 年第 4 期。
❺ 肖建国："利益交错中的环境公益诉讼原理"，载《中国人民大学学报》2016 年第 2 期。
❻ 丁宝同："民事公益之基本类型与程序路径"，载《法律科学（西北政法大学学报）》2014 年第 2 期。
❼ 常廷彬、孙禹为："检察机关提起公益诉讼问题探讨"，载《政法学刊》2016 年第 4 期。

地区民事诉讼中第三人撤销诉讼；第二阶段在2012年《民事诉讼法》通过以前，以肯定引入论与否定引入论之争为突出特点；第三阶段即否定适用论与肯定适用论之争。有学者提倡回归法的立场，通过以程序条件和结果条件为中心，并结合《物权法》第28条，把第三人撤销之诉针对的民事生效裁判分为实体权益侵害型和程序权利侵害型，提出前者仅包括合同被撤销后前诉当事人回复所有权和前诉当事人协议不成时请求法院分割共有财产的生效形成判决；后者包括不可另诉和本可另诉两类。❶ 也有学者以《民事诉讼法解释》的最新规定为研究对象，提出在既有的司法实践条件下，严格把握第三人撤销之诉的案件类型，待理论准备和配套制度相对成熟时，可以考虑从立法和司法的适用上赋予法官更大的自由裁量权。❷

4. 立案登记制度

最高人民法院于2015年4月15日颁布《关于人民法院推行立案登记制改革的意见》，旨在解决一些地方存在的"立案难"问题，让当事人更为便利地行使诉权，使人民群众接近司法的路径更加通畅。但理论中普遍认为立案登记制仅改变起诉条件审查方式的做法并未触及"立案难"问题的本质，并且与应诉管辖制度存在一定冲突。学者们指出"立案难"的实质和关键问题在于起诉条件设置的不合理，即错误地将诉讼要件置于起诉条件之中。因而，只有将诉讼要件的审理置于受理后的诉讼阶段，才能真正实现立案登记制度，实现保障当事人诉权和实体权利的目的，提升诉讼程序正义的品质。❸ 也有不少针对现行法律规定提出的具体建议，如有学者认为在立案登记制下法院在审查本案是否有地域管辖权时区分专属管辖案件和任意管辖案件，对于专属管辖案件进行严格审查，而对于任意管辖案件在起诉环节采用宽松的审查方式，在被告提出管辖权异议之后，再进行严格审查。❹ 也有学者建议，立案登记制的改革应重视司法理念的革新，为防止诉权理论的泛化和空洞有必要从宪法层面、民事诉讼法抽象层面和具体实施层面进行逐层推进，实现诉权保障与具体程序与和制度的联系，使其成为实实在在保护普通民众合法权益的权利依托。❺

5. 民事执行制度

民事执行制度是民事司法制度的重要组成部分，也是民众观察、判断司法是否公正的主要方面。2012年《民事诉讼法》在总结立法与司法实践经验的基础上，修改完善了民事执行程序。民事执行制度的改革与完善是近几年来民事诉讼理论界的重要热点，2016年中国民事诉讼法学研究会以"民事执行的司法实践与立法完善"为主题召开年会。学者们对强制执行立法体例、民事执行的理论与制度、民事执行程序、民事

---

❶ 任重："回归法的立场：第三人撤销之诉的体系思考"，载《中外法学》2016年第1期。
❷ 刘君博："第三人撤销之诉撤销对象研究——以《民事诉讼法解释》第296条、第297条为中心"，载《北方法学》2016年第3期。
❸ 张卫平："民事案件受理制度的反思与重构"，载《法商研究》2015年第3期。
❹ 郭翔：《论立案登记制下民事地域管辖的审查》，中国民事诉讼法学研究会2015年年会论文。
❺ 蔡虹、李棠洁："民事立案登记制的法律省思"，载《法学论坛》2016年第4期。

执行方法措施以及监督救济等各方面问题进行了深入研究。肖建国教授指出强制执行立法应注意强制执行与民事审判的关系以及应以责任财产为中心两个基本问题。❶ 对于执行体制以及执行权的配置问题，理论界一直存在执行机构"内分"与"外分"之争，相对而言在把执行机构保留在法院内部的"深化内分"观点得到更多学者的支持。对于"执行难"问题，在厘清了我国"执行难"问题的根源与表现后，学者们分别从信用制度的建立与民众规则意识的养成、第三方评估机制的引入、公法人可执行财产范围的界定等微观角度提出了具体的解决方案。为推进我国执行改革，学者们呼吁更新执行观念，从简单追求高执结率转到更注重程序公开与程序参与，并建立一个系统完善的民事执行分权制约机制。❷ 在执行措施方面，学者们对规避执行的治理、执行与破产程序衔接、间接强制执行措施、追加变更被执行人等问题展开细致讨论，提出大量见解与建议。在执行救济与监督方面，有学者认为执行异议与执行复议能够排除强制执行的民事权益主要是物权，也包括其他一些优先性权利。❸ 也有学者指出执行异议、案外人执行异议、参与分配异议的概念不清导致司法实践混乱，需要进行明确区分。❹

6. 民事检察监督制度

2012年《民事诉讼法》扩充了民事检察监督的范围，明确规定检察机关有权对民事执行活动实行法律监督。除判决和裁定外，还赋予检察机关对损害国家利益、社会公共利益的调解书提出抗诉或检察建议的权力。对此有学者认为检察监督权与当事人处分权之间容易出现冲突，需要注重对两者的调和，可以通过依职权抗诉、依申请监督、提出检察建议、检察和解等方式进行协调，达到既依法监督又尊重当事人处分权的双重效果。❺ 有学者认为2012年《民事诉讼法》扩充和强化了检察机关对民事诉讼的检察监督并不意味着对民事诉讼的检察监督必须全面介入，基于检察监督的各种限制性条件和风险，对民事诉讼的检察监督应当是选择性的，中心是审判监督程序，重点是事后监督而非审判程序的过程监督。❻ 在启动上大多数学者认同应以当事人申请为主，依职权启动为辅；在监督方式上，形成共识的包括抗诉、检查建议、纠正违法通知书、移送职务犯罪线索四种，而保守观点认为应慎重保留抗诉的方式。❼ 在民事执行检察监督方面，有学者认为应遵循合法、适度监督、公正兼顾效率、穷尽执行救济等

---

❶ 肖建国："强制执行法的两个基本问题"，载《民事程序法研究》2016年第2期。
❷ 齐树洁、许林波："民事执行的司法实践与立法完善——中国民事诉讼法学研究会2016年年会综述"，载《民事程序法研究》2017年第1期。
❸ 马爱萍、李成静："论'足以排除强制执行民事权益'的范围——以案外人执行异议之诉为视角"，中国民事诉讼法学研究会2016年年会论文。
❹ 陈娴灵："执行异议、案外人执行异议与参与分配异议之辨析"，中国民事诉讼法学研究会2016年年会论文。
❺ 黄维智、邹德光："论民事诉讼中检察监督权与当事人处分权的冲突及其协调"，载《社会科学研究》2014年第1期。
❻ 张卫平："民事诉讼检察监督实施策略研究"，载《政法论坛》2015年第1期。
❼ 齐树洁、许林波："民事执行的司法实践与立法完善——中国民事诉讼法学研究会2016年年会综述"，载《民事程序法研究》2017年第1期。

原则,并建议应细化民事执行监督规范,统一监督范围、监督方式和办案流程。❶ 对于民事调查权,相关规定较为原则且缺乏司法解释,由此在一定程度上导致了检察机关民事调查核实司法活动的混乱。有学者主张:"鉴于民事纠纷的私权性质以及公权力容易出现滥用的特点,该权力的启动应当审慎而谦抑,适用条件应限于法定事由,且权力的运行应严格按照法定方式和程序进行。"❷

(三)重要研究成果

首先,从学术成果的形式上看,民事诉讼法学的产出以多种形式呈现出来。包括论文、行政诉讼法学教材、专题研究著作等,形式丰富,数量可观。

其次,从学术成果涉及的领域看,几乎涉及民事诉讼法各个领域,包括基础理论研究、民事诉讼制度设计、民事诉讼程序的研究等。

最后,从学术成果的内容上看,一系列优秀的学术著作在阐释民事诉讼法理,分析探讨2012年《民事诉讼法》与《民事诉讼法解释》的相关制度设计方面做出了不同的贡献。

表　民事诉讼法领域的一系列优秀学术著作

著作	作者	内容介绍
《人事诉讼程序研究》 (法律出版社2008年版)	陈爱武	本书从四个大的方面系统论述和论证人事诉讼程序制度。其一,人事诉讼程序的概念分析。此部分系统比较了人事诉讼程序与民事诉讼中普通诉讼程序及非讼程序的区别及联系,并由此解读人事诉讼程序的应然内涵。其二,人事诉讼程序的比较法分析。此部分内容从立法上细致考察两大法系主要国家或地区的人事诉讼程序制度。通过考察,寻找两大法系建立该项制度的基础所在。其三,人事诉讼程序的理论分析。此部分分析了人事诉讼程序的法律基础、程序价值。其四,我国人事诉讼程序的实证分析和立法构想。此部分对构建我国人事诉讼程序的必要性、可能性进行了系统分析,并对我国现行立法中的相关规定进行具体分析
《探索与构建——民事诉讼法学研究》(中国人民大学出版社2008年版)	江伟	本书选取了江伟教授50年从教生涯中最具代表性的学术论文结集出版,集中反映了他对发展民事诉讼法及民事诉讼法学的总体思路,以及在民事诉讼基本理论、当事人理论、证据制度、保全制度、民诉程序、检察院参与民事诉讼、强制执行法和非讼解决机制等方面丰硕的研究成果;而且突出反映了中华人民共和国民事诉讼法学在逐步体系化和科学化的发展历程中最具意义的理论探讨和最具影响力的程序制度设计,体现了民事诉讼法学研究视野和坐标的转向,研究领域的扩大以及研究问题的深化

---

❶ 黄蓓、谢宇烽:"民事执行检察监督的原则级制度构建",载《人民检察》2014年第4期。
❷ 范卫国:"民事检察调查核实权实施策略研究",载《北方法学》2015年第5期。

续表

著作	作者	内容介绍
《外国民事诉讼法新发展》（中国政法大学出版社 2009 年版）	常怡	本书重点介绍 20 世纪下半叶以来各国的民事司法改革、法典的新规定，新的理论发展、诉讼实践及发展趋势，并指出对我国民事司法改革的借鉴意义
《民事诉讼证明妨碍研究》（北京大学出版社 2010 年版）	毕玉谦	本书对证明妨碍制度的基本法意、当事人证明协力义务的设置、证明妨碍的构成要件、适用证明妨碍的法律效果以及亲子关系纠纷案件中证明妨碍问题等方面，分为六章加以深入、系统探讨。在本书中，作者广泛借鉴两大法系有关国家或地区的立法例、司法判例及理论学说，并且结合我国审判实务，为我国的立法及司法工作提出了许多有益建议
《民事裁判过程论》（法律出版社 2011 年版）	杨秀清	本书的突出研究思路与特点在于将民事裁判过程与认知心理学结合起来，认为民事裁判过程的结构实质上分为民事裁判的发现过程与民事裁判的证立过程。其中，民事裁判的发现过程是一个由案件信息输入—案件信息加工—民事裁判输出所构成的审判者对当事人诉讼请求予以认知的内在的动态心理过程，而民事裁判的证立过程则是一个由内部证成与外部证成所构成的完整的民事裁判的外在的理性重构过程。本书系统地对民事裁判过程进行研究，对我国的民事诉讼理论研究以及对解决民事案件审判实务中合理裁判作出的具体问题具有重要的借鉴意义
《现代民事诉讼基础理论：以现代正当程序和现代诉讼观为研究视角》（法律出版社 2011 年版）	邵明	本书从"现代正当程序保障原理"和"现代诉讼观"的角度，试图准确而系统地阐释民事诉讼目的论、价值论、诉权论、标的论、安定论、关系论、行为论和既判力论等基础理论，努力赋予其可适用的品性，旨在消除"从程序到程序"式的研究所产生的局限，从而建构体系化的民事诉讼基础理论及程序制度
《民事诉讼的制度逻辑与理性构建：〈民事诉讼法〉再修改之思辨》（中国法制出版社 2012 年版）	江必新	完善民事诉讼法的核心在于民事诉讼制度的理性构建；而要进行理性构建，必须首先弄清其制度逻辑。本书是一位审判实务工作者对民事诉讼法制的期许，是一位法学理论研究者对制度理性的体悟，也是一位法治主义者对诸多前沿问题的"思"与"辨"

续表

著作	作者	内容介绍
《民事诉讼中的真实路径与限度》（中国政法大学出版社2013年版）	纪格非	"真实"一直被认定为证据制度的使命，传统的证据法以提高司法证明的精确性和证明结果的正当性为中心。进入新世纪以后，传统证据法赖以存在的哲学、社会以及法学基础发生了变化。面对这些变化，当代证据法应重新确定理性的范围与实现理性的方法，更加注重证据法的协调功能而非认识功能，为事实认定结果提供新的正当化途径，使证据法成为一个开放的、可以不断发展的法律体系，使司法证明活动成为沟通立法者意图与社会现实需求的桥梁与纽带
《民事程序法研究》（厦门大学出版社2015年版）	张卫平	本书是我厦门大学出版社与中国民事诉讼法学研究会合作的成果，注重吸收民事程序法研究成果及民事诉讼法研究会科研、学术交流成果动态，既有理论研究的成果，也有国外诉讼制度介绍、国外文章的译文、调研报告及地方法院的工作规定等，使得本书具有较强的时效性和针对性
《民事公益诉讼制度研究：以团体诉讼制度的构建为中心》（中国政法大学出版社2015年版）	刘学在	本书以社会公共利益的维护和群体性民事权益的保护为目的，以当事人适格理论为切入点，以域外有关国家和地区关于团体诉讼制度的主要立法例为参照系，以我国民事诉讼中团体诉讼制度的具体构建为重点内容，对我国确立民事公益诉讼制度和团体诉讼制度的必要性进行深入分析，并从团体诉讼与公益诉讼的区别、团体诉讼与诉讼担当及诉讼信托等当事人适格理论的关系、团体诉讼的类型和适用领域等方面深入研讨、论证，提出建设性的完善立法的意见
《民事审判与调解程序保障机制》（中国政法大学出版社2015年版）	毕玉谦等	本书以民事审判与调解的程序保障机制作为研究主题，主要研究了调解的源流与审判程序的可被替代性及其演进，审判程序与调解程序的程序机能，审判程序与调解程序的基本分野与协调，审判程序与调解程序中的事实认定，审判程序与调解程序的展开与程序保障机制的建构等内容
《民事诉讼法学：分析的力量》（法律出版社2016年版）	张卫平	本书主要是作者近两年已经发表论文的集成，坚持问题导向，侧重于探究这些问题的基础性和理论性。论文既涉及"十八大"三中、四中全会以来民事司法改革中，人们所普遍关注的案件受理制度的研究，也涉及2012年《民事诉讼法》修改和《民事诉讼法司法解释》出台后，与《民事诉讼法司法解释》相关重要或基本诉讼制度的理论探讨。如既判力的相对性原则、禁止重复诉讼规制等。本书的另一个重要内容是关于民事诉讼法学研究方法论的研究，这些思考和认识，有利于将民事诉讼法学研究的方法论推向深入

续表

著作	作者	内容介绍
《新型民事诉讼程序问题研讨》（中国人民公安大学出版社2018年版）	肖建华、唐玉富	奠基于单独个体之间权利义务关系的传统民事诉讼法无法及时回应急剧变化的社会发展的迫切需求，民事诉讼法应当与时俱进，适时适当予以调整或者变革。在此背景下，应运而生一大批新型民事诉讼程序。无论是传统民事诉讼法未予规定，而在2012年《民事诉讼法》或《民事诉讼法解释》中予以确立的全新程序，还是因被赋予新内容而表现为新型运作逻辑的民事诉讼程序，还是民事诉讼法所缺失的却具有重要借鉴价值的诉讼程序，均被囊括进来，使得新型民事诉讼程序具有多元指向性

三、民事诉讼法学发展趋势展望

回顾梳理从1978年至今的40年，我国民事诉讼法学历经了从无到有、从摸索迷茫到成熟完善、日渐自信的曲折过程，在不断地发现批判和解决问题的过程中螺旋式地上升着。民事诉讼法学在成就和挫折中，以一种不骄不躁、直面问题的姿态和不断索求精进完善的"工匠精神"稳步前进。展望未来，全体民事诉讼法学同仁也必将再接再厉，踏踏实实地深化研究，共同迎接民事诉讼法学科更加枝繁叶茂、硕果斐然的明天！

（一）以更加自信开放的治学态度为学科发展的强大驱动

短短40年间我国民事诉讼法学实现了从匆忙创建到繁荣发展的飞跃，足以让我们自信地面对未来。有了更加自信和开放的态度，民事诉讼法学的发展就会注入强大的动力，前进的速度必将大大加快。第一，民事诉讼法学界同仁应当在讲究学术道德、避免人身攻击的前提下，发扬学术民主，开展学术争鸣与论战，真正形成"百花齐放、百家争鸣"的局面，以推进民事诉讼法学的发展。第二，在中国法学会民事诉讼法学研究会这一学术组织的基础上，以高等院校或者校际联合为单位，加强学者之间的学术联系，形成具有特色的研究团队进行联合攻关，以增强研究能力，深化民事诉讼法学理论研究。第三，实现研究队伍的多元化。应当吸纳更多的实践工作者、具有其他学科知识背景的人员参与民事诉讼法学理论研究工作，加强理论与时间的顺畅沟通交流，确保理论与实践相结合以及研究视角的多元化。第四，应当加强民事诉讼法学界的国际交流与合作。加强与其他国家民事诉讼法学界的交流，并开展国际合作，在向其他国家学者学习的同时，将中国民事诉讼法学推向世界。

（二）以日益多元丰富的研究方法为理论突破的坚实基础

方法的完善是取得理论突破的重要基础。第一，民事诉讼法学科需要更多、更深入的比较研究。一方面要充分了解其他国家民事诉讼立法现状，鉴于各国的民事诉讼法典大多已经多次修改而国内的译本多比较陈旧的现实情况，我们应当组织力量对世界主要国家的民事诉讼法典进行重新译校。另一方面要深入研究各国民事诉讼法学理论发展状况，通过翻译世界主要国家前沿的民事诉讼法学理论著作和有一定影响的学术论文，准确把握世界民事诉讼法学发展的脉搏。总之，我们需要更多的国别法专家，要培养一批能够分别扎根到德国、日本、法国、美国、英国等国家的法文化土壤之中、深入研究其民事诉讼制度和理论的专家，由他们通过多种渠道向国内民事诉讼法学者传播准确的国外民事诉讼法制发展和理论研究的信息。第二，民事诉讼法学需要更多、更深入的实证研究。完善理论最终是为了服务于实践，实现高度的诉讼文明。因此，民事诉讼法学必须重视实证研究。在研究过程中，除了开展实地调研和个案分析外，还应当适当引入统计学的方法进行数量分析，甚至可以与实践部门联合开展小型试验。第三，民事诉讼法学需要加强与相邻学科的沟通与融合，通过改变视角来分析民事诉讼理论和实践中存在的问题，突破习惯思维模式，充分吸收法学其他学科的成果为我所用，推动民事诉讼法学科的更好发展。

（三）以普适哲理化的研究成果为制度构建的明确标杆

学科发展的高度最终是以成果的哲理化程度为标杆的。部门法学哲理化，是法学发展不可逆转的潮流。民事诉讼法学科在注重解决现实问题的同时，应当强化民事诉讼法学哲理化研究：从哲学的高度总结理论和实践中存在的问题并提出解决问题的方向，概括出民事诉讼的基本原理，形成具有高度概括性和普遍适应性的民事诉讼法学理论，为制度的构建和实践发展指明方向。

（四）以制度原理性的研究内容为转型时期的重心任务

民事诉讼法学作为一门高度实践性的学科，研究任务重心总是对应于所处的社会时期的需要。当下我国社会处于转型时期，我国民事诉讼法亟需深化调整与全面完善，这一阶段民事诉讼法学的研究任务应当集中对民事诉讼制度原理的研究，以适应民事诉讼法治的大量建构和实践的需要。此前受司法政策等因素影响，诉讼法学的研究重心一定程度上偏离诉讼制度原理和实践需要也导致了民事诉讼理论研究本身的贫困化❶，在今后应当将民事诉讼法学研究的任务重心回归于民事诉讼法制度原理的探究，推动我国民事诉讼法治的发展，服务保障我国社会顺利转型。

民事诉讼法学科的发展注定是风雨和彩虹交错出现的过程。回顾40年取得的巨大成就，我们充满信心；展望未来发展，我们倍感责任重大。为了依法治国的理想，为了民事诉讼法学科的繁荣昌盛，我们没有理由停歇。

（撰稿人：中国政法大学诉讼法学研究院　肖建华教授、谭秋桂教授）

---

❶ 张卫平："转型时期我国民事诉讼法学的主要任务与重心"，载《北方法学》2016年第6期。

第三部分 中国行政诉讼法学四十年（1978~2018）

1978年党的十一届三中全会确立的改革开放国策开启了中国当代法治建设的新纪元。时至2018年，经过40年的发展，中国在经济、政治、文化、社会、生态和法治建设取得的成就令世人瞩目。在改革开放的历史大背景下，这40年可谓我国行政诉讼法学蓬勃发展的黄金时代，行政诉讼法研究事业从萌芽奠基到蓬勃发展，在所有的重要论域中都展开了卓有成效的理论争鸣，产生了不少具有重要影响的理论成果，在学科建设、人才培养等方面取得了巨大成就和宝贵经验。尤其是，行政诉讼法学界始终坚持与党中央的政策、路线、方针保持一致，坚持理论与实践密切结合，理论研究积极回应政府法治建设和司法改革实践的需要，积极服务国家顶层制度设计，为重要的国策和立法提供源源不断的理论支持，成为推动共和国法治建设的一种不可或缺的重要力量。

本部分的研究宗旨是：面向过去的艰苦奋斗历程，梳理呕心沥血的研究成果，回顾我国行政诉讼法学发展的历程，不忘行政诉讼理论研究事业的初心；面向未来，思考客观行政诉讼制度的发展规律，展望新时代行政诉讼制度改革的趋势，推动我国行政诉讼法学的研究迈向新台阶。

一、行政诉讼法学40年发展历程

行政诉讼法虽然是一个新生事物，但诞生于改革开放的新时期，历史起点很高；成长于司法改革的历史背景之下，发展壮大的速度很快。这段历史可以划分为以下四个阶段。

（一）第一阶段：从无到有阶段（1978~1989年）

行政诉讼制度的起源与近代宪法制度的产生密不可分。从南京临时政府时期，在《中华民国临时约法》中最早出现"行政诉讼"的表述，到北洋军阀时期，出现了我国最早的行政法院——"平政院"，以及颁布了中国最早的行政诉讼单行法典——《行政诉讼条例》，再到南京国民政府时期，颁布了《行政法院组织法》和《行政诉讼法》，❶ 这些历史实践从形式上完成了我国行政诉讼制度的构造，但内忧外患下的国家

---

❶ 宋教仁起草的《中华民国临时政府组织法（草案）》中包含对行政诉讼法制最早的规定，这一内容被后来的《中华民国临时约法》所继承。1914年3月，袁世凯公布《平政院编制令》，依据该法成立平政院，即近代中国第一个行政诉讼审判机构成立。1914年5月，袁世凯公布了《行政诉讼条例》和与之配套的《诉愿条例》，后定名为《行政诉讼法》和《诉愿法》于1914年7月公布，成为近代中国第一部行政诉讼法。参见胡建淼、吴欢："中国行政诉讼法制百年变迁"，载《法制与社会发展》2014年第1期。

形势无法为实质上的行政诉讼制度提供成长的庇护。1949年，中华人民共和国成立使我国行政诉讼制度探索的脚步再次踏出，但更多是通过行政监察制度，依靠行政机关的内部机制处理，没有建立起真正的行政诉讼制度。这一时期由于废除旧六法，行政诉讼法学的发展一度沉寂，后受苏联法学的影响，但也在政治运动中陷入停顿。1978年以前，我国行政诉讼制度的立法和实践，一直在复杂多变的政治环境中艰难缓行。

1978年底党的十一届三中全会的召开成为共和国民主法治建设的转折点，也使得我国行政诉讼法的研究和发展迎来曙光。这次会议鼓舞了行政诉讼法学界的信心，制定一部系统而完整的行政诉讼法被逐渐提上日程。自1978~1989年，司法实践与理论研究都为行政诉讼法典化做着准备，其中重要的事件是1982年3月8日第五届全国人民代表大会常务委员会第二十二次会议通过的《中华人民共和国民事诉讼法（试行）》，其中关于行政诉讼参照民事诉讼的规定❶，实现了我国行政诉讼制度"从无到有"的历史性进步，更为之后制定行政诉讼法典打下基础。

（二）第二阶段：由小变大阶段（1989~2000年）

自1982年《民事诉讼法（试行）》规定人民法院可以受理法律规定的行政案件，到1989年颁布《行政诉讼法》，有多个单行法律、法规规定了可以提起行政诉讼的情形。其中最重要的属于1987年的《治安管理处罚条例》。由于治安管理处罚案件的被告是公安机关，与公民日常生活的接触最为直接，此类案件数量多、牵涉的法律关系复杂，对此类案件提起行政诉讼，使得行政诉讼案件的数量激增，实践中的巨大需求也促使了《行政诉讼法》的诞生。1987年，党的十三大政治报告进一步明确提出要制定《行政诉讼法》。经过多次研究和修改，《中华人民共和国行政诉讼法》于1989年4月4日通过。1989年《行政诉讼法》共11章75条，对行政诉讼的各项原则和具体制度作了详细的规定，它标志着我国行政诉讼制度已发展到一个以法典为依托，单行法律、法规规模逐步扩大的新阶段。

1989年《行政诉讼法》结束了过去行政审判对民事诉讼法的依附关系，标志着行政诉讼制度成为与民事诉讼、刑事诉讼制度并列的三大诉讼制度之一，三大诉讼制度的格局正式确立。自此，行政诉讼法学的理论和实践任务也开始转向：一方面介绍《行政诉讼法》，使其能更好更快的被公众接受和理解。另一方面围绕《行政诉讼法》立法规范可能存在的问题展开正当性分析。比如关于受案范围、具体行政行为界定、举证责任、原告资格、庭审方式、判决方式等，基于对法条的理解和解释，做一种教

---

❶ 《中华人民共和国民事诉讼法（试行）》第3条规定："法律规定由人民法院审理的行政案件，适用本法规定。"而法律规定的由人民法院审理的行政案件在当时包括：相对人不服食品卫生机构行政处罚的案件、相对人不服土地管理机关经济制裁决定的案件、相对人不服林业主管部门处罚决定的案件、相对人不服工商机关罚款决定的案件、发明专利申请人不服专利复审委员会驳回复议申请决定的案件、纳税人或扣缴义务人不服税务机关税务复议决定的案件、相对人不服卫生行政部门行政处罚决定的案件，以及相对人不服海洋环境主管机关行政处罚决定的案件等。参见姜明安：《行政诉讼法》，法律出版社2007年第2版，第44~45页。

义学意义上的研究和论证。研究的对象，除了这部重要的行政诉讼法典，还包括这一时期出台的相关法律法规：《法规规章备案规定》（1990）、《国家赔偿法》（1994）、《行政处罚法》（1996）、《行政复议法》（1999）、《立法法》（2000），这些法律的颁布和实施表明中国行政救济制度和监督行政制度的日益完善和发展，行政诉讼制度也正在逐步走向成熟。基于这些制定法，最高人民法院以规定、办法、批复等形式发布了一系列有关行政诉讼的司法解释。❶这些制定法和司法解释成为推动中国行政诉讼法发展的基础，同时也是学术界完善自身理论体系的依据。

（三）第三阶段：自大变强阶段（2000~2014年）

在这个阶段，行政诉讼制度的发展步入深化阶段，诸多体制障碍凸显出来，但在司法改革的大背景下，行政诉讼法的理论和实践发展仍然很快，逐步成为一支重要的共和国法治建设力量。

1. 在实践中深化发展

这一时期，国家出台了一系列法治战略重要部署❷，在中国法治建设的大环境下，相关法律法规进一步实施，行政救济制度体系在这些法律法规的合力下逐步完整：包括《国家赔偿法》的修改、《行政许可法》（2003）的出台、新的《信访条例》（2005）的实施、《治安管理处罚法》（2005）的颁布。相关的司法解释包括：2002年施行的《最高人民法院关于行政诉讼证据若干问题的规定》、2003年实施的《最高人民法院关于审理反倾销行政案件应用法律若干问题的规定》和《最高人民法院关于审理反补贴行政案件应用法律若干问题的规定》、2004年实施的《最高人民法院关于规范行政案件案由的通知》、2008年实施的《最高人民法院关于行政案件管辖若干问题的规定》和2008年实施的《最高人民法院关于行政诉讼撤诉若干问题的规定》。

在法律适用方面，这一阶段主要是通过司法解释对行政诉讼具体问题进行完善，涉及的内容包括增加了涉外行政诉讼中反倾销和反补贴的法律适用；补充了举证时限的规定和违反程序收集的证据的认定；面对在实践中出现的大量和解和调解现象，司法解释如何从撤诉的角度对这些活动的规范；在判决种类方面，增加了"确认判决"和"驳回诉讼请求"，从而丰富了我国行政诉讼判决种类；另外还在案件管辖等方面做了具体规定等。相关法律法规和大量配套司法解释的出现，体现出我国行政诉讼立法工作的完善，行政诉讼实践也更加广泛。

2. 在反思中砥砺前行

大量的制定法和实践案例的出现，促使学术界开始对现有问题进行反思。例如在行政诉讼法中明确规定了行政案件的受理范围，但在实践中，对具体行政行为和抽象

---

❶ 主要包括：1996年施行的《最高人民法院关于人民法院执行〈中华人民共和国国家赔偿法〉几个问题的解释》、2000年实施的《关于执行〈中华人民共和国行政诉讼法〉若干问题的解释》、2000年施行的《最高人民法院关于民事、行政诉讼中司法赔偿若干问题的解释》。

❷ 2003年国务院发布《全面推进依法行政实施纲要》，提出在未来10年内建成法治政府的宏伟目标；2007年党的十七大报告提出了"建设公正高效权威的社会主义司法制度"。

行政行为的理解依然存在困惑。同时司法解释在实际适用中，在某种程度上扩张了行政诉讼的受案范围，其正当性的问题也一直令学术界关注。由于行政诉讼的受案范围存在争论，牵涉与其他制度的衔接问题，例如行政诉讼与行政复议制度的衔接，还有行政诉讼与民事诉讼的关系，都同样是行政诉讼法学研究中的重要难题。

这种反思既源于行政诉讼法学人孜孜以求的精神，同时也反映出《行政诉讼法》作为一部制定法在产生之初就注定与不断变化的社会生活之间存在张力。这种张力促使学术界不断思考行政诉讼中的核心问题，在法律规范与社会现实的契合中不断往复，为行政诉讼制度的发展提供动力。

3. 在困局中谋求变革

1989年《行政诉讼法》的实施，扩大了行政诉讼实践的广度和深度，同时来自实践的反馈不断地反映出行政诉讼中"立案难、审理难、执行难"的困境。这一时期社会转型进一步加剧，社会关系日益复杂，出台于改革开放之初的《行政诉讼法》已经不能适应保护公民权利、监督行政机关依法行政的现实需要。深究这种困境的形成原因，有行政诉讼制度本身的问题，也有社会背景因素。两部法律都存在着一定的问题，例如前者受案范围不适应现实要求、审判监督程序不完善、内部管理体制行政化、审判委员会的问题等，后者来自外部的行政干预较多，影响了人民法院依法独立行使审判权等。

1989年《行政诉讼法》自制定以来至2014年25年中未作修改，为完善其适用中的具体内容，相继出台了约四十部有关的司法解释，形成了一些新的行政诉讼制度。但由于司法解释自身的局限性，根植于法律内部的问题仍未解决。而且司法解释与《行政诉讼法》也存在一些难以调和的矛盾，这些遗留下来的问题开始影响着我国行政诉讼制度的发展，修改《行政诉讼法》的需求越来越迫切。

4. 在酝酿中等待时机

自2000年前后，更多学者开始思考行政诉讼法的修改事宜。例如1999年北京大学龚祥瑞教授和姜明安教授带领团队展开调查研究，研究报告表明现行法存在的问题已很突出。关于行政诉讼法修改的讨论成为学术热点，学界的不断呼吁更加推动了行政诉讼法修改工作的进行。

2005年后，《行政诉讼法》的修改作为第二类17件"研究起草、成熟时安排审议的法律草案"之一，被写进了第十届全国人大常委会的立法规划中，随后《行政诉讼法》修改作为第一类47件"条件比较成熟、任期内拟提请审议的法律草案"之一，被写进了第十二届全国人大常委会立法规划中❶。学界针对修法中应当重视的问题展开了热烈的讨论，主要围绕大修还是小改、行政诉讼的定位、受案范围的规定、适格的当

---

❶ 参见江必新主编：《中国行政诉讼制度的完善：行政诉讼法修改问题实务研究》，法律出版社2005年版。

事人制度、完善的证据规则、合理的行政诉讼审理机制等重要问题展开。❶ 2013年《行政诉讼法修正案(草案)》第一稿开始面向社会公开征求意见。公众通过全国人大常委会网站提供了许多宝贵意见,各高校和学术机构也拿出详尽的专家意见稿。❷

总体来看,这一阶段的行政诉讼法的发展遵循两条线索:以修改《行政诉讼法》作为明线,实务界围绕修法的各项重要问题,展开长达数年的讨论、调研、总结和准备;同时,这个时期学术界对于基础理论的继续深挖和研究,也在一个更根本的层面上为行政诉讼制度的成长做着有力的支撑,成为该时期行政诉讼由弱变强的关键线索。这种理论研究并不仅仅限于各类多视角、多元化的实证研究,还包括规范层面的理论探讨和制度分析,以及行政诉讼法基本理念、原则和原理的重新审视。例如,针对这个时期的一个重要研究对象《关于执行〈中华人民共和国行政诉讼法〉若干问题的解释》,既有对实施中出现的适用情况的具体阐释和解答,又有关于行政诉讼制度背景、蕴涵理念及与宪政相关基础理论的研究。正是行政诉讼法在基础理论研究上的不断拓展和深入,为《行政诉讼法》的修改提供着源源不断的助力,经过充分的准备,新的《行政诉讼法》修正案呼之欲出。

(四)第四阶段:瓜熟落地与再次起航(2014年至今)

2014年11月1日,全国人大常委会审议通过了修改《行政诉讼法》的决定。

(1)部分争论尘埃落定。此次《行政诉讼法》修改确定了很多重要问题,包括:行政行为的概念、立案登记制、行政机关负责人出庭应诉、复议机关维持决定的做共同被告、对规章以下的规范性文件进行附带审查。统一使用"行政行为"的概念,取消了过去学理上"抽象行政行为"与"具体行政行为的划分",目的在于进一步扩大受案范围,解决立案难的问题。立案登记制是在《全面推进依法治国若干重大问题的决定》中确立的一项重要制度,旨在更好地保护行政相对人的诉权。行政机关负责人出庭应诉制度旨在创造更好的庭审环境。复议机关维持决定的做共同被告促使行政机关更认真地依法开展行政复议,更大程度上避免复议机关为了不当被告、少担风险,简单地维持原行政行为的情况。设立对规章以下的规范性文件的附带审查制度,有利于改善对"红头文件"的监督效果。

(2)遗留问题一波又起。新修订的《行政诉讼法》在受案、审判和执行等多个方面都有较大改动,但仍有一些之前呼声较高的问题遗留下来,成为今后学界需要继续

---

❶ 姜明安:"行政诉讼法修改的若干问题",载《法学》2014年第3期;杨临萍:"行政诉讼法修改十大焦点问题",载《国家检察官学院学报》2013年第3期。

❷ 参见李培磊:"2014—2015年行政诉讼制度改革——以《行政诉讼法》修改和实施为中心",载《行政法学研究》2016年第2期。

探讨的话题。❶ 例如，我国现行行政诉讼的类型较为单调，因此行政诉讼的功能无法得到全面发挥，而此次修法未对行政诉讼类型化作出规定，对于如何归纳诉讼类型，以及与其类型相适应的判决结果和理由种类，依然是值得研究的内容；在《行政诉讼法》修改时，许多学者提出应当对诉讼不停止执行这一制度做出修改，明确以诉讼停止执行为原则、不停止执行为例外，2014 年《行政诉讼法》没有对这一制度做出规定，但增加了停止执行的情形，授予法院主动裁定停止执行的权力；行政公益诉讼问题一直是比较受关注的问题，在是否应当设立这一制度以及由谁做原告的问题上，争议一直比较大，这一制度并未出现在新修订的《行政诉讼法》当中，但之后由最高人民法院制定的《人民法院审理人民检察院提起公益诉讼案件试点工作实施办法》是行政公益诉讼制度的有益尝试，是监督和纠正行政机关违法、滥权和不作为的重要保障，可以预见在之后的实务工作或是学术研究中，公益诉讼将会持续成为关注的重点。

2014 年《行政诉讼法》的出台，是自 1989 年后行政诉讼法学最重要的成果体现，25 年来司法实践和理论研究的不懈努力是其孕育结果的重要原因，而这种努力也必将在未来为我国行政诉讼制度的成长继续保驾护航。

二、近十年行政诉讼法发展概况

理论与实践之间的互动关系在近十年越来越密切，保持着同步发展的关系。一方面，行政审判制度改革的热点都成为学界研究的重点，行政审判实践的经验被学界密切关注；另一方面，学界的研究成果也及时被行政审判实践吸收，理论在引导实践、支撑制度改革方面的先导作用越来越突出。

（一）行政审判概况

在这个方面，官方发表的有关行政案件审判的统计数据是一个很好的窗口。

表　2015~2016 年行政一审情况数据统计❷

（单位：件）

年份	2016	2015	2013	2011	2009	2007	2005
收案	225 485	220 398	123 194	136 353	120 312	101 510	96 178
结案	225 020	198 772	120 675	136 361	120 530	100 683	95 707

---

❶ 对新修订的《行政诉讼法》中的重要内容有很多学者做了总结和评析，参见应松年："行政诉讼法律制度的完善、发展"，载《行政法学研究》2015 年第 4 期；湛中乐："《行政诉讼法》的'变革'与'踟蹰'"，载《法学杂志》2015 年第 3 期；童卫东："进步与妥协：《行政诉讼法》修改回顾"，载《行政法学研究》2015 年第 4 期；莫于川："《行政诉讼法》修改及其遗留争议难题——以推动法治政府建设为视角"，载《行政法学研究》2017 年第 2 期。

❷ 数据来源：根据 2005~2015 年的《中国法律年鉴》对全国法院审理行政一审案件情况统计，以及最高人民法院网站《2016 年全国法院司法统计公报》进行整理。

续表

	年份	2016	2015	2013	2011	2009	2007	2005
判决	维持	7099	9359	12 800	13 384	16 010	16 832	15 769
	撤销	15 505	14 581	7258	6944	8241	8600	11 764
	变更	326	182	59	123			
	履行法定职责	5477	4556	1332	2135	1140	1377	2511
	确认合法或有效	398	347	228	552			
	确认违法或无效	7684	6307	1444	1567	1485	1612	2237
	驳回诉讼请求	57 446	48 756	16 260	12 024			
	赔偿	1093	814	309	291	394	405	807
	不予赔偿	620	335	117	87			
裁定	驳回起诉	50 387	36 172	8639	8849	11 004	9198	10 885
	撤诉	44 303	42 925	50 521	65 389	46 327	37 210	28 539
	移送	6737	9415	4477	5490			
	终结	1430	876	490	1161			
	其他	26 041	23 869	16 463	18 168	35 603	25 101	23 066
行政赔偿调解		474	278	278	197	326	348	129

根据上表，可以看出近十年行政司法审判的大致变化。首先，受案数量不断增长，这是行政诉讼法不断推进的必然结果，公民保护自身权益的意识增强，保护诉权的相关机制更加完善，更重要的是自 2015 年《最高人民法院关于全面深化人民法院改革的意见》出台，立案登记制的推行明显使得 2015 年之后的收案数量高于以往。其次，1989 年的《行政诉讼法》规定的判决种类在 2014 年《行政诉讼法》修订后做出了相应的变化，判决类型更加合理完善。再次，撤诉案件增多，这个现象说明多元化纠纷解决机制走向成熟化、制度化，极大减轻了行政诉讼的负担，也为公众提供更丰富的解决途径。

（二）主要理论课题

近十年来的理论研究是跟随司法制度改革的政策导向进行的，党中央的司法改革政策成为确定理论研究课题的指南，司法改革的主要问题成为理论研究的重点课题。《关于司法体制改革试点若干问题的框架意见》的出台，标志着我国司法体制改革正式启动。在司法改革的框架下，行政诉讼的学术研究呈现出覆盖范围广、研究重点突出的新局面。行政诉讼法学的重要研究成果主要体现在管辖制度改革、新《行政诉讼法》的修改、行政公益诉讼和执行制度改革方面。

1. 管辖制度改革

（1）跨行政区划管辖。特殊案件由跨行政区划法院集中管辖，构建了普通类型案件在行政区划法院受理、特殊类型案件在跨行政区划法院受理的诉讼格局，这种格局的确立有助于改善行政案件的地域干涉，真正做到将行政权置于法治的监督下。

（2）异地管辖。法院通过指定管辖的方式将案件在行政机关所在地之外进行管辖。不同的地区也在实现"异地"的方式上有所不同，有的法院互相审理对方的行政案件，被俗称为"结对子"；还有些法院通过循环交叉的方式保证互相不固定的管辖对方案件，被称之为"推磨式"。异地管辖让法官在判案时真正放下包袱，去除思想上的负担，依法公正审理，由此有助于将行政机关的胜诉率降下来。

（3）巡回法庭的建立。以高审级的巡回法庭，实现对地方争议案件的管辖。从定位上看，巡回法庭是最高人民法院的派出法庭，与最高人民法院的审级制度相同，不同于我国司法实践中的巡回审判制度；从受案的类型来看，巡回法庭的受案范围是从最高人民法院原本的受案范围中分化得到；从分布来看，巡回法庭从最初深圳、沈阳建立的第一、第二巡回法庭发展到了目前遍及全国的六大巡回法庭。❶ 巡回法庭的设立能够改变司法地方化、去除司法行政化、便利诉讼、在维护法治统一建设方面发挥重大作用。

2. 《行政诉讼法》修改的相关研究

相关研究主要集中在以下四个方面。

（1）行政诉讼的目的——行政争议的实质性解决。如何真正有效的解决行政争议一直是行政诉讼法学界关注的重要内容，关注的问题包括：行政争议实质性解决提出的背景及意义、行政争议实质性解决的基本路径和实质性解决行政争议需要注意的基本问题。❷ 学界为实质性地解决行政争议，提出了许多宝贵建议，例如需要将对被诉行政行为合法性的审查内容从单纯的规范合法性审查逐步扩展到对政府内部体制的合理性、政府公共政策的正当性、社会结构的均衡性等层面的审查。本着司法能动主义、程序合作主义和司法最终主义三个原则，设计一个专门针对社会冲突型行政争议的集团诉讼调解程序。❸ 而此次《行政诉讼法》修改，通过在立法目的上把解决争议的功能突显出来，强调该法的功能应该主要在于解决行政争议，具体制度也应为此立法目的的实现作出相应的设计。

（2）行政诉讼的范围——扩大受案范围的建议。如将抽象行政行为、行政事实行为、行政指导行为、内部行政行为、行政确认行为等悉数纳入，通过概括规定和排除

---

❶ 参见最高人民法院网站：http://www.court.gov.cn/xunhui.html。
❷ 江必新："论行政争议的实质性解决"，载《人民司法》2012年第19期。
❸ 参见高家伟："论社会冲突型行政争议的实质性审判程序"，载《行政法学研究》2013年第4期。

规定相结合的方式扩充受案范围,以行政争议、行政活动或行政行为作为界定受案范围概括规定的标准。新《行政诉讼法》第12条的列举规定和第53条一并请求规范性文件审查的规定上看,部分理论成果已被吸收。❶ 2018年2月发布的《最高人民法院关于适用〈中华人民共和国行政诉讼法〉的解释》,❷为解决"立案难"难题,又要防止滥诉现象,该解释明确了行政诉讼受案范围的边界。

(3)行政诉讼的主体——行政复议机关作共同被告。复议机关维持原行政行为的,不仅原行政行为机关是被告,作出维持决定的复议机关亦是被告。这一规定是《行政诉讼法》修改的重要内容,被认为是扭转行政复议维持率过高、迫使行政机关解决行政纠纷的一个重要举措。

(4)行政诉讼的裁判——诉讼类型化研究。本次修改《行政诉讼法》,行政诉讼判决部分富有特色。这部分的修改,是行政诉讼由单向度的"行为诉讼"转向多向度"关系诉讼"的重要标志,具体包括:明显不当成为撤销情形,引入适度合理性审查;限定判决驳回的条件;明确一般给付判决;增设确认违法判决;确立无效行政行为标准。❸

3. 行政公益诉讼

最高人民法院制定的《人民法院审理人民检察院提起公益诉讼案件试点工作实施办法》出台,使得行政公益诉讼工作逐步开展。目前依然存在的问题有如受案范围狭窄未达到公众对公益诉讼的期待,检察机关的特殊身份影响法院审判主导地位,缺乏检察机关承担败诉后果的规定,过高的胜诉率将增加滥诉的风险等。有学者从这些问题出发,探究以上问题的理论与现实逻辑,解决试点中的种种困惑,以求化繁为简地构建常规化的行政公益诉讼模式,使其发挥理想的效果,成为保护公益的重要法器。❹

也有学者从检察机关的定位和行政公益诉讼的性质上探讨,认为在检察机关提起公益诉讼试点的实践过程中,检察机关的角色定位应该争取实现从"消极让位"到"主动出击",从"有限介入"到"有力救济"的转变。并认为检察机关提起公益诉讼需要具备一定的实质要件和形式要件。在诉讼性质上,学者们目前主要围绕民事公益诉讼展开探讨,认为应该更多地通过行政公益诉讼来体现和发挥检察机关的监督职能和公益代表者的角色。并认为试点中检察机关提起公益诉讼,应该从诉前程序、诉前准备、管辖、审判、举证、上诉、调节、诉讼费用等几个方面进行程序建构。❺

---

❶ 参见章志远:"晚近十年的中国行政诉讼法学研究——回顾、反思与前瞻",载《清华法学》2015年第1期。

❷ 详细内容参见《最高人民法院关于适用〈中华人民共和国行政诉讼法〉的解释》,最高人民法院网站:http://www.court.gov.cn/zixun-xiangqing-80342.html.

❸ 参见梁凤云:"不断迈向类型化的行政诉讼判决",载《中国法律评论》2014年第4期。

❹ 参见秦前红:"检察机关参与行政公益诉讼理论与实践的若干问题探讨",载《政治与法律》2016年第11期。

❺ 杨解君、李俊宏:"公益诉讼试点的若干重大实践问题探讨",载《行政法学研究》2016年第4期。

4. 行政诉讼执行

修改后的《行政诉讼法》确定了"调解书"作为行政诉讼执行的依据、申请强制执行的主体增加了第三人、增加了法院可采取的强制措施的种类,并且在适用对象上也有所变化。针对这些变化,学者们也对从尚未涉及的问题展开讨论,例如非诉案件执行、裁执分离制度的讨论等。❶

(三) 重要研究成果

(1) 从学术成果的形式上看,行政诉讼法学的产出以多种形式呈现出来。包括论文、行政诉讼法学教材、专题研究著作等,形式丰富,数量可观。

(2) 从学术成果涉及的领域上看,几乎涉及行政诉讼法各个领域,包括基础理论研究、行政诉讼制度设计、行政诉讼裁判案件总结以及行政诉讼程序的研究。

(3) 从学术成果的内容上看,一系列优秀的学术著作在阐释行政诉讼法理,梳理行政审判实践历程以及分析相关制度设计方面做出了不同的贡献。

表 行政诉讼法学近十年的重要研究成果

著作	作者	内容介绍
《权力结构中的行政诉讼》 (北京大学出版社 2008 年版)	杨伟东	具体探讨了政治性宪法向法律性宪法流变中的行政诉讼定位、宪政基础、模式、司法审查权力的横向范围与行政的疆域、审查强度基本框架界定等问题。摆脱行政诉讼具体制度的框架,以比较的学术视野,尝试透过权力结构这一视角对我国行政诉讼展开一次整体性观察
《政治中的司法:中国行政诉讼的法律社会学考察》 (清华大学出版社 2011 年版)	汪庆华	通过对行政诉讼的内部运作、外部机制、集团诉讼和乡土法律人四个方面的考察,集中阐述了中国行政诉讼的多中心主义司法的特征
《公正高效权威视野下的行政司法制度研究》 (中国人民公安大学出版社 2013 年版)	高家伟	采取理想的模型分析法,对分散的实践经验和理论争鸣点进行集中、系统和全面的描述,并基于法学的实证研究结合规范的分析建构,对当下行政司法制度做出深度研究
《行政法治的理想与现实——行政诉讼法实施状况实证研究报告》 (北京大学出版社 2014 年版)	林莉红	基于行政诉讼法实施状况的实证调查研究,针对实证调查的核心问题:社会不同群体对行政诉讼法本身及其目的、功能、实施、修改、发展问题的认知与看法,以及行政诉讼法的具体规定在实际运行中被遵守与执行的状况开展调查研究

---

❶ 王华伟:"试论非诉行政执行体制之改造——以裁执分离模式为路径",载《政治与法律》2014 年第 9 期。

续表

著作	作者	内容介绍
《行政诉讼制度专题研究：中德比较的视角》（法律出版社2016年版）	刘飞	以德国行政诉讼制度的理论与实践为参照，从行政法院的独立性、受案范围、诉讼类型、暂时权利保护制度与判例制度等基本诉讼制度入手，以比较法视角分析中国行政诉讼制度
《行政诉讼法》（第二版）（法律出版社2016年版）	何海波	将行政法的理论研究与行政诉讼法的制度探讨熔于一炉，特别注重研究行政审判中的实际问题，注重运用真实、鲜活的案例阐释抽象的法理和枯燥的法条。江必新教授称其为"一本不同凡响的行政诉讼法教材"
《行政诉讼法理论与实务》（法律出版社2017年版）	江必新、梁凤云	对最高人民法院的各项司法解释、请示答复等都进行了全面的阐述。对中国行政诉讼法的基础理论进行了全新的构架，涉及司法实务中的重点和难点问题

三、行政诉讼法学发展趋势展望

从1978~2018年，梳理行政诉讼法学在这40年间的发展脉络，会发现正是因为遵循着理论与实践密切结合的规律才能蓬勃发展至今。展望未来，我们可以发现一些值得关注的趋势。

（一）形式法治与实质法治的齐头并进

形式法治与实质法治建设是西方资本主义国家法治发展的两个阶段，是在长达几百年的历史中分阶段循序渐进地进行的；在中华人民共和国法治建设的历史征程中，这两个阶段是作为两个层面齐头并进地进行的，这是我国现代法治国家建设的艰巨性所在，也是我国区别西方国家的一个重要历史特征。形式法治中所包含的法治原则，只限制了法律的形式和渊源，而未关注法律的实质内容和效果。传统行政诉讼法秉持了严格形式主义法治观，在这种理论基础之上司法机关的行为需要严格按照立法指令，将立法机关制定的法律贯穿于自身的每一个步骤，完整地将这种指令从法律开始"传送"至司法活动结束。司法机关惟有通过形式意义上严格的执行法律才能为自身的行为寻求合法性基础，这一时期的要求仅在形式要件上需要得到满足。但在经过二十余年的实践运行之后，行政诉讼程序出现了所谓的"空转"现象，行政争议难以得到实质性的解决。

为了克服这个难题，达到行政争议的实质性解决，实质性法治建设的需要在行政审判制度改革中凸显出来。通过一系列司法改革措施，行政审判实践开创了尝试走出形式法治理论要求的运作模式，立足于公民诉权的有效保护，以更加积极主动的方式排除地方行政干预，逐步增强法院行政审判的独立性，扩大受案范围，运用协调和解制度，增加判决方式的形式，拓展诉讼的类型，多角度、全方位地进行行政审判制度改革，从而推动实质性地化解行政纠纷。

(二) 公民合法权益保护与公共利益维护并重平衡

从1989年和2014年的《行政诉讼法》来看，我国的行政审判制度比较重视公民合法权益和行政诉讼诉权的保护。从目的和性质上来说，带有浓厚的主观诉讼性质。在40年来的行政审判中，公民的个人权利意识水平大大提高，为权利而斗争成为一种普遍的公民法治实践，公民个人成为推定政府法治建设进步的一种重要力量，这是行政审判制度发展的显著成效。

但是，我国目前处于从传统社会迈入现代社会的过程中，整个社会的结构关系在发生着深刻的变化，传统类型的矛盾和新形态的矛盾逐渐增多，尤其是群体性行政争议。群体性行政争议是行政机关违法或不当行使行政权力过程中产生的、有众多行政相对人参与的争议和纠纷，它是当今社会各种复杂因素聚合发展的产物。从法治建设的角度来看，造成群体性争议的表面原因是公民个人的权益没有得到有效的保护，而实质的深层次原因是具有长期性和根本性的公共利益没有受到应有的重视，公共利益维护的问题由此凸显出来。

作为矫正行政诉讼制度失灵的一项有效措施，行政公益诉讼制度得以建立起来。它既是监督和纠正行政机关违法、滥权和不作为的重要举措，更是从根本上解决群体性行政争议的途径和窗口。经过试点工作，检察机关提起公益诉讼制度的优势正在逐步显现，人民法院保护公共利益的积极作用正在不断放大。❶ 各地法院受理的大部分行政公益诉讼案件中，大多数公民得以通过此项制度表达共同诉愿，而行政机关的违法行为也因为此项制度被纠正，取得良好的法律效果和社会效果。

(三) 传统文化资源与现代科学技术有机融合

随着司法改革的深化，"民为本"与"和为贵"的传统法治文化资源在建构具有中国特色行政诉讼制度中的作用越来越突出。彰显"民为本"传统文化资源的典型是关于加强行政诉讼诉权保护的意见。❷ "和为贵"传统文化的典型是行政诉讼和解制度的确立。1989年的《行政诉讼法》禁止适用调解，而2014年的《行政诉讼法》在裁量争议、征收争议和合同争议方面允许进行和解。

在大数据时代下，现代科学技术在行政审判领域中的应用日渐普及。学界和实务界越来越多地开始借助统计数据。通过大数据的收集和分析，更加直观地得出法律片

---

❶ 参见2015年7月1日第十二届全国人民代表大会常务委员会第十五次会议发布的《全国人民代表大会常务委员会关于授权最高人民检察院在部分地区开展公益诉讼试点工作的决定》；2016年1月6日最高人民检察院发布的《人民检察院提起公益诉讼试点工作办法》；2017年6月27日第十二届全国人民代表大会常务委员会第二十八次会议通过的《关于修改〈中华人民共和国民事诉讼法〉和〈中华人民共和国行政诉讼法〉的决定》。

❷ 参见2009年11月15日最高人民法院发布的《关于保护行政诉讼当事人诉权的意见》；2017年8月31日最高人民法院发布的《关于进一步保护和规范当事人依法行使行政诉权的若干意见》。

段汇集和拼接起来的整体图像,用大数据来分析行政争议解决的制度创新。[1]

问题是,如何将传统的价值判断和人文关怀与大数据的分析方法结合起来?关于正义、平等、自由、法治的价值判断根植于传统的文化观念,现代的科学技术的应用是辅助性的。现代科学技术的先进性并不排除原始古老的传统文化智慧,恰恰相反,现代科学技术越是深入地应用到行政审判的实践中,就越是彰显古老传统法学智慧作为古训、箴言、教条的原则性效力。谋求传统文化资源与现代科学技术的有效融合将是下一轮司法改革,尤其是行政审判制度改革的一个重要环节。

(四) 世界先进性与中国特色性的协调兼备

我国的行政诉讼制度一方面深植于我国的传统文化与本土资源中,具有浓厚的中国文化特色,保持了中国法治文明发展的历史延续性;另一方面也大量吸收了西方资本主义国家的先进经验,保持着世界的先进性,也就是说,与欧陆资本主义国家的行政法院制度和英美国家的司法审查制度保持同步的发展。问题是:如何立足于司法体制改革的大背景,将这两个方面如何有机地协调起来,使我国的行政诉讼制度成为一个具有鲜明的设计理念指引和精密的工艺支撑的现代法治国家基石,而不是一架临时拼凑起来、缺乏内在统一性灵魂的、单纯用于纠纷解决的制度工具?力求世界先进性与中国特色性的有机统一是贯彻党的理论自信、制度自信、文化自信和道路自信的必要措施,应当成为行政诉讼法学在下一个历史阶段关注的一个重点。

(中国政法大学诉讼法学研究院高家伟教授撰稿,中国政法大学
法学院博士研究生杨天波协助执笔)

---

[1] 参见程琥:"解决行政争议的制度逻辑与理性构建——从大数据看行政诉讼解决行政争议的制度创新",载《法律适用》2017年第23期。

席月民　中国社会科学院法学研究所研究员、经济法研究室主任

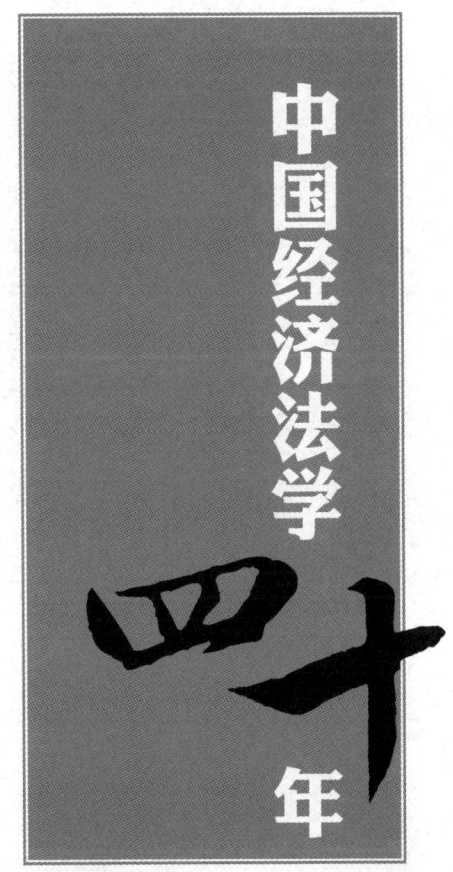

中国经济法学四十年

1978~2018

一、历史分期与学科发展

中国经济法是在改革开放中崛起的新兴法律部门。近年来有关中国经济法的学术史研究受到越来越多的重视，出现了一批重要的研究成果，其中包含着一些并不多见的经济法思想史方面的著作。❶ 众所周知，历史分期是史学研究中常用的重要方法之一，其于量变与质变的关系研究中，深刻认识和把握历史演变的轨迹和规律。中国经济法学史的分期标准见仁见智，我们认为，需要重点考虑改革开放以来我国经济体制改革的历次重大决定、经济法学的理论转型以及全国性经济法学术团体的演化节点。这里，我们以1992年为界，将之前的历史分为1979~1984年的蓬勃兴起阶段和1985~1991年的初步发展阶段，之后的历史分为1992~2001年的走向成熟阶段和2002年至今

---

❶ 其中著作类成果主要有肖江平：《中国经济法学史研究》，人民法院出版社2002年版；张世明：《经济法学理论演变研究》，中国民主法制出版社2002年版；陈甦主编：《当代中国法学研究》，中国社会科学出版社2009年版；朱崇实主编：《共和国六十年法学论争实录：经济法卷》，厦门大学出版社2009年版；朱崇实、卢炯星主编：《中国经济法学（部门法）五年研究综述（2002~2006）》，厦门大学出版社2010年版；朱崇实、卢炯星主编：《中国经济法学（部门法）五年研究综述（2007~2011）》，厦门大学出版社2015年版等。论文类成果主要有：史际春："在改革开放和经济法治建设中产生发展的中国经济法学"，载《法学家》1999年第1期；王艳林、赵雄："中国经济法学：面向二十一世纪的回顾与展望"，载《法学评论》1999年第1期；王伦刚、辜秋琴："论中国经济法学史分期标准和界点"，载《成都理工大学学报》（社会科学版）2004年第3期；邱本："在变革中发展深化的中国经济法学"，载《政法论坛》2005年第6期；徐孟洲："经济法理论对法学基础理论的几点创新"，载《法学论坛》2008年第3期；程信和："中国经济法发展30年研究"，载《重庆大学学报》（社会科学版）2008年第4期；岳彩申："中国经济法学30年发展的理论创新及贡献"，载《重庆大学学报》（社会科学版）2008年第5期；董文军："中国经济法学理论发展30年"，载《当代法学》2009年第1期；管斌："中国经济法学总论30年研究：关键词视角"，载《北方法学》2009年第4期；李昌麒："直面中国经济法学三十年的贡献、不足与未来"，载《法学家》2009年第5期；朱崇实、李晓辉、李刚："中国经济法学三十年发展的回顾与展望"，载漆多俊主编：《经济法论丛》（2009年第1期），中国方正出版社2009年版；何源、徐剑："中国经济法学30年高影响论文之回顾与反思——基于主流数据库（1978~2008）的引证分析"，载《现代法学》2010年第1期；岳彩申、李永成："中国经济法学三十年发展报告"，载李昌麒、岳彩申主编：《经济法论坛》（第7卷），群众出版社2010年版；史际春："求真务实、肩负社会责任的人大经济法学"，载《法学家》2010年第4期；席月民："中国经济法基础理论的变革与创新"，载李昌麒、岳彩申主编：《经济法论坛》（第8卷），群众出版社2011年版；彭飞荣："中国经济法学知识结构之分析——以经济法学研究会10年（2001~2010）年会综述为样本"，载《法商研究》2011年第2期；李光宇："三十年中国经济法学发展管窥——杨紫烜教授的学术贡献与人格魅力"，载《社会科学战线》2012年第8期；鲁篱："中国经济法的发展进路：检视与前瞻"，载《现代法学》2013年第4期；《中外法学》编辑部："中国经济法学发展评价（2010~2011）基于期刊论文的分析"，载《中外法学》2013年第6期；《中外法学》编辑部："中国经济法学发展评价（2012~2013）基于期刊论文的分析"，载《中外法学》2015年第6期；张守文："中国经济法理论的新发展"，载《政治与法律》2016年第12期等。

的理性繁荣阶段。❶

（一）蓬勃兴起阶段（1979~1984年）

中国经济法学产生于中国的改革开放，目前已成为学界不争的一个事实。1979年，"经济法"作为国家立法的一个类别得到确认。健全社会主义法制，加强经济立法，是党的十一届三中全会做出的重大决策之一。十一届三中全会后，全国人大常委会、国务院等建立了有关经济法制的机构，经济立法开始提速，一批涉外经济立法率先出台。仅1979年，就制定了经济法律、法规24个，其中经济法律2个。❷ 这为中国经济法学的产生创造了直接条件。从1978~1984年，我国在社会主义公有制基础上实行计划经济。1984年10月，党的十二届三中全会通过了《中共中央关于经济体制改革的决定》，国家对市场机制的重要性有了更加深刻的认识，由此开始，我国经济体制改革进入了过渡时期。

1979年8月，中国社会科学院法学研究所在北京成功召开了民法经济法问题学术座谈会。与会代表中，既有北京的法学和财经类高等院校的学者，也有政法机关的实务工作者，大家共同研讨了经济法及其与民法的关系问题。芮沐、孙亚明、佟柔、江平、王家福、陶和谦、杨紫烜、王保树、魏振瀛、潘静成等专家学者，纷纷发表了个人观点。会议认为，为适应社会主义现代化建设需要，民法和经济法应该分为两个独立的法律部门，经济法与民法在调整对象、主体、调整原则、司法权限上有很大区别；会议建议分别制定经济法典和民法典。❸ 综合考察各种史实，这次座谈会应是中国经济法学形成史上极为重要的标志性事件之一。此后几年里，一系列重要经济法理论研讨会和工作会议相继召开❹，各种理论观点异彩纷呈，营造出了浓郁的学术氛围，有效地推动了经济法学的知识创新和学术交流，使经济法学在蓬勃兴起中开始着力于推动国家的经济法制建设。

彭真同志曾在一次会议上强调，"经济法是反映经济基础的，是基础法"；"我们有各种法，最重要、最繁重的是经济法"。❺ 经济法学初创时期所引进并加以利用的国外学术资源极为有限，主要是3本苏联的经济法学译著和20多篇译文及译介性文章。而

---

❶ 陈甦主编：《当代中国法学研究》，中国社会科学出版社2009年版，第171页。这种分期方法保持了肖江平在《中国经济法学史研究》中的分期特色，但又增加了2002年后的理性繁荣阶段。

❷ 张友渔主编：《中国法学四十年》，上海人民出版社1989年版，第362页。

❸ 复刊不久的《法学研究》以"关于民法、经济法的学术座谈"为题刊发了部分与会学者关于经济立法、民事立法、经济法与民法的关系、经济法的部门法地位等文章或观点摘要。参见《法学研究》1979年第5期。

❹ 其中颇具代表性的会议有：①1980年6月23日北京市法学会举办的民法、经济法学术讨论会；②1980年9月在郑州举行的《经济法学》教材研讨会；③1983年10月24~30日国务院经济法规研究中心在沈阳召开的全国经济法理论研究工作会议；④1983年12月2~7日中国社会科学院法学研究所主办的经济法研讨会；⑤1984年8月20~27日国务院经济法规研究中心在杭州召开的全国经济法制工作会议等。

❺ 彭真："在全国第一次经济法制工作经验交流会上的讲话"，载《中国法制报》1982年9月24日。

同期对日本和欧洲国家经济法理论的译介文章，约 5 篇左右。❶ 尽管如此，经济法学的前辈们在法学复兴运动的促进和带动下，以中国法学理论为基础，结合改革开放的鲜活实践，投身于研究经济法的调整对象、概念、体系、特征等基本属性问题，努力开辟了经济法学的研究领域。❷

1984 年 2 月成立的北京大学经济法研究所，成为我国高等院校中最早设立的经济法独立研究机构。由国务院经济法规研究中心召开的全国经济法理论研究工作会议倡议筹建中国经济法研究会，以便进一步组织和团结全国各方面从事经济法理论研究工作的同志，坚持理论联系实际的方向，有计划、有重点地对经济法的一些基础理论以及经济立法、司法实践中提出的一些重要问题开展研究。❸ 1984 年 8 月 25 日，中国经济法研究会在杭州成立，中共中央书记处书记、国务委员谷牧被推举为名誉会长，国务院经济法规研究中心负责人顾明当选为会长❹，这标志着第一个全国性经济法学学术团体的问世，也成为经济法学研究蓬勃兴起的里程碑事件。该研究会成立后，与国务院经济法规研究中心联合组织了一系列研讨活动❺，发挥了学术团体在推动经济法学发展中的积极作用。

---

❶ 数字来源于肖江平：《中国经济法学史研究》，人民法院出版社 2002 年版，第 95 页。

❷ 这一时期的主要研究成果有：王家福、陈明侠："必须搞好经济立法和经济司法"，载《人民日报》1978 年 12 月 6 日；刘海年、陈春龙："加强经济立法和经济司法"，载《河北日报》1979 年 1 月 6 日；申徒（芮沐）："美国与西欧的'经济法'和'国际经济法'"，载《法学研究》1979 年第 3 期；马骧聪："苏维埃法学中的经济法问题"，载《法学译丛》1979 年第 6 期；杨紫烜等："关于扩大企业自主权与加强经济立法的调查报告"，载《法学研究》1980 年第 2 期；王存学："日本法学家介绍日本民法、经济法和环境保护法"，载《法学研究》1980 年第 2 期等。在当时，《法学研究》《法学季刊——西南政法大学学报》《法学杂志》《民主与法制》等刊物以及《人民日报》《光明日报》《中国法制报》（即《法制日报》前身）等报纸发表了大量经济法方面的论文。《法学译丛》《国外法学》《国外社会科学》等刊物发表了有关苏联、西德、英国、法国、日本、罗马尼亚、匈牙利等国经济法的译作或经济立法成果及经验等。主要的翻译作品有：苏联国立莫斯科大学斯维尔德洛夫法学院合编：《经济法》，中国人民大学出版社 1980 年版；中国人民大学法律系民法教研室、资料室编：《外国民法经济法资料选编》，内部出版，1980 年；中国社会科学院法学研究所民法研究室编：《马克思、恩格斯、列宁、斯大林、毛泽东关于社会主义民法、经济法问题的论述》，内部出版，1980 年；北京大学法律系资料室经济法教研室编：《经济法资料选编》，内部出版，1980 年。主要教材有：湖北财经学院经济法教研室编：《经济法大纲（初稿）》，内部出版，1980 年；刘隆亨：《经济法简论》，北京大学出版社 1981 年版；刘瑞复：《经济法概论》，长春市科学技术协会内部出版，1981 年；王忠、宋浩波、刘瑞复、赵登举编著：《经济法学》，吉林人民出版社 1981 年版；中国人民大学经济法教研室：《中华人民共和国经济法原理》，内部出版，1981 年；陶和谦主编：《经济法学》，法律出版社 1983 年版等。

❸ "全国经济法理论研究工作会议倡议筹建中国经济法研究会"，载《政治与法律》1984 年第 3 期。

❹ 参见"中国经济法研究会成立"，载《政治与法律》1984 年第 5 期；谷牧："在中国经济法研究会成立大会上的讲话（摘要）"，载《法学评论》1984 年第 4 期。

❺ 如 1985 年举办的全国经济立法和经济法理论研究工作座谈会上，形成了《1985 年经济立法规划（草案）》和《1985 年经济法研究课题（初步汇总草案）》。1986 年举办的《经济法纲要（起草大纲）》研讨会上，提出了中国经济法体系和经济法学体系的框架，起草了《中华人民共和国经济法纲要（起草大纲）》。该研究会在 1985 年 2 月还创办了《经济法制》专业杂志，从而为进一步讨论和研究经济法的重大问题搭建了平台。20 世纪 90 年代初期，该研究会因一些原因实际停止了活动，始于 1993 年的"全国经济法理论研讨会"部分取代了其地位和功能。参见经济法网（http：//www.cel.cn）研究会在线栏目介绍。

在经济法学蓬勃兴起阶段，湖北财经学院法律学系率先在1979年下半年设立了经济法学教研室，杨景紫、肖克瑾等老师为法学专业的学生开设了经济法课程。北京大学法律学系的杨紫烜老师于1979年下半年为法学专业的本科生开设了"经济法系列专题讲座"。1980年2月25日，教育部批准在北京大学法律学系增设经济法本科专业，学制4年，1980年暑假开始招生，招生规模为50人。此后，吉林大学、中国人民大学等综合性大学法律学系先后设立经济法专业，中国政法大学与西南、中南、华东、西北等其他政法学院也都成立了经济法学系，一些财经院校和政法成人院校也纷纷效仿。1981年，北京大学法律学系首届经济法专业硕士生毕业。继北大之后，中国政法大学、中国人民大学也相继设立经济法学硕士点。在这一过程中，经济法教材的编写问题日益突出，由湖北财经学院经济法教研室编的《经济法大纲（初稿）》被认为是目前所知最早的经济法学教材，该教材初步解决了经济法概论式教材应当解决的一些基本问题。与此同时，司法部和教育部共同组织的法学教材编写工作全面展开。其中，1983年5月由陶和谦主编、法律出版社出版的《经济法学》一书，获得经济法学界的一致好评，它所创造的体例、结构成为后来经济法学教材编写的重要模式之一。❶

(二) 初步发展阶段（1985~1991年）

从1985~1991年，我国进入有计划的商品经济阶段。国家实行了新的经济运行机制，强调"国家调节市场，市场引导企业"，进而把计划经济与市场调节相结合。这一阶段，经济立法速度明显加快，学术交流更加活跃，研讨范围从经济法总论开始扩展至经济法分论，在广泛而深入的理论争鸣中，中国经济法学完成了初级阶段的知识积累。1985年4月，中国法学会民法学经济法学研究会在苏州大学举行了成立大会，佟柔当选为第一任总干事。自此，该机构在集中高等院校和科研院所的学术资源、组织全国性经济法学术交流活动方面也开始发挥重要作用。

新成立的中国法学会民法学经济法学研究会与此前成立的中国经济法研究会一起，并肩成为组织经济法学交流与合作的重要学术组织，并分别开展了多次研讨活动。其中，中国经济法研究会组织的研讨活动主要有：1985年5月全国经济立法和经济法理论研究工作座谈会；1985年12月第二届全国经济法理论工作会议；1986年2月《经济法纲要（起草大纲）》研讨会；1987年11月经济法规体系研讨会；1989年9月当前经济法理论研究中的几个问题座谈会。❷ 1989年的座谈会在经济法学史上同样有着里

---

❶ 该教材在第一章前先设绪论，主要阐述经济法学的有关问题，1~4章为经济法基础理论，包括经济法的概念和作用、经济法的产生与发展、社会主义经济法典基本原则、经济法律关系。以后各章分述计划经济合同、国营工业企业、基本建设、交通运输、商业、财政、金融、劳动、环境保护、自然资源、能源、中外合资企业等方面的法律制度，最后一章则阐述了经济仲裁和经济司法问题。其"绪论—总论—分论—经济仲裁与经济司法"的体例和结构模式在20世纪90年代的中后期仍比较常见。这里的相关史料，转引自肖江平：《中国经济法学史研究》，人民法院出版社2002年版，第120~122页、第125~126页。

❷ 除此之外，中国经济法研究会及其分会举办的会议还有：自1985年起每年一次北京等九省市经济法研究会联席会议；1986年6月的国际投资贸易法律研讨会；1987年6月的外商投资法律问题研讨会；1987年8月的全国高等工科院校经济法研究会年会；以及1987年10月的十三省市（区）经济法研究会联席会议等。

程碑意义,它集中反思和总结了改革开放10年来的经济法学一系列重大理论问题,探讨了如何运用经济法律手段调控有计划的商品经济,如何依法维护和巩固社会主义公有制,以及如何推动经济法学在新时期的进一步发展等。中国法学会民法经济法研究会则自成立之年起,每年举办一次年会,议题广泛涉及公司法、票据法、证券法、破产法、全民所有制工业企业法、税法、竞争法、宏观调控法、经济合同法、经济法体系等重大理论和实践问题。其他较有影响的研讨会还有:1986年3月《法学评论》编辑部和武汉社会科学研究所联合召开的经济体制改革与经济法研讨会;1987年12月国家教委组织召开的《经济法基础理论》教学大纲讨论会;以及1989年12月由广东省法学会、广东省经济法研究会和中山大学法律系联合举办的外商投资法律问题研讨会等。经济法学的研究虽然起步较晚,但在两个全国性学术机构的共同引领下,通过民法经济法大论战,理论掘进更加深入,在鲜活的法治实践中推动了经济法制的发展。

这一时期全国出版了一系列学术著作和教材。❶ 当时经济法学教材编撰的主要成就和特征体现在❷:概论式教材❸形成规模,并形成了几类模式;"经济法专业系列教材"❹开创了经济法学系列式教材编撰的先例;经济法学教材基本满足包括经济法学本科教学在内的各层次、各类型(如普通高校文科教材、律师函授教材、自学考试教材、

---

❶ 著作类成果主要有:梁慧星、王利明:《经济法的理论问题》,中国政法大学出版社1986年版;《中国经济法诸论》编写组:《中国经济法诸论》,法律出版社1987年版;潘念之主编:《中国经济法理论探索》,上海社会科学院出版社1987年版;王保树、崔勤之:《经济法学研究综述》,天津教育出版社1989年版;刘瑞复:《经济法论》,中国政法大学出版社1991年版等。教材类成果主要有:潘静成、刘文华主编:《中国经济法教程》,中国人民大学出版社1985年版;中南政法学院经济法系编写组编著:《经济法通论》,经济科学出版社1986年版;杨紫烜主编:《经济法原理》,北京大学出版社1987年版;孙皓晖主编:《经济法学原理》,陕西人民出版社1987年版;刘隆亨:《经济法概论》,北京大学出版社1987年版;徐学鹿主编:《经济法概论》,中国商业出版社1987年版;王保树:《经济法》,四川人民出版社1988年版;张宇霖、贵立义、林清高编著:《经济法概论》,东北财经大学出版社1988年版;南京大学经济法教研室编:《经济法教程》,南京大学出版社1988年版;陶和谦、杨紫烜主编:《经济法学》(第4版),法律出版社1989年版;张宏森、王全兴主编:《中国经济法原理》,上海社会科学院出版社1989年版;盛杰民主编:《经济法教程》,中央广播电视大学出版社1990年版;杨紫烜、徐杰主编:《经济法学》,北京大学出版社1990年版;王河主编:《中国经济法学》,高等教育出版社1990年版;徐杰主编:《经济法概论》,中国政法大学出版社1991年版等。

❷ 肖江平:《中国经济法学史研究》,人民法院出版社2002年版,第126~127页。

❸ 如潘静成、刘文华主编:《中国经济法教程》,中国人民大学出版社1985年版等。

❹ 在国家教委和司法部的共同组织下,法学教材编辑部组织编写的高等学校"经济法专业系列"教材包括:陶和谦主编的《经济法基础理论》、江平主编的《公司法教程》、杨紫烜主编的《工业企业法教程》、姚梅镇主编的《外商投资企业法教程》、罗玉珍主编的《财政法教程》、蔡福元主编的《金融法教程》、肖乾刚主编的《自然资源法教程》、肖乾刚主编的《能源法教程》、韩德培主编的《环境保护法教程》、李泽沛主编的《特区经济法教程》、穆镇汉主编的《商业法教程》、石英主编的《农业经济法教程》、庄泳文主编的《保险法教程》、张序九主编的《商标法教程》、唐宗顺主编的《专利法教程》等18种,陆续于1986年和1987年出齐。后又增补柴发邦主编的《破产法教程》(1989年)。这19种教材均由法律出版社出版。1989年起,法学教材编辑部又陆续推出"涉外经济法丛书",包括《涉外经济法总论》《涉外经济合同法》《票据法概论》《涉外保险法》《涉外税法》《涉外会计实务》《海关法》《国际民事诉讼程序》《涉外民事诉讼法》和《涉外仲裁》等。

电大教材等）法学教育的教学需要。

（三）走向成熟阶段（1992~2001年）

1992年党的十四大明确提出，我国经济体制改革的目标是建立社会主义市场经济体制，以利于进一步解放和发展生产力。❶ 1993年《中共中央关于建立社会主义市场经济体制若干问题的决定》，把党的十四大确定的经济体制改革目标和基本原则系统化、具体化，成为我国建立社会主义市场经济体制的总体规划和进行经济体制改革的行动纲领。在新的历史条件下，经济法学面临着整体的学科反思和重构任务，开始重新思考政府与市场、政府与企业的关系，呼唤民主、科学、自由基础上的理论理性和实践理性。1993年《宪法修正案》的通过，为经济法学走向成熟确立了根本性的宪法准则。❷

从1993年起，《产品质量法》《反不正当竞争法》《消费者权益保护法》《公司法》《对外贸易法》《中国人民银行法》《商业银行法》《票据法》《保险法》《证券法》等一系列经济法律的出台，以及宏观调控体系的完善，标志着中国经济法学在此前初步发展的基础上走向了成熟，并获得了恰如其分的学科定位。1997年，党的十五大将"依法治国"确立为治国基本方略，将"建设社会主义法治国家"确定为社会主义现代化的重要目标，并提出了建设中国特色社会主义法律体系的重大任务。伴随着依法治国入宪，我国法治建设迈上了新的历史台阶。在经济法学走向成熟时期，我国经济法治环境不断改善，经济法的理论学说更加系统和完善，经济法基础理论研究和部门法研究实现了由量及质的飞跃，学术交流和学科建设也结出了累累硕果。

从学术交流看，虽然中国经济法学会在1992年后的研讨活动有所减少，后来基本停止，但全国性的经济法理论研讨活动却并未因此中断。1993年4月，由北京市经济法学会承办的首届社会主义市场经济与经济法理论问题研讨会在北京成功举行，会议主题是"社会主义市场经济条件下的经济法基础理论构建"，会议获得了良好的效果。此后该研讨会每年举行，会议主题广泛涉及经济法基础理论、现代企业制度、市场规制法、经济法学专业建设与教学改革、西部大开发等重大理论和实践问题。从第六届开始，会议不但明确了届次，而且将会议名称确定为"全国经济法理论研讨会"。❸ 有学者评价指出，全国经济法理论研讨会，不仅填补了因中国经济法研究会活动减少以

---

❶ 1992年10月12日江泽民同志在中国共产党第十四次全国代表大会上的报告中指出，要建立的社会主义市场经济体制，就是要使市场在社会主义国家宏观调控下对资源配置起基础性作用，使经济活动遵循价值规律的要求，适应供求关系的变化；通过价格杠杆和竞争机制的功能，把资源配置到效益较好的环节中去，并给企业以压力和动力，实现优胜劣汰；运用市场对各种经济信号反应比较灵敏的优点，促进生产和需求的及时协调。同时也要看到市场有其自身的弱点和消极方面，必须加强和改善国家对经济的宏观调控。

❷《宪法修正案》第7条明确规定，《宪法》第15条修改为："国家实行社会主义市场经济。""国家加强经济立法，完善宏观调控。""国家依法禁止任何组织或者个人扰乱社会经济秩序。"

❸ 截至2002年年底，全国经济法理论研讨会共连续举办了10届会议。自2003年起，全国经济法理论研讨会与新成立的中国法学会经济法学研究会的年会合并在一起举办，成为走进理性繁荣阶段后每年经济法学界规模最大的年度盛会。

至停止而造成的全国性经济法学专门研讨活动的机构组织者的空缺,而且还实际上替代了全国性经济法学学术组织的部分职能,为推进中国经济法学研究朝着健康的方向发展作出了重要贡献。❶ 与此同时,中国法学会民法学经济法学研究会则坚持每年召开年会,深入研讨国有企业改革、债权担保、土地制度、金融风险防范、公司法、证券法、入世对中国经济法的影响等重要理论和制度建设问题,从不同角度深化了经济法学研究。另外,全国各地还有一些影响较大的区域性研讨会和国际研讨会,对经济法理论前沿、竞争法、宏观调控法、税法、金融法、经济法学教育等展开研讨和交流。❷

1992 年以来,经济法学论文平均每年发表不少于 1500 篇,其中 2000 年、2001 年的经济法学论文不少于 2000 篇。虽然不少带有实务性、教学指导性和普及性,但学术性强、层次高、创新显著的精品论文也为数不少。较之前两个时期,无论数量、质量都有了很大程度的提高。❸ 很多论文发表在《中国社会科学》《法学研究》《中国法学》等国内一流权威和核心刊物上,展现了经济法学旺盛的生命力和创造力。❹ 最值得一提的是,中国社会科学院法学研究所课题组发表在《法学研究》1993 年第 6 期的《建立社会主义市场经济法律体系的理论思考和对策建议》一文,直接提出必须区分公法和私法,区分作为公权者的国家和作为所有者的国家,主张抛弃拉普捷夫的经济法理论和观念以及把计划法作为经济法基本法的观念,同时对经济法的概念、性质和体系作出了新的回答,该文成为新时期经济法研究范式转变的纲领性文章。❺ 从 1999 年和 2000 年起,漆多俊教授、杨紫烜教授、徐杰教授和史际春教授分别主编了《经济法论丛》(中国方正出版社)、《经济法研究》(北京大学出版社)、《经济法论丛》(法律出版社)和《经济法学评论》(中国法制出版社)等专业出版物❻,每年组织刊发大量有价值的经济法学论文或译文,这不但有效弥补了经济法学学术刊物品种数量上的不足,

---

❶ 参见肖江平:《中国经济法学史研究》,人民法院出版社 2002 年版,第 113 页。

❷ 如 1984 年开始每年一届的全国十三省市(区)经济法理论研讨会;1997 年开始两年或三年一届的竞争法与竞争政策国际研讨会;2000 年开始每年一届的经济法前沿理论研讨会等。

❸ 肖江平:《中国经济法学史研究》,人民法院出版社 2002 年版,第 115 页。

❹ 如王晓晔:"社会主义市场经济条件下的反垄断法",载《中国社会科学》1996 年第 1 期;李胜兰等:"法律成本与中国经济法制建设",载《中国社会科学》1997 年第 4 期;王保树:"市场经济与经济法学的发展机遇",载《法学研究》1993 年第 2 期;张守文:"论税收法定主义",载《法学研究》1996 年第 6 期;史际春、邓峰:"合同的异化与异化的合同——关于经济合同的重新定位",载《法学研究》1997 年第 3 期;王晓晔:"规范公用企业的市场行为需要反垄断法",载《法学研究》1997 年第 5 期;王晓晔:"依法规范行政性限制竞争行为",载《法学研究》1998 年第 3 期;李昌麒、鲁篱:"中国经济法现代化的若干思考",载《法学研究》1999 年第 3 期;王晓晔:"巨型跨国合并对反垄断法的挑战",载《法学研究》1999 年第 5 期;漆多俊:"论权力",载《法学研究》2001 年第 1 期;李昌麒:"试论房地产市场宏观调控目标及其实现的法律保障",载《中国法学》1994 年第 6 期;漆多俊:"论现代市场经济法律保障体系",载《中国法学》1994 年第 5 期;杨紫烜:"论公司财产权和股东财产权的性质",载《中国法学》1996 年第 2 期;刘文华:"运用经济法理论 加强经济立法",载《中国法学》1999 年第 3 期。

❺ 参见王伦刚:"论中国经济法学史分期标准和界点",载《成都理工大学学报(社会科学版)》2004 年第 3 期。

❻ 需要补充的是,李昌麒教授主编的经济法学术论文集刊《经济法论坛》于 2003 年由群众出版社开始公开出版发行。

而且显著扩大了经济法学学科整体的社会影响力。

1993年，经国务院学位委员会批准，中国政法大学的徐杰教授和中国人民大学的刘文华教授成为全国第一批经济法专业博士点导师。1994年以后，经济法学专业博士点在北京大学等其他高校和科研机构纷纷设立。❶ 1998年，教育部高教司发布《全国高等学校法学专业核心课程教学基本要求》，经济法学被列入其中，成为14门核心课程之一。1999年5月，全国人大常委会领导批示成立的"有中国特色社会主义法律体系研究小组"发布了关于中国法律体系划分为七个法律部门的信息，将经济法列为七大法律部门之一。

在经济法学走向成熟时期，诸多概论式教材❷、若干个"经济法系列"教材❸和一些兼具教材特征的专著陆续出版。这些教材的结构体系、资料素材、理论层次较之前两个时期都有非常明显的改善和提高，使经济法学教材的编撰达到了前所未有的新水平。❹ 以概论式教材的结构体系为例，其体系的改造从总论与分论以及分论与制度之间进行了延伸，强调从调整对象到总论体系，从总论到分论的呼应性和协调性，强调从形式到内容，从制度到理论的一致性和逻辑性。综观这一时期概论式教材在体系安排上的共同趋势，可以认为，概论式教材总论在维持的基础上有所扩张，而分论无论范围和内容都在缩小。总论的扩张体现在研究领域的扩大、阐述内容的丰富；分论的缩小体现在内容的"纯粹化"。无论总论和分论，教材内容的理论性越来越强，经济法学个性越来越突出，法规翻版的现象也逐步减少。❺ 应该说，概论式教材在体系化上的诸多突破并非孤立进行，它是经济法学研究整体水平的提高在教材上的一种体现和反映，

---

❶ 目前国内设有经济法专业博士点的主要有：中国社会科学院法学研究所、北京大学、中国人民大学、武汉大学、吉林大学、中国政法大学、西南政法大学、华东政法大学、中南财经政法大学、南京大学、厦门大学、湖南大学、安徽大学、辽宁大学等。

❷ 如张守文、于雷：《市场经济与新经济法》，北京大学出版社1993年版；刘文华主编：《新编经济法学》，高等教育出版社1993年版；杨紫烜、徐杰主编：《经济法学》，北京大学出版社1994年版和1997年版；肖乾刚、程宝山主编：《经济法概论》，中国商业出版社1995年版；石少侠主编：《经济法新论》，吉林大学出版社1996年版；刘隆亨：《经济法概论》，北京大学出版社1997年版和2001年版；漆多俊主编：《经济法学》，武汉大学出版社1998年版；朱崇实主编：《经济法》，厦门大学出版社1998年版；杨紫烜主编：《经济法》，北京大学出版社、高等教育出版社1999年版；王保树主编：《经济法原理》，社会科学文献出版社1999年版；潘静成、刘文华主编：《经济法》，中国人民大学出版社1999年版；李昌麒主编：《经济法学》，中国政法大学出版社1999年版；杨紫烜、徐杰主编：《经济法概论》，北京大学出版社2000年版；刘文华、肖乾刚主编：《经济法律通论》，高等教育出版社2000年版；刘瑞复：《经济法学原理》，北京大学出版社2000年版；顾功耘主编：《经济法》，高等教育出版社、上海社会科学院出版社2000年版等。

❸ 如由司法部法学教材编辑部编审、法律出版社出版的"经济法系列"教材有：史际春等的《经济法总论》、张士元等的《企业法》、李昌麒等的《消费者权益保护法》、种明钊主编的《竞争法》、刘剑文主编的《财政税收法》、肖乾刚等编著的《自然资源法》等。北京大学出版社出版的"21世纪法学系列教材——经济法系列"教材有：刘瑞复的《经济法原理》、甘培忠的《企业与公司法学》、程信和等的《房地产法》、张守文的《税法原理》、吴志攀主编的《金融法概论》、刘燕的《会计法》等。中国人民大学出版社出版的"21世纪法学系列教材"中的经济法教材有：潘静成、刘文华主编的《经济法》等。

❹ 肖江平：《中国经济法学史研究》，人民法院出版社2002年版，第128~129页。

❺ 肖江平：《中国经济法学史研究》，人民法院出版社2002年版，第139页。

从一个侧面表明中国经济法学在走向成熟。

（四）理性繁荣阶段（2002年至今）

迈入21世纪，我国进入全面建设小康社会的新阶段，经济法学研究又翻开了新的一页。自2001年起，中国法学会民法学经济法学研究会逐步一分为三，分别独立出来了中国法学会商法学研究会和中国法学会经济法学研究会。2002年10月26日，中国法学会经济法学研究会在湖南长沙宣告成立，著名经济法学家吴志攀教授出任会长。❶ 2002年，党的十六大将社会主义民主更加完善，社会主义法制更加完备，依法治国基本方略得到全面落实，作为全面建设小康社会的重要目标。次年，十六届三中全会通过了《中共中央关于完善社会主义市场经济体制若干问题的决定》，进一步明确了经济体制改革的目标和任务。❷ 新发展目标和改革任务给经济法学研究提出了一系列新课题。

在入世前后的几年里，我国顺利完成了1949年以来最大规模的法律法规清理，提高了社会主义法律体系的统一性和协调性，推动了中国法治的历史进程。在经济法治建设领域，一方面集中清理了全国性的相关经济法规、规章；另一方面，在已经建立的经济法律体系基础上，不断改善经济立法。如在金融法领域，2003年修改了《中国人民银行法》，制定了《银行业监督管理法》和《证券投资基金法》，2004修改了《对外贸易法》，2005年修改了《证券法》，2006年制定了《反洗钱法》等。2007年，党的十七大再次明确提出，全面落实依法治国基本方略，加快建设社会主义法治国家，并对加强社会主义法治建设作出了全面部署。这一年，《企业所得税法》《反垄断法》出台。截至2011年8月底，中国已制定了经济法方面的法律60部和一大批相关的行政法规、地方性法规。此后，经济法学研究顺应时势发展，在反思经济立法成绩和不足的基础上，开始更加重视经济法的立法质量及其实施问题。

2012年，党的十八大对全面推进依法治国作出重大部署，强调把法治作为治国理政的基本方式。2013年《中共中央关于全面深化改革若干重大问题的决定》和2014年《中共中央关于全面推进依法治国若干重大问题的决定》，强调了要全面深化改革，有效发挥市场在资源配置中的决定性作用，并更好地发挥政府作用；强调了坚持走中国特色社会主义法治道路，建设中国特色社会主义法治体系。2017年，党的十九大立足

---

❶ 该会是入世后中国法学会新成立的专门从事经济法学研究的全国性学术团体。其宗旨是，广泛团结和组织全国经济法界的法学、法律工作者，加强同国内外相关学科的学术交流与合作，坚持四项基本原则，立足中国国情开展经济法学研究，为推进依法治国、完善社会主义市场经济体制提供理论支持。2008年该会改选时，吴志攀会长顺利连任。

❷ 经济体制改革的目标是：按照统筹城乡发展、统筹区域发展、统筹经济社会发展、统筹人与自然和谐发展、统筹国内发展和对外开放的要求，更大程度地发挥市场在资源配置中的基础性作用，增强企业活力和竞争力，健全国家宏观调控，完善政府社会管理和公共服务职能，为全面建设小康社会提供强有力的体制保障。主要任务是：完善公有制为主体、多种所有制经济共同发展的基本经济制度；建立有利于逐步改变城乡二元经济结构的体制；形成促进区域经济协调发展的机制；建设统一开放竞争有序的现代市场体系；完善宏观调控体系、行政管理体制和经济法律制度；健全就业、收入分配和社会保障制度；建立促进经济社会可持续发展的机制。

于全面建成小康社会的决胜阶段,提出了新时代中国特色社会主义思想和基本方略,强调贯彻新发展理念,建设现代化经济体系,指出我国社会主要矛盾已经转化为人民日益增长的美好生活需要和不平衡不充分的发展之间的矛盾。这些年来,经济法学研究与中国特色社会主义市场经济法治建设即按照这些重大部署和战略要求的基本导向系统展开。

中国法学会经济法学研究会的成立,标志着经济法学与民法学、商法学之间的关系得到了彻底厘清。该会相继在北京(2003年)、广州(2004年)、南昌(2005年)、兰州(2006年)、厦门(2007年)、上海(2008年、2011年、2016年)、南京(2009年)、长沙(2010年)、重庆(2012年)、沈阳(2013年)、太原(2014年)、保定(2015年)、武汉(2017年)等地举办了年会。上述年会与全国经济法理论研讨会合并举行,不仅活动内容丰富,而且研究成果丰硕。每届年会都紧紧围绕经济社会改革发展大局,抓住改革发展中的重大理论和实践问题,科学确定年会主题,通过充分表达、自由讨论,达到凝聚共识、共同提高的目的。为确保年会论文质量,专门建立了年会论文遴选制度和网上提交系统,坚持评奖优秀青年论文,定期出版年会论文集《经济法学家》,在提高年会效率的同时,注重扩大年会论文的社会影响。2017年年会成功进行了换届选举,张守文教授当选为新任会长。在中国法学会经济法学研究会的组织引领下,全国老中青三代学者孜孜不已,团结一心,在共同推动社会主义市场经济完善的过程中,使经济法学研究迈入了理性繁荣新阶段。❶

在这一阶段,中国经济法中青年博士论坛自2004年起先后在湖南大学、中国政法大学、华东政法大学、西南政法大学、深圳大学、南京大学、烟台大学、重庆大学、中国人民大学等地成功举办,成为中青年经济法学者取得学术共识的重要平台。❷ 由中国人民大学经济法学研究中心主办的中国经济法治论坛,自2006年起在全国各地连续举办了12届,主题涉及"十一五规划"与中国经济法治、和谐社会与地方经济法治、湄公河区域经济合作与发展法律问题研究、反垄断法的实施、改革开放三十周年与中

---

❶ 这期间,2012年12月16日发生的核心课程事件令人记忆犹新。2012年10月由教育部高等教育司编写、高等教育出版社出版的《普通高等学校本科专业目录及专业介绍(2012年)》中,突然将自法学核心课程确立十几年来就一直作为核心课程的"经济法学"删去,此事引起了法学界的强烈震动和一些高校教务处的认识混乱。12月2日,广东省法学会经济法学研究会、中山大学法学院经济法研究所、华南理工大学法学院经济法教研室、暨南大学法学院经济法教研室、广东商学院法学院经济法教研室、华南师范大学法学院经济法教研室、广东外语外贸大学法学院经济法教研室、广东金融学院法律系、深圳大学法学院经济法教研室等单位共同起草并发出了《致教育部、中国经济法学研究会的公开信》,要求把"经济法学"一如既往地列入法学专业核心课程。该信引起了全国经济法学界的普遍重视和强烈共鸣,当天,全国经济法学科建设高层论坛在北京大学法学院开幕,来自全国各地高校和科研机构的80余位代表冒着严寒与会,会议集中讨论了这一事件,并向教育部反映了学界意见,事后教育部作了答复并进行了改正。这次会议进一步增进了学科共识,再次凝聚了学界力量。

❷ 第一届论坛是由湖南大学法学院发起并主办的,讨论的主要内容是"经济、社会、生态发展联动中的经济法";第二届由中国政法大学主办,讨论的主题是"范畴、体系、制度和方法";第三届由华东政法学院主办,讨论的主题是"经济法主体行为与实践问题";第四届论坛由西南政法大学主办,讨论的主题是"经济法律行为";第五届论坛由深圳大学举办,讨论的主题是"经济法权利"。

国经济法、转变经济发展方式、包容性增长与经济法治回应、加快完善社会主义市场经济体制与经济法制建设、市场决定资源配置、更好发挥政府作用与经济法治、全面推进依法治国背景下的经济法与竞争、新发展理念供给侧结构性改革与经济法治等，取得了积极的学术影响。同时，截至2017年，北京大学经济法研究所主办的全国经济法前沿理论研讨会在全国各地高校成功举办了18届，会议针对经济法发展中的前沿理论问题进行深度研讨，成为推动我国经济法学理论发展的一支重要力量。另外，围绕银行法修改、反垄断立法、企业所得税法的合并、中国市场经济法治建设的反思与创新等各类专题，各高校和科研机构还举办了大量学术会议，从而使经济法学的学术活动更加丰富，理论研究更加深入。

在这一阶段，经济法学新人辈出，人才济济。全国涌现出了一批杰出的中青年经济法学家，如北京大学的吴志攀教授、张守文教授、刘剑文教授，中国人民大学的史际春教授、徐孟洲教授，中国社会科学院法学研究所的王晓晔教授等。他们在经济法总论、财税法、金融法、反垄断法等领域取得了突出成就，在推动我国经济法学研究和经济法治建设方面发挥了中流砥柱的作用。以王晓晔教授为例，学界给她的美誉是"国内反垄断法第一人"，她把自己全部的时间和精力都献给了反垄断法研究事业，也献给了中国的反垄断立法，取得了丰硕的研究成果。❶ 德国马普知识产权和竞争法研究所所长 Drexl 教授评价说，"她在竞争法领域出版了大量著述，她发表在欧洲和美国顶级杂志上的成果说明，她是中国学术界推动竞争法的中坚力量"。

在这一阶段，经济法学的研究成果极为丰富，各类专著、教材、论丛、论文、研究报告等不断推陈出新，在整个法学领域里占据了重要地位。经济法基础理论研究和制度研究都在朝着纵深化方向发展，与WTO有关的新的研究领域不断被开拓出来，对经济社会发展的作用越来越突出。西南政法大学与法律出版社共同推出的《经济法学博士精品文库》，华东政法大学与北京大学出版社共同推出的《经济法文库》，以及中国检察出版社推出的《当代经济法文丛》等，集中展示了经济法学的最新前沿理论成果。同时，经济法专业性网站工程建设成绩显著。2003年3月，中国法学会经济法学研究会创建的经济法网上线运行，为经济法学界的相互交流、沟通和学习搭建了重要平台。此外，法大民商经济法律网、李昌麒经济法网、漆多俊经济法网、中国经济法治网、北京经济法网等经济法专业网站也都办得很有特色，访问量逐年提高。

在这一阶段，各高校和科研机构的经济法学研究和教学队伍进一步发展壮大，一些法学博士和博士后人员及时充实到一线岗位。尤其是博士后制度的发展非常迅速，

---

❶ 除了德国出版的博士论文，王晓晔教授出版了专著《企业合并中的反垄断问题》（1996年）、《竞争法研究》（1999年）、《欧共体竞争法》（2001年）和《竞争法学》（2007年）；主编了《反垄断法与市场经济》（1998年）、《竞争法与经济发展》（2003年）、《经济全球化下竞争法的新发展》（2005年）、《经济法学》（2005年）、《反垄断立法热点问题》（2007年）和《中华人民共和国反垄断法详解》（2008年）；以中、英、德文发表论文二百余篇，其中《中国社会科学》5篇，《法学研究》10篇，在德国 RabelsZ，GRUR int., ZWeR, RIW 等刊物和美国 Washington University Global Studies Law Review, Antitrust Law Journal, Antitrust Bulletin 等国际知名刊物发表论文近三十篇。

成为快速培养经济法学高层次人才的重要途径和加强经济法学人才竞争的重要手段。老一辈经济法学家培养出了一批出类拔萃的学生，他们中很多人已成为今日的研究生导师，经济法学人才培养模式在不断创新中成效显著，为国家输送了大量优秀的经济法人才。从根本上讲，经过近四十年的恢复、重建、改革和发展，经济法学教育已经肩负起为实施国家"科教兴国"战略和全面推进"依法治国"基本方略输送高层次、高素质的职业化法律人才的重大历史使命，法律人才培养体制机制日臻完善，一个以法学学士、硕士、博士教育为主体，法学专业教育与法律职业教育相结合的经济法学人才培养体系已经形成，基本适应了社会主义现代化建设对法治人才的多层次需求。

总的来看，经济法学的理性繁荣体现在多个方面，它不但是由加入WTO所带来的经济法律制度的国际化和科学化所决定的，而且是以高质量的研究成果积极主动地影响国家的经济立法及其实施来成就的。❶ 杨紫烜教授曾强调指出，我们彻底摆脱了苏联计划经济体制下的经济法理论，建立了具有中国特色的新经济法理论。❷ 正是在新经济法理论的指导下，经济法学重构了自身的结构体系，更加重视政府的监管、调控和服务职能，重视市场规制法与宏观调控法的耦合作用，通过精耕细作，精准发力，着力于预防和治理"市场失灵"与"政府失灵"，依法保护社会整体利益和自由公平竞争的市场秩序，在促进我国市场经济体制不断完善方面发挥着不可替代的作用。

二、学术流派与理论主张

（一）部门经济法的定性之争

在经济法学蓬勃兴起阶段，调整对象问题是经济法产生之初不可动摇的理论核心，出现过形形色色的理论观点，形成了不同的理论学说。概括起来，主要有以下三大学说。其一是"大经济法说"。该说认为，经济法调整全部经济关系，即国家机关、企业、事业单位、集体经济组织以及公民在生产、交换、分配过程中相互之间的物质利益关系。❸ 该说强调，由于社会主义经济关系都是计划经济关系，计划经济关系显然不是"私"的关系，因而除了人身关系外，民法不调整其他社会关系。其二是"特定经

---

❶ 这里以西南政法大学的经济法博士点为例，该学科点要求导师在研究生酝酿论文选题方向的时候，引导学生研究本学科领域中一些"冷门"的但又是现实和必须回应的问题，倡导学生啃"硬骨头"。比如，当年博士生卢代富的《企业社会责任的经济学与法学分析》、应飞虎的《从信息视角看经济法的基本功能》、鲁篱的《行业协会经济自治权研究》、叶明的《经济法的实质化研究》、岳彩申的《论经济法的形式理性》、孟庆瑜的《论分配关系的法律调整——基于经济法的研究视野》、单飞跃的《经济宪政的哲学论纲》、钟雯彬的《公共产品的法律规制研究》等课题，都是经济法领域中开创性的，甚至是原创性的课题。这些博士生现已成长为国内许多高校经济法学科的中坚力量。

❷ 参见杨紫烜、吴韬："经济全球化背景下的中国经济法"，载《江西财经大学学报》2002年第1期。

❸ 关怀："经济立法在实现四个现代化斗争中的作用"，载《西南政法学院学报》1979年第2期。后来关怀修正了自己的观点，不认为经济法可以调整全部经济关系。参见关怀："略论经济体制改革与经济立法"，载《法学》1983年第10期。

济关系说"。该说主张，经济法只调整部分经济关系，而不是全部经济关系。学者们主要从经济关系的主体、发生领域、所有制基础、权力性质及其他性质上的不同对经济关系进行区分，进而确定经济法所调整的经济关系的特定性。其三是"大民法说"。该说认为，经济法只是由多种法律部门规范组成的经济法规，无论是单个的或者它们的总体，都不构成独立的法律部门，也没有专有的调整对象。❶ 既然经济法没有自己独立的调整对象，不是一个独立的法律部门，那么调整经济关系的法律部门就只有民法了。❷

由于当时法学界大多数学者认为，调整经济关系的只有经济法和民法两个部门，争论焦点只是集中在这两个部门在调整对象和范围上如何划分，因此，"大经济法说"和"大民法说"均未在后来成为有影响力的学说，更未成为主导性学说。相反，"特定经济关系说"则在学术争鸣中逐步占据主导地位，影响也越来越大。在这一学说中，基于研究视角的不同，学者之间又具体衍生分化为四类学派。一是"主体论"。即以经济关系主体的不同作为经济关系的划分依据，认为经济法调整的特定经济关系是国家机关、企业、事业单位和其他社会组织内部及其相互之间，以及它们与公民之间，在经济活动中所发生的社会关系。❸ 经济法不调整公民之间的经济关系。换言之，传统民法是纯粹调整"私"的关系的法律部门，也就是没有国家和其他体现"公"主旨的组织参与的社会关系。除公民之间财产关系外，其他所有的经济关系都属于经济法的调整对象。二是"特定经济领域论"。即以经济关系所发生的经济领域（如生产、分配、交换和消费）的角度对经济关系进行区分，认为经济法调整的特定经济关系是国民经济中商品生产在组织、计划、财产管理和商品流通方面发生的经济关系。❹ 三是"所有制基础论"。即从经济关系的所有制基础角度区分经济关系，认为经济法调整建立在生产资料公有制基础上的经济组织之间的经济关系。❺ 需要说明的是，还有一些学者将所有制基础与主体（即经济组织）、经济领域（生产领域或以生产领域为主）以及经济关系的内容（经济管理关系、生产协作关系）等结合起来界定特定的经济关系，以此限定经济法的调整对象。如有学者认为，经济法调整的是社会主义组织之间直接或间接由计划而产生的，以生产资料公有制为基础的生产领域的商品关系。❻ 这类学者虽然兼采众长，但并未提出新的建设性的观点和思想，因此无法作为一个独立的学派看待，

---

❶ 佟柔："民法的对象及民法与经济法规的关系"，载北京政法学院经济法教研室：《经济法论文选集》，内部出版，1980年。
❷ 刘春茂："经济法不能成为一个独立的法律部门"，载《法学季刊》1983年第3期。
❸ 参见陶和谦主编：《经济法学》，群众出版社1983年版。持相同观点的还有：刘海年、陈春龙："略论经济法立法和经济司法"，载《学习与探索》1979年第3期；王忠、宋浩波、刘瑞复、赵登举编著：《经济法学》，吉林人民出版社1982年版，第26页；王春法："发展经济立法和经济司法，加速实现四个现代化"，载《吉林大学学报》1979年第2期等。
❹ 刘瑞复：《经济法概论》，长春市科学技术协会内部出版，1981年，第14页。
❺ 芮沐："民法与经济法如何划分好"，载《法学研究》1979年第4期。
❻ 江平："民法与经济法的划分界限"，载《法学研究》1979年第4期。

只能将其归入上述三个学派之一。四是"经济关系性质论"。即依经济关系本身的性质来区分经济关系，界定经济法的调整对象。它排斥了从上述经济关系的主体、发生领域以及所有制基础等角度界定特定的经济关系，而是从其他侧面揭示经济关系本身所属性质。该学派进一步细分为下列五个亚学派：（1）管理与协作经济关系论。即认为经济法调整以社会主义公有制为基础的社会主义组织之间的经营管理和生产协作的经济关系。❶（2）纵横经济关系论。即认为经济法调整纵向经济关系和横向经济关系，其中纵向经济关系是指国家行政管理机构上下级之间、它们和各种经济组织之间以及经济组织和本单位职能部门及职工之间的经济关系，主要是计划管理关系；横向经济关系则指同级行政管理机构之间、经济组织和经济组织之间，在社会化大生产中形成的分工协作关系。❷（3）意志经济关系论。即认为经济法调整的是意志经济关系，这种关系的质的规定性在于，它是各经济主体在特定历史条件下特殊的经济活动中形成的，以国家意志为主导的一种经济关系，是财产因素和行政因素的化合。❸（4）纵向经济关系论。即认为经济法调整的经济关系集中表现为组织和管理经济的关系，或者说是管理关系。❹（5）计划关系论。即认为经济法调整我国社会主义经济中建立在计划经济基础上，不通过商品货币关系，直接通过计划关系而形成的各种经济关系。❺

从1979~1984年，中国法学界关于经济法学的7次研讨会，调整对象每次都是讨论的中心主题，前两次几乎就是经济法调整对象（及其与相关部门法区别）的专题研讨会。1984年年底以前50多种经济法读物、320多篇经济法学的文章（含论文、译文和一般文章）也显示着调整对象的核心价值。❻其实，对于经济法调整对象的激烈争鸣，实际上源于法学界关于法与社会关系之关系的基本假设，这一基本假设与法理学中关于法的调整对象及部门法划分依据的重要理论一脉相承，因此，无论是当时的民法学者还是经济法学者，在他们看来，有关经济法调整对象问题直接关系着本学科的前途和命运，不管花多少时间进行争鸣和讨论都不会过分，都值得投入更多的精力。1986年法律出版社出版的《中国经济法诸论》包括了综合经济法论、纵向经济法论、经济行政法论、纵横经济法论以及学科经济法论，这也被许多法学著述称为五种学派观点，相关争论明显受到苏联民法与经济法学争论的影响。当然，由于当时没有非公有制企业的存在，所有的企业和经济组织都以公有形式出现并统一于国家计划管理之下，纯粹的自然人经济关系只占微乎其微的比例，因此，在基本概念、范畴、原理和体系均存在严重缺陷的学术背景下，学者之间就经济法调整对象理论的见仁见智和莫衷一是，也就不难被理解、接受了，当然更应该心存一些敬意。但需要指出的是，这

---

❶ 郑立："试论经济法"，载北京政法学院经济法教研室：《经济法论文选集》，内部出版，1980年。
❷ 参见谢次昌、卞耀武：《经济法概说》，青海人民出版社1983年版，第2页。
❸ 参见周沂林、孙浩辉、任景荣、方志钢："论经济法的调整对象"，载《中国社会科学》1982年第5期。
❹ 李时荣、王利明："关于经济法的几个基本问题"，载《中国社会科学》1984年第4期。
❺ 谢怀栻："从经济法的形成看我国的经济法"，载《法学研究》1984年第2期。
❻ 肖江平：《中国经济法学史研究》，人民法院出版社2002年版，第156页。

时的理论成果受苏联经济法理论较深,远未形成基本共识,顶多只是出现了一种共识的趋势。

应该说,经济法调整对象的研究是中国经济法学产生时期学者们最为关注的问题。该问题直接和部门法的划分标准问题研究交织在一起。部门法划分标准作为经济法地位研究的理论前提,事关经济法是不是一个独立的法律部门,是不是具有与民法、行政法平等的法律地位这一重大命题。早在1979年,部门法划分标准即被纳入经济法学者的研究范围。大多数学者主张从法是调整社会关系的论断切入,强调部门法的划分应从分析社会的生产关系着手,研究我国社会主义经济的全部活动,而且首先要分析社会主义社会的基本生产关系。❶ 1983年4月,中国社会科学院法学研究所和华东政法学院在上海共同举办了首次法学理论讨论会,部门法的划分标准被列为研讨的议题之一。❷ 由此看出,该问题当时已成为整个法学界普遍重视并展开广泛讨论的重大问题,并在之后的时间里一直争论不休。

在随后的部门法划分标准研究中,有从理论抽象角度进行研究的,也有从法律实践需要出发进行研究的。前者立足于经济关系的多维性决定有关经济的全部法律规范分成不同质的规范的必然性,以及调整经济关系的法律分门别类的必要性,推导和论证经济法成为独立部门的必要性;❸ 后者则从特定法的部门固有本质、从法律的制定和审判专业化以及法学教育和人民群众对法律掌握的专业化、从新法律部门的边缘性、从各种划分方案的最佳抉择等,提出了划分部门法依据和途径的"四论"。❹ 经济法学蓬勃兴起阶段,有关经济法与民法的可区分性研究进行得如火如荼。比较一致的观点是,从所调整的财产关系的所有制性质看,经济法与民法所调整的商品关系的所有制基础分别是生产资料公有制和个人所有制;从主体来看,经济法主体只能是社会主义组织,而民事法律关系则发生在公民之间和公民与社会主义组织之间;从国家干预和保护的手段来看,民法的法律关系主要在司法领域,而经济法的法律关系中有相当一部分在司法领域之外;从法律关系的总体特点来看,正是生产资料公有制和生产领域内的商品交换关系使平等原则受到限制从而使经济法与民法相区别。❺

1986年我国《民法通则》颁布后,经济法学者与民法学者之间的部门法论战告一段落。经济法的调整对象研究进入过渡时期,经过学术炼炉的反复煅烧,昔日的百家争鸣已一去不返,各种学说和学派如溪流入河,渐有依归。原来的"大经济法论",因其理论基础缺位,而且经济体制改革后完全不支持,故几近消失。"大民法论"则以"学科经济法论"的面目再次出现,虽仍有提及但影响力却大为削弱。只有"特定经济

---

❶ 参见芮沐:"民法与经济法如何划分好",载《法学研究》1979年第4期。
❷ 参见"首次法学理论讨论会关于社会主义法律体系和法学体系讨论综述",载《法学》1983年第3期。
❸ 参见周沂林等:"论经济法的调整对象",载《中国社会科学》1982年第5期。
❹ 参见李昌麒:"论建立我国经济法体系的方法和途径",载《经济法理论学术论文集(1983年12月)》,群众出版社1985年版,第11~27页。
❺ 参见江平:"民法与经济法的划分界限",载《法学研究》1979年第4期;李昌麒、戴大奎:"经济法是一个独立的法律部门",载《西南政法学院学术报告论文集》(1980年)等。

关系论"仍表现出旺盛的生命力,经过重新分合,出现了以下四种代表性理论。

一是"经济管理关系与经济协作关系论"。以杨紫烜教授为代表的一部分经济法学者认为,经济法调整的特定经济关系,应当是经济管理关系和(部分)经济协作关系。其中,经济管理关系是在对社会主义生产总过程的经济活动进行计划、组织、指挥、协调过程中发生的物质利益关系,包括宏观经济管理关系(即国民经济管理关系)和微观经济管理关系(即经济组织内部的管理关系);经济协作关系是在生产过程中和计划指导下进行协同劳动而发生的物质利益关系,是有计划性的经济协作关系,包括宏观经济协作关系(经济组织外部的经济协作关系)和微观经济协作关系(经济组织内部的经济协作关系)。我国有计划的商品经济决定了宏观经济协作与宏观经济管理关系之间有密切的联系,二者统一于有计划的商品经济体制,因此应由经济法统一调整。❶此时,众多学者在经济管理关系的理解上并无二致,但对经济协作关系之"部分"则有不同的限定,如"具有管理因素的"❷、"以计划为前提的"❸、"有计划因素的"❹、"受国家宏观控制的"❺、"国家管理下的"❻等。不同的限定,在具体阐释和表述上略有不同,但主要观点基本上是一致的,并体现了蓬勃兴起阶段的一些观点间的传承关系。❼

二是"经济管理关系论"。以漆多俊教授为代表的一部分学者认为,经济法调整国家经济管理关系,即在国家对社会经济干预、组织、管理过程中发生的,以国家(或其代表者)为一方主体,与另一方主体之间是管理与被管理的关系。经济法不调整横向经济关系和各种经济组织内部的经济关系,但组织经济协作关系不同于经济协作关系,应由经济法调整。国有企业内部经营管理关系是国家经济管理活动的延伸和组成部分,原则上属于经济法的调整对象。❽

三是"经济关系和经济活动论"。该理论以潘念之教授为代表,认为用以固定经济关系和经济活动的法就是经济法,经济关系和经济活动就是经济法的调整对象。❾由于该观点集中在经济法调整企业在经营管理活动中所产生的经济关系和经济活动,所以

---

❶ 参见杨紫烜主编:《经济法原理》,北京大学出版社 1987 年版。论文有杨紫烜:"经济法调整对象新论",1985 年北京市第二次经济法理论讨论会论文材料,"管理——协作经济法论纲",载《经济法制》1990年第 11 期,"论中国的经济法理论",载《北京大学学报》(哲社版,1991 年第 3 期)。其他学者及其成果有:史际春:"制订我国基本经济法新议",载《经济法制》1991 年第 10 期;戴大奎、唐青阳:"经济协作属经济法的调整对象",载《现代法学》1991 年第 5 期等。

❷ 盛杰民主编:《经济法教程》,中央广播电视大学出版社 1990 年版,第 15~19 页。

❸ 李昌麒:"经济法调整对象新探",载《现代法学》1988 年第 1 期。

❹ 张宇霖:"浅论我国经济法的基本制度",载《法学杂志》1987 年第 5 期。

❺ 徐学鹿:"中国现代经济法概念新探",载《经济法制》1990 年第 12 期。

❻ 高强:"论经济法的调整对象",载《中州学刊》1987 年第 3 期。

❼ 参见肖江平:《中国经济法学史研究》,人民法院出版社 2002 年版,第 160 页。

❽ 参见漆多俊:"经济法调整对象及其他",载《法学评论》1991 年第 2 期。谢次昌、李中圣、肖平等学者持相同观点。

❾ 参见潘念之:"从经济体制改革谈经济法",载《政治与法律》1985 年第 4 期。

也被称为"企业经营中心论"。❶ 其导源于在《中共中央关于经济体制改革的决定》中提出的"经济体制改革和国民经济的发展，使越来越多的经济关系和经济活动准则需要用法律形式固定下来"。

四是"国民经济运行论"。刘瑞复教授在其《新经济法论》中提出，经济法是关于国民经济总体运行的法，包括国民经济组织法、经济活动法和经济秩序法。经济法调整国民经济运行过程中的经济关系，是在调整国民经济总体运行过程中所形成的法制度、法形式和法方法的总和。❷

总之，上述四种理论均认为经济法具有独立的调整对象，属于独立的法律部门，在学界被称为"肯定说"。与此同时，也有一些否定经济法的观点，被学界称之为"否定说"。持"否定说"的学者认为，经济法不具有特定的调整对象，人们所说的经济法的调整对象其实都是其他部门法的调整对象，所以经济法不是一个独立的基本部门法。其中，比较典型的学派主要有：（1）综合经济法论。即认为经济法是分属于其他各部门法的调整各种经济关系的法律规范的综合概念。❸（2）学科经济法论。即认为经济法是"研究经济法规运用各个基本法手段和原则对经济关系进行综合调整的规律"的法律学科。❹（3）经济行政法论。即认为经济法的调整对象应全部或部分属于行政法的调整范围，对于这一部分的经济关系，或归行政法调整，或在行政法下设立一个新的行政分支。❺

进入初步发展阶段，有关经济法与民法的可区分性研究开始转移至二者的交错地带，即横向经济关系或经济协作关系的法律调整。与此同时，经济法学者开始集中关注经济法与民法在调整功能上的协同性，以及经济法与行政法的可区分性研究。对于横向经济关系或经济协作关系的法律调整而言，有的学者提出它是在生产过程中有计划地进行合作而产生的物质利益关系，因而显然属于经济法的调整范围；❻ 有的则将其分为受国家管理权限制的经济协作关系和建立在自愿基础上的经济协作关系两类，因而应分别由经济法和民法调整，❼ 有的从语词语境分析角度提出，既然协作是"有计划地一起协同劳动"❽，经济协作关系就必然是有计划的、管理的经济关系，而不是平等主体间的经济关系，故经济协作关系属于经济法的调整对象；还有的从逻辑上辨析横

---

❶ 参见潘念之：《中国经济法理论探索》，上海社会科学院出版社1987年版，第86页。
❷ 刘瑞复：《新经济法论》，中国政法大学出版社1991年版，第164页。
❸ 王家福："综合经济法论"，载《中国经济法诸论》编写组编著：《中国经济法诸论》，法律出版社1987年版，第1~3页。
❹ 佟柔："学科经济法论"，载《中国经济法诸论》编写组编著：《中国经济法诸论》，法律出版社1987年版，第221~227页。
❺ 梁慧星等："经济行政法论"，载《中国经济法诸论》编写组编著：《中国经济法诸论》，法律出版社1987年版，第129~194页。
❻ 参见杨紫烜主编：《经济法原理》，北京大学出版社1987年版，第9页。
❼ 该类研究大多举出国家订购合同作为例证。参见李昌麒："经济法调整对象新探"，载《现代法学》1988年第1期。
❽ 《马克思恩格斯全集》第23卷，人民出版社1972年版，第362页。

向经济关系与相关概念的区分,指出平等主体间经济关系是指同一水平面上的经济关系,包括平等和不平等两种性质的经济关系,而且"横向经济关系参加者之间的关系"与"横向经济关系的法律调整"在范畴上是有区别的,即使平等主体之间的经济关系中也有一部分属于不平等的组织计划关系,这一部分应由经济法调整。❶ 对于经济法与民法的协同性研究,是在反思经济法与民法的关系基础上进行的,强调二者之间并非互相排斥的关系,即在产生基础上都是商品经济时期;在功能上各自的局限性决定了有机配合的必要性,而且在有计划商品经济体制下尤为显著。换言之,民法和经济法既不能各自极端膨胀而取缔另一方,又因远未达到成熟状态而都需要发展。❷ 对于经济法与行政法的可区分性研究,比较一致的观点认为,纵向经济关系中具有行政性的经济关系应由经济法调整,非经济性行政关系则由行政法调整。❸ 从总体上把前者划归经济法调整,不仅可以避免用行政层次、行政区划、行政手段来管理经济,而且还有利于行政法本身的发展。❹

总之,经济法学从蓬勃兴起到初步发展,前后阶段的理论学说之间实际上具有明显的传承关系,即在理论继承的同时进行了创新和完善。如"经济管理关系与经济协作关系论"就是在前一时期"纵横经济关系论"和"管理与协作经济关系论"的基础上发展而成的。"经济管理关系论"即直接继承了前一时期"纵向经济关系论"的一些思想。而"经济关系和经济活动论"中则吸收了一些"大经济法说"和部分"主体论"的观点。深入考察和比较这些理论后即会发现,"经济管理关系与经济协作关系论"比"纵横经济关系论""管理与协作经济关系论"在理论前提、方法论、内容的精细化程度、与民法调整对象的可区分度等方面均有很大程度的发展,其吸收了其他一些理论中的有益成分或合理因素,在有计划商品经济体制的建立所给予的改革实践支持下,比较容易获得认同。正因为如此,在有效克服《民法通则》颁行后给经济法所带来的负面回应中,该理论自然而然地成为这一时期的主导性学说。但问题在于,经济法学是一门实践性很强的学科,需要不断汲取现实经济体制、经济运行和经济活动的营养,当有计划商品经济体制的命运最终遭遇尴尬时,"经济管理关系与经济协作关系论"也不得不陷入窘境。总的来说,在这一时期,经济法学者的研究视角进一步扩展,总论中的其他一些问题(如经济法的功能和体系、经济法律关系、经济法调整方法等)开始受到重视,分论研究在蓬勃兴起阶段"一穷二白"的基础上也建立起了初步体系,为诸多领域的现实立法提供了经济法学的理论支持。

---

❶ 参见刘瑞复、韩国璋:"在经济法通向科学道路上",载《吉林财贸学院学报》1987年第3期。
❷ 参见张志斌:"民法、经济法不能互相代替",载《法学》1986年第3期;吴文瀚、姜建初、田夏桐:"社会经济关系的层次及其法律调整——民法与经济法在调整功能上的殊途同归",载《兰州大学学报(社科版)》1987年第1期;孙皓晖等:"经济法民法学派之争的历史启示",载《中外法学》1989年第1期等。
❸ 参见李昌麒:"经济法调整对象新探",载《现代法学》1988年第1期。
❹ 参见杨紫烜:"再论经济法的调整对象",载《法学杂志》1987年第5期;谢次昌:"论新形势下经济法与行政法的关系",载《法学评论》1987年第4期。

（二）基础理论研究：分歧与共识

从走向成熟到理性繁荣，经济法学紧扣时代发展主题，在全面总结和扬弃前两个阶段的学术成就、经验教训的基础上，积极借鉴国外经济法学说和国内外其他学科的研究成果，不但创新和丰富了我国的法学理论，突破了传统公法与私法二元划分的研究范式，而且引入了社会本位和整体主义的价值理念，运用了多学科、多视野的研究分析方法，在增强法学研究的开放性和时代性的同时，提高了法学理论的解释力和论证力，有效推动了社会主义市场经济体制的建立和完善。

实行社会主义市场经济体制以来，我国经济法学基础理论研究的重点体现在：(1) 考察中外经济法的产生和发展历史，认识经济法产生的客观基础和理论基础，寻找国内外经济法制建设的经验和规律；(2) 研究经济法的概念、调整对象、调整方式、特征、制度功能、制度体系，探讨经济领域法律调整机制和规律；(3) 论述经济法的理念、精神、价值（包括权利观、利益观等），引入和宣扬先进的价值理念；(4) 分析经济法的基本原则（如国家适度干预原则、社会本位原则、经济民主原则），阐明国家与市场的关系，揭示市场经济的本质特征；(5) 讨论经济法的逻辑起点、基本范畴、分析范式、研究方法等，建立科学的理论解释体系；(6) 研究经济法主体、经济法行为等问题，认识市场主体和行为的特点及规律；(7) 分析经济法责任、经济法的权利救济、经济法的实施，寻找科学的经济法制的实施机制；(8) 研究经济法立法问题，力求为经济立法和决策建言献策；(9) 研究转轨时期的经济法、经济全球化和知识经济时代的经济法等问题，为中国的经济社会转型提供理论解释。❶经济法学基础理论研究凝结了几代经济法学者的毕生心血，其间形成了若干相对独立且比较成熟的经济法理论和学说，这些理论和学说之间的探讨和争鸣，使经济法学的研究视角更加多元，对经济法的理论阐释更加充分。

在走向成熟阶段，经济法学调整对象的研究，并未拘泥于前两个阶段的既有成果，而是通过从形成经济关系的行为角度、经济关系的特质角度以及继续从经济学角度区分经济关系，使研究视角发生了重大转变。目前，比较流行的理论学说主要有以下七种。

一是国家协调说。该说以杨紫烜教授为代表，认为经济法调整的是在国家协调本国经济运行过程中发生的经济关系。它既不是一切经济关系，也不是社会关系中的非经济关系。国家经济协调关系的形成是因为经济运行需要国家协调，而国家协调经济运行既是为了促进经济的健康、稳定发展，也是国家经济管理职能、国家对经济活动的干预和"国家之手"在经济运行中作用的体现。协调的主体是国家，客体是经济运行，目的是使经济运行符合客观规律的要求。具体包括企业组织管理关系、市场管理关系、宏观调控关系和社会保障关系。该说强调在调整对象上经济法与国际经济法的

---

❶ 《中国经济法学三十年发展报告》课题组（岳彩申、李永成执笔）：《中国经济法学三十年发展报告》（讨论稿），第9页，2008年10月31日至11月3日。

贯通，强调经济法调整对象的协调特质的一致性及其在不同国家、不同地区具体范围上的差异性。该说认为经济法具有特定的调整对象，是一个独立的法律部门。其基本原则包括：遵循客观规律协调本国经济运行的原则；坚持经济效率优先并兼顾经济公平的原则；坚持国家整体经济利益并兼顾各方经济利益的原则；坚持可持续发展并兼顾当前发展的原则。❶

二是需要国家干预说。该说以李昌麒教授为代表，认为经济法的调整对象是需要由国家进行干预的、具有全局性和社会公共性的经济关系，即国家需要干预的经济关系，具体包括市场主体调控关系、市场秩序调控关系、宏观经济调控和可持续发展保障关系、社会分配关系。我国市场经济条件下国家对经济的干预应当有所为，有所不为。该说认为经济法是介于公法和私法之间的独立的法律部门。其基本原则有：资源优化配置原则、国家适度干预原则、社会本位原则、经济民主原则、经济公平原则、经济效益原则、可持续发展原则。❷

三是国家调节说。该说以漆多俊教授为代表，认为经济法的调整对象是在国家调节社会经济过程中发生的各种社会关系，简称经济调节关系，具体包括市场障碍排除关系（反垄断与限制竞争关系以及反不正当竞争关系）、国家投资经营关系和宏观调控关系。该说认为经济法调整方法的特点是实行提倡性规范与必要的强制性规范相结合，实行制裁与奖励相结合。经济法成为独立部门法的内在根据在于经济法的调整对象和基本功能与任务上。该说强调，经济法在秩序、效率、公平、正义等价值上有着与一般法不同的特殊性，其中心是效率和公平，其固有价值取向是社会本位。经济法的基本原则最核心的内涵是：注重维护社会经济总体效益，兼顾社会各方经济利益公平。❸

四是纵横统一说。该说以刘文华教授和史际春教授为代表，认为经济法调整社会生产和再生产过程，以各种组织为基本参与者所参加的经济管理关系和一定范围内的经营协作关系（即经济联合关系、经济协作关系和经济竞争关系）。具体包括经济管理关系、维护公平竞争关系以及组织管理性的流转和协作关系。"纵"不包括非经济的管

---

❶ 该说的观点具体参见杨紫烜教授的下列著述：论文"建立和完善适应社会主义市场经济体制的法律体系与《经济法纲要》的制定"（2001年）；论文"国家协调论"（2000年）；论文"论社会主义市场经济法律体系"（1998年）；论文"论新经济法体系"；论文"经济法调整对象新探"（1994年）；论文"建立社会主义市场经济体制与经济法的发展"（1993年）；专著《国家协调论》（2009年）；教材《经济法》（1999年、2006年、2008年）；教材《经济法学》（与徐杰联合主编）（1994年、1997年、2001年、2007年、2009年）等。

❷ 该说的观点具体参见李昌麒教授的下列著述：论文"论市场经济、政府干预和经济法之间的内在联系"（2000年）；论文"中国经济法现代化的若干思考"（1999年）；论文"论社会主义市场经济与经济法制观念的更新"（1994年）；教材《经济法学》（2007年、2008年）；教材《经济法学》（1999年、2002年）；教材《经济法教程》（1996年）；教材《经济法——政府干预经济的基本法律形式》（1995年）等。

❸ 该说也被称为"三三制"理论，即认为经济法的产生是市场有三缺陷，市场三缺陷需要国家三调节，国家三调节需要法律的三保障。该说的观点具体参见漆多俊的下列著述：论文"论市场经济发展三阶段及其法律保护体系"（1999年）；论文"论经济法本质 体系与核心"（1997年）；论文"论现代市场经济法律保障体系"（1994年）；教材《经济法基础理论》（1993年、1996年、2004年、2008年）；《经济法学》（1998年、2004年）等。

理关系、国家意志不直接参与或应当由当事人自治的企业内部管理关系;"横"不包括公有制组织自由的流转和协作关系,以及其实体权益不受国家直接干预的任何经济关系。"统一"是指经济法调整对象是财产因素和行政因素的统一,或者说是经济性和国家意志性的统一。经济法分为经济组织法、经济管理法和经济活动法,属于"以公为主、公私兼顾的法"。经济法的基本原则包括:遵循客观经济规律的原则、巩固和发展社会主义公有制和保护多种经济成分合法发展的原则、国家统一管理和组织独立自主相结合的原则、物质利益原则、经济核算制原则、经济效益原则、经济法律责任制原则。其中,经济法最基本的原则是责权利效相统一原则。❶

五是国家调制说。该说的代表人物是张守文教授,认为经济法的调整对象是国家在对经济运行进行宏观调控和市场规制的过程中所发生的经济关系,包括宏观调控关系和市场规制关系。经济法的宗旨在于通过对经济运行的协调来不断地解决个体营利性和社会公益性之间的矛盾,兼顾效率与公平,从而促进经济的稳定增长,保障社会公共利益和基本人权,促进经济与社会的良性运行和协调发展。经济法的特质在于经济法的现代性。作为现代法,经济法在精神追求、背景依赖、制度建构等方面与传统法之间存在着重大区别。经济法的基本原则包括调制法定原则、调制适度原则和调制绩效原则。经济法的制度运作主要体现在行政领域,而不是司法领域,因而经济法领域的纠纷有许多不在司法机关解决。不能以一种法律或者一种部门法规范是否主要由司法机关执行,来判断其存在的理由和价值。❷

六是社会公共性经济管理说。该说以王保树教授为代表,认为经济法的调整对象是以具有社会公共性为根本特征的经济管理关系,包括市场管理关系和宏观经济管理关系。该说强调,社会公共性体现为社会普遍性、公有性、公益性和国家干预性,是经济法的核心范畴,决定并表现在经济法的产生、价值、主体、权利义务、属性等各个方面。社会公共性所体现的经济自由、经济民主和经济秩序以及社会公益是经济法

---

❶ 该说的观点具体参见刘文华教授的下列著述:论文"中国经济法的基本理论纲要"(2001年);论文"经济法的本质:协调主义及其经济学基础"(2000年);论文"运用经济法理论 加强经济立法"(1999年);论文"中国经济法是改革开放思想路线的产物"(1999年);专著《中国经济法基础理论》(2002年);教材《经济法》(与徐孟洲联合主编)(2009年);教材《经济法律通论》(与肖乾刚联合主编)(2000年);教材《经济法》(与潘静成联合主编)(1999年,2005年,2008年);教材《经济法基础理论教程》(与潘静成联合主编)(1993年);等等。还可参见史际春的下列著述:论文"论从市民社会和民商法到经济国家和经济法的时代跨越"(2001年);论文"经济法的地位问题与传统法律部门划分理论批判"(2000年);论文"改革开放和经济法治建设中产生发展的中国经济法学"(1999年);论文"经济法:法律部门划分的主客观统一"(1998年);论文"社会主义市场经济与我国的经济法——兼论市场经济条件下经济法与民商法的关系问题"(1995年);教材《经济法总论》(与邓峰合作)(1998年,2008年);教材《经济法》(2005年);专著《探究经济和法互动的真谛》(2002年)等。

❷ 该说的观点具体参见张守文教授的下列著述:论文"经济法基本原则的确立"(2003年);论文"经济法学的基本假设"(2001年);论文"论经济法的现代性"(2000年);论文"略论经济法上的调制行为"(2000年);"经济法的时空维度描述"(1998年);论文"略论经济法的宗旨"(1994年);论文"经济法学的法律经济学分析"(1992年);教材《经济法总论》(2009年);教材《经济法学》(2008年);教材《经济法概论》(2005年);专著《经济法理论的重构》(2004年)等。

价值之所在。经济法是一个独立的法律部门,是确认和实行社会整体调节机制的重要法律部门。经济法的体系由市场管理法、宏观经济管理法、对外经济法和经济监督法四部分组成。经济法的基本原则包括:经济上的公平与公正、违法行为法定原则、经济管理权限和程序法定原则。❶

七是耦合经济法说。该说以徐孟洲教授为代表,认为经济法是市场调节与宏观调控关联耦合之法。该说借用物理学上的"耦合"概念,认为在市场经济体制下,通过民主法治途径促进市场机制与宏观调控相互配合而共同作用于社会经济生活,也是一种社会科学上的耦合现象。经济法的调整对象包括两个方面,一个是市场规制关系,一个是宏观调控关系。其中,前者包括生产经营规制关系、市场竞争关系和市场监管关系;后者包括国民经济和社会发展规划经济关系、财政关系、金融宏观调控关系、产业政策调控关系、政府投资调控关系、价格调控关系和对外宏观经济关系。经济法所调整的社会关系,其共同特点是经济性、社会性和管理性。经济法体系由三部分构成,即所谓"一体两翼","一体"是指经济法主体,"两翼"是指市场规制法和宏观调控法。经济法是我国社会主义法律体系中的独立法律部门,其理念包含以消费者为本、平衡协调和社会责任本位三项基本要素,其基本原则包括社会本位原则、维护社会公平原则、平衡协调利益原则和责权利效相统一原则。❷

经济法调整对象理论是经济法总论的核心,直接关系经济法学整个学科体系的存在和发展。上述七种理论学说实际上并未穷尽和容收学界的所有观点和见解,比如"国民经济运行说"❸"管理与协调说"❹"行政隶属性说"❺"行政管理性说"❻等学说在经济法调整对象上的独到研究,和一些研究者从国家参与、调控和管理、社会性与管理性结合、社会整体经济利益、创设市场经济、干预政府、宏观调控关系等角度提出的关于调整对象的许多见解,以及一些不直接进行调整对象理论研究的研究者从总论的其他方面间接进行的调整对象研究。❼ 但总的说来,这些理论学说都直接或间接地

---

❶ 该说的观点具体参见王保树教授的下列著述:论文"关于民法、商法、经济法定位与功能的研究方法"(2008年);论文"经济法与社会公共性论纲"(2000年);论文"市场经济与经济法学的发展机遇"(1993年);论文"论经济法的法益目标"(2001年);论文"市场经济与经济民主"(1994年);教材《经济法原理》(1999年,2004年)等。

❷ 该说的观点具体参见徐孟洲教授的下列著述:论文"论市场机制与宏观调控的经济法耦合"(1996年);论文"论消费者及消费者保护在经济法中的地位——'以人为本'理念与经济法主体和体系的新思考"(与学生合作,2005年);论文"经营者论:基于经济法规范与原理的分析"(与学生合作,2007年);专著《耦合经济法论》(2010年);教材《经济法学原理与案例教程》(2006年,2010年,2016年)等。

❸ 参见刘瑞复:《经济法学原理》,北京大学出版社2000年版和2002年版;刘瑞复:"经济周期与反周期法",载《北京大学学报》1996年第2期等。

❹ 参见程信和:《经济法与政府经济管理》,广东高等教育出版社2000年版等。

❺ 参见李中圣:"经济法:政府管理经济的法律",载《吉林大学社会科学学报》1994年第1期;"关于经济法调整的研究",载《法学研究》1994年第2期等。

❻ 参见石少侠:《经济法新论》,吉林大学出版社1996年版;"对经济法概念、对象、体系的再认识",载《吉林大学社会科学学报》1998年第5期等。

❼ 肖江平:《中国经济法学史研究》,人民法院出版社2002年版,第168页。

揭示了经济法所调整的经济关系的主体特质，即国家或政府总是或常常是经济法律关系中的一方主体❶；也揭示了国家或政府的行为特质，只不过不同学说采用的语词稍有不同而已，如协调、调节、干预、调制、管理、规制、调控等，进而使得国家或政府行为作用的方式和范围有所不同；还揭示了国家或政府实施行为时的目的特质，即追求社会整体利益。这些特质上的共同性或共通性，为经济法学调整对象理论中共识的达成提供了最基本的工具和钥匙。

2003年，李昌麒教授发表《发展与创新：经济法的方法、路径与视域》一文，对我国中青年学者多年来对经济法理论的贡献进行了梳理和评介。该文既体现出老一代经济法学家对中青年经济法学者研究成果的一种赞赏，同时也是对经济法不断拓新研究领域与研究进路的一种倡导。他的研究结论很有价值，受到了学界的普遍重视。他认为，法学的发展与法学研究方法的发展是紧密相关的，法学研究方法本身就是法学理论的重要组成部分。我国中青年学者研究经济法的方法，可以说是法哲学方法、经济分析法学方法、社会学法学方法和法律史、法学史方法的交相辉映。他强调，多向度的认识视角，可以开启事物分析的诸多路径。经济法的研究者们正是通过把握国家与市场这对矛盾统一体，围绕国家与市场之关联，建构经济法的理论平台。中青年学者将经济法的理论考察置于国家与市场这一基础平台之上，就经济法的认识路径，抽象出五种主要的认知范式：（1）经济法：市场失灵与政府失灵双重干预之法；（2）经济法：市民社会与政治国家辩证统一之法；（3）经济法：市场调节与宏观调控关联耦合之法；（4）经济法：自由竞争与秩序调控均衡协调之法；（5）经济法：私法与公法互动交融之法。他指出，过去在经济法的研究过程中，或多或少地存在一种重理论演绎、轻制度实证，重部门地位、轻问题解决的研究倾向，这使得经济法在排解社会冲突、规范社会秩序方面难以发挥自己的制度功效。可喜的是，近些年来，我国中青年学者在注重对经济法基础理论潜深拓新的同时，对经济法领域中的具体制度研究也十分关注，在竞争法、企业法、消费者保护法、宏观调控法、政府采购法、生态法、社会保障法、经济公益诉讼等诸多领域的研究都取得了丰硕的成果，达到了经济法研究与实践中的理论指导制度、制度反衬理论的良性互动。❷

在经济法走向成熟阶段，经济法与民商法的可区分性研究和协同性研究仍在继续，但可区分性研究发生了明显的转变，即从以调整对象为主转变为以法益保护、调整功能和价值取向为主，从以区别为主转变为以联系为主，从原来仅限于总论部分转变为向分论领域适度扩展。❸ 具体说来：从法益保护和调整功能方面看，民商法注重私益保护，而经济法注重公益或社会整体利益的保护，民商法保护的是存量利益，而经济法

---

❶ 其实，这里的政府常常是国家的代表。
❷ 参见李昌麒："发展与创新：经济法的方法、路径与视域——简评我国中青年学者对经济法理论的贡献"（上、下），载《山西大学学报（哲学社会科学版）》2003年第3期、第4期。
❸ 肖江平：《中国经济法学史研究》，人民法院出版社2002年版，第187页。

保护的是增量利益;[1] 从价值取向、调整宗旨和层次等方面看,民商法强调意思自治,而经济法在尊重意思自治的同时强调限制意思自治,民商法强调平等保护而经济法强调偏重保护,民商法侧重从微观保障自由交易、自由竞争以提高效率来促进人们的利益,而经济法则侧重于(并非全部)从宏观、从利益协调方面减少社会经济震荡的破坏以提高效率从而促进人们的利益,民商法主要重视经济目标而经济法不仅重视经济目标而且重视社会目标和生态目标;[2] 从理论假设上看,民商法所假设的市场整体源于古典经济学,而经济法所假设的市场整体源于现代经济学,民商法建基于政府外在于市场的假设,而经济法则建基于政府内在于市场的假设,民商法认为市场主体是平等、均质的"经济人",而经济法则认为市场主体是不平等、非均质、有个性的"经济人"兼"社会人"。[3] 具体到经济法与商法,有学者从二者的调整对象、调节机制以及所创设的经济环境条件等方面研究了它们的区别。[4] 但与此同时,学者们也充分认识到了经济法与民商法的功能协同性,几乎所有的可区别性研究成果都可以从二者的功能协同性上得到理解,得到认同。

经济法与行政法的可区分性研究和协同性研究也有不同程度的深化。有的学者认为,经济法调整对象是行政管理性经济关系,经济法与行政法在调整对象、调整方法和社会功能等方面有很大区别。也有学者提出,经济法与行政法在许多方面具有互补性,其中经济法对行政法的补充集中体现在经济法的立法宗旨、立法对象以及法律手段等方面。[5]

当然,将经济法、民商法和行政法一并进行比较的研究也有一些。如程宝山认为,经济法、民商法、行政法在法益保护上分别保障社会整体经济利益、个人利益和国家公共利益。[6] 王保树认为,从经济社会调节机制角度看,适应经营主体自我调节机制要求的是民商法,适应行政调节机制要求的是行政法,适应调整宏观间接经济关系和市场管理关系要求即满足社会集体机制发生作用需要的是经济法。[7] 邱本等则从法对市场经济的作用角度进行了分析,认为市场经济因行政法的存在而得以独立,因民商法的存在而得以发展,但还必须因经济法的存在而得以完善。[8] 一系列的研究成果表明,经

---

[1] 参见史际春:"社会主义市场经济与我国的经济法——兼论市场经济条件下经济法与民商法的关系问题",载《中国法学》1995年第3期;程宝山:"再论经济法与民商法的关系",载《郑州大学学报(哲学社会科学版)》1999年第5期;陈乃新:"经济法是增量利益生产和分配法——对经济法本质的另一种理解",载《法商研究》2000年第2期。

[2] 王全兴、管斌:"民商法与经济法关系论纲",载《法商研究》2000年第5期。

[3] 吕忠梅:"论经济法的边缘",载《法商研究》1994年第4期。

[4] 如王保树主编:《经济法原理》,社会科学文献出版社1999年版,第89页。

[5] 参见石少侠主编:《经济法新论》,吉林大学出版社1996年版,第18~23页;吕忠梅:"论经济法的边缘",载《法商研究》1995年第4期等。

[6] 参见程宝山:"论经济法与民法、商法、行政法的关系",载《郑州大学学报(哲学社会科学版)》1999年第3期。

[7] 参见王保树:"市场经济与经济法学的发展机遇",载《法学研究》1993年第2期。

[8] 参见邱本、董进宇:"论经济法的宗旨",载《法制与社会发展》1996年第4期。

济法与民商法、行政法既互相区别，又密切联系，在我国现行法律体系中它们相互补充、相互协同地发挥各自的作用。正如邱本所言："经济法产生于民法之后，以民法为参照，是对民法的补充，民法与经济法相依而存。只有对民法的规定性有根本的把握，对民法的局限性有清楚的认识，才能理解经济法，因为经济法开始于民法存在局限性的地方，是对民法局限性的克服。经济法与政府干预紧紧相连，与行政权力密切相关，有时政府干预、行政权力是行政法规制的核心，这就决定了经济法与行政法必然有千丝万缕的联系。经济法与行政法内容交叉，互相交融，因此，对经济法来说，与行政法同行，与行政法合作，借鉴行政法是经济法所应有的态度。民法、行政法和经济法是拉动市场经济向前发展的'三驾车'。"❶

走入理性繁荣的经济法学仍在成长过程中，虽然对许多问题的研究仍然存在一定的分歧，但基本上形成了以下理论体系和共识：（1）将国家（或政府）与市场之间关系的法治化作为经济法学研究的基本理论框架；（2）将"市场失灵"与"政府失灵"作为经济法的理论基础，将经济民主与经济集中、经济自由主义与国家干预主义的对立统一作为经济法的哲学基础，主张从多学科的视野分析经济法的产生和发展；（3）认为经济法是偏重于追求实质正义的法，是社会本位法，是对传统民法、行政法的制度和功能的不足的弥补和超越；（4）在利益调整上，紧紧把握住社会利益或社会公共利益或社会整体利益来展开研究；（5）认为经济法具有经济性、社会性、公共性、政策性、现代性、综合性、整体性等特征；（6）将市场规制法和宏观调控法作为经济法制度体系的核心部分；（7）认为经济法律关系应该突破和超越传统的民事法律关系模式；❷（8）认为经济法的责任有别于传统法律责任的特殊性；❸（9）在经济法权利的司法救济上主张建立公益诉讼制度；（10）认为经济法具有很强的本土性，中国经济法有许多区别于西方经济法的地方，中国经济法学研究更应该关注本土资源。❹

党的十八大以来，有关市场经济体制改革和依法治国重大方略的实施工作全面铺开，国民经济和社会发展第十三个五年规划纲要（2016~2020年）给经济法学发展提出了明确的新任务、新目标，一系列重大研究课题纷纷立项。值得一提的是，2016年8月，由教育部组织编写的马克思主义理论研究和建设工程重点教材《经济法学》，正式由高等教育出版社出版发行，成为创新法治人才培养机制中针对经济法教学的国家

---

❶ 邱本："在变革中发展深化的中国经济法学"，载《政法论坛》2005年第6期。

❷ 这主要体现在，经济法学认为，传统法学理论强调民事法律关系的权利与义务的对应性，由于经济法所解决的问题不再局限于微观的个体行为与个体社会关系，因此无法沿用民事法律关系的理论模型解释经济法所调整的社会关系。为此，经济法学基于经济法所调整的社会关系的特殊性，提出了"经济职权—经济职责""经济权利—经济义务"的对等性原理，实际上丰富了法律关系的理论。

❸ 即在传统的民事责任、行政责任和刑事责任外，经济法学根据现代社会经济结构的特点和行为人的行为特点，在经济立法中提出了新的责任形式，如产品召回、结构控制（分拆垄断企业）、资格减免、信用减等、行为控制等，从而发展和丰富了法律责任理论。

❹ 参见岳彩申、李永成："中国经济法学三十年发展报告"，载李昌麒、岳彩申主编：《经济法论坛》（第7卷），群众出版社2010年版，第13~36页。

统一法律类专业核心教材的最新成果。正如该教材所指出的，具有中国特色的经济法学，作为整个法学体系中的重要组成部分，已日渐成为对经济和社会发展、对法治建设具有重要影响的"显学"。❶

可喜的是，近年来有关经济法基础理论的研究取得了新进展。（1）对经济法权的研究是其中的一个表现。"现代经济法"最基本的特征是权利与权力之间的"互动"。❷ 有学者集中研究了经济法权的确立及其特征，阐述了经济法权的结构特色，指出经济法权是权利与权力的统一，并比较分析了经济法权利与民事权利、经济法权力与行政权力，将经济法权进一步区分为消费者权、竞争权、信息资产权、政府参与权、市场规制权与宏观调控权等。❸（2）对经济法基本范畴体系的研究也是一个表现。通过经济法基本范畴的科学界定，廓清了经济法研究中的理论边界，集中了整个经济法概念与思维的精华。有学者提出，经济法、经济行为、国家干预、实质正义、社会本位、社会公共利益、经济法律关系和经济法责任等构成了我国经济法的基本范畴体系。❹ 这些成果都为经济法理论研究的深化提供了更多视角和工具。

张守文认为，任何理论的形成和发展，都有其特定的时空背景。经由"时点考察"和"理论类型研究"可以发现，中国经济法理论在时间维度上已经开启了理论分期的"新阶段"，在研究对象维度上正在发生理论类型的"新变化"，因而存在着不同于既往的"新发展"。他指出，我国经济法学界不仅关注本体论、价值论、发生论等问题，而且已将研究拓展到规范论、运行论、范畴论、方法论等诸多领域；不仅涉及对主体理论、行为理论、权利理论、责任理论的研究，也涉及对法律实施、经济审判、基本范畴、研究方法等多维度的探讨，从而形成了众多"理论板块"，使经济法理论体系大为完善。他特别强调，要有效促进中国经济法理论的"新发展"，尚需在研究路径上处理好"既有理论"❺ 与"新型理论"❻ 的关系，推进立法论与解释论、功能分析与结构分析、问题定位与制度创新的有机结合。❼

总的看来，经济法基础理论一直是我国乃至世界范围内经济法理论研究的重要组成部分。任何一门成熟的学科，均离不开各个时代的研究者在学科基础理论上的持续努力。虽然历史上有关经济法基础理论的研究曾有过不少争议，甚或有过少人问津的尴尬时刻，但走入理性繁荣阶段的经济法学一改过去的热闹浮华，实现了从众说纷纭

---

❶ 马克思主义理论研究和建设工程重点教材《经济法学》编写组：《经济法学》，高等教育出版社2016年版，第4页。

❷ 蒋悟真："现代经济法的法权结构论纲"，载《法学杂志》2008年第6期。

❸ 韩志红、宁立志等：《经济法权研究》，武汉大学出版社2012年版。

❹ 薛克鹏：《经济法基本范畴研究》，北京大学出版社2013年版，第6页。

❺ 他认为，经济法的既有理论已初步完成了"板块"构造，形成了本体论、价值论、规范论、运行论、发生论、范畴论、方法论等诸论构成的基本理论架构。

❻ 他认为，在新的历史阶段，要从贯通经济法的理论和制度的重要"线索"或"经脉"的维度，构建包括分配理论、发展理论、风险理论、信息理论等诸多新型理论的体系。

❼ 张守文："中国经济法理论的新发展"，载《政治与法律》2016年第12期。

到学说逐步统一、从务虚到务实、从借鉴国际到自我发展的转变,强调经济之法要经世济用,立足市场经济,与民商法和行政法并驾齐驱,并敢于直面自身问题,不断完善自我。❶

三、基本经验、主要问题与学科展望

回顾历史,中国经济法学研究始终致力于服务国家重大战略实施,坚持中国问题导向,坚持给养科学立法、严格执法、公正司法和全民守法,着力于解决市场体系不完善、城乡和区域经济发展不平衡、政府干预过多和监管不到位等问题。自社会主义市场经济体制确立以来,尤其是"依法治国,建设社会主义法治国家"的基本方略确立以来,在经济法学理论指导下,我国经济法治开启了成就卓越的建设历程,以其理念科学先进、制度切实可行、体系宏大细密和功能效果明显的特征,在中国特色社会主义法治体系中居于重要地位。

(一) 基本经验

中国经济法学在40年的发展中,紧紧围绕经济体制改革和经济发展实践,划清了自己与民商法、行政法的界限,确立了经济法作为社会主义法律体系组成部门的独立地位。从历史经验看,中国经济法学直面经济社会发展中的突出问题和主要矛盾,始终坚持理论创新与制度创新的引领驱动,积极推动国家经济体制改革和经济法制建设,完善政府与市场、政府与企业之间的法律规则体系,取得了一系列重要的理论前沿成果。中国经济法学形成的重要背景,其实是特定时空维度下的"三化",即市场化、全球化和国家治理的现代化。中国经济法学之所以成绩卓著,主要经验有以下三个。

一是以中国问题和中国意识作为推动经济法发展的根本动力。中国经济法的产生肇始于中国改革开放的启动,正是改革开放的生动实践为中国经济法的产生提供了基本条件。20世纪90年代社会主义市场经济的确立,为新一轮改革指明了具体方向,同时也为中国经济法的政府角色定位锁定了市场化的价值取向,简政放权成为一系列经济法律制度设计的根本理念。进入理性繁荣阶段后,科学发展观的提出,使经济法更加强调在立法和制度运行过程中坚持人本观念、可持续发展观念、人与自然和谐发展观念等,中国经济法学在经济发展理念的转换和现实的推进下,逐步完成了理论转型并成熟和自信起来。有关分配理论、发展理论、风险理论和信息理论的探索成果,表明改革开放40年来,经济法学研究始终以中国问题和中国意识作为推进自身理论发展和经济法律制度建构的逻辑起点和动力之源。

二是以国际化或全球化作为优化经济法律制度设计的重要立足点。这里国际化与强调中国问题、中国意识时的本土化并不矛盾,经济法的国际化并不意味着经济法对国外制度的全面移植和照搬,其准确的蕴意是在对中国经济发展的现实约束条件充分

---

❶ 参见邱本:"在变革中发展深化的中国经济法学",载《政法论坛》2005年第6期。

考量的基础上,积极借鉴国外先进的制度设计与经验。譬如,在我国银行业监管的法律法规中,就大量汲取了国际金融监管的主要标准《巴塞尔协议》的主要精神和内在规定,《反垄断法》的主要制度也是在对西方国家反垄断基本制度设计和判例规定加以总结和概括的基础上得以构建和完善的;《食品安全法》和《消费者权益保护法》中有关惩罚性赔偿金制度的构建和完善也与理论界对他国相关制度的引介大有关联。

三是以开放性作为保持经济法有效性和生命力的基本精神。作为具有现代性特征的经济法,非常注重法律对社会和经济的开放性,将经济法定位为回应型法,强调的正是经济法对现实问题的主动关注和积极回应,注重经济法对社会变迁和经济转型的对接和协调。在我国经济法学的发展过程中,所推出的诸如《反不正当竞争法》《反垄断法》《消费者权益保护法》《产品质量法》等各类经济法律都体现了经济法与社会和经济的强力互动和高度融合,体现了国家治理经济社会的现代化。❶ 在一定意义上,中国经济法学的历史发展与改革开放的经济法治实践一直保持着同频共振的联系,二者之间的有效互动完美诠释了法学与法律、法律与现实世界逻辑关系的现实证成。

(二) 主要问题

中国经济法学的形成与发展,与一代代学者对社会主义市场经济规律认识的深化、对经济政策和其他公共政策的把握,以及对相关政策法律化的推进是密不可分的。然而,理想和现实之间总存在着一定的差距,在发展过程中,中国经济法学自身也存在着一些不足,主要表现在以下四个方面。

一是总论研究仍待进一步深化。在总论研究中对经济法主体关注度不够,对经营者、消费者、管理者等相关主体的法律地位和深刻内涵认识不足,对经济法的权利体系和责任体系疏于构建,对经济法的实施机制及社会整体利益保护等创新不够,对经济司法理论的研究未能形成有效突破等,这些都在一定程度上制约了经济法学的理论深化,影响了经济法律制度的创新及其功能发挥。

二是研究主题相对过于集中。除经济法总论外,竞争法、财税法、金融法一直是经济法学术研究的"金三角",这三大子部门法领域不但学术资源丰富,而且学术积淀深厚,因此研究成果相当丰硕。但相比之下,有关国有企业改革和国有资产管理、会计法、审计法、广告法、电信法、产业促进法、标准化法等领域长期遭遇冷落,导致经济法学与经济学在这些领域的呼应不够充分,在学术话语权方面存在一定程度的无语或失语问题。

三是尚未得到其他部门法学的全面支持。与其他部门法学相比,经济法学的著作、论文、研究报告等成果数量与质量仍存在巨大的提升空间,法学界对经济法仍存在一定误读、偏见、排斥甚或是歧视,传统学科的部分学者始终固守传统法律观念,经济法学缺乏与传统法学的有效沟通,未能得到其深刻理解和接受。这使得经济法学作为新兴法学与传统法学之间的距离似乎在扩大,加强与其他学科的对话和交流,进一步

---

❶ 参见鲁篱:"中国经济法的发展进路:检视与前瞻",载《现代法学》2013 年第 4 期。

提升经济法学的社会影响力日显重要。

四是学术传承和学术共识还有待强化。经济法学堪称我国当代法学中最具中国特色的部门法学。我国经济法基础理论在长期的学术争鸣中已经获得了相当程度的深化和升华，但经济法的知识体系和理论体系的生成规模尚不平衡，在整个法学体系中的学术引领力和主导力尚待加强，在理论传承和发展中还需要更多的学术批判精神和创新精神。

(三) 未来展望

经济法学40年发展的历史经验表明，经济法学者必须求同存异，共同致力于推动经济社会的可持续发展，通过各种方式和平台，整合学术资源和力量，从研究范式和研究方法上不断创新，并牢牢抓住新时代发展的主题，在与时俱进中实现经济法学关怀经济社会和民生福祉的理想与抱负，促进社会主义市场经济体制的进一步改革、发展和完善。展望未来，经济法学需要重点处理好以下三种关系。

一是需要处理好经济法总论研究和分论各领域研究的关系。从蓬勃兴起到初步发展，再到走向成熟，经济法学在前三个阶段都比较妥当地处理了总论研究和分论研究的关系。进入理性繁荣阶段后，总论研究进展缓慢，有时甚至陷入停滞，而分论研究则在竞争法、财税法、金融法等领域开展得如火如荼。这种失衡导致经济法学总论研究少有人问津，实践中难以形成对具体制度的理论指导和理论自洽。无论是总论内容还是分论中的具体制度研究，都要注意以经济民主理念推动经济立法和执法的科学化和民主化，以法律规则与经济规律的有效融合和对接作为实现经济法有效性的基本要素，并加强对经济法的体系整合和规则重构，从而进一步提升经济法规范性水平和实施绩效。❶ 比如，对经济法律责任的研究即应该引起更多重视。张守文指出，中国经济法治在整个法治体系中日益重要，但存在突出的"刚性不足"问题，并由此形成了"柔性法治"的特色。对"柔性法治"的认识需一分为二，应正视其在经济和法治等领域的积极作用和消极影响，从而扬长避短，适度增强法治的刚性，这是中国经济法治的改进方向。因此，中国未来的经济法治应当宽严结合、刚柔并济，以充分保障各类市场主体的经济自由，并使其通过公平竞争而各得其所；同时，还应统分结合，激励相容，以切实保障各类公共物品的供给，实现整个经济和社会的良性运行和协调发展。❷ 经济法总论和分论研究的协调性如何，直接影响着我国经济法治的系统功能和运行质量。

二是需要处理好中国特色法学体系与中国特色法治体系的关系。中国特色社会主义道路、理论体系、制度是全面推进依法治国的根本遵循。❸ 就经济法学而言，其本土化特征十分突出，我们可以借鉴国外经济法学理论及其经济法治经验，但绝不能照搬

---

❶ 参见鲁篱："中国经济法的发展进路：检视与前瞻"，载《现代法学》2013年第4期。
❷ 张守文："中国经济法治的问题及其改进方向"，载《法制与社会发展》2018年第2期。
❸ 《中共中央关于全面推进依法治国若干重大问题的决定》，2014年10月23日中国共产党第十八届中央委员会第四次全体会议通过。

外国法治理念和模式。只有将中国特色法学体系与中国特色法治体系有机结合，紧紧围绕党和国家工作大局，统筹推进"五位一体"的总体布局，协调推进"四个全面"的战略布局，经济法学研究才能适应把握引领经济发展新常态，才能坚持以提高发展质量和效益为中心，坚持以推进供给侧结构性改革为主线，扎实推进政府部门依法监管、依法服务和依法调控，更好地与经济法治相协调。目前，经济法学界在国有企业法和国有资产法方面的研究还比较薄弱，研究力量和资金投入均不足。社会主义公有制是我国的基本经济制度，经济法学研究需要积极推动国有企业和国有资产管理等重点领域的经济立法工作，依法保障公有制经济和非公有制经济的协同发展，依法平等保护各类企业合法权益和企业家创业创新积极性。经济法学研究需要正确把握和处理有关产权和经济纠纷的司法政策，深入推进跨行政区划的司法机构设立以及专业法院和法庭建设，深化社会公益诉讼试点，为经济法更好地服务与保障供给侧结构性改革、保障实体经济健康稳定发展提供重要的理论支持。

三是需要处理好经济改革与经济法治的关系。中国要实现现代化，就必须实现包括经济法治在内的整体法治的现代化。用法治思维正确处理经济改革与经济法治的关系至关重要。正如陈甦教授所言，强化对改革的全程控制以实现有序改革，使我国社会在深刻变革中既生机勃勃又井然有序，必须依靠法治的引领和规范作用。❶ 我国从2013~2015年，基于改革、法治、发展三个维度，分别作出了影响深远的"三大决定"，以全面深化改革、依法治国和小康社会建设，系统解决经济、社会、政治、法律、文化等领域的问题。针对"改革难点""法治重点"和"发展要点"的关联与交叠，需要经济法学界作出系统性回应。❷ 因此，在经济法学研究和经济法治建设中，需要坚持经济改革决策与经济立法决策相统一，确保"凡属重大改革必须于法有据"。为真正实现全面建成小康社会的目标，一方面，需要使全面依法治国有效地引领、促进、规范和保障经济改革；另一方面，也要使全面深化经济改革成为经济法治发展的内在动力。只有在深化改革中系统完善经济法律体系和经济法律制度，才能充分挖掘和彰显经济法治的机制动能，更好地落实新发展理念。众所周知，深化重要领域和关键环节改革是今后一段时期的重点工作任务，面对国际环境新变化和国内发展新要求，我国经济法学界只有进一步增强自信、与时俱进、坚持创新、凝聚共识，才能在推动供给结构和需求结构相适应、消费升级和有效投资相促进、区域城乡发展相协调等方面继续发力，助推社会主义市场经济法治建设迈上新台阶，进而为世界法治理论的发展作出贡献。

（撰稿人：中国社会科学院法学研究所　席月民研究员）

---

❶ 陈甦："构建法治引领和规范改革的新常态"，载《法学研究》2014年第6期。
❷ 张守文："中国经济法理论的新发展"，载《政治与法律》2016年第12期。

柯 坚 武汉大学环境法研究所教授、副所长
刘志坚 武汉大学环境法研究所博士研究生

中国环境法学四十年

1978～2018

自 20 世纪 70 年代初始，随着我国环境保护事业的发展，特别是我国环境法制建设的需要，我国环境法学研究应运而生。在四十余年的时间里，我国环境法学走过了从产生、发展到不断繁荣的历程。以国家的改革开放 40 年为契机，我国环境法学研究从无到有、从稚嫩到逐步成熟，取得了长足的进步，促进了我国环境法制建设的跨越式发展，推动了环境立法、执法、司法、守法和法律监督的实践进程。本文拟对 40 年来我国环境法学的产生与发展进行历史回顾，对环境法学理论研究成果进行系统的梳理与总结，并对环境法学研究进行全面的分析评价以及对未来发展进行前瞻性探讨。

一、环境法学产生与发展的历史回顾

（一）环境法学学科的创立与发展

环境法学作为我国法学领域一个年轻的二级学科，其孕育、形成、发展只有四十余年的历史，其创立、形成与发展大致可以分为早期环境法学学科的创立、可持续发展战略目标下环境法学学科的快速发展和生态文明建设对环境法学学科发展的推动三个阶段。

1. 早期环境法学学科的创立

我国环境法学的学科创立期主要是指我国环境法学的孕育和形成时期，大致从 20 世纪 70 年代初环境保护事业的兴起到 1992 年可持续发展国家战略目标的确立。在 1972 年中国恢复联合国合法席位不久，作为中国参与的第一次联合国正式活动，我国政府派团出席了联合国人类环境会议。联合国人类环境会议的召开及其通过的《人类环境宣言》，对于我国环境保护事业和环境法制建设具有里程碑的意义。从这时起，中国开始逐步破除意识形态的障碍，正视我国工业化发展过程中出现的环境污染和生态破坏问题，并逐渐融入国际社会环境保护的历史洪流之中。

作为参加联合国人类环境会议之后的回应，1973 年国务院召开了第一次全国环境保护会议，会后批准并颁布了《关于保护和改善环境的若干规定》，并成立了国务院环境保护领导小组，从而揭开了我国环境保护事业和环境法制建设的序幕。1978 年党的十一届三中全会之后，随着我国政治上的拨乱反正、经济发展的恢复和工业化进程的加速，面对日益严重的环境问题的挑战，政府和公众的环境意识开始萌生、传播和普及。与此同时，中国开始实行改革开放政策，经济发展由此驶上高速增长的轨道。国家在发展政策思路和环境保护观念上，出现明显的变化，环境保护和环境法制建设开始得到全面的重视。以 1979 年 9 月颁布的《中华人民共和国环境保护法（试行）》为标志，国家明确地提出了经济发展、社会发展和环境发展同步进行，经济效益、社会效益和环境效益协调统一的发展思路和环境保护观念。以《环境保护法（试行）》的颁行为契机，我国环境法制建设的理论体系、制度体系、法律法规体系和管理体制开始形成，初步确立了中国特色的环境法制建设道路，我国环境法学研究由此也正式拉开了大幕。

在当时历史背景下，我国尚无环境法学。然而，一些具有前瞻性眼光和远见卓识的法学学者，洞察到环境法学的发展前景以及国家环境保护事业的实践需求。在武汉大学韩德培教授的积极倡导和推动下，1980年武汉大学成立了环境法研究室。后经韩德培教授的倡议和推动，环境法研究室发展成为由武汉大学和中国环境科学院共建的环境法研究所（后经改组，由武汉大学和国家环境保护总局合办）。武汉大学环境法研究所早期的前辈学者，参与了《环境保护法（试行）》的修订以及《水污染防治法》《大气污染防治法》《固体废物污染防治法》等我国几乎所有重要的环境立法的起草研究工作。发展至今，该机构已成为我国乃至亚洲地区最大的、专门从事环境法学研究、教学和咨询的科研机构。

同年，在北京大学金瑞林教授的倡议下，北京大学法律系率先在法律系本科生中开设了环境法学课程。此后，武汉大学、中国政法大学和西南政法学院等高等院校也分别在法学本科教学中列入环境法课程。1984年，原国家教委在正式颁布的《综合大学法律系专业教学计划》明确将环境法列入法学本科教育的选修课程；1985年制定的《经济法专业教学计划》把环境法和自然资源法都列为必修课。这种法学研究和法学教育的变化，不仅使环境法学师资和研究队伍迅速得到充实，而且促进了高校环境法学研究和教材建设水平的提高，为环境法学研究和人才培养提供了广泛的基础。

在1983年第二次全国环境保护会议上，环境保护成为我国的一项基本国策。国策地位的确立，使环境保护从经济建设的边缘地位转移到中心位置，为环保工作的开展打下了坚实基础。同时，为落实环境保护基本国策，国务院制定出台了"同步发展"方针，即"经济建设、城乡建设、环境建设同步规划、同步实施、同步发展，实现经济效益、社会效益、环境效益相统一"战略方针，摒弃了"先污染、后治理"的老路，体现了走有中国特色环保之路的要求，并顺应国际社会环境保护的潮流。这一时期，环境法学注重环境法制的实践研究，特别是围绕着国家和地方立法的现实需要，学者们积极参与立法的起草研究工作，为我国环境法制的奠基做出了突出贡献。

这一时期，环境法学研究从无到有，发展迅速。环境法学学者开始研究和探索环境法学的基本理论和实践问题，其理论研究重点包括：环境法学中环境的内涵和外延问题、环境法的阶级性问题、环境保护法的体系建设问题、环境法（学）的独立部门法（学）地位问题、环境法的基本原则和制度的发展问题、单位环境犯罪主体的扩展问题，等等。在这一时期，除了环境法学的基础理论研究，一些学者还关注环境法律规范的注释研究、外国环境法的引介、国际环境法的研究等。此外，一些学者借鉴国外的环境法理论与实践，尝试引入并探讨了一些环境法学的前沿性问题，进行环境法学的专题研究，如蔡守秋教授进行了环境权的学术研究，并在《中国社会科学》上发

表了《环境权初探》一文。❶

这一时期，出版了对于后来环境法学教育和研究影响深远的环境法学教程，最具有代表性的教材包括武汉大学韩德培教授主编的《环境保护法教程》❷和北京大学金瑞林教授主编的《环境法学》❸。两者各具特色，前者根据环境法立法体系来构建环境法学体系，后者依据环境法的编纂体例来构建环境法学体系。此外，代表性的著作还有《环境保护法概论》❹《环境保护法基本问题》❺《环境保护法》❻和《中国环境政策概论》❼。可以说，这些教科书性的著作奠定了中国环境法学教育和研究最早的学术基础。在介绍和研究外国环境法方面，《西方国家环境法》❽《苏联东欧国家环境保护法》❾填补了外国环境法系统性研究的空白，《环境外交概论》❿填补了我国国际环境法的研究空白。

2. 可持续发展战略目标下环境法学学科的快速发展

1992年6月，为了推进国际社会环境保护共识的形成，联合国召开了全球性的环境与发展大会。会议通过的《里约环境与发展宣言》《21世纪行动计划》《联合国气候变化框架公约》等法律文件确认了可持续发展的战略目标和法律地位。通过这些国际法律文件的缔结，我国政府接受了可持续发展的国际性法律理念，并将可持续发展战略作为我国的重要国家发展战略。会后，中共中央、国务院颁布了《环境与发展十大对策》，首次在中国提出实施可持续发展战略。1995年，国家在制定"九五"规划中，明确将科教兴国和可持续发展战略作为国家战略，可持续发展成为我国社会主义环境法制建设的指导思想和中心任务。在发布的《中国环境行动计划（1991~2000年）》、《中国21世纪议程》等政策性文件中，制定了中国实施可持续发展战略的国家行动计划和措施，并明确提出，建立我国可持续发展战略的环境法体系。不仅如此，我国政府还相继提出了科学发展的观念和战略，倡导建设资源节约型和环境友好型社会，倡导发展循环经济和低碳经济。这些新的发展战略和环境保护理念，极大地推进了可持续发展战略目标下我国环境法学学科的快速发展。

这一时期，环境法学的教学和科研机构获得快速发展。1993年，北京大学率先获得了环境法学专业博士学位授予权。1997年，武汉大学也获得了环境法学专业博士学位授予权。据中国法学会环境资源法学研究会的调查，至2003年，我国高等院校已经

---

❶ 蔡守秋："环境权初探"，载《中国社会科学》1982年第3期。
❷ 韩德培：《环境保护法教程》，法律出版社1986年版。
❸ 金瑞林：《环境法学》，北京大学出版社1990年版。
❹ 文伯屏：《环境保护法概论》，群众出版社1982年版。
❺ 马骧聪：《环境保护法基本问题》，中国社会科学出版社1983年版。
❻ 马骧聪：《环境保护法》，四川人民出版社1988年版。
❼ 蔡守秋：《中国环境政策概论》，武汉大学出版社1988年版。
❽ 文伯屏：《西方国家环境法》，法律出版社1988年版。
❾ 马骧聪：《苏联东欧国家环境保护法》，中国环境科学出版社1990年版。
❿ 蔡守秋：《环境外交概论》，中华科技出版社1992年版。

设立近二十个环境资源法学硕士点、近十个环境资源法博士点，我国高等学校、有关中等专科学校已经普遍开设环境法课程，全国每年招收近二百名环境法硕士生和博士生，环境资源法学教育已经在我国教育领域得到重视和长足发展。

特别值得一提的是，1997年年底，国务院学位委员会在对法学二级学科重新分类和调整中将自然资源法等并入环境法学，并将原环境法学正式更名为"环境与资源保护法学"，同时将其列为法学的二级学科。1999年，武汉大学环境法研究所入选教育部首批15个普通高等学校人文社会科学重点研究基地（全国入选首批重点研究基地的法学学科只有2个）。1999年11月，经国家环境保护总局、国土资源部、中国法学会批准，中国法学会环境资源法学研究会在武汉大学正式成立。环境法学会第一届会长是中国著名法学家韩德培。环境法学会的成立为广大的环境法学界人士提供了学术交流的平台，极大地促进了环境法学研究的对话与交流。2002年年初，武汉大学环境法研究所作为学科点单位被评为环境法学国家级重点学科。

在此期间，为适应我国可持续发展战略的实践需要，我国制定和修订了多部环境与资源保护立法。在1989年《环境保护法》的修订，《水污染防治法》《大气污染防治法》《固体废物污染防治法》《海洋环境保护法》等单项、单领域污染防治法律的制定和修订，以及《森林法》《草原法》《水法》《水土保持法》《野生动物保护法》等资源保护法律的制定和修订过程中，环境法学学者对于我国环境法制建设的理论支持及其建言献策作用更加突出。可以认为，我国社会主义环境立法体系的形成和完善过程中，环境法学研究发挥了不可替代的重要作用。

与环境法学学者参与环境立法实践活动齐头并进，环境法学理论研究也进入活跃期、繁荣期。其具体表现为，环境法学学者的理论自觉意识更加成熟，环境法学研究问题意识更加明确，学者们研究涵盖的范围，不仅实现了环境与资源要素法律保护研究的全覆盖，而且，学者们开始了环境法学的环境与资源的整体化、一体化理论研究，并尝试建立一套自足、自洽的成熟的环境法学理论体系。

这一时期，环境法学研究的重点主要包括：环境法的目的问题、环境法调整对象问题、可持续发展环境法体系建构问题、环境法基本原则问题、环境法律制度的扩展与深化问题、排污权交易与环保市场化法律问题、区域环境保护法律机制问题、环境诉讼与环境公益诉讼问题、环境纠纷解决的非诉机制问题，等等。同时，对于外国环境法的深入研究、对于国际环境法的不断探索，也都成为在可持续发展战略目标下我国环境法学研究快速发展的热点领域。其中，《20世纪环境法学研究述评》[1]《环境法原理》[2]《环境法律的理念与价值追求——环境立法目的论》[3]《环境法融合论——环

---

[1] 金瑞林、汪劲：《20世纪环境法学研究述评》，北京大学出版社2003年版。
[2] 陈泉生：《环境法原理》，法律出版社1997年版。
[3] 汪劲：《环境法律的理念与价值追求——环境立法目的论》，法律出版社2000年版。该书是以我国大陆地区第一位环境法博士的毕业论文为基础的著作，2010年获钱端升中国法学研究优秀成果奖。

境、资源、生态法律保护一体化》❶《环境法新视野》❷ 等代表性论著促进了中国环境法基本理论的形成、发展和创新,《美国环境法概论》❸《日本环境法概论》❹《欧盟环境法》❺《俄罗斯生态法》❻ 填补了环境法学界对于相关国家环境法研究的空白,《国际环境法导论》❼《国际环境法》❽ 等代表性论著则推动了我国环境法学界对于国际环境法的研究。

需要指出的是,作为这一时期环境法学的领军人物、代表人物,蔡守秋教授在2009年出版了79万字的《调整论——对主流法理学的反思与补充》。蔡守秋教授积极借鉴哲学、伦理学和环境科学等其他学科的研究成果,尝试通过法律关系论、主体论、客体论、行为论和权利义务论、自然体的权利与代理论、调整人与自然关系的机制、主客体一元论的环境法研究范式和研究方法等方面的开拓性研究和创新性探索,揭示环境法学的理论根基、本体论和方法论,彰显环境法学的精神内涵和时代特质。该书的出版,在环境法学界内外就环境法的调整对象和研究范式掀起了一场热烈而持久的学术争论,对于环境法学作为异军突起的法学新军与传统法学的对话和对接,发挥了重要的作用。

3. 生态文明建设对环境法学学科发展的推动

2005年国务院发布的《关于落实科学发展观加强环境保护的决定》中,首次强调"倡导生态文明,强化环境法治,完善监管体制,建立长效机制,建设资源节约型和环境友好型社会"。2007年中国共产党十七大在政治文件中首次提出了生态文明的战略,2012年十八大报告明确提出,把生态文明建设放在突出地位,融入经济建设、政治建设、文化建设、社会建设的全过程。十九大报告进一步提出,中国特色社会主义进入新时代,我国社会主要矛盾已经转化为人民日益增长的美好生活需要和不平衡不充分的发展之间的矛盾。报告明确提出了"要创造更多物质财富和精神财富以满足人民日益增长的美好生活需要,也要提供更多优质生态产品以满足人民日益增长的优美生态环境需要"。

党的十九大报告强调"建设生态文明是中华民族永续发展的千年大计",并将"人与自然和谐共生"作为新时代坚持和发展中国特色社会主义的基本方略之一。十九大报告对"加快生态文明体制改革,建设美丽中国"进行了全面部署,包括一系列新思想、新目标、新要求和新部署。与此同时,国家最高决策层不断密集发布深化生态文明体制、机制改革方案,试图通过生态文明体制改革总体方案和相关配套方案,为生

---

❶ 杜群:《环境法融合论:环境、资源、生态法律保护一体化》,科学出版社2003年版。
❷ 吕忠梅:《环境法新视野》,中国政法大学出版社2000年版。
❸ 王曦:《美国环境法概论》,武汉大学出版社1992年版。
❹ 汪劲:《日本环境法概论》,武汉大学出版社1994年版。
❺ 高家伟:《欧盟环境法》,工商出版社2000年版。
❻ 王树义:《俄罗斯生态法》,武汉大学出版社2001年版。
❼ 马骧聪:《国际环境法导论》,社会科学文献出版社1994年版。
❽ 王曦:《国际环境法》,法律出版社1998年版。

态文明建设提供基础性的体制保障和根本性的制度支撑。

尽管我国初步形成了有中国特色的社会主义环境法律体系，环境与资源保护法律、法规以及各类环境标准不断完善，环保机构也经历了从弱小到逐步强大的演变，但现实却呈现出令人尴尬的局面：一方面环保法律"批量产出"、环保机构不断升级；另一方面环境质量状况没有根本好转、整体仍在恶化。这一趋势表明环保法律远远没有达到"有法可依，有法必依，执法必严，违法必究"的理想状态，需要从影响法律实施的机制与体制、立法、行政与司法等因素进行多方面综合考察。❶在中国特色社会主义进入新时代的背景下，环境法学研究也面临着更大的机遇和挑战，我国环境法学研究进入了以生态文明建设为中心的全面、深入发展的历史时期。

这一时期环境法学研究已经或者正在呈现出三个方面鲜明的特点：一是以生态文明建设为中心，结合中国特色社会主义新时代环境法制建设的需要，进行生态文明建设的环境法学基本理论创新性研究，并积极探寻中国社会主义特色的环境保护法制实践道路；二是围绕着1989年颁布的《环境保护法》的修订和相关法律的制订和修订，学界对环境法的立法模式、环境法的立法目的、环境法的基本法律原则、法律制度和法律责任，以及环境法从行政管制到公共治理、环境行政到环境司法扩展等方面进行了全方位、多层次的深入研究；三是从以环境立法为重心的法学研究扩展到环境法律执行的研究，并逐渐关注到我国环境行政体制改革、环境监督体制、环境行政追责、环境司法专门化、环境公益诉讼等我国环境法制建设深层次的体制和机制问题。

此阶段环境法学的理论和实践研究重点议题包括：生态文明的环境法学基本理论、生态文明环境法制建设与体制改革、《环境保护法》修订与单项环境资源法的立法问题、环境保护的联防联治和区域性环境保护的法律问题、生态红线法律制度、生态补偿与生态赔偿问题、环境公益诉讼和环境司法专门化问题、环境行政管制与环境行政法律责任的强化、环境犯罪的认定与环境刑事法律责任的承担、公众参与和信息公开制度、政府环境责任、领导干部自然资源资产和环境责任考核与追责、环境保护税等环境经济法律手段的运用、环境保护党政同责与督察制度等问题。

(二) 环境法学学术队伍的形成与壮大

推进我国社会主义环境法制建设，满足从环境立法、环境行政、环境司法、环境守法到环境法律监督的理论和实践需要，需要一支有使命感、有担当精神、有创新潜力的环境法学学术队伍。在改革开放以来的四十年时间，概括而言，我国环境法学学术队伍建设经历了拓荒者、开拓者到夯实者三个发展阶段。

1. 环境法学的拓荒者

回顾中国环境法学四十余年的历程，其拓荒者是以韩德培先生、金瑞林先生为代表的我国一批早期环境法学学人。在环境保护社会氛围尚未形成，各方面条件极其有

---

❶ 汪劲："中国环境法治三十年：回顾与反思"，载《中国地质大学学报（社会科学版）》2009年第5期。

限的情况下，韩德培先生不仅在武汉大学创建了全国高校中第一个环境法研究机构，而且将一批环境法学的前辈，如肖隆安、陈汉光、彭守约、欧阳鑫、蔡守秋等从不同的单位和院系调入武汉大学环境法所，齐聚珞珈山下，将武汉大学环境法学打造成中国环境法学研究的重镇。韩德培先生高瞻远瞩的眼光、不拘一格的开放精神以及团结的组织能力都值得后来者高山仰止。以韩德培先生起头，其他科研机构得风气之先的前辈们也纷纷依托各自所在单位或开设环境法课程，或编写环境法学教程，或建立环境法研究机构等学科建设活动。❶ 例如，作为中国环境法学的第一代拓荒者，金瑞林先生在北京大学，马骧聪先生、文伯屏先生在中国社会科学院，张孝烈先生在西南政法大学，陈仁先生在华东政法大学，罗典荣先生在中国政法大学，窦玉珍先生在西北政法大学分别创建了国内最早的环境法学学科点或专门性研究机构。第一代环境法学学者的主要贡献在于以下方面。

（1）作为早期中国环境法制建设的见证者、参与者和中国环境法学的拓荒者，第一代环境法学学者开启了中国环境法学的先河，建构了中国环境法学的基础性学术话语，其构筑的中国环境法学的基本理论体系和法律框架，仍然历久弥新，典型例证就是韩先生主编的《环境保护法教程》和金瑞林先生主编的《环境法学》，国内有很多高校依然在使用这些教科书。

（2）初创了环境法学教学与研究的学术平台和学术团队。中国最早的一批环境法学学科点和专门性的研究机构由第一代环境法学学者一手创建，环境法学学科点和专门性研究机构的建立无疑能够不拘一格聚集人才并形成团队，从而发挥环境法学学者们的集体智慧和团队力量，为环境法学研究的发展壮大奠定基础。

2. 环境法学的开拓者

经过第一代环境法学学者艰难拓荒、艰苦创业阶段以后，随着国家改革开放政策的实施以及由此带来的社会政治氛围、经济发展条件的极大改善，在可持续发展国家战略目标的导引之下，我国环境法学走上了高速发展的快车道。以武汉大学环境法研究所蔡守秋教授为领军人物的老、中、青环境法学者不断涌现，环境法学新的学术议题不断产生，学术成果数量与质量得以大幅度的增长。同时，通过他们的不断开拓和努力进取，并借助于以武汉大学环境法研究所为核心的一些学术组织、学术机构的形成和发展，形成了一个全国性的学术共同体。这个环境法学学术共同体汇聚了武汉、北京、上海等全国多地的环境法学学者和环境法实务部门人士，并形成了一个几乎覆盖中国各地、各高校和相关国家部门和政府机构的环境法学学术网络结构。作为环境法学研究的开拓者，其对环境法学发展的贡献可以概括为以下三个方面。

（1）以蔡守秋教授为代表的新兴的一批环境法学者极具创新特质和开拓精神，他们为环境法学学科得到法学大家庭的认可并获得独立的法学二级学科地位作出了突出

---

❶ 关于韩德培先生对于环境法学科建设的贡献，参见韩德培："谈合并学科和设立博士点的问题"，载《法学评论》1996年第6期；蔡守秋："中国环境法学的倡导者和开拓者——韩德培先生开拓环境法学教育和科研的理念和实践"，载《法学评论》2000年第1期。

的贡献。1997年6月,国务院学位委员会、原国家教育委员会对1990年10月颁布的《授予博士、硕士学位和培养研究生的学科、专业目录》进行了修订,并颁布了新的《授予博士、硕士学位和培养研究生的学科、专业目录》,原环境法学和自然资源法学在新目录中调整合并为"环境与资源保护法学"。❶在国务院学位委员会正式将"环境与资源保护法学"列入法学的二级学科之后,国内环境法学专门性教学与研究队伍以及环境法学硕士点、博士点得以迅猛发展。

在这个时期,环境法学学者不仅大胆进行环境法学基础理论创新,立足环境保护法律实践不断提出并研究环境法学前沿问题,而且,还积极开展与传统部门法学的对话与交流,推动并促进了传统部门法的"绿化"。蔡守秋教授通过法律调整对象的研究促进环境法学与传统法理学的对话与交流,陈泉生教授提出并系统地研究了法律生态化问题,吕忠梅教授、周珂教授提出民法典的绿化问题并组织环境法学与民法学的对话,王树义教授、王灿发教授力主环境司法专门化,吕忠梅教授、王灿发教授积极推进环境公益诉讼理论研究与实践探索,等等。

(2) 构筑环境法学教育和研究学术交流平台,并逐步实现环境法学学术交流平台在全国范围内的网络化、建制化。在此阶段,中国社会科学院法学所、北京大学法学院、清华大学法学院、中国政法大学民商经济法学院、中国人民大学法学院、上海交通大学法学院、复旦大学法学院、中南政法大学、华东政法大学、重庆大学法学院、福州大学法学院以及国内一些其他的法学院校、法学院系,纷纷利用自身的学术资源,创立了分布于全国各地的环境法学专门性研究机构。

1999年,在蔡守秋教授带领下,武汉大学环境法研究所入选教育部首批15个普通高等学校人文社会科学重点研究基地(全国入选首批重点研究基地的法学学科只有2个)。同年,中国法学会环境资源法学研究会在武汉大学正式成立。继韩德培先生担任首届中国法学会环境资源法学研究会会长之后,蔡守秋教授长期担任中国法学会环境资源法学研究会会长。蔡守秋教授在有关国家部门和政府机构的积极支持下,广泛联络国内各地、各高校的环境法学者,实现了环境法学学术交流平台在全国范围内的网络化、建制化,为推动我国环境法学的教育和研究做出了突出的贡献。

(3) 开拓外国环境法、国际环境法的教学和研究,涌现出一批学有所长、术有所专的中青年环境法学学者。与可持续发展的国际热潮相呼应,我国一些环境法学学者在此阶段将视野聚焦到西方工业化发达国家国别、地区环境法和国际环境法领域,积极参与国际环境法学界交流和对话,并取得了突出的成果。例如,王曦教授对美国环境法和国际环境法的研究、王树义教授对俄罗斯生态法的研究、汪劲教授对日本环境法的研究,等等。

3. 环境法学的夯实者

改革开放的不断发展带来了环境法学的生机和活力,环境法学作为一项学术事业

---

❶ 曹义孙:《三十年中国法学教育大事记(1978~2008)》,中国政法大学出版社2009年版,第208页。

也得以薪火相传。其中涌现出的一批60后、70后甚至80后的佼佼者，已经或者正在成为各高校环境法学研究机构的带头人或学术骨干，为我国环境法学研究的继往开来和我国环境法制建设的负重前行承担着历史性的使命和责任。这个时期环境法学队伍建设可以概括为以下五个方面。

（1）在老一辈学者的传帮带下，伴随着改革开放成长起来的一批环境法学中青年学者日益崭露头角。这一批学者大都具有环境法学的专业背景，他们不仅受过系统的环境法学专业训练，而且很多人还有着丰富的海外留学、访学经历。这些从20世纪90年代之后开始投入环境法学学习、研究的中青年学者，他们视野开阔、思想活跃、推陈出新、著述丰富，并在学科建设、国内外学术交流、人才培养、智库建设、服务立法、助力司法、咨政服务、国际谈判和法制宣传等方面取得了不俗的成绩。

（2）环境法学教学和研究在继承中发展、在发展中继承，伴随着环境法学研究队伍的发展和壮大，基本上实现了环境法学专业教育与研究领域的全覆盖，并实现了环境法学专业教学与研究机构在全国范围内地理分布的极大发展。不仅在武汉、北京、上海、广州等地区环境法学的队伍不断得以加强、人才不断涌现，而且在一些偏远地区，环境法学研究队伍的成长也令人瞩目。例如，甘肃政法学院于2017年创立了国内高校的第一个专门性的环境法学院。环境法学队伍中，学者们的专业视角更为开阔、研究议题更为丰富、研究旨趣更为多样、专业方向更为精细、专业特质更为鲜明，学者们的团队性、地域性特点也开始得以显现。

（3）环境法学得到了国家机构、政府部门、社会单位和涉外组织的广泛认可和支持，其机构发展和队伍建设环境日益改善，所获资源来源和资金支持呈现出多渠道、多途径、多样化的特点。我国早期环境法学教学与研究的开展，主要得益于国家教育行政主管部门和环境保护行政主管部门的大力支持。随着环境保护和环境法制建设重要性的日益彰显，环境法学教学与研究机构不仅获得了教育与环保行政部门的更多支持，而且在国家和各个地方层面，环境法学机构和团队建设不断获得综合经济行政部门、自然资源行政部门、司法行政部门等部门的支持。

不仅如此，其他国家机构、社会单位和涉外组织对于环境法学研究机构和团队的支持范围也在不断扩大、支持力度不断加强。例如，近年来，为了推进环境司法专门化建设和环境公益诉讼司法实践，最高人民法院创立了专门性的环境资源审判庭，并依托中国人民大学、清华大学、武汉大学等国内重点高校环境法学研究机构，成立了最高人民法院环境资源司法研究基地。以2016年5月最高人民法院在北京召开的全国环境资源司法理论研究基地与实践基地第一届联席会议为标志，建立了我国环境司法专门化和环境公益诉讼法学理论和实践相结合的环境法学研究新平台、新机制。由此，服务国家和地方环境司法改革，推动环境公益诉讼发展，成为我国环境法学研究的一个新的重要发展方向，并推动了我国环境法学研究从环境行政到环境司法的拓展。又如，国内一些著名高校的环境法学研究机构，得到了联合国环境规划署（UNEP）、世界自然保护同盟（IUCN）等国际官方、非官方机构的支持，并建立了长期化、常态化的学术交流与合作关系。

（4）改革开放前提下的学科建设国际化战略，助推我国环境法学教学与研究及其机构和队伍的发展壮大。环境问题是人类社会面临的来自于自然环境和自然资源的共同挑战，环境法与环境法学因而具有较强的共通性。中国作为后发工业化国家，环境法与环境法学既要立足于国情，又要学习和借鉴国外先进和成熟的法治经验。近些年来，我国环境法学的对外交流极其活跃，一些国内环境法学教学与研究机构积极整合国外学术资源，加速了机构和团队建设的发展。

作为我国环境法学对外交流的重镇和窗口，武汉大学环境法研究所通过国家"千人计划"的引智项目，特聘原澳大利亚悉尼大学知名的国际环境法专家卜睿德（Ben Boer）教授参与学科建设与发展，有效地发挥了外籍专家的学术引领和助力作用。其主编的《人权的环境法维度》（Environment Law Dimensions of Human Rights）一书由牛津大学出版社出版，产生了良好的国际学术影响。与此同时，国内一批优秀的中青年环境法学者也积极地"走出去"，参与国外的专业学术交流活动，并通过国际化的出版物，走上了环境法学学术交流的国际中心舞台，向国外同行介绍与交流中国环境法的现状和成就。2015年，由秦天宝教授主编并由一批国内中青年环境法学者参编的全英文著作《中国环境法》（Chinese Environmental Law）一书，由Edward Elgar出版社正式出版。2017年，由武汉大学环境法研究所秦天宝教授和卜睿德（Ben Boer）教授担任共同主编的《中国环境法学刊》（Chinese Journal of Environmental Law）正式创刊，并由国外知名的Brill出版社出版，这是我国环境法学界第一本英文期刊类学术出版物，其编辑团队涵盖了国际上活跃的环境法学学者，刊物目标是争取利用5年左右的时间，成为SSCI检索刊源。环境法学在法学领域中属于新兴学科、边缘学科，这些新的学术载体，有利于改变环境法学成果发布的刊物渠道和机会较少的状况。

（5）创新环境法学学术交流机制，增进学术交流机制的跨学科化以及多样化、常态化和层次化。在环境法学学术交流机制的跨学科化方面，围绕着环境问题的解决和生态文明建设的目标，我国一些环境法学学术机构积极组织开展环境法学与民法学、环境法学与行政法学、环境法学与诉讼法学等环境法学与不同法学二级学科之间的对话和交流。值得一提的是，以教育部协同创新改革为契机，通过入选首批国家211协同创新工程并创立司法协同创新中心，武汉大学环境法研究所联合中国政法大学、吉林大学相关教育部学术研究重点基地，通过跨校、跨学科的司法协同创新研究，开展我国环境司法理论和实践研究，并通过理论研讨、实地调研、案件参与等活动，为推动我国环境司法专门化和环境公益诉讼的实践发展和机制、体制改革建言献策。

在学术交流机制的多元化、常态化、层次化方面，除了继续发挥全国性的中国法学会环境资源法学研究会年会等环境法学学术交流机制的学术引领作用，随着全国性、区域性和地方性的环境资源法学学会的建立和完善，环境法学界分别建立了一些新的全国性、区域性、地方性乃至跨国、跨地区的学术交流机制，并不断使其多样化、常态化、规范化，如中国法学会环境资源法学研究会组织的环境资源法学研究方阵研讨会、区域性的长三角环境法论坛、地方各级环境法学年会,以及海峡两岸环境法学界之间的"海峡两岸环境法学研讨会""中达环境法论坛",等等。

近些年来,环境法学学术研讨开始形成了一个新的趋势,即形成了一些针对年轻环境法学学者群体,特别是环境法学专业博士生的专门性的交流机制。武汉大学、北京大学、中南财经政法大学等高校纷纷开设了"环境法博士生论坛"。例如,2017年9月23~24日,武汉大学环境法研究所举办了2017年全国环境法博士生论坛,论坛的主题为"法治视野下的环境利益:缘起、现状与展望"。来自国务院发展研究中心、北京大学、清华大学、中国人民大学、中国政法大学、南开大学、浙江大学、重庆大学、西南政法大学、中南财经政法大学、华中师范大学等院校以及武汉大学的博士生导师、博士研究生共计80余人参加了该次论坛的研讨。

二、环境法学研究的观点集萃

在环境法学研究的四十年时间里,从环境法学第一代拓荒者面向我国环境立法实践需要构建环境法学学术话语,到环境法学开拓者借助于国际社会可持续发展战略的东风,拓展环境法学研究议题并进行创新性理论研究,再到环境法学夯实者面向生态文明建设的国家战略目标,致力于思考和解决国家生态文明建设的理论和实践问题,我国环境法学研究成果可谓推陈出新、硕果累累。根据对不同时期环境法学主要议题的识别与归类,大体可以概括为以下方面的内容。

(一)环境法学学科名称和定位

1. 环境法学学科的称谓

环境法自诞生以降,并无统一称谓。欧洲的环境法主要自污染控制立法发展而来,故多称环境法为"污染控制法"。日本环境法自控制公害的立法中发展而来,故环境法在日本也称"公害法"。苏联和东欧一些国家的环境法从对自然的法律保护的基础上建立发展而来,故将环境法学称之为"自然保护法"或"生态法"。[1] 美国一般使用"环境法"的称谓。我国环境法学诞生至今已有40多年,关于"环境法学"的名称也未一致,有的称环境法[2],还有的称环境保护法[3],环境资源法[4]、环境与资源保护法、生态

---

[1] 参见马骧聪:《环境保护法基本问题》,中国社会科学出版社1983年版,第43页。
[2] 参见金瑞林:《环境法学》,北京大学出版社1990年版,第21页;陈泉生:《环境法原理》,法律出版社1997年版,第20页;汪劲:《环境法学》,北京大学出版社2014年版,第14页;吕忠梅:《环境法学》,法律出版社2004年版,第36页;秦天宝:《环境法:制度·学说·案例》,武汉大学出版社2013年版,第14页。
[3] 参见韩德培:《环境保护法教程》,法律出版社1986年版,第20页。
[4] 参见蔡守秋:《环境资源法论》,武汉大学出版社1996年版,第1页;蔡守秋:《环境资源法教程》,高等教育出版社2004年版,第55页;钱水苗:《环境资源法新论》,浙江大学出版社2001年版,第21页。

法❶、生态环境法❷、生态保护法❸等。环境法学学科名称不一致源自对环境法学学科的认识和强调的侧重点存在差异。

在我国环境法学科发展过程中,环境保护法与自然资源法是紧密联系的。环境保护法侧重在环境污染的防治和生态环境的保护,而自然资源法侧重于调整自然资源的开发与利用活动。与此区别相应的法学学科分别称为"环境法学"(或"环境保护法学")和"自然资源法学"。随着研究的深入,人们认识到环境保护与自然资源的开发利用密切相关。随着可持续发展理论的提出和普遍接受,自然资源的利用被定位为可持续利用,与环境保护的理念相融合,环境法与自然资源法融合的"环境法"概念随之产生。❹ 在当前生态文明建设的时代背景下,环境法的学科名称已经成为大多数学者的共识。

同时,汪劲教授等环境法学学者认为,简单地将环境法学"升格"为"环境与资源保护法学",不利于环境法学界平等地对环境法学、自然资源法学和国际环境法学展开高水平的研究,这是因为:环境法、自然资源法和国际环境法三者从保护的法益的性质以及调整方法存在差异。环境法保护的法益是人类益和环境益的集合,调整方法具有综合性的特征;自然资源法保护的法益是财产所有权和使用权,调整方法属兼具有物权法、行政法和环境法三方面的特征;国际环境法保护的法益虽然也为人类益和环境益的集合,但调整手段则兼具有国际法和环境法两方面的特征。❺ 另外,该调整还存在内在缺陷,从法学研究特别是系统构建某一法学学科体系角度看,环境法学和传统的自然资源法学已各成体系,其调整对象、方法、法的目的和性质等理论方面也存在着诸多差异,对环境法和自然资源法合二为一,可能导致环境与资源保护法学体系的构建上出现混乱。❻

2. 环境法学的学科定位

环境法学是一个新兴的法学二级学科。环境法学的学科定位取决于环境法的部门法地位。关于环境法学学科定位问题,学界主要有"独立说""经济法说""社会法说"和"行政法说"四种观点的争论。大部分环境法学学者认为,环境法学是一门独立的部门法学。

"经济法说"认为环境法属于经济法,环境法学隶属于经济法学,该观点主要为部分经济法学者所坚持。❼ 该观点以部门法的划分为其持论依据,以环境法的调整对象包

---

❶ 参见肖乾刚:《自然资源法》,法律出版社1992年版,第21页;曹明德:《生态法新探》,人民出版社2007年版,第193页。

❷ 参见周珂:《生态环境法论》,法律出版社2001年版,第33页。

❸ 参见陈茂云、马骧聪:《生态法学》,陕西人民教育出版社2000年版,第23页。

❹ 参见杜群:《环境法融合论:环境、资源、生态法律保护一体化》,科学出版社2003年版,第58~61页。

❺ 参见汪劲:《环境法律的解释:问题与方法》,人民法院出版社2006年版,第78页。

❻ 参见汪劲:《环境法律的解释:问题与方法》,人民法院出版社2006年版,第128页。

❼ 参见顾功耘:《经济法》,高等教育出版社2005年版,第9页。

含在经济法的调整对象之中为由将环境法列为经济法的一个分支。在我国，环境法学和自然资源法学最初被作为经济法学的一个分支学科对待，环境法学的独立地位后来获得承认。

"社会法学说"认为：环境法"这样一个法律部门，所关注和规范的是社会公共利益和保障基本人权。对人类生存环境的研究和环境问题的解决，反映了全体社会成员的共同愿望和要求，代表人类的共同利益，因此，它不侧重于政治或经济领域。正是在这个层面上，我们说环境法是社会法，它侧重于社会领域的法律调整"。❶ 该说认为环境法学隶属于社会法学。

"行政法说"认为行政法是宪法的具体化，环境问题本质上是个公益问题，环境公益与经济私益之间的衡平则是环境法的本位所在，环境法正是萌芽于利用公共手段解决环境公益问题的过程之中，环境法带有很强的超越私法领域的公共性立法的性质，属于行政法的一个分支。❷ 该说认为环境法学隶属于行政法学，属于行政法学的一个分支。

早期的环境法学学者进行了大量的环境法学学科定位研究，大部分环境法学者持"独立说"。金瑞林教授认为，环境法学是一门独立的部门法学的基本依据，在于其有独立的调整对象，环境法是把人类生存环境作为法律的保护对象，把人们在生产生活活动中所产生的、同保护和改善环境有关的社会关系作为其所调整的社会关系的特定领域，这种明确的保护对象和调整对象的客观存在，就从根本上把环境法学同其他部门法学区别开来，不能以调整方法的多样性并涉及多种部门法为理由而否定环境法学是独立部门法学。❸ "环境法学又是法学和环境科学相结合的一门边缘学科，具有明显的自然科学和社会科学交叉渗透的特点。"❹ 蔡守秋教授认为，环境法学是一门独立的部门法学，主要理由在于环境法学有其独特的基本理念，具有独特的研究对象、基本理论、法律关系理论、研究范式、研究方法和社会需要。❺

有的学者从环境法的调整对象、主体与客体、环境法的特点、环境法的原则和任务以及环境法的体系等方面来论述环境法学是一个独立的部门法学；❻ 有的学者从环境法独立的保护对象，环境法独特的目的、任务，调整法律关系的特殊性，调整措施的特殊性以及强有力的行政执法机构等论述环境法学是一个独立的部门法学；❼ 还有的学者从环境法学特定的调整对象和保护对象，特殊的调整方法和手段以及完整的法律法规体系方面来论述环境法学在法律学科中的独立性。❽ 法理学界的沈宗灵教授在对中国

---

❶ 参见吕忠梅：《环境法新视野》，中国政法大学出版社2007年版，第48页。
❷ 参见杨华国："论环境法在法学体系中的地位"，载《社会科学家》2007年第6期。
❸ 参见金瑞林、汪劲：《20世纪环境法学研究述评》，北京大学出版社2003年版，第33页。
❹ 金瑞林、汪劲：《20世纪环境法学研究述评》，北京大学出版社2003年版，第35页。
❺ 参见蔡守秋：《环境资源法教程》，高等教育出版社2004年版，第60~61页。
❻ 参见张孝烈、钟澜：《环境保护法基础》，安徽人民出版社1985年版，第44~47页。
❼ 参见程正康：《环境法概要》，光明日报出版社1986年版，第52~55页。
❽ 参见王灿发：《环境法学教程》，中国政法大学出版社1997年版，第49~50页。

的法律体系进行划分时，也将环境法作为一个独立的部门法来看待。❶

(二) 环境法学的研究对象与环境法的调整对象

1. 环境法学的研究对象

学科研究对象是学科建立必须解决的问题。关于环境法学的研究对象，文伯屏先生认为，环境法学的主要研究对象是环境保护方面的法制，包括立法、执法、守法；❷ 戚道孟先生认为，环境法也应对古今中外的环境立法和环境司法经验作为研究对象进行历史研究和比较研究；❸ 马骧聪先生认为，环境法学着重研究环境法律规范及其实施的特点，认识和概括其发展规律。❹ 韩德培先生认为，马克思关于法的理论，关于人与自然的基本原理和处理人与自然的基本措施，可持续发展战略及其在环境保护法中的贯彻实施也是环境法学的研究对象；❺ 马骧聪先生还认为，环境法学应当主要从环境法的理论基础，环境立法问题，环境法的实施问题，外国环境法以及国际环境法等方面进行研究。❻

金瑞林先生认为，环境法学的研究范围主要是环境法，此外还涉及国内法、国际法以及法理学、行政法、民法、经济法和刑法等法学学科，而且还涉及环境科学（生态学）、环境社会学、环境经济学等其他自然学科和社会科学学科。具体而言包括：(1) 环境法的理论基础学基础，包括生态学基础、伦理学基础以及经济学基础；(2) 环境法的概念、目的、历史发展、地位、作用和体系，环境立法、环境管理体制、环境法的基本原则、基本制度和环境法律责任；有关环境污染防治和自然资源保护的具体法律规定与实践；(3) 其他部门法学和环境科学的研究成果；(4) 国外环境法的理论研究成果以及实践经验；(5) 国际环境法的基本理论以及国际环境保护的基本原则、制度，环境保护的条约以及国际环境法的履行等。❼

2. 环境法的调整对象

在我国，环境法的调整对象是环境法区别于其他部门法的关键因素，独特的调整对象是环境法作为独立部门法的主要原因之一。关于环境法的调整对象，长期以来，分歧争论较大。

一部分学者从环境法体系角度来论述环境法调整对象的范围。韩德培先生认为，"环境保护法是调整因保护和改善生活环境和生态环境，防治污染和其他公害而产生的各种社会关系的法律规范的总称"，"环境保护法所调整的社会关系，是在保护和改善环境中产生的人与人之间的关系，分为两大类：一是因保护和改善生活环境和生态环

---

❶ 参见沈宗灵：《法理学》，高等教育出版社1994年版，第337页。
❷ 参见文伯屏：《环境保护法概论》，群众出版社1982年版，第9页。
❸ 参见戚道孟：《环境法》，中国环境科学出版社1990年版，第20页。
❹ 参见马骧聪："中国环境法学的发展与展望"，载《中国环境科学》1989年第5期。
❺ 参见韩德培：《环境保护法教程》，法律出版社1998年版，第23页。
❻ 参见马骧聪：《环境资源法》，北京师范大学出版社1999年版，第19页。
❼ 参见金瑞林、汪劲：《20世纪环境法学研究述评》，北京大学出版社2003年版，第32页。

境、合理开发和利用自然资源而产生的现社会关系,二是因防治污染和其他公害而产生的社会关系"。❶金瑞林教授认为,"环境法所要调整的是社会关系的一个特定领域,即人们(包括组织)在生产、生活或其他活动中所产生的同保护和改善环境有关的各种社会关系。这种社会关系包括两个主要方面:一是同保护、合理开发和利用自然环境与资源有关的各种社会关系;二是同防治各种废弃物对环境的污染和防治各种公害如噪声、振动、电磁辐射等有关的社会关系"。❷陈汉光教授等学者认为,我国环境保护法所调整的社会关系按其内容来分包括两大类,一是因保护和改善生活环境和生态环境而产生的社会关系,二是因防治环境污染和其他公害而产生的社会关系,两者密切联系,不可偏废。不应把环境保护法中的资源保护法律与经济法中的资源管理法律混同而认为我国有关水、土地、森林、矿产、野生动植物等资源的法律全部属于环境保护法体系,因为经济法中的资源管理法律的立法目的偏重于经济利益,环境保护法中的资源保护法律的立法目的则更多地着眼于生态效益。❸吕忠梅教授认为,环境法的调整对象是人们在开发利用保护改善环境过程中所产生的各种环境社会关系,主要包括两个方面的内容:一是与合理开发利用自然资源和保护生态环境有关的社会关系,简称为生态环境保护关系,具体为人类在开发和合理利用大气、水、土地、矿藏、森林、草原、野生动植物等自然环境要素或自然资源过程中所产生的社会关系;二是在防治环境污染和其他公害、改善环境质量过程中发生的社会关系,简称为污染防治关系,具体为防治人类在生产和生活过程中所产生的大气污染、水质污染、固体废弃物污染、噪声污染、有毒有害物质污染、电磁辐射污染、食品污染等活动中形成的各种社会关系。❹

有学者从环境法独立于经济法法律部门而作为独立法律部门的角度认为,环境法调整的对象和经济法调整的对象不同,"环境法所反映的是经济发展规律和自然生态规律的要求,它直接保护的对象不是特定的生产关系,而是作为人类赖以生存的环境,其中主要是要解决对环境的开发、利用、保护和治理问题","协调人和环境的关系要通过调整人和人之间的关系才能实现"。❺

关于环境法的调整对象是否包括人和自然的关系,环境法学界分歧争论很大,从整体上存在两种对立的观点。一种观点认为,环境法只能调整人和人之间的社会关系,另一种观点认为,环境法不仅调整人和人之间的社会关系,还调整人和自然的关系。韩德培在1986年出版的著作《环境保护法教程》中指出,环境保护法所调整的社会关系"表面上似乎是人与物之间的关系,实际上,只有通过对人与人之间关系的调整,

---

❶ 韩德培:《环境保护法教程》,法律出版社1986年版,第20页。
❷ 金瑞林:《环境法学》,北京大学出版社1990年版,第28~29页。
❸ 参见陈汉光、朴光洙:《环境法基础》,中国环境科学出版社1994年版,第2~3页。
❹ 参见吕忠梅:《环境法学》,法律出版社2004年版,第34~35页。
❺ 罗典荣:《环境法导论》,中国政法大学出版社1988年版,第17页。

才能调整人与物的关系"。[1] 戚道孟教授认为,"环境法所调整的社会关系,是在保护和改善生活环境和生态环境、防治污染和其他公害中产生的人与人之间的关系。这些关系,表面上似乎是人与物之间的关系,实际只有通过人与人之间关系的调整,才能调整人与物的关系"。[2]

蔡守秋教授在《环境资源法论》一书中指出,环境法不仅调整人和人之间的社会关系,还调整人和自然的关系。[3] 陈泉生教授在《一场法学研究范式的革命》一文中指出,"环境法能否调整人与自然的关系"这个问题,是法学研究所面临的具有"哥德巴赫猜想"性质的新问题暨环境法学理论发展过程中具有长期、内在和重大影响的难题。[4] 2003 年 9 月,蔡守秋教授的《调整论——对主流法理学的反思与补充》出版,建立了全面系统的"调整论"。蔡守秋教授的"调整论"观点,认为环境法不仅调整人与人之间的关系,也调整人与自然之间的关系。"环境资源法的调整对象是因开发、利用、保护、改善环境资源而发生的社会关系,包括因开发、利用、保护、改善环境资源所发生的人与人的关系和人与自然的关系这两个方面。"[5] 陈泉生教授也认为"可持续发展法律不仅调整人与人之间的关系,也调整人与自然生态之间的关系"。[6] 李挚萍教授从环境法调整人与自然的关系寻找历史根据,从法对人与自然关系调整的演化、人与自然的关系成为法律调整对象的原因以及可持续发展理论为人与自然关系的立法奠定了完整的伦理基础进行演绎。李挚萍教授进一步认为,法对人与自然关系的调整有间接调整和直接调整两种方式,前者表现为通过调整人与人的关系,平衡人与人之间的环境利益,后者表现为法律直接对人的意志和自然的意志进行协调,平衡人的利益和自然的利益,从而实现人与自然的和谐。[7]

传统法理学理论认为法的调整对象是人的行为或社会关系,不包括人和自然的关系。李艳芳教授则认为,"调整论"的观点主要是来自在西方的"生态伦理学"思想,在突出自然的价值判断的时候完全走向了科学的反面。[8] 李爱年教授认为,"人与自然之间不存在法律关系",环境保护法调整人与自然关系的观点"违背了法学基本原理,混淆了法律规范与技术规范的界限","否认了人的主观能动性","把人之子系统与生态大系统对立起来"。[9]

---

[1] 韩德培:《环境保护法教程》,法律出版社 1986 年版,第 20 页。
[2] 戚道孟:《环境法》,中国环境科学出版社 1990 年版,第 23 页。
[3] 参见蔡守秋:《环境资源法论》,武汉大学出版社 1996 年版,第 17~18 页。
[4] 陈泉生:《一场法学研究范式的革命》,载《新华文摘》2004 年第 23 期,原载《东南学术》2004 年第 5 期。
[5] 蔡守秋:《调整论——对主流法理学的反思与补充》,高等教育出版社 2003 年版,第 25 页。
[6] 陈泉生:《可持续发展与法律变革》,法律出版社 2000 年版,第 127 页。
[7] 参见李挚萍:"试论法对人与自然关系的调整",载《中山大学学报(社会科学版)》2001 年第 2 期。
[8] 参见李艳芳:"关于环境法调整对象的新思考——对'人与自然关系法律调整论'的质疑",载《法学家》2003 年第 3 期。
[9] 李爱年:"环境保护法不能直接调整人与自然的关系",载《法学评论》2002 年第 3 期。

王树义教授认为，上述观点的分歧在于对人与人的关系同人与自然的关系之间的辩证关系存在不同理解，应当辩证地看待作为环境法调整对象的环境社会关系同人与自然的关系之间的联系，社会关系和人与自然的关系是同一劳动过程的两个方面，具有社会性的人与自然的关系并不等同于社会关系，人与自然的关系实质上就是人与自然关系背后的人与人的关系问题。❶

（三）环境法学的研究方法与研究范式

法学之所以成为科学，在于其能发展及应用其固有的方法。❷ 环境法学有其理论与实践研究的固有的方法，环境法学的研究方法是环境法学产生和发展以来环境法学界较为关注的重要理论问题，环境法学的研究范式是环境法学极具理论创新色彩且具有争议的环境法学研究议题。

从环境法学研究的角度来看，我国环境法学研究已经经历了由多学科、多部门法学方法对环境法律规范及其正当性、合理性进行制度上的论述和评判阶段。关于环境法学的研究方法，有学者提出，马克思列宁主义、毛泽东思想、辩证唯物主义和历史唯物主义必然是我国环境保护法学的指导思想和最根本的研究方法，此外还要运用比较研究的方法，以及现代科学技术方法来革新充实环境保护法学的研究方法。❸

马骧聪先生特别强调，环境法学研究应当注重运用系统方法、比较方法、社会学方法以及数学的方法，"系统方法"是从系统论的观点出发对环境法律手段进行综合考察；"比较方法"是通过对不同环境法律现象的比较研究来发现环境法的规律；"社会学方法"是指运用调查、统计、询问和组织等方式考察环境问题的社会根源，以对症下药地实施法律干预；"数学方法"是通过对环境质量以定量分析，研究环境质量的量变和质变的转化过程，认识规律，加以控制。❹

蔡守秋教授认为，应运用环境资源法学研究方法——以生态学方法为主的综合分析法。生态学方法，又称生态学思维，是用生态学观点思考问题、研究现实事物，与传统的研究方法相比较，生态学方法主要特征环和内容为：运用生态学、环境学的研究方法来研究环境资源法律现象和环境资源法学问题；是建立在"主、客一体化"研究范式即整体论世界观思考问题，提倡生态学思维，即主张用生态学的整体观点来思考问题；以生态学方法为主的综合分析法，是指环境资源法学所采取的各种与生态学方法有关的研究方法；此外，环境法学还采用传统法学研究方法，主要有唯物辩证法、阶级分析法、经济分析法、历史分析法、价值分析法、实证分析法等。❺ 有学者提出，解决环境问题时，应该跨越传统法学方法论，汲取生态科学养料来重构法学方法论体

---

❶ 参见王树义：《环境法基本理论研究》，科学出版社2012年版，第47~52页。
❷ 参见［德］卡尔·拉伦茨：《法学方法论》，陈爱娥译，商务印书馆2003年版，第19页。
❸ 参见韩德培：《环境保护法教程》，法律出版社2015年版，第22页。
❹ 参见马骧聪："中国环境法学的发展与展望"，载《中国环境科学》1989年第5期。
❺ 参见蔡守秋：《环境资源法教程》，高等教育出版社2004年版，第95~96页。

系。法学方法论生态化以生态整体观为视角。❶

汪劲教授认为,"环境法学要想成为一门能够向学者、现实证明存在之正当性和必要性的自主学科,关键是要有'过人之处——必须发展出独一无二的理论内核、研究范式和思考进路"。❷他进一步提出,因环境法学是交叉学科,其研究要运用生态学、环境经济学、环境伦理学的理论与方法,此外还要运用系统方法和数学的方法。❸还有学者认为,应对环境法方法论进行重建:(1)以人本主义方法应成为环境法学方法论的价值指导;(2)以自然科学方法为环境法学方法论的技术力量;(3)以规范分析方法作为环境法学方法论的制度基础;(4)强调个体主义方法作为环境法学方法论的基调。❹

针对传统上我国环境法学研究方法和研究思维中存在的问题,金瑞林教授、汪劲教授和吕忠梅教授都进行了批判:(1)环境法学研究尚不能全面适应国际、国内环境保护形势的发展和需要,存在低水平重复研究的情况;(2)环境法学的研究方法单一、陈旧,主要方法还局限于阐释的方法,并且不是真正严格意义上的"注释法学";(3)中国环境法的研究方法仍然主要是概念法学的逻辑演绎方法,闭门造车,缺乏对中国本土资源和环境条件研究;(4)环境法理论研究与其他部门法研究严重缺乏沟通和联系,理论研究思维呈现单一和幼稚化等。❺

关于环境法学的研究范式,值得关注的是"主、客一体化"研究范式。"主、客一体化"研究范式的代表者是蔡守秋教授和陈泉生教授。他们明确提出环境资源法学奉行"主、客一体化"的研究范式,即整体论世界观或生态世界观模式。这种研究范式反映了环境资源法学所特有的世界观、价值观、伦理观、认识论和方法论,形成了环境资源法学的基本理论,该范式从反思传统的"主、客二分法""人、物二分法"范式入手,论证法学研究范式进行"革命"的必要性,认为主、客二分对立的方法、理性至上和理性万能等范式在法学领域表现得最为充分,导致了人类中心主义的极端发展、人与自然关系的恶化,是现实中环境危机问题的根源所在,他们借鉴现代哲学和科学理论对"主、客二分法""身、心二元论"进行的批判,指出环境法学的开放性要求其必须冲破传统法学"主、客二分法"研究范式之禁锢,形成"主、客一体化"研究范式。❻"主客一体化"研究范式反对传统的二元论思想和人类中心主义。与之相对的"主客二分法"研究范式不承认法律调整人与自然关系,强调人与人关系的而忽略人与自然关系正是传统"主、客二分法"研究范式在面临环境问题时的缺陷。它不能满足

---

❶ 参见郑艺群:"生态化与传统——两种法学方法论之界碑所在",载《东南学术》2005年第5期。
❷ 汪劲:"中国环境法学研究的现状和问题",载《法律科学》2005年第4期。
❸ 参见汪劲:《环境法学》,北京大学出版社2014年版,第19页。
❹ 参见李明华等:《可持续发展与环境法学方法论》,吉林人民出版社2005年版,第225~235页。
❺ 参见金瑞林、汪劲:《20世纪环境法学研究述评》,北京大学出版社2003年版,第18~21页;吕忠梅:《环境法新视野》,中国政法大学出版社2007年版,第201~203页。
❻ 参见蔡守秋:"论法学研究范式的更新——以环境资源法学为视角",载《法商研究》2003年第3期;陈泉生:"一场法学研究范式的革命",载《东南学术》2004年第5期。

环境法学解决环境问题，建设性后现代主义"主客一体化"范式适应环境问题解决实践的有效路径。

（四）环境法体系

环境法体系是指由调整因保护和改善生活环境与生态环境合理开发利用自然资源，防治环境污染和其他公害而产生的社会关系的法律规范形成的有机统一体。或者说，环境法体系是由保护和改善生活环境与生态环境，合理开发利用自然资源，防治环境污染和其他公害的法律、行政法规和规章所组成的统一体。上述两种定义法，前者是按照调整环境保护关系的法律规范来定义的，后者则是按照环境保护法律文件来定义。前者优点在于包括的内容范围比较广，它包括了一切与环境保护有关的法律规范，而不限于环境保护法律文件；后者优点在于文件的法律地位一目了然，比较清楚（而这正是前一种定义法的不足），但它所包括的内容范围有限，不如前者定义法广泛、全面。❶

有学者认为，我国环境法体系包括《宪法》中有关环保护的法律规范，综合性环保护基本法，环境保护单行法律、法规（含环境污染防治单行法律、法规、规章和自然资源保护单行法律、法规、规章），环境保护纠纷解决程序的法律法规、规章，环境保护标准中的环境保护规范，地方性环境保护法规、规章，其他部门法中的环境保护规范以及我国参加和批准的国际法中的环境保护规范等。❷

金瑞林、汪劲教授认为，我国环境法律体系在内容上是由国家现行的全部法律规范所组成的有机整体，由国家现行的国内环境法律规范所组成，国际环境保护公约或协定不能成为我国环境法律体系的组成部分。❸金瑞林教授等学者主张，我国环境法体系包括：宪法关于环境与资源保护的规定、环境与资源保护基本法、环境与资源保护单行法规、环境标准以及其他部门法中的环境法律规范。❹

蔡守秋教授认为，从不同角度可以将环境法体系分为法律规范体系、法规体系、现行体系、目标体系和学术体系等类型。从环境资源法体系的内容来讲，可以将环境资源法体系分为以下几大块或子体系：以治环境污染为主要内容的环境保护法子体系，简称污染防治法；以自然资源开发、利用及其管理为主要内容的自然资源法子体系，又称自然资源利用和管理法；以城市、乡村和西部区域开发整治为主要内容的国土开发整治法子体系；以防治自然灾害为主要内容的灾害防治法子体系；以保护野生动植物及其栖息环境为主要内容的自然保护法子体系；以防治生态破坏和建设生态环境为主要内容的生态环境建设法子体系；以能源开发、利用、节约及其管理为主要内容的能源法子体系。❺

---

❶ 参见韩德培：《环境保护法教程》，法律出版社2015年版，第54页。
❷ 参见韩德培：《环境保护法教程》，法律出版社2015年版，第55~58页。
❸ 参见金瑞林、汪劲：《20世纪环境法学研究述评》，北京大学出版社2003年版，第64页。
❹ 参见金瑞林：《环境法学》，北京大学出版社1999年版，第63~64页。
❺ 参见蔡守秋：《环境资源法教程》，高等教育出版社2004年版，第32~33页。

吕忠梅教授提出，环境法律体系由环境法的调整对象决定。构成环境法体系的各个亚部门法并非形式意义上的冠以某种名称的法典或法规，而是实质意义上的法律规范的集合。因此，只有将实质意义的环境法规范抽取出来，并依其不同特点而归入环境法的各个子部门法中，才能防止环境法体系的庞杂混乱，保障建立科学、合理的环境法律体系。❶ 吕忠梅教授还提出了环境法效力体系的概念，认为我国现行的环境法效力体系包括：宪法中关于环境保护的条款、环境保护基本法、环境保护单行法、环境行政法规、环境保护部门规章、地方性环境法规和地方政府规章、环境标准以及国际环境保护条约。❷

汪劲教授认为，可以按照有关环境法律规范的效力的大小，自上而下地对中国环境法律体系的内容进行分类：宪法中的环境保护规范、综合性环境基本法、环境与资源保护单行法、国家其他法律有关环境与资源保护的规定、国务院环境与资源保护行政法规、适用环境法律规范的司法机关解释、国家立法机关对适用环境法律的解释、环境行政主管部门以及其他有关行政机关制定的环境与资源保护管理规章、地方性环境法规或规章。❸ 汪劲教授还指出，我国环境法体系存在以下缺陷：一是立法受制于现行政府管理体制：环境法的综合调整功能成效甚小；二是政府部门主导立法：不能充分适应社会主义市场经济和可持续发展的需要；三是环境立法的效应：不能完全适应保护公民基本权利和依法治国的要求。❹

秦天宝教授从我国环境法律规范所调整的环境社会关系的不同具体表现形式以及所规制的不同子领域，并辅之以位阶的视角加以考察，他认为，我国的环境法律体系包括宪法中的环境法律规范、综合性环境基本法、各单行环境法律规范（涵盖了污染防治、自然资源、生态保护以及程序性法律规范等三个大部分）。❺

徐祥民教授认为，环境法体系是法律体系意义上的概念，不是立法体系意义上的概念，环境法是独立的法律部门，应区别环境法概念的广义与狭义。从狭义环境法的角度来看，环境民法、环境刑法不属于环境法。环境法体系可分为基本法与具体法，其中具体法又可分为事务法和手段法。狭义环境法的确定对于规范环境法学研究，推动环境法制建设具有积极意义。❻

（五）环境法的基本原则

关于环境法的基本原则的内涵，环境法学界的界定存在差异。有一种观点认为，"环境保护法的基本原则，是指在环境保护法中规定或体现的对环境保护实行法律调整的基本指导方针。它是调整因保护和改善环境而产生的社会关系的基本准则，是环境

---

❶ 参见吕忠梅：《环境法教程》，中国政法大学出版社1996年版，第29页。
❷ 参见吕忠梅：《环境法教程》，中国政法大学出版社1996年版，第30~32页。
❸ 参见汪劲：《中国环境法原理》，北京大学出版社2000年版，第69页。
❹ 参见汪劲：《环境法律的解释：问题与方法》，人民法院出版社2006年版，第248~258页。
❺ 参见秦天宝：《环境法：制度·学说·案例》，武汉大学出版社2013年版，第27页。
❻ 参见徐祥民、巩固："关于环境法体系问题的几点思考"，载《法学论坛》，2009年第2期。

保护法本质的集中表现"。❶ 还有一种观点认为,"环境法的基本原则是指为我国环境法所确认的、体现环境保护工作基本方针、政策,并为国家环境管理所遵循的基本准则"。❷

蔡守秋教授认为,"环境法的基本原则,是指通过环境法规明确规定或者体现的,反映环境法基本理念、价值、特点和目的的,对环境资源工作或活动具有普遍性指导作用的准则。更明确地说,环境法的原则是指环境法确立的指导环境资源工作或指导环境保护活动的准则"。❸ 汪劲教授认为,"环境法的基本原则,是指环境法在创制和施行中必须遵循的具有拘束力的基础性和根本性准则。环境法基本原则既是环境法基本理念在环境法上的具体体现,又是环境法的本质、技术原理与国家环境政策在环境法上的具体反映。"❹ 马骧聪先生认为,"环境保护法的基本原则,是环境保护法律所体现出来的涉及环境保护法制建设全局的根本准则"。❺ 陈泉生教授认为,"环境法的基本原则,是指为环境法所确认并体现环境法本质和特征的基本原则"。❻ 王灿发教授认为,环境法的基本原则"应该是调整因开发、利用、保护、改善环境而产生的社会关系的根本的或主要的准则"。❼ 尽管上述观点的表述各不相同,但基本内涵却是一致的。

关于环境法基本原则的具体识别与认定,学者们的意见也存在差异。这种差异,反映了学者们认识的不同,也反映出我国环境政策、环境立法的历史发展变化以及对环境法基本原则认识的不断深入和科学化。

1992年以前,环境法学学者对环境法基本原则外延的界定受我国环境政策和环境立法规定的影响较大。韩德培教授在1986年的《环境保护法教程》一书中认为,环境法基本原则包括:(1)经济建设和环境保护协调发展的原则以防为主、防治结合、综合治理的原则;(2)谁开发谁保护的原则,谁污染谁治理的原则;(3)依靠群众保护环境的原则;(4)奖励与惩罚相结合的原则。❽ 韩德培教授在1991年的《环境保护法教程》一书中认为,环境法基本原则包括:(1)经济建设和环境保护协调发展的原则;(2)以防为主、防治结合、综合治理的原则;(3)谁开发谁保护的原则;(4)谁污染谁治理的原则;(5)依靠群众保护环境的原则。❾

金瑞林教授在1990年出版的《环境法学》中认为,环境法的基本原则是我国环境保护工作的基本方针和政策在法律上的体现,环境法的基本原则包括:(1)环境保护与经济建设、社会发展相协调;(2)预防为主、防治结合;(3)奖励综合利用;(4)开发

---

❶ 韩德培:《环境保护法教程》,法律出版社1998年版,第63页。
❷ 金瑞林:《环境法学》,北京大学出版1999年版,第120页。
❸ 蔡守秋:《环境资源法教程》,高等教育出版社2004年版,第100页。
❹ 参见汪劲:《环境法学》,北京大学出版社2014年版,第99页。
❺ 马骧聪:《环境保护法》,四川人民出版社1988年版,第71页。
❻ 陈泉生:《环境法原理》,法律出版社1997年版,第67页。
❼ 王灿发:《环境法学教程》,中国政法大学出版社1997年版,第72页。
❽ 参见韩德培:《环境保护法教程》,法律出版社1986年版,第50页。
❾ 参见韩德培:《环境保护法教程》,法律出版社1991年版,第51页。

者养护,污染者治理;(5)环境保护的民主原则。❶ 马骧聪教授认为,环境法的基本原则包括:(1)经济建设和环境保护要协调发展原则;(2)预防为主、防治结合、综合治理原则;(3)全面规划、合理布局原则;(4)"谁污染谁治理""谁开发谁保护"原则;(5)依靠科学技术进步保护环境原则;(6)依靠群众保护环境原则等。❷ 罗典荣教授认为,环境法基本原则包括:(1)经济建设与环境保护协调发展的原则;(2)全面规划与合理布局的原则、预防为主与防治结合的原则;(3)谁污染谁治理原则;(4)依靠群众的原则等。❸

1992年以后,随着可持续发展观念的形成、可持续发展战略的确立,可持续发展成为我国环境法治的指导思想和中心任务。可持续发展理论和思想也在环境法的基本原则中体现出来。学者们对环境法基本原则的论述中基本都包括环境保护与经济、社会发展相协调原则(有的称之为协调原则)。另外,先前的"防治结合原则"逐渐演变为"预防原则",这体现出从环境污染"末端治理"到"源头控制、全过程控制"的环境保护思想和环境治理模式的转变。蔡守秋教授认为,环境法基本原则包括:(1)经济、社会与环境协调发展的原则;(2)环境资源的开发、利用与保护、改善相结合的原则;(3)预防为主的原则;(4)防治结合、综合治理的原则;(5)环境责任原则;(6)环境民主原则。❹ 汪劲教授认为,环境法的基本原则包括:(1)预防原则;(2)协调发展原则;(3)原因者负担原则;(4)公众参与原则。❺ 曹明德教授认为,环境法基本原则从理论上说应当包括:(1)种际正义原则;(2)代际公平原则;(3)生态优先原则;(4)预防为主原则;(5)合理开发利用原则;(6)污染者付费原则;(7)公众参与原则。❻

2014年修订后的《环境保护法》第5条直接规定了保护优先以及预防为主、综合治理原则。另外,公众参与原则逐渐被公认为环境法的基本原则,原来政治色彩浓重的依靠群众原则的理论表达方式在《环境保护法》修订中为公众参与原则所替代,谁污染谁治理原则逐步发展演变为损害担责原则,其内涵也得到相应的拓展和深化。

这一时期,环境法学界对环境法基本原则的基础理论研究以及对环境法具体基本原则的研究趋于深入。李挚萍教授从环境法基本原则的发展演化、环境法基本原则的共性与差异性、环境法基本原则的立法特点以及环境法具体基本原则的内涵考察等方面做了深入细致的比较研究。❼ 柯坚教授从环境法基本原则的共通性、差异性及其规范性建构视角做了深入的比较研究,他认为,环境法原则的产生与发展是伴随着国家、地区环境法和国际环境法的演进而出现的一个重要法律现象。在不同法律传统和文化

---

❶ 参见金瑞林:《环境法学》,北京大学出版社1990年版,第92页。
❷ 参见马骧聪:《环境保护法》,四川人民出版社1988年版,第71~93页。
❸ 参见罗典荣:《环境法导论》,中国政法大学出版社1988年版,第63~72页。
❹ 参见蔡守秋:《环境资源法教程》,高等教育出版社2004年版,第102~123页。
❺ 参见汪劲:《环境法学》,北京大学出版社2014年版,第101~116页。
❻ 参见曹明德:《生态法新探》,人民出版社2007年版,第221页。
❼ 参见李挚萍:《环境基本法比较研究》,中国政法大学出版社2013年版,第63~90页。

背景下，环境法原则在世界范围获得了广泛的发展，并成为许多国家、地区环境法和国际环境法所认同的一个共同法律话语。人类环境问题的时代性及其共性特征决定了环境法原则在不同国家和地区以及国内、国际环境法之间的共通性。环境法原则的共通性反映了国际社会、国家和地区环境法观念和环境法律秩序之间的互动关系和趋同化发展。同时，由于环境法原则是在国内法、国际法的不同法律背景，以及各个国家和地区的不同法律文化基础上产生和发展起来的，使其在产生和发展的法治背景、创立方式、法律规范功能等方面，存在着一定的差异性。环境法原则的规范性建构，有助于发挥环境法原则在我国环境法治中的规范功能，以指导环境立法，并实现其引导环境司法解释、弥补环境法律规则不足的司法实践功能。❶

关于污染者负担原则，柯坚教授在进行梳理、分析后指出：经济合作与发展组织最早提出污染者负担原则，其根本目的在于避免因国家承担污染预防和控制费用而导致国际贸易的不正当竞争，确保共同市场和经济一体化的发展；污染者负担原则由国际贸易中的一项经济原则，逐步发展和演变为一项具有政策倡导性的环境原则，再演化成为一项国内、国际环境法所共同接受的环境法原则；随着污染者负担原则的实践发展，其主体和责任范围不断扩大。❷

关于风险预防原则，张梓太教授认为，预防为主原则是中国环境法的基本原则，风险社会背景下该原则不论在立法上还是在实践中都面临着困境，因此有必要对该原则进行重构、拓展。在思想理念上将预防原则贯穿于立法、司法、执法和守法的全过程中，从治理污染向预防污染转变，从治理风险向预防风险转变，在表述上将预防为主原则向预防原则转变，在内容上增加以弱势形式规定的风险防范原则；❸陈海嵩博士认为风险预防原则在理论和实践两个层面都具有较大的争议性，风险预防原则存在的真正问题是其法律效力问题，应从法律实效和社会实证入手，探究风险预防原则如何在社会中发挥效果。❹

（六）环境法的基本法律制度

韩德培先生认为，环境法的基本制度是指，"为保护和改善环境而制定的具有重大意义的一些法律制度。它是为了保证环境保护法任务的实现和环境保护法基本原则的实施而制定的"。❺汪劲教授认为，环境法的基本制度"不是指法律或法规条文的具体规定，而是指按照环境法基本理念和基本原则确立的、通过环境立法具体表现的、普

---

❶ 参见柯坚："环境法原则之思考——比较法视角下的共通性、差异性及其规范性建构"，载《中山大学学报（社会科学版）》2011年第3期。

❷ 参见柯坚："论污染者负担原则的嬗变"，载《法学评论》2010年第6期。

❸ 参见张梓太、王岚："论风险社会语境下的环境法预防原则"，载《社会科学》2012年第6期。

❹ 参见陈海嵩："风险预防原则理论与实践反思——兼论风险预防原则的核心问题"，载《北方法学》2010年第3期。

❺ 韩德培：《环境保护法教程》，法律出版社1986年版，第66页。

遍适用于各类环境保护领域的法律规范的总称"。❶周珂教授认为,"构成环境法的主要制度至少要符合两个条件:一是特定性或独立性,即这项制度必须有不同于其他规范类型、部门法或环境保护其他方面制度的特点,如果一项环境法制度可以直接适用其他规范(例如民法中的无过错责任制度、相邻权制度,经济法中的各种经济责任制和经济管理制度等),则它就不具有环境法主要制度的意义。二是普遍性或完整性,即这项制度应当是在环境保护中起主导和决定作用的制度,在环境保护的某一方面全部法律规范中具有代表性或标志性,如果环境法的一项制度在环境保护中仅起辅助和配合作用,或是法律化程度有限(如环境保护目标责任制度、城市环境质量综合整治定量考核制度等)或是仅作为试点而尚未成为普遍性法律制度,则也不宜作为环境法的主要制度"。❷

1989年在全国环境保护会议上,环境法的主要制度被归纳为"老三项"和"新五项"。"老三项"即20世纪70年代末到80年代初,我国确立的环境影响评价制度、"三同时"制度和征收排污费制度,而"新五项"是指20世纪80年代末,我国确立的限期治理制度、排污许可证制度、污染物集中控制度、环境保护目标责任制、城市环境综合整治定量考核制度。环境法学界对于环境法基本制度的识别,也经历了一个不断发展变化的过程。

韩德培先生在1986年出版的《环境保护法教程》一书中认为,我国环境保护法的基本制度主要有环境影响评价制度、"三同时"制度和排污收费制度等。❸金瑞林教授在1990年出版的《环境法学》一书中认为,"环境法的基本制度,包括土地利用规划制度、环境影响评价制度、'三同时'制度、许可证制度、征收排污费制度、经济刺激制度。这些基本制度综合概括了我国各种环境法律、法规的有关规定,是我国环境管理的基本制度的法律化和规范化"。❹罗典荣教授认为,环境法的基本制度有:环境影响评价制度、"三同时"制度、环境保护许可证制度、排污收费制度、经济刺激制度。❺陈茂云教授、马骧聪教授认为,环境法基本制度包括环境计划和规划制度、环境保护标准制度、环境监测制度、环境影响评价制、"三同时"制度、排污申报登记制度、现场检查制度征收排污费制度、限期治理制度、环境污染与破坏事故报告与处理制度、奖励综合利用制度等。❻

蔡守秋教授根据环境法基本制度在环境资源保护管理中不同地位和作用,从不同的角度对环境资源基本法律制度进行不同的分类,对环境法基本制度进行了系统分类和分析。从制度的调控与保护对象上,将其分为综合性的环境资源制度(如规划制度、

---

❶ 汪劲:《环境法律的解释:问题与方法》,人民法院出版社2006年版,第323页。
❷ 周珂:《生态环境法论》,法律出版社2001年版,第74页。
❸ 韩德培:《环境保护法教程》,法律出版社1986年版,第66页。
❹ 金瑞林:《环境法学》,北京大学出版社1990年版,第115页。
❺ 参见罗典荣:《环境法导论》,中国政法大学出版社1988年版,第74~116页。
❻ 参见陈茂云、马骧聪:《生态法学》,陕西人民教育出版社2000年版,第85页。

环境影响评价制度、许可制度、税费制度、清洁生产制度)、污染防治制度(如"三同时"制度、排污申报登记制度、限期治理制度、污染集中控制制度)、自然资源利用保护制度(如资源综合利用制度、自然资源恢复制度)、自然保护与自然灾害防治制度(如自然保护区管理制度、自然文化遗产管理制度)等;从制度的主要手段的性质,将其分为经济性的制度(如税费制度、经济刺激制度、奖励综合利用制度等)、技术性的制度(如标准制度、监测制度、标志制度、清洁生产制度、动植物检疫制度等)、行政性的制度(如限期治理制度、现场检查制度、许可证制度等)和社会性的制度(如公众参与环境管理制度、污染事故报告及处理制度等)。从制度的功能,可以将其分为基础性的制度(如环境标准制度、监测制度等)、预防性的制度(如规划制度、环境影响评价制度、"三同时"制度等)、治理性的制度(如限期治理制度、污染集中控制制度等)和补救、补偿性制度(如自然资源补救与补偿制度、生态建设与补偿制度)。另外,从环境资源基本法律制度适用的不同阶段,可以将其分为行为前适用的制度、行为过程中适用的制度、行为后适用的制度和行为全过程适用的制度。❶ 蔡守秋教授根据当时的环境资源法律法规,认为比较成熟的制度有:环境资源规划制度、环境影响评价制度、"三同时"制度、环境资源许可制度、环境资源的税费制度、清洁生产制度、环境资源重点保护制度、环境资源补救和补偿制度、环境标准制度以及环境监测调查制度等。❷

汪劲教授按照环境法律制度或措施的性质,将环境法律中具有共通性的重要制度分为事前预防类、行为管制类、经济刺激与市场类以及事后救济类四大类环境法基本制度。❸ 陈汉光教授认为,环境保护法的基本制度是指调整环境保护关系的一些具有重大意义的法律规范,是国家为了实现环境保护法的基本原则并使其具体化而制定的,他认为,环境保护法的基本制度主要有:环境影响评价制度、"三同时"制度、排污收费制度、限期治理制度与奖励综合利用制度。❹

王灿发教授认为,"目前比较成熟的环境法律制度主要有环境影响评价制度、'三同时'制度、征收排污费制度、限期治理制度、排污申报登记制度、环境标准制度、环境监测制度、废物综合利用制度、环境污染与破坏事故报告制度、现场检查制度等。目前正在建立和发展的环境法律制度有环境保护许可证制度、污染物排放总量控制制度、严重污染环境的落后生产工艺和设备的限期淘汰制度、环境标志制度等。还有一些环境管理制度,虽然在环境管理实践中已经成功地推行,但并未真正地法律化,如环境保护目标责任制度、城市环境质量综合整治定量考核制度等。这些制度目前只能称为环境行政管理制度,而不宜称为环境法律制度"。❺

---

❶ 参见蔡守秋:《环境资源法教程》,高等教育出版社2004年版,第186页。
❷ 参见蔡守秋:《环境资源法教程》,高等教育出版社2004年版,第186~187页。
❸ 参见汪劲:《环境法律的解释:问题与方法》,人民法院出版社2006年版,第323页。
❹ 陈汉光、朴光洙:《环境法基础》,中国环境科学出版社1994年版,第77页。
❺ 王灿发:《环境法学教程》,中国政法大学出版社1997年版,第88页。

周珂教授认为，环境法基本制度包括环境质量影响评价制度、"三同时"制度、许可证制度、排污收费制度、限期治理制度、环境事故报告制度。❶

曹明德教授认为，"生态法的基本制度大致可分为两大类：一类是环境保护基本法律制度；另一类是自然资源基本法律制度。环境保护基本法律制度主要包括：环境规划制度、环境标准制度、环境监测制度、环境影响评价制度、'三同时'制度、经济调控制度、排污申报登记制度、现场检查制度、征收排污费制度、限期治理制度、许可证制度、环境污染事故报告与处理制度，等等。在生态环境保护实践中，新的制度不断产生。例如，排污权交易制度、环境标志制度，等等。自然资源基本法律制度主要包括：自然资源权属制度、自然资源规划制度、自然资源调查制度、自然资源许可证制度、自然资源禁限制度、生态补偿制度、自然资源综合利用制度，等等"。❷

2015年出版的《环境保护法教程》把环境法基本制度概括为13项：环境保护规划制度、环境影响评价制度、"三同时"制度、环境保护目标责任制和考核评价制度、现场检查制度、重点污染物排放总量控制制度和区域限批制度、生态保护红线制度、生态保护补偿制度、征收排污费制度、排污许可管理制度、突发环境事件应急预案制度、环境信息公开制度与环境公益诉讼制度。❸

（七）环境权

环境权问题属于环境法学的基本理论范畴。围绕着环境权的环境法学研究，自20世纪80年代初蔡守秋教授在《中国社会科学》上发表《环境权初探》一文，环境权概念开始进入中国法学学者的理论视野以来，它一直是环境法学界关注的一个经久不衰的基本理论和立法实践问题。

1982年《环境权初探》一文是我国环境权理论研究中具有里程碑意义的论文，蔡守秋先生在论文中敏锐地指出，环境权是环境法的一个核心问题，把环境权规定为一项基本权利，是各国宪法、环境法及其他有关法律的一种发展趋势。蔡守秋教授将环境权界定为法律上的权利，是"法律赋予法律关系的主体在其生存的自然环境方面享有的某种权益"。❹ 在1995年左右，以吕忠梅教授和陈泉生教授为代表的环境法学学者再次将环境权研究引向深入，并进一步奠定了环境权在环境法学研究中的重要地位。2000年前后，朱谦教授、周训芳教授和徐祥民教授开始对传统的环境权理论进行反思和批判，引发了一些学术争鸣。及至2004年左右，以吴卫星博士、王小钢博士和谷德近博士为代表的一批青年学者加入到环境权研究队伍之中，其中吴卫星博士侧重从公法学的视角研究环境权，王小钢博士等倾向于从法理学的层面展开研讨。2009年左右，王社坤博士、巩固博士、刘卫先博士等加入到对环境权的研究之中，其中，王社坤博

---

❶ 参见周珂：《生态环境法论》，法律出版社2001年版，第73~86页。
❷ 曹明德：《生态法新探》，人民出版社2007年版，第245页。
❸ 参见韩德培：《环境保护法教程》，法律出版社2015年版，第76页。
❹ 蔡守秋："环境权初探"，载《中国社会科学》1982年第3期。

士在反思我国环境权研究之余探讨了环境权与其他权利的冲突问题，巩固与刘卫先两位博士则沿袭徐祥民教授的批判路径倾向于质疑、否定环境权。由此可见，我国环境权研究的接力棒已经向中青年学者交接，这也是环境权成为我国环境法学研究中经久不衰的核心议题的重要原因。❶

吴卫星教授对我国环境权研究及其学说进行了梳理，总结出关于环境权的肯定说与否定说两种不同的理论观点。肯定环境权的学者居多，但对何谓环境权这一基本概念尚未形成共识。根据对环境权主体和权利内容的范围大小的不同认识，将肯定说类型化为最广义环境权说、广义环境权说与狭义环境权说三种。❷

最广义环境权认为，环境权的主体和内容均极为宽泛，代表学者为蔡守秋教授与陈泉生教授。蔡守秋教授在《环境权初探》一文中认为，环境权的主体包括国家、法人和公民。在2002年《论环境权》一文中，蔡守秋教授指出，环境权的主体有逐渐扩大的趋势，目前已形成个人环境权、单位法人环境权、国家环境权和人类环境权等概念，环境权的内容日益完美，目前已包括合理开发利用环境资源、享受适宜的环境条件、保护和改善环境等内容。❸陈泉生教授认为，环境权的权利主体不仅包括公民、法人及其他组织、国家乃至全人类，还包括尚未出生的后代人；环境权的内容包括生态性权利和经济性权利，前者体现为对一定质量水平环境的享有并于其中生活、生存繁衍，其具体化为生命权、健康权、日照权、通风权、安宁权、清洁空气权、清洁水权、观赏权等，后者表现对环境资源的开发和利用，其具体化为环境资源权、环境使用权、环境处理权等。❹

广义环境权说在环境权的主体或者内容方面有所限缩，代表学者是吕忠梅教授和周训芳教授。吕忠梅教授认为，环境权是公民享有的在不被污染和破坏的环境中生存及利用环境资源的权利。其主体包括当代人和后代人，其内容包括环境使用权、知情权、参与权和请求权。其中，环境使用权包括日照权、清洁空气权、清洁水权等，参与权包括参与国家环境管理的预测和决策过程、参与开发利用的环境管理过程以及环境保护制度实施过程、参与环境纠纷的调解等，请求权包括对行政行为的司法审查、行政复议和国家赔偿的请求权，对他人侵犯公民环境权的损害赔偿请求权等。❺周训芳教授认为，环境权包括国际法上的人类环境权与国内法上的公民环境权，其内容包括良好环境权与环境资源开发利用权。所谓良好环境权是生态性、精神性权利，指当代和未来世代的人类个体和整体生活在一个适合于人类健康和福利的环境中的权利，具体包括清洁空气权、清洁水权、安宁权、环境观赏权等；环境资源开发利用权主要是当

---

❶ 参见吴卫星："我国环境权理论研究三十年之回顾、反思与前瞻"，载《法学评论》2014年第5期。
❷ 吴卫星："我国环境权理论研究三十年之回顾、反思与前瞻"，载《法学评论》2014年第5期。
❸ 参见蔡守秋："论环境权"，载《金陵法律评论》2002年春季卷。
❹ 参见陈泉生："环境权之辨析"，载《中国法学》1997年第2期；陈泉生、张梓太：《宪法与行政法的生态化》，法律出版社2001年版，第117页。
❺ 参见吕忠梅："再论公民环境权"，载《法学研究》2000年第6期。

代的个体的人基于生存目的而对自然资源的财产权利以及从事与自然资源有关的财产性活动的权利,包括土地资源开发利用权、渔业资源捕捞权、狩猎犬、探矿权、采矿权等。❶

狭义环境权说认为,环境权在权利主体和内容两方面同时予以大幅度限缩,代表学者为吴卫星教授。他认为,环境权的主体应仅限于自然人,国家、法人或其他组织、自然体、后代人都不是法律意义上的主体。环境权是一种对一定环境品质的享受权,是实体性的权利,不包括经济性权利和程序性权利。作为一种实体性的权利,环境权不同于传统的物权及其他权利,其客体虽是以物质形态存在的环境及其构成要素,但其内容却是从物质的客体中呈现出来的生态的、文化的、精神的或审美的利益。❷

环境权否定论中又有两种代表性的观点,即国家环境管理权论和环境义务先定论。前者以朱谦教授为代表的一些环境法学学者认为,各国宪法和环境基本法律中规定的公民享有良好环境的权利不应被视为实体性基本人权,而应当看作是揭示环境保护的政策、理念的宣示性条款,其意图并不在于设置一种新兴权利。❸后者以徐祥民教授为代表,这些环境法学学者认为:环境权是一种自得权,它产生于环境危机时代,是以自负义务的履行为实现手段的保有和维护适宜人类生存繁衍的自然环境的人类权利,"自得权"论或"人类环境权"论实质上导向了否定公民环境权的环境义务先定论。这些学者认为,对影响环境的所有的主体普遍设定义务并要求他们履行义务既是实现环境权,也是实现对环境的有效保护的唯一出路。❹

(八) 生态文明与环境法制建设

2017 年十九大报告中明确提出:中国特色社会主义进入新时代,我国社会主要矛盾已经转化为人民日益增长的美好生活需要和不平衡不充分的发展之间的矛盾。这个新的表述意味着,在解决了十几亿人的温饱问题后,执政党不仅要在物质文化生活不断满足人民群众的需求,而且要在生态环境方面满足人民群众的需要。根植于这个时代背景,可以认为,我国环境法学已经进入"生态文明"时期。

首先,法治是生态文明的基本保障,生态文明建设以环境法学理论与实践为根本依托。生态文明的内涵和外延更加丰富,是可持续发展的当代化、中国化和具体化。执政党关于生态文明建设的政治文件以及近些年来颁布的一系列关于生态文明建设与体制改革的政策文件,为我国环境法学界对于生态文明法治的理论和实践研究提供了

---

❶ 参见周训芳:《环境权论》,法律出版社 2003 年版,第 169 页。
❷ 参见吴卫星:"环境权内容之辨析",载《法学评论》2005 年第 2 期;吴卫星:《环境权研究——公法学的视角》,法律出版社 2007 年版,第 73~101 页。
❸ 参见朱谦:"环境权问题:一种新的探讨路径",载《法律科学》2004 年第 5 期;朱谦:"反思环境法的权利基础——对环境权主流观点的一种担忧",载《江苏社会科学》2007 年第 2 期。
❹ 参见徐祥民:"环境权论——人权发展历史分期的视角",载《中国社会科学》2004 年第 4 期;徐祥民:"对'公民环境权论'的几点疑问",载《中国法学》2004 年第 4 期;徐祥民、田其云等:《环境权:环境法学的基础研究》,北京大学出版社 2004 年版,第 213 页。

良好的政治前提、基础和动力。

作为我国环境法体系的基本法律，2014年修订的《环境保护法》将生态文明建设的要求引入其中，并在第1条立法目的中规定了"推进生态文明建设"的内容。如果说1992年联合国环境与发展大会以来，我国环境法学界以可持续发展法治为研究焦点，那么，在生态文明建设的政治背景下，生态文明法治建设问题已经成为环境法学界关注的新焦点。❶

生态文明建设的价值目标导向，扩展了我国环境法的规范对象，拓宽了环境法学的研究视野，并对我国环境法制建设提出了更高的要求。作为环境法学研究的代表性人物，蔡守秋教授强调生态文明观对环境法学理论与实践的引领作用及其对法律优劣的评价标准作用。从认识生态文明与环境法治建设的关系视角，他主张"以生态文明观为指导，实现环境法律的生态化"。同时，蔡守秋教授提出：我国环境法治建设的指导思想应遵循自然生态规律和经济社会发展规律，坚持生态文明观和环境法治观，促进环境公平正义，促进人与自然和谐。只有通过生态文明进而形成良好生态伦理和环境道德，才能制定出先进的环保法律制度。❷

吕忠梅教授认为，要在对现行生态环境法治建设的经验与教训进行深刻反思的基础上完善生态环境立法体系，提升生态治理体系和能力的现代化水平。❸她进一步指出，将生态文明融入经济建设、政治建设、文化建设、社会建设全过程，对现有的法律理念与实施机制提出了严峻挑战。生态文明建设目标要求建立环境与发展综合决策机制，在法律上必须处理好环境与发展综合决策涉及的各种利益关系，确定生存权、发展权、环境权的顺序。❹

徐祥民教授主张，从生态文明的客观要求来检视环境法的理论和实践。他提出，环境法不应仅仅是污染防治法或污染防治法加自然资源保护法，而应是以环境承载力为基础性判断，以循环型社会为路径确保人与自然和谐的基本法，其调整对象应当是影响环境的全部人类行为，应把国家的经济决策行为纳入其调整范围之内，而不仅仅是调控和管制企业和其他的污染者、资源消耗大户。❺

王灿发教授认为，生态文明既是人类在处理人与自然关系中所取得的积极成果的总和，也是一种更高级的社会形态。生态文明建设的实现不仅需要相应的理念和价值追求的更新，也需要完善的法律保障。他提出，构建生态文明建设法律保障体系，从法律框架体系上，应当以《生态文明建设基本法》或《环境保护基本法》为龙头，以

---

❶ 在中国知网上输入"生态文明"并含"环境法治建设"关键词，按照主题进行搜索，共计搜索到70篇文章，这70篇文章全部是2007年及以后发表的。

❷ 参见蔡守秋："我国环境法治建设的指导思想与生态文明观"，载《宁波大学学报（人文科学版）》2009年第2期。

❸ 参见吕忠梅："生态文明建设的法治思考"，载《法学杂志》2014年第5期；吕忠梅："中国生态法治建设的路线图"，载《中国社会科学》2013年第5期。

❹ 参见吕忠梅："论生态文明建设的综合决策法律机制"，载《中国法学》2014年第3期。

❺ 参见徐祥民、高益民："从生态文明的要求看环境法的修改"，载《中州学刊》2008年第2期。

污染防治、资源保护、生态保护、资源和能源节约法为分支的完整体系，在所有立法中贯彻生态优先、不得恶化、生态民主、共同责任的基本原则，并分别从预防、管控、救济三个维度建立起完善的生态文明建设法律保障制度。❶

其次，生态文明法治研究，不仅表现在环境法学学科的理论和实践研究，还体现在其他法学学科研究的"生态化"方面。以民法学研究的"生态化"为例，2017年3月15日全国人大表决通过的《民法总则》第9条规定："民事主体从事民事活动，应当有利于节约资源、保护生态环境。"实际上，围绕着《民法总则》"绿色条款"的起草和出台，民法学者倾注了相当程度的关注，环境法学者和民法学者也进行了广泛的交流与对话。王利民教授认为，"民法典必须反映资源环境逐渐恶化的社会的特点"。❷崔建远教授肯定和赞扬了《民法总则》第9条的规定，认为《民法总则》奉行了中庸之道，明智地确定绿色发展，在形而下层面有利于经济发展、生态改善，也可满足生活需求，在形而上层面符合祖先"天人合一"的理念，在方针政策的角度与"科学发展观"相一致。❸还有学者提出，我国《民法总则》规定了节约资源、保护生态环境原则，是绿色化理念的法律化，编纂民法典分编应进一步贯彻这一原则，应摒弃《物权法》仅基于市场经济而未兼顾环境时代的个人主义物权理论，以绿色化理念为指导，借鉴环境主义财产权理论与实践经验，规定绿色物权制度。❹环境法学者陈海嵩则认为，《民法总则》第9条为民事主体的活动设定了"节约资源、保护生态环境"的法定义务，体现了环境法与民法典对接的"义务路径"，该法条的原则性规定能够在"法治中国"与生态文明建设中发挥重要的规范性作用。❺

（九）环境法律责任

1. 环境法律责任概说

环境法律责任属于法律责任，对于法律责任的概念与性质，理论界有"处罚说"、"否定性判决说""义务说""责任说""制裁说""负担说"以及"后果说"等多种观点。环境法学界基于对环境法律责任产生依据的理解认识不同，主要有以下四种观点。

（1）"违法后果说"。该学说认为，环境法律责任是因违反环境法律招致的否定性法律后果，环境违法行为是承担环境法律责任的前提，环境法律责任是环境违法行为的必然结果。例如，环境法律责任"是指实施了环境违法行为的法人或公民，就其环境违法行为所造成的危害，应对国家、企事业单位或受害的个人承担相应强制性义

---

❶ 参见王灿发："论生态文明建设法律保障体系的构建"，载《中国法学》2014年第3期。
❷ 王利明："民法典的时代特征和编纂步骤"，载《清华法学》2014年第6期。
❸ 参见崔建远："我国《民法总则》的制度创新及历史意义"，载《比较法研究》2017年第3期。
❹ 参见刘士国："绿色化与我国民法典编纂"，载《社会科学》2017年第9期。
❺ 参见陈海嵩："《民法总则》'生态环境保护原则'的理解及适用——基于宪法的解释"，载《法学》2017年第10期。

务"。❶ "简单地说，环境法律责任就是指环境违法行为而应当承担的法律后果。"❷ "环境法律责任是指违反环境保护法律、法规的单位和个人所应承担的责任。"❸ "环境法律责任是指违法者对其环境违法行为所应承担的具有强制性的法律后果。环境法律责任与环境违法行为紧密相连，只有实施环境违法行为的人，才承担相应的法律责任，因此，环境违法行为是承担环境法律责任的前提，环境法律责任则是环境违法行为的必然结果。"❹ "生态法律责任，又称生态违法的法律责任，是指行为人因实施了生态违法行为而应承担的法律后果。"❺ 生态法律责任"实质在于，实施了生态违法行为的人应对其行为承担不良的后果"。❻

（2）"违义说"。该说认为环境法律责任是因违反环境义务招致的否定性法律后果。例如："环境法律责任是环境法主体因不履行环境义务而依法承担的否定性的法律后果"。❼

（3）"环境损害说"。该说认为，承担环境法律责任的原因在于只要行为人行为造成了环境损害或有造成环境损害的极大危险。例如，有学者认为，"环境法律责任是指造成或可能造成环境污染和破坏的当事人依法所应承担的法律后果"。❽ 有学者认为，"公民、法人或者其他组织对其危害环境活动所承担的否定性的法律后果"。❾

（4）"综合说"。该说认为，承担环境法律责任的原因是环境违法行为或违反环境义务的行为（包括约定的环境义务）或基于法律的规定等。常纪文研究员认为，"给环境法律责任下定义，必须要全境面考察环境行政法律责任、环境民事法律责任和环境刑事法律责任的主体、主观要件、客体、客观方面，既要考虑法律责任的性质、特点、结构和因果关系，又要考虑环境行政法律责任、环境民事法律责任和环境刑事法律责任的性质、特点、结构和因果关系的特殊主性"。"环境法律责任是指环境法律关系的主体因违反环境法律法规的规定，或违反环境行政和民事合同的约定，破坏了法律上或合同中的功利关系或道义关系所应承担的对人、单位、国家、社会和环境的补偿、惩罚或其他性质的具有强制性的不利法律后果。"❿ 张梓太教授认为，"环境法律责任是指行为人之行为违法、违约或基于法律特别规定，并造成环境损害或可能造成环境损害时，行为人应承担的不利的法律后果"。⓫

关于环境法律责任的种类，环境法学者们认识比较一致，认为包括环境行政法律

---

❶ 罗典荣：《环境法导论》，中国政法大学出版社1988年版，第204页。
❷ 戚道孟：《环境法》，中国环境科学出版社1990年版，第194页。
❸ 蔡守秋：《环境资源法论》，武汉大学出版社1996年版，第283页。
❹ 吕忠梅：《环境法学》，法律出版社2004年版，第157页。
❺ 曹明德：《生态法新探》，人民出版社2007年版，第324页。
❻ 王树义：《俄罗斯生态法》，武汉大学出版社2001年版，第378页。
❼ 王灿发：《环境法学教程》，中国政法大学出版社1997年版，第117页。
❽ 周珂：《生态环境法论》，法律出版社2001年版，第93页。
❾ 高家伟：《欧洲环境法》，工商出版社2000年版，第147页。
❿ 常纪文：《环境法律责任原理研究》，湖南人民出版社2001年版，第22页。
⓫ 张梓太：《环境法律责任研究》，商务印书馆2004年版，第36页。

责任、环境民事法律责任和环境刑事法律责任等三种法律责任形式。

关于环境法律责任的特征,王灿发教授将环境法律责任的特征概括为五点:一是某些环境法律责任的承担不以违法为必要前提,二是民事法律责任的行政化、行政责任的扩大化,三是违法处罚趋重化,四是实行两罚或多罚制度,五是实行无过错责任制度。❶ 周珂教授认为,环境法律责任具有两个特点,一是责任要件不同,二是民事责任和刑事责任行政化。❷ 常纪文研究员认为,环境法律责任的特点有:环境法律责任既包括人对人、人对社会和国家的法律责任,也包括人对环境的法律责任;环境法律责任具有公益性和私益性的特点;环境法律责任的法理学基础是环境权;环境法律责任的构成要件、实现程序与责任形式均有一定的特殊性;此外,环境法律责任的各具体责任都还有自己的一些特点,比如行政责任扩大化、行政处罚措施和罚金刑趋重化、双罚或多罚制的适度应用、民事和行政起诉资格的放宽等。❸ 张梓太教授认为,环境法律责任具有范围扩大化、构成要件上的松动化、综合性和严厉性的特征。❹

关于构成要件、实现程序及责任形式方面,学者们展开了广泛而深入的探讨,大多数学者认为,区别于一般的法律责任,环境法律责任具有特殊性。一些学者对其构成要件、实现程序及责任形式等方面的特殊性进行了具体的分析和探讨。

2. 行政法律责任中的焦点——按日连续计罚

环境行政是环境法律的主干,环境行政法律责任是环境法中最重要的一种法律责任形式。在《水污染防治法》和《环境保护法》的修订过程中,由于企业环境保护"违法成本低,守法成本高"的现象长久以来备受理论界和实务界诟病,按日连续计罚制度的创立问题成为环境行政法律责任中备受环境法学研究所关注的重要议题。

以2014年《环境保护法》修订中是否应当增设按日连续处罚制度为例,学者们针对企业环境保护"违法成本低,守法成本高"的普遍现象,对该制度进行了一些必要的研究和探讨。汪劲教授等学者通过对域外按日连续处罚制度的立法梳理,认为按日连续处罚的在立法模式上分两种模式:一是英美法模式,即对于持续的环境违法行为直接按日连续处罚,按日连续处罚是行政处罚手段;二是大陆法模式,即对于环境违法行为先进行处罚并给予责令改正的期限,对期满仍未改正的再从责令限期改正之日起按日连续处罚,按日连续处罚是行政强制手段而非行政处罚。❺

由于按日连续处罚的法律性质直接影响到其执行方式、程序和救济途径、方法,环境法学界关于按日连续处罚争论的焦点在于其法律性质。关于按日连续处罚的法律性质,存在着行政处罚说、执行罚说和混合说的不同观点。杜辉博士认为,按日连续

---

❶ 参见王灿发:《环境法学教程》,中国政法大学出版社1997年版,第117~121页。
❷ 参见周珂:《生态环境法论》,法律出版社2001年版,第93~94页。
❸ 参见常纪文:《环境法律责任原理研究》,湖南人民出版社2001年版,第23~26页。
❹ 参见张梓太:《环境法律责任研究》,商务印书馆2004年版,第39~43页。
❺ 参见汪劲,严厚福:"构建我国环境立法中的按日连续处罚制——以《水污染防治法》的修改为例",载《法学》2007年第12期。

处罚在中国依然是一个尚待检验的执法试验，立法者对按日连续处罚指向的义务有消极义务和积极义务两种不同的理解。厘清排污者"违反的是何种义务"是理解按日连续处罚规范属性的关键。污染者若违反的是消极义务（不得违法排放的义务），则处罚属于行为罚，即秩序罚；污染者若违反的是积极义务（应限期改正的义务），则处罚应为执行罚。❶

学界争论的另外一个法理问题是，按日连续处罚是否与"一事不再罚"的行政法基本原则存在冲突和矛盾的问题。一种观点是认为，按日连续处罚和"一事不再罚"冲突和矛盾；另一种观点是认为，按日连续处罚和"一事不再罚"不冲突、不矛盾。姜明安教授认为，按日连续处罚只是行政罚款的计算方式，针对连续性的违法行为采取了按日连续处罚仍是一个行政处罚，而非多个行政处罚。❷

实际上，在2008年《水污染防治法》修订时，因关于按日连续处罚的性质以及按日连续处罚与"一事不再罚"之间的关系等问题争议较大，2008年修订《水污染防治法》并未规定按日连续处罚制度，直至2014年《环境保护法》修订以及2017年6月27日《水污染防治法》修正时，我国环境立法中才正式规定了按日连续处罚制度。

3. 政府法律责任

我国早期的环境法律制度创制主要着眼于对污染主体的管制和控制，强调污染者的义务和责任承担。随着环境保护实践的深入和环境法学研究的深入，环境法学者开始对政府环境法律责任进行反思，并认识到政府在环境保护中应当担当更加重要的角色，应当明确和强化政府的环境法律责任。

王曦教授提出，从社会现实来看，由于有关环境的政府决策对环境和生态、人民生命和健康，甚至政权的稳固都有不可忽视的负面影响，因此亟须规范和制约这种政府行为。❸ 徐祥民教授认为，政府环境责任源自公民环境利益保护的需要，落实政府环境责任，重在制度约束和公共参与。❹ 陈海嵩教授则认为，国家任务是国家环境保护义务证立的基础和前提。他提出，国家环境保护义务不能简单根据保障基本权利之国家义务体系进行演绎推理，而应从国家任务的现实需要出发进行归纳推理。同时，他提出，环境保护基本国策是国家环境保护义务的宪法规范形态，并构成了对所有国家权力构成约束的"国家目标条款"。❺

蔡守秋教授总结概括了我国政府环境责任的缺陷：重政府经济责任、轻政府环境责任，重企业环境责任、轻政府环境责任，重政府第一性环境责任、轻政府第二性环境责任，重政府环境权力、轻政府环境义务，重地方政府的环境责任、轻中央政府的

---

❶ 参见杜辉："环境法上按日计罚制度的规范分析——以行为和义务的类型化为中心"，载《法商研究》2015年第5期。
❷ 姜明安："《水污染防治法》中实施'按日计罚'的可行性——行政法学家视角的评述"，载《环境保护》2007年第24期。
❸ 参见王曦："论规范和制约有关环境的政府决策之必要性"，载《法学评论》2013年第2期。
❹ 参见徐祥民、孟庆垒："政府环境责任简论"，载《学习论坛》2007年第12期。
❺ 参见陈海嵩："国家环境保护义务的溯源与展开"，载《法学研究》2014年第3期。

环境责任,重政府环保护主管部门的环境责任、轻政府负责人的环境责任。他建议在《环境保护法》的修订中,应当加强政府环境责任,将政府环境责任在政府和企业之间、中央政府与地方政府之间以及政府和环保护主管部门之间进行合理分配,增强环境法律政府环境行为的规范和控制功能,拓展政府环境第一性义务,明确政府负责人的环境责任。❶

吕忠梅教授指出,我国各级地方政府对《环境保护法》的执法力度不强,甚至出现了甘当污染企业"保护伞"、决策导致环境破坏等问题。造成这些问题的根本原因是《环境保护法》被定位为"监管者监管之法",并在此基础上设立的以区域管理为主的环境管理体制和以行政手段为主的监管机制。另外,由于缺乏对地方政府环境保护责任的落实、市场机制的缺位、公众参与的不足,因此地方政府在追求 GDP 增长过程中容易和企业达成一致,牺牲环境保护的公共职能。为此,吕忠梅教授认为,立法者必须重新审视《环境保护法》的立法理念,确立《环境保护法》作为"监管监管者之法"的应有之意。❷

针对 2014 年修订后的《环境保护法》,邓可祝教授认为,修订后的立法全面规范并强化了政府环境责任,具体规定了政府在环境治理方面责任,反映了环境治理的实践需求,体现了环境治理的规律,具有很强的针对性。同时,树立社会生态文明观念对政府环境责任的实现具有基础性作用,政府环境责任实现行有赖于政府环境职责的确立、政府环境责任追究程序、公务员权利救济制度等相关制度的建立和完善。❸ 马波教授指出,政府环境责任法制化面临着中央政府环境职责缺位、地方(乡镇)政府环境职权阙如、环境质量责任标准缺失和政府环境责任属性不清的困境。结合新修订的《环境保护法》实施情况,他从结构性法制要素(职责职权)的视角进行审视,主张界定中央政府的环境职责和地方(乡镇)政府的环境职权,依法规定政府环境责任的标准和政府环境责任的属性,借以实现政府环境责任法制化。❹

(十)环境司法专门化和环境公益诉讼

促进环境立法的有效实施是我国环境法治需要面对和解决的一个关键问题,也是我国环境法制建设从以立法为重心到以法律实施为重心转换的必然要求。一直以来,倚重于环境行政立法与执法是我国环境法制建设的一个重要特征。近些年来,提升环境司法的作用以及改变环境司法乏力的状况,已经成为环境法学界所关注的一个热点议题。同时,基于《民事诉讼法》和《环境保护法》修订后所确立的公益诉讼条款以及最高人民法院颁行的关于环境公益诉讼的各种司法解释,配合不断提起的环境公益诉讼的司法实践尝试,环境公益诉讼的理论和实践研究也成为我国环境法学界探讨的

---

❶ 参见蔡守秋:"论政府环境责任的缺陷与健全",载《河北法学》2008 年第 3 期。
❷ 参见吕忠梅:"监管环境监管者:立法缺失及制度构建",载《法商研究》2009 年第 5 期。
❸ 参见邓可祝:"政府环境责任的法律确立与实现——〈环境保护法〉修订案中政府环境责任规范研究",载《南京工业大学学报(社会科学版)》2014 年第 3 期。
❹ 参见马波:"论政府环境责任法制化的实现路径",载《法学评论》2016 年第 2 期。

热点问题。

1. 环境司法专门化

20世纪70年代后期，一些发达国家的环境司法活动出现环境司法专门化的新动态，即环境案件被集中于专门的环境审判机构进行审理。我国最早在20世纪80年代开始环境司法专门化的探索。早在1982年，《环境保护》第1期就刊载了《设置环境法庭势在必行》一文。❶ 1987年3月，易木良在《中国环境管理》上发表了《设置环境法庭势在必行》的同名文章。罗典荣教授早在1988年就论述了设置环境法庭实行环境司法专门化的必要性和可行性。❷ 但这一提议当时并未引起环境法学界的关注。及至2010年后，环境司法专门化的研究逐渐引起环境法学界关注，成为理论和实务界关注研究的热点和重点。在这一时期，伴随着我国环境司法体制改革的进行，以及环境公益诉讼实践的推行，我国环境司法专门化改革试点工作进行得如火如荼。围绕着环境司法专门化的法律与法治问题，各方观点见仁见智：质疑者或主张其存在脱法嫌疑，或认为可沿用传统司法框架而无甚必要，或以案源稀缺否定其可行性；赞同者则以环境纠纷增多与环境案件复杂作为正当性依据。

通过对国外环境司法专门化现象的系统研究，李挚萍教授认为，环境司法专门化伴随着环境案件管辖权、环境纠纷审理规则、审判人员组成和知识结构、纠纷处理方式以及案件管理方式等的调整和创新。环境司法专门化有力促进了环境法的司法化，也促进了环境法理论和实践的发展，但是，环境司法专门化也面临许多困难及挑战，环境法庭并不是环境纠纷解决的唯一场所，也未必是最好的场所，各国应该根据自身的实际情况确定是否建立环境法庭及其运作规则。❸

张宝教授认为，通过审判机构的专门化、诉讼程序的特别化与审判人员的专业化，有助于应对环境侵害的交互性、扩散性与不确定性对环境诉讼的影响。❹

王树义教授认为，环境司法改革应当重点解决三个方面的问题：树立现代环境司法理念，充分发挥司法保护环境的作用；实行环境司法专门化，为环境纠纷解决提供积极的司法服务；实践环境公益诉讼，用司法保护社会环境公共利益。他同时提出，因污染防治、自然资源合理开发利用和保护以及生态环境改善这三个方面活动所产生的纠纷均属于环境案件。环境司法专门化方便诉讼、能提高环境诉讼效率、节省环境诉讼成本，能提高环境诉讼案件处理的专业化水平，适应了环境案件增多的现实社会需要，有助于实现环境司法救济。❺

关于环境案件的受案范围，王树义教授主张，应当坚持环境民事、环境刑事和环

---

❶ 参见罗典荣：《环境法导论》，中国政法大学出版社1988年版，第266页。
❷ 参见罗典荣：《环境法导论》，中国政法大学出版社1988年版，第265~268页。
❸ 参见李挚萍："外国环境司法专门化的经验及挑战"，载《法学杂志》2012年第11期。
❹ 参见张宝："环境司法专门化的建构路径"，载《郑州大学学报（哲学社会科学版）》2014年第6期。
❺ 参见王树义："论生态文明建设与环境司法改革"，载《中国法学》2014年第3期。

境案件的"三审合一",即由环境案件审判机构或审判部门统一受理并负责审判环境民事诉讼、环境刑事诉讼和环境行政诉讼案件。❶陈海嵩教授认为,"三审合一"有利于统一环境资源案件的裁判尺度,实现环境资源案件的优质高效审理,维护环境资源案件当事人的权益,对环境资源形成全方位、综合性的立体司法保护。❷

张忠民教授认为,环境司法专门化除了包括环境审判机构外,还包括环境审判机制、环境审判程序、环境审判理论和环境审判团队的专门化。❸陈海嵩教授提出,"三审合一"审理模式在我国司法实践中已取得了较大进展,同时存在一些深层次问题,如诉讼程序的实质整合程度有待提高,案件审理的合法性与专业性不足,判决的适当履行存在困难等。为了完善环境司法"三审合一"模式,需要积极探索环境资源案件分类审理程序,合理设置环境资源专门审判机构,建立健全适应环境资源审判需要的法官队伍和专家队伍。❹

杜辉博士则从社会公共治理的角度分析了我国的环境司法模式,他认为,对环境司法中国模式的理解在某种程度上决定着我国环境司法体系建设的完整性。除了传统上以纠纷解决、维护公共利益为目标的司法类型之外,环境司法还应有一种治理型的司法类型作为补充。治理型环境司法的合法性源于它的功能反思性和结构开放性。同时,他提出,基于对其内容表现形态的判断,推进治理型环境司法必须在宏观上建立司法、政治与民意的良性互动机制,在中观上确立治理型环境司法独特的规则与常规,在微观上建立个案基础上的案例指导和司法解释机制。❺

2. 环境公益诉讼

伴随着我国环境司法体制改革和环境保护司法功能的提升,环境公益诉讼成为政府和社会各界关注的热点问题。

汪劲教授在 2006 年 12 月发表《中国环境公益诉讼:何时才能浮出水面?》一文,提出应当改革行政和民事诉讼制度,在我国建立环境公益诉讼制度。史玉成教授认为,提起环境诉讼、维护环境公共利益是环境权从理论到实践的基本标志,应适度放宽原告资格、合理配置举证责任、拓展诉讼途径、公平负担诉讼费用,建立我国的环境公益诉讼制度。❻

有诉讼法学者认为,"环境行政公益诉讼、环境民事公益诉讼和环境公益宪法诉讼的形态划分不仅是理论与实践历史演进的产物,也是环境公益诉讼整体类型化的时代

---

❶ 参见王树义:"论生态文明建设与环境司法改革",载《中国法学》2014 年第 3 期。
❷ 参见陈海嵩:"环境司法'三审合一'的检视与完善",载《中州学刊》2016 年第 4 期。
❸ 参见张忠民:"环境司法专门化发展的实证检视:以环境审判机构和环境审判机制为中心",载《中国法学》2016 年第 6 期。
❹ 参见陈海嵩:"环境司法'三审合一'的检视与完善",载《中州学刊》2016 年第 4 期。
❺ 参见杜辉:"环境司法的公共治理面向——基于'环境司法中国模式'的建构",载《法学评论》2015 年第 4 期。
❻ 参见史玉成:"环境公益诉讼制度构建若干问题探析",载《现代法学》2004 年第 3 期。

趋势"。❶

　　来自于环境保护行政部门的别涛先生认为,"针对侵害环境公益的行为,除直接受害人外,其他公民或者依法登记的环境保护民间组织,应当有权向法院提起环境民事公益诉讼,请求法院判令侵害环境公益的行为人停止侵害行为,排除危害;或者提起环境行政公益诉讼,请求法院判令环保主管部门履行监管职责。特殊情形下,检察院也可以提起公益性质的环境民事或行政诉讼"。❷

　　李艳芳教授等学者认为,环境民事公益诉讼制度是维护环境公共利益的有效救济措施,其在诉讼目的、诉讼主体、诉讼功能、责任形式等方面与普通民事诉讼不同,需要在立法路径、立法模式、立法体例等方面作出选择,对环境民事公益诉讼在原告资格、诉讼形式、滥诉限制、诉讼费用、证据规则、责任形式、判决执行等具体制度上进行不同于普通民事诉讼的创新设计。❸

　　黄锡生教授等学者提出,应在行政诉讼法和环境法的修改确立环境公益行政诉讼制,赋予检察机关和公民、法人及其他组织同等的环境公益行政起诉权,合理确定举证责任的分配,增加判决种类,并且允许和解;把公益诉讼纳入法律援助的范围,同时注意平衡环境公益保护与行政权行使之间的关系。❹

　　围绕着2014年《环境保护法》修订中的环境公益诉讼条款的设立问题,以及《民事诉讼法》《环境保护法》生效实施后环境公益诉讼的司法实践问题,环境法学界乃至其他法学领域的学者对于环境公益诉讼理论与实践的研究不断拓展、不断深入。❺

　　环境公益诉讼制度是舶来品,我国环境法学者对国外环境诉讼制度的介绍和比较研究较多。例如,吴卫星教授对国外环境公益诉讼的原告资格问题进行了考察,认为美国采用"事实上的损害"标准,印度采用"充分利益"标准,欧盟将原告资格限定为与案件没有利害关系且符合一定标准的环境保护团体。❻

　　吕忠梅教授指出,我国现有的环境公益诉讼研究过于关注技术细节和制度设计,而忽视了一些本该作为环境公益诉讼制度构建的理论核心问题。她对环境公益诉讼从性质、适格原告和客体三个方面进行探讨并认为:在性质上,环境公益诉讼作为一种特别诉讼,不应被划分为环境民事公益诉讼与环境行政公益诉讼,因为这种二分法会导致法理逻辑上的矛盾和现实困境;从适格原告方面来看,检察机关并非为环境公益诉讼的最佳主体;在环境公益诉讼客体方面,环境公益诉讼指向的是"对环境的损害"

---

❶ 詹建红:"论环境公益诉讼形态的类型化演进",载《河北法学》2006年第8期。
❷ 别涛:"中国环境公益诉讼的立法建议",载《中国地质大学学报(社会科学版)》2006年第6期。
❸ 参见李艳芳、李斌:"论我国环境公益诉讼制度的构建与创新",载《法学家》2006年第5期。
❹ 参见黄锡生、林玉成:"构建环境公益行政诉讼制度的设想",载《行政法学研究》2005年第3期。
❺ 在中国知网上输入"环境公益诉讼"关键词,按照主题进行搜索,共计搜索到在2007~2017年间的6986个搜索结果。其中,2007年284篇,2008年321篇,2009年445篇,2010年469篇,2011年617篇,2012年614篇,2013年812篇,2014年951篇,2015年1122篇,2016年844篇,2017年507篇。
❻ 参见吴卫星:"环境公益诉讼原告资格比较研究与借鉴——以美国、印度和欧盟为例",载《江苏行政学院学报》2011年第3期。

而非"对人的损害"。❶

根据我国环境公益诉讼的社会现实和环境司法实践的客观需要，学者们对于环境公益诉讼主体和原告资格问题进行了广泛的探讨。吴卫星教授认为，我国环境公益诉讼的相关立法应当以环境行政公益诉讼为核心，将原告资格范围限定为环境非政府组织。❷ 在检察机关能否提前公益诉讼问题上，张式军教授认为，检察机关作为国家法律监督机关的职能特点决定了其有权代表国家和公众对破坏环境公益的行为提起环境公益诉讼。❸ 秦天宝教授等学者同样认为，检察权是一种单独的、典型的国家公权力，是以国家强制力为后盾的、以法律监督为制度支持的国家权力。从检察机关的职权属性和法律地位来看，检察机关可以参与环境公益诉讼。检察机关的参与有助于维护司法权威，作为环境公共利益的代表人，检察机关在调查取证中的优势地位和经验，有助于帮助当事人解决环境纠纷。考虑到检察机关的独特性，建议在具体程序的适用上增加灵活性。❹ 王灿发教授则进一步主张"穷尽职能"说，即行政机关在已经充分行使法定行政权力后方可提起环境民事公益诉讼，检察机关在穷尽其法律监督和起诉犯罪职能后仍不能保护公共利益时方可提起环境公益诉讼，且应主要是环境行政公益诉讼。❺

针对2014年修订后的《环境保护法》第58条规定的特定环境保护组织进行环境公益诉讼的原告资格，王灿发教授等学者认为，在司法实践具体实施法律规定时，会遇到符合条件并有能力提起环境公益诉讼的组织可能很少、本应成为环境公益诉讼主要类别的环境行政公益诉讼无法开展、提起环境公益诉讼"法律规定的机关"范围不明确、环境公益诉讼程序规则缺乏、司法体制改革滞后使人民法院不能积极立案和环境公益诉讼相关制度缺乏必要衔接的问题。王灿发等学者同时提出，要解决这些问题，需要转变观念和消除对环境公益诉讼的种种担心和惧怕心理、制定诉讼程序规则、健全环境公益诉讼制度、通过政府支持增强环保社会组织提起环境公益诉讼的能力、通过加速司法改革来建立有利于环境公益诉讼的环境审判体制。❻

我国环境公益诉讼司法实践的进程表明，环境民事公益诉讼在司法实践中存在着优先于环境行政公益诉讼的现实。王曦教授认为，这种状况会导致法院、政府职责错位和环保团体职能扭曲两大问题，无论从宪法和法律、政治、审判机关与行政机关的不同职责及其特点还是从我国政府的特殊性看，环境公益诉讼的立法都应当是环境行

---

❶ 参见吕忠梅："环境公益诉讼辨析"，载《法商研究》2008年第6期。
❷ 参见吴卫星："环境公益诉讼原告资格比较研究与借鉴——以美国、印度和欧盟为例"，载《江苏行政学院学报》2011年第3期。
❸ 参见张式军、谢伟："检察机关提起环境公益诉讼问题初探"，载《社会科学家》2007年第5期。
❹ 参见刘庆、秦天宝："环境公益诉讼中检察机关的权力运行与保障——基于三起典型案例的实证分析"，载《环境保护》2017年第9期。
❺ 参见王灿发："中国环境公益诉讼的主体及其争议"，载《国家检察官学院学报》2010年第3期。
❻ 参见王灿发、程多威："新《环境保护法》下环境公益诉讼面临的困境及其破解"，载《法律适用》2014年第8期。

政公益诉讼立法优先于环境民事公益诉讼立法。❶

(十一) 生态损害赔偿和生态补偿

2013年党的十八届三中全会《中共中央关于全面深化改革若干重大问题的决定》特别指出,"建设生态文明,必须建立系统完整的生态文明制度体系,实现最严格的源头保护制度、损害赔偿制度、责任追究制度,完善环境治理和生态修复制度,用制度保护生态环境"。相应地,在生态文明的环境法律制度保障研究方面,近些年来,环境法学界以生态损害赔偿和生态补偿制度的建立为重心,不断地拓展环境法律制度的理论与实践研究领域。

1. 生态损害赔偿

在生态损害赔偿制度研究方面,由于法律对生态损害赔偿和修复制度尚无明确规定,环境法理论研究与立法实践明显地滞后于相关政策的制定以及环境司法实践的发展,导致现行生态损害赔偿的政策试点和司法实践既缺乏足够理论支撑,又缺乏实定法的法律依据。因此,需要通过政策试点与司法实践加以探索,不断地建立和完善我国生态损害赔偿的法律制度。

针对生态损害赔偿制度的理论基础,学者们进行了一些探索性的研究。张梓太教授等指出,污染造成的生态损害赔偿问题广受关注,自然资源开发、利用造成的生态赔偿则被关注较少。为此,我国法律对自然资源生态损害缺乏明确规定,既没有规定自然资源生态损害的赔偿范围,也没有规定没有明确自然资源生态损害的赔偿权利人,建议借鉴国外经验,通过立法明确规定自然资源生态损害的赔偿范围和赔偿权利人,建构生态损害补偿机制,重视运用预防性责任。❷

柯坚教授认为,随着国际环境法和各国环境法对污染者负担原则的认可和采纳,污染者负担原则逐步由政策性的环境原则,发展和演化成为一项国内、国际环境法所共同接受的环境法原则,并具有规范和引导环境立法、弥补法律漏洞、帮助法律解释等方面的法律实践意义。随着污染者负担原则的实践发展,其主体和责任范围不断扩大。通过环境责任主体归属的确定和责任范围的划定,污染者负担原则已成为当代社会环境法律和政策实践的重要法理基础。❸

虽然我国已经颁布了《侵权责任法》,但是,该法针对的是传统民法的人身与财产损害赔偿,并不包含生态损害赔偿。侯佳儒教授认为,生态环境损害赔偿不同于民法领域的侵权损害赔偿,不能将生态环境损害赔偿之诉等同于环境侵权损害赔偿之诉,因为环境侵权诉讼不含"生态环境公共利益",生态环境损害赔偿诉讼也不含环境侵权诉讼保护的"人身、财产利益"。因而,他主张对生态环境损害制度的研究和设计,应

---

❶ 参见王曦:"论环境公益诉讼制度的立法顺序",载《清华法学》2016年第6期。
❷ 参见张梓太、王岚:"我国自然资源生态损害私法救济的不足及对策",载《法学杂志》2012年第2期。
❸ 参见柯坚:"论污染者负担原则的嬗变",载《法学评论》2010年第6期。

树立"生态损害赔偿体系"的概念，构建生态损害赔偿法体系。❶

吕忠梅教授指出，生态环境损害不同于民法上的"具体损害"，是一种需要从"质"与"量"两个方面加以判断的"总体利益损害"。生态环境损害构成的"侵害"与"法益"两个规范要素组合具有明显的二元性，不能完全纳入《侵权责任法》的范畴。生态环境损害赔偿责任是一种危险或风险防御责任，既不同于传统民法上的损害赔偿，也不同于恢复原状，应在法律上创制专门环境侵害责任。❷ 同时，吕忠梅教授等学者认为，生态环境损害的认识应在两方面展开：一是损害是生态环境的物理、化学、生物特性的不利改变以及提供生态系统服务能力的破坏、损伤；二是损害应可评估。基于修复范围、标准、方式、方案的限定和筛选，裁判中的修复要求应作出尽可能精确的妥当表达。❸

在私法上的生态损害赔偿责任方式主要有金钱赔偿和生态修复。因金钱赔偿和环境修复具有替代性，针对在确定赔偿方式时应优先选择何种赔偿方式的问题，有学者认为，生态环境损害赔偿的责任方式应由原告或法院选择，不应由法律强制性规定。❹ 吕忠梅教授等认为，"修复生态环境"与民法中的"恢复原状"存在很大差异，在救济对象、标准、方式等方面两者无法相提并论。《民法总则》未将"修复生态环境"纳入民事责任承担方式，是科学、妥当的安排。❺

竺效教授根据法国审议民法典侵权责任条款的修改法案，进一步提出，应当尝试以民法典的生态化实现对生态环境本身损害的救济，而不是仅仅依靠制定针对生态损害的修复赔偿责任的证明性立法。他认为，随着我国民法典编纂和《生态环境损害赔偿制度改革试点方案》的开展，我国应借鉴法国经验，研究制定《生态损害综合预防与救济法》，并将《侵权责任法》第八章进行生态化改造后编入未来的民法典。❻

与此同时，一些学者认识到，传统的损害赔偿法律主要为私法，随着社会发展和生态环境问题的出现，公法更多地介入生态损害赔偿领域，其损害赔偿法律制度出现从私法向公法移转趋势，包括社会保障、基金、保险等形式的生态损害制度。张宝教授认为，从法律的体系性和逻辑的一致性来看，宜在未来修改法律时进一步增加不能修复时责令赔偿的规定，并通过行政公益诉讼监督政府履行监管职责。❼

从关于生态损害赔偿的研究很多都是案例实证研究的特点来看，生态损害赔偿社会呼声与法律实践需求直接推动了相应环境法学研究的展开。例如，柯坚教授从渤海

---

❶ 参见侯佳儒："生态环境损害的赔偿、移转与预防：从私法到公法"，载《法学论坛》2017年第3期。
❷ 参见吕忠梅："'生态环境损害赔偿'的法律辨析"，载《法学论坛》2017年第3期。
❸ 参见吕忠梅、窦海阳："修复生态环境责任的实证解析"，载《法学研究》2017年第3期。
❹ 参见吕忠梅、窦海阳："修复生态环境责任的实证解析"，载《法学研究》2017年第3期。
❺ 参见吕忠梅、窦海阳："修复生态环境责任的实证解析"，载《法学研究》2017年第3期。
❻ 参见竺效："论生态损害综合预防与救济的立法路径——以法国民法典侵权责任条款修改法案为借鉴"，载《比较法研究》2016年第3期。
❼ 参见张宝："生态环境损害政府索赔权与监管权的适用关系辨析"，载《法学论坛》2017年第3期。

湾康菲溢油污染事件出发，围绕着该事件中暴露的生态损害的法律救济问题，提出以生态环境损害法律救济的主体识别与赔偿范围的确定为基础，建立我国生态环境损害多元化的法律救济机制，包括民事诉讼机制、环境公益诉讼机制、环境行政法律机制以及环境责任社会化机制。❶

2. 生态损害补偿

生态补偿制度研究涵盖了一些生态补偿的基本理论问题研究，如生态补偿标准、补偿主体、受补偿主体、生态补偿支付方式等问题的研究。同时，围绕着生态补偿的实践问题，其关注点较为集中的领域包括湿地生态补偿、水资源生态补偿、水源地生态补偿、自然保护区生态补偿、主体功能区生态补偿、矿产资源生态补偿、南水北调生态补偿等方面的具体研究。

汪劲教授根据我国颁布的一系列生态补偿的政策性文件，对生态补偿的概念进行了梳理和学理归纳，并从非法学视角和法学视角两个层面分析和界定了生态补偿的概念。他指出，生态补偿的含义包括：第一，生态补偿目的在于明确生态保护者与受益者之间的权利义务，达致生态保护经济外部性内部化；第二，生态补偿采用财政转移支付或市场交易等方式；第三，生态补偿标准的确定应当综合考虑生态保护成本、发展机会成本和生态服务价值。❷ 曹明德教授等则从法律关系的角度对生态补偿进行了解析，包括生态补偿的主体（包括补偿主体和受偿主体）、客体和内容等方面。❸ 王清军教授认为，生态补偿主体问题生态补偿首要问题，过分强调政府作为补偿主体不利于形成开放的补偿主体体系，生态补偿主体是抽象性和具体性的统一，应在权属明确的基础上进行利益合作，厘清中央政府和地方政府职责时政府补偿制度中的关键，生态补偿主体应权责相统一，生态补偿主体的建构过程是生态利益相关者不断博弈与合作的过程。❹

（十二）公众参与

环境法上的公众参与是指"公众有权通过一定的程序或途径参与一切与公众环境权益相关的开发决策等活动之中，并有权受到相应的法律保护和救济，以防止决策的盲目性，使得该项决策符合广大公众的切身利益和需要。"❺ 汪劲教授认为，公众参与具体表现在以下几个方面：环境影响评价和其他涉及公众利益的许可程序中建立公众参与制度，建立决策信息公开披露制度，鼓励各类非政府的环境组织代表公众参与环

---

❶ 参见柯坚："建立我国生态环境损害多元化法律救济机制——以康菲溢油污染事件为背景"，载《甘肃政法学院学报》2012年第1期。

❷ 参见汪劲："论生态补偿的概念——以《生态补偿条例》草案的立法解释为背景"，载《中国地质大学学报（社会科学版）》2014年第1期。

❸ 参见曹明德："对建立生态补偿法律机制的再思考"，载《中国地质大学学报（社会科学版）》2010年第5期。

❹ 参见王清军："生态补偿主体的法律建构"，载《中国人口、资源与环境》2009年第1期。

❺ 汪劲：《环境法律的解释：问题与方法》，人民法院出版社2006年版，第313页。

境决策，建立公众参与的司法保障制度。❶

《环境影响评价法》的制定掀起关于公众参与研究的一个热潮。有学者认为，公众参与贯穿于环境影响评价的全过程，是行政决策民主化的重要体现。❷ 有学者认为，公众参与权实现的前提条件是公众具有充分的知情权应建立、健全环境信息公开制度，使公众参与环境影响评价具有制度上的基础和保障。❸ 有学者认为，公众参与制度基本的价值在于促进国家环境管理民主化、保障公民环境权实现、提高公众环境意识以实现可持续发展目标，应从建立公众环境知情权保障机制、全方位拓展公众参与路径、建立环境公益诉讼的法律机制等方面对这一制度进行重构。❹

及至 2014 年《环境保护法》修订，有学者提出在环境法治时空的空间维度下，《环境保护法》的修订必须秉持开放性的立法理念与整合性的立法思路，合理地创制、拓展和展开我国环境法治空间，推动我国环境法从依赖环境行政管制扩展到多元的、包容的环境公共治理法律机制。❺

陈海嵩教授通过对厦门 PX 事件的分析，提出环境公共治理困境之根源，在于政府权力运作的短期性与随意性。中国环境法实施现状与公众诉求之间的矛盾，源于行政权力运作的实践逻辑，是一种"内生困境"而非"外在困境"，并不是简单通过加大外部资源投入就能解决，而是要依赖制度性约束条件的转变与改善，其关键环节在于实现政府决策模式从"嵌入"到"善治"的转型。❻

周珂教授分析了公众参与的理论基础，认为环境问题解决必须借用民主观念和民主的方法加以解决，传统的直接民主和代议制民主已经不能适应此种需要。直接民主尽管参与度实行完全覆盖，但只适合小国寡民的状态。代议制民主实行多数决策原则，少数意见不被采纳，容易导致多数人的环境暴政而损害少数人的环境利益，最终损害环境正义。周珂教授分析了环境行政决策中公众参与的现状及缺陷，认为公众参与的实质是协商民主，在实现公众参与的目的，必须要通过建构"正当法律程序"。❼

史玉成教授认为，公民环境权是公众参与环境管理及其相关事务的权利来源。公众通过对环境立法、环境行政决策、环境行政执法、环境诉讼等的公共参与来表达环境利益诉求，促使环境决策者综合考虑公众的不同诉求，防止在环境事务上弱肉强食，

---

❶ 参见汪劲：《环境法律的解释：问题与方法》，人民法院出版社 2006 年版，第 317~319 页。
❷ 参见汪劲："环境影响评价程序之公众参与问题研究——兼论我国《环境影响评价法》相关规定的施行"，载《法学评论》2004 年第 2 期。
❸ 参见李艳芳："论公众参与环境影响评价中的信息公开制度"，载《江海学刊》2004 年第 1 期。
❹ 参见史玉成："论环境保护公众参与的价值目标与制度构建"，载《法学家》2005 年第 1 期。
❺ 参见柯坚："我国《环境保护法》修订的法治时空观"，载《华东政法大学学报》2014 年第 3 期。
❻ 参见陈海嵩："绿色发展中的环境法实施问题：基于 PX 事件的微观分析"，载《中国法学》2016 年第 1 期。
❼ 参见周珂、史一舒："环境行政决策程序建构中的公众参与"，载《上海大学学报（社会科学版）》2016 年第 2 期。

实行环境正义。❶ 吕忠梅教授进一步指出，要真正实现公众参与的立法目标，还需重视程序价值，弥补程序空缺，运用法治思维和法治方法来完善环境保护公众参与机制。❷

环境信息公开是公众参与的基本前提和重要保障。以《环境保护法》的修订为契机，一些环境法学者围绕立法建议、条文释义、规定的执行等方面，展开了公众参与与信息公开法律制度的研究。针对行政机关以"国家秘密"为由拒绝公开环境信息的理由，以及对公众申请环境信息时行政机关苛刻进行"生产、生活、科研需要"审查而影响公众参与和环境信息公开的问题，有环境法学者提出：在完善公众环境知情权上，应考虑和平衡政府对环境信息的管理权、政府公开环境信息的能力和公众环境知情权之间的关系，应在立法上明确规定"依法应当主动公开的政府环境信息不得被确定为国家机密"。❸

（十三）环境保护税立法

2014年《环境保护法》修订颁布之后，《环境保护税法》继而成为我国环境法学、经济法学等领域学者所关注的立法研究的焦点问题。关于环境保护税的内涵与外延，学界在理论认识上并不一致。一种观点认为，环境保护税是对污染环境的行为和污染产品征收的一种税。另一种观点认为，将二氧化碳作为污染物，我国的环境保护税应包括二氧化碳税，换言之，环境保护税是指内污染物排放和二氧化碳排放等行为征收的一种税。还有一种观点认为，环境保护税不仅应当包括污染税，还应当包括资源和能源的税。

有学者从税法的社会可接受性理论出发，指出环境保护税制度的核心价值是公平，应在公平的前提下去追求效率，如果为追求效率而损害公正，就会降低环境保护税的社会可接受性。为实现税收公平，应在环境保护税立法中充分考虑不同行业、不同区域的发展的差异性。因我国当前的税负总体水平较高，环境保护税开征会给我国相关行业、企业纳税人增加税收负担并影响相关企业竞争力，消费者也担心税负转移到自身上，建议环境保护税立法贯彻税收中性原则、不增加企业整体税负以提高环境保护税的社会可接受性。❹

有学者认为，环境保护税本质上是兼具环境功能的特定目的税。环境保护税立法目的如果侧重于环境保护，极可能丧失税的特性，沦为环境法的附庸，导致税制原则

---

❶ 参见史玉成："环境保护公众参与的理念更新与制度重构——对完善我国环境保护公众参与法律制度的思考"，载《甘肃社会科学》2008年第2期。

❷ 参见吕忠梅："公众参与还应弥补程序短板"，载《环境经济》2015年第9期。

❸ 参见严厚福："公开与不公开之间：我国公众环境知情权和政府环境信息管理权的冲突与平衡"，载《上海大学学报（社会科学版）》2017年第2期。

❹ 参见付慧姝："我国环境保护税立法应关注的几个问题——以社会可接受性为视角"，载《法学论坛》2017年第1期。

落空，制度设计出现偏差。❶ 还有学者指出，环境保护税的收入归属不清可能会造成税收征收过程中各级政府之间的利益冲突和相互博弈，建议根据事权与支出责任匹配的原则，合理划分环境保护税的收入归属。❷

在立法模式方面，有学者反对采用综合独立立法模式，主张采取环境税法体系立法模式，通过分散独立立法与修改完善现有相关立法相结合的立法模式，分步逐序独立立法。❸ 针对《环境保护税法》旨在将排污费转化为环境保护税的实际情况，有学者提出，对超标、超量排污加倍征税模式不具有法律上的可税性，它混淆了法律义务与法律责任的概念，将违反法定义务之法律后果规定在税法的义务性条款中，与立法技术不符，不具有法律上的合理性；它违反税收公平原则，且导致环境保护税收法律与其他环境保护法律、行政处罚法律的相互矛盾和冲突，违反行政处罚法的"一事不再罚原则"，不具有法律上的合法性。认为不应当实行惩罚性征税，应在环境保护单行法律中具体规定超标、超量排污的罚款处罚幅度，以使法律体系协调统一。❹ 在计税依据的选择上，有学者建议，依据排污人购进的生产用原材料、能源中所含可致污染的物质多少，按照从量定额的方式来征收环境保护税。❺

（十四）环境法法典化

法典是部门法立法技术发达的标志。环境法法典是环境法学者的追求目标。自2003年起，国内环境法学界开始了对环境法法典化的关注与研究，研究的问题主要集中在国外环境法典的介绍与比较研究、我国是否具有环境法法典化的必要性、可行性，我国环境法法典化的进路与环境法法典的模式等。

彭峰研究员考察了大陆法系国家环境法发展轨迹，指出其环境立法模式是从单行法到框架法再到法典法的过程，框架法是法典法的初级阶段，形式性法典是实质性法典的准备阶段，我国环境法还停留在单行法阶段。环境法的发展必然经过单行法、框架法、形式性法典、实质性法典阶段，在国内环境法典与国际环境法法典进一步融合过程中，或许最终形成一个全球环境法。法典化必然是我国环境立法发展的最终方向。❻

汪劲教授认为，中国环境法典编撰或者制定环境法典的过程应当是一个在继受外国法先进经验的基础上结合本土实际的学习和比较研究过程，我国制定一部完整的环

---

❶ 参见褚睿刚："环境保护税立法目的选择刍议——兼论《环境保护税法》"，载《中国石油大学学报（社会科学版）》2017年第3期。

❷ 参见陈斌、邓力平："对我国环境保护税立法的五点认识"，载《税务研究》2016年第9期。

❸ 参见李慧玲："环境税立法若干问题研究——兼评《中华人民共和国环境保护税法》（征求意见稿）"，载《时代法学》2015年第6期。

❹ 参见李慧玲、尹华东："对超标超量排污加倍征收环境保护税的法律省思"，载《重庆大学学报（社会科学版）》2016年第5期。

❺ 参见郭聪聪："关于我国开征环境保护税的思考"，载《特区经济》2014年第9期。

❻ 参见彭峰："法律进化与环境法法典化的未来"，载《东方法学》2010年第6期。

境法典为时尚早，可以参考和借鉴法国的经验——先从事一种汇编型的法典编纂活动。❶

关于环境法法典化的必要性与可行性问题，夏峻博士认为，我国环境立法理念落后以及部门立法为主导的立法体制，使得现行环境立法存在着整体性缺陷：《环境保护法》的基本法功能缺失、环境单行法之间存在矛盾和冲突、相同法律制度在不同法律单行法中的规定不一致、对同一行为在不同环境单行法中的规定不一致。这种整体性缺陷在现行立法体制下使得环境单行法的修改效果有限，制定新环境单行法可能面临内容重叠，同时还导致环境法体系不明，在适用法律时需要大量相互参照，因此需要采用法典化的方法来对我国的环境法律进行体系化的全面整合。环境法的体系已经从最初的污染防治法律和自然保护法律两部分内容发展为还包括循环经济法律和能源法律在内的四部分内容。我国环境法法典化的条件已经初步具备，虽然面临着环境法的变动性、环境法领域尚存在不少空白以及法典化的任务艰巨、耗时长等阻碍因素，但并非不可克服。

在法典化的进路上，夏峻博士认为，我国环境法典应当定位为开放性的法典，通过行政法规、部门规章和地方性法规等加以补充。在编纂方法上，由于我国环境法领域尚存在空白，因此可以采用类似我国民法典和德国社会法典的分编审议的法典化方法。

在环境法典主要框架的构想上，夏峻博士认为，法典应当采用总则加分则的体例，针对我国目前环境法律的现状，将《环境保护法》修改为环境法典的总则编。在总则中统一核心法律概念，确立环境保护政策、基本原则和基本制度，建构各级政府、企业和公民的环境保护责任，规定环境纠纷处理和环境损害赔偿；分则部分分为污染防治法律编、自然保护法律编、循环经济法律编和能源法律编。❷

李传轩博士认为，传统意义上的法典化并不适合当前环境法所要进行的法典化运动；环境法法典化应当根据自身发展条件进行合理定位，突破传统法典化的概念和法典编纂的固有思维，创新当代环境法的法典化路径，具体来说就是应当降低传统法典编纂的那些过于严苛的要求，务实地将其定位为一种法律制定、协调和发展的手段——一定程度的法典化，抛弃那些理想主义的、乌托邦式的追求；对环境法进行一定程度的法典化时，还需要以法律汇编为起点，对法律汇编的有关经验做法与技巧予以借鉴。关于环境法法典化的基本条件，李传轩认为，一是各种单行性环境法律规范相互之间存在着理念、原则、制度和具体规定上的冲突，而且这种冲突仅靠制定新的单行法或基本法以及修改既有法律规范比较难以协调时，环境法才具备了进行法典化的一定条件；二是环境法的法典化必须建立在环境法范畴体系已具备一定发展水平、

---

❶ 参见汪劲：''环境法的法典化：迷思与解迷''，载《中国地质大学学报（社会科学版）》2010年第3期。

❷ 参见夏峻：''环境法的法典化——中国环境立法模式的路径选择''，华东政法学院博士毕业论文2007年5月。

其进一步发展完善需要通过法典化的方式来予以实现的基础上；环境法法典化要求有较高研究水平的环境法学为依托和支撑；环境法法典化要求较高的环境法制实践发展水平作为基本条件；环境法进行法典化还必须建立在环境保护实际有着相应需求的基础之上；政治环境能保证环境法法典化运动付诸实践并不断展开。❶

张梓太教授认为，环境法法典化的利弊都很鲜明，法典化能否成为环境法发展的路径选择还取决于各国环境法律制度发展的具体实际。一方面，环境法法典化，有利于实现环境法对形式合理性和实质合理性的更高追求；有助于提升环境法的地位与作用，加快环境法的发展；环境法法典具有的神圣外观，能激发人们对环境法律的信仰与敬畏，对环境法权威的树立产生很大的促进作用，也有助于环境法执行力的增强。另一方面，环境法法典化会阻碍环境法理念的更新、调整领域的拓展以及调整方法的改进；环境法法典化难以真正有效地涵盖与解决所有环境法律问题，完全统一环境法律制度；环境法法典化给环境法律规范的充分、有效实施带来许多问题。中国环境法也面临着如何加强综合化、统一化和体系化的问题，法典化发展路径应当是中国环境法十分重要的选择，其具体发展进程则由中国环境法发展的具体实际决定。❷

张梓太教授认为，我国环境法应当跨越基本法的发展模式，直接进入法典化的发展阶段，实行渐进式、阶段性的法典化。在具体模式选择上，我国环境法的法典化应当在充分借鉴瑞典、法国和德国的环境法典（或草案）模式的基础上，采用法典法和单行法共存互补的方式，按照"总则—分则—附则"和"编—章—节"的体例结构来进行环境法典的编纂。❸ 基于中国的立法传统和环境法制现状，我国的环境立法应当选择适度法典化的模式，即中国环境法的法典化应当是一个渐进式阶段性过程，在一定时期内法典法与单行法共存互补。❹ 李挚萍认为，瑞典的《环境法典》在法律原则、内容构造、立法技术、法条设计等方面对我国环境立法的现代化有借鉴意义。❺

三、环境法学研究的评价展望

在生态文明建设的国家战略蓝图下，我国环境法学研究的发展迎来了新的挑战和新的机遇。在新的时代背景下，正如新任中国法学会环境资源法学研究会会长吕忠梅所指出的，环境法学学人和学术共同体需要承担更大的使命和担当。生态文明是我国社会主义新时代的重要组成部分，随着我国环境法学在法学大家庭中的登堂入室，环境法学学者承担着夯实根基、勇于担当、不断进取的环境法学学术共同体的使命和责任。

---

❶ 参见李传轩："环境法法典化的基本问题研究"，载《华东政法大学学报》2007年第3期。
❷ 参见张梓太："论法典化与环境法的发展"，载《华东政法大学学报》2007年第3期。
❸ 参见张梓太："论我国环境法法典化的基本路径与模式"，载《现代法学》2008年第4期。
❹ 参见张梓太："中国环境立法应适度法典化"，载《南京大学法律评论》（2009年春季卷）。
❺ 参见李挚萍："可持续发展原则基石上的环境法法典化"，载《学术研究》2006年第12期。

(一)环境法学研究的评价

1. 特点与成就

我国环境法学40年来的发展取得了瞩目的成就,也呈现出一些鲜明的中国社会主义法治的自我特色。

(1) 从无到有,实现跨越式发展。

环境法学是一个年轻的崭新学科,在四十余年时间里,我国环境法学从零开始,从无到有,伴随环境保护的现实需要和我国环境立法进程,似雨后春笋般快速产生、蓬勃发展和日益壮大,至今已经成为法学界乃至整个社会广泛关注的一个热门法学二级学科。

首先,环境法学取得了国家最高教育行政机关确认的法学二级学科的独立学科地位。其次,环境法学集聚了数量可观的专业研究人员队伍,成立了一批全国性和地方性的环境法学学术研究组织,环境法学研究队伍不断发展壮大,不仅在环境法学自身的专业方向、学科建设、学科规范、人才培养等方面获得了长足的进步,而且,专业性的环境法研究机构和教学机构在数量和规模上不断扩大,政府部门、高校、研究机构的环境法研究人员数量大规模增加,学术层次不断提高,成为我国环境法治理论和实践的重要依托。最后,环境法学出版了数量众多的环境法学教材、学术专著和学术论文,形成了大量的优秀科研成果。

(2) 研究方法和研究成果的跨学科性、学术风格多样性特征明显。

环境法学研究对象的复杂性决定了环境法学的研究对象同其他学科,诸如哲学、政治学、历史学、伦理学、管理学、环境科学、生态学、经济学、社会学等学科的研究对象之间存在交叉,所以环境法学的研究方法除了包括传统法学的研究方法之外,还广泛使用和借鉴了相关学科的研究方法。

环境法学在研究成果上也极具丰富多样性,既有本体论上的探索,也有方法论上的研究;既有理性思考,也有感性表达;既有规范研究,也有实证分析;研究成果既有法学品质,又合理地吸收了其他一些法学学科以及跨法学学科的理论成果。

(3) 继承和超越传统法学理论研究成果,具有理论和实践的创新性,并引领法学研究的时代风潮。

环境问题作为工业化和现代化的副产品,使传统法理论和传统法学面临挑战与困惑。环境法学生逢其时,从其诞生之日起就承担着补强传统理论和传统法学面临环境问题时出现的不足的历史使命。从环境权到环境法既调整人和人之间的关系也调整人和自然的关系的"调整论",从"主客体一体化"研究范式,到生态化方法论,从自然(动物)论,到"生态人"假说,再到环境权、人类义务说等,都无不显现出浓重的法学时代色彩和强烈的创新意识。同时,对法律实践领域内的环境损害赔偿、环境公益诉讼等制度的开拓性研究,也具有很强的法学创新性特征。

2. 不足与缺陷

（1）环境法学基础理论研究尚显薄弱。

过去 40 年，我国环境法学研究中存在大量的政策阐述性、解释性研究，相对而言，环境法学的基础理论研究成果明显不足，环境法学尚未形成内在的自足、自治、系统的理论基础和统一、完整、严谨的内在逻辑体系。例如，在研究对象上，尽管"环境污染"和"资源保护"同属于环境法学的研究对象，但环境法学的研究依然呈现出"环境污染"研究繁荣、"资源保护"研究冷清的局面。究其原因，环境法学研究对象的碎片化造成环境法体系的融贯性不足、环境法律规范互相冲突，尤其表现在单项环境污染防治立法、自然资源立法彼此之间、相互之间各自为政、相互重复甚至相互抵触。❶法理上分析，环境污染防治与资源保护存在着不同的逻辑起点和主线：环境污染的逻辑起点和主线在于"污染行为—预防与控制"，资源保护逻辑起点和主线在于"权属—利用与限制"。两者在法理上的内生逻辑不一致，而环境法学在基础理论研究方面并未成功地将两者予以统合。

同时，必须承认，尽管环境法学研究成果不断涌现，但是，实用主义、工具主义的环境法学研究，以及应景性、对策性的研究成果不能代替基础性、自洽性、教义性的环境法学基本理论研究。环境法学基本理论研究的不足，不仅会影响到环境法学本体的学术品质及其理论与实践的价值和作用，而且已经成为影响我国环境法学未来学术发展和实践需求的一个不可忽视的掣肘因素。

（2）学术队伍结构不尽合理，重大科研成果相对缺乏。经过四十多年的发展，我国环境法学逐渐形成了一支"老、中、青"相结合，学科背景相互交叉、融合的学术队伍，然而，环境法学学术队伍结构不尽合理，特别是职称结构有待改进的状况依然存在，有影响力的环境法学学者尚不多见，合理、持续的学科梯队建设仍然需要不断加强。与此同时，尽管环境法学在 40 年的时间内取得了跨越式的发展，各种研究成果也呈现爆发式的增长，但是，与其他传统法学二级学科相比，环境法学学者在国内权威法学学术期刊的发表数量依然不足，具有重大社会影响的科研成果还不是太多，获得的国家级政府奖项、奖励还有很大的提升空间。

（3）环境法学学术话语尚需规范统一，研究方法仍需研究。学术话语的规范与研究方法的成熟，是一个新兴学科成熟与否的重要标志。环境法学发展得益于不同学科、不同知识背景研究者的广泛关注和深度介入，其学术观点和方法见解见仁见智，造就了环境法学研究的空前繁荣。然而，由此带来的问题也是明显的：围绕着环境法学的基本话语，学界共识严重不足，远未形成统一、规范的话语体系和理性、科学的研究范式与方法。在学科的一些基本概念的创设与运用方面，环境法学中大量移植、借用其他学科中的概念而罔顾这些概念之间是否存在内在统一的逻辑联系，这也造成同一

---

❶ 参见柯坚："《环境保护法》的立法理念与模式——以大陆与台湾地区环境基本法的比较为分析进路"，载《海峡法学》2013 年第 6 期。

概念对于不同研究者在内涵和外延理解方面的差异，使得环境法学界因缺乏基本概念的公约性而造成话语的规范性不足、统一性不够，进而导致环境法学研究交流与对话的困难和障碍。比如，关于环境权的问题，环境法学界对环境权在主体、客体、内容上的认识差异巨大，在不同语境中内涵和外延完全不一样，有的研究甚至混淆了伦理学和法学上的权利概念。又如，尽管"生态文明"的概念被写入新修订的《环境保护法》第1条立法目的之中，但是，关于其内涵和外延却缺乏一个明确的法理与学理的规范化解释。显然，这种状况既会妨碍环境法学的规范化发展，也会造成环境法学研究成果的一些低效甚至无效产出。

环境法学的研究方法具有开放性、多样性与包容性的特点，这主要体现在环境法学对法学学科以外学科的理论成果的学习和借鉴。但是，与此同时，环境法学理论研究与其他二级法学学科的研究上严重缺乏沟通和联系，理论研究思维呈现单一化、幼稚化的不足。环境法学在学科本质属性上属于法学，其话语体系的生成与研究方法的运用因而都不能脱离法学的价值前提、学术旨趣及其根本性的规范与实证的方法。在探寻解决环境问题的方法和路径时，仍然必须遵从法学的基本价值前提，并合理地运用其规范与实证的方法，而不是标新立异地强调环境法学区别于其他社会科学特别是法学学科方法的所谓的独特性、创新性，更不是刻意复制和简单地照搬照抄自然科学特别是生态学的方法，忽视在当今中国社会、经济快速发展过程中的人本主义与社会公正的价值诉求。

对于当代环境问题的法律回应绝不是环境法一个部门法的任务，而应当是整个法律体系的不同法律部门之间在针对环境问题的对话、沟通与互动基础之上形成的协同性回应。❶ 环境法学回归与运用传统法学的理论和研究方法，并不意味着环境法学要故步自封、闭门造车、孤芳自赏。相反，以解决环境问题为出发点的法学研究，需要环境法学同其他法学学科的协同发展和共同进步。为此，环境法学研究应当积极吸收宪法学、行政法学、法理学、民法学、刑法学以及诉讼法学等专业的研究成果，围绕着解决环境问题的法律进路和方法，与其他法学学科之间进行学术对话与交流，并通过相互学习、取长补短、协同进化，共同回应环境时代的法治需求。

生态文明理念渗透和体现在其他部门法立法之中，极大促进了环境法学跨学科交流和跨学科研究，以及环境法学和其他二级法学间跨专业的交流和交叉性研究。可喜的是，环境法学和法理学、宪法和行政法学、民法学、诉讼法学等其他二级法学科间的跨专业间对话、交流呈现出活跃的态势，并推动了宪法学、民法学、行政法学、诉讼法学等其他法学领域的"生态化"发展。

（4）在外国环境法和比较环境法研究上，"拿来"的多、"拿来主义"的少，中国化、本土化尚显不足。在外国环境法和比较环境法研究上，我国环境法学界在针对大

---

❶ 参见柯坚："当代环境问题的法律回应——从部门性反应、部门化应对到跨部门协同的演进"，载《中国地质大学学报（社会科学版）》2011年第5期。

气污染、水污染、固体废物污染、土壤污染、自然生态保护等特定环境问题的法学研究方面,"特定环境问题—外国立法例与制度成果—中国立法对策与制度建构"的研究进路大行其道,并成为一种流行的环境法学研究路径。这种研究路径的选择必然导致一些环境法学理论与实践的内在矛盾和逻辑冲突。除了"特定环境问题—外国立法例与制度成果—中国立法对策与制度建构"本身存在的逻辑冲突问题,以及将发达国家环境法治研究与其特定语境的剥离和对于研究对象的主观的、片段的选择性问题,还有一个重要的问题就是这种"洋为中用"的拿来主义方法忽视了中国特色社会主义存在的特定政治、文化和法治的背景以及我国当前阶段的社会、经济前提,而作为社会和法治大前提的这个重要背景和前提,会最终决定我国环境法制建设的政治认同、社会认知及其法律实践效果。

当前,我国国家治理体系、生态文明体制也正在发生着重大的变革,社会主义法治新时代呼唤着环境法学理论和实践研究对象的转变、研究方法的革新和研究水平的提升。近些年来,环境法学界涌现出一批围绕着我国生态文明建设和生态文明体制改革的新议题,这些议题回应了我国环境保护实践中的现实需要,体现了基于中国环境保护法治实践的开拓性、创新性、本土化的环境法学研究特色。例如,对生态文明体制改革、环境保护党政同责制度、环境保护督察制度、自然资源资产审计与终身追责制度、区域联防联治、河长制、环境司法专门化及其审判机构设立、环境公益诉讼与检察机关的诉讼主体资格等议题进行的研究和探索。

(二)环境法学发展的展望

改革开放的40年,中国经历了从计划经济向市场经济转轨的宏大历史进程,目前仍然经历着经济体制改革、政治体制改革、社会体制改革不断扩展和深化的历史重任。习近平总书记指出,我们要建设的现代化是人与自然和谐共生的现代化,既要创造更多物质财富和精神财富以满足人民日益增长的美好生活需要,也要提供更多优质生态产品以满足人民日益增长的优美生态环境需要。在社会主义新时代,展望未来的环境法学研究,可以概括为以下五个特点。

1. 对环境法学基础理论研究的广度和深度会不断扩大、加深

随着环境法学研究队伍不断扩大,人才培养层次不断提升,将会有更多环境法学研究者专注于环境法基础理论的探索和研究,对环境法学基础理论的研究范围会愈加广泛,基础理论研究深度也会不断加大。在基础理论研究方面,在节约优先、保护优先、自然恢复为主的基本思路的指导下,如何形成节约资源和保护环境的经济发展格局、产业结构、生产方式、生活方式,是我国环境法学基本理论研究需要关注、思考和探索的基本理论和实践问题。

可以预计,生态文明的法理研究、生态文明体制研究、环境法律规范的宪法表达研究、环境法典化研究、环境法基本原则研究、环境权理论研究、环境公共治理研究、环境法的激励机制研究、环境侵权与生态赔偿理论研究、生态补偿理论研究、环境法益理论研究、党内环境法规研究等议题,将会成为我国环境法学基本理论研究的热点

和重点。

2. 政策阐述性研究仍会继续"繁荣"

过去40年，我国环境法学界的政策阐述性研究远远多于环境法基础理论研究。尽管今后对环境法学基础理论的研究的广度和深度会不断加大，但在相当长时期内，政策阐述性研究相较于环境法学基础理论研究仍会居于数量上的压倒性优势，政策与法律相结合的研究将会更加受到更多的关注。

围绕着生态文明建设的中心任务，以生态环境监管体制改革为突破口，环境法学界不仅需要加强对生态文明建设总体设计和组织结构的政策阐释性研究，而且，需要对环境公益诉讼、环境监察与督查机制、政府环境责任和领导干部环境追责、设立国有自然资源资产管理和自然生态监管机构、完善生态环境管理制度、统一行使全民所有自然资源资产所有者职责、统一行使所有国土空间用途管制和生态保护修复职责、构建国土空间开发保护制度、完善主体功能区配套政策、建立以国家公园为主体的自然保护地体系、生态损害赔偿与补偿机制等方面，进行具体而深入的政策与法律相结合的理论和实践研究。

3. 环境法学研究将呈现研究议题与研究侧重各领风骚、相互促进的局面

今后一段时期内，环境法学研究重点会呈现基础理论研究与实践问题研究、环境保护研究与资源合理开发利用研究、立法研究与法律实施研究相互结合、相互促进的局面。

环境法学研究必须面向我国的环境保护实践，着力解决突出的环境问题，在大气污染防治、水污染防治、土壤污染的管控和修复、农业面源污染防治、固体废弃物和垃圾处置等方面，进行多维度的法学研究，并通过提高污染排放标准，强化排污者责任，健全环保信用评价、信息强制性披露、严惩重罚等制度性研究，构建我国政府为主导、企业为主体、社会组织和公众共同参与的环境治理体系。

4. 跨学科对话、交叉研究的成果将增多

环境法学和其他学科之间的相互借鉴和交流本来就比较密切，这种状况会长期存在延续下去。另外，环境法学和法学学科内的传统法学二级学科间的对话、交流会日益增多，环境法学会不断学习吸收其他学科以及传统法学如宪法学、行政法学、法理学、民法学、刑法学、诉讼法学等研究成果，形成更多交叉性的研究成果。

5. 国际环境法、外国环境法和比较环境法的研究将进一步展开和深化

随着对外开放和交流的进一步深入，更多地中国学者赴外交流、学习和研究，更多的国外学生到国内学习研究，更多的外国环境法学者到国内交流、学习和从事环境法研究工作，可以预见，国际环境法、外国环境法和比较环境法的研究领域会进一步扩展，研究成果会越来越多。

本文系教育部高校人文社会科学研究重点基地重大项目"生态文明与环境法功能演变"的成果之一。本文部分内容参考了王树义、汪再祥：《中国环境法学三十年

(1978~2008)》,载教育部人文社会科学重点研究基地——法学基地(9+1)合作编写(执行主编姜明安):《中国法学三十年(1978~2008)》,中国人民大学出版社2008年版;柯坚、刘志坚:《我国环境法学研究十年(2008~2017年):热议题与冷思考》,载《南京工业大学学报(社会科学版)》,2018年第1期。

(撰稿人:武汉大学环境法研究所柯坚教授、博士研究生 刘志坚)

肖永平　武汉大学国际法研究所教授、所长
张　辉　武汉大学国际法研究所教授、副所长
杨泽伟　武汉大学国际法研究所教授

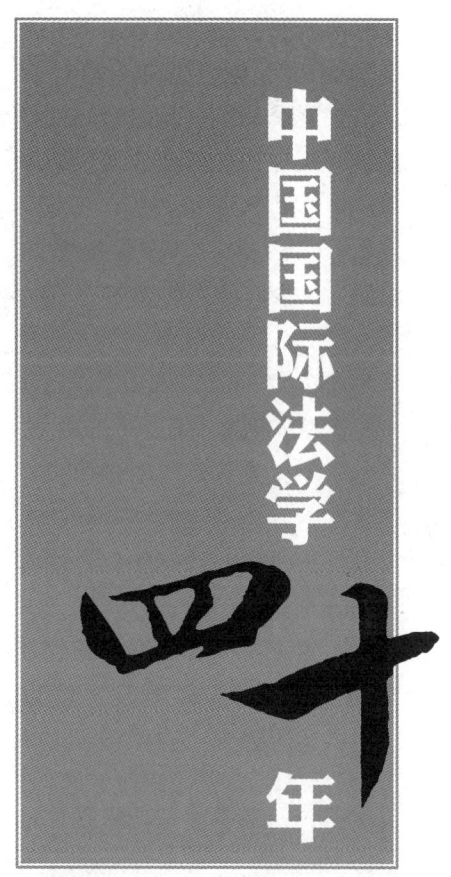

中国国际法学四十年

1978~2018

第一部分 国际公法学四十年（1978~2018）

中华人民共和国成立后，中国提出了和平共处五项原则，参加制定了亚非会议十项原则，并在国家承认、国家继承、双重国籍、国际条约、和平解决争端、"和谐世界"的理念与"人类命运共同体"的构建等重大国际法问题的理论与实践上做出了非常有价值的贡献。❶ "中国以建设性姿态参与国际规则制定，在事关国际法解释、适用和发展的重大问题上积极发声。中国已缔结了 23 000 多项双边条约，加入了 400 多项多边条约，参与了几乎所有的政府间国际组织，按照'条约必须信守'原则不折不扣地履行条约义务，严肃对待国际责任"❷，在当代国际法律秩序的维护与发展方面，发挥着日益重要的作用。因此，回顾和总结 1978 年以来中国国际公法学的发展历程，无疑具有重要的理论价值和现实意义。

一、发展历程

1978 年以来的中国国际公法学的发展历程，大致可以分为以下三个阶段。

（一）恢复阶段（1978~2000 年）

中华人民共和国成立后，由于特殊的历史原因，中国采取"一边倒"的外交政策。因此，在 20 世纪 50 年代，苏联的国际法学对中国产生了较大影响。从 20 世纪 60 年代中期开始，中国国际法学的发展停滞不前。1978 年 11 月，中国共产党第十一届三中全会的召开，标志着中国国际公法学开始进入恢复阶段。主要表现在：1980 年成立了中国历史上第一个全国性的国际法学术团体——中国国际法学会；1981 年出版了第一部全国通用的国际法教科书——《国际法》（王铁崖主编，法律出版社 1981 年版）；1982 年创立了中国历史上第一本国际法专业性学术刊物——《中国国际法年刊》。❸ 此外，

---

❶ 参见梁西主编：《国际法》，武汉大学出版社 2000 年版，第 39 页。
❷ 王毅："中国是国际法治的坚定维护者和建设者"，载《光明日报》2014 年 10 月 24 日。
❸ 此后，《中国国际法年刊》基本上按照每年一卷的方式出版。截至 2018 年 4 月，《中国国际法年刊》已经出版至 2017 年卷。

北京大学、武汉大学、外交学院分别成立了国际法研究所❶;北京大学、武汉大学、吉林大学相继开设了国际法专业;国际法的课程设置也逐渐趋向科学、合理。

在这一阶段,党和国家领导人也开始意识到国际法的重要性。例如,1996年江泽民主席在中共中央举行的法律知识讲座上发表了关于国际法的讲话。他说:"国际法在促进世界和平与发展中的作用日益增强,各国越来越重视利用国际法来保护自身的权益。这是国际社会一个值得注意的趋向……所有代表国家从事政治、经济、文化、司法等工作的同志,也都要学习国际法知识。"❷ 2000年,李鹏委员长在第九届全国人大常委会的法制讲座开始前的讲话中也明确指出:"随着世界经济、科技的迅速发展,各国之间的联系日益紧密,国际交往越来越广泛,国际法在国际事务中的作用不断加强";我们"要善于运用国际法来处理国家关系和国际事务,开展对外交流与合作";

---

❶ 目前我国专门设立的与国际法有关的教学研究机构的单位主要有:武汉大学国际法研究所、武汉大学中国边界与海洋研究院、中国社会科学院国际法研究所、北京大学国际法研究所、吉林大学法学院东北亚研究院、清华大学法学院欧盟法与比较法研究中心、清华大学法学院海洋法研究中心、中国人民大学法学院国际法研究所、中国人民大学法学院国际人道法研究中心、中国政法大学国际法学院、中南财经政法大学国际法学系、西北政法大学国际法学院、西北政法大学国际法研究中心、西北政法大学郑斌航空与空间法研究所、西北政法大学丝绸之路区域合作与发展法律研究院、西南政法大学国际法学院、西南政法大学中国-东盟法律研究中心、华东政法大学国际法学院、浙江大学国际法研究所、上海交通大学法学院国际法研究所、上海交通大学法学院极地与深海发展战略研究中心、上海交通大学法学院欧盟法研究中心、南京大学法学院中德法学研究所、复旦大学国际刑法研究中心、同济大学法学院中德国际经济法研究所、同济大学法学院德国法与欧盟法研究中心、中山大学法学院国际法研究所、中山大学法学院WTO与CEPA法律研究中心、中山大学法学院人权法研究中心、中山大学法学院海洋法律与政策研究中心、四川大学南亚研究所、南开大学法学院人权研究中心、西安交通大学法学院丝绸之路国际法与比较法研究所、中南大学法学院司法与人权研究中心、湖南大学国际关系与国际法研究所、湖南师范大学法学院WTO研究中心(国际法研究所)、北京师范大学法学院国际法教学研究中心、北京师范大学法学院国际海洋法律与政策研究中心、山东大学法学院海洋海事研究所、厦门大学南海研究院、厦门大学海洋法与中国东南海疆研究中心、厦门大学海洋政策与法律中心、北京理工大学法学院国际法研究所、兰州大学法学院国际法研究所、对外经济贸易大学法学院国际法研究所、对外经济贸易大学法学院比较法与欧盟法研究所、湘潭大学法学院非洲法律与社会研究中心、湘潭大学法学院体育法学研究中心、大连海事大学国际海事法律研究中心、大连海事大学海法研究院、上海财经大学法学院中国法学会中国——拉美法律研究中心、中国海洋大学法政学院海洋法学研究所、中国海洋大学法政学院极地法律与政治研究所、郑州大学俄罗斯法律研究所、海南大学国际司法与仲裁研究中心、海南大学南海政策与法律研究中心、烟台大学中欧人权法研究院、烟台大学亚太法律问题研究中心、浙江工商大学法学院国际法研究所、河南大学法学院欧洲法律研究中心、上海政法学院国际法研究中心、北京外国语大学法学院英美法研究中心、上海海事大学法学院海商法研究中心、上海大学法学院东亚比较法研究中心、华侨大学法学院东亚法律文化研究中心、贵州大学法学院国际法研究所、广州大学法学院国际法研究团队、广东外语外贸大学法学院国际问题研究所、东北财经大学法学院海洋经济法律与政策研究中心、河海大学法学院国际法和比较法研究所、华北电力学院人文与社会科学学院中外能源政策研究中心、杭州师范大学法学院经济法与国际法研究所、安徽财经大学国际法与国际税法研究中心、武汉理工大学文法学院WTO自主知识产权研究中心、广西大学东盟法研究中心、广西师范大学法学院WTO研究中心、浙江财经大学法学院国际法研究所。

❷ 江泽民:"在中共中央举行的法律知识讲座上关于国际法的讲话"(摘要),载《中国国际法年刊(1996)》,法律出版社1997年版,第4页。

"全国人大常委会组成人员学习、掌握国际法知识，对于我们做好人大工作有着重要的意义"❶。

（二）发展阶段（2001~2011年）

2001年伴随着中国正式加入世界贸易组织，中国国际公法学也步入了发展阶段。2005年9月，胡锦涛主席在会见出席第二十二届世界法律大会的部分代表时指出，世界各国应该共同努力，构建一个持久和平、共同繁荣的国际和谐社会，法治和国际法在建设国际和谐社会进程中具有重要作用。同年9月，胡锦涛主席在联合国成立六十周年首脑会议上再次强调，要"协力构建各种文明兼容并蓄的和谐世界"❷。中国政府提出的构建"和谐社会"的理念和推动建设"和谐世界"的主张，得到越来越多国家的理解和赞同，同时也"指明了新世纪国际关系和国际法发展的正确方向"。

在这一阶段，中国国际公法学界除了取得大量研究成果以外，还开展了各种国际法活动。

（1）举办了多种国际法模拟法庭比赛。例如，2003年2月中国人民大学法学院成功地举办了Jessup国际法模拟法庭中国首届全国选拔赛。2007年红十字国际委员会、中国红十字委员会和中国人民大学法学院联合举办了中国首届"国际人道法模拟比赛"。中国空间法学会还成功举办了多届"国际空间法模拟法庭比赛"（Manfred Lachs Space Law Moot Court Competition）。举办这类国际法模拟法庭比赛，不但能够增进学生学习国际法的兴趣，而且能够提高学生实际运用国际法的能力。

（2）创办了一系列国际法方面的学术刊物。除了原有的《中国国际法年刊》以外，武汉大学国际法研究所还创办了《武大国际法评论》❸，湖南师范大学李双元先生主持创办了《国际法与比较法论丛》❹，北京大学法学院国际法研究中心主办了《北大国际法与比较法评论》，中国社会科学院国际法研究所主办了《国际法研究》（双月刊）❺，厦门大学海洋政策与法律中心主办了《中国海洋法学评论》，厦门大学刘志云教授主编了《国际关系与国际法学刊》，❻ 中国政法大学国际法学院主办了《国际法评论》❼，西北政法大学王瀚教授主编了《中国航空法评论》，中国海洋法学会创办了《中国海洋法年刊》❽，等等。特别值得一提的是，一些中国学者还创办了英文刊物，如易先河教授主

---

❶ 参见"李鹏在全国人大常委会第十四次法制讲座上强调要善于运用国际法处理国家关系和国际事务（2000年4月30日）"，载人民网 http://www.people.com.cn/GB/channel1/10/20000703/127945.html。

❷ "中国国家主席胡锦涛在联合国成立60周年首脑会议上的讲话——努力建设持久和平、共同繁荣的世界"（2005年9月15日），载《中国国际法年刊（2005）》，世界知识出版社2007年版，第391页。

❸ 从2017年开始，它由原来每年出版2卷的集刊变成了正式的双月刊。

❹ 迄今已经出版了24卷。

❺ 它是中国第一本国际法专业中文期刊。

❻ 截至2017年12月，已由厦门大学出版社出版了7卷。

❼ 从2008年开始出版，一年一期，迄今已出版了8卷。

❽ 2015年由中国民主法制出版社出版了第1卷。

编了《中国国际法论刊》(Chinese Journal of International Law)[1]。这些国际法方面刊物的设立，为中国国际法学者提供了更多的交流平台，有利于中国国际法学的传播与发展。

（3）中国学者在各类国际组织的活动更加活跃。中国的一些国际法学者和专家还经常出席各种国际会议，参加各类国际组织的工作，在国际活动中发挥了积极的作用。例如，倪征日奥教授、史久镛教授、薛捍勤大使相继当选联合国国际法院法官；李浩培教授、王铁崖教授、刘大群大使先后出任前南斯拉夫国际刑事法庭法官；赵理海教授、许光建先生、高之国博士先后当选为国际海洋法法庭和海底争端分庭的法官。此外，王铁崖、李浩培、倪征日奥、陈体强教授等均先后成为国际法研究院院士；倪征日奥教授、黄嘉华大使、史久镛法官、薛捍勤大使和黄惠康大使都曾担任过联合国国际法委员会的委员；贺其治教授当选国际空间法学会理事、国际宇宙科学院通讯院士，等等。另外，中国著名的国际法学家史久镛还当选为国际法院院长，张玉卿、曾令良教授、朱榄叶教授、董世忠教授和张月姣律师被推选为WTO专家组成员，张月姣、赵宏还当选为WTO的上诉机构成员；陈冯富珍当选为世界卫生组织总干事；朱民当选国际货币基金组织副总裁；赵厚麟当选国际电信联盟秘书长；李勇当选为联合国工业发展组织总干事；柳芳当选为国际民航组织秘书长；黄解放出任国际民航组织法律事务与对外关系局局长；吕文正当选大陆架界限委员会委员等。所有这些，不仅是中国国际法学界的荣誉，而且有利于促进中国国际法学的发展、扩大中国国际法学界的国际影响、提高中国的国际地位。

此外，在这一阶段中国的法学教育发展很快。截至2005年年底的统计数字表明，中国具有法学本科专业的高等院校已达559所，法学专业在校的本科生和研究生达30万人，其中本科生为20多万人，法律硕士专业学位研究生2万多人，法学硕士研究生6万多人，法学博士研究生6000多人。这其中有相当一部分是国际法专门人才。此外，还有不少学子在国外获得了国际法的硕士或博士学位。

（三）有为阶段（2012年至今）

2012年11月中国共产党第十八次代表大会的召开，标志着中国国际公法学的发展进入了一个新时代。在这一阶段，中国对国际法的态度更加积极，更为重视国际法的作用和注重推动国际法的发展。

（1）发布了有关国际法方面的立场文件和声明。例如，2014年中国外交部部长王毅公开发表文章《中国是国际法治的坚定维护者和建设者》。该文明确指出："一个坚定致力于对内推进法治的中国，同时也必然是国际法治的坚定维护者和积极建设

---

[1] 此外，2013年单文华主编的《中国比较法学刊》(The Chinese Journal of Comparative Law) 正式由Oxford University Press 出版发行；2015年孔庆江主编的《中国全球治理学刊》(The Chinese Journal of Global Governance) 正式由荷兰Brill 出版社出版发行。

者。"❶ 2016年6月，中俄两国共同发布了《中华人民共和国和俄罗斯联邦关于促进国际法的声明》，双方重申了"全面遵守《联合国宪章》"等10项主张。❷ 更为重要的是，2017年10月中国共产党第十九次代表大会报告明确提出"坚持推动构建人类命运共同体"，"中国秉持共商共建共享的全球治理观……中国将继续发挥负责任大国作用，积极参与全球治理体系改革和建设，不断贡献中国智慧和力量"❸。

（2）成立了专门的国际法咨询机构。首先，教育部批准设立了首家与国际法有关的"2011协同创新中心"——"国家领土主权与海洋权益协同创新中心"。2014年，以武汉大学国际法研究所为支撑单位、联合复旦大学、中国政法大学、外交学院、郑州大学、中国社科院中国边疆史地研究所、水利部国际经济技术合作交流中心、国家海洋局海洋发展战略研究所等协同单位共同申报的"国家领土主权与海洋权益协同创新中心"被教育部批准为"2011协同创新中心"；它以服务国家战略为宗旨，按照"国家急需、世界一流、制度先进、贡献突出"的要求，瞄准国家领土海洋维权重大问题，开展战略研究、政策建言、人才培养、舆论引导、公共外交，建设人才、学科、科研三位一体的国家战略平台；该中心以问题为导向，组建了11个创新团队，支撑国家领土海洋战略与政策，服务国家领土海洋维权斗争，提供领土海洋维权技术支持，服务于国家领土主权与海洋权益的重大现实问题和国家战略需求。

其次，中宣部批准武汉大学国际法研究所为首批国家高端智库试点建设单位。2015年1月，中办、国办印发了《关于加强中国特色新型智库建设的意见》，11月9日中央全面深化改革领导小组第十八次会议通过了《国家高端智库建设试点工作方案》。高端智库建设试点单位以"国家亟须、特色鲜明、制度创新、引领发展"为目标，致力于为中国智库建设引航开路、树立标杆，在事关中国经济改革、对外开放和现代化建设的重大目标方向和举措等方面，积极开展全局性、综合性、战略性、长期性和前瞻性问题研究，为实现中华民族伟大复兴的中国梦提供智力支撑。在25家首批国家高端智库试点建设单位中，武汉大学国际法研究所是唯一一家法学类、并且是国际法的试点单位。

最后，外交部正式成立了"国际法专家咨询委员会"。该咨询委员会于2015年1月正式成立，由国内著名国际法专家学者组成，为我国重大外交问题提供法律意见、政策建议和研究报告，为我国外交事业的发展贡献智识。第一届外交部国际法咨询委员会有4名顾问、11名委员。

（3）专门出版了马克思主义理论研究和建设工程重点教材——《国际公法学》。

---

❶ 王毅："中国是国际法治的坚定维护者和建设者"，载《光明日报》2014年10月24日。
❷ 《中华人民共和国和俄罗斯联邦关于促进国际法的声明》，载"外交部网站"http://www.fmprc.gov.cn/web/zyxw/t1375313.html。
❸ 习近平：《决胜全面建成小康社会、夺取新时代中国特色社会主义伟大胜利——在中国共产党第十九次全国代表大会上的报告》（2017年10月18日），人民出版社2017年版，第58~60页。

2016 年高等教育出版社出版了以曾令良、周忠海为首席专家编写的《国际公法学》教材。❶ 该书是在教育部实施马克思主义理论研究和建设工程领导小组领导下组织编写的，是马克思主义理论研究和建设工程重点教材。与国内出版的各种国际公法教材相比，该书除了系统阐述国际公法的基本原理、原则、规则和制度之外，还注重马克思主义国际法思想的梳理和运用马克思主义的唯物辩证法来阐述国际法的理论和实践，强调以马克思主义唯物辩证法为学习和研究国际法的理论指针。

二、主要特点

40 年来，中国国际公法学学者公开发表了很多国际法方面的学术论文。据中国期刊网检索系统的统计，从 1979~2000 年，以"国际法"为关键词的全部期刊论文达到 871 篇；从 2001~2011 年，以"国际法"为关键词的全部期刊论文为 2573 篇；从 2012~2018 年，以"国际法"为关键词的全部期刊论文总计 1721 篇。此外，中国国际公法学学者还出版了不少国际公法方面的著作。40 年来，中国国际公法学主要呈现以下特点。

（一）重视推动国际法治的发展与进步

一方面，随着全球性问题的凸显、多极化趋势的增强，世界各国日益重视利用国际法规则来缓和矛盾、解决争端。在国际交往中遵循国际法规则，成了国际社会的客观要求和自觉追求，也是衡量一个国家软实力和影响力的重要指标。❷ 有鉴于此，习近平主席在 2014 年中、印、缅三国共同举办的"和平共处五项原则发表六十周年纪念大会"上也明确指出："应该共同推动国际关系法治化，推动各方在国际关系中遵守国际法和公认的国际关系基本原则，用统一适用的规则来明是非、促和平、谋发展……在国际社会中，法律应该是共同的准绳……应该共同维护国际法和国际秩序的权威性和严肃性，各国都应该依法行使权利。"❸ 另一方面，中国国际公法学界专门出版了《中国促进国际法治报告》❹。2015 年由武汉大学国际法研究所全体研究人员集体撰写的《中国促进国际法治报告》，旨在系统梳理几年来国际法治的新发展，尤其是近两年来的新动向，着重阐述中国在国际法治的各个重要领域所表明的理念、坚持的原则与立

---

❶ 主要参编人员有：曾令良、何志鹏、赵建文、余敏友、邓烈、黄瑶、江国青、白桂梅、杨泽伟、周忠海、李寿平、朱文奇。

❷ 参见徐宏："法律外交理论和实践创新恰逢其时"，载《法律与外交》2016 年第 1 期。

❸ 习近平：《弘扬和平共处五项原则、建设合作共赢美好世界——在和平共处五项原则发表 60 周年纪念大会上的讲话》(2014 年 6 月 28 日)，载新华网 http://news.xinhuanet.com/world/2014-06/28/c_1113364206.htm。

❹ 参见曾令良、冯洁菡主编：《中国促进国际法治报告（2014 年）》，武汉大学出版社 2015 年版；肖永平、冯洁菡主编：《中国促进国际法治报告（2015 年）》（中文版、英文版），社会科学文献出版社 2016 年版；肖永平、冯洁菡主编：《中国促进国际法治报告（2016 年）》（中文版、英文版），社会科学文献出版社 2017 年版。

场和采取的具体行动,系统地展示中国对促进国际法治作出的重要贡献。❶

(二) 积极开拓国际法研究的新领域

国际法涉及的范围不断扩大,是当代国际法发展的一个重要趋势。❷ 有鉴于此,中国国际法学学者不断开拓新的研究领域,寻找新的学科增长点。例如,杨泽伟及其研究团队成员在国内较早地开展了国际能源法的研究❸,并较为系统地论证了国际能源法是国际法的一个新分支、国际能源法的出现是国际法发展的新突破。❹ 吕江、李化等学者较为系统地开展了国际气候变化法的研究,❺ 并指出20世纪90年代后以《联合国气候变化框架公约》为标志,国际法领域逐渐形成国际气候变化法这一新兴的国际法律部门;国际气候变化法的生成是内外因素共同作用的结果。❻ 此外,黄志雄也在国内较早地开展了网络安全国际法问题的研究。❼

(三) 更加注重服务于国家的重大战略急需

例如,针对2013年1月菲律宾单方面发起的"南海仲裁案",虽然中国政府坚持"不接受、不参与"的立场,但是中国国际公法学界不少学者从国际法的角度,结合《联合国海洋法公约》的有关条款,对"南海仲裁案"进行了较为深入的法理剖析,并在国内外用中英文出版了很多有影响的研究成果。特别是,中国国际法学会不但公开发表了《菲律宾所提南海仲裁案仲裁庭的裁决没有法律效力》,而且出版了《南海仲裁案管辖权问题专刊》。❽ 又如,自从2013年习近平主席提出"一带一路"倡议以来,

---

❶ 参见曾令良、冯洁菡主编:《中国促进国际法治报告(2014年)》,武汉大学出版社2015年版,第2页。

❷ See Malcolm N. Shaw, *International Law*, 7th ed., Cambridge University Press 2014, p. 47.

❸ 截至2017年12月,已经公开出版的这方面著作主要有:杨泽伟:《中国能源安全法律保障研究》,中国政法大学出版社2009年版;高宁:《国际原子能机构与核能利用的国际法律控制》,中国政法大学出版社2009年版;肖兴利:《国际能源机构能源安全法律制度研究》,中国政法大学出版社2009年版;杨泽伟主编:《发达国家新能源法律与政策研究》,武汉大学出版社2011年版;程荃:《欧盟新能源法律与政策研究》,武汉大学出版社2012年版;吕江:《英国新能源法律与政策研究》,武汉大学出版社2012年版;马讯:《〈能源宪章条约〉投资规则研究》,武汉大学出版社2012年版;白中红:《〈能源宪章条约〉争端解决机制研究》,武汉大学出版社2012年版;李化:《澳大利亚新能源法律与政策研究》,武汉大学出版社2014年版;杨泽伟主编:《从产业到革命:发达国家新能源法律政策与中国的战略选择》,武汉大学出版社2015年版;谭民:《中国—东盟能源安全合作法律问题研究》,武汉大学出版社2016年版;郭冉:《国际法视阈下美国核安全法律制度研究》,武汉大学出版社2016年版;吕江:《能源革命与制度建构:以欧美新能源立法的制度性设计为视角》,知识产权出版社2017年版。

❹ 参见杨泽伟:《中国能源安全法律保障研究》,中国政法大学出版社2009年版,第226~245页;杨泽伟:"国际能源法:国际法的一个新分支",载《华冈法粹》中国台湾地区2008年第40期,第185~206页。

❺ 参见吕江:《气候变化与能源转型——一种法律的语境范式》,法律出版社2013年版;杨泽伟、吕江主编:《〈湖北省应对气候变化办法(草案)〉专家建议稿》与说明》,武汉大学出版社2017年版。

❻ 参见李化:"论国际气候变化法的生成",载《中国地质大学学报(社会科学版)》2017年第5期,第82~92页。

❼ 黄志雄主编:《网络主权论——法理、政策与实践》,社会科学文献出版社2017年版。

❽ 参见中国国际法学会:《中国国际法年刊:南海仲裁案管辖权问题专刊》,法律出版社2016年版。

国际法学者对此积极进行研究和解读,[1] 为"一带一路"建设的顺利推进建言献策。[2]

(四) 学术精品意识在不断增强

近些年来,一些学者把自己主编的国际法教材或独立完成的国际法著作,不断予以修订、完善,多次再版,有些已成为学界公认的学术精品。据不完全统计,目前已经出版了三版以上的著作主要有:梁西主编、曾令良修订主编《国际法》(第三版),武汉大学出版社 2011 年版;马呈元主编《国际法》(第三版),中国人民大学出版社 2012 年版;白桂梅:《国际法》(第三版),北京大学出版社 2015 年版;周洪均主编《国际法》(第三版),中国政法大学出版社 2015 年版;邵沙平主编《国际法》(第三版),高等教育出版社 2017 年版;周忠海主编《国际法》(第三版),中国政法大学出版社 2017 年版;王献枢主编《国际法》(第五版),中国政法大学出版社 2012 年版;邵津主编《国际法》(第五版),北京大学出版社 2014 年版;程晓霞、余民才主编《国际法》(第五版),中国人民大学出版社 2015 年版;梁西著、杨泽伟修订《梁著国际组织法》(第六版),武汉大学出版社 2011 年版;朱文奇主编《国际法学原理与案例教程》(第三版),中国人民大学出版社 2014 年版;屈广清、曲波主编《海洋法》(第四版),中国人民大学出版社 2017 年版;杨泽伟著《国际法》(第三版),高等教育出版社 2017 年版;杨泽伟著《国际法析论》(第四版),中国人民大学出版社 2017 年版。

三、反思与展望

(一) 存在的主要问题

40 年来中国国际公法学虽然取得了长足的进步,但是仍存在不少问题。

(1) 对中国国际法的理论与实践未能很好地加以总结。中国国际法的发展是多方面的。中国国际公法学者需要对我国半个多世纪,尤其是近四十年的国际法理论与实践加以系统的总结和说明,以阐述中国在国际法诸问题上的立场和利益之所在,以及中华人民共和国对现代国际法的发展所做出的重要贡献。例如,国际法在中国国内法上的效力问题、和平共处五项原则、国家承认与继承问题、光华寮案、湖广铁路债券案、国家主权豁免问题、国籍问题、南海诸岛及钓鱼岛的主权争端与海域划界问题、

---

[1] 值得注意的是,2016 年 8 月教育部人文社科重点研究基地武汉大学国际法研究所将"十三五"科学研究的主攻方向确定为:"共建'一带一路'与构建人类命运共同体的法治保障",同时将"构建人类命运共同体与中国国际法理论创新""提升中国话语权与国际法律制度变革""维护中国国家权益的国际法问题研究""'一带一路'倡议与国际经济法律制度创新""'一带一路倡议'与法律合作研究"列为五个重大课题。

[2] 这方面的研究成果很多,如杨泽伟:"论 21 世纪海上丝绸之路建设对南海争端解决的影响",载《边界与海洋研究》2016 年第 1 期;何志鹏:"'一带一路':中国国际法治观的区域经济映射",载《环球法律评论》2018 年第 1 期;杨泽伟:"'21 世纪海上丝绸之路'建设的风险及其法律防范",载《环球法律评论》2018 年第 1 期,等等。

和平解决国际争端问题、中国与大国及周边国家的关系问题、"和谐世界"的理念、"中国梦"的国际法蕴涵、构建"人类命运共同体"的国际法保障、"一带一路倡议"涉及的国际法问题等，都是与我国现实密切相关、有待进一步深入研究和总结的问题。有关这些问题的理论，不但对于中国对外关系和国际法实践具有重要意义，而且更能体现出中国国际法学的特色。❶

（2）国际法的理论创新有待加强。长期以来，由于多种因素的影响，国际法基本理论问题一直是中国国际法学研究的一个薄弱环节，对一些最基本的国际法理论问题，如国际法的理念、国际法的法律性质、国际法的效力根据、国际法与国内法的关系、国际法的历史、国际法的渊源、一般法律原则、国际法的方法论、国际法的价值论、国际法的认识论以及国际法各分支的一些理论问题等，还缺乏全面、系统、深入的研究。特别是，中国国际公法学界还没有推出富有世界影响、并被不少国家接受的国际法理论。例如，进入 21 世纪以来美国提出了"预防性自卫"理论、❷加拿大干预和国家主权国际委员会提出了"保护的责任"理论，❸尽管我们不完全赞同这些理论，但是不可否认的是，上述理论在国际社会还是产生了较大的影响。这种现象的确值得我们深思。

（3）具有世界影响的学术著作仍然比较少。如前所述，近四十年来中国国际公法学界出版了不少学术著作，在中国国际法人才的培养、国际法在中国的传播以及中国国家权益的维护等方面发挥了重要作用。然而，有世界性影响的著作仍然非常罕见。诚然，国际法学源于欧美、汉语还不是世界国际法学者主要的交流语言，这些都是影响或制约中国国际法学者的著作产生国际影响力的一个重要因素。然而，推出诸如《奥本海国际法》（Oppenheim's International Law）、《布朗利国际公法原理》（Brownlie's *Principles of Public International Law*），应当成为中国国际法学学者今后努力的一个重要方向。

（4）学术研究"计划经济"的色彩仍然较为浓厚。自从 2010 年中国成为世界第二大经济体以后，国家相关部门对学术研究的投入也在不断增大，从而为中国学术研究包括中国国际公法学的发展和繁荣创造了有利的条件。迄今，中国国际公法学者能够申请各类科研项目，如中宣部的国家社科基金项目、教育部的人文社科项目、司法部项目以及中国法学会项目。然而，上述项目主要采取基于课题（项目）指南进行申报

---

❶ 令人欣慰的是，2011 年法律出版社出版了时任外交部条约法律司司长段洁龙主编的《中国国际法实践与案例》，该书可能是中华人民共和国成立以来第一部较全面、系统论述中国政府对国际法解释和适用的著作。

❷ See "The National Security Strategy of the United States of America（September 2002）", available at http://www.whitehouse.gov/response/index/htm，杨泽伟：《国际法》（第三版），高等教育出版社 2017 年版，第 74~75 页。

❸ 参见"干预和国家主权国际委员会"的报告：《保护的责任》（2001 年 12 月），中文本，See http://www.iciss.ca/pdf/commission-report.pdf；杨泽伟："'保护的责任'及其对国家主权的影响"，载《珞珈法学论坛》（第五卷），武汉大学出版社 2006 年版。

的方式。换言之,项目的申报主要采用"命题作文"的方式。❶ 当然,这种方式有利于对学术研究进行规划和引导,但是不可否认的是不少学者为了达到成功申请项目的目的,选取的可能是自己不很感兴趣、但是属于热点的问题,从而有可能影响最终成果的质量。

(二)发展趋势

随着国际关系的发展变化,未来中国国际公法学的发展将呈现出以下五个方面的主要趋势。

(1)国际法理论为中国整体发展战略和外交实践提供理论支撑的作用将更加凸显。长期以来,中国国际法研究着重于传统理论和个案的实践,未能同国家的整体发展战略或外交实践紧密地结合起来,或者说,没有紧扣国家发展的大局。而运用国际法,为解决当前国家的整体发展战略或外交实践问题提供思路,这是中国国际公法学界不可推卸的责任。特别是,近些年来中国国家领导人提出了"中国和平发展战略"、建立"和谐世界"、实现"中国梦"、构建"人类命运共同体"的主张和"一带一路"倡议,无疑需要包括法学在内的多学科的系统研究,甚至需要多学科的交叉研究。在法学领域中,对于"中国和平发展战略""和谐世界""中国梦""人类命运共同体"的构建和"一带一路"倡议等主张的研究,国际法学首当其冲,因为无论是"中国和平发展战略"的实现还是"人类命运共同体"的构建,一方面离不开国际法必须维持与促进的国际和平与发展环境或秩序,另一方面将为国际法所保障的永久和平与持续发展的国际政治经济秩序做出积极的贡献。因此,可以预言,以后中国国际公法学界的研究将会与国家的整体发展战略更加紧密地结合起来,中国国际法理论将为中国整体发展战略和外交实践提供重要的理论支撑。

(2)国际法的解释和适用问题将更加受重视。一方面,以国际条约和国际习惯为基础的国际法,因其本身的原则性和模糊性,在解释和适用过程中往往容易产生矛盾和分歧。另一方面,近年来国际法的发展出现了一些新的动向,如国际法的碎片化与统一适用的矛盾日益突出、以人权条约机构为代表的条约机构的扩权行为和以国际海洋法法庭为代表的国际司法机构的越权行为等现象更加明显、国际法院的法官在国际法院判决中的独立意见也越来越多等,这在某种程度上说明了当今国际社会权力的高度分化和利益的日益多元,各个国家包括相关的利益攸关方为了本身的利益对国际法片面做出有利于自己的解释,从而为其行为提供法律依据。2013年菲律宾单方面发起的"南海仲裁案",其根本原因及其实质就是菲律宾和仲裁庭对《联合国海洋法公约》有关条款的曲解。因此,在未来中国国际法学学者应更加重视国际法的解释和适用问题,以更好地维护中国的国家权益。

(3)国际法研究的领域将进一步拓展。由于科学技术的进步,人类的生存空间和活动天地极大地拓宽。可以说,今天国际法的范围已非常宽广:从外层空间探测的规

---

❶ 近些年来,国家社科基金和教育部也有一些后期资助项目。

则到大洋洋底划分的问题;从人权的保护到国际金融体系的管理。其所涉领域已从以维护和平为主扩大到包括当代国际生活的所有方面。因此,中国国际法学学者以后的研究范围将更加宽广,既包括传统国际法的一些领域,也有国际法上出现的新问题,如能源安全、能源革命与新能源的国际法问题❶、应对气候变化与环境治理涉及的国际法问题、与人权、难民和移民有关的国际法问题、网络治理的国际法问题、维护中国国家权益的国际法问题,大数据对国际法发展的影响、以外层空间交通管理和外层空间资源开发规章的制定为代表的外层空间治理问题、因致命性自主武器系统引发的国际人道法问题,等等。另外,还有海洋法的新发展,如国家管辖范围以外海域生物多样性的养护和利用问题、国际海底区域资源"开采规章"的制定问题、公海保护区的问题、海上无人航行器的法律地位及其规制问题等,都是中国国际公法学者值得关注的新领域。

(4)国际法与国内法的相互联系、相互影响更加密切。由于许多法律关系和法律问题仅仅依靠国内法或国际法的个别调整不足以解决问题,需要国内法与国际法的共同调整,因此国内法学与国际法学的交叉与融合越来越明显。这一方面表现在许多理论和研究方法可以同时用来解释或解决国内法问题和国际法问题,另一方面表现在各国国内法规则和理论越来越需要借鉴或参考国际法规则或理论,而国际法规则和理论的形成同样受到一些国内法规则的影响。例如,国际能源法和国内能源法虽然是两个不同的法律体系,但由于国内能源法的制定者和国际能源法的制定者都是国家,因此这两个体系之间有着密切的联系,彼此不是互相对立而是互相渗透和互相补充的。首先,国际能源法的部分内容来源于国内能源法,如一些国际能源公约的制定就参考了某些国家能源法的规定,国内能源法还是国际能源法的渊源之一。❷ 其次,国内能源法的制订一般也参照国际能源公约的有关规定,从而使与该国承担的国际义务相一致。最后,国际能源法有助于各国国内能源法的趋同与完善。❸

(5)增强国际法发展的中国话语权,将成为中国国际公法学界关注的又一重要问题。众所周知,在过去较长的一段时间里,由于种种原因中国在国际法规则制定过程中发挥的作用比较有限,在国际法律体系变革中是"后来者""参与者"的角色,在

---

❶ 值得注意的是,2005年武汉大学国际法研究所黄进作为首席专家成功申请了教育部哲学社会科学研究重大课题攻关项目"中国能源安全问题研究——法律与政策分析";2009年武汉大学国际法研究所杨泽伟作为首席专家成功申请了国家社科基金重大招标项目"发达国家新能源法律政策研究及中国的战略选择";2013年杨泽伟作为首席专家又成功申请了教育部哲学社会科学研究重大课题攻关项目"海上共同开发国际案例与实践研究"。

❷ 例如,国际石油合同的性质就是双重的,既含有国际公法的成分,也包括国际私法的因素。不过,一般都认为国际石油合同是投资合同或商业合同,不是国际条约,它应受缔约国国内法的调整。See Zhiguo Gao, *International Petroleum Contracts: Current Trends and New Directions*, Graham & Trotman Limited 1994, pp. 209~210。

❸ 参见杨泽伟:"国际能源法:国际法的一个新分支",载《华冈法粹》(中国台湾地区)2008年第40期,第185~206页;杨泽伟:《中国能源安全法律保障研究》,中国政法大学出版社2009年版,第213页。

有关国际法发展中的议题设置、话语建构和规则制定等方面仍然相对滞后。换言之，目前在国际法律体系变革中仍是"西强东弱"、理论话语体系中有强烈的"西方色彩""欧美味道"，中国声音太过弱小。值得注意的是，自2013年以来，中国不再满足于参与国际法律规则的制定，而是试图塑造、影响国际法律制度，要在国际法律秩序变革中发挥更大的作用。诚如习近平主席于2014年3月应德国科尔伯基金会邀请在德国柏林发表演讲中所指出的："我们将从世界和平与发展的大义出发，贡献处理当代国际关系的中国智慧，贡献完善全球治理的中国方案，为人类社会应对21世纪的各种挑战作出自己的贡献。"❶ 因此，增强国际法发展的中国话语权，既符合国际社会的愿望，更是新时代赋予中国国际法学学者的重要使命。

总之，国际法在21世纪的作用将更加明显，国际争端法律化的趋势日益凸显，各国也会更多地利用国际法方法来维护本国的权益。中国国际法学界需要适应这一历史潮流，加紧培养国际法人才，整合国内国际法研究的力量，合理规划，分工协作，密切配合，打造"中国国际法职业共同体"，拓宽推动中国国际法学研究发展的途径，改变中国国际法学在研究和教学方面的落后局面，缩小与欧美国家之间的差距，进一步开展国际法理论创新，提炼和打造有中国风格和气派、蕴含时代特征、有道义感召力的国际法理念，从而为促进世界和平与发展、维护中国的国家权益做出更大的贡献。

（撰稿人：武汉大学国际法研究所　杨泽伟教授）

---

❶ 庞中英：《全球治理的中国角色》，人民出版社2016年版，第143~144页。

第二部分 国际私法学四十年（1978~2018）

随着我国改革开放的不断深入，中国国际私法学经历了从恢复到构建再到重构的发展历程。与此相适应，我国学者的研究范式经历了从以立法为中心到以司法为中心的转变，研究方法经历了从注释分析到比较研究再到实证分析的变化，研究成果主要载体经历了从教材到专论再到论文的变化。下面在简述我国国际私法学发展历程的基础上，重点以学术观点为线索，总结其主要成就，最后针对我国国际私法研究的不足、提出努力的方向。

一、学科历史发展

过去40年，我国国际私法研究主要围绕1986年《民法通则》第八章和2010年《法律适用法》的制定与适用而展开。在恢复时期（1978~1988年），主要是"文革"前从事国际私法教学和研究的专业人员集中研究国际私法的范围、名称、性质、体系等宏观性基础问题。由于当时中国没有国际私法立法与司法实践，研究素材与理论几乎都是外国的，中国国际私法主要是引进外国的立法与理论。在构建时期（1989~2000年），越来越多的国际私法博士和硕士加入研究队伍，对国际私法不同领域的具体问题和国别国际私法展开全面研究。在重构时期（2001~2018年），以在国内外取得博士学位的中青年学者为主体，深入研究中国国际私法立法、司法以及中国参与国际立法时面临的新问题，同时涉及比较国际私法和比较民商法的深入研究。❶

在上述进程中，中国国际私法学会先后在韩德培教授、黄进教授的带领下，对我国国际私法学的发展与繁荣一直起着引领作用。从1987年成立开始，学会每年召开年会，分别研讨不同的主题，参见下表。从1998年开始，学会连续编辑出版《中国国际私法与比较法年刊》，并在2008年成功入选CSSCI集刊。从1994~2000年，学会集中全国力量起草《中华人民共和国国际私法示范法》，2000年在法律出版社公开出版后，先后被翻译成日文、法文、德文在国外公开出版。从2005年开始，海峡两岸国际私法学术研讨会每年在两岸轮流举行，促进了两岸国际私法立法与理论的相互学习与借鉴。从2011年开始，中韩国际私法学术研讨会每年聚焦一个主题，由两国国际私法学会轮

---

❶ 参见肖永平："中国国际私法学60年回顾与展望"，载《武汉大学学报》2009年第6期。

流举办，成为中韩国际私法开展深入学术交流的桥梁。[1] 2013 年，中国国际私法学会还成立了国际民事诉讼法、国际私法教学、国际商事仲裁法、海外国际私法追踪等专题研究委员会，召开了多次小型专题研讨会，推动我国学者在重构中国国际私法体系、制度和规则方面不断向精细化方向发展。

表 中国国际私法学会历年年会讨论的主题

时间	承办单位	研讨主题（学会变化情况及主要工作安排）
1987 年	武汉大学	全国国际私法教学研讨会（中国国际私法研究会正式成立，韩德培教授任会长）
1988 年	西北政法学院	国际司法协助与区际冲突法
1989 年	中山大学	涉外经济合同与涉外侵权的法律适用
1990 年	武汉大学	内地与港澳地区司法协助问题
1991 年	山东大学	海峡两岸法律冲突及海事法律问题（韩德培教授连任会长）
1992 年	珠海市对外经济律师事务所	国际私法与国际商事仲裁
1993 年	深圳市中级人民法院、深圳大学	社会主义市场经济体制的建立与中国国际私法法制的完善
1994 年	宁波大学	《国际私法示范法（草案）》（第一稿）的体例和内容问题
1995 年	司法部、中国政法大学	《国际私法示范法（草案）》（第三稿）的修改问题、我国司法协助的实践与理论问题（韩德培教授续任会长）
1996 年	大连海事大学	《国际私法示范法（草案）》（第三稿）的完善、海事国际私法
1997 年	上海财经大学、苏州大学	《国际私法示范法（草案）》（第四稿）的修改与注释问题、中国区际民商事交往的法律问题、中国参加有关海牙国际私法公约的可行性问题
1998 年	南昌大学	国际民商事交往中的法律适用问题、区际法律冲突问题（学会更名为"中国国际私法学会"、决定编辑出版《中国国际私法与比较法年刊》）

---

[1] 每次大约十名中国学者赴韩国参加会议。黄进教授任第一届、第三届会议代表团团长，肖永平教授任第五届会议代表团团长，郭玉军教授任第七届会议代表团团长。

续表

时间	承办单位	研讨主题（学会变化情况及主要工作安排）
1999年	湖南师范大学	国际民商事案件的管辖权问题、我国涉外商事仲裁的问题与现状（韩德培教授续任会长、《国际私法示范法》定稿）
2000年	中南财经政法大学	中国国际私法的回顾与展望、国际私法基本理论、实践中的中国国际私法
2001年	西北政法学院	21世纪国际私法的理论与实践、电子商务对国际私法的挑战、中国"入世"和西部大开发与我国涉外法制的完善
2002年	华东政法大学	国际私法在涉外审判与仲裁实践中的运用、国际条约在涉外民商事审判中的适用、国际私法的教学方法与理念
2003年	安徽大学	《民法典（草案）》第九编的条文设计与仲裁立法修改问题（黄进教授当选会长）
2004年	西南政法大学	中国国际私法立法问题、国际私法中的法理学问题和程序法问题
2005年	复旦大学	国际私法基本理论问题、国际私法具体领域的法律适用问题、涉外商事审判与仲裁中的实践问题
2006年	辽宁大学	中国法律适用法立法问题、涉外民事诉讼法的完善、仲裁法的修改问题
2007年	武汉大学	全球化与国际私法的新发展（与第一届"全球国际私法论坛"、中国国际私法学会成立二十周年庆典同时举行）
2008年	中国政法大学、对外经济贸易仲裁委员会、北京仲裁委	以"改革开放三十年与中国国际私法"为主题，集中讨论了全球化背景下的中国国际私法，中国法律适用法立法与实践，国际民事诉讼和商事仲裁等问题
2009年	浙江工商大学	以"中国国际私法六十年回顾与展望"为主题，研讨了中国国际私法立法问题、基本理论问题、法律适用、国际民事诉讼法问题和国际商事仲裁法问题，并特别召开了缅怀韩德培教授座谈会
2010年	南开大学	以"《涉外民事关系法律适用法（草案）》研讨会"为主题，集中讨论国际私法的理论与实践、国际私法统一化运动、国际私法前沿等问题

续表

时间	承办单位	研讨主题（学会变化情况及主要工作安排）
2011年	云南省高级人民法院、云南大学	以"《涉外民事关系法律适用法》的实施"为主题，分别讨论一般规定、民事主体、婚姻家庭、物权、债权、知识产权等领域的法律适用问题（黄进教授连任会长）
2012年	大连海事大学	以"《涉外民事关系法律适用法》实施问题"为主题，研讨了《涉外民事关系法律适用法》的评析、《民事诉讼法》的修改和海事国际私法等问题
2013年	甘肃政法学院	以"中国国际私法的变革与发展"为主题，集中研讨了涉外民事关系法律适用法实施问题、《最高人民法院关于适用〈中华人民共和国涉外民事关系法律适用法〉若干问题的解释（一）》、国际旅游消费者保护、中国企业海外投资纠纷解决和在线争议解决机制等问题（决定设立若干专题研究委员会、开展优秀学术成果奖的评选）
2014年	上海海事大学	以"国际私法：从理论到实践"为主题，集中讨论了《涉外民事关系法律适用法》实施中的问题、海事国际私法理论与实践、中国（上海）自由贸易区的法律问题、国际民用航空法的理论与实践、海外国际私法的新发展等问题
2015年	广东财经大学	围绕"推进一带一路建设，促进涉外法治发展"，讨论了国际私法理论与实践的新发展，实施"一带一路"战略中的国际私法问题，我国涉外民商事审判理论与实践问题，中国（广东）自贸区法律问题，我国内地、香港、澳门之间法律冲突及其解决问题，国际民事诉讼改革与发展等问题
2016年	湖南师范大学	以"全球治理与国际私法"为主题，集中讨论了《涉外民事关系法律适用法》实施及其反思（总则）、涉外民事诉讼制度现状与反思、涉外商事仲裁制度改革与发展、涉外民商事审判和"一带一路"建设、外国法查明专题研究、李双元教授国际私法思想研究等问题（黄进教授连任会长）
2017年	武汉大学	以"合作共进：中国与世界国际私法的发展"为主题，重点讨论了中国加入海牙国际私法会议以来世界国际私法的发展、一带一路与国际司法合作、国际商事仲裁新发展、中国与海牙公约（尤其是《海牙法院选择协议公约》）、亚非拉国际私法的新发展等问题（学会首次与外交部合作主办，海牙国际私法会议协办）

从上表可以看出，自 2008 年开始，中国国际私法学会的年会紧扣国内外国际私法理论与实践发展的前沿，确定了明确的主题，研讨的问题更加广泛、更加契合中国的立法与司法实践需求。表明我国从事国际私法研究的队伍在不断扩大，我国学者的中国问题意识在不断提升，为构建中国特色、中国气派、中国风格的国际私法理论体系在不同领域和方面作出自己的贡献。

40 年来，我国学者出版国际私法教材近一百部，下列教材值得我们认真学习。姚壮、任继圣所著的拓荒之作《国际私法基础》，❶ 韩德培主编的第一部全国统编教材《国际私法》（武汉大学出版社 1983 年版），❷ 韩德培主编的《国际私法》（高等教育出版社、北京大学出版社 2000 年版，曾获教育部优秀教材一等奖），❸ 黄进主编的《国际私法》，❹ 李双元主编的《国际私法学》，❺ 肖永平编著的《国际私法原理》（曾获全国法学教材与科研成果一等奖）。❻ 出版著作 400 多部，不少著作值得仔细研读，如韩德培的《韩德培文集》，李双元的《国际私法（冲突法编）》《国际民商新秩序的理论构建》，黄进的《区际冲突法研究》《宏观国际法学论》，肖永平的《法理学视野下的冲突法》。还有大量根据国际私法博士学位论文修改出版的专著，均有较高的学术价值。特别值得一提的是，近 5 年来，中国学者在国外出版的国际私法著作慢慢多了起来，如汤净、肖永平、霍政欣在 Edward Elgar Publishing Limited 出版的 Conflict of Laws in the People's Republic of China，涂广建在 Springer 出版的 Private International Law in China，张文亮在 Kluwer Law International 出版的 Recognition and Enforcement of Foreign Judgments in China，汤净在 Hart/Bloomsbury 出版的 Electronic Consumer Contracts in the Conflict of Laws，和在 Cavendish 出版的 Jurisdiction and Arbitration Agreements in International Commerce，陈卫佐在 Martinus Nijhoff Publishers 出版的 La nouvelle codification du droit international privé chinois（《中国国际私法的新法典编纂》）。❼ 表明中国国际私法学开始从单向引进转向与外国国际私法双向交流的新阶段。

二、主要学术成就

对 40 年来中国国际私法学的主要贡献，可以从很多不同的维度来探讨，如它对我国立法的促进作用、对我国法院司法实践的引领作用、对培养我国涉外法律人才的基础作用，等等，都是值得肯定的。下文以主要的宏观性学术观点为线索，摘其要者分

---

❶ 姚壮、任继圣：《国际私法基础》，中国社会科学出版社 1981 年版。
❷ 韩德培主编：《国际私法》，武汉大学出版社 1983 年版。
❸ 韩德培主编：《国际私法》，高等教育出版社、北京大学出版社 2000 年版，2014 年肖永平主持修订第三版。
❹ 黄进主编：《国际私法》，法律出版社 1999 年版，2005 年修订。
❺ 李双元主编：《国际私法学》，北京大学出版社 2000 年版，2015 年欧福永参与主编第四版。
❻ 肖永平：《国际私法原理》，法律出版社 2003 年版，2007 年修订第二版。
❼ 载《海牙国际法学院讲演集》2012 年，第 359 卷。

述如下。

(一) 大国际私法学的创立

尽管国际私法从20世纪30年代开始就是我国法学院开设的一门独立课程，但1949年前我国学者出版的国际私法教材基本上借鉴英美模式，采取的是管辖权—法律适用—判决的承认与执行体系。从20世纪80年代初开始，韩德培在主编我国高校第一本《国际私法》统编教材时提出了大国际私法体系，他力主国际私法应以涉外民事法律关系为调整对象，其研究不能局限于冲突法问题，应当扩大到涉外民商事关系的实体法。❶ 他倡导用发展的眼光，结合国际民商事关系的现状和发展趋势来研究国际私法，并进一步确立了调整国际民商事关系的统一实体法是现代国际私法不可缺少的组成部分的主张。尽管学术界一直存在不同的主张，❷ 但多数学者从有利于更好地调整国际民商事法律关系的目的出发，支持"大国际私法"的观点，认为国际私法既包括冲突规范、实体规范，又包括程序规范，同时包括调整国际民商事关系的直接方法和间接方法。对于大国际私法理论，韩德培教授曾有过一段形象生动的比喻，他说："国际私法就好比是一架飞机，其内涵是飞机的机身，其外延则是飞机的两翼。具体在国际私法上，这内涵包括冲突法，也包括统一实体法，甚至还包括国家直接适用于涉外民商事关系的法律。而两翼之一则是国籍及外国人法律地位问题，这是处理涉外民事关系的前提；另一翼则是在发生纠纷时解决纠纷的国际民事诉讼及仲裁程序，这包括管辖权、司法协助、外国判决和仲裁裁决的承认与执行。"❸ 正是基于这种大国际私法理论体系，韩先生在后来的研究中构建了新中国国际私法学的新体系。以其主编的《国际私法新论》和《国际私法》为代表，包括总论、冲突法编、统一实体法编、国际民事诉讼法编和国际商事仲裁法编。李双元教授、黄进教授和肖永平教授对大国际私法的理论体系做了进一步的阐释、弘扬和发展，如李双元教授在《走向21世纪的国际私法》一书中指出，国际私法包括冲突法、程序法和统一实体法三大部分，国际统一实体法的地位将得到提升。而且，随着国际民商事交往的发展和国际社会法律趋同化趋势的不断加强，国际私法中的统一实体法将不断增加，最终会成为国际私法的主要规范和调整国际民商事关系的最主要的方法。❹ 黄进教授在《论国际统一实体私法》一文中对国际统一实体法的概念、历史发展、渊源、范围、内容、地位与作用等进行了全面、系统、深入的梳理与阐释，认为国际统一实体私法是国际私法发展的必然结果。❺ 他在1999年主编出版的《国际私法》就把国际统一实体私法作为重要的1编。肖永平

---

❶ 参见韩德培主编的《国际私法》（武汉大学出版社1983年版），特别是《国际私法新论》的体例安排。

❷ 如中南财经政法大学的张仲伯教授一直坚持"小国际私法"观点，参见张仲伯主编：《国际私法学》，中国政法大学出版社2010年第三版。

❸ 参见韩德培主编：《国际私法》，高等教育出版社、北京大学出版社2000年版。

❹ 李双元：《走向21世纪的国际私法》，法律出版社1999年版。

❺ 黄进："论国际统一实体私法"，载《中国国际私法与比较法年刊》1998年卷。

教授在《法理学视野下的冲突法》中提出现代国际私法要协调利用直接调整和间接调整两种方法，但对统一实体法的研究要侧重于国际条约和国际惯例的适用，特别对国际统一实体私法条约在我国的适用进行了深入研究与分析。❶ 他在 2003 年出版的《国际私法原理》就体现了这种主张。如今，大国际私法学已经成为我国国际私法学界的主流观点。

(二) 区际冲突法学的构建

随着"一国两制"构想的提出和实施，我国的区际法律冲突和区际私法成为一个非常现实的问题。韩德培和黄进最早注意到这是我国国际私法研究的一个重要新领域。1988 年，韩德培教授在中国国际法学会北京年会上就中国的区际法律冲突问题做了题为《我国的区际法律冲突问题——我国国际私法研究中的一个新课题》的专题报告，首次明确提出了"一国两制四法"的区际法律冲突问题，并对解决方案提出了一些初步设想。1989 年，韩德培教授与黄进博士合作在《中国社会科学》上发表长篇论文《中国区际法律冲突问题研究》，详细讨论了中国区际法律冲突的产生和特点、解决途径和步骤，并对中国的区际冲突法作了一些设计。❷ 该文引起了我国港澳台地区和国际上的广泛重视，英国著名作家韩素音在详读该文后，专程到武汉大学与他们见面，交换意见。1991 年，他们在广泛参考和比较中外国际私法与区际冲突法的基础上，草拟了《大陆地区与台湾、香港、澳门地区民事法律适用示范条例》，发表后亦受广泛关注，并为各地媒体大量报道。韩德培教授和黄进教授不仅从整体上探讨了我国区际法律冲突的产生原因、特点及冲突解决的基本原则、途径与步骤等问题，还结合法学理论，以厚重的笔墨对中国区际法律冲突问题进行了全面、深入、细致的论述，构建了中国区际冲突法的基本理论和立法框架，为中国区际法律冲突的解决设计了科学合理的方案。

在此基础上，黄进教授于 1991 年出版了《区际冲突法》，这是我国第一部有关区际法律冲突领域的学术专著，填补了我国在该领域的研究空白，标志着有中国特色的区际冲突法学理论体系的形成。该书荣获第二届全国普通高等学校人文社会科学优秀成果二等奖。此后，他相继出版了《澳门国际私法总论》（获第三届全国普通高等学校人文社会科学优秀成果二等奖），发表了大量相关论文，主编多部研究区际法律冲突的著作，如《区际司法协助研究》《区际司法协助的理论与实务》《中国的区际法律问题研究》（获第四届全国普通高等学校人文社会科学优秀成果三等奖）等，进一步丰富和全面构建了中国的区际冲突法学，提出了切实可行的解决中国区际法律冲突的原则、途径和步骤。肖永平教授主编的《内地与香港的法律冲突与协调》则详细阐述了内地与香港法律冲突的特点、协调原则、立法协调模式和司法协助模式等，为解决两地之间的法律冲突提供了很有见地的建议。该书获得了司法部优秀成果一等奖。四十年来，

---

❶ 肖永平：《法理学视野下的冲突法》，高等教育出版社 2008 年版。
❷ 韩德培、黄进："中国区际法律冲突问题研究"，载《中国社会科学》1989 年第 1 期。

我国区际法律冲突及其解决一直是国际私法学界的研究热点,很多学者发表了很有价值的成果,❶ 表明我国区际冲突法学体系完成了重构。这是中国国际私法学对国际学术界的独特贡献。

(三) 宏观国际法学的理论构想

黄进教授在《宏观国际法学论》一文中最先提出宏观国际法的构想。❷ 以后,其主编的《国际私法》对此作了进一步论述。他认为,传统的国际法是指国际公法,即调整国家之间关系的有约束力的法律的总体。但 20 世纪以来,随着生产和科学技术的飞速发展,国际交往日益频繁,国家、国际组织、不同国籍的法人和自然人相互间的关系越来越错综复杂。这种客观现实促使调整这些关系的法律规范不断涌现,从而在国际法中出现了许多新的法律部门。因此,国际法已经不是传统的国际公法,而是调整一切国际关系的具有法律约束力的行为规范的总和。从宏观的视角对这种国际法律规范进行系统和科学研究的法学,就是宏观国际法学。

黄进教授认为,宏观国际法学不是要给国际公法下一个新定义,也不否认国际公法是调整主权国家之间关系的法律,而是从更广阔的范围来研究国际法。他指出,国际法是一个体系而不是一个部门法。国际法体系包括国际公法、国际私法、国际刑法等。他认为,国际法调整的是超越国界的一切国际关系,包括跨国的民商事关系。从这个意义上说,国际私法具有国际性,因为国际私法调整的社会关系是国际民商事法律关系,具有国际性;国际私法的适用范围涉及两个或两个以上国家,跨越了国界,具有国际性;国际私法的部分规范来源于国际条约和国际习惯,具有国际性。因此,国际私法属这种意义上的国际法,或广义国际法,它是国际法体系的一个独立部门或分支。❸ 这种宏观国际法学论在我国学者中引起了广泛共鸣。❹ 在这个理论影响下,我国的学科分类把国际公法、国际私法、国际经济法作为一个统一的国际法二级学科来开展教学与研究工作,这在国际上是很少见的,因为不少国家把国际私法(冲突法)视为国内法体系的一部分。❺ 因此,与国外国际私法相比,中国国际私法学更加注重国际条约、国际惯例的作用,注意国际公法与国际私法的融通。这种理论开始受到国外同行的认同。❻

---

❶ 如沈涓出版的《中国区际冲突法研究》,冯霞出版的《中国区际私法论》,肖永平在 Conflict of Laws in the People's Republic of China 中撰写的第四编。

❷ 黄进:"宏观国际法学论",载《法学评论》1984 年第 2 期。

❸ 黄进主编:《国际私法》,法律出版社 1999 年版。

❹ 如肖永平在《武大国际法评论》2018 年第 1 期发表的《全面依法治国的新阶段:统筹推进国内法治与国际法治建设》、刘仁山在《法商研究》2016 年第 3 期发表的《论作为"依法治国"之"法"的中国对外关系法》就支持这种主张。

❺ 如英国学者普遍认为冲突法是英国国内法的一部分。

❻ See Alex Mills, The Confluence of Public and Private International Law, Cambridge University Press 2009. See also Jurgen Basedow, The Law of Open Societies: Private Ordering and Public Regulation in the Conflict of Laws, Brill 2015.

(四) 国际私法趋同化的系统论证

李双元教授一直致力于国际社会法律趋同化理论的发展和完善。早在1989年,在庆祝武汉大学国际法研究所成立十周年的发表的演讲中,李双元教授就提出了"当代国际私法趋同化倾向正不断加强"的观点。随后,李双元教授在发表的多篇文章中指出,法律趋同化的原因是多方面的,如各国法律在职能上的共同性,为国际社会法律的趋同化提供了必要的前提;法律所调整的社会关系在地域范围上的扩张,也表明法律在不断地从分散走向协调与统一;法律作为上层建筑,既受经济基础及经济发展水平的制约,因而经济基础及相当的经济发展水平,也必然有助于法律趋同化的发展,以及法律文化的传播与比较法的兴起等都对法律的趋同化有一定的影响。❶

1992年,李双元教授在主编的《中国与国际私法统一化进程》中公开阐述了国际私法趋同化的观点。他指出,二次世界大战后,由于科学技术的迅速发展,国家与国家之间的民事联系大大加强,一国的国际私法制度是否和国际社会的普遍实践比较接近或一致,已成为衡量其国际私法制度是否健全和完善的主要标准之一。他将"国际私法的趋同化"界定为各国国际私法随着国际社会经济上相互依存关系的加强而更趋于协调或一致的倾向。而趋同化的途径既包括各国的立法活动尽可能地吸收那些在法律文化的国际发展进程中,在各国各民族的共同实践中形成的经过检验证明是行之有效的带有普遍性的规则和制度,也包括积极创造条件,参加到国际私法的双边和多边的、地区和世界范围内的统一化活动中去。❷ 他还认为,随着具有中国特色的社会主义市场经济的发育与成熟,根植于这种模式之上的具有中国特色的社会主义法律文化和法律制度必将得到进一步发展和完善,而在其中,中国国际私法的发展将与国际社会的普遍实践更趋协调与一致。

除了提出国际私法趋同化的观点外,李双元教授还进一步得出整个国际社会的所有法律部门,均已显现出趋同化的结论。他将法律趋同化界定为不同国家的法律,随着国际交往日益发展的需要,逐渐相互吸收,相互渗透,从而趋于接近甚至趋于一致的现象。其具体表现是在各国国内法律的创制和运作过程中,越来越多地涵纳国际社会的普遍实践与国际惯例,并且有越来越多的国家积极参与国际法律统一化的活动。❸ 经过多年的研究,李双元教授对国际私法趋同化的理论框架初步形成。该理论目前被越来越多的学者接受和认可,并被广泛运用于法学研究的众多领域。❹

---

❶ 李双元:《法律趋同化问题的哲学考察及其他》,湖南人民出版社2006年版。
❷ 李双元:《法律趋同化问题的哲学考察及其他》,湖南人民出版社2006年版。
❸ 李双元:《法律趋同化问题的哲学考察及其他》,湖南人民出版社2006年版。
❹ 例如,邓晓俊、李健男:"国际私法的趋同化及其障碍——简评《市场经济与当代国际私法趋同化问题研究》",载《中国法学》1995年第1期;刘益灯:"崭新的全球化视野——李双元教授国际私法理论述评",载《法制与社会发展》2002年第3期;周后春:"经济全球化与国际私法的变革——李双元教授国际私法思想评析",载《时代法学》2016年第4期;李久红:"国际私法思想的革新与拓展——李双元先生国际私法思想整理与述评",载《时代法学》2016年第2期;徐冬根:《国际私法趋势论》,北京大学出版社2005年版;屈广清:《国际私法发展史》,吉林大学出版社2005年版;这些论文与著作肯定了这个判断。

(五) 国际民商新秩序的重新构建

该理论由李双元教授在《重构国际民商新秩序中的国际私法》《世纪之交对国际私法性质与功能的再考察》《关于建立国际民商新秩序的法律思考——国际私法功能的深层考察》等系列论文和专著《国际民商新秩序的理论构建——国际私法的重新定位与功能转换》中提出来的。他在分析国际关系和国际法律关系的对应关系时，主张国际政治关系对应于国际公法关系，国际经济关系对应于国际经济法关系，国际民商关系对应于国际私法关系。与这种划分相适应，现在国际社会既然已明确提出要构建国际政治新秩序和国际经济新秩序，自然也应该提出构建国际民商新秩序的任务。而在构建国际民商新秩序的进程中，国际私法应当发挥主导作用。因为国际民商新秩序的构建不仅是自然的而且是必须的，它是经济全球化的需要。

李双元教授所倡导的国际民商新秩序，是对旧的国际民商秩序进行扬弃的结果。详细说来，首先，国际民商新秩序是全球整体意识不断加强的产物。这种在国际共识基础上建立的国际秩序应是一个有序、开放、灵活的大系统，国际私法居于基础性地位，属于基本规范。其次，这种国际民商新秩序必须谋求不同社会制度、不同发展水平的国家、人们之间民商事交流的开展及其民商权益的平等保护。最后，国际民商新秩序与国际政治新秩序、国际经济新秩序是相辅相成、密不可分的。而且，由于国际私法趋同化倾向的不断加强，在构筑国际民商法律新秩序的进程中，传统的冲突法将从局限于解决个案的法律冲突和判决结果的公正，向追求各国选法规则的更趋协调的现代冲突法转变，冲突法上的识别、反致等制度也将因国际社会本位观念的渗入与加强而发生重大变化。只要人们承认国际私法必须担当起构筑国际民商新秩序的重任，国际私法就必然要破除传统的或古典的只包括冲突法的陈旧体系，并把可直接适用于国际民商事关系的实体法也囊括进来，这就大大推动了国际私法从纯粹是间接法到间接法与直接法相结合的转变；同时实现从过去纯粹是国内法到国内法与国际法相结合的重大转变。而且，它与国际公法、国际经济法共同构成主要国际法律体系进而与国内法律体系相并立。❶ 该理论为国际私法的发展注入了新的活力，在我国法学界产生了较大影响。❷

(六) 中国国际私法立法的法典化主张

中国国际私法立法一直落后于理论发展。在 20 世纪 80 年代初起草《民法通则》时，由于当时国际私法在中国尚未普及，立法部门最初并没有考虑在《民法通则》中

---

❶ 李双元：《法律趋同化问题的哲学考察及其他》，湖南人民出版社 2006 年版，第 464 页。
❷ 参见郭玉军："把握 21 世纪国际私法的发展趋势——评《国际民商新秩序的理论构建》"，载《法学研究》1999 年第 3 期，第 141~148 页；谭岳奇："寻找失落的秩序——李双元教授'国际民商新秩序'理论述评"，载《法制与社会发展》2001 年第 2 期，第 39~41 页；田洪鋆："国际贸易法委员会与建立国际民商新秩序"，载《当代法学》2005 年第 5 期，第 23~25 页；黄文旭："联合国国家及其财产管辖豁免公约与国际民商新秩序的构建"，载《湖南警察学院学报》2013 年第 3 期，第 25~29 页；等。

规定国际私法规范。由于韩德培、费宗祎等前辈的及时反映和据理力争，立法部门才改变初衷，在《民法通则》第八章中规定了涉外民事关系的法律适用。尽管后来的一些单行法规也规定了一些零星的国际私法规范，但我国学者普遍认为：我国的国际私法还不健全和完善，已制定的一些国际私法规范也比较零星分散，不够系统和全面，存在不少缺陷和空白，不同法律文件中规范相同事项的条文之间常常不一致、不协调，远远不能适应我国对外开放和未来发展的需要，也与我国作为世界大国的国际地位极不相称。因此，国际私法的法典化一直是我国国际私法学界研究的热点问题。

自1990年开始，肖永平博士在韩德培教授的指导下对中国冲突法立法问题进行了系统研究，并以此为题在1993年完成了博士论文，对中国冲突法的立法体系、主要内容进行了系统的具体设计。❶ 在1993年中国国际私法学会深圳年会上，与会代表建议起草一部"示范法"，并成立了起草小组。从1994~1999年，各起草成员在起草小组会议和每年年会上，对"示范法"的结构和内容进行反复讨论与修改，前后易稿数次，最后定稿为第六稿，共五章166条。每条条文都附有说明，全部条文都译成英文，于2000年在法律出版社出版《中华人民共和国国际私法示范法》（以下简称《示范法》）。这在中国法学界是首开先河的模式和成果，其指导思想具有一定的超前意识，改变了传统"成熟一个制定一个""宁缺毋滥"的想法和做法。

《示范法》在立法的结构上结合了大陆法系和英美法系国家的立法经验，共5章：第一章总则；第二章管辖权，分为5节（一般管辖，特别管辖，专属管辖，协议管辖，关于管辖的其他规定）；第三章法律适用，共12节（国籍、住所、惯常居所和营业所，权利能力和行为能力，法律行为方式和代理，时效，人身权，物权，知识产权，债权，婚姻家庭，继承，破产，仲裁）；第四章司法协助；第五章是附则。可见《示范法》不仅有原则性规定，还对每一具体领域作了详尽的规定；既有法律适用方面的规定，又有管辖权和司法协助的规定；既有对传统国际私法领域的规定，又有对新兴领域的规定，具有超前意识。该《示范法》的英文版和日文版分别在荷兰和日本公开出版，在国际上产生了较大影响，《国际私法年刊》（英文）2001年卷把该《示范法》看成中国国际私法理论的集中体现。

令人遗憾的是，2010年通过的《中华人民共和国涉外民事关系法律适用法》并没有采纳《示范法》的立法模式，尽管其中的不少条文参考了《示范法》的具体规定。因此，没有一个学者认为中国完成了国际私法的法典化，但都主张中国国际私法法典化是完善中国特色社会主义法律体系的时代要求，是中国国际私法体系和谐发展的内在要求，并不存在不可逾越的障碍，主要是因为存在"立法者理性独尊"现象、学者与立法者的沟通渠道不畅、部分学者研究方法和研究内容脱离立法现实等问题。❷ 可以说，实现国际私法的法典化是中国国际私法学学者一直追求的终极目标。但在现阶段，

---

❶ 参见肖永平：《中国冲突法立法问题研究》，武汉大学出版社1996年版。
❷ 丁伟：《中国国际私法和谐发展研究》，上海社会科学院出版社2009年版。

有的主张中国国际私法立法应坚持走独立于民法典的法典化道路。❶ 有的主张将涉外民事关系法律适用法完善为民商合一的涉外法律适用的单行立法而非综合国际私法法典。❷ 有的借鉴俄罗斯国际私法立法，主张将国际私法纳入民法典体系。❸ 因此，我国学者共有民法典分编、优化当前立法、制定单行立法和编纂国际私法典四种不同主张。❹

（七）强制性规范的谨慎适用

李浩培先生、韩德培先生在20世纪80年代初注意到欧洲国际私法中的"直接适用的法"。❺ 到90年代，徐冬根对该问题进行了系统研究，❻ 引起了中国学者对"直接适用的法"的极大关注。❼ 2010年《涉外民事关系法律适用法》第4条在我国国际私法立法中第一次规定了强制性规范，这是"直接适用的法"在立法层面的表达。作为多边选法体系的例外，强制性规范是法律适用问题的前提性问题，它是那些与涉外民商事关系具有密切联系，无须经过法院国冲突规范的指引而直接得到适用的一国具有强制力的实体法规范。

因此，界定强制性规范需要考虑公益要素，适用强制性规范需要将比例原则作为公权力与私权利在国际私法上关系的基本准则，并要从替代性制度视角审视公共秩序保留制度与法律规避制度在现行法上的功能定位。由于《最高人民法院关于适用〈中华人民共和国涉外民事关系法律适用法〉若干问题的解释（一）》第10条是以不完全列举的方式来解决可操作性问题，我国不少学者对该问题展开了深入研究，主张国际强制性规范应仅限于强制性规范中的效力性规范，管理性规范则并不必然导致法律行为的效力无效。与公共秩序保留不同，强制性规范仅适用于涉及国家重大社会利益的领域，且并不关注外国法在案件中适用的结果，仅强调实体法规范的强制适用。而法律规避中的强制性规定，属于国内民法中的强制性规定，适用时要经冲突规范指引，才会出现当事人为达到特定目的，通过滥用或人为变更连接点的方式规避国内实体法的问题。❽

---

❶ 刘仁山："中国国际私法立法应独立于民法典的编纂"，《法制日报》2015年5月6日。
❷ 宋晓："国际私法与民法典的分与合"，载《法学研究》2017年第1期。
❸ 田洪鋆："俄罗斯国际私法立法之'变'与'不变'——兼论对我国国际私法立法思路的启示"，载《当代法学》2018年第1期。
❹ 丁伟："民法典的编纂与中国国际私法的法典化发展"，载《政法论坛》2018年第1期。
❺ 参见《中国大百科全书（法学）》，中国大百科全书出版社1984年版，第332页；韩德培："国际私法的晚近发展趋势"，载《中国国际法年刊》1988年卷。
❻ 徐冬根："论'直接适用的法'与冲突规范的关系"，载《中国法学》1990年第3期；徐冬根："论法律直接适用理论及其对当代国际私法的影响"，载《中国国际法年刊》1994年卷。
❼ 如肖永平、胡永庆："论'直接适用的法'"，载《法制与社会发展》1997年第5期；刘仁山："'直接适用的法'在我国的适用"，载《法商研究》2013年第3期等。
❽ 张文晋："国际私法中'直接适用的法'探析"，载《大连海事大学学报（社会科学版）》2013年第2期。

总结中国学者的观点，一般认为：（1）《涉外民事关系法律适用法》第4条所称"强制性"，在冲突法层面原则上应以关涉重大公益为基本标准。是否关涉重大公益，可根据各领域的特点在规范类型化的基础上判断。（2）冲突规范指引的准据法为外国法，对于该法所属国的强制性规范，不得仅因其具有公法性质而排除适用。（3）在《涉外民事关系法律适用法》的框架下，对意思自治的任何限制都须谨慎且有充分的理由支撑。对重大公益的关照使强制性规范成为当事人意思自治的必要限制，但此限制必须符合比例原则。❶

（八）当事人意思自治原则的扩张

中国学者从20世纪80年代开始就肯定了当事人意思自治在国际私法中的作用，一般在合同领域把它作为首要法律适用规则来研究，❷ 对其历史源流、理论基础、表现形式及其限制问题进行了全面的研究。❸ 这些成果被我国《涉外经济合同法》的相关规定及其司法解释所采纳。随着研究的深入，一些学者主张提升当事人意思自治在国际私法的地位、扩大其适用范围。❹ 这些主张被2010年《涉外民事关系法律适用法》所采纳，共有15个条文规定了意思自治原则，除第3条规定"当事人依照法律规定可以明示选择涉外民事关系适用的法律"这条一般规定以外，另外14个条文规定了当事人意思自治原则的三种形式：（1）直接规定双方当事人可选择适用法律的民事关系包括委托代理、信托、仲裁协议、动产物权、运输中的动产物权发生变更、合同、侵权责任、不当得利和无因管理、知识产权的转让和许可使用。（2）只能由双方当事人在一定范围内选择适用法律的民事关系包括夫妻财产关系、协议离婚、知识产权的侵权责任。（3）只能由一方当事人选择的民事关系包括消费者合同和产品责任。与其他国家相比，中国国际私法立法和理论对当事人意思自治原则的适用最广泛。

（九）大国司法理念下有利于国际司法合作原则

长期以来，我国国际民事诉讼制度特别强调国家主权原则，现有制度侧重于对本国利益的保护。随着中国进入改革开放的新时代，为有效推进"一带一路"建设，何其生教授主张我国应树立"大国司法理念"，具体包括：（1）重视司法制度的竞争性，在管辖权层面，应单独系统地设计国际民事管辖权的规定，增加竞争性管辖权事项，注意考虑与国际社会的兼容性，争取在未来国际立法中起到示范效应或引领作用。（2）强调服务性，重视在全球范围内为保护当事人的权利提供便利，转变以前过于强

---

❶ 肖永平、龙威狄："论中国国际私法中的强制性规范"，载《中国社会科学》2012年第10期。
❷ 参见王军、陈洪武：《国际商事合同的法律适用》，中国对外经济贸易出版社1991年版。
❸ 肖永平：《法理学视野下的冲突法》，高等教育出版社2008年版。
❹ 吕岩峰："当事人意思自治论纲"，载《中国国际私法与比较法年刊》（第二卷）；吕岩峰："论当事人意思自治原则之扩张"，载《法学评论》1997年第6期；徐崇利："我国冲突法立法应拓展意思自治原则的适用范围"，载《政治与法律》2007年第2期；杜涛："论物权国际私法中当事人意思自治原则的限度——兼评《涉外民事关系法律适用法》第37条"，载《上海财经大学学报》2012年第5期。

调国家利益,在送达、取证、认证等程序上突出当事人权利的保护,可以设置国际商事法庭,以提升我国司法的专业化水平。(3)注意大国司法斗争中的合作性,强化判决全球流通意识,通过加入《选择法院协议公约》和采用推定互惠,加强司法合作,实现合作型博弈。❶

肖永平教授也建议中国法院树立大国司法理念,主动淡化司法主权观念,强化平等保护、合作共赢、开放高效的司法理念;完善公平司法制度,充分保障外国当事人的诉讼权利、适当缩小专属管辖的范围、妥善解决平行诉讼问题;创新和谐司法方法,积极适用"不方便法院"原则、主动确认存在互惠关系、依法准确全面适用国际条约和国际惯例、充分发挥指导性案例的作用;弘扬包容司法文化,支持发展多元纠纷解决机制、尽量查明并正确适用外国法律。❷

三、反思与展望

分析我国国际私法40年的发展历程可以发现,其学术成果的产出和效益、学术研究的传承和创新、理论研究对于立法和司法的推动,都取得了明显的进步和多方面的发展。但与我国对外开放的需求和外国国际私法的发展状况相比,我国国际私法理论的原创性不够、学术研究的碎片化和重复现象还比较普遍、学术研究方法单一、体系化构造不足,对我国司法实践的影响有限,中国国际私法的法典化目标远没有实现。❸

为此,笔者对中国未来的国际私法研究提出如下建议:

(1)践行问题导向。所谓问题导向,就是要打破传统法学部门的界限,对中国面临的重大国际私法问题和国际社会普遍关注的问题,从不同的学科视角、不同的国际行为体诉求、不同的研究方法,开展综合性比较研究,以揭示该问题的本质、特点和发展变化的一般规律,使中国的国际私法研究能够深入下去、扩展开来,为形成有国际影响力和国际竞争力的国际私法理论打下坚实的基础。❹ 这就要求我们改变以前习惯于宏观问题的理论思辨和一般性介绍国外理论,从国际国内的现实需求发现问题,从国际国内的客观实践寻找经验,避免局限于国际法与国内法的传统分界和不同国际法二级学科的理论区分,从多学科视角提炼理论。通过由内到外、由区域到全球、由"同者求同"到"异者求同",逐步实现中国国际私法理论与制度的创新。

(2)坚持中国立场。我国的国际私法研究应当毫不动摇地维护我国的国家安全和国家根本利益,以中国特色社会主义法治道路、理论和制度作为构建中国国际私法理论与制度的指针,在国际法治与中国法治的互动过程中坚持自身法治特色。既要借鉴

---

❶ 参见何其生:"大国司法理念与中国国际民事诉讼制度的发展",载《中国社会科学》2017年第5期。

❷ 肖永平:"提升中国司法的国际公信力:共建'一带一路'的抓手",载《武大国际法评论》2017年第1期。

❸ 杜焕芳:"中国国际私法学术研究之转型:立场、方法与视野",载《华东政法大学学报》2013年第1期。

❹ 肖永平:"中国国际私法学60年回顾与展望",载《武汉大学学报》2009年第6期。

国际法治的优秀成果，又要贡献于国际法治，在循环往复的法治互动过程中完善中国国际私法制度，提升中国国际私法理论水平。

因此，我国学者需要吸收中国法治传统。中国传统社会是"无讼"社会，形成"德主刑辅"为中心的儒家礼法思想和"以刑为主，诸法合体"的传统法律体系，通过伦理道德衡量社会行为，并辅以宗法制、官僚制为内容的治理体系，逐步形成了以专制为核心的人治传统。❶ 这种传统一方面使人们更加注重"私德"而缺少"公德"，更加强化公权而弱化私权；另一方面更倾向于按照道德准则丈量社会关系，注重构建和谐社会关系的礼法精神。因此，中国学者需要科学的对待中国传统社会的人治取向，发挥礼法的社会控制功能，一方面需要研究和发掘中国传统礼法中符合法治精神的观念、价值和思维方式；另一方面需要矫正传统礼法中背离法治的内容，形成包含传统文化精髓的中国式法治特色，并将中国法治成果传播于国际社会，形成和维护中国法治认同，最终发展成为具有国际影响力的法治实体。

（3）运用法理表达。历史经验表明，每个国家、每个时代的国际私法理论也与这个国家在国际关系中的核心利益密切相关。例如，在国际私法学说的发展历程中，荷兰学者胡伯提出的"国际礼让说"就是为了维护荷兰资产阶级革命胜利以后既要对外扩张，又要捍卫自己的主权独立、防止周围封建国家干涉的需要。德国学者萨维尼提出的"法律关系本座说"与德国作为后起的资本主义国家要求重新瓜分国家资源和国际市场的需要密切相关。英国学者戴赛提出的"既得权理论"与英国这个老牌资本主义国家一方面面临后起帝国主义（如德国）的威胁，另一方面又受到殖民地人民革命的打击，迫切需要维护其海外殖民利益不无关系。现代欧洲国家奉行的"直接适用的法"理论是为了满足这些国家加强对国际经济关系的干预的需要；美国的"最密切联系理论"方便美国法院利用美国在国际社会的霸权地位灵活选择其需要适用的法律；苏东社会主义国家提出的"对外政策需要说"与它们主张的和平共处与国际合作的外交政策一脉相承。❷

但是，一个国家的国际私法理论要获得国际社会的认同，必须以人类的普世价值和国际社会易于接受的方式加以呈现。国际法研究者的中心任务就是要善于发现、提炼和总结通过法理表达出来的主张。因此，我们的理论主张不能是赤裸裸的利益诉求、简单的政策宣示或者在国际社会无法交流的政治口号，必须借助国际法治语言，通过提升中国法治的话语权，用能够反映国际关系的基本准则、体现市场经济的一般规律、符合人类的自然理性、概括中国实践经验和智慧的法言法语表现出来。

要实现上述目的，必须开展规范的、深入的比较法研究，不仅在规范层面比较国际法与国内法、不同国家国内法的异同，更要在实际运用层面比较不同国际行为体对这些法律规则的不同解释、不同适用方法，还要在法治文化方面探究这些法律规则背后的

---

❶ 参见夏群："文化相对论视角下的法治话语权"，载《人民法治》2015 年第 1 期。
❷ 韩德培主编、肖永平主持修订：《国际私法》（第三版），高等教育出版社、北京大学出版社 2014 年版。

历史渊源、社会背景、政策追求和利益诉求。只有如此，中国的国际私法理论才有可能实现创新，才有可能在国际社会占有一席之地。

（4）注重实证研究。当中国特色社会主义法律体系基本建成以后，我国法学研究的基本模式应该从以立法为中心转向以法律实施为中心。这就要求我们改变以前侧重于文本研究、简单的比较法研究的习惯，下大力气开展实证研究，即通过对大量经验数据的统计和计量分析，归纳出一般性结论。这要求我们"走出书斋、奔向田野"，掌握定性分析和定量分析的基本方法，遵守观察、调查、文献分析、实验的基本规范，而不是随机性的简单的个案分析。

笔者认为，关于国际法律规则对我国立法的影响、国际条约和国际惯例在中国法院的司法实践和仲裁机构的仲裁实践的适用方式和作用、中国有关涉外法律法规在法院实践中的功能和作用、双边司法协助条约的实施效果等问题，都值得我们分门别类地根据具体问题开展实证研究。因为只有越来越多的根据"数据"说话的研究成果支撑的国际私法理论才能被国际社会认可和接受。❶

（撰稿人：武汉大学国际法研究所所长　肖永平教授）

---

❶ 肖永平："论法治中国建设背景下的中国国际法研究"，载《法制与社会发展》2015年第4期。

第三部分 国际经济法学四十年（1978~2018）

尽管国际经济法学研究的法律规范可追溯到古希腊、罗马时期的商业法律规范，但作为一个学科是较为晚近的事情。国际经济法（International Economic Law）这个概念和学科的出现是在"二战"以后，其背景和条件是国家间经济联系的日益密切以及国家经济管理职能的强化。从"二战"结束布雷顿森林体系确立到20世纪70年代，西方学者提出国际经济法概念并通过学术争论大体勾勒出这一学科的研究范围。而我国此时的法学教育研究搁置，因此中国学者未能参与这一学科的创立。但在1978年之后，随着对外开放和经济交流，在实践需求的推动下，我国学者迅速介绍和引进了国外国际经济法学说理论，并结合中国实际开创了中国的国际经济法学，在40年中获得了巨大发展，取得了长足进步。

一、发展历程

（一）创立阶段

20世纪70年代末80年代初，是我国法学教育和研究事业恢复之时，一些学者感受到对外经济交往对于相关法律研究的迫切需要，开始着手在中国开创一个崭新的学科。这一工作首先从介绍和评析国外学说开始[1]，并在我国学者中形成了关于国际经济法范围的两种不同观点，主要反映在1983年《中国国际法年刊》所发表的一组文章中。在这次学术争论中，姚梅镇教授和王名扬教授主张，国际经济法是调整国际经济关系的国际法和国内法的总称，是独立的法学部门；而汪暄教授和史久镛先生则主张，国际经济法是国际公法的分支，是调整国际经济关系的国际公法规范。[2]

---

[1] 当时主要介评和翻译文章包括：姚梅镇："美国《国际经济法》丛书评介"，载《法学评论》1981年第4期；姚梅镇："关于国际经济法概念的几个问题"，载《法学评论》1981年第6期；金泽良雄："国际经济法的产生"，姚梅镇译，载《国外法学》1981年第6期；卡欧："国际经济法的法律特征性"，张亚非译，载《国外法学》1982年第5期；樱井雅夫："国际经济法研究方法"，黄来纪、朱金海译，载《国外社会科学文摘》1982年第6期；汪暄："评西方学者有关国际经济法的几种学说"，载《政法论坛》1985年第2期。

[2] 参见姚梅镇："国际经济法是一个独立的法学部门"，王名扬："国际经济法是一门独立的学科"，汪暄："论国际经济法"，史久镛："论国际经济法的概念和范围"，载《中国国际法年刊（1983年）》，第359~400页。

虽然对国际经济法学的地位存在学术争论，但我国教育主管机关很快便从法学教学角度对其独立性予以了确认。1982年，国家教委正式将国际经济法学列为法学二级学科，国际经济法学获得了与国际法学平等的地位。1984年，《中国大百科全书·法学》出版，将国际经济法学列为法学的十四个分支学科之一，由姚梅镇教授担任主编进行有关条目的撰写。

1984年5~6月间，由武汉大学、上海社会科学院、南开大学、厦门大学、安徽大学、中山大学和江西大学发起，在庐山举办了国际经济法讲习班，有来自全国53个单位的90多人参加。姚梅镇等老一辈国际经济法学者为参加讲习班的代表讲授了国际经济法的基本理论和若干专题，培养了师资，是我国国际经济法教学和研究蓬勃发展的重要转折。在这次会议上，代表们倡议建立国际经济法的全国性学术团体，经协商、讨论，决定成立中国国际经济法研究会，通过了研究会章程，并选举了第一届理事会，姚梅镇教授被推举为会长。此次会议标志着国际经济法学在我国已经成长为一个独立的新兴法学学科。

(二) 蓬勃发展阶段

中国对外经济交流的迅速发展为国际经济法学的发展提供了历史契机和强大动力，有关教学和研究面向我国实践，强调综合和应用，积极为中国融入国际经济潮流提供人才保障和智力支持，学科获得了全面而迅速的发展。

1. 学科建设

20世纪80年代以来，国家经济建设的需要使得国际经济法学受到国家有关主管部门的格外重视，国际经济法被列为独立的法学二级学科，国际经济法专业也被列为法学本科、硕士和博士教育的独立专业。1997年国务院学位委员会学位办公室将国际公法、国际私法和国际经济法合并为一个学科"国际法"，但在教育、学术研究等领域，三个学科事实上仍存在，具有较大独立性，但学科之间彼此交流和融合更为加强。特别是进入21世纪后，国际法新问题不断出现，国际法学者的研究视野更为开阔，不少学者的研究跨越多个领域和新兴学科。

自美国学者杰赛普1956年提出"跨国法"概念以来，广义国际经济法学说就在世界范围内影响深远。我国学者在引入国际经济法概念时，受到广义学说的较大影响，倾向于综合与应用，但又对美国学者所主张的国际经济法范围进行了一定的限制，以"跨国性"和"经济性"为标准，筛选国际经济法所包含的规范，进行对应的理论研究。30年间，在吸收借鉴国外学术成果基础上，中国国际经济法学的学科体系逐渐健全，学术研究日益深化，形成了具有中国特色的国际经济法学科体系。1984年刘丁教授所著《国际经济法》是我国第一部概论性的国际经济法著作，陈安教授主编的国际经济法系列教材在1987年后陆续出版，包括《国际贸易法》《国际投资法》《国际货币金融法》《国际税法》和《国际海事法》5部，是我国第一套国际经济法系列教材。较有影响力的国际经济法著作还包括1989年姚梅镇教授主编《国际经济法概论》，1994年陈安教授主编《国际经济法学》、余劲松教授主编《国际经济法学》，1999年曹建明教授、陈治东教授主编《国际经济法专论》，2000年余劲松、吴志攀教授主编《国际经济法》，2014年张庆麟教授主编《国际经济法》等。这些著作均持广义观点，认为国际经济法是调整国际经济关系的国际法和国内法规范体系，国际经济法学是研究国际经济法规范的学科体系；国际经济法学体系主要由国际经济法基本理论、国际贸易法学、国际知识产权法学、国际投资法学、国际金融法学、国际税法学、国际经济组织法学、海商法学、国际经济争议解决法学等分支构成。也有部分学者从规范体系的逻辑性出发，强调国际经济法的调整范围应限于国家间经济交往关系，如左海聪教授主编《国际经济法》将国际经济法限定为国际经济管制法，严格区分公法和私法，将私法规范从国际经济法体系中分离出去，并将其称为国际商法。总体而言，国际经济法学的晚近发展更为强调问题导向，已经较少体系争论。

2. 教学实践

由于实践的需要，国家教育主管部门高度重视国际经济法律人才的培养。除法学本科教育阶段国际经济法作为专业基础课和必修课外，对于涉外经济类专业，国际经济法也同样属于必修课程。为培养了解国际经济法律的高级专门人才，全国各主要法律院校经国家教育主管部门批准，相继设立国际经济法专业硕士学位点。北京大学从1981年，武汉大学、对外经贸大学从1984年，厦门大学从1986年开始招收国际经济法博士研究生。1987年，姚梅镇教授指导的研究生余劲松在武汉大学获得博士学位，成为首位我国培养的国际经济法学博士。此后，武汉大学和北京大学还获准设立国际经济法博士后流动站。随着法学一级学科博士点的设立和发展，到目前为止，已经有众多高校和研究机构获得了国际法博士学位授予权，其中包括国际经济法。经过多年的发展，国际经济法专业的课程设置和教材建设日益完善和丰富，涵盖了国际经济法律的各个方面。国际经济法专业的毕业生因为在法律、经济、外语等各方面的复合式发展，适应了我国对外经济交流的实践需要，受到国家外经贸主管机构、司法机关、企业、律师事务所等实务部门的欢迎。

3. 学术成果

改革开放后，我国涉外经济领域立法发展迅速，先后颁布了《外资企业法》《中外合资企业法》《中外合作企业法》《海商法》《对外贸易法》《外商投资企业和外国企业所得税法》等重要法律，其他相关行政法规、部门规章、地方性立法更是不计其数。与此同时，我国还加入了《解决国家与他国国民投资争议公约》《多边投资担保机构公约》《联合国国际货物销售合同公约》等多边条约，缔结了大量双边贸易、投资、税收、海运等协定，加入了国际货币基金、世界银行、WTO等主要国际经济组织。这些实践为我国学者从事理论研究提供了极好的素材，各高校和研究机构承担了大量国家各级科研项目，形成了一批优秀学术成果。40年来，中国国际经济法学者在国内外发表了大量学术专著和论文，涉及国际经济法的各个领域，研究日益深入细致，虽然与国际学术水平仍存在一定差距，但这种差距正不断缩小。特别是进入21世纪以来，已有越来越多的中国国际经济法学者在国外重要学术期刊上发表研究成果，国际学术界正不断听到来自中国的声音。

4. 学术交流

随着我国国际经济法学研究的开展，国内以及国际学术交流也日益密切。1982年12月，中国国际法学会和上海社会科学院法学研究所在上海联合举办了我国第一次国际经济法学术研讨会，对国际经济法研究的对象和范围、若干具体问题等进行了探讨。1984年在庐山举办国际经济法讲习班和初创中国国际经济法研究会之后，我国国际经济法学界的学术交流活动进入活跃期，极大促进了整体研究水平的提高。1987年，在国家教委的支持下，全国国际经济法教学研讨会在武汉大学召开，30多所大学和科研机构的40多位学者参加。会议决定正式成立中国国际经济法研究会，选举姚梅镇教授担任会长。1989年和1992年研究会分别在大连和厦门召开学术会议。1993年，研究会在珠海会议上决定将名称改为中国国际经济法学会，由于姚梅镇教授逝世，学会推选陈安教授为会长，学会秘书处设在厦门大学。此后，学会年会和学术研讨会制度逐渐固定化，每年由不同学校承办，形成了良好的学术交流环境和氛围，促进了我国国际经济法学的发展。2005年，另一个国际经济法学术团体——中国法学会国际经济法研究会在北京成立，沈四宝教授当选为会长。目前，两个全国性学术团体均采取定期学术研讨的方式，彼此促进，共同发展，使我国国际经济法学术交流进入了一个新的时期。在改革开放后，我国学者在国外大学、研究机构进行访问研究日渐增多，而外国学者受邀到国内大学访问、讲学和参加学术会议也日益频繁，国内外学术交流正不断加强。

5. 社会实践

国际经济法学是一门贴近社会实践的学科，中国国际经济法学者始终秉持对国家和社会的高度责任感和使命感，积极理论联系实际，服务于中国对外开放和经济合作事业。国际经济法学界承担了大量的国家委托研究项目或咨询项目，就"中国加入1965年《华盛顿公约》""中国参加的国际经济条约在香港的适用""外资国民待遇""中美知识产权争端""外交保护""中国入世""'一带一路'经贸合作""自由贸易试验区""外资法修改"等发表研究报告，供有关部门决策参考。中国学者和专家也进入"解决投资争议国际中心"仲裁员名单、WTO专家组和上诉机构名单。

二、学术发展回顾

（一）国际经济法基本理论

1. 国际经济法的概念和范围

国际经济法学作为一个新兴法学学科，在研究对象——国际经济法的概念和范围问题上始终存在争论。20世纪80年代中国国际经济法学科创立时，即产生广义说和狭义说两种观点。

广义说主张国际经济法是调整国际经济关系的国际法和国内法规范的总称，而国际经济关系应理解为既包括国际法主体（国家、国际组织等）之间的经济关系，也包括私当事人（自然人、法人、经济组织等）之间的跨国经济关系，还包括国家对涉外经济活动的管理关系，因此其所涉及规范范围既有国际法规范，也有国内法规范，既包括公法规范，也包括私法规范。❶

而狭义说则认为，国际经济法是调整国际法主体（国家、国际组织等）之间的经济关系的法律规范总称，其规范范围限于国际公法规范，因此属于国际公法的分支。❷

在80~90年代初，狭义说的观点主要为国际公法学者所主张，而在国际经济法学界，则几乎是压倒性地支持广义说。但这种情况在90年代中期后发生了变化，一些国际经济法学界的年轻学者开始转向狭义立场，但他们的观点与80年代国际公法学者的狭义说有根本不同，其前提是承认国际经济法是独立的法律部门，国际经济法学是独立的法学学科。

例如有学者认为，广义上的国际经济法不可能作为一个统一的法律部门存在，只有狭义理解的国际经济法（有关经济的国际公法）才能成为独立法律部门，但以跨国经济法律问题为研究对象可以形成一个独立的综合性的国际经济法学科，即广义上的国际经济法学是可以独立存在的。❸

也有学者认为，国际经济法是调整国家间经济关系的法律，与国际公法有不同的调整对象和调整方法，是与国际公法并列的新的独立的法律部门。以统一实体法为主体的国际商法是另一新兴国际法部门，国际法由国际公法、国际私法、国际商法、国际经济法四个法律部门构成。这一观点将传统的广义国际经济法体系进行了拆分，国内法中的涉外规范被还给国内法相应部门法，而国际经济公法成为国际经济法，国际经济私法成为国际商法，从而保证了每一法律体系内部的逻辑统一。❹

尽管对国际经济法的范围有了以上反思，但目前我国国际经济法学界的主流观点仍为广义说，这在各种教材中表现尤为明显。虽然广义说在逻辑上存在一些学者们批评的缺陷，但对于教学无疑却是有利的，学生们需要了解的是关于国际经济法律知识的各个方面，将他们结合在一起讲述对于学生形成解决问题的整体观是有效的，也更有利于他们今后从事实践工作。

2. 国际经济法基本原则

关于国际经济法的基本原则，各种著作和教材中一般采取三原则说，即国家经济

---

❶ 参见姚梅镇：“国际经济法是一个独立的法学部门”，王名扬：“国际经济法是一门独立的学科”，载《中国国际法年刊（1983年）》，第373~393页；陈安主编：《国际经济法总论》，法律出版社1991年版，第91页以下；余劲松主编：《国际经济法学》，高等教育出版社1994年版，第3页；陈安："论国际经济法学科的边缘性、综合性和独立性"，载《国际经济法论丛》第1卷。

❷ 王铁崖主编：《国际法》，法律出版社1981年版，第421页，该部分由黄秉坤、胡文治、汪瑄撰写；史久镛："论国际经济法的概念和范围"，载《中国国际法年刊（1983年）》，第362页。

❸ 徐崇利："国际经济法与国际经济法学"，载《厦门大学学报（哲社版）》1996年第2期。

❹ 左海聪："论国际法部门的划分"，载《中国国际私法与比较法年刊（1998年）》，第259~284页。

主权原则、公平互利原则和国际合作与发展原则,❶ 另有少数学者将有约必守原则列入。❷ 还有学者提出尊重国家主权、保护并促进自愿合作、诚信履约等三原则。❸

作为发展中国家,我国学者对经济主权原则格外强调,认为它包括对本国自然资源、财富和一切经济活动的完整的永久主权,包括国有化和征收权,以及对外的平等权。在90年代以来的经济全球化、自由化浪潮中,我国学者大多反对主权淡化论,主张只有在充分尊重国家主权基础上形成的国际规则才有助于国际社会各成员的经济发展。❹ 我国学者所主张的公平互利原则十分强调国际经济交往中的实质公平问题,主张应当通过国际法给予发展中国家特殊的待遇,真正使发展中国家从国际经济交往中获得利益和发展。此外,我国学者也十分重视国际合作与发展原则,认为合作是国际经济法赖以存在的基础,而发展则是国际经济法的目的所在,必须将实现各国特别是发展中国家人民的发展权放在重要位置。

关于国际经济法基本原则的讨论对于深化对该法律体系和学科研究立场的认识是非常必要的,但由于对国际经济法范围的广义理解,目前关于基本原则的理论仍存在不少问题。对于通常的三项原则,我们仔细考察便会发现,这些原则均为公法特别是国际公法原则,而无法涵盖广义国际经济法中的私法部分。而作为一个法律体系的基本原则,应该是可以贯穿全部法律体系,为各个部分法律规范所遵循。有些学者试图以"有约必守"原则涵盖私法部分规范,但该原则适用范围过于广泛,它既可适用于国家间关系,也可适用于私人间关系,甚至还可适用于国家和私人间的关系,似乎很难为国际经济法所专有。并且公法原则与私法原则混同,仍无法解决国际经济法体系内的逻辑一致性问题。

3. 全球治理与国际经济法

20世纪80年代以来,全球化特别是经济全球化成为时代的特征。国家之间的经济联系日益密切,即使是在不同社会经济制度的国家之间,相互依存度也大大提高,形成了一荣俱荣一损俱损的局面。这种情况也使得经济领域的问题益发成为全球的公共问题,必须由国际社会共同参与协调处理,国际经济法规则在全球治理中的作用日益凸显。我国学者认为,"二战"之后确立的国际经济秩序实现了规则导向,但这些规则是国家实力博弈的结果,因此规则导向的秩序并不意味着公平合理的秩序,也并非是理想的国际经济秩序,未来的国际经济秩序仍应以法律规则为支撑,但规则体系应更

---

❶ 如姚梅镇:《国际经济法概论》,武汉大学出版社1989年版,第31~32页;曾华群:《国际经济法导论》,法律出版社1997年版,第159页以下;余劲松、吴志攀主编:《国际经济法》,高等教育出版社2000年版,第22~25页。

❷ 陈安主编:《国际经济法总论》,法律出版社1990年版,第210~216页;也有学者称之为"履行国际义务原则",见张晓东:《国际经济法原理》,武汉大学出版社2005年版,第37页。

❸ 熊建明:"重构国际经济法基本原则体系之理由和尝试",载《比较法研究》2008年第2期。

❹ 余劲松:"WTO与国际经济法研究",载《国际经济法论丛》第7卷;陈安:"美国1994年'主权大辩论'及其后续影响",载《中国社会科学》2001年第5期。

体现公平价值。❶ 全球经济治理规则的发展呈现新态势，治理规则体系的变革成为大趋势。中国应以现行规则体系的参与者和变革者的双重角色，推动建立更加公平合理的国际经济秩序，匡正规则体系内在缺陷。对此，人类命运共同体理念应成为指引性理念，中国可以从全球性多边机制、区域和诸边机制、双边机制、单边机制以及非政府层面机制等多重路径入手，以"一带一路"倡议为抓手，推动全球经济治理规则体系变革，共创国际经济法新规则。❷

4. "一带一路"倡议与国际经贸合作

在当前国际经贸规则重构的背景下，"一带一路"倡议对于促进我国加大全面改革开放意义重大。我国学者指出，目前正在进行的政府间国际经贸规则的重构主要以美国、欧盟和中国为主体，显示出中国在全面融入全球经济一体化过程中的地位提升以及将面对的新的历史机遇，我们应结合国内自由贸易试验区建设，深入研究国际经贸规则重构的内容。❸ 在此背景下，应充分考虑、分析国际上现有制度的运作情况，并以此为基础制定一套同时适用贸易与投资的争端解决规则，相关规则应强调调解与仲裁的结合、保持较高的透明度、尊重缔约方的原意，并将之作为争端解决机构审理案件的原则；同时，同一案件的调解、仲裁和上诉过程应由不同的专家负责；这既可体现东方文化的特点，又可解除西方社会对调解与仲裁不分的疑虑。❹ 还有学者指出，"一带一路"现有的合作机制类型松散、职责重叠、主体单一，对"一带一路"倡议的具体推进造成诸多局限，也影响了合作效能的充分发挥，"一带一路"的合作机制需要丰富合作形式，推动合作议题全面深化，促进"国家—市场—社会"多方参与，形成合作类型多样化、治理内容全面化、参与主体多元化的合作机制以助力"一带一路"倡议的顺利实施。❺

(二) 国际贸易法

1. 国际贸易私法

1980年，《联合国国际货物销售合同公约》（简称CISG公约）通过，并于1988年生效，对我国适用。我国学者对之进行了较多的介绍和研究❻，在概论性的国际经济法教材和国际贸易法教材中也均将CISG公约重点讲授，各种学术期刊也发表了不少相关学术论文。这些介绍和研究普及了关于CISG公约的知识，对我国法律工作者掌握公约

---

❶ 车丕照："国际经济秩序'导向'分析"，载《政法论丛》2016年第1期。
❷ 张辉："中国在全球经济治理规则体系变革中的角色、理念与路径"，载《区域与全球发展》2017年第1期；何力："国际经济法的地缘新格局"，载《政法论丛》2016年第3期。
❸ 张乃根："'一带一路'倡议下的国际经贸规则之重构"，载《法学》2016年第5期。
❹ 王贵国："'一带一路'战略争端解决机制"，载《中国法律评论》2016年第2期。
❺ 邓婷婷、马春雪："新区域主义视角下'一带一路'的合作机制研究"，载《时代法学》2017年第4期。
❻ 如沈达明、冯大同：《国际贸易法》，北京大学出版社1983年版；张玉卿、姜韧、姜凤纹：《联合国国际货物销售合同公约释义》，辽宁人民出版社1988年版；赵承璧：《国际贸易统一法》，法律出版社1998年版；李巍：《联合国国际货物销售合同公约评释》，法律出版社2002年版等。

解决实践中的问题起到了良好作用。但总体上，20世纪80、90年代对CISG公约的介绍多于研究，特别是深度研究较为欠缺。这种情况在2000年之后有所改变，在CISG公约通过二十五周年和生效二十周年前后，国内学界都举办了多次学术研讨会，发表了大量纪念和研究文章，均有相当见地和深度。2007年10月在武汉大学举办的"1980年《联合国国际货物销售合同公约》在成员国的适用和解释"国际研讨会，汇集了国内外此领域的知名专家学者和研究机构，就CISG的历史、现状及其发展，CISG中合同成立、违约及其救济等具体制度，CISG的适用等问题进行了研讨，研究成果反映了CISG公约研究的当前国际水平。

1994年，罗马国际统一私法协会通过了《国际商事合同通则》，这部国际合同统一法采取了非公约、由当事人自愿采用的适用方式，是一部较为完整的合同法，比CISG公约更前进了一步，引起了我国学者的关注。学者们对其性质进行了探讨，有学者认为它属于国际商事惯例，也有学者认为它是特殊的法律重述。❶ 还有学者对其适用规则和作用进行了分析探讨。❷

在1998年，我国终于结束了内外有别的合同立法模式，颁布了统一的《合同法》。对于这部深受CISG公约影响的法律，国际经济法学者展开了热烈讨论和比较研究。❸ 由于我国在加入CISG公约时对合同形式进行了保留，而《合同法》并未对合同形式进行任何限制，因此对保留是否与《合同法》相冲突以及涉外合同是否应继续进行书面形式限制引起争论。学者们几乎一致认为，继续对涉外合同施加书面形式限制不合适，应当撤回保留。但有的学者认为保留与《合同法》并无适用上的冲突，我国当事人与CISG公约缔约国当事人的合同仍应采取书面形式，而与非公约缔约国当事人的合同则不受形式限制；也有学者认为，二者存在表面上的冲突，并使CISG的适用十分复杂，影响当事人对公约的选择。❹ 这些讨论对2013年中国撤回对合同形式的保留起到了积极作用。《合同法》颁布后，学者对其与CISG公约的关系也进行了较多讨论，例如其

---

❶ 黄涧秋："《国际商事合同通则》法律适用规则评析"，载《苏州大学学报（哲学社会科学版）》2002年第1期；左海聪："试析《国际统一私法协会国际商事合同通则》的性质和功能"，载《现代法学》2005年第5期。

❷ 黄涧秋："《国际商事合同通则》法律适用规则评析"，载《苏州大学学报（哲学社会科学版）》2002年第1期；周立胜："论《国际商事合同通则》的适用"，载《国际贸易问题》2004年第1期等。

❸ 李金泽、刘楠："论《联合国国际货物销售合同公约》中的'宣告合同无效'制度"，载《法商研究》1999年第3期；蔡庆辉："我国新《合同法》与《联合国国际货物销售合同公约》的若干比较"，载《国际经贸探索》1999年第5期；丁阜："我国《合同法》第148条与《国际货物销售合同公约》相关条款的比较"，载《河北法学》2000年第1期；邵景春："并行不悖的两套买卖法"，载《国际贸易》2000年第8期等。

❹ 司平平等："CISG第11条的保留应否撤回"，载《法学》1999年第7期；项剑："评《合同法》与《联合国国际货物销售合同公约》合同形式的冲突与协调"，载《现代法学》1999年第4期；杜涛："论我国撤销对《联合国国际货物销售合同公约》第1条第1款b项保留的必要性"，载《CISG在成员国的适用与解释国际研讨会论文集》（武汉大学2007年）等。

第402、403条引入了某些英美法制度，弥补了外贸代理制度的不足。❶

在国际贸易领域，国际惯例作用重大，特别是国际商会编纂的成文惯例。我国学者对相关的基本理论，如国际贸易惯例的定义、性质、地位、解释和适用、我国有关国际惯例的立法进行了深入分析。❷ 我国学者还就具体惯例的解释和适用进行了不少有益研究，如《国际贸易术语解释通则》《跟单信用证统一惯例》等的历次修改均有较多分析。❸

2. 国际贸易公法

国际贸易公法的研究主要集中于WTO法，自我国申请恢复关贸总协定缔约国地位谈判以来，研究GATT-WTO的热潮便兴起，吸引了国际经济法学界的主要研究力量，到2001年我国加入WTO，这种热潮达到顶点。直至今天，在国际经济法学领域，有关WTO的研究成果仍是最多的。这种力量的投入使我国关于WTO的研究迅速发展，其中不乏真知灼见，不断追赶国际水平。

（1）WTO法基本理论。

关于WTO法的特点，学者们注意到其"规则导向"特征，与GATT相比有很大转变。❹ 学者们认为其主要特点还在于，组织成员的非主权国家化；规则的动态性，调整范围进一步扩大；由于新的争端解决机制而使规则具有更强的国际法拘束力；规则调整的纵向国际经济关系将更多影响横向经济关系等。❺ WTO法治是国际法治的典例，WTO法治具备普遍意义上法治的共性，但又与国内法治存在差异，它在立法、司法、执法等方面对中国法治进程产生了有益的影响，同时中国法治与WTO法治之间相互砥砺并产生良性互动亦非常重要，须积极利用WTO争端解决机制，参与国际规则的制定，把握契机对中国法治推力进行整合。❻

但也有学者指出，WTO谈判机制存在大国权力导向，如"绿屋会议"对WTO合法性的挑战，致使它在规范和争端解决领域对于发展中国家的意义值得怀疑，这种国家与市场互动的倾向不仅不符合国际经济关系的伦理要求，也没有达到规则导向的目

---

❶ 陈立虎："中国外贸代理制度刍议"，载《法学家》2001年第5期；陈江："新《合同法》实施后我国外贸代理制度的改善与不足"，载《国际贸易问题》2001年第3期；冉瑞雪："新《合同法》对外贸代理制度的影响"，载《国际经济法论丛》第4卷；李巍："中国合同法的司法解释对国际货物买卖的影响——与《联合国国际货物销售合同公约》的比较"，载《政法论丛》2016年第3期等。

❷ 赵秀文："论国际惯例——兼论我国经济立法与国际惯例接轨"，载《法学家》1996年第2期；单文华："国际贸易惯例基本理论问题研究"，载《民商法论丛》第7卷；赵秀文："商人习惯法及其适用"，载《国际经济法论丛》第5卷；郑斌："国际贸易惯例的性质"，载《当代法学》2002年第10期等。

❸ 魏家驹、魏馨："Incoterms2000的修订背景及法律思考"，载《国际经济法论丛》第3卷；何新明："国际贸易术语解释通则2000版对1990版的修改"，载《国际经贸探索》2001年第2期；黎孝先："浅析《1990年国际贸易术语解释通则》"，载《国际贸易问题》1991年第6期；王淑敏："Incoterms 2010：自由穿梭于国际贸易与运输之间的新规则"，载《中国海商法年刊》等。

❹ 曾令良："风雨伴辉煌的多边贸易体制：成就、问题与完善"，载《武大国际法评论》第5卷。

❺ 张乃根："当代国际经济关系论"，载《国际经济法论丛》第4卷。

❻ 赵骏、韩小安："WTO法治和中国法治的砥砺与互动"，载《浙江大学学报（人文社会科学版）》2011年第5期。

标，应当在对事实分析的基础上以建构主义的思路促动贸易制度变革，强化伦理的意蕴，确立规范的力量，使得国际经济体制朝向良性、持续发展。❶ 还有观点认为，多边贸易体制在推动全球经济增长、促进国际贸易法治、深化多边主义合作等方面体现了重要的全球公共物品色彩，同时也由于该体制内效率和公平价值的失衡、权力结构的改变、非政府组织的崛起以及"区域公共物品"的竞争等因素而面临种种挑战，在新的国际贸易环境下，多边贸易体制应当正视自身的使命和不足，更好地履行作为全球公共物品的职责。❷

（2）GATT 第 20 条问题。

WTO 多个案件中被诉方援引 GATT 第 20 条抗辩，而中国在 WTO 的多个案件也涉及 GATT 第 20 条的解释和适用，因此受到国内学者的普遍关注。"中国影响出版物和视听娱乐产品的贸易权和分销服务措施"一案是 WTO 第一起直接适用 GATT 第 20 条第 1 款的公共道德例外的案件，给中国未来参与 WTO 争端解决提供了多重启示，学者研究指出，中国应准确把握一般例外主张上的要点，特别应重视争端解决过程中的举证。❸ 还有学者认为，GATT 第 20 条第 1 款虽早已允许各国采取"必要的保护公共道德"的贸易限制措施，但始终没有厘清"公共道德"的内涵和外延问题，公共道德概念的内涵和外延应分别朝着"国际化"和"广义的"方向谨慎发展。❹ 还有学者指出，争端解决机构在解释第 20 条中必要性检验时，对管制目标和替代性措施重要性的认识明显不足，管制目标的识别是决定争议措施是否属于例外范围的前提，对必要性检验至关重要，因为目标的界定能影响当事成员证明其措施依据第 20 条是必要的能力，而且，管制目标越窄，争端解决机构就越难以发现可行的替代措施。而替代措施的确认是必要性检验中的关键因素，若某些措施对于争议措施来说是互补的而不是合理可行的替代措施，那么更容易认定争议措施的合法性。因此，对管制目标和替代性措施的确认标准需要在争端解决实践中进一步予以明确。❺ 对于"中国原材料出口限制措施案"，专家组报告拒绝中国将 GATT 1994 第 20 条适用于《中华人民共和国加入 WTO 议定书》（以下简称《中国加入 WTO 议定书》）第 11 条第 3 款的主张，中国学者认为这一结论采用了过于僵化、机械的文本解释规则，而忽视了其他解释规则和方法；对出口配额与出口税的区别对待损害了 WTO 法的统一性，也违背了 WTO 及其成员的基本立场；

---

❶ 何志鹏："WTO 体制的发展取向论"，载《现代法学》2010 年第 2 期；余锋："'绿屋会议'：WTO 走出合法性危机的一道坎"，载《东方法学》2009 年第 6 期。

❷ 黄志雄："战后多边贸易体制六十周年的反思与前瞻——以'全球公共物品'为视角"，载《法学评论》2009 年第 1 期。

❸ 刘瑛："论 GATT 公共道德例外的适用——美诉'中国影响出版和视听产品贸易案'评介及启示"，载《广东行政学院学报》2010 年第 4 期。

❹ 李先波、徐莉："GATT'公共道德例外条款'探析"，载《湖南师范大学社会科学学报》2010 第 1 期。

❺ 曾炜："论 GATT 第 20 条必要性检验中的管制目标与替代性措施——以巴西翻新轮胎案为例"，载《南昌大学学报（人文社会科学版）》2014 年第 1 期。

没有客观看待《中国加入 WTO 议定书》与 GATT 1994 及 WTO 其他协定之间的关系，错误地割裂了 WTO 各协定之间的逻辑联系。❶ 还有学者进一步指出，"中国原材料出口限制措施案"涉及第 20 条与资源出口限制措施的关系问题，是世界贸易组织成员围绕资源出口限制问题展开的一场资源获取的"攻防战"，体现了全球经济的竞争方式由"市场准入"到"资源获取"的转变。❷

（3）贸易救济。

WTO 反倾销、反补贴和保障措施制度是在实践中引发争议最多的领域之一，也对我国对外贸易活动产生了巨大影响，因此我国学者较为关注此领域，对 WTO 有关协议的内容、实施、争端案例以及我国在对外贸易中所遇到的问题、我国有关立法和实践等均进行了较为全面的研究，形成了不少专著性质的成果。❸ 最近十余年，中国面临的反补贴调查大为增加，反倾销和反补贴双反调查也不断出现。不少学者研究提出，双反措施可能造成双重救济问题。❹ 中国面临的来自其他 WTO 成员方的反补贴压力越来越大，从被诉的 WTO 成案来看，中国的部分增值税退税措施构成了 SCM 协定中的禁止性补贴和可诉补贴，可考虑逐步取消以出口实绩和进口替代为条件的退税措施，避免增值税退税措施的专向性；同时调整出口退税的计算方法，防止退税额大于实缴税额；并应尽快按照国际标准和国际惯例制定增值税退税政策法规，规范增值税退税授权立法。❺ 在反补贴案件中，中美双方关于"公共机构"的争论实际上是自由竞争经济理念与计划经济体制冲突的体现，因 WTO 上诉机构认为公共机构的范围和特性因其所属国家不同而不同，也因具体案件的案情而异，且维持了专家组将中国国有商业银行界定为"公共机构"的裁定，中国应当及时就涉案法律或法规以及产业政策、宏观经济规划和各级政府相关文件进行修正，以避免再次被有关国家以"公共机构"为由而发起的反补贴措施。❻

---

❶ 刘勇："论 GATT 1994 第 20 条对中国加入议定书的可适用性——由'中国原材料出口限制措施案'引发的思考"，载《环球法律评论》2012 年第 1 期。

❷ 黄志雄："从'市场准入'到'资源获取'——由'中国原材料出口限制措施案'引发的思考"，载《法商研究》2010 年第 3 期。

❸ 在著作方面，主要有彭文革、徐文芳：《倾销与反倾销法论》，武汉大学出版社 1997 年版；张晓东：《中国反倾销立法比较研究》，法律出版社 2000 年版；高永富、张玉卿主编：《国际反倾销法》，复旦大学出版社 2001 年版；李本：《补贴与反补贴制度分析》，北京大学出版社 2005 年版；王传丽：《补贴与反补贴措施协定条文释义》，湖南科学技术出版社 2006 年版；陈立虎、黄涧秋：《保障措施法比较研究》，北京大学出版社 2006 年版等。

❹ 贺小勇、祁小璇："析 WT/DS379 案中对华反补贴的法律问题"，载《上海对外经贸大学学报》2011 年第 3 期；马光："贸易救济中的双重救济：中美特定产品双反案评析"，载《华东理工大学学报（社会科学版）》2011 年第 4 期；徐程锦、顾宾："关于'双反'问题的中美法律博弈"，载《国际法研究》2014 年第 3 期。

❺ 刘瑛："SCM 协定与我国增值税退税措施的关系——从中国被诉的两起 WTO 成案谈起"，载《法学》2008 年第 6 期。

❻ 廖诗评："'中美双反措施案'中的'公共机构'认定问题研究"，载《法商研究》2011 年第 6 期。

就保障措施而言，中国关注最多的是特别保障措施问题。国内学者几乎一致认为，特别保障条款是《中国加入WTO议定书》中对我国最为不利的条款之一，不过也有学者指出，实质上它是基于我国国家根本利益的考虑，为争取更好的入世条件而必须付出的代价。❶ 中美轮胎特保案是美国政府对中国发起的首例特保调查，受到中美业界的广泛关注。中国学者认为，《中国加入WTO议定书》第16条中关于进口迅速增加、实质损害的规定给美方留下了较大的自由裁量空间，但美国国际贸易委员会对于进口增加、国内产业、实质损害和因果关系等诸多问题存在不合理认定，在金融危机的背景下和WTO的框架内，该案对于我国贸易政策的调整和增长方式的转变有一定的启发意义。❷

（4）区域贸易安排与中国。区域贸易协定的迅猛发展给WTO多边贸易体制巨大冲击，我国学者们对二者的关系问题做了较多关注和探讨。有学者指出，将区域贸易协定严格地视为最惠国待遇原则的一种例外，一味强调WTO对其的"制约"或"规范"，实属无视世界经济发展现实，夸大WTO的能力，应清醒地认识二者的关系，做出应有的而又适度的反应和处理，即"适度规制"。❸ 也有观点认为，自WTO成立之后，区域贸易协定的发展势头不但没有减缓而且还有继续扩大的迹象和趋势，甚至对WTO的前行带来了"绊脚石"的影响。鉴于此，国际社会应当科学定位区域贸易协定与世界贸易组织之间的关系，加强区域贸易协定的审查机制的建设，完善区域贸易协定的审查标准和审查程序。❹ 针对区域贸易安排发展以及我国两岸四地均为WTO成员方的现实，我国学者主张，我国应当尽快制定区域贸易安排战略，通过大力发展区域贸易安排，保持我国对外贸易的健康发展，并对中国如何基于国家的长期经济利益和地缘政治利益参与区域主义提出了建议，特别是对中国大陆和中国香港地区、澳门地区的区域贸易安排进行了分析。❺

近年来，区域贸易协定的发展呈现出新趋势，大型区域贸易协定成为美欧塑造贸易新规则的抓手。中国学者指出，《跨大西洋伙伴关系协定》将带来一系列负面影响：

---

❶ 付志刚："入世'后过渡期'我国应对特别保障条款的法律思考"，载《南昌大学学报（人文社科版）》2007年第5期。

❷ 李娟："'美国对华轮胎特保案'述评——以WTO相关规则为参照系"，载《法商研究》2010年第1期；陈卫东："中国诉美国轮胎特保措施案的法律分析——以《入世议定书》第16条为重点"，载《法学》2010年第3期；张炳生、姚立国、蒋敏："中美轮胎特保案的法律困境及WTO下的贸易政策"，载《宁波大学学报（人文科学版）》2010年第1期。

❸ 刘彬："论WTO对RTAs的'适度规制'"，载《国际经济法学刊》第14卷第1期。

❹ 陈立虎："论区域贸易协定的审查机制"，载《国际法研究》2015年第1期。

❺ 沈四宝、沈健："积极推进区域贸易安排是我国外贸持续发展的重要战略"，载《湘潭大学学报（哲学社会科学版）》第31卷第4期；王江雨："区域自由贸易协定与中国的处境和政策选择——法律、经济与大国贸易战略"，载《国际经济法学刊》第14卷第1期；钟立国："《内地与香港关于建立更紧密经贸关系的安排》的法律评析"，载《法学评论》2005年第4期；幕亚平、蔡研婷："CEPA协议实施对我国外资法的影响"，2005年国际经济法年会论文；檀木林："CEPA实施中的若干法律问题及其对策研究"，载《广西政法管理干部学院学报》2005年第5期等。

它将带来贸易转移而非贸易增长的结果；将进一步侵蚀多边贸易体制的最惠国待遇原则；使优惠原产地规则变得更复杂；对多边贸易体制关于区域贸易协定的界定构成挑战；使陷入僵局的多哈回合更难走出困境。在跨大西洋和跨太平洋两大自由贸易区的夹击和欧美引领的各种双边自由贸易区的重重包围下，中国一方面应积极推动多哈回合前行，另一方面应加快和扩大与其他国家谈判建立自由贸易区，并争取尽早加入相关谈判。❶ 我国学者高度关注《跨太平洋伙伴关系协定》谈判，针对其议题设置、国有企业与竞争政策、劳工标准、知识产权保护等问题进行了较多讨论，认为《跨太平洋伙伴关系协定》提出了较一般区域贸易协定更高的贸易规则标准，对我国形成了较大挑战，需要积极应对，在国内层面持续推进改革和开放，在国际层面积极参与亚太新区域贸易协定谈判，抵消《跨太平洋伙伴关系协定》不利影响。❷

（5）争端解决机制。WTO争端解决机制是乌拉圭回合多边贸易谈判的重大成果，我国学者结合案例分析给予其持续不断的关注。对于WTO争端解决机制的性质，早期研究有学者认为其不具有司法性，也有学者认为其既非司法性，又非政治性，是一种新型的争端解决机制，但随着其实践的发展，大多数学者均承认其司法性。❸

对于WTO争端解决中的法律适用问题，有学者认为WTO协定是唯一可正式适用的法律，但先前的专家组和上诉机构报告、一般国际法等可作为辅助资料❹；但也有学者认为裁决报告和其他非WTO法在实践中已经越来越多地得到适用。❺

此外，我国学者还就争端解决程序中的管辖权、举证责任、法律解释、裁决报告的法律效力、裁决的执行、第三方、司法审查等问题进行了深入的探讨，并追踪WTO

---

❶ 曾令良：“区域贸易协定新趋势下《跨大西洋伙伴协定》的负面影响与中国的对策”，载《武汉大学学报（哲学社会科学版）》2015年第2期。

❷ 韩立余：“TPP协定的规则体系：议题与结构分析”，载《求索》2016年第9期；王先林："国际贸易协定谈判中的竞争政策问题——以WTO和TPP谈判为例"，载《竞争政策研究》2015年第1期；丛立先："跨太平洋伙伴关系协议知识产权谈判对我国的影响及其应对策略"，载《国际论坛》2014年第5期；马其家、樊富强："TPP对中国国有企业监管制度的挑战及中国法律调整——以国际竞争中立立法借鉴为视角"，载《国际贸易问题》2016年第5期；杨国华："论跨太平洋伙伴关系协议（TPP）与我国多边和区域一体化战略"，载《当代法学》2016年第1期；李雪平："自由贸易与国际核心劳工标准相联接的新实践——TPP协定的劳工条款及其对中国外贸的挑战"，载《求索》2016年第9期；刘瑛："跨太平洋伙伴关系协定国有企业章节的中国应对"，载《东方法学》2016年第5期；古祖雪："TPP协定的'TRIPS-plus'标准：造法根据、主要内容及实施机制"，载《求索》2016年第9期等。

❸ 曾令良：《世界贸易组织法》，武汉大学出版社1996年版，第16页；余敏友：《世界贸易组织争端解决机制法律与实践》，武汉大学出版社1999年版，第208页；左海聪："论GATT/WTO争端解决机制的性质"，载《法学家》2004年第5期等。

❹ 左海聪："WTO专家组和上诉机构可适用的法律"，载《法学评论》2005年第5期。

❺ 贺小勇："分歧与和谐：析WTO争端解决机制的法律适用"，载《现代法学》2005年第5期；陈立虎、周敏："非WTO法在WTO争端解决的适用"，载《时代法学》2005年第5期。

争端解决案例进展,进行评介。❶

(三) 国际投资法

1. 投资自由化与国际投资法

在经济全球化的浪潮下,世界各国的外资立法放松了对资本流动的管制,呈现出投资自由化的趋势。我国学者对这种自由化趋势予以了关注和研究,认为发展中国家外资立法不可过快自由化,否则将对本国经济发展造成负面影响;发达国家通过双边投资条约弱化东道国管辖权的做法应引起发展中国家的高度重视;我国应准确选择对外开放行业,完善外资导向,谨慎实行外资立法的自由化。❷

进入21世纪以来,随着北美自由贸易区投资仲裁实践的发展,美国等发达国家意识到投资法自由化的极端发展也会对其自身不利,开始进行立场上的调整,美国2004年双边投资条约范本可为例证。传统的新自由主义主导的国际投资法范式,以促进投资自由化和保护外国投资者的利益为主要目标,而相对忽视东道国的国内监管权。近年来,伴随着国际资本流动的多元化和全球治理理念的兴起,加之传统国际投资理论固有的不合理性,新自由主义逐渐被各国所抛弃,一种新的被称为"嵌入式自由主义"的国际投资法范式正在成为主流。这种范式的国际投资法更为追求促进投资自由化、保护投资者利益与保障东道国国内监管权的平衡,更加注重东道国在国家安全、金融稳定、环境保护、劳工保障等重要公共政策领域所保有的适当监管空间。中国应把握这一潮流并结合自身在国际投资中的身份转变,就相关投资政策及对外投资条约实践做出相应的必要调整,在保护投资者利益与保障国内监管权中寻求适当平衡。❸

---

❶ 夏毅:"WTO争端解决机制管辖权探讨",载《当代法学》2002年第1期;符望:"世贸组织争端解决机制中的举证责任分析",载《国际贸易问题》2000年第4期;余敏友、陈喜峰:"论解决WTO法内部冲突的司法解释原则",载《法学评论》2002年第5、6期;冯兵、黄涧秋:"WTO争端解决活动中的法律解释",载《法学评论》2002年第1期;王伟:"论世界贸易组织争端解决报告的法律效力",载《国际贸易问题》2000年第11期;朱榄叶、吴蓓:"论WTO争端解决机制的'第三方'制度",载《国际经济法论丛》第6卷;王传丽:"WTO与司法审查",载《中国法学》2003年第2期;余敏友:"WTO争端解决活动——中国表现及其改进建议",载《法学评论》2008年第4期;阙占文:"论禁止反言在WTO争端解决中的适用",载《昆明理工大学学报》2008年第3期;于丹翎:"WTO争端解决机构中善意原则的适用及其意义",载《外交评论》2009年第1期;陈儒丹:"世界贸易组织争端解决实践中的识别冲突问题",载《法学》2012年第7期;齐倩倩:"确定WTO贸易报复形式的法律标准和仲裁实践",载《比较法研究》2013年第4期;张乃根:"WTO授权贸易报复的请求问题探究",载《甘肃社会科学》2016年第5期;蒋圣力:"论'有关国际法规则'在WTO争端解决中的应用",载《上海对外经贸大学学报》2015年第6期等。

❷ 李万强:"论国际投资法实体规范的生成",载《厦门大学学报》2000年第4期;刘庆飞:"国际投资法的自由化趋势与我国外资法的重构",载《现代法学》2001年第2期;刘笋:"跨国国际投资法制的晚近发展",载《法学研究》2001年第5期。

❸ 梁丹妮:"美式投资条约的新近发展对中国的启示",载《云南社会科学》2007年第2期;张辉:"美国国际投资法理论和实践的晚近发展——浅析美国双边投资条约2004年范本",载《法学评论》2009年第2期;漆彤、余茜:"从新自由主义到嵌入式自由主义——论晚近国际投资法的范式转移",载《国际关系与国际法学刊》2014年;漆彤、吴放:"论国际投资条约价值多元化之发展趋势",载《福建江夏学院学报》2014年第2期;王彦志:《新自由主义国际投资法律机制:兴起、构造和变迁》,法律出版社2016年版。

2. 公共利益与国际投资法

晚近国际投资法中"公共利益"问题日益引发关注，这既包括东道国公共利益，也包括全球公共利益，涉及企业社会责任、环境保护、人权、东道国规制权等各个领域。有学者认为，国际法的人本化要求国际社会不仅要关注跨国经济交往带来的经济增长和社会福利的增加，而且要关注和解决经济活动所伴生的环保问题和人权问题。改变现有投资条约过分偏袒投资者而忽略东道国管辖权及与投资关联的各种社会价值的立法导向，强化投资者的社会责任，给予东道国政府及其国民直接依据国际法追究跨国公司社会责任的权利和机会，将是未来国际投资法革新的重要内容。研究指出，联合国贸易和发展会议近年来不断警示各国重视投资条约中的公共利益保护问题，美国、加拿大等发达国家在其最新的条约范本中也开始规定有关公共利益保护条款。中国作为发展中的资本输入大国和世界第二大投资条约签订国，在今后的中外条约中应重视公共利益保护问题，规定适当、有效的公共利益保护条款。❶

3. 投资争议解决

中国海外投资迅速增长，在国际投资仲裁舞台上日渐活跃，中国学者对投资争议解决问题进行了较多研究。有观点认为，针对我国推行"走出去"战略实施过程中所面临的海外中资利益缺乏有效法律保护问题，我国应加强对本国海外投资者的法律保护意识培育、构建资金及法律援助等配套措施、调整对外投资条约体系及外资立法，从而推动投资者更为积极地利用国际投资仲裁机制来保障自身合法权益。❷ 我国学者还高度关注国际投资争议解决的新发展，对投资仲裁中的第三方参与、法律适用、上诉机制等问题进行了较多追踪研究。❸

---

❶ 刘笋："国际法的人本化趋势与国际投资法的革新"，载《法学研究》2011年第4期；张光："中外双边投资协定中公共利益保护条款之立法设计"，载《国际经贸探索》2014年第3期；张庆麟、余海鸥："论社会责任投资与国际投资法的新发展"，载《武大国际法评论》2015年第2期；银红武："略论国际投资法的全球公共利益保护"，载《湖南师范大学社会科学学报》2015年第3期；王鹏："国际投资法的社会化趋势探析"，载《西安交通大学学报（社会科学版）》2016年第4期；韩秀丽：《中国海外投资的环境保护问题研究：国际投资法视角》，法律出版社2013年版；吴岚：《国际投资法视域下的东道国公共利益规则》，中国法制出版社2014年版。

❷ 漆彤："论中国海外投资者对国际投资仲裁机制的利用"，载《东方法学》2014年第3期；漆彤："论中国在ICSID被诉第一案中的仲裁管辖权问题"，载《南京大学法律评论》2014年第1期；张磊："海外投资的争端解决途径与中国的应对"，载《探索与争鸣》2017年第8期等。

❸ 张庆麟："国际投资仲裁的第三方参与问题探究"，载《暨南学报（哲学社会科学版）》2014年第11期；肖军："建立国际投资仲裁上诉机制的可行性研究——从中美双边投资条约谈判说起"，载《法商研究》2015年第2期；肖军："中欧BIT的投资者——东道国争端解决机制——基于中加BIT与CETA的比较分析"，载《西安电子科技大学学报（社会科学版）》2015年第2期；张庆麟："论比例原则在国际投资仲裁中的适用"，载《时代法学》2015年第4期；张庆麟、黄春怡："简评欧盟TTIP投资章节草案的ISDS机制"，载《时代法学》2016年第2期；张庆麟："欧盟投资者——国家争端解决机制改革实践评析"，载《法商研究》2016年第3期；吕宁宁："TTIP对现有外国投资的国际法律规制的改革设想"，载《甘肃政法学院学报》2016年第6期等。

4. 中国外资法的完善

我国外资法自80年代以来已经形成了以三资企业法为核心的庞大法群，但外资法体系仍存在很多问题，如缺乏统一性和科学性，法规之间重复、甚至抵触情况常见，❶内外资立法"双轨制"造成法律不协调等，特别是在加入WTO之后，外资法的完善更为人们关注。学者们大多认为应该就外资的行政管理规定制定一部统一的《外国投资法典》，以提升外资法的位阶，对一般性问题做出规定，指导和统率各级下位立法；而就目前的外资企业法等商事组织法，与我国《公司法》等内资立法相比存在滞后性，应该改进，不过有的学者主张现在以公司法为基础重构外资企业法的时机成熟，而也有学者认为统一企业法的时机未到，可先将外资企业法合并统一为一部外商投资企业法。❷此后，外资法修改问题的讨论暂告一段落，2012年党的十八大后改革开放进入新的历史阶段，准入前国民待遇加负面清单的管理模式成为未来发展方向，并开始在自由贸易试验区试行，外资法的完善问题再次引发讨论，制定一部外国投资法典成为共识。2015年商务部起草《外国投资法（草案征求意见稿）》发布征求意见，学者针对草案具体规则和制度展开了较多研究和讨论，包括外国投资者的定义、国家安全审查、实际控制、投资争议处理机制等方面，❸这些意见对于形成外国投资法送审稿起到了积极作用。

（四）国际金融法

1. IMF 法律制度

IMF 协定的研究属于国际货币法的传统课题，随着我国的外汇管理体制的改革和我国更多地参与国际货币合作，这一课题愈发重要。我国学者对 IMF 协定第 8 条第 2 节（b）款做了详尽的研究，指出外汇管制法在一定条件下具有域外效力，外国法院不得随意以公共政策为理由排除其适用。❹还有学者研究了 IMF 贷款的"条件性"问题，认为基于条件性而产生的安排并非基金与借款国的国际协议，但具有法律效力，基金条件性的平衡性，实质是 IMF、贷款国和借款国三方权利义务的平衡。❺还有学者对 IMF 的法理和有关法律制度进行了较为深入而细致的探讨。❻

---

❶ 顾敏康："以公司法为本，重构外资法体系"，载《国际经济法论丛》第 4 卷。

❷ 顾敏康："以公司法为本，重构外资法体系"，载《国际经济法论丛》第 4 卷；喻洁："以组织制度为视角探析外资法体系之重构"，载《国际贸易问题》2001 年第 8 期等。

❸ 杨丽艳、李婷婷："中国外国投资国家安全审查制度研究"，载《武大国际法评论》2017 年第 2 期；吴一鸣："外国投资法（草案征求意见稿）纠纷解决条款之完善建议"，载《西部法学评论》2016 年第 5 期；郭晓丽："论外国投资者认定标准之革新——基于《外国投资法》（草案）之实际控制标准"，载《湖北经济学院学报》2016 年第 6 期；漆彤："外资国家安全审查立法中的若干重要问题"，载《中国法律评论》2015 年第 1 期；梅珊："公司法人之国籍问题研究——兼评《中华人民共和国外国投资法（草案征求意见稿）》第二章"，载《法学杂志》2015 年第 10 期；张倩雯："国际贸易法与国际投资法国民待遇互动关系比较研究"，载《武大国际法评论》2017 年第 6 期等。

❹ 张庆麟："析外汇管制法的域外效力"，载《中国国际私法与比较法年刊》（1998 年）。

❺ 杨松："国际货币基金组织贷款'条件性'法律问题分析"，载《国际经济法论丛》第 1 卷。

❻ 杨松：《国际货币基金协定研究》，法律出版社 2000 年版。

对于晚近 IMF 的研究主要集中于其改革问题，特别是次贷危机引发的金融危机给国际货币基金组织带来了巨大挑战，有学者对后次贷危机时期 IMF 改革进行了法律制度反思，提出应当增设监督机构、修改份额公式、拓展组织职能、改革贷款条件、修改协定等措施来加强 IMF 法律约束力。❶ 针对 IMF 所提出应对全球金融格局变化趋势之下主权信用风险的"主权债务重组机制"，有学者从法律视角对其进行研究认为其解决了主权债务重组过程中债权人集体行动的难题，并为各方构造一个重组协商的制度平台，同时也给未来 IMF 的改革提供必要的基础。❷ 也有学者提出国际货币基金组织目前陷入了严重的职能困境，认为其改革应当着力于汇率监督、贷款援助、技术支持、合作协调四项基本职能❸；对于国际货币基金组织的危机，学者认为不公平的份额制和投票权制才是其陷入困境的真正原因，只有对这两方面进行改革才能真正稳定国际金融秩序。❹

2. 人民币国际化法律问题

人民币国际化在近年来是一项主要议题，特别是人民币"入篮"之后，对国际货币制度产生了一定的影响。有学者通过探析人民币国际化过程中的法律障碍：资本项目管制、人民币汇率、有欠缺的国内金融市场，进而从这三个方面提出了破解实现人民币国际化的法律障碍的构想。❺ 对于人民币加入特别提款权，有学者也提出了一系列人民币国际化进程加速中亟待解决的法律问题，为应对国际社会的考验提出了解决路径。❻ 离岸金融也是人民币国际化过程中的必须应对问题，作为未来我国经济发展趋势，有学者认为我国应当完善离岸金融立法、明确离岸金融监管机关及其监管职责、加强市场准入监管、完善退出机制，加强事后监管。❼ 在人民币国际化的过程中，美国曾指责人民币汇率低估违背 WTO 有关协定的规定，有学者对此进行了针对性的反驳，认为人民币汇率在没有授予中国出口商以利益的情况下，所谓中国通过汇率给予出口补贴的论调不成立；学者也通过分析汇率偏差的法律归属，认为属 IMF 范畴而非 WTO 规则，进而基于《新决议》的考察，认为汇率偏差指控缺乏法律依据。❽ 对人民币国际

---

❶ 向雅萍："后次贷危机时期 IMF 改革的法律思考"，载《武汉理工大学学报（社会科学版）》2010年第2期。

❷ 黄韬："国际货币基金组织主权债务重组机制设计的法律视角"，载《国际经济法学刊》2009年第2期。

❸ 李本："国际货币基金组织改革的职能趋向"，载《法学》2010年第4期。

❹ 李本："国际货币基金组织份额制改革与中国的进路分析"，载《法学论坛》2010年第2期。

❺ 韩龙："实现人民币国际化的法律障碍透视"，载《苏州大学学报（哲学社会科学版）》2015年第4期。

❻ 宋晓燕："人民币加入特别提款权货币篮子：一个法律层面的思考"，载《上海财经大学学报》2016年第5期。

❼ 李真："人民币国际化语境下的离岸金融：战略定位与监管范径"，载《云南大学学报（法学版）》2015年第2期。

❽ 韩龙："人民币汇率是否授予中国出口商以利益"，载《法学论坛》2008年第6期；"美国对人民币汇率偏差指控法律依据之明辨——评美国《2011年货币汇率监督改革法案》"，载《法商研究》2012年第4期。

化进程中的纠纷解决,学者们多认为应当注重对人民币纠纷类型化确定,以此为相应的纠纷解决标准来构建完善的解决机制。❶

3. 国际金融监管法律问题

金融业被称为国家经济发展的"血液",其稳定直接关系经济的健康发展。自70年代以来,发生的数起跨国银行破产案件使各国主管当局对金融监管日益重视,金融监管也成为国际金融法的重要研究课题。我国学者在90年代后结合各国实践,对巴塞尔委员会出台的各项监管措施和文件进行了跟踪研究,分析其性质,评析其优点与不足。❷ WTO《服务贸易总协定》及《金融服务协议》所形成的金融服务多边条约,促进了各国金融服务市场的开放,从而对各国当局提出了更高的监管要求。在如何协调金融服务自由化和金融监管之间的关系问题上,有学者主张应以推进金融服务自由化为主,监管应服务于自由化的目标。❸ 也有学者提出,审慎监管措施的实施不受WTO金融服务贸易自由化规则的约束。❹

2008年由美国次贷危机所引发的全球性的金融危机,给全球金融监管法律提出了新的挑战。有学者认为此次危机使世界经济和金融体系遭到前所未有重创,揭示了美国等发达国家货币政策和金融监管体制存在严重弊端,且充分暴露了现有国际金融体系和治理结构的内在缺陷,但后危机时代呈现出的变革趋势,对国际金融秩序稳定具有重要意义,包括二十国集团首脑峰会制度化、金融稳定理事会成立、《巴塞尔III》出台以及美国《多德·弗兰克法》颁布。❺ 在对国际金融法律制度进行了深刻思考过程中,出现了对《巴塞尔新资本协议》质疑的声音,但学者认为《巴塞尔新资本协议》并不是次贷危机产生的主要原因,不能因此否认《巴塞尔新资本协议》的科学性和合理性;其在强调了国际金融法制的重要性的同时,提出了未来全球金融稳定法律机制的构想,包括全球金融体系脆弱性评估机制、国际金融监管合作机制、国际金融标准实施协调机制以及跨境风险应急管理机制。❻ 同时,国际社会也有意对新巴塞尔协议修改从而降低助周期性,改革和提高交易项目的资本要求,加强对证券化的风险监管,提高规制资本的质量和数量,改革国际规制的组织框架等,有学者对这一新动向进行相应的思考并给出了我国的应对。❼

---

❶ 盛学军、杜坤:"人民币国际化进程中纠纷解决机制的构建",载《中国政法大学学报》2015年第5期;张西峰:"国际法中有关货币争端的规则",载《中国政法大学学报》2015年第5期。

❷ 陈卫东:"新巴塞尔资本协议评析",载《国际金融研究》2001年第3期;刘瑛:"新巴塞尔资本协议与银行资本监管的法律完善",载《法学杂志》2001年第5期;余劲松主编:《国际经济法问题专论》,武汉大学出版社2003年版,第443~448页。

❸ 李国安:"全球金融服务自由化与金融监管法律问题研究",载《法商研究》2002年第4期。

❹ 韩龙:"论WTO框架内金融服务自由化与金融监管",载《国外社会科学》2002年第1期。

❺ 李仁真主编:《国际金融法》,武汉大学出版社2011年版,第20~27页。

❻ 李仁真、宿营:"《新资本协议再思考》:质疑、辨析与改革前瞻",载《武汉理工大学学报(社会科学版)》2010年第4期;李仁真、刘真:"全球金融稳定法律机制的理论构想",载《法学杂志》2011年第2期。

❼ 韩龙:"国际金融危机与新巴塞尔协议修改:动向与行动",载《法治研究》2010年第3期。

对于金融危机的爆发所暴露出各国的金融体制的不足，欧盟通过金融监管改革来增强自身预防以及应对能力，也给各国带来了应对启示。[1] 也有学者从剖析美国次贷危机的成因及其对国际金融体系的挑战入手，系统阐述了国际货币体制改革、全球金融稳定机制的构建以及全球货币治理等法律问题，反思现行国际金融监管制度缺陷及美国金融监管惨痛教训，为国际金融新秩序的构建发出了中国声音。[2] 不仅各国在进行相应的金融法制改革，由于目前国际货币体系格局不均衡和金融秩序无序状态，学者认为应坚持国际金融自由化原则和监管原则，深化国际金融领域合作，推动国际货币体系和金融法制改革，加强国际金融监管合作，强调国际金融法制改革在维护国际金融秩序中发挥更为积极的作用。[3]

对于金融监管的具体方面，有学者通过分析系统重要性金融机构的国际现状，指出我国对此的不足，对基于中国视角的系统重要性金融机构跨境处置合作法律框架的构建，提出了由上到下的顶层设计方式。[4] 关于对冲基金的跨国活动及其监管有学者提出了国际监管合作的构想；在国际金融危机之下，学者也提出了国外私募基金监管对我国立法的借鉴。[5] 金融行业发展过程中，由于技术发展引发了金融创新，为应对"fintech"发展而产生的监管滞后问题，学者认为对其监管可以从三个方面尝试建立：稳步实施穿透式监管，逐步实现主动型监管，尝试淡化中心化监管。[6]

（五）国际税法

1. 国家税收主权

国家税收主权一直以来都是国际税法领域中一项重要课题，由于国际税法涉及国家间对于税收的不同安排，因而在国际经济交往过程中常常显得尤为重要，但同时税收主权冲突也给各国税收征管提出了挑战。有学者通过对国际税收专约中争议解决机制的研究来阐述在国际税收中国家税收主权地位。[7] 在其他国家税法可能与对我国税收主权造成冲击时，也有学者认为可以通过完善国内相关立法、国际合作机制，修订与相关国家间的税收协定等方式来解决。[8]

2. 国际税收合作

国际税收合作制度是近来解决国家间税收征管问题的主要手段之一。在国际税务合作法律机制方面，传统的双边或区域性多边合作模式发生改变，出现了极具影响力

---

[1] 张孟霞："论欧盟金融监管改革与启示"，载《政治与法律》2011年第5期。
[2] 李仁真主编：《后危机时代的国际金融法》，武汉大学出版社2010年版。
[3] 刘道远："国际金融法制改革现代进路"，载《河北大学学报（社会科学版）》2009年第5期。
[4] 杨松："系统重要性金融机构跨境处置合作法律框架研究"，载《交大法学》2013年第3期。
[5] 李勋："论对冲基金的跨国活动及其国际监管"，载《上海商学院学报》2008年第3期；"论国际金融危机下私募基金的监管"，载《行政与法》2009年第9期。
[6] 李仁真、申晨："Fintech监管的制度创新与改革"，载《湖北社会科学》2017年第6期。
[7] 刘永伟："国家税收主权的绝对性考——以国际税收专约争议解决机制为视角"，载《法商研究》2010年第5期。
[8] 崔晓静："从'瑞银集团案'看国际税收征管协调机制的走向"，载《法商研究》2010年第12期。

的全球性多边合作公约；合作领域从避免双重征税扩展到情报交换和税款协助征收。面对这些新变化，学者认为我国也应当从调整并确立多元的国际税收政策目标体系，进一步加强税收透明度和情报交换工作，完善国际税收争议解决机制，加大国际税务专业人才培养等方面来进一步完善与其他国家的税务合作。❶ 在《多边税收行政互助公约》进行修订的背景之下，有学者通过对修订内容进行分析，结合我国现状，提出了未来我国在国家间税收合作特别是行政互助领域中可能面临的主要问题并给予了相应的解决方法。❷

另外，在国际税法领域，税收情报交换制度也成为税收合作的重要内容。国际上，美国提出了海外账户税收合规制度，对外国银行业甚至是国家主权提出了挑战，学者提出我国可以与美国尝试建立双边信息合作——多边信息合作机制，在完善信息交换机制的同时维护我国的税收主权。❸ 也有学者通过对近来税收情报交换规则的新发展从不同领域进行评析，认为应当注重规则公平性，关注发展中国家的发展；强调正当程序的重要性，注意保护纳税人的基本权利；对《税收征管法》进一步修改完善；在信息交换规则发展的同时注重维护国家主权。❹

3. 国际税收争议解决

国际税法领域，随着跨境征税的情形越来越多，对于税收争议解决手段的研究也越来越深入，仲裁条款的引入为争议解决提供了新的路径。在2008年修订版《经合组织税收协定范本》中也提出了国际税收仲裁机制，有学者认为可以将仲裁作为后续补充性程序纳入未来双边税收协定的相互协商程序中去。❺ 我国目前签署的税收协定只规定相互协商程序，也有学者认为此种方式存在明显不足，提出在税收协定中订立仲裁条款，通过仲裁方式以弥补现有方式之不足。❻ 另外，有学者也在能源和环境危机视角下提出了对国际投资税收争议可仲裁性问题，提出在双边税收协定中适当引入强制性仲裁机制的同时，在投资协定中通过合理的制度确立税收争议的可仲裁性。❼

而当前，随着国家"一带一路"发展战略的提出，有学者通过研究我国与东道国所签订的一系列税收协定，提出在产生税收争议过程中，应当尽可能选择东道国的行政或司法救济方式，以弥补双方谈判协商的税收行政合作程序的不足。❽

---

❶ 张泽平："论国际税务合作法律机制的新发展及我国的对策"，载《南京社会科学》2013年第3期。
❷ 崔晓静："《多边税收行政互助公约》修订及我国之应对"，载《法学》2012年第7期。
❸ 崔晓静："美国海外账户税收合规制度及我国的应对之策"，载《法商研究》2013年第1期。
❹ 邱冬梅："晚近跨境税收情报交换规则的最新发展及对我国的回应之反思"，载《武大国际法评论》2013年第1期；"税收情报自动交换的最新发展及我国之应对"，载《法学》2017年第6期。
❺ 廖益新："OECD国际税收仲裁机制评析"，载《厦门大学学报（哲学社会科学版）》2012年第5期。
❻ 曾皓："我国税收协定争议解决机制的完善——在我国税收协定中引入仲裁条款"，载《求索》2007年第12期。
❼ 战涛："国际投资税收争议可仲裁性问题研究"，载《法商研究》2012年第5期。
❽ 崔晓静："中国与'一带一路'国家税收协定优惠安排与适用争议研究"，载《中国法学》2017年第2期。

三、反思与展望

经过40年的发展，中国国际经济法学无论是发表文章、出版教材、著作、承担研究和咨询项目，还是培养人才等方面，都取得了辉煌的成绩。但客观而言，我们的工作成果的质量还有待提高，与国外特别是发达国家学术水平还有很大差距，即使与国内其他成熟学科相比，也存在相当大的改进和提升空间。通过对中国国际经济法学学术发展的回顾，不能不引起我们思考。

（一）问题反思

1. 学科基本理论体系尚不成熟

如前文对国际经济法基本理论研究发展的回顾，在40年后的今天，学者们对此问题仍存在很大争论，在诸如国际经济法的概念、调整对象、规范体系范围、主体范围、渊源、基本原则等方面无法形成较为一致的看法。虽然学术分歧是正常现象，我们应包容各种不同观点的存在，但目前无论哪一种学说都未能形成具有自身特色且逻辑自洽的基本理论体系。广义学说在逻辑上的欠缺十分明显，但狭义学说同样未臻完善。各种学说在基本理论问题上的探讨深度仍有待加强。

2. 研究对象选择上过于追逐热点

自改革开放以来，我国面对的国际经济环境不断变化，对外经济交流领域的重大法律和政策不断出台，从三资企业法颁布、中国恢复在国际货币基金组织和世界银行合法席位、加入有关投资的两个多边公约、加入WTO、外资立法、涉外税法修改，到中美知识产权争端、亚洲和全球金融危机、"一带一路"倡议、自由贸易试验区建设等，热点问题不断涌现，引起学者们极大的研究兴趣，产生了很多既有理论价值又有实践意义的学术成果。

但这种热点迭现的状况，对于中国国际经济法学术发展又存在一定不利影响，突出表现在热点愈热，而冷门愈冷。在热点领域，学术资源多，出成果相对容易，学术影响力也比较大，导致学术力量过于集中于这些领域。在此问题上比较典型的例子是WTO法，几乎所有国际经济法学者都或多或少地涉及该领域，而一些同样重要的领域，如国际经济法中的私法部分则研究成果较少，如国际货物买卖法、国际投资协议、国际融资协议等，至于国际税法、国际工程承包等则研究更少。这种学术力量、资源的不均衡投入状况，有国际经济法学界以外的因素，但也与中国法学界普遍浮躁、急功近利的学术心态有关，对于中国国际经济法学的长远发展将产生阻碍。

3. 部分领域研究成果法学知识含量有限

国际经济法给人印象是偏重规则分析、注重实务运作，这是国际经济法的优势所在，但在某些领域，这种取向却导致了另外一种结果，即法学知识含量不足。这种现象在公法和私法领域均有体现。公法领域者如国际金融监管法，内中存在大量的技术性规则，很多研究只是对之加以介绍，而无深入法学理论分析，体现不出国际经济法的学术增量。在有的教材中对欧美证券管理规则详加介绍，但无理论分析，只是充当搬运工角色。在私法领域也存在这一问题，例如国际贸易术语、国际支付等，现有研究一般停留在实务流程层面，用法学理论对之进行探讨的较少或较为浅显。这种研究方法使法学与经济学、管理学等其他学科无法区分，甚至其他学科比法学研究更有便利，更为透彻。如果国际经济法对法学知识的贡献只是限于这个层次，其前景堪忧。

4. 研究方法的僵化和低层次

研究方法的问题不是国际经济法学的独家问题，而是整个中国法学的问题，但国际经济法学表现尤为突出。国际经济法研究者过于偏好移植和借鉴国外制度试图为解决国内相关问题提供借鉴，此类研究的问题在于：第一，这种研究一般限于制度本身介绍，而缺乏对其实践效果的分析，特别是社会学分析；第二，这种研究大多缺乏对我国国情的分析，对被介绍的制度能否适应中国情况，以及在引入时会存在何种障碍，如何对之加以调整往往不置一词。

国际经济法学的研究方法仍较为单一，传统的法条注释方法仍居于主导，缺乏新方法的引入，也缺乏和其他学科的交叉综合。国际经济法学的研究应该更有机地和国际政治学、国际关系学、国际经济学、政治经济学、社会学等学科结合，借鉴其他学科的研究方法，这样才能对国际经济法律现象的理解更为深入。到目前为止，我国国际经济法学界已经有学者开始了这样的尝试，其成果令人耳目一新，但此类方法的采用仍限于少数学者。

5. 研究目的的简单化和功利化

我国学者向有"文以济世"的情怀，积极为我国各级立法、司法和行政机关以及业界建言，以自身学识解决当世问题。但目前相当多的研究将立足点和最后的结论定位在"献计献策"，将法学研究的目的简单化为"对策研究"，"中国之应对""中国之对策""完善"等此类用语在文章结尾处比比皆是。其导致的问题在于：一是研究目的功利，失去学术研究应有的客观立场，结论的公正性、合理性存在疑问；二是研究得出的对策流于简单化和表面化，很难为实务部门所采纳。这种对策法学做法使学术研究功利化，难以深入发展。

6. 研究成果国际影响有限

中国法学是西方的舶来品，国际经济法学更是如此，长久以来，我们一直在汲取西方学术营养，忙于追赶，还远远谈不上对学术的国际贡献。作为发展中国家学者，我们潜意识对西方学术界的立场保持警惕，但由于学术积淀不足，又不得不依赖其学术补给。再加上学术环境、资源、语言等因素，使中国国际经济法学术的国际影响力有限。虽然现在已有不少中国学者在国际学术界著书立说，发表论文，但一则数量较少，二则以介绍中国情况为多，总体局面没有根本改变。

(二) 发展展望

经过40年发展，中国国际经济法学已经形成了进一步提升的良好学术平台，在我国日益走向世界舞台中央的时代大背景下，国际经济法学将会迎来一个前所未有的发展机遇，实现学术水平由量到质的转变。

1. 学术研究理论深度不断加强

以往，国际经济法的研究停留于法条注释、制度介评，理论深度稍显不足。而近十几年来一些新的成果表明，我国学者开始更加注重问题的法理分析，例如国际经济法的宪法问题，国际经济法与全球治理、市民社会、国际法治等。这些探讨虽然仍存在步国外研究后尘、缺乏原创性的问题，并且研究尚未及深入，但表明我国学者在国际经济法领域的研究已经开始脱离就事论事、眼光局限、分析表层化的境况。

2. 研究方法多元化和综合化

如前文所述，中国国际经济法学研究方法存在单一和局限的问题，但已经有学者在自觉地运用其他学科，如国际关系学的方法来分析国际经济法问题，经济学方法也不时有所使用。在未来研究中，将会有越来越多的其他学科方法被引入国际经济法领域，使我们对国际经济法律现象的分析更为透彻、全面。

3. 学术研究更加贴合实践

虽然目前国际经济法学的研究追踪热点、对策迭出，但实际效果却并不符合实践需要。常有实务部门人士抱怨，国际经济法研究成果虽多，但许多结论或建议却不具有操作性，于实践无益，甚至有人直言批评学者研究过于理想化，建议肤浅。这种情况反映出国际经济法的学术研究仍与实践严重脱节，学者不了解实际情况，不清楚真正问题所在。要改变这种情况，必须注重立法背景和司法、仲裁案例研究，积极与实务部门建立信息沟通渠道。现在这种情况正在逐步改变，案例研究越来越得到重视。许多学者承担了国家各级机构的咨询项目，理论和实践两方面的交流联系在加强，这将是未来国际经济法学发展的重要趋势。

（撰稿人：武汉大学国际法研究所副所长　张辉教授）

中国证据法学四十年
1978～2018

张保生　中国政法大学证据科学研究院教授、名誉院长、证据科学教育部重点实验室主任、"2011"计划司法文明协同创新中心联席主任

冯俊伟　山东大学法学院副教授

朱盛文　江西省科学院助理研究员

在党的十一届三中全会确立的"解放思想，实事求是"思想路线的指引下，改革开放 40 年来，我国证据法律制度基本形成，证据法学呈现出繁荣发展的局面。通过对中国证据法 40 年发展历程的回顾，本文试图对各阶段发展的主要特征和问题作一个简要概括，并从其内在逻辑对中国证据法的发展轨迹和未来方向作一些初步描述。

一、加强法制，证据法恢复重建（1978～1995 年）

党的十一届三中全会提出了建设社会主义民主和加强社会主义法制的任务。邓小平指出："为了保障人民民主，必须加强法制……应该集中力量制定刑法、民法、诉讼法和其他各种必要的法律……"❶ 1979 年 9 月 9 日，中共中央发出《关于坚决保证刑法、刑事诉讼法切实实施的指示》，批评了过去有政策就不要法律、以言代法、以权压法等现象，明确宣布取消各级党委审批案件的制度。在加强法制的大背景下，证据法伴随诉讼法的发展，在立法、司法和法学教育等方面开始恢复重建。

（一）证据法在我国社会主义法律体系中的地位初步确立

1979 年《中华人民共和国刑事诉讼法》，确立了"以事实为根据，以法律为准绳"的原则，并设证据一章第一次明文规定了证据在刑事诉讼中的意义和地位，其意义在于："规定了侦查、检察、审判人员收集、判断、使用证据必须'忠实于事实真相'，这就把我国社会主义的重证据、重调查研究、实事求是的证据制度进一步具体化、法律化，从而使这一证据制度成为我国社会主义法律体系的有机组成部分。"❷

1982 年《中华人民共和国民事诉讼法（试行）》，也设证据专章对证据种类、人民法院调取证据的权利、书证和物证的提交方式及例外、指派鉴定人及证据保全等作出了规定。与《刑事诉讼法》相比，其在总结司法实践经验的基础上，又新增了"视听资料"等证据种类，并对书证和物证提交原件、原物与复制件等问题作出了规定。1984 年《最高人民法院关于贯彻执行〈民事诉讼法（试行）〉若干问题的意见》强调："证据是查明和确定案件真实情况的根据。掌握充分、确凿的证据，是正确处理案件的基础。全面、客观地收集和调查证据，认真地审查证据，准确地判断证据，对于提高办案质量，具有特别重要的意义。" 1991 年《中华人民共和国民事诉讼法》（以下简称《民事诉讼法》），在沿用上述证据规定的基础上，对原来关于人民法院应当"全面地、客观地收集和调查证据"的规定作了修改，强调了人民法院"审查核实证

---

❶ 《邓小平文选》第 2 卷，人民出版社 1994 年版，第 146 页。
❷ 雪竹："浅谈我国证据制度的演变"，载《青海社会科学》1980 年第 3 期。

据"的主要职能,增设了"当事人及其诉讼代理人因客观原因不能自行收集的证据,或者法院认为审理案件需要的证据,法院应当调查收集"的限制条件。有论者评价:"这一规定为我国的举证责任理论指引了方向,增添了新的研究内容。"[1] 1992年《最高人民法院关于适用〈中华人民共和国民事诉讼法〉若干问题的意见》、1993年《最高人民法院第一审经济纠纷案件适用普通程序开庭审理的若干规定》,对于审查证据、交换证据、法庭鉴定、证人作证以及举证责任、质证等民事证据问题作了细致的解释性规定。司法解释与民事诉讼法相配套,构成了我国民事证据制度的基本框架。

1986年《中华人民共和国治安管理处罚条例》对行政诉讼证据最先作出一些简单规定。1989年《中华人民共和国行政诉讼法》对行政诉讼证据作了具体规定,包括被告在行政诉讼中承担举证责任;在诉讼程序中被告不得自行向原告和证人收集证据;人民法院在证据收集、审查和认定程序中居于主导地位,有权要求当事人提供或补充证据,有权向有关行政机关以及其他组织、公民调取证据等。1991年、1999年《最高人民法院关于执行〈中华人民共和国行政诉讼法〉若干问题的解释》,对行政诉讼证据规则作了细化或补充。

三大诉讼法中的证据规定具有里程碑意义。有论者指出:"三部诉讼法典,通过各自所设'证据'专章及其他规范,对于在刑事、民事、行政诉讼中,什么可以作为证据,对于案件事实的证明应达到什么程度,哪些人有责任向司法机关提供证据,收集和审查判断证据应该遵循哪些原则、依照什么程序等作了明确规定,标志着中华人民共和国证据制度已正式确立。"[2] 我们认为,三大诉讼法对证据设专章规定的意义,标志着证据法在我国社会主义法律体系中的地位初步确立。但从这些证据规定残缺不全、不成体系的情况来看,若得出"中华人民共和国证据制度已正式确立"的判断,未免言过其实。有论者指出:"在各诉讼法内均以专章对证据问题作出规定,并应司法实践之需颁布了少量涉及证据内容的司法解释,但显然不存在系统完备的证据规则体系。立法上关于证据的规定既失之粗疏、抽象,难以操作,实践中基于职权主义和客观真实的要求,一般对司法人员调查证据的权力和范围又不予太多的限制。因此,关于证据的可采性,关于证据的证明能力与证明力,关于证据的出示、质证、认证,均缺乏明确的证据规则指南。"[3] 还有论者从刑事诉讼证据的角度评价说:"我国1980年1月1日施行的《刑事诉讼法》并没有充分体现出刑事诉讼证据应有的分量……很多重要的证据内容、规则都没有明确规定,一定程度上影响了刑事诉讼工作的顺利进行。"[4] 同样,"学界和实务界均认为《民事诉讼法》中关于证据制度的规定简陋和不完善,已经不能适应民事诉讼的需要。"[5] 行政诉讼证据规定也存在类似的问题。

---

[1] 江伟:"新民事诉讼法的重大突破",载《法学评论》1991年第3期。
[2] 刘金友:《证据法学》,中国政法大学出版社2001年版,第100页。
[3] 卞建林、姚莉:"关于建立和完善我国证据规则的思考",载《法商研究》1999年第5期。
[4] 叶青、王培德:"完善我国刑事诉讼证据制度的几点构想",载《法治论丛》1992年第2期。
[5] 张卫平:"民事证据法必要性之考量",载《法商研究》2001年第3期。

（二）司法解释和其他法律法规对证据制度发挥补充作用

证据法在我国法律体系中的地位虽已确立，但"在我国，并没有对证据制度进行专门立法。有关证据制度的规范散见于刑事、民事、行政诉讼法典，有关司法解释以及个案批复中。"❶ 相对于三大诉讼法而言，其他法律法规、司法解释和批复对证据规则有一些更为具体的规定。例如，卫生部1979年《关于重新发布试行〈解剖尸体规则〉的通知》；公安部1980年《刑事技术鉴定规则》《关于犯罪分子和违法人员十指指纹管理工作的若干规定》；最高人民法院、最高人民检察院、公安部、司法部、卫生部1989年《精神疾病司法鉴定暂行规定》；1982年国务院《公证管理暂行条例》；司法部1990年《公证程序规则（试行）》、1993年《房屋拆迁证据保全公证细则》、1994年《关于我国公证制度和公证书效力的复函》、1995年《提存公证规则》；以及1990年司法部、最高人民法院、最高人民检察院、公安部《人体重伤鉴定标准》《人体轻伤鉴定标准（试行）》；1995年《最高人民法院关于未经对方当事人同意私自录音取得的资料能否作为证据使用问题的批复》等规定，对于诉讼证据制度中的一些具体问题提供了依据，并起到了规范作用。

（三）证据法教学科研开始起步

伴随1979年《刑事诉讼法》的实施，"证据制度是这一时期研究的重中之重，有关证据的论著，几乎占（诉讼法学）发表论文总数的1/3"。❷ 至1995年年底，有关"证据"的刑事诉讼法专著出版18部，教材9部，论文集5部，案例与资料汇编2部。❸

为配合证据法学教学的深入开展，1983年法学教材编辑部编《证据学》、巫宇甦主编《证据学》，1984年西南政法学院整理编印的《证据学讲座》相继出版。1989年裴苍龄《证据法学新论》和1990年赵炳寿主编《证据法学》尝试对"证据法学"与"证据学"进行区分。张子培、陈光中等著《刑事证据理论》、陈光中主编《外国刑事诉讼程序比较研究》和崔敏主编《刑事证据理论与实践》等教材，在证据法教学中发挥了重要作用。❹ 1982年李学灯译《证据法之基本问题》（摩根著）、1993年何家弘等译《刑事证据大全》，成为这一时期外国刑事证据法学的代表性译作。此外，1983年西北政法学院编《证据学资料汇编》与1985年山东司法管理干部学院《刑事证据案例选编》，也在证据法教学科研工作中发挥了重要作用。在证据法教学上，根据教育部1984年"法学专业学时制教学方案"修订方案，"刑事诉讼法学"被确立为本科法学

---

❶ 徐治国："论我国证据制度存在的问题及完善"，载北大法律信息网 http://article.chinalawinfo.com/article/user/article_display.asp? ArticleID=631。

❷ 陈光中主编：《刑事诉讼法学五十年》，警官教育出版社1999年版，第21页。

❸ 陈光中主编：《刑事诉讼法学五十年》，警官教育出版社1999年版，第723页以下。

❹ 陈光中主编：《刑事诉讼法学五十年》，警官教育出版社1999年版，第16页。

专业的必修课，"证据学""外国刑诉法"作为选修课开设。❶

这一时期证据法研究的热点问题包括以下四个方面。

（1）无罪推定。1979年2月《人民日报》署名"田采"的《一个值得研究的问题》，是"文革"后理论界最早探讨无罪推定的文章。同月，王秉新发表《关于"无罪推定"原则的探讨》❷。此后两年，《法学研究》刊载6篇关于无罪推定的文章，其中，陈光中的《应当批判地继承无罪推定原则》（1980年）和宁汉林在《中国社会科学》1982年第4期发表的《论无罪推定》具有代表性。1995年11月全国诉讼法学年会在厦门召开，会议对如何吸收无罪推定合理成分进行了热烈讨论。1996年新修订的《刑事诉讼法》吸收了无罪推定原则的合理成分，是这一时期无罪推定理论研究的直接成果。

（2）证据属性。❸ 自1979年7月《光明日报》发表樊凤林的文章《略论证据》到1989年崔敏主编《刑事证据理论研究综述》问世，十年间讨论刑事证据属性的文章达七十余篇，先后出版的近20部证据法理论书籍均对刑事证据属性有所论述。关于证据属性，在当时有"法律说"和"事实说"两种观点。❹ 自1981年有学者对刑事证据的阶级属性进行清算后，❺ 学术界开始围绕证据有无法律性（或合法性）的讨论形成了"三性说"（客观性、关联性和法律性）和"两性说"（只承认刑事证据的客观性和关联性）；❻ 此外，在论述刑事证据客观性的同时，有学者主张刑事证据也具有主观性。❼

（3）刑事证据制度。从1991年在银川召开的诉讼法学年会起，连续五届的诉讼法学年会，都把"刑事诉讼法的修改与完善"作为中心议题。其中，关于证据制度的完善主要提出三个问题：一是原《刑事诉讼法》第31条三款规定不能衔接，甚至自相矛盾问题的修改建议；二是如何实施"严禁刑讯逼供和以引诱、欺骗以及其他非法方法收集证据"的规定，应明文规定非法收集的证据不能作为证据的修改建议；三是对证人不愿出庭作证问题的解决方案。❽ 到90年代初，"刑事证据的性质、刑事证明理论、刑事证据的理论分类和种类等问题都得到了较为系统的研究和阐述"。❾

---

❶ 汤能松等：《探索的轨迹——中国法学教育发展史略》，法律出版社1995年版，第392页、第509页。

❷ 王秉新："关于'无罪推定'原则的探讨"，载《现代法学》1979年第1期。

❸ 50~60年代中国刑事诉讼法学界曾就刑事证据是否具有阶级性的问题展开过大讨论，有相当多的学者明确指出刑事证据是统治阶级用以实现其阶级利益和意志的工具，因而具有强烈的阶级性。参见徐益初：《刑事诉讼法学研究概述》，天津教育出版社1989年版；崔敏：《刑事证据研究综述》，中国人民公安大学出版社1989年版。

❹ 参见第六期全国法律专业《刑事诉讼法》师资进修班：《刑事诉讼法讲座》（中），1985年版，第193页。

❺ 参见戴福康："刑事诉讼证据有没有阶级性？"，载《群众论丛》1981年第4期。

❻ 崔敏主编：《刑事证据理论研究综述》，中国人民公安大学出版社1989年版，第8页。

❼ 吴家麟："论证据的主观性与客观性"，载《法学研究》1981年第6期。

❽ 参见陈光中主编：《刑事诉讼法学五十年》，警官教育出版社1999年版，第37页。

❾ 樊崇义、吴宏耀："刑事诉讼法学五十年回顾与前瞻"，载《人民检察》1999年第12期。

(4) 民事证据理论。"在我国，长期以来证据法理论主要依附于刑事法律制度的发展。证据理论研究更多的是以刑事证据制度为中心进行的。关于证据法的普适性书籍主要是关于刑事诉讼中的证据理论，关于民事证据制度及理论很少……在一般的民事诉讼法学的教科书中，虽然也有关于民事证据制度的论述，但限于篇幅，其论述仍然比较粗浅。"❶ 1993 年，李浩所著的《民事举证责任研究》"是第一本关于民事证据制度的论著"。❷ 与刑事证据研究相似，民事证据研究的重心也集中于基础理论问题。关于证据制度的名称，曾提出"实事求是""依法确信""内心确信"等不同主张；关于民事举证责任，讨论集中在其属于当事人的义务还是权利、行为责任与后果责任的区分、法院是否负举证责任等问题；对民事诉讼证据的认定，主要讨论了认证、质证的过程及意义。关于这一时期民事证据研究存在的问题，张卫平教授指出："尚有很多问题没有厘清，例如，证明责任的性质、证明责任分担的一般原则、证明责任的减轻、间接反证、表见证明、证据交换、证人的性质、证据判断的原则、证据排除规则等理论和制度问题，还有待于研究和探讨。"❸

二、依法治国，证据制度初步形成（1996~2000 年）

1997 年党的十五大提出"依法治国，是党领导人民治理国家的基本方略"。证据法作为法治的基石，在实施"依法治国"方略的过程中开始发挥更大作用。然而，由于"我国没有专门以证据问题为调整对象的独立的证据立法，有关证据制度的法律规范散置于刑事、民事、行政诉讼法典及其相关的司法解释之中……诉讼法典更多关注的是程序的合理建构，有关证据制度的规定显得十分粗糙"。"整体上，我国证据制度远远落后于其他法律制度的发展，明显缺乏一个科学制度所应具备的完整性和系统性。"❹

（一）庭审制度改革拓展证据法发展空间

1996 年修订的《刑事诉讼法》对证据法的发展具有深远意义。为配合其实施，1996 年 7 月，最高人民法院决定全面推广前几年积累的经验，审判方式改革全面铺开。❺ 在保留职权主义的同时，大力吸收当事人主义因素，探索控辩式庭审方式改革，这为证据法的发展提供了更为广阔的空间。

《刑事诉讼法》对证据制度的形成有以下贡献：一是增加视听资料作为新证据种类；二是强调证据收集程序的合法性，严禁非法收集证据；三是增加证人保护；四是改变以往法官包揽法庭调查的方式，控辩双方在庭审中发挥更大作用；五是规定交叉

---

❶ 张卫平："民事证据法必要性之考量"，载《法商研究》2001 年第 3 期。
❷ 张卫平："民事证据法必要性之考量"，载《法商研究》2001 年第 3 期。
❸ 张卫平："民事证据法必要性之考量"，载《法商研究》2001 年第 3 期。
❹ 吴宏耀："我国证据立法势在必行"，载《人民法院报》2000 年 12 月 11 日第 3 版。
❺ 齐树洁、钟胜荣："论民事审判方式改革对我国证据制度的影响"，载《法学评论》1998 年第 4 期。

询问规则;六是增加直接言词原则的要求;七是设立"疑罪从无"的判决形式;八是平衡控辩力量,规定律师收集证据、阅卷的权利。1996年《刑事诉讼法》的修订,"其中关于证据制度的变化和发展,修改和新增的条文虽然不多,但是就已经修改的内容而言,应该说在我国诉讼发展的历史上是具有深刻意义的。"❶

关于新修订的《刑事诉讼法》关于证据规定存在的问题,有学者就提出:"对证据的运用过程如采证、举证、质证、认证中涉及的具体证据规则未确定,于司法实务中容易导致证明责任分配及证明标准界限模糊而不易操作;同时,新刑诉法未为实施细则及司法实践提供一个具内在逻辑、层次分明的基本原则体系"。❷"《刑事诉讼法》中'证据'一章关于证据规则的设置也存在诸多缺陷,不仅缺乏对防止误判理念的体现,更缺乏对价值权衡理念的体现。一方面,诸如特免权证据规则、非法证据排除规则等一系列体现刑事证据法价值理性维度的、体现现代法治精神的证据规则均未能获得确立或尚未臻于完善。另一方面,即使是那些体现证据法工具理性维度的、有利于防止误判发生的证据规则,如传闻证据排除规则、自白任意性规则等也未能获得确立。"❸

辩护律师调查取证的权利在证据制度中占有重要地位,也是控辩式庭审方式改革的关键。为此,1998年《最高人民法院关于执行〈刑事诉讼法〉若干问题的解释》,就改变辩护律师没有实质性取证权利的状况予以补救,第44条规定:"辩护律师向证人或者其他有关单位和个人收集、调取与本案有关的材料,因证人、有关单位和个人不同意,申请人民法院收集、调取,人民法院认为有必要的,应当同意。"第45条规定:"辩护律师直接申请人民法院收集、调取证据,人民法院认为辩护律师不宜或者不能向证人或者他有关单位和个人收集、调取,并确有必要的,应当同意。"

随着新《刑事诉讼法》的出台,公安与检察机关也分别颁布了相应的规定以约束自身行为。1998年公安部出台的《公安机关办理刑事案件程序规定》,对公安机关收集、调取证据的行为、范围以及证据保存等问题进行了规范。1997年最高人民检察院出台的《人民检察院刑事诉讼规则》对检察机关证据收集运用等问题进行了明文规定。

1999~2000年,迫于司法实践发展的需要,我国一些地方性刑事证据规则开始出现。例如,《广东省法院民事、经济纠纷案件庭前交换证据暂行规则》;江苏省高级人民法院、省人民检察院、省公安厅、省司法厅《关于刑事诉讼证据方面若干问题的会议纪要》;浙江省建德市人民检察院、市司法局《关于公诉人与辩护律师庭前证据材料开示的若干规定》等。这些地方性证据规则的出现,既反映出地方司法机关对证据规则的迫切需求,也在一定程度上影响了证据法在我国的统一适用。

---

❶ 樊崇义、罗国良:"《刑事诉讼法》修改后证据制度的变化和发展",载《中国刑事法杂志》1999年第4期。

❷ 李颖:"试论现行刑事证据制度的立法缺陷及完善",载《法律科学》1999年第1期。

❸ 万毅、林喜芬、何永军:"刑事证据法的制度转型与研究转向——以非法证据排除规则为线索的分析",载《现代法学》2008年第4期。

(二) 加入国际公约对证据制度的建立具有深远影响

1988年全国人大常委会批准了中国政府1986年签署的联合国《禁止酷刑、残忍、不人道或有辱人格的待遇或处罚公约》（以下简称《禁止酷刑公约》），1998年10月中国政府签署《公民权利和政治权利国际公约》。中国加入这两大公约，意味着承诺遵循国际通行的证据准则，确立无罪推定、不得强迫自证其罪等现代诉讼证据原则❶作为中国证据制度的基础。

(三) 证据制度的完善成为民事审判方式改革的中心议题

证据制度的完善成为1997年后"民事审判方式改革的中心议题，……探讨中的一致认识是证据制度的三个部分即举证、质证、认证都应当得到加强，其中又以举证问题最受瞩目。就举证而言，学者们一般都认为，应突出当事人举证责任和同时完善法院调查、收集证据的责任，并建立举证时限制度。"❷

1998年《最高人民法院关于民事经济审判方式改革问题的若干规定》对于"当事人举证和法院调查收集证据问题""改进庭审方式问题""对证据的审核和认定问题""加强合议庭和独任审判员职责问题"等作了详细规定。有论者指出："该规定中有80%是关于证据制度改革的内容。"❸

1999年最高人民法院发布的《人民法院五年改革纲要》提出："民事、经济审判方式改革要进一步完善举证制度，除继续坚持主张权利的当事人承担举证责任的原则外，建立举证时限制度，重大、复杂、疑难案件庭前交换证据制度，完善人民法院收集证据制度，进一步规范当事人举证、质证活动。"通过司法实践确立新的证据规则，在一定程度上弥补了《民事诉讼法》证据规则过少的缺陷。

(四) 司法鉴定制度不断完善

我国司法鉴定管理多以部门规定、司法解释或批复的形式进行规范，如1996年国家技术监督局发布的《职工工伤与职业病致残程度鉴定》、1997年国家工商行政管理局发布的《合同鉴证办法》、1998年国家发展计划委员会发布的《涉案物品价格鉴定复核裁定管理办法》和《涉案物品价格鉴定分级管理实施办法》、1998年公安部发布的《关于鉴定淫秽物品有关问题的请示》的批复。另外，1999年最高人民检察院发布的《关于CPS多道心理测试鉴定结论能否作为诉讼证据使用问题的批复》《关于检察机关的法医能否根据省级人民政府指定医院作出的医学鉴定作出伤情程度结论问题的批复》《关于检察机关的法医能否根据省级人民政府指定医院作出的医学鉴定作出伤情

---

❶ 参见《禁止酷刑公约》第15条："在任何诉讼程序中，不得援引任何已经确定系以酷刑取得的口供为证据，但这类口供可用作被控施用酷刑者刑讯逼供的证据。"《公民权利和政治权利国际公约》第7条："任何人不得加以酷刑或施以残忍的、不人道的或侮辱性的待遇或刑罚。"第14条："凡受刑事控告者，在未依法证实有罪之前，应有权被假定为无罪。""不被强迫作不利于他自己的证言或强迫承认犯罪。"

❷ 江伟、单国军、徐卉："1997年民事诉讼法学研究的回顾与展望"，载《法学家》1998年第1期。

❸ 张卫平："民事证据制度改革走向探知"，载《法商研究》1999年第5期。

程度结论问题的批复》以及2000年《关于"骨龄鉴定"能否作为确定刑事责任年龄证据使用的批复》。司法部2000年发布的《司法鉴定人管理办法》和《司法鉴定机构登记管理办法》，标志着对司法鉴定的管理走向统一。

关于专家证人。1998年有学者撰文指出，无论是英美法中的专家证人制度，还是法国的专家咨询、专家验证和专家鉴定制度，都扩大了诉讼证据的资源，并对其他证据的内容、含义起到了发现、挖掘和延伸的重要作用。我国只规定鉴定结论而不采用专家证人制度，既不符合诉讼的科学规律，也不利于对专门性问题诉讼的正确审查与准确判断。❶

（五）证据法学研究呈现"百家争鸣"局面

这一时期证据法学研究在各个领域逐步深入，其中，外国证据法译介有沈达明编著的《英美证据法》，德国汉斯·普维庭著、吴越译的《现代证明责任问题》，白绿铉、卞建林译的《美国联邦民事诉讼规则》，何家弘、张卫平的《外国证据法选译》。

证据法学代表性专著、教材出版包括：宋世杰著《举证责任论》和《诉讼证据法学》；周道鸾主编《刑事证据规格》；崔敏主编《刑事证据学》；何家弘著《刑事证据法论》和《证据调查实用教程》；毕玉谦著《民事证据法及其程序功能》；江伟主编《证据法学》；叶自强著《民事证据研究》；周水清著《审讯与取证》；纪敏主编《证据全书》；陈刚著《证明责任法研究》；王利明、江伟、黄松有主编《中国民事证据的立法研究与应用》；刘善春等著《诉讼证据规则研究》；等等。

这一时期，《法学研究》发表了一系列证据法论文，如李浩所著的《差别证明要求与优势证据证明要求》、叶自强所著的《司法认知论》、龙宗智所著的《我国刑事诉讼的证明标准》、陈永革所著的《论主要证据》、何家弘所著的《让证据走下人造的神坛——试析证据概念的误区》。此外，樊崇义所著的《客观真实管见——兼论刑事诉讼证明标准》、王利明所著的《审判方式改革中的民事证据立法问题探讨》等论文具有一定代表性。特别值得一提的是，何家弘主编的《证据学论坛》于2000年创刊后发表了大量证据法学研究的优秀论文。

这一时期证据法学研究的热点问题包括以下方面。

（1）无罪推定原则。学者们对《刑事诉讼法》第12条是否确立了无罪推定原则进行了争论。"否定说"认为，该条是在坚持以事实为根据、以法律为准绳这一刑事诉讼基本原则的基础上，吸收了无罪推定原则合理成分而制定的一项原则，它同西方的无罪推定原则有明显区别；❷ "肯定说"认为，该条确立了无罪推定原则。❸

---

❶ 邵俊武："论在我国诉讼证据引入专家证言的必要性"，1998年全国诉讼法学研究会年会论文。
❷ 郎胜主编：《关于修改刑事诉讼法的决定释义》，中国法制出版社1996年版，第25~26页。陈光中、严端主编：《中华人民共和国刑事诉讼法释义与应用》，吉林人民出版社1996年版，第19~20页。
❸ 于绍元："试论我国刑事诉讼法中的无罪推定原则"，1996年全国诉讼法学研究会年会论文。赵汝琨主编：《新刑事诉讼法通论》，警官教育出版1996年版，第68页。杨凯："论我国刑事诉讼法中的无罪推定原则"，1996年全国诉讼法学研究会年会论文。

（2）证人出庭作证。有学者概括了我国证人作证制度三大怪现状：一是证人向警察和检察官作证，却不向法庭作证；二是证人不出庭，书面证言在庭审中通行无忌；三是警察不出庭作证。这反映了审判公正、人权保护和法治权威等观念的缺失。公检法的线型结构，不仅使"审判中心"难以确立，而且在一定程度上掩盖了法院作为客观中立裁判机关保障司法公正的功能。❶ 有学者提出，应出庭证人如不出庭作证，举证一方应承担不利的法律后果；❷ 应当完善中国证人权利保障制度，制定专门的证人保护法，建立证人保护机构，设立有力的证人权利救助社会体系。❸ 有学者通过比较研究，对证人资格、证言提供和询问证人的程序、质疑证人、证人权利及其保障等问题作了探讨。❹

（3）禁止刑讯逼供。学者们分析了"刑讯逼供致成的原因有多种：如主观唯心主义、侦查技术不够完善、证据立法不健全、有罪推定思想作怪等等"。❺ "禁止刑讯逼供应该健全立法保障：一是确立无罪推定原则；二是明确非法口供的排除规则；三是赋予被追诉者以沉默权。"❻

（4）设立沉默权。学者们认为，任何人不受强迫自证其罪是现代刑事司法制度的一项重要原则，是犯罪嫌疑人、被告人真正享有辩护权的基础；❼ 沉默权制度的价值是体现程序正义，实现人权保障和惩治犯罪的统一。❽ 有学者分析了我国刑事诉讼法确立沉默权的必要性，并提出了设立有限沉默权的原则。❾ 但也有学者持不同观点，认为应当从我国司法实践的现状和需要出发，对沉默权"慎重对待，从长计议"。❿

（5）证明责任。李浩所著《民事举证责任分配的法哲学思考》一文，对举证责任分配提出四个价值标准：实现实体法的宗旨，概率分析方法，程序公正，诉讼经济。有学者对劳动争议案件的举证责任进行了研究。⓫ 关于当事人"私录"资料是否可以作为证据在庭审中质证，学者们的观点颇有分歧⓬。在法院是否应当调查收集证据的问题

---

❶ 龙宗智："中国作证制度之三大怪现状评析"，2000年全国诉讼法学研究会年会论文。

❷ 顾永忠："关于证人出庭作证问题的思考"，1999年全国诉讼法学研究会年会论文。

❸ 武鼎之："证人拒证，良策何在——完善中国证人权利保障制度构想"，载《人民检察》1999年第3期。

❹ 陈建军："中美刑事诉讼有关证人问题的比较研究"，载《求索》1999年第2期。

❺ 傅宽芝："刑讯逼供存在的原因及对策"，1999年全国诉讼法学研究会年会论文。

❻ 徐丹彤："严禁刑讯逼供的立法保障"，1999年全国诉讼法学研究会年会论文。

❼ 宋英辉、吴宏耀："任何人不受自证其罪原则及其程序保障"，载《中国法学》1999年第2期。

❽ 金泽刚："沉默权的限制和限制的沉默权——刑事诉讼法规定沉默权的理性思考"，1999年全国诉讼法学研究会年会论文。

❾ 刘根菊："在我国确定沉默权原则几个问题之研讨（上、下）"，载《中国法学》2000年第2期、第3期。

❿ 崔敏："关于'沉默权'问题的理性思考"，2000年全国诉讼法学研究会年会论文。

⓫ 但昭文、苏民益："劳动争议案件举证责任探讨"，载《法学评论》1996年第1期。

⓬ 参见金友成、傅雪峰："视听资料证据合法性界定理论研讨综述"，载《法学》1998年第4期；齐树洁、钟胜荣："论民事审判方式改革对我国证据制度的影响"，载《法学评论》1998年第4期；齐树洁、吴旭莉："民事审判方式改革与证据制度的完善"，载《诉讼法论丛》第2卷。

上仍存在分歧❶；比较一致的观点是，如果法院保留收集、调查证据的权限和职责，就理所当然地应成为质证和被质证的主体。❷

（6）证明标准。有学者认为，我国现存的一元制诉讼证明标准不仅在理论上值得质疑，亦不利于司法实践。❸ 有学者提出将"法律真实"作为刑事诉讼的证明任务和要求，而把排他性作为证明标准。❹ 也有学者提出，确立刑事证明标准的原则应当是：①证明标准应坚持主观和客观相结合的原则；②证明标准应具有可操作性以及实际价值。❺

（7）证据规则。有学者认为，同一层次的刑事证据规则的应有 4 个，即相关性规则、非法证据排除规则、口供补强规则和质证规则。❻ 有学者认为，证据规则应着重考虑：证据标准，证人出庭制度，证据开示制度，鉴定的管理和审查规则，法庭认证规则。❼ 有学者则认为，当务之急是完善交叉询问，举证责任等有关证据运用的程序规则，应主要增补传闻证据排除规则。❽ 2000 年 8 月，中国人民大学法学院、最高人民法院、最高人民检察院及北京大学、清华大学、中国政法大学、中国社会科学院法学研究所等单位的专家学者 47 人在北京聚会，对中国人民大学起草的《中华人民共和国民事证据法（草案·专家建议稿）》进行了深入讨论。❾

（8）认识论与证据法的关系。有学者从三个方面讨论了刑事证据与认识论的关系：认识论是刑事证据制度的理论基础；诉讼客观真实与认识论；证明标准与认识论。❿ 对此持反对意见的学者提出，确立我国证据法的两个理论基础，一为形式理性观念，二为程序正义理论。⓫

（9）证据开示。1999 年诉讼法年会对"证据开示的必要性、证据开示的原则、证据开示的程序"进行了热烈讨论⓬。

---

❶ 黄进才："对我国民事举证责任分担规则的再认识"，载《法学》1997 年第 11 期。翁晓斌："民事诉讼法中庭审形式化现象探析"，载《法学》1998 年第 1 期。

❷ 参见林义全："民事诉讼证据质证的探讨"，载《现代法学》1998 年第 1 期；景汉朝、卢子娟："经济审判方式改革若干问题研究"，载《法学研究》1997 年第 4 期；翁晓斌："民事诉讼法中庭审形式化现象探析"，载《法学》1998 年第 1 期。

❸ 王圣杨："论诉讼证明标准的二元制"，载《中国法学》1999 年第 3 期。

❹ 樊崇义："客观真实管见——兼论刑事诉讼证明标准"，载《中国法学》2000 年第 1 期。

❺ 陈卫东、刘计划："关于完善我国刑事证明标准体系的若干思考"，2000 年全国诉讼法学研究会年会论文。

❻ 杨健广："中国刑事证据规则中的质证规则"，1999 年全国诉讼法学研究会年会论文。

❼ 宋世杰："刑事证据规则的理论基础与立法观点之我见"，2000 年全国诉讼法学研究会年会论文。

❽ 马贵翔、倪泽仁："诉讼结构与证据规则"，2000 年全国诉讼法学研究会年会论文。

❾ 杨立新："中国民事证据法研讨会讨论意见综述"，载《河南省政法管理干部学院学报》2000 年第 6 期。

❿ 陈光中："刑事证据制度与认识论"，2000 年全国诉讼法学研究会年会论文。

⓫ 陈瑞华、蒋炳仁："走出认识论的误区——为证据立法重新确立理论基础"，2000 年全国诉讼法学研究会年会论文。

⓬ 参见张品泽："关于我国刑事诉讼证据展示的法律思考"；夏有柱：《证据开示与司法实践》；胡锡庆、余宇、张少林："刑事诉讼证据展示制度探析"等论文；1999 年全国诉讼法学研究会年会论文。

（10）测谎。有学者提出，在刑事诉讼中应确立测谎的法律地位，规定使用主体与适用对象，明确测试结果是侦查的辅助手段，不应作为独立的诉讼证据。❶ 有的学者则认为，测谎结果具有证据的客观性和关联性以及合法性，因此具有证据能力；并提出根据测试主体、测试方法以及测试结果与其他证据间的矛盾来审查判断测谎结果。❷

尽管此阶段我国证据法学取得大量的研究成果，但也有学者一针见血地指出其中的不足："在理论研究上，我国证据法学还未摆脱作为诉讼法学、程序法学附庸的尴尬境地……证据理论的匮乏、滞后不仅致使对证据制度理论认识的肤浅和司法操作中的漠视，而且，由于理论研究对证据问题的忽视，现行证据制度运作中存在的问题也往往需要间接地表现为程序问题时才能够引起人们的注意，致使证据制度缺少发展的必要契机和内在动力。"❸

三、司法文明，呼唤证据法快速发展（2001~2018年）

进入21世纪后，证据法学在中国逐渐成为显学。这有四个标志：一是有大量证据理论研究的著作和论文出版发表❹；二是研究机构和学科建设取得重要进展❺；三是立法、司法和行政部门颁布的证据规则层出不穷，一些省市高院也颁行了地方性证据法规；四是一批推动证据立法的学者建议稿问世❻。证据法在中国迅速发展有两个主要动力：一是法治国家与和谐社会建设的需要，二是本土司法实践发展的需要。"证据法是法治的基石。证据对于任何创造了权利和义务的法律制度来说都是基础性的。"❼ 证据制度是法治国的一项基本制度，它处于诉讼制度中的核心地位❽。张文显教授认为，司法文明有五个支点，即科学的司法理论、先进的司法制度、公正的司法运作、卓越的司法精英、理性的司法文化。证据科学通贯这五个支点：科学的司法理论少不了科学的证据理论，先进的司法制度离不开先进的证据制度，公正的司法运作依赖于严格而公正的证据规则，卓越的司法精英必须具备坚实的证据意识和精深的证据知识，理性

---

❶ 樊凤林："论我国刑事证人出庭作证和测谎仪介入刑事诉讼立法的再完善"，2000年全国诉讼法学研究会年会论文。
❷ 叶青、王戬："论测谎技术与测谎证据价值"，2000年全国诉讼法学研究会年会论文。
❸ 吴宏耀："我国证据立法势在必行"，载《人民法院报》2002年12月11日第3版。
❹ 2000年以来，有关证据的各类著作已达几十种，论文每年数百篇。
❺ 中国人民大学证据学研究所2005年4月成立；证据科学教育部重点实验室（中国政法大学）2005年年底被批准立项建设；中国政法大学证据法学研究院2006年5月成立，7月全国第一个证据法学博士学位点在国务院学位办新增备案，该博士点下设证据法学和法庭科学两个研究方向。
❻ 例如，毕玉谦等：《中国证据法草案建议稿及论证》（2003年）；陈光中主编：《中华人民共和国刑事证据法专家拟制稿（条文、释义与论证）》（2004年）；江伟主编：《中国证据法草案（建议稿）及立法理由书》（2004年）。
❼ [美]罗纳德·J.艾伦："刑事诉讼的法理和政治基础"，张保生、李哲、艾静译，载《证据科学》2007年第15卷，第1、2期合刊。
❽ 参见江伟："证据法若干基本问题的法哲学分析"，载《中国法学》2002年第1期。他提出了"证据制度在民事诉讼制度中的核心地位"。

的司法文化自然包含社会大众的理性的证据文化。❶ 所以，推进司法文明建设，必然要求加强证据科学研究和证据制度创新。

（一）证据立法及立法研究一波三折

早在第九届全国人大第一次会议期间，陈华姣等 32 名代表就联名提出建议制定证据法的议案。其后，在第九届人大第二、三、四次会议上，仍有制定证据法或尽快制定证据法的议案提出。❷ 但是，证据法始终没有列入国家立法计划。

为满足司法实践急需，立法机关、司法机关和一些行政机关分门别类地制定有关证据规定，促进了我国证据规则体系的初步形成。但由于统一的证据法一直缺位，导致相关证据规则"杂乱无章"，带有明显的司法应急、理论应对、政治应景的色彩。

在刑事证据领域，杜培武案曝光后，最高人民检察院于 2001 年出台了《关于严禁将刑讯逼供获取的犯罪嫌疑人供述作为定案依据的通知》，初步明确了非法证据排除规则。同年，司法部颁布《司法鉴定程序通则（试行）》。"非常罕见的是，最高人民法院在刑事证据立法解释方面并没有对司法实践的制度需求进行积极的回应，更没有出台更为细化的刑事证据立法的相关司法解释。从 2004 年开始，最高人民法院在刑事证据司法解释的起草方面明显加大了力度，但在 2010 年之前，专门的刑事证据规定一直都未见出台。"❸ 2010 年，最高人民法院、最高人民检察院、公安部、国家安全部和司法部（以下简称"两院三部"）联合出台了《关于办理死刑案件审查判断证据若干问题的规定》和《关于办理刑事案件排除非法证据若干问题的规定》（以下简称两个刑事证据规定），对证据裁判原则、证据种类、证据审查、非法证据排除等方面作出明确规定，是我国刑事证据立法领域的重大突破，有力推动了刑事证据法立法进程。2012 年《刑事诉讼法》修订，"证据"一章由 1996 年《刑事诉讼法》的 8 条增加到 14 条，"两院三部"两个刑事证据规定的大部分内容被吸收，再加上相关配套的司法解释、相关规定，刑事证据法条文总数达到 86 条。以此为契机，中央政法委、公安部、最高人民检察院和最高人民法院针对刑事冤假错案问题均出台了专门性规定。2017 年 6 月，"两院三部"《关于办理刑事案件严格排除非法证据若干问题的规定》，对 2010 年颁布的两个刑事证据规定实施中出现的问题进行回应，进一步完善了中国特色的非法证据排除规则体系。由此，我国刑事证据制度初具规模，防范冤假错案，规范证据的收集、举证、质证和认证，已成为基本共识。

在民事诉讼证据领域，2001 年最高人民法院颁布《关于民事诉讼证据的若干规定》（以下简称《民事诉讼证据规定》），为规范证据的收集、运用和审查提供了重要的法律依据。2012 年《民事诉讼法》进行修改，对证据规则部分作了较大改革和丰

---

❶ 张文显教授 2013 年 7 月 20 日在第四届证据理论与科学国际研讨会上的致辞。
❷ 参见李浩："民事证据立法与证据制度的选择"，载《法学研究》2001 年第 5 期。
❸ 参见吴洪淇："刑事制度变革的基本逻辑——以 1966～2017 年我国刑事证据规范为考察对象"，载《中外法学》2018 年第 1 期。

富，特别是增加了电子数据等证据种类，细化了举证时限，明确了证人、鉴定人和有专门知识的人的出庭制度，这对民事诉讼法适应我国市场经济和现代科学技术的发展，保护当事人的合法权益具有重要意义。

在行政诉讼证据领域，2002年《最高人民法院关于行政诉讼证据若干问题的规定》（以下简称《行政诉讼证据规定》）颁布。2004年全国人大常委会通过《中华人民共和国电子签名法》对电子取证、电子证据的审查判断具有重要影响。相对于抽象的证据规则，实体法中确立了一些具有可操作性的证据规则。例如，在《食品安全法》《邮政法》《统计法》中，证据调查措施得到细化；在《人民武装警察法》中，对非法搜查的范围及特殊情况下的例外均作了详细规定；在《侵权责任法》中，特殊侵权行为的证明责任及其转移和倒置的情形，在产品责任、医疗损害责任、环境污染责任、高度危险责任、饲养动物损害责任、物件损害责任中，均分别作了具体规定。此外，《职业病防治法》创设了强制性说服责任推定，国务院《防治船舶污染海洋环境管理条例》、公安部《火灾事故调查规定》、国家工商行政管理总局《查处垄断协议、滥用市场支配地位案规定》、国家质量监督检验检疫总局《特种设备事故报告和调查处理规定》，都对取证主体的合法性作出了明确规定。值得注意的是，2014年《行政诉讼法》修订，强化了被告方的举证责任，确立了原告提供证据的权利，明确了法院调查取证权及其限制，特别是将原第32条改为第34条，增加一款作为第2款："被告不提供或者无正当理由逾期提供证据，视为没有相应证据。但是，被诉行政行为涉及第三人合法权益，第三人提供证据的除外。"这一规定改变了过去被告提供证据的随意性，具有重要法治意义。

2001年以来，学术界围绕证据立法模式，即三大诉讼证据统一立法，还是各自立法；是建立一个从原则到收集证据、审查判断、运用证据等系统的证据法，还是在现有条件下补充完善、解决急需的问题进行了热烈讨论，学者们提出了诸多证据法建议稿，如肖建国、章武生的《民事证据法（建议稿）》，汤维建等的《民事证据法学者建议稿》，毕玉谦等的《中国证据法草案建议稿》，陈界融的《统一证据法》，陈光中的《中华人民共和国刑事证据法专家拟制稿（条文、释义与论证）》，江伟的《中国证据法草案（建议稿）》。"2005年以后，曾经一度此起彼伏的立法呼声不知何时趋于沉寂了，证据立法的呼声也不知何时从高峰跌到了谷底。"❶

随着我国司法改革的深入，"打官司，就是打人情"的陈腐观念正逐渐为人们所摒弃，"打官司，就是打证据"的司法理念日益深入人心。从佘祥林案、杜培武案、黄静案、邱兴华案、赵作海案、张氏叔侄案、念斌案等，司法审判中暴露出来的各种问题全都指向证据，因此，司法公正呼唤着我国证据法的发展。

证据立法缺失造成司法实践中无法可依的现实，促使证据立法研究在短暂的停顿之后又重新活跃起来，而且更加趋于深入和理性。例如，2006年陈瑞华所著《从"证

---

❶ 吴丹红："证据立法呼声缘何归于沉寂"，载《检察日报》2006年2月13日第3版。

据学"走向"证据法学"——兼论刑事证据法的体系和功能》❶、2007年房保国所著《现实已经发生——论我国地方性刑事证据规则》❷、2008年张保生所著《证据规则的价值基础和理论体系》❸、2008年张保生主编《〈人民法院统一证据规定〉司法解释建议稿及论证》等一批证据立法的研究成果相继问世。关于证据立法的模式,最高人民法院副院长、大法官沈德咏认为:"众多法律法规中的条文以及司法解释条文之间存在不够协调,不够有序等问题,这种状况已在一定程度上造成了司法实践中运用诉讼证据规则的混乱,比如证人不出庭现象比较普遍,重复鉴定问题突出,电子证据的运用无法可依等,诉讼证据制度的改革与完善已成为当前中国司法改革的一项重要而迫切的任务。"他认为,在加强证据立法方面有两条路可以选择:一是在三大诉讼法中修改有关诉讼证据制度的规定;二是制定一部独立的、综合的诉讼证据法典。❹

与司法实践的需要相比,我国证据制度在2012年前存在的主要问题:一是规则少,二是无体系。前者表现在,三大诉讼法中的证据规则条文太少,过于原则,缺乏可操作性,不能满足审判实践的需要;后者表现在,证据立法缺乏价值基础和理论体系方面的设计,数量有限的证据规则处于一种彼此缺乏逻辑联系的离散状态,这不仅不利于司法人员从整体上掌握证据法的宗旨和基本要求,而且也影响了证据法的学科建设和理论发展。目前我国有接近1/4的省高级人民法院制定了地方性证据规则❺,这一方面促使司法机关和诉讼各方证据意识的提高,同时也激励证据法学者深刻反思中国证据制度建设存在的问题。地方性证据规则纷纷出台,虽然回应了司法实践的急需,但又存在逻辑混乱、用语不准确、科学性较差的问题,造成了不同地方分别"立法"的局面,在一定程度上影响了证据法在我国的统一适用。❻

我国三大诉讼法和有关司法解释中证据规则条文偏少的问题,自2012年《刑事诉讼法》和《民事诉讼法》修订之后有了很大改善,三大诉讼法中的证据规则已达到51条。最高人民法院2001年《民事诉讼证据规定》、2002年《行政诉讼证据规定》和2012年《最高人民法院关于适用〈中华人民共和国刑事诉讼法〉的解释》中的证据规则加起来已达到271条,如果再加上2010年"两院三部"的《死刑案件证据规定》《排除非法证据规定》的54条,那就更多了,一共325条。这还没算一些实体法和有

---

❶ 陈瑞华:"从'证据学'走向'证据法学'——兼论刑事证据法的体系和功能",载《法商研究》2006年第3期。

❷ 房保国:"现实已经发生——论我国地方性刑事证据规则",载《政法论坛》2007年第3期。

❸ 张保生:"证据规则的价值基础和理论体系",载《法学研究》2008年第2期。

❹ 参见"首席大法官肖扬:中国不断加大证据制度改革力度",文章来源:新华网2006年5月30日,http://big5.gov.cn/gate/big5/www.gov.cn/jrzg/2006-05/30/content_295901.html。

❺ 参见房保国:"现实已经发生——论我国地方性刑事证据规则",载《政法论坛》2007年第3期。文中谈到北京、江苏、湖北、四川、山东、广东等省市高级人民法院颁行地方性证据规则的情况,认为产生这种情况的原因归根结蒂还是与全国性证据立法的不完善有关。另据统计,在最高人民法院颁布两个证据规定之前有9个省市颁布了自己的证据规定,之后有5个省市颁布了自己的证据规定,其中主要为刑事证据规定。

❻ 房保国:"现实已经发生——论我国地方性刑事证据规则",载《政法论坛》2007年第3期。

关实体法司法解释中的证据规则。然而,为什么增加了这么多的证据规则条文,人们仍然感到我国的证据制度不健全?这是一个值得人们思考的问题。答案其实很简单,因为现行证据法律制度固有的五大问题,即理念缺失、原理错误、内容重复、逻辑混乱和适用不统一的问题依然存在。这说明,证据制度的完善,不是简单地靠增加条文就能解决的,必须重视证据法律体系的建设。❶

(二) 重大冤案的证据问题成为社会关注焦点

2000年以来,一些具有重大影响的刑事错案不断曝光,暴露出司法实践当中通行证据制度的问题,倒逼我国刑事证据制度的改革与完善。"一个个刑事错案在新媒体的聚焦效应下,对司法公信力乃至政治正当性带来很大的冲击,迫使国家通过司法改革和相关立法进行积极有效的回应。"❷

2000年7月,蒙冤26个月的杜培武被无罪释放,该案反映出刑讯逼供的严重问题。❸ 随后,2002年辽宁李化伟杀妻案,2003年海南黄亚全、黄圣育抢劫案,2004年河北李久明杀人案、云南孙万刚"杀女友"等错案平反,刑事证据问题以这种特殊的方式更加现实地呈现在整个社会面前。2005年披露的佘祥林杀妻错案则使人们对刑讯逼供问题的关注达到一个峰值。有学者总结到,该冤案是刑事诉讼程序被破坏乃至被践踏而必然结出的"孽果"❹。为了避免冤案的发生必须正确对待口供、严格依照法定程序收集证据、全面收集证据。❺ 佘祥林案在中国的刑事司法改革中具有标本意义。❻ 2010年赵作海案再次轰动全国,推动了"两院三部"两个刑事证据规定出台,对于刑事证据制度的完善和进步发挥了重要作用。河南省高级人民法院为了贯彻"两院三部"的两个刑事证据规定,制定了包括《关于办理刑事案件严格排除非法证据实施细则》等16项完善刑事诉讼证据规则及加强审判管理的制度规定,其中特别值得一提的是《关于办理刑事案件进一步贯彻落实无罪推定原则的若干意见》。2013年,杭州张辉、张高平叔侄冤案再次成为焦点,中央政法委出台《关于切实防止冤假错案的规定》,最高人民法院2013年发布《关于建立健全防范刑事冤假错案工作机制的意见》❼。

2006年披露的黄静案、高莺莺案、邱兴华案,则直接指向司法鉴定制度,反映出我国司法鉴定制度中存在重复鉴定、多次鉴定以及鉴定人回避、鉴定结论的明确性、

---

❶ 张保生:"证据制度的完善是实现审判中心的前提",载《法律适用》2015年第12期。

❷ 参见吴洪淇:"刑事证据制度变革的基本逻辑——以1966~2017我国刑事证据规范为考察对象",载《中外法学》2018年第1期。

❸ 张桂勇、李新天:"对杜培武一案的分析",载陈光中、江伟主编:《诉讼法论丛》第7卷,法律出版社2002年版。

❹ 谢佑平:"防止冤假错案,有赖于健全的刑事程序法",载《法学》2005年第5期。

❺ 陈卫东:"强化证据意识是避免错案的关键",载《法学》2005年第5期。

❻ 陈兴良:"中国刑事司法改革的考察:以刘涌案和佘祥林案为标本",载《浙江社会科学》2006年第6期。

❼ 法发[2013]11号。

鉴定过程的公正性等一系列问题,❶ 也涉及司法鉴定机构的中立性、鉴定程序的完备、勘验检查笔录的完整、证人证言的可信性等问题。❷ 一些法学家针对邱兴华案,以公开信的形式,吁请司法机关对邱兴华进行司法精神病鉴定,并对我国法律将司法鉴定启动权绝对地赋予检察官、法官提出质疑,对控辩双方的鉴定专家在我国法庭上对抗性进行辩论提出建议,并呼吁对司法精神病的鉴定标准等加以规定和完善。❸

通过对佘祥林案等一系列冤案的反思,法学界对刑事诉讼非法证据排除规则、警察等证人出庭、庭审制度改革、鉴定人制度给予更多关注,成为这一阶段证据法学研究的焦点。其中,非法证据排除规则连续成为诉讼法学会2005年会、2006年会的热点议题。学者们对非法证据排除规则的基本理论、我国非法证据排除规则的制定等问题进行了深入研究讨论。其中,陈光中、张小玲所著《论非法证据排除规则在我国的适用》❹,陈瑞华所著《非法证据排除规则的理论反思》❺,汪建成所著《中国需要什么样的非法证据排除规则》❻,秦策所著《刑事非法证据排除的宪政之维——以中国宪法文本为基点的思考》❼等文,对刑事诉讼非法证据排除规则进行了系统论述;在民事诉讼非法证据排除规则研究方面,李浩所著《民事诉讼非法证据排除》❽,李祖军所著《论民事诉讼非法证据排除规则》❾等文具有一定代表性。

(三)证据法学教学、科研和学科建设迅速发展

在证据法学教育方面,2001年以后,各法学院校都把证据法学作为独立课程开设。在本科教学中,中国人民大学、国家法官学院将其列为必修课,北京大学法学院、中国政法大学则将其列为单独选修课。中国政法大学开设有证据法学、刑事证据法学、民事证据法学等选修课,36学时的证据法学为全校通选课。2007年4月教育部"长江学者"特聘教授美国西北大学罗纳德·艾伦教授在中国政法大学为本科生讲授36学时《美国证据法》课程,采用全英文讲授、案例研讨的教学模式。2015年以来,国外证据法学著名教授来到中国政法大学授课的阵容继续扩大,如英国诺丁汉大学 Paul Roberts 教授,美国印第安纳大学 Joseph Hoffman、Aviva Orenstein 教授,美国加州大学戴维斯分校 Edward Imwinkelried 教授,澳大利亚阿德莱德大学 Andrew Ligertwood 教授,意大利帕维亚大学 Michele Taruffo 教授,瑞士洛桑大学 Franco Taroni、Christophe

---

❶ 参见吴少军、李永良:"黄静裸死案鉴定之谜",载《中国审判》2006年第9期。
❷ 参见黎伟华:"法学专家质疑高莺莺之死",载《民主与法制》2006年第15期;晏向华:"从高莺莺案看勘验检查笔录的困惑",载《检察日报》2006年9月19日第3版。
❸ 陈学权:"刑事司法鉴定中的程序正义——邱兴华案对中国刑事司法鉴定制度的启示",载《中国司法鉴定》2007年第4期。
❹ 陈光中、张小玲:"论非法证据排除规则在我国的适用",载《政治与法律》2005年第1期。
❺ 陈瑞华:"非法证据排除规则的理论反思",载《法律适用》2006年第6期。
❻ 汪建成:"中国需要什么样的非法证据排除规则",载《环球法律评论》2006年第5期。
❼ 秦策:"刑事非法证据排除的宪政之维——以中国宪法文本为基点的思考",载《法学》2007年第8期。
❽ 李浩:"民事诉讼非法证据排除",载《法学研究》2006年第3期。
❾ 李祖军:"论民事诉讼非法证据排除规则",载《中国法学》2006年第3期;

Champod 教授和联合国前南国际刑事法庭刘大群教授，证据法学国际精品课程方阵逐渐形成，推动了证据科学人才培养国际化。

在研究生教学中，一些学校将证据法学列为诉讼法专业研究生必修课，如清华大学深圳研究生院。中国政法大学将证据法学列为诉讼法学和证据法学研究生54个课时的学位课程，自2008年起开设"外国证据法专题"为证据法学研究生限选课，其他方向研究生通选课，起初为36学时，从2016起调整为3学分48学时。2011~2018年，中国政法大学在职法律硕士（证据科学方向）研究生共招生216人，开发了19门必修和选修课程。

在学术共同体建设方面，自2003年12月起，中国人民大学法学院与德恒律师事务所合作举办"德恒证据学论坛"。自2006年起，中国政法大学证据科学研究院每年春秋两季举办"证据科学论坛月"，邀请证据科学一流学者开讲。2013年中国政法大学证据科学研究院发起成立了国际证据科学协会（IAES），该协会秘书处设在中国政法大学证据科学研究院。协会的宗旨是：促进证据法学者、律师、法庭科学家之间的合作交流；促进证据科学研究的国际化发展；促进跨学科交流和国际交流等。国际证据科学协会的成立，标志着"证据科学"（evidence science）概念已为世界各国证据法学家和法庭科学家广泛接受，证据科学作为一个新兴交叉学科得到了世界同行的认同。

在学科建设方面，中国政法大学起初将证据法学作为诉讼法学一个研究方向招生，2006年7月在国务院学位办备案增设"证据法学"作为与诉讼法学并列的二级学科硕士点和博士点，其中，硕士点下设证据法学、物证技术学、法医学三个研究方向，博士点下设证据法学和法庭科学两个研究方向，2007年招收第一届证据法学硕士、博士研究生。经全国法律硕士教学指导委员会和国务院学位办批准，自2009年起，中国政法大学证据科学研究院开始从理工农医专业本科毕业生中招收法律硕士（法庭科学方向）研究生。2010年，北京市教委、北京市学位委员会批准中国政法大学申报的"证据科学"为北京市交叉学科重点学科。2015年，中国政法大学向教育部高校法学学科教学指导委员会提交了《关于将〈证据法学〉列为法学本科生核心课程的申请》，2017年被正式批准为法学本科生核心课程B类，这是证据法学学科建设40年取得的一个标志性成果。

在科研机构建设方面，中国政法大学、中南财经政法大学、中国人民大学、西安交通大学、甘肃政法学院等学校都成立了证据法学（证据科学）专门研究机构。2005年国内惟一的证据科学教育部重点实验室（中国政法大学）被批准立项建设；2006年中国政法大学证据科学研究院正式成立，下设证据法学和法庭科学两个研究所，在证据科学交叉研究方面形成一定特色。2013年，司法文明协同创新中心入选"国家2011计划"（高等学校创新能力提升计划）第一批14个协同创新中心之一，证据科学教育部重点实验室是该中心下属科研机构。中心与国外大学和研究机构共建了四个海外联合研究中心：（1）与瑞士洛桑大学共建"中瑞证据科学联合研究中心"；（2）与美国加州戴维斯分校共建"中美证据法比较研究中心";(3)与美国马里兰法医局共建"中美法庭证据科学研究中心";(4)与纽黑文大学共建"中美物证技术研究中心"。2016年,中国政法大学证据科学研究院法庭科学博物馆正式开馆。这是我国第一家法庭科学(含法医学与物证技术)博物馆,是一家集文献文物收藏、宣传教育和科学研究等为一体的综合性学术研究机构,也是法庭科学文化研究中心的科研平台。

在教材建设方面,何家弘主编《新编证据法学》、樊崇义主编《证据法学》、卞建林主编《证据法学》、张保生主编《证据法学》(第一、二、三版)等教材,不仅体系完整,也对证据法学前沿问题有独到见解。证据法学系列丛书相继出版,2002年王利明主编《诉讼证据丛书》(后改名为《证据运用指导丛书》),2003年江伟等编写《中国证据立法前瞻性问题研究丛书》,2005年崔敏主编《刑事诉讼与证据运用》系列丛书,万鄂湘总主编《用证据说话》丛书,2007年何家弘主编《证据学文库》,卞建林主编《诉讼与证据前沿丛书》,2008年中国政法大学证据科学研究院开始编辑《证据科学文库》《证据科学资料案例丛书》。张保生、常林主编的系列丛书《中国证据法治发展报告1978~2008》,《中国证据法治发展报告》(2009年、2010年、2011年、2012年、2013年、2014年),以及张保生、王旭主编《中国证据法治发展报告2015~2016》,成为记录我国证据法治发展历程的重要文献。

在证据法学术会议方面,继2000年中国政法大学举办中美证据法研讨会后,2002年该校刑事法律研究中心和诉讼法学研究中心共同主办刑事证据法国际研讨会;2004年北京警察学院举办了首届DNA证据国际研讨会;2006年,召开了中国—加拿大诉讼证据问题研讨会暨中加最高法院第一次高层圆桌会议,司法部中国司法鉴定杂志社主办中国首届司法鉴定高峰论坛,司法部司法鉴定科学技术研究所等单位联合主办第二届国际DNA证据研讨会。2007年,中国政法大学与郑州市中级人民法院联合主办首届全国言词证据的分析认证与司法应用研讨会。同年,中国政法大学证据科学研究院成功举办"首届证据理论与科学国际研讨会",并于2009年、2011年、2013年在中国成功举办了第二、三、四届证据理论与科学国际研讨会,2015年"第五届证据理论与科学国际研讨会"首次走出国门,在澳大利亚举办;2017年"第六届证据理论与科学国际研讨会"在美国举办,该国际研讨会已成为世界各国证据科学专家学者交流的一个重要国际学术品牌。

在期刊和学术网站方面,2007年中国政法大学证据科学研究院主办的《证据科学》杂志创刊,2004年中国人民大学法学院主办的"中国证据法网"开通,2005年司法部主办的"中国司法鉴定网"正式开通,2006年中国政法大学证据科学研究院主办的"中国证据科学网""中国司法鉴定信息中心网"和中国人民大学物证技术鉴定中心主办的"中国物证技术学网"开通。这些网站的开通和运行都对广义的证据法的知识传播和证据法研究的深入起到了重要的作用。

在证据法学译著方面,2001年以来的重要译作包括:(1)[德]莱奥·罗森贝克著《证明责任论》(庄敬华译,中国法制出版社2002年版);(2)[美]波斯纳著《证据法的经济分析》（徐昕等译，中国法制出版社 2004 年版）；（3）[美] 米尔建·R. 达马斯卡著《漂移的证据法》（李学军等译，中国政法大学出版社 2004 年版）；（4）[美] 米尔建·R. 达马斯卡著《比较视野下的证据制度》（吴宏耀、魏晓娜等译，中国人民公安大学出版社 2006 年版）；（5）[美] 罗纳德·J. 艾伦等著《证据法：文本、问题和案例》（第三版，张保生、王进喜、赵滢译，满运龙校，高等教育出版社 2006 年版）；（6）[美] 特伦斯·安德森、[美] 戴维·舒姆、[英] 威廉·特文宁著《证据分析》（第二版，张保生、朱婷、张月波等译，中国人民大学出版社 2012 年版）；（7）[英] 威廉·特文宁著《反思证据》（吴洪淇等译，中国人民大学出版社 2015 年版）。

（四）证据法基础理论研究取得进展

除了对证据立法关注外，关于事实认定、证据概念、证据属性、证据法理论基础和理论体系、刑事诉讼证明标准等基础理论的研究，也是这一时期学界讨论的热点。

（1）事实认定。张保生所著《事实、证据与事实认定》❶一文指出，事实是证据法的逻辑起点。事实的经验性，决定了事实认定者通过"证据之镜"所获得的事实真相，是对事实之存在可能性的判断，达不到绝对的确定性，却具有盖然性或似真性。张保生主编《证据法学》（第二版）教材，❷对事实认定的特点和规律作了系统的阐释。张中著《实践证据法》❸、倪化强著《事实认定"难题"与法官独立审判责任落实》❹对事实认定的特征、事实认定中法官的规则依赖等也作了有益讨论，具有一定的代表性。由司法文明协同创新中心与华东师范大学哲学系、法学院联合主办的"事实与证据：哲学与法学的对话"国际研讨会于 2016 年 5 月在华东师范大学举办。来自中国、美国、挪威、澳大利亚、意大利、新加坡、瑞典的哲学家和法学家出席了本次研讨会。中外学者围绕会议主题的思维碰撞、学术对话，极大提升了对事实、证据、事实认定的学术认知。

（2）证据概念。自 1999 年何家弘教授《让证据走下人造的神坛》一文发表后，学界对证据概念展开了热烈讨论，在普遍否定"事实说"的同时，"根据说""材料说""内容与形式的统一说""信息说""载体说"等学说纷纷出现。❺信息说，又可称为"综合说"和"多义说"，属于内容和形式"统一说"，即主张"证据由内容和形式共同构成。证据的内容即事实材料，亦即案件事实的有关情况；证据的形式，又称为证明手段，它是证据的种种表现形式。所有的证据都是事实和证明手段的统一体。"❻"信息说"最能代表证据内容和形式的统一，因而在得到了学术界的广泛认同。张保生主编《证据法学》教材（第二版）在主张"信息说"的基础上提出如下证据定义：证据

---

❶ 参见张保生："事实、证据与事实认定"，载《中国社会科学》2017 年第 8 期。
❷ 参见张保生主编：《证据法学》（第二版），中国政法大学出版社 2014 年版，第 39~46 页。
❸ 张中：《实践证据法》，中国政法大学出版社 2015 年版，第 103~107 页。
❹ 倪化强："事实认定'难题'与法官独立审判责任落实"，载《中国法学》2015 年第 6 期。
❺ 李忠诚等："中国法学会诉讼法学研究会年会综述"，载《中国法学》2004 年第 6 期。
❻ 卞建林主编：《证据法学》（第三版），中国政法大学出版社 2007 年版，第 55 页，第 58 页。

是与待证事实相关，用于证明当事人所主张事实之存在可能性的信息。该教材从三个方面论证了证据信息说：第一，证据具有信息表征特性；第二，证据是与待证事实相关的信息；第三，证据是证明当事人所主张事实之存在可能性的信息。❶

（3）证据属性。关于证据属性的传统"三性说"（客观性、关联性和法律性）的影响力逐渐减弱，尤其是对客观性的批判，❷ 使部分学者开始修正传统的"三性说"，即在坚持证据的客观性的同时提出，证据也具有主观性。❸ 这就使其陷入了以偏概全的真正困境。因此，陈光中主编《证据法学》（第三版）教材主张，在证据属性问题上，对传统的"三性说"观点应当要有所修正。但是，主观性如果是指不依据实际情况而单纯由偏见构成的，则证据当然不应当具有主观性。❹ 把客观性当作证据的根本属性，势必要否定相关性是证据根本属性，并陷入如下三种困境：其一，证据"客观性"没有检验标准，法官无法判断一个证据是否具有客观性。然而，相关性则有一个"最低检验标准"。由于缺乏判断证据是否具有客观性的检验标准，证据"客观性"审查既无法实现，也没有认识论意义。其二，为了摆脱这种困境，证据"客观说"不得不求助于客观性的反面即主观性，认为证据既有客观性的一面也有主观性的一面，这又使其陷入了以偏概全的困境。其三，证据有真假之分，"客观说"无法回答诸如"真假证据哪一个具有客观性"这样棘手的问题。实际上，不依赖人的主观意识的客观性只具有本体论意义，在认识论领域，一切都是主客体的相互作用。张保生主编《证据法学》（第二版）教材在继续坚持证据具有相关性、可采性和证明力的"新三性说"❺ 的基础上，突破了"三性说"，进一步探讨了证据可信性问题，从而确立了"新四性说"❻。

（4）证据法的理论基础。一种观点赞同继续坚持"我国刑事证据制度的理论基础主要是辩证唯物主义认识论和司法公正论"❼；否定者则主张，以程序正义和形式理性作为证据法的理论基础，持这种观点的学者又有一元论、二元论、三元论、多元论等不同的主张。❽ 陈瑞华所著《证据法学研究的方法论问题》、宋英辉等所著《证据法学基本问题之反思》、张保生所著《证据规则的价值基础和理论体系》等论文都对证据法的理论基础作了探讨。

（5）证据法的理论体系。传统证据法体系坚持"证据论+证明论"二分体系，缺

---

❶ 参见张保生主编：《证据法学》（第二版），中国政法大学出版社2014年版，第8~10页。
❷ 参见占善刚、刘显鹏：《证据法论》，武汉大学出版社2015年版，第26~43页。
❸ 参见何家弘、张卫平主编：《简明证据法学》，中国人民大学出版社2016年版，第21~24页。
❹ 陈光中主编：《证据法学》，法律出版社2015年版，第143~152页。
❺ 参见张保生主编：《证据法学》（第一版），中国政法大学出版社2009年版，第19~28页。
❻ 参见张保生主编：《证据法学》（第二版），中国政法大学出版社2014年版，第17~37页。
❼ 陈光中、陈海光、魏晓娜："刑事证据制度与认识论——兼与误区论、法律真实论、相对真实论商榷"，载《中国法学》2001年第1期。
❽ 参见宋英辉主编：《证据法学研究述评》，中国人民公安大学出版社2006年版，第76页以下。

陷是割裂了证据与证明的互动关系。随着研究的深入，"证据论+证明论"修正版、❶"建构纯粹的刑事证据法学体系"❷等观点出现。张保生主编的《证据法学》教材，则按照"一条逻辑主线"（相关性）、"两个证明端口"（证明责任和证明标准）、"三个法定阶段"（举证、质证和认证）、"四个价值支柱"（准确、公正、和谐与效率），构建了一个中国证据法的理论体系。❸这一体系重视证明过程研究，打破了传统"证据论"与"证明论"割裂的局面，改变了证据法学内容陈旧、体系羸弱的局面。

（6）推定问题。证据法领域的推定是一个涉及宪法、实体法、程序法的复杂问题，学者对此存在不同认识。龙宗智所著《推定的界限及适用》❹一文产生了较大学术影响。张保生所著《推定是证明过程的中断》一文提出了"推定是证明过程的中断"的学术观点，促进了对推定本质的正确认识。❺卞建林等所著《从逻辑到法律：推定改变了什么》、王洪亮所著《权利推定：实体与程序之间的构造》、❻周光权所著《明知与刑事推定》❼等文在推定的理论基础、具体适用方面的研究具有一定代表性。

（7）刑事证明模式。证明模式一般是指诉讼证明的方式。2004年龙宗智所著《印证与自由心证——我国刑事诉讼证明模式》❽一文，提出了印证模式理论。这一理论提出后在学术界和实务界都产生了较大影响，部分学者作了深化研究，❾也有学者对印证证明模式作了批判❿。2017年龙宗智发表《刑事印证证明新探》⓫一文作出回应，认为相关批判"未能从根本上撼动印证证明作为中国刑事证明基本方法的地位"。但印证理论在实践中确实存在着被简单化、庸俗化的问题，这促使人们反思是否应当重新重视威格莫尔的司法证明科学，认真研究证据推理的性质、逻辑和价值基础、司法证明过程和方法等基础理论问题。

（8）刑事证明标准。自2000年樊崇义教授所著《客观真实管见》一文发表后，学界对刑事诉讼证明标准问题展开了论战，内容涉及证明标准的语词之争、"客观真实"与"法律真实"之争、具体应用与司法实践的证明标准之争等问题。其中，"客观真实"与"法律真实"之争影响较大，双方彼此进行了批驳，各自捍卫了自己的主张。⓬

---

❶ 参见张建伟：《证据法要义》（第二版），北京大学出版社2014年版，目录部分。
❷ 王超："中国刑事证据法学理论体系的科学建构"，《法学评论》2013年第1期。
❸ 参见张保生主编：《证据法学》（第一版），中国政法大学出版社2009年版，第42页。参见张保生主编：《证据法学》（第二版），中国政法大学出版社2014年版，第二版说明，第90~131页。
❹ 龙宗智："推定的界限及适用"，载《法学研究》2008年第1期。
❺ 参见张保生："推定是证明过程的中断"，载《法学研究》2009年第5期。
❻ 王洪亮："权利推定：实体与程序之间的构造"，载《法学研究》2011年第1期。
❼ 周光权："明知与推定"，载《现代法学》2009年第2期。
❽ 龙宗智："印证与自由心证——我国刑事诉讼证明模式"，载《法学研究》2004年第2期。
❾ 如李建明："刑事证据相互印证的合理性与合理限度"，载《法学研究》2005年第6期。陈瑞华："论证据相互印证规则"，载《法商研究》2012年第1期。
❿ 参见周洪波："中国刑事印证理论批判"，载《法学研究》2015年第6期。另参见左卫民："'印证'证明模式反思与重塑：基于中国刑事错案的反思"，载《中国法学》2016年第1期。
⓫ 龙宗智："刑事印证证明新探"，载《法学研究》2017年第2期。
⓬ 参见宋英辉主编：《证据法学研究述评》，中国人民公安大学出版社2006年版，第359~376页。

尽管有学者对客观真实与法律真实之争的意义提出质疑，但从学术繁荣的角度来说，"这一时期论战的参与学者之多，观点分歧之大，均属前所未有。"❶ 在2010年前后，这一论战以"法律真实与客观真实相结合"达成了某种基本共识。随后学者对死刑案件证据标准，普通案件刑事证明标准的理解、适用等等进行了研究。陈光中所著《"结论唯一"之解读》❷，杨宇冠、郭旭所著《"排除合理怀疑"证明标准在中国适用问题探讨》❸，肖沛权所著《排除合理怀疑及其中国适用》❹ 是这方面的代表性作品。

（9）证据排除规则。证据排除规则是英美证据法的核心内容，随着证据法研究的发展，学者研究了英美证据规则背后的基本假设及其对技术性规则的影响。❺ 但从整体情况看，2010年以来受"两院三部"《排除非法证据规定》以及《刑事诉讼法》修订的影响，学界对非法证据排除规则作了大量研究工作。非法证据排除规则成为学界关注重点，学者从立法论、解释论、适用论等不同层面对非法证据排除规则的制度构建、条文解释、运行困境、实践效果等方面作了大量研究。其中，龙宗智所著《我国非法口供排除的"痛苦规则"及相关问题》、❻陈瑞华所著《非法证据排除规则的中国模式》、顾永忠所著《我国司法体制下非法证据排除规则的本土化研究》、❼何家弘所著《适用非法证据排除规则需要司法判例》、❽陈卫东等所著《"两个证据规定"实施情况调研报告》、❾吴洪淇所著《证据排除抑或证据把关：审查起诉阶段非法证据排除的实证研究》、❿吴宏耀所著《非法证据排除的规则与实效》⓫ 是这一领域的代表性作品。非法证据排除规则的研究，一方面促进了对证据排除规则的研究，另一方面也显现出一种将非法证据排除规则等同于证据排除规则的倾向。

（五）证据法学呈现跨学科发展趋势

我国证据科学基础理论研究取得重要进展。张南宁所著《从新证据学到证据科学》一文指出，证据科学不该是证据法学与法庭科学二者简单相加的关系，而应有机结合。张南宁博士与道格拉斯·沃顿（Douglas Walton）教授合作发表了《中国证据法的新趋

---

❶ 宋英辉主编：《证据法学研究述评》，中国人民公安大学出版社2006年版，第350页。
❷ 陈光中："'结论唯一'之解读"，载《证据科学》2010年第18卷第5期。
❸ 杨宇冠、郭旭：《"排除合理怀疑"证明标准在中国适用问题探讨》，载《法律科学》2015年第1期。
❹ 肖沛权："排除合理怀疑及其中国适用"，载《政法论坛》2015年第6期。
❺ 樊传明："自由证明原理与技术性证据规则——英美证据法的前提性假设和两种功能解释"，载《环球法律评论》2014年第2期。
❻ 龙宗智："我国非法口供排除的'痛苦规则'及相关问题"，载《政法论坛》2013年第5期。
❼ 顾永忠："我国司法体制下非法证据排除规则的本土化研究"，载《政治与法律》2013年第2期。
❽ 何家弘："适用非法证据排除规则需要司法判例"，载《法学家》2013年第2期。
❾ 陈卫东、程雷、孙皓、陈岩："'两个证据规定'实施情况调研报告——侧重于三项规定的研究"，载《证据科学》2012年第1期。
❿ 吴洪淇："证据排除抑或证据把关：审查起诉阶段非法证据排除的实证研究"，载《法制与社会发展》2016年第5期。
⓫ 吴宏耀："非法证据排除的规则与实效——兼论我国非法证据排除规则的完善进路"，载《现代法学》2014年第4期。

势和新证据学》的论文,论述了"综合性证据学"的交叉领域:一是把一般性证据问题作为主要内容的证据科学基本理论,二是证据法理论,三是法庭科学研究,四是证明理论。其中,证据法和法庭科学是综合性证据学的两个核心领域。❶ 王进喜教授所著《证据科学的两个维度》一文认为,证据科学之所以成为一个跨学科研究领域,在于它是多学科面对的共同问题,证据是所有经验科学的中心问题,它超越了学科文化、学科传统和学科方法。封利强所著《司法证明机理》❷,王跃、易昊所著《迈向"证据科学"》❸,郑飞所著《证据科学的研究现状及未来走向》❹ 也是这一领域的代表性文章。

随着司法实践中科学证据的大量使用,越来越多的科技手段特别是高科技手段运用到事实认定过程中,对传统的事实认定方法提出了挑战。何家弘教授认为,这标志着证明方法和手段从以"人证"为主的证明向以"物证"或"科学证据"为主的证明的转变;❺ 龙宗智提出建构"大证据学"的构想。❻ 在证据法学还是证据学的争论中,张保生、常林和王进喜等提出了"证据科学"(Evidence Science)的概念。2005年6月,中国政法大学在向教育部提交的《证据科学教育部重点实验室申请书》中,为"证据科学"下了一个定义:"证据科学是综合运用自然科学和社会科学方法,研究证据采集、鉴定技术以及案件事实认定和法律适用之一般规律的科学理论和方法体系"。该申请报告弃用"证据学"概念的原因在于,它已不能完整地表达证据法跨学科发展的趋势是自然科学的成分越来越多。张保生教授认为,司法公正不仅需要完善的证据制度,还需要新的科技手段。这种转变喻示了一种可能性,即科技手段的运用与证据制度的不断完善,二者结合起来,可能最大限度地减少冤假错案、促进司法公正,这正是证据科学的使命。关于证据科学的研究范围,张保生教授认为,它不仅涉及事实认定问题,也涉及法律即证据规则的适用问题。证据科学的研究领域尽管十分宽泛,但却可以将其划分为广义和狭义两个领域。广义的证据科学研究领域,可以包括概率论和统计学、法学、医学、地理学、教育学、哲学、古代史学、经济学、心理学和计算机科学等学科领域;也可涉及如运动员兴奋剂检测、文物鉴定、恐怖事件调查、武器核查、新科技手段对考古学、艺术史、天文学等领域证据方法的影响等。在这个范围内,一切指向证据问题的人文社会科学和自然科学研究都属于证据科学的范围。关于狭义证据科学的研究领域,主要是指证据法学和法庭科学的分别研究与交叉研究。在这个范围内,证据科学不是一个对任何事实或证据问题都进行研究的包罗万象的学

---

❶ Nanning Zhang and Douglas Walton, Recent Trend in Evidence Law in China and the New Evidence Scholarship, *Law Probability and Risk*, (2010) 9 (2): 103-129.
❷ 参见封利强:"司法证明机理:一个亟待开拓的研究领域",载《法学研究》2012年第2期。
❸ 王跃、易昊:"迈向'证据科学'——法庭科学学科建设模式的'大证据学'视野",载《法制与社会发展》2011年第3期。
❹ 郑飞:"证据科学的研究现状及未来走向",载《环球法律评论》2015年第4期。
❺ 何家弘:"中国证据法学前瞻",载《检察日报》1999年9月2日。
❻ 参见龙宗智:"'证据学'的建构及其学理",载《法学研究》2006年第5期。

科群，而是一个研究证据采集、鉴定技术以及案件事实认定一般规律的科学理论和方法体系。❶

（撰稿人：中国政法大学证据科学教育部重点实验室教授 张保生、山东大学法学院副教授 冯俊伟、江西省科学院助理研究员 朱盛文）

---

❶ 张保生："发刊词：研究证据科学 促进司法公正"，载《证据科学》2007年第15卷，第1~2期。

曹新明 中南财经政法大学知识产权研究中心教授、主任

梁志文 南京师范大学法学院教授

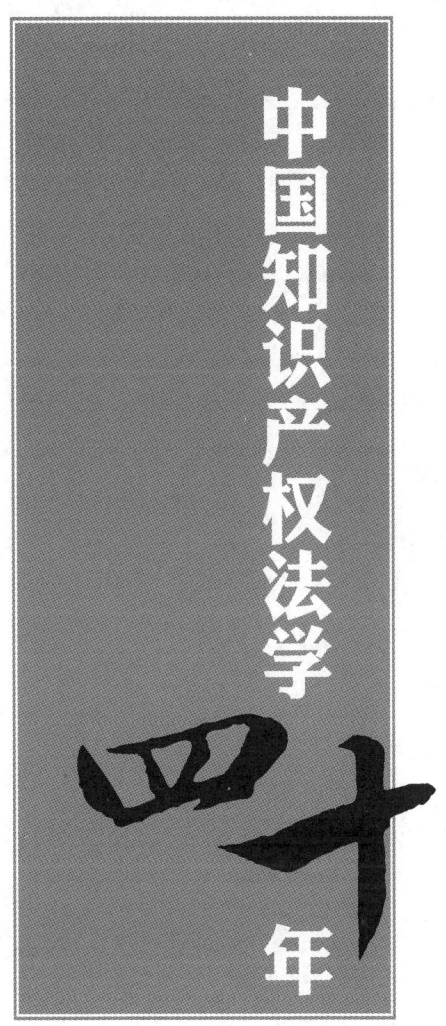

中国知识产权法学四十年

1978~2018

实现民族伟大复兴的中国梦、把我国建设成为富强文明民主美丽和谐的现代化国家的核心关键在于创新——创新是经济发展的第一动力。激励创新，最有效的措施就是强化知识产权保护。

2017年10月，中国共产党十九大报告明确提出："倡导创新文化，强化知识产权创造、保护、运用"。2018年3月5日，第十三届全国人民代表大会第一次会议上的《政府工作报告》将"加快建设创新型国家、深入实施创新驱动发展战略、深入推进供给侧结构性改革"作为本届政府的一项重要工作任务。尤其值得关注的是，2018年，不仅是中国知识产权制度建设40年（以1978年12月召开的中国共产党第十一届三中全会为契机），而且也是我国《国家知识产权战略纲要》（2008年6月5日发布）实施十周年。在此重要时间对我国知识产权制度建设取得的伟大成就进行总结评述具有重要的历史意义和现实意义。

从中国历史来看，知识产权制度作为一个舶来品。私权意义上的知识产权保护在中国的开端以及发展到国家战略的当今地位，与中国改革开放之起步、发展和深入推进密切相关。20世纪70年代末，《中华人民共和国中外合资经营企业法》等法律开始明文承认保护作为私权的知识产权之后，知识产权法律制度在中国生根发芽，开花结果，直至成长为今日的参天大树。

中国知识产权法学的发展和知识产权法律制度变迁相互影响、相互支撑；法学发展是制度变迁的推动力量，而制度变迁也促使中国知识产权法学研究取得不断进步。从国外制度的被动移植到自主创制，从国际事务的固旧守成到积极参与，这可以说是中国知识产权制度建设与法学研究在改革开放30年与40年的重要变化。过去30年的经验，我们在《中国知识产权法学三十年》的报告中有过梳理；[1]而在改革开放40年的历史时刻，在中国特色社会主义建设的新的历史时期，中国知识产权法律制度具有了新的历史使命；它的建设要以提升创新能力、激发知识产权的创造为目标，以强化知识产权的保护为依归，并落脚于知识产权的运用。这是中国新时期知识产权法律制度建设的行动指南，也是新时期知识产权法学研究的重要方向。

一、体系全面的知识产权立法

知识产权法律体系是由调整知识产权法律关系的专门法组成的法律法规体系。考

---

[1] 参见中南财经政法大学知识产权研究中心："中国知识产权法学三十年：1978~2008"，载《中国法学三十年（1978~2008）》，中国人民大学出版社2009年版，第422~460页。

察中国知识产权制度产生的历史,虽然宋代开始就出现过版权保护的现象,❶ 但直到 20 世纪 70 年代末,中国开始才开始真正实施知识产权制度,历经 40 年,现已建立起了完善的知识产权法律体系,其具体特征为:法律层次完整、权利内容全面、回应产业及时。

(一) 法律层次完备

自 20 世纪 70 年代末以来,中国制定知识产权法的根本动机是来自对外开放政策的驱使,中国需要对外贸易、吸引外资以及从西方获取迫切需要的技术和设备。❷ 40 年来,伴随着中国改革开放和市场经济建设的不断深入,中国知识产权制度从立法空白到制度初建、从被动立法到主动完善,其重要的体现便是知识产权法律规则体系也实现量变和质变的双飞跃。

第一,建立了保护所有知识产权的专门法律。在中国,最早的知识产权专门法是 1982 年制定的《商标法》。它在 1993 年进行了第一次修订,其主要原因是诞生于计划经济体制的旧商标制度存在诸多问题,需要根据社会主义市场经济体制建设进行完善。2001 年 2 月 27 日进行的第二次修订是为了加入世界贸易组织的需要。随着商标制度在中国市场经济中的作用不断扩大,为服务于中国经济转型升级的需要,《商标法》于 2013 年进行了第三次修订。此次修订大大简化了商标注册申请程序,规范了商标的使用行为,提高了商标专用权的保护力度,同时注重平衡商标法律关系,强化商标规范市场公平竞争秩序的功能,实现私权与公共利益之间的平衡,是一部兼具本土化、国际化和现代化特色的商标法。

中国专利局于 1980 年成立,但迟至 1984 年 3 月 12 日才颁布《专利法》。中国专利局的成立和专利法的颁布,一方面是为了适应社会主义现代化建设和实行对外开放政策的需要,另一方面是中美建交谈判签订的相关协定也要求中国对专利在内的知识产权进行保护。为了履行 1992 年 1 月 17 日达成的《中华人民共和国政府与美利坚合众国政府关于保护知识产权的谅解备忘录》,《专利法》于 1992 年进行了第一次修订。此次修订扩大了专利保护的范围,延长了专利的保护期限,重新规定了专利强制许可的条件,这些规定提高了中国专利保护水平,逐渐与国际发展趋势相协调。为了适应市场经济体制的发展和加入世界贸易组织的需要,它于 2000 年 8 月 25 日进行了第二次修订。为了提高中国的创新能力,促进经济的发展,2008 年又对《专利法》进行了第三次修订。此次修订具有里程碑式的意义,因为它不再是被动的修改,而是主动地从自身需求出发、服务于创新型国家建设而作出的修订。为了加强专利保护,加大执法力度,2015 年 4 月,恰逢《专利法》实施 30 年,《专利法》第四次修订正式启动,它促进了中国专利制度的不断完善。

国家版权局成立于 1985 年,它的成立时间也早于 1990 年通过的《著作权法》。为

---

❶ 参见郑成思:《版权法》,中国人民大学出版社 1997 年版,第 10 页。
❷ 曲三强:"被动立法的百年轮回",载《中外法学》1999 年第 6 期。

了履行1992年中美谅解备忘录，国务院颁布《实施国际著作权条约的规定》，"保护外国作品著作权人的合法权益"。此后，为了加入世界贸易组织，满足《与贸易有关的知识产权协定》的要求，2001年10月27日对《著作权法》进行了第一次修订。2010年2月26日，根据世界贸易组织中美知识产权争端案裁决结果，中国又不得不对《著作权法》进行了第二次修正。这两次修订都与世界贸易组织有关，都处于极其被动的地位。2011年经国务院领导批示，《著作权法》的第三次修订工作被纳入国务院当年的立法工作计划。此次修订案遵循独立自主原则、平衡原则和国际性原则，着力制定既满足国际知识产权发展需要又立足本国具体国情的新时代的著作权法。

《反不正当竞争法》于1993年9月通过，并于同年12月1日正式施行，对中国社会主义市场经济的健康发展发挥了重要作用。但是，它逐渐落后于时代的发展，不能有效规范市场经济中新出现的扰乱竞争秩序的行为，存在不少与新制定市场竞争法的交叉重叠甚至冲突的地方等，需要修订以保持法律规定的一致性。❶因此，2015年国家工商总局启动了修订工作，并于2017年11月4日通过了《反不正当竞争法》的第一次修订案。此次修订引起极大关注，主要亮点有：新增互联网不正当竞争条款；扩大了商业贿赂的范围；对各类恶意仿冒行为做了细化；加大执法处罚力度，增加违法成本。

为了保护植物新品种，促进农业、林业的发展，1997年3月20日国务院通过《植物新品种保护条例》；为了鼓励集成电路技术的创新，2001年3月28日国务院通过《集成电路布图设计保护条例》。

第二，形成了法律、法规、司法解释的立体规则体系。为了更好地发挥这些基本法律的作用，根据法律实施的具体实践需求，由相关知识产权的行政主管部门牵头分别制定了具体的实施细则或者实施条例。《商标法实施细则》于1983年由国务院发布，并于1988年、1993年进行了两次修订；2002年国务院根据新修订的《商标法》制定了新的《商标法实施条例》，并于2014年进行了修订。1985年4月1日起施行的《专利法实施细则》，分别于1992年、2001年、2002年和2010年进行了四次修订。著作权法实施条例的制定与修改也相类似。2002年，国务院根据《著作权法》制定《著作权法实施条例》，废止了由国家版权局于1991年5月30日国家版权局发布的实施条例，新的实施条例于2011年1月8日进行第一次修订，2013年1月30日进行了第二次修订。此外，根据《著作权法》的授权，分别在2001年制定了《计算机软件保护条例》，2006年通过《信息网络传播权保护条例》。

最高人民法院也积极制定司法解释、统一裁判规则。司法解释的制定，主要解决法律司法适用中三个方面的问题：一是确定程序性的具体法律规则。包括管辖的确定，如《最高人民法院关于涉及驰名商标认定的民事纠纷案件管辖问题的通知》；诉前措施

---

❶ 参见张茅："关于《中华人民共和国反不正当竞争法（修订草案）》的说明"，中国人大网，最后访问时间：2018年3月8日。

的实施，如《关于对诉前停止侵犯专利权行为适用法律问题的若干规定》《关于诉前停止侵犯注册商标专用权行为和保全证据适用法律问题的解释》等专门解释以及《关于开展集成电路布图设计案件审判工作的通知》等规定诉前禁令的司法解释。二是澄清确权授权争议的具体规则。如《最高人民法院关于审理商标授权确权行政案件若干问题的规定》（2017年）、《关于专利、商标等授权确权类知识产权行政案件审理分工的规定》（2009年）等。三是明确知识产权民事纠纷的解决规则。如关于信息网络传播权、驰名商标、专利权保护、反不正当竞争法等大量的司法解释。

第三，完善了与知识产权相关的配套法律。知识产权为私权，民事法对知识产权的保护具有重要的意义。1986年制定的《民法通则》就已明确了民事主体享有著作权、专利权和商标专用权，2009年《侵权责任法》第2条（一般条款）中也明确规定，侵犯著作权、专利权、商标专用权等知识产权利益，要承担侵权责任；2017年颁布的《民法总则》将知识产权的客体进行了详细罗列，包括作品、发明、实用新型、外观设计、商标、地理标志、商业秘密、集成电路布图设计、植物新品种和其他客体；在中国民法典编撰之际，民法典与知识产权法的关系进入法学家们的研究视野。有相当一部分学者认为，"知识产权法"应当先作为独立的编纳入民法典中，以实现知识产权作为私权的理性回归；接下来待时机成熟，再制定"知识产权法典"，实现知识产权法一体化、体系化的理性安排。让"知识产权法"从"入典"走向"成典"，这是法律现代化的一个重要趋向。[1]

为了激励创新，还大量制定了与知识产权法相配合的科技法，这些法律主要有：（1）《科学技术进步法》，该法于1993年7月2日通过，并于2007年修订，以坚持体制、机制和制度创新为基本指导原则，建立财政性科技项目创造的知识产权授予承担者的制度、激励自主创新的政府采购制度等。（2）《促进科技成果转化法》于1996年通过，并于2015年通过修订，其目的是充分调动科研机构转化科技成果的积极性，增强科研机构和科研人员从事科技成果转化的动力，强化企业在科技成果转化中的主体地位，创造良好的科技成果转化服务环境。（3）《非物质文化遗产法》于2011年通过，该法出台后，各地结合自身实际情况，积极推进配套地方性法规的制定，截至2016年，全国共颁布了72部地方性法规，为弘扬和发展非物质文化遗产提供了有力的保障。（4）产业激励类的法律，如《电影产业促进法》和《中小企业促进法》都有涉及知识产权的规定。

有大量涉外法律也规定了知识产权条款，如《涉外民事关系法律适用法》《海关法》《对外贸易法》等。此外，《反垄断法》第55条关于知识产权的规定也非常重要。2015年，国务院反垄断委员会按照《反垄断法》的立法精神，制定《关于滥用知识产权的反垄断指南（征求意见稿）》，目的是建立滥用知识产权反垄断规则的指引性规则，提高反垄断执法的透明度，引导经营者正当地行使知识产权。我国《刑法》中明

---

[1] 吴汉东："民法法典化运动中的知识产权法"，载《中国法学》2016年第4期。

确了侵权知识产权罪，包括假冒注册商标罪、侵犯著作权罪、假冒专利罪等，以保护知识产权。

综上所述，当前的中国知识产权制度体系渐趋完整，已形成了以《著作权法》《专利法》《商标法》和《反不正当竞争法》四个基本性法律为基础，其他各领域的特别法为补充，各行政法规、部门规章和地方性法规为辅的较为完备的知识产权法律保障体系。

（二）权利内容全面

人类社会已经进入了知识经济时代，未来世界的竞争已然表现为知识产权的竞争。中国知识产权发展的现实环境也发生了巨大变化，为了适应经济社会的发展和科学技术进步的现实需要，中国的知识产权法律制度都必须作出主动而全面的调整。当前，中国知识产权制度确定权利人的各项权利，都是经过多次修正后，进行了不断地扩张和增加。

《著作权法》自1991年施行以来，对鼓励创作、保护作者权利、促进产业发展和满足人民的精神文化生活需求发挥了重要作用。期间经过两次修改，2001年的第一次修改扩大了著作权的保护范围，将杂技艺术作品、建筑作品和模型作品等纳入著作权的保护范围；将"电影、电视、录像作品"的保护扩大到电影和类似电影制作方法创作的作品，涉及类似数据库等汇编作品的保护。它也完善著作权的内容，将著作权人的权项增加为17项，增加出租权、放映权和信息网络传播权等内容；在原来只规定著作权人享有许可使用权的基础上增加著作权可以转让的规定；增加著作权人享有诉前财产和证据保全的权利，并在举证责任上，规定由侵权人负担举证责任，维护著作权人的权利。

《专利法》的出台极大地鼓励了人们发明和创造的积极性，此后经历了三次修订，扩大了专利权人的权利范围，延长了专利权保护期限和加大了权利保护力度。如第一次修订时扩大了专利的保护范围，将食品、饮料、调味品、药品和使用化学方法获得的物质给予了专利保护；强化了专利权的保护力度，增加进口权的保护，将方法专利延至依该方法直接获得的产品；延长专利保护期间，发明专利从15年延长至20年，实用新型和外观设计从8年延长至10年。其第二次修订进一步加大专利权的保护力度，增设专利产品及专利方法获得的产品享有许诺销售权；明确侵权赔偿数额的确定方法；取消撤销程序，简化和完善专利审批的过程以及维权的程序，从而维护了当时人的合法权益。

《商标法》的历次修订也无疑加强了对商标权的保护力度，加大了对侵权人的处罚力度，并扩大了商标的保护范围。例如，2001年《商标法》修订中，规定自然人能作为商标权主体申请注册商标，商标权可以共有，扩大了商标权人自行处分权利的自由度；在保护对象上，对各类型商标都纳入保护范围，并且对地理标志、驰名商标等做了特别规定；另外，引入法定赔偿制度，将诉讼法中的保全制度用于解决即发型侵权行为。2013年通过的《商标法》修订案完善了商标注册异议制度，简化审查程序，增加声音、取得显著特征的颜色等可作为商标注册;增加惩罚性赔偿的规定,对恶意侵犯商标专有权的行为给予严厉惩罚;减轻权利人的举证负担,侵权人无法举出有力证据时承担不利的赔偿责任。

综上,知识产权相关制度的制定与修改都主要围绕着相关权利人的权利进行,目的是最大程度上保护权利人的合法权益,以鼓励大众创新,为社会经济发展注入新的活力。

(三)回应产业及时

经济发展的基本现象是创新,包括知识创新和制度创新,创新是创新发展的基本保障,具有"创新之法"和"产业之法"的重要功能。[1] 创新驱动发展,本质是知识产权驱动发展,知识产权制度的不断完善和发展,为产业的发展起着保驾护航的作用。2008年,为提升中国知识产权创造、运用、保护和管理能力,建设创新型国家,国务院出台《国家知识产权战略纲要》。该纲要提出要建设知识产权强国,提高知识产权成果的转化率,将创新成果转化为生产力,通过知识产权政策与产业政策、区域政策、科技政策、贸易政策等相结合,从而促进本区域本行业的产业发展。随后,为了贯彻实施纲要内容,推动本区域的知识产权事业的发展,推动创新驱动,广州、深圳、上海、湖南等各省市政府都先后制定本省、本市的知识产权战略纲要;南京、武汉等地市还出台了本地的《知识产权促进与保护条例》。

为了贯彻落实中共中央国务院《关于深化体制机制改革加快实施创新驱动发展战略的若干意见》(中发〔2015〕8号)和《国务院关于新形势下加快知识产权强国建设的若干意见》(国发〔2015〕71号)的文件精神,针对当前出现的经济新形态新趋势,为适应新情况的发展变化,国家适时启动了相关法律法规的修改工作。例如,2016年提出修改《专利审查指南》及时解决需求迫切的新业态创新成果保护问题。原指南规定,商业实施方面的管理方法及制度是智力活动的规则和方法,不能授予专利权保护;然而,随着互联网技术的发展,涉及保险、金融、营销和广告等各方面的经营管理领域不断出现新的商业模式,例如"共享单车"类的共享经济模式,这些新的商业模式运行良好,深受欢迎,增加了社会的公共福利,他们其中不仅包含技术方案,还包含商业规则和方法,理应受到鼓励和保护。新指南的出台,明确规定了涉及商业模式的权利要求,如果既包括商业规则和方法的内容,又包含技术特征,则不应当依据中国《专利法》第25条排除其获得专利权的可能性。此项修改极大地鼓励了类似"共享经济"产业的主动创新和发展。

电子商务和互联网产业的迅猛崛起,带来了新的产业和新的商业模式的出现,针对新出现的扰乱市场竞争秩序的行为,2017年《反不正当竞争法》的修订及时回应了产业发展的需求。该法重新准确界定了不正当竞争行为的定义,针对实践中出现的突出问题进行了补充规定,完善民事赔偿责任和行政处罚责任相配合的法律责任体系,

---

[1] 吴汉东:"经济新常态下知识产权的创新、驱动与发展",载《法学》2016年第7期。

特别是增加了互联网专条的规定，吸收了司法审判与行业治理的有益经验，为当前社会主义市场经济中出现的新的不正当竞争行为做出了明确而有利的规制，为规制新出现的游戏产业、互联网产业等竞争行为提出新的解决方案，有力地促进了新产业在和谐稳定的竞争环境下发展。

二、高效协调的知识产权执法

自20世纪70年代末80年代初中国知识产权事业起步以来，中国知识产权执行机制从无到有、从散乱到系统，形成了高效、系统的知识产权执行机制，担负起了维护知识产权权利人权益、促进创新经济发展、打击侵犯知识产权行为的重大责任。40年来，知识产权保护执行机关不管是司法机关还是行政机关都取得了巨大成就。中国知识产权人用智慧和汗水抒写了知识产权保护的华彩篇章。

（一）司法主导下的知识产权保护机制

40年来，为了能够更高效、公正的审理知识产权案件加强知识产权审判的专门化，知识产权保护的司法改革取得了显著成绩。

1. 高效、公平处理知识产权纠纷

最高人民法院通过依法履行知识产权审判职责，解决各类知识产权纷争，充分保护了当事人的合法权益。它裁判一系列疑难复杂和新类型的知识产权案件，不断明确相关法律适用问题，维护了知识产权司法标准的统一。最高人民法院裁判的知识产权案件中有关法律适用问题的阐释，对于全国法院知识产权司法保护工作具有指导和借鉴意义。最高人民法院发布年度报告，对及时总结审判经验、加强审判监督和指导、促进知识产权法律适用标准的统一和完善有着重要的意义。

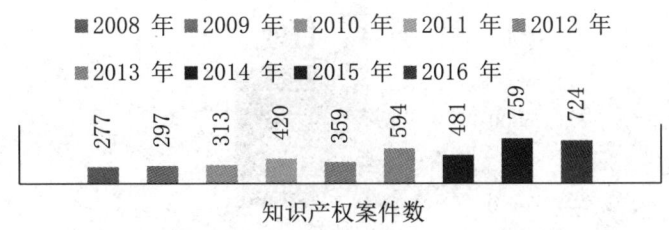

图1　2008~2016年最高人民法院新收知识产权案件情况

最高人民法院一贯注意发挥司法解释在统一法律适用中的重要作用。2009年，在全国地方法院的积极配合和参与下，就专利侵权判定、驰名商标司法保护、反垄断民事诉讼、专利商标授权确权案件和网络著作权案件审判等问题发布相关司法解释和规范性文件。如公布了《最高人民法院关于审理涉及驰名商标保护的民事纠纷案件应用法律若干问题的解释》，进一步明确了驰名商标的保护条件、标准和证据要求等，回应了社会较为关注的驰名商标保护问题，有力地促进了品牌经济的健康发展。

40年来，全国各级法院依法行使审判职权，公正高效审理知识产权案件，充分发挥司法保护知识产权的主导作用。这首先体现为人民法院依法妥善审理知识产权民事案件，充分发挥民事审判在保护知识产权和激励自主创新中的主导作用，围绕激发全社会创新活力和创造潜能，营造大众创业、万众创新的公平竞争环境，加强知识产权民事审判工作，坚持平等保护，鼓励科技创新，更加重视对商业模式创新的保护力度，打破制约创新的行业垄断和市场壁垒，为保护好创新成果、维护好创新环境、实现好创新价值发挥司法保护的引领作用。其次，依法严惩侵犯知识产权犯罪，充分发挥刑事审判惩治和震慑侵犯知识产权犯罪的功能。知识产权刑事审判制裁和预防侵犯知识产权犯罪的职能作用进一步发挥。最后，依法履行对知识产权行政行为的司法审查职责，充分发挥监督和支持知识产权行政执法保护的职能。人民法院按照建设社会主义法治国家的目标，严格适用新修订的《行政诉讼法》，充分发挥司法对知识产权授权确权和行政执法行为的监督作用，严格规范知识产权行政执法行为，积极促进行政机关依法行政。如，依法审理"乔丹"商标争议等行政纠纷案，维护了当事人权益。

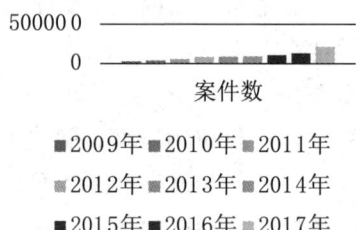

图2 全国法院新收一审知识产权民事案件情况

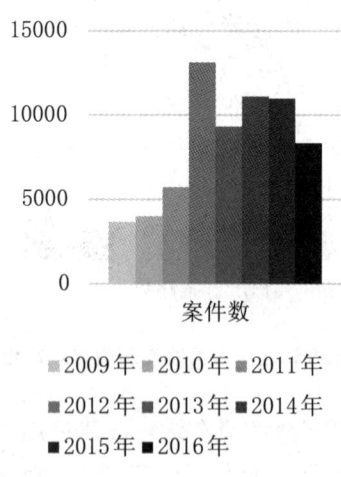

图3 全国法院新收一审知识产权刑事案件情况

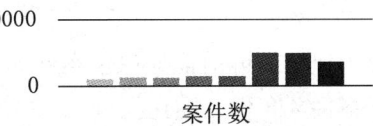

图 4　全国法院新收一审知识产权行政案件情况

2. 推行知识产权司法审判的专业化发展

针对知识产权审判工作面临的实际困难，为进一步深入实施国家知识产权战略，优化知识产权保护体系，人民法院一直努力推行知识产权司法审判的专业发展。

首先，推进专业法院建设，已建立北上广三家知识产权法院。2013年中共中央发布《关于全面深化改革若干重大问题的决定》，该决定要求"探索建立知识产权法院"。2014年8月31日，十二届全国人大常委会第十次会议表决通过了《关于在北京、上海、广州设立知识产权法院的决定》。三家知识产权法院的设立对于推动中国知识产权司法保护起到了非常重要的作用。

（1）北京知识产权法院的案件审理。北京知识产权法院自2014年11月6日建院至2015年11月6日，共收案7918件，其中一审案件6699件，二审案件1204件，申诉案件15件；共审结案件3250件，民事案件1200件，行政案件2050件。2016年全年，北京知识产权法院共受理各类知识产权案件10 638件，同比（2015年9191件）上升15.74%。其中一审8305件，二审2330件，申请再审3件。一审收案中，专利纠纷1754件（其中专利行政纠纷1104件），商标纠纷5969件（其中商标行政纠纷5936件），著作权纠纷420件（其中计算机软件著作权纠纷417件）。二审收案中，专利纠纷7件，商标纠纷156件（其中行政纠纷1件），著作权纠纷1895件，技术合同纠纷43件，不正当竞争纠纷78件，其他纠纷151件。2017年，北京知识产权法院共受理著作权纠纷案件4586件，比2016年（2315件）上升98.1%；其中一审著作权纠纷案件1307件，比2016年（420件）上升211.2%，二审著作权纠纷案件3279件，比2016年（1895件）上升73.0%。2017年共审结著作权纠纷案件4456件，比2016年（2090件）上升113.2%；其中一审著作权纠纷案件1175件，比2016年（320件）上升267.2%，二审著作权纠纷案件3281件，比2016年（1268件）上升158.8%。

针对多年来知识产权"侵权成本低、侵权行为屡禁不止"等现象，北京知识产权法院明确提出通过完善财产保全、证据保全和行为保全等程序措施、合理分配举证责任、提高侵权赔偿数额等各种措施，加大对侵权行为的制裁力度。在专利与商标授权确权行政案件中，该院注重强化司法审查职能作用，在审结的179件专利、1871件商标行政案件中，判决撤销专利复审委员会作出决定的案件11件，撤销商标评审委员会作出裁决的案件269件，撤销率分别为8.4%和16%，促进了授权确权行为规范化。

（2）上海知识产权法院的案件审理。2016年，上海知识产权法院受理各类知识产权案件1877件，同比上升14.38%。其中，民事一审案件871件，同比上升5.83%；行政一审案件2件；诉前行为保全、诉前证据保全案件30件，同比上升114.28%；民事制裁案件1件；民事二审案件973件，同比上升21.32%。在受理的全部案件中，著作权案件921件（含计算机软件著作权案件249件），专利案件559件，商标案件247件，不正当竞争案件等82件，特许经营合同案件51件，技术合同案件14件，垄断案件3件。

（3）广州知识产权法院的案件审理。自2014年12月21日至2015年12月31日，广州知识产权法院共受理各类知识产权案件4940件，审结3393件，结案率68.68%。广州知识产权法院去年共新收案件4752件，共审结案件4907件，结案数同比上升44.62%。结案标的额约8.07亿元，同比上升239.08%。2017年4月21日，广州知识产权法院发布《2016年度广州知识产权法院司法保护状况白皮书》及广州法院知识产权十大典型案例。白皮书显示，在充分发挥审判职能，加强知识产权保护方面，广州知识产权法院的主要做法包括加强专利权、著作权、商标权和不正当竞争及其他知识产权案件审判工作。其中，特别注重使用技术专家协助查明事实，如在法国达索公司诉相关企业侵害计算机软件著作权系列纠纷案中，该院技术调查官共对65台计算机上的涉案软件进行证据保全。

其次，推进知识产权专门审判机构建设，已成立多家知识产权法庭。进一步健全、完善知识产权审判体制机制，提升知识产权司法审判平台功能，不断加大知识产权司法保护力度，根据最高人民法院批复，最高人民法院知识产权庭在南京、苏州、武汉、成都、西安、长沙、郑州等地设立知识产权专门审判机构。截至2018年3月2日，上述专门审判机构相继挂牌，开始受理案件。南京知识产权法庭、苏州知识产权法庭分别以南京中院和苏州中院知识产权庭为基础组建，按独立机构模式运行，在省内分别跨区域管辖专利等技术类知识产权一审民事案件等。武汉知识产权审判庭实行"三合一"，除管辖武汉市辖区知识产权民事、行政和刑事案件外，还跨区域管辖湖北全省有关专利等技术类一审知识产权民事和行政案件。成都知识产权审判庭跨区域管辖四川省内专利等技术类一审知识产权民事、行政案件。设立知识产权法庭是推进国家知识产权战略、建设知识产权强国的重大部署，是深化中国知识产权司法体制改革、完善中国特色知识产权审判体系的有力举措。

最后，全面深入推进知识产权审判"三合一"改革工作。知识产权审判"三合一"工作取得重大进展与突破。除知识产权法院暂不执行"三合一"以外，"三合一"工作在全国法院全面推开。2016年7月5日，《最高人民法院关于在全国法院推进知识产权民事、行政和刑事案件审判"三合一"工作的意见》印发。同年7月7日，最高人民法院在江苏省南京市召开全国法院知识产权审判工作会议暨全国法院推进知识产权审判"三合一"工作会议，全面部署推进"三合一"工作，"三合一"工作迈上新台阶。目前，最高人民法院正在有关部门就知识产权刑事司法实施方案进行积极沟通，以期尽快会签相关文件，全面推进"三合一"工作，提高知识产权司法保护的整体效能。

(二) 主动专业的知识产权行政执法机制

全国各级知识产权行政执法机关不断健全完善行政执法体制，推动建立行政执法队伍，强化行政执法监管，进一步提升行政执法效能，强化行政执法监管，不断加大知识产权保护力度。不断优化知识产权保护环境，也是不断优化营商环境的重要体现。

1. 各级知识产权主管部门加大专利行政执法力度，大力打击专利侵权行为

国家知识产权局大力打击涉及民生重大项目等领域的侵权假冒行为，加强电子商务、展会等重点领域及场所的专利保护，执法维权力度持续加大，快速调处专利纠纷，积极维护权利人、市场主体与创新主体的合法权益。

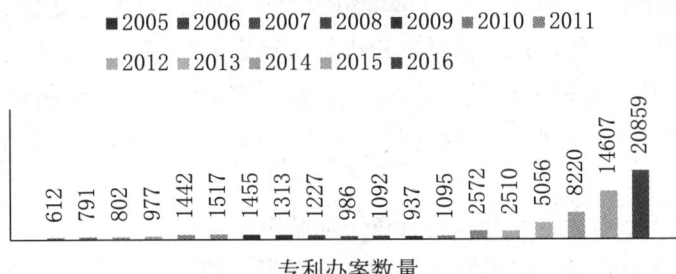

图5 1998~2016年受理专利纠纷案件

2. 版权保护工作不断完善

国家版权局积极与各部门合作开展版权执法活动，国家版权局与新闻出版总署、全国"扫黄打非"工作小组、教育部联合发文，部署在全国范围内打击盗版教材、教辅读物专项治理行动。国家版权局联合公安部、工信部、国家互联网信息办公室多次部署开展互联网专项治理"剑网行动"，围绕网络文学、音乐、影视、游戏、动漫、软件等重点领域以及图书、音像制品、电子出版物、网络出版社物等重点产品，严厉打击各种网络侵权盗版行为。国家版权局在全国范围内积极开展打击非法预装计算机软件专项行动，严厉打击计算机生产、销售等领域未经授权预装盗版软件的非法行为。与此同时，国家版权局会同有关部门继续推进软件正版化工作。中央企业和大中型金融机构基本实现软件正版化。

3. 商标专用权保护取得显著进展

全国各级工商行政管理机关充分发挥行政执法职能，以保护注册商标专用权为核心，突出商标执法重点，加大商标办案力度，严厉打击商标侵权假冒行为，有力地维护了商标注册人和消费者的合法权益，为改善中国投资环境和维护公平竞争的市场经济秩序创造了良好的商标法制环境。一是制定了"全国重点商标保护名录"，要求各地对在市场上有较高知名度、被侵权假冒比较严重且涉及两个以上省级行政区域的注册商标进行重点保护。各地工商行政管理机关依法查处了一批重大商标侵权案件。二是

重点查处侵犯食品、药品、农产品商标、驰名商标、地理标志、涉外商标专用权的违法行为。三是开展专项整治行动，如对汽车、服装行业中的商标侵权假冒行为进行专项整治，统一部署，重拳出击，取得了良好效果，受到商标注册人的充分肯定。四是加大对大要案件的查处力度，排除阻力，一查到底，依法查处江西假冒"英雄"钢笔案、浙江假冒"康复来"口服液案等一批大要案件。五是立足于改善外商投资环境，加强涉外商标案件的查处，保障外国投资者的合法权益，严厉查处了侵犯"UL"证明商标专用权、擅自利用外国的驰名汽车商标作为专修店标志等大量涉外商标案件。

4. 知识产权海关保护迈上新台阶

海关总署不断加强知识产权海关保护的工作力度，在完善知识产权海关保护的法律制度、探索执法新途径、加大对进出口侵权行为的打击力度等方面取得了显著的成效。海关总署加强了与知识产权权利人的联系和配合，在打击进出境环节的侵权活动方面取得了辉煌的成果。海关总署也多次组织专项行动，对大案要案实施重点督办，全方位开展打击进出口侵权违法活动，积极加强互联网领域治理，加大邮递、快件渠道执法力度。全国海关深入开展"清风"行动，切实维护"中国制造"声誉。仅在2016年一年，全国海关共查获侵权商品1.7万余批，涉及货物4200万件，案值2.3亿元。

5. 公安机关严厉打击侵犯知识产权违法犯罪活动

公安部组织全国公安坚定履职，大力打击侵犯知识产权犯罪工作，服务国家经济社会科学发展。组织开展"亮剑"、"破案会战"等全国性专项行动。组织发动"打假行动"攻势，全警动员，严打严治，重点打击假食品、假药品、假农资、假机电、假日化等严重威胁企业创新发展、侵害群众健康安全的知识产权犯罪。公安部挂牌督办多起重大侵权盗版案件，对各地公安机关办案予以全程督导，推动重点突破，公安部坚持将危害群众健康、威胁公共安全、妨碍创新发展的侵权假冒犯罪作为主攻方向，针对跨地域、产业化、链条化的知识产权犯罪态势，创立并运用集群战役打击模式，先后组织各地打击跨区域、产业化制假售假犯罪活动。在2016年，全国公安机关全年共侦破各类侵权假冒犯罪案件1.7万件，涉案总价值46.26亿元。

6. 植物新品种保护取得新进展

农业部加大品种侵权打击力度，通过开展打假护权等系列专项整治和监管行动，有效维护了市场秩序，保护品种权人的合法权益，在全国范围内组织开展农产品地理标志使用专项检查，加强农产品地理标志证后监管。与此同时，国家林业局也积极完善林业知识产权保护工作机制，成立国家林业局知识产权研究中心，起草林业植物新品种权审批规则，编制了7项新品种测试指南，建立了两批共55家林业知识产权试点。加强对侵犯林业植物新品种权工作，完善考核体系，有效促进林业植物新品种保护工作。

（三）积极作为的知识产权市场培育工作

中国知识产权各相关行政主管部门与时俱进，积极创新，不断改进和完善工作模式，提升工作能力；知识产权保护长效机制建设取得新进展，知识产权市场培育取得显著成绩。创新型企业不断增多，知识产权服务业不断完善，知识产权运营、知识产权金融证券化工作取得长足进展。

1. **不断推动创新型企业的培育工作**

为培育更多具有自主知识产权和核心竞争力的创新型企业，国家知识产权局每年都开展知识产权保护规范化培育市场遴选工作、国家知识产权示范企业和国家知识产权优势企业培育工作，推进知识产权强企建设。出台知识产权优势企业建设指南，推动建立企业知识产权服务机制，引导优质服务力量助力企业形成知识产权竞争优势。出台知识产权示范企业培育指导性文件，提升企业知识产权战略管理能力、市场竞争力和行业影响力。发布了《国家知识产权示范企业培育工作方案》《国家知识产权优势企业培育工作方案》推动企业系统强化知识产权战略管理能力、高质量知识产权产出能力、知识产权国际运营能力、知识产权风险管控能力，培育了一批具有知识产权综合竞争优势的领军企业。

2. **不断推动知识产权服务业发展工作**

知识产权服务业是指提供知识产权"获权—用权—维权"相关服务，促进知识产权权利化、商用化、产业化，提高产业核心竞争力的新兴业态。40年来，国家出台一系列文件促进这一新兴业态的发展，包括《国家知识产权战略纲要》《国家中长期人才发展规划纲要（2010~2020年）》《国务院关于加快培育和发展战略性新兴产业的决定》《国务院关于加快发展高技术服务业的指导意见》《国家"十二五"现代服务业发展规划》《关于加快培育和发展知识产权服务业的指导意见》，《国家知识产权局关于加快提升知识产权服务机构分析评议能力的指导意见》。此外，知识产权局、国家标准委、工商总局、版权局还联合印发《关于知识产权服务标准体系建设的指导意见》。这些文件从政策层面提出加快培育和促进知识产权服务行业发展的措施。经过40年的发展，知识产权服务业规模不断扩大，经济效益大幅提升。

3. **不断推进知识产权运营工作**

国家知识产权局在促进知识产权运营、打造知识产权强企方面开展了大量工作。从2014年12月至今，国家知识产权局启动了以市场化方式促进知识产权运营服务工作试点，通过支持搭建知识产权运营公共服务平台、支持一批知识产权运营机构做大做强、设立知识产权质押融资风险补偿基金、设立产业知识产权运营基金4项措施的系统推进，推动搭建起"平台+机构+资本+产业"四位一体的知识产权运营体系。国家知识产权局通过加强产业知识产权发展战略管理，引导产业创新成果产权化、知识产权产业化，推进企业、高等学校、科研机构知识产权"贯标"，开展知识产权评议、专利导航和预警等决策分析咨询，开展专利信息推送服务，形成知识产权发挥重要作用的产业创新发展模式，促进知识产权密集型产业做强做大，推进我国产业向高端发展，促进经济提质增效升级。与此同时，大力培育知识产权运营机构，持续开展知识产权评估、交易许可、标准化等知识产权运用业务以及知识产权保险、质押融资、作价入股等知识产权金融和资本化业务培训，培养了一批具有发展潜力、可以带领团队完成重大项目运作的知识产权运营人才队伍。组建知识产权运营导师团，指导运营人才开展知识产权运营平台建设等项目实践。

4. 不断推进知识产权金融证券化工作

国家知识产权局与财政部、科技部、人民银行、银监会等部门加强协调，研究出台了多项政策措施，推动知识产权与金融资本融合，印发了《国家知识产权局关于进一步推动知识产权金融服务工作的意见》等文件。通过完善支撑中小企业知识产权运营的融资渠道、知识产权间接融资渠道，鼓励商业银行、保险公司、担保公司、众筹平台公司等金融机构参与知识产权质押融资活动；推动各类金融机构创新知识产权金融服务，为中小企业提供知识产权资产证券化、专利保险等新型金融产品。发展知识产权直接融资渠道，引导和鼓励重点产业知识产权运营基金、相关政府性投资基金、天使基金、创业投资基金等，参与中小微企业开展知识产权运营活动。

三、量质嬗变的知识产权产出

改革开放以来，中国知识产权法律体系不断完善，知识产权保护水平不断提升，尤其自国家知识产权战略制定、实施以来，中国知识产权事业进入高速发展期，并取得了巨大成就，成为名副其实的知识产权大国。值得注意的是，中国知识产权的发展不仅体现为"量"的变化，还体现为"质"的变化。中国在全球国家创新指数排行中名次不断提升、越来越多的品牌跻身全球最有价值品牌排行榜、发明专利在专利申请量中占比提高、知识产权进出口贸易繁荣发展、应对贸易摩擦中知识产权纠纷的水平不断提高……这些充分说明，作为激励创新制度保障的知识产权事业，在推动中国自主创新能力提升、转变经济增长方式、缓解资源环境限制、增强国家核心竞争力等方面发挥了重要作用。

（一）从知识产权小国到知识产权大国：知识产权发展之量变

1. 专利申请数量、授权数量快速增长

从1985年至今，中国专利申请受理数量和授权数量呈现逐年递增趋势，发明专利申请受理量从1985年的14 372件增长至2017年的138.2万件，增长了96倍；发明专利授权量从1985年的185件增长至2017年的42万件。可见，中国专利制度诞生至今，专利申请量和专利授权量发生了翻天覆地的变化。具体而言，中国专利申请量和授权量的增长以2000年《专利法》第二次修改、2008年《国家知识产权战略》为时间节点，划分为三个发展阶段：1985~1999年缓慢增长阶段；2000~2008年平稳增长阶段，2009年至今为快速增长阶段。影响专利快速增长速度的原因，除日益完善的专利制度这一影响因素外，一系列支持知识产权发展的政策，如将"知识产权战略"上升为"国家战略"，这是非常重要的因素。

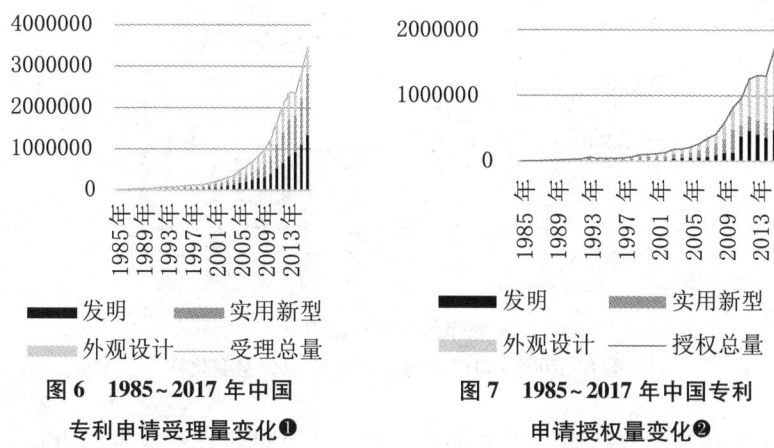

图6 1985~2017年中国
专利申请受理量变化❶

图7 1985~2017年中国专利
申请授权量变化❷

2. 著作权登记数量大增

自国家版权局制定的《作品自愿登记试行办法》《计算机软件著作权登记办法》实施以来,中国著作权年度登记总量总体上呈现增长趋势,如图8所示。截至2017年年底,中国作品著作权登记总量已达为2 001 966件;而在2000年,中国作品著作权登记总量仅为3146件,著作权登记总量增长幅度十分明显。近年来,中国著作权登记数量正保持高速增长趋势,连续多年创下历史新高。2012年,全国著作权登记数量同比增长49.05%,2013年同比增长22.08%,2014年同比增长19.97%,2015年同比增长33.63%,2016年同比增长22.33%,2017年同比增长36.86%。❸ 全国作品登记总量的持续、大幅增长不仅反映了中国近年来作品创作总量的大幅提升,也说明中国著作权登记工作进展显著、作品的创新水平得到极大提升。

从著作权登记作品的类型来看,中国目前登记量较多的是摄影作品、美术作品和文字作品。以中国2017年的登记数据为例,全国摄影作品登记总量为734 998件,占作品登记总量的36.71%;美术作品登记总量以653 820件排名其次,占作品登记总量的32.66%;排名位列第三的是文字作品,2017年登记总量共计480 640件,占作品登记总量的24.01%;影视作品45 171件,占登记总量2.26%;以上类型的作品登记量占全国作品登记总量的95.64%。❹

---

❶ 参见《国家知识产权局统计年报(1985~2016)》,http://www.sipo.gov.cn/tjxx/gjzscqjtjnb/index.htm,最后访问日期2018年3月10日;"国家知识产权局:2017年我国发明专利申请量同比增14.2%",载 http://politics.people.com.cn/n1/2018/0104/c1001-29746093.html,最后访问日期:2018年3月10日。

❷ 参见《国家知识产权局统计年报(1985~2016)》,http://www.sipo.gov.cn/tjxx/gjzscqjtjnb/index.htm,最后访问日期2018年3月10日;"国家知识产权局:2017年我国发明专利申请量同比增14.2%",载 http://politics.people.com.cn/n1/2018/0104/c1001-29746093.html,最后访问日期:2018年3月10日。

❸ 参见"全国作品自愿登记情况统计(2000~2017)",载 http://www.ncac.gov.cn/chinacopyright/channels/572.html,最后访问日期:2018年3月10日。

❹ 参见"2017年全国著作权登记超270万件 同比增长36.86%",载 http://www.ncac.gov.cn/chinacopyright/contents/518/359815.html,最后访问日期:2018年3月10日。

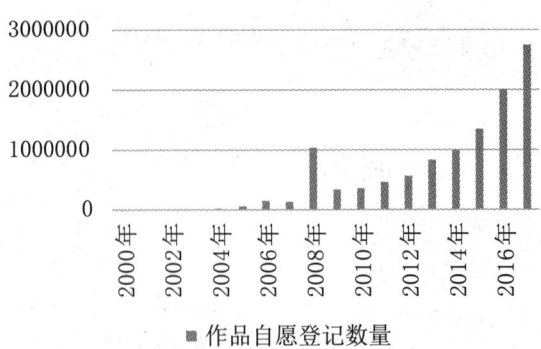

图8 2000~2017年作品自愿登记数量变化❶

软件产业是版权产业的重要组成部分。中国计算机软件行业发展迅猛，计算机软件登记数量保持高速增长态势。根据国家版权局中国版权保护中心统计的计算机软件著作权登记信息，中国计算机软件登记量增长迅速，如图9所示。2017年度，全国范围内计算机软件著作权登记总量为745 387件，较2016年的41万件同比增长82.79%，登记数量和同比增长增速均创下历史新高。❷ 从登记量的区域分布情况来看，中国登记数量较高且增长速度较快的省份，主要分布于东部地区。以2017年为例，全国登记量较多的省市依次为：广东省、北京市、上海市、江苏省、浙江省、福建省、四川省、山东省、湖北省和安徽省。以上省市登记计算机软件总量共计607 035件，约占全部登记总量的81.44%。其中，广东省2017年登记软件219 860件，约占全国总量的29.50%。

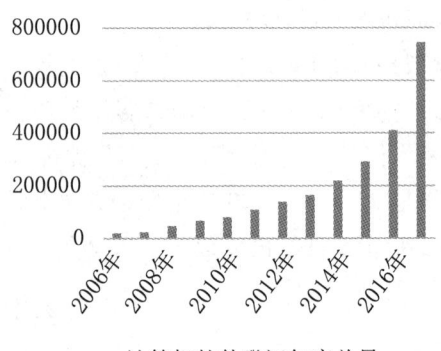

图9 2006~2017年计算机软件登记数量变化❸

---

❶ 参见"全国作品自愿登记情况统计（2000~2017）"，载 http://www.ncac.gov.cn/chinacopyright/channels/572.html，最后访问日期：2018年3月10日。

❷ 参见"2017年全国著作登记超270万件 同比增长36.86%"，载 http://www.ncac.gov.cn/chinacopyright/contents/518/359815.html，最后访问日期：2018年3月10日。

❸ 参见"中国知识产权保护状况（2006~2017）"，载 http://www.sipo.gov.cn/gk/zscqbps/，最后访问日期：2018年3月10日。

3. 商标注册量稳居世界首位

自 1982 年中国《商标法》通过以来，中国商标注册申请受理量、核准注册量整体上显著增长，并已连续 16 年位居世界第一。在 1982~2016 年的 35 年间，商标注册申请受理量 18 565 件增长至 5 538 980 件，受理总量翻了 298 倍；核准注册商标量从 17 057 件增长至 225 4945 件，核准总量翻了 132 倍。截至 2016 年年底，中国商标累计申请量为 2209.4 万件，累计注册量为 1450.9 万件，有效注册量为 1237.6 万件，每万户市场主体的平均商标拥有量从 2011 年的 1074 件增长至当前的 1422 件，增幅为 32.4%，同比增长 6.51%。❶ 马德里商标国际注册申请量、地理标志和农产品商标申请量同样持续稳定增长，截至 2016 年年底，中国已注册地理标志集体商标、证明商标达 3374 件，累计核准注册农产品商标 242.96 万件。

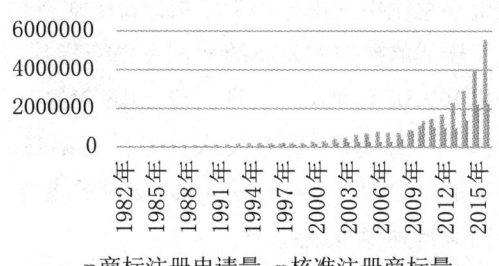

图10　1982~2016 年商标注册申请数量变化❷

可见，经历了中国商标法诞生至今四十年的发展，中国在商标总量上取得了举世公认的巨大成就。影响商标注册数量的原因，与专利申请量发展趋势相同，受法律修改、经济环境、政策支持等多重因素影响，中国商标注册申请量、核准注册商标量在 2001 年、2009 年前后出现两个增长爆发期，如今仍保持迅速增长的态势。

综上所述，改革开放以来，随着社会主义市场经济的繁荣发展，中国通过修改立法、制定支持知识产权发展的利好政策、制定并实施知识产权战略等措施，促使著作权、专利权、商标权等领域在数量上取得了巨大成就，推动了中国知识产权的发展，成为名副其实的"知识产权大国"。

（二）从知识产权大国迈向知识产权强国：知识产权发展的本质嬗变

伴随知识产权数量上的提升，中国经济发展方式得到一定调整、产业结构得以优化，科技创新能力不断提高、企业核心竞争力得到明显提升，随着知识产权战略的进一步实施，中国知识产权数量上的优势逐渐累积，并带来了质的变化。

---

❶ 国家工商行政管理总局商标局、商标评审委员会：《中国商标战略年度发展报告（2016）》，中国工商出版社 2017 年版，第 8 页。

❷ 参见国家工商行政管理总局商标局、商标评审委员会：《中国商标战略年度报告（2008~2016）》，载 http://sbj.saic.gov.cn/sbtj/index_3.html，最后访问日期：2018 年 3 月 10 日。

1. 提高了中国科技创新能力

创新是推动社会发展的新动能。近些年来，中国积极实施创新驱动发展战略，强调科技创新是提高社会生产力和综合国力的战略支撑，中国的科技创新能力不断增强。2017年6月15日，英士国际商学院、美国康奈尔大学和世界知识产权组织共同发布的《2017年全球创新指数（GII）》报告显示，在世界最具创新力经济体排名中，2017年，中国排名上升至第22位，较2013年提升了13位。在中上收入国家/经济体中，中国在GII指数、创新投入、创新产出和创新效率方面均排在第一位，综合水平最高，成为唯一与发达国家经济体创新差距不断缩小的中等收入国家。与其他国家相比，2017年中国在国内市场规模、提供正规培训的公司占比、本国人专利申请量、本国人实用新型申请量、高技术出口减去再出口在贸易总额中的占比、本国人工业品外观设计申请量、创意产品出口在贸易总额中的占比等7项指标排名居首位，优势明显。❶

根据中国科学技术发展战略研究院发布的《国家创新指数报告2016~2017》显示，中国国家创新能力稳步提升，国家创新指数排名较2016年提升了1位，现排名位居第17位。知识产出能力显著增强，R&D经费投入世界排名第二，创新资源投入持续增加，科技创新对经济发展的贡献日益显著，总体科技创新能力不断增强，国家创新能力综合排名将向创新型国家行列稳步迈进。❷

创新的进步体现在产业的技术领先地位。根据科睿唯安发布的《2017全球创新报告》显示，中国已在多个领域具有领先优势，包括航空航天与国防（占据十强榜单2席）、生物技术（占据十强榜单4席）、食品饮料烟草（占据十强榜单9席）、家电（占据十强榜单5席）、信息技术（占据十强榜单4席）、石油和天然气（占据十强榜单5席）、制药（占据十强榜单6席）、通讯（占据十强榜单4席）等优势明显的技术领域。❸

2. 促使中国经济增长方式的转变

中国知识产权事业的迅速发展对推动中国经济增长方式、促进产业结构升级具有重要意义。2018年的《政府工作报告》指出，"五年来，创新驱动发展成果丰硕。科技进步贡献率由52.2%提高到57.5%"；"快速崛起的新动能，正在重塑经济增长格局、深刻改变生产生活方式，成为中国创新发展的新标志"。可见，伴随着国家知识产权战略、创新驱动发展战略的实施，科学技术成果逐渐转变成生产力，许多知识密集型产业迅速崛起，这也给中国经济增长方式已经发生了很大变化。

中国版权产业得到稳定发展。通过对比2006~2015年间中国版权产业的行业增加

---

❶ "中国2017年全球创新指数发布排名攀升至第22位"，载http://news.sciencenet.cn/htmlnews/2017/6/380255.shtm，最后访问日期：2018年3月10日。

❷ 参见中国科学技术发展战略研究院：《国家创新指数报告2016~2017》图解，载http://www.casted.org.cn/channel/newsinfo/6336，最后访问日期：2018年3月10日。

❸ 参见科睿唯安：《2017全球创新报告》，载http://www.199it.com/archives/673595.html，最后访问日期：2018年3月10日。

值以及版权产业对国内生产总值的贡献率，我们可以发现，截至 2016 年年底，中国版权产业行业增加值高达 54 551.46 亿元，较 2006 年翻了 4 倍，对国内生产总值的贡献率也从 2006 年的 6.39% 提升到 2016 年 7.33%，短短十一年间提高了 0.93 个百分点，如图 11 所示。2006 年以来，中国版权产业行业增加值逐年持续、稳步增长，版权产业行业增加值占国内生产总值的比例呈逐年递增趋势，发展势头良好。

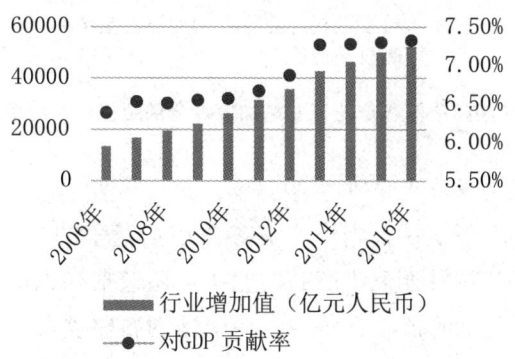

图 11　2006~2016 年中国版权产业行业增加值以及对 GDP 的贡献率❶

互联网思维、技术与新闻出版、软件设计、广播影视等传统版权产业相结合，推动中国核心版权产业的迅速发展。它在全部版权产业中所占比重逐年稳步提升，在全国 GDP 的比重也保持逐年增长态势。截至 2016 年年底，中国核心版权产业行业增加值已经从 2006 年的 48% 提升至 62%，核心版权产业在全部版权产业所占比重已达 4.58%，较 2006 年提升了 1.52%，创下历史新高。2006~2016 年，中国网络核心版权产业规模增长迅速，年增长率保持在 30% 以上，规模总量已经从 2006 年的 163.8 亿元增长至 2016 年的 5086.9 亿元，产业规模增长超过了 30 倍，形成了泛娱乐等跨界版权运营的独特商业模式，并且带动了智能硬件、线下 IP 授权开发等实体经济转型升级。❷ 2017 年，中国电影票房突破 559 亿元，网络游戏行业的营业收入达 2189.6 亿元，均创历史新高。

---

❶ 参见中国新闻出版研究院：“回顾与展望：中国版权产业的经济贡献”，载《传媒》2017 年第 15 期。
❷ 参见国家新闻出版广电总局：“《2017 中国网络版权产业发展报告》发布"，载 http://www.gapp.gov.cn/sapprft/govpublic/6689/339750.shtml，最后访问日期：2018 年 3 月 10 日。

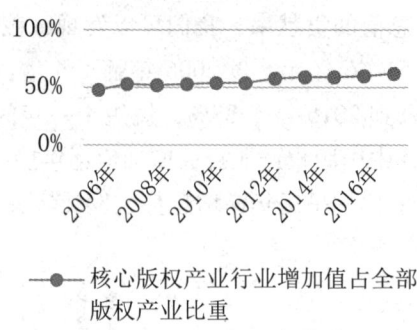

图 12　中国核心版权产业行业增加值占全部版权产业比重变化❶

3. 提高了中国企业的核心竞争力

随着经济全球化的不断发展，当今企业参与市场竞争的方式早已发生重大变革，企业之间的竞争不再仅仅局限于企业产品的竞争，还包括知识产权的竞争。知识产权已经成为企业参与市场竞争的核心竞争力。在中国创新驱动发展战略、国家知识产权战略实施的背景下，中国科技实力取得了长足进步，企业的核心竞争力得以提升。企业已是发明专利的主要申请主体。2017 年，中国国内发明专利申请量和拥有量中，企业所占比重分别达到 63.3% 和 66.4%，较 2016 年提高 1.6 和 0.9 个百分点；企业对中国国内发明专利申请增长的贡献率达到 73.5%。国内企业有效发明专利 5 年以上维持率达到 70.9%，较 2016 年提升 3.4 个百分点。

中国企业海外专利布局能力不断增强。在专利领域，中国 PCT 专利申请数量、授权数量不断增长，PCT 专利在全部专利申请量中的比重逐年增加。以 2017 年为例，国家知识产权局共受理 PCT 专利申请约 5.1 万件，其中 93.7% 的申请人为国内申请人，并且提交 PCT 国际专利申请 100 件以上的国内企业达到 44 家。❷ 这充分说明中国企业已经逐渐意识到知识产权在国际市场竞争中的重要性，通过申请 PCT 专利进行海外专利布局，提高企业核心竞争力，为企业"走出去"奠定了坚实基础。从整体来看，2002~2017 年，中国 PCT 专利申请数量不断增长，其中 2015~2016 年期间增长幅度最大，同比增长 48.5%。2002 年中国 PCT 专利申请量仅为 951 件，2017 年中国 PCT 专利申请量已达 50 674 件，增长了 53 倍。同时，随着中国经济社会的发展以及关于支持资助国际专利申请的多项政策出台和实施以后，中国 PCT 专利申请量占中国专利总申请量的比例呈现逐年增长趋势。❸ 中国企业海外专利布局的能力正不断加强。

---

❶ 参见中国新闻出版研究院："回顾与展望：中国版权产业的经济贡献"，载《传媒》2017 年第 15 期；"2017 年中国版权十件大事"，载 http://www.ncac.gov.cn/chinacopyright/contents/518/361129.html，最后访问日期：2018 年 3 月 10 日。

❷ 参见"2017 年我国有 44 家企业提交 100 件以上 PCT 国际专利申请"，载 http://www.sipo.gov.cn/pub/old/sipo2013/mtsd/1111466.htm，最后访问日期：2018 年 3 月 10 日。

❸ 参见傅俊英、佟贺丰："中国 PCT 专利申请的发展现状"，载《科技管理研究》2016 年第 13 期。

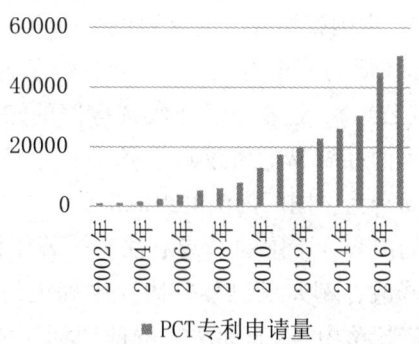

图 13　2002~2017 年中国 PCT 专利申请量变化❶

在商标权领域，随着贸易全球化的发展，商标作为企业无形资产的价值正与日俱增，并成为企业参与市场竞争的重要手段。根据著名品牌评估机构 Interbrand 公司发布的《全球最有价值 100 品牌》，2017 年中国华为和联想两家企业入选前 100 强，分别位列第 70 位和第 100 位。在 2013 年之前，中国没有企业曾入选全球最有价值 100 品牌。2014 年，华为作为唯一一家中国品牌入选，并位居第 94 位。2015~2017 年，中国的华为和联想两家企业连续三年入选全球最有价值 100 品牌。"中国品牌日"的建立对于发展中国企业自主知识产权品牌、提高企业核心竞争力具有推动作用。2016 年 6 月 20 日，《国务院办公厅关于发挥品牌引领作用推动供需结构升级的意见》公布，该意见明确要设立"中国品牌日"，大力宣传知名自主品牌，讲好中国品牌故事，提高自主品牌影响力和认知度。❷

四、同步国际的知识产权发展

经济全球化与贸易一体化是 20 世纪 80 年代以来世界经济发展的主要趋势，全球化趋势改变整个世界人们的行为和思维模式，也影响着世界各国的文化、政治、经济、外交、贸易和产业政策等方面。中国知识产权法律制度的制定与修订都深受世界知识产权保护趋势的影响，知识产权国际保护规则从实体一体化到程序一体化发展，中国从一开始的被动接受和改变到主动适应，再到现在主动组织国际条约签订活动，展现出作为知识产权科技强国面貌，积极实施知识产权战略，建设创新强国，实现创新驱动发展。

（一）主动适应国际公约要求，积极完善本国立法

自中国知识产权制度重建以来，中国就主动适应知识产权国际公约要求，不断完

---

❶ 参见《国家知识产权局统计年报（2002~2017 年）》，载 http://www.sipo.gov.cn/tjxx/gjzscqtjnb/index.htm，最后访问日期：2018 年 3 月 10 日。
❷ 参见"国务院办公厅关于发挥品牌引领作用推动供需结构升级的意见"，载 http://www.gov.cn/zhengce/content/2016-06/20/content_5083778.htm，最后访问日期：2018 年 3 月 10 日。

善本国立法。早在1980年,中国就加入了世界知识产权组织,并先后加入《保护工业产权巴黎公约》《商标国际注册马德里协定》《专利合作条约》《保护文学和艺术作品伯尔尼公约》《世界著作权公约》,还在《关于集成电路的知识产权条约》以及《与贸易有关的知识产权包括假冒商品贸易的协议》上签字,这些国际公约的签订,除了中国声明保留的部分,都自动转为中国国内法的组成部分。

此外,为了履行公约的内容,中国的《专利法》《著作权法》和《商标法》等主要的法律法规都做了重大修改,例如《巴黎公约》中确定的国民待遇原则、优先权原则也都体现于中国的知识产权法中;《商标法》修改商标注册中的"一标多类"原则,确定同一商标注册不限于一类商品,简化了商标申请注册的程序,与《商标国际注册马德里协定》的内容进行衔接。除了修改和完善本国法律外,中国相应的实施细则和实施条例也都做了相应的修正,同时出台对应的行政法规和部门规则。[1] 例如,中国1993年参加了《录音制品公约》,中国国务院于2001年出台《音像制品管理条例》,2016年还做了第三次最新修订。

(二)积极签订双边协议,加强知识产权保护

我国积极参与双边协议的谈判,解决知识产权具体问题。在20世纪70年代末,中国就分别与美国、菲律宾签订了与知识产权内容有关的贸易协定和文化协定;90年代分别与瑞典、瑞士、美国等签订关于保护知识产权谅解备忘录;21世纪初与意大利、乌克兰、俄罗斯、法国、非洲、蒙古、吉尔吉斯斯坦、乌兹别克斯坦等国签订了知识产权合作协议;近年来,中国国家工商行政管理总局与英国知识产权局签订关于商标的战略合作谅解备忘录(2009)、中国国家知识产权局与美国专利商标局签订谅解备忘录(2008)、中国国家知识产权局与俄罗斯国家知识中心达成关于交换专利信息和文献的协议(2008)、中美达成关于加强边境执法合作备忘录(2007)等,这些双边协议为加强中国与其他国家知识产权交流与合作提供了更好的平台和路径,进一步促进了中国知识产权事业的发展。

近年来,中国尤其注重与其他国家签订自由贸易协定,中国迄今已与智利、瑞士、澳大利益、韩国等国缔结了14个自由贸易协定,其中的知识产权条款内容主要涉及:强调知识产权保护与社会公共利益平衡、重申知识产权国际公约的主要权利义务、规定超TRIPS协议条款以及一些知识产权合作相关的软性条款等等。在中国最新签订的自贸协定中,有些条款反映了中国的利益,例如遗传资源的保护、民间文艺知识产权保护、传统知识保护等等。在中瑞两国自贸协定中,对《视听表演北京条约》(以下简称《北京条约》)和专利领域的中草药都有专门的提及。可见,在新时代下,中国知识产权保护水平已有了很大提高,在国际性协议中渐渐占据较为有利的地位。这些双边协议和自贸协定为加强中国与其他国家知识产权交流与合作提供了更好的平台和路

---

[1] 参见冯晓青:"论我国知识产权制度与国际标准进一步接轨——兼谈我国现行知识产权法的修改、完善",载《湘潭大学学报(哲学社会科学版)》1996年第5期。

径，有力地促进了中国知识产权事业的发展。

(三) 主动承办外交会议，缔结国际公约

2014年4月24日，第十二届全国人大常务委员会第八次会议一致表决通过批准加入世界知识产权组织《北京条约》，该条约是中华人民共和国成立后第一个在中国签署的国际公约，是第一个以中国城市命名的国际条约。截至2014年4月，包括中国在内共有72个世界知识产权组织成员方签署了《北京条约》。该条约的签订在中国版权事业上具有里程碑式的意义。之前在中国加入的国际公约中，没有规制以使视频形式录制表演行为，也没有对视听作品中表演者的权利做出保护，《北京条约》则是基于对表演者和表演者权利的重视，对表演者的声音和形象给予全面保护的国际规范。❶ 在《北京条约》签订后，为了更好地与国际形势接轨，中国《著作权法》第三次修改将会根据《北京条约》的一些规定做出相应的修改。

(四) 参与国际知识产权争端解决，提高应对水平

改革开放以来，中国知识产权发展成效也体现在中国面对美国"特别301报告""337调查"等国际知识产权争端时，其应对水平的显著提高。中美之间的知识产权争端由来已久，中美知识产权争端的发展过程恰好与中国知识产权制度的建立以及不断完善的过程相对应，随着中国知识产权制度的发展，中美知识产权争端的关注重点也相应发生变化。按照知识产权争端关注点的不同，可以将中美知识产权争端划分为三个阶段，即第一阶段1979~1992年；第二阶段1993~2001年；第三阶段2001年至今。❷ 第一阶段，由于中国知识产权制度正处于建立阶段，中美之间交锋重点在中国的知识产权立法问题；第二阶段，随着中国法律制度初步建立，中美双方关注的重点是知识产权法律制度的完善和严格执法问题；第三阶段，随着中国加入WTO，美国关注的重点在于中国在保护知识产权基础上的市场准入。

在40年的中美知识产权争端应对过程中，中国的应对水平有了大幅提高，这主要表现为以下四个方面。

第一，从被动应对到主动应对的变化。在中美贸易争端的第一、二阶段，中国主要是被动应对，而到了第三阶段，中国开始进行主动应对。中国加入世界贸易组织以前，知识产权制度在保护力度、保护范围等方面与国际水平还有差距，社会公众也尚未形成系统的知识产权意识，因此，中国在这两个阶段被动地进行了两次知识产权法的修改工作。2000年前后，中国知识产权制度在知识产权保护力度、知识产权的申请数量和质量、社会公众的知识产权文化等方面都有了较大进步。尤其是在国家知识产权战略制定并实施以来，中国解决中美知识产权争端问题时更加长远地立足于本国知

---

❶ 阎晓宏："中国版权事业的里程碑——《视听表演北京条约》出台始末"，载《中国版权》2014年第3期。

❷ 参见黄宇蓝：《中美知识产权三十年》，广西人民出版社2013年版，第139页。

识产权体系的完善。在此背景下，中国在面对中美知识产权争端时积极应对，并积累了在世界贸易组织国际争端解决机制中解决争端的经验。

第二，政府主导下的贸易救济机制逐步建立。为应对和解决国际贸易摩擦问题，中国商务部成立贸易救济调查局，主要承担进出口公平贸易工作和贸易救济调查工作、指导协调国（境）外对中国出口商品实施贸易救济措施及其他措施的应对、建立完善进出口贸易预警机制和产业损害预警机制等工作，并在实践中取得了良好的实施效果。

第三，多边贸易救济合作机制的建立。中国商务部贸易救济调查局与其他国家建立贸易救济合作机制，积极学习、借鉴其他国家交流知识产权争端解决的立法、实践经验的同时，也通过该机制的建立促进交流，努力化解贸易摩擦。

第四，中国国内行业协会的指导。除了官方机构的大力支持以外，中国也在积极探索发挥行业协会在中美知识产权争端中的作用，并积极进行探索、实践，取得了初步成效。

五、响应时代的知识产权文化

知识产权制度产生和发展建立在相应的知识产权法律文化基础之上。所谓知识产权法律文化，是指人们关于知识产权现象的观念和行为模式的总称，是知识产权制度的思想基础。❶ 知识产权法律文化由观念文化和制度文化所组成。"观念传统是知识产权文化产生的思想支撑。观念传统习惯是社会成员信仰和认同的载体，是社会发展的软力量，深刻影响着法律制度的选择和法律文化的构建。"❷ 从中国知识产权制度建设的历史来看，自近代以来它一直是一种"被迫性移植"的结果，为外国势力强制的产物，一直缺乏社会认同的文化基础。因此，作为一种外来制度，其地位的变迁实质是其背后激励创新的文化因素在市场经济的完善过程中被本土理解、消化和接受的过程。

现代知识产权制度建立在崇尚权利、追求自由和理性价值的观念基础之上，并体现为追求创新的文化因素。世界知识产权组织也提出"建立一种明达的知识产权文化"，认为要提高人们认同"知识产权是促进经济、社会和文化发展的强有力手段"这一理念。现代知识产权法律文化是知识经济市场条件下的法律文化，是知识产品的商品化、市场化和产业化的精神产品。因此，中国知识产权法律文化的转型，是法律文化的现代化转型而不是"西方化"。知识产权文化是中国特色社会主义文化的重要组成部分，是创新驱动发展的核心软实力。党的十九大报告强调培育创新文化，这正是知识产权法律文化建设的核心内容。而经过40年来的法制建设，中国在知识产权的学说、意识、习惯等方面的知识产权法律文化取得了长足进步。这是在普法宣传教育、专业人才培养和学术研究等多方面的因素共同发挥作用的结果。❸

---

❶ 参见吴汉东：《知识产权总论》，中国人民大学出版社2009年版，第162页。
❷ 刘华、周莹："我国知识产权文化建设的层次与目标"，载《知识产权》2006年第3期，第19页。
❸ 参见刘华、李文渊："论知识产权文化在中国的构建"，载《知识产权》2004年第6期，第18页。

（一）提升民众的知识产权法律意识

知识产权法律宣传活动如火如荼地在全社会持续性的开展。2001年4月26日，世界知识产权组织决定设立世界知识产权日，目的是在全世界范围内树立保护知识产权的意识，创造鼓励创新的法律环境。中国从2004年开始将每年4月20~26日定为"全国保护知识产权宣传周"；后自2009年起改为"全国知识产权宣传周"，在报刊、电视、广播、互联网等媒体，利用传统媒介、门户网站、微博、微信公众号等载体，以新闻发布会、公益广告等方式向全社会开展知识产权宣传教育活动。其中，世界知识产权日的主题活动是知识产权宣传周所重点宣传的内容，历届世界知识产权日的主题都与创新发展密切相关，如"创新改变生活"（2017年），"变革的动力：女性参与创新创造"（2018年）。

最高人民法院通常将在4月26日前后召开新闻发布会，由其知识产权庭的负责人主持发布上一年度的《中国法院知识产权司法保护状况》（白皮书）、中国法院知识产权保护十大案件、创新型案例和50件典型案例，并向媒体介绍了该年度全国法院知识产权案件的基本特点，充分展示中国法院加大知识产权司法保护力度取得的丰硕成果。地方各级人民法院也纷纷开展了形式多样的宣传周活动。其形式包括：邀请中外媒体旁听庭审、深入企业进行采访；发布地方法院知识产权审判白皮书活动；走进社区，发放法律宣传资料，接受群众咨询；法官走进广播电视台，交流识产权保护知识；对典型案件公开宣判进行现场直播，扩大宣传效果。

各级行政主管部门也会举办相应的发布会，如国家知识产权局也会开展各种宣传活动，特别是其公布的《中国知识产权保护状况》，包括制度建设、审批登记、执法、机制和能力建设、宣传、教育培训、国际合作等方面。版权局推动的正版化活动，党政机关软件正版化不断规范、企事业单位软件正版化全面铺开，坚持正版化与信息化、信息安全紧密结合，以信息安全为抓手，推动软件产业高质量发展，为提升国民经济运行质量作出更大贡献。这些宣传活动形成了一定的新闻热点，宣传了知识产权法律知识，提高了民众的知识产权法律意识。据中国人民大学的研究报告，社会公众的知识产权法律意识有了本质的提高。[1]

（二）建立系统的知识产权专业人才培养机制

建立各有侧重的知识产权专业教育模式，是中国从"知识产权大国"向"知识产权强国"迈进的重要智力基础。在知识产权保护力度日益提升的国内外发展形势下，中国在知识产权人才培养方面也取得了重要进展。一般认为，知识产权人才培养包括知识产权理论人才（智库人才）和应用人才的培养。40年来，中国知识产权人才培养从蹒跚起步到枝繁叶茂，逐渐建立了较为系统的专业人才培养模式。

---

[1] 参见中国人民大学知识产权教学与研究中心、中国人民大学知识产权学院：《中国知识产权发展报告（2015）》，清华大学出版社2016年版，第75页。

知识产权人才培养起步于专业应用人才的培养，最早起步于为实施专利法而培养的专利管理人员和专利代理人所开设的专业课程，在此基础上，部分高校逐渐开设知识产权二学位专业，培养知识产权本科生。其中，中国人民大学于1987年创办知识产权法专业，从理工农医专业本科生中招收二学位的学生。华中科技大学等高校也陆续开始"4+2"学制的知识产权法学本科第二学士学位的教学工作，培养了大批专业人才。

中南财经政法大学知识产权研究中心是国内最早从事知识产权教学和研究的机构之一，其前身是1988年成立的中南政法学院知识产权教学与研究中心，2000年正式更名为"中南财经政法大学知识产权研究中心"；2004年成立知识产权学院，注重培养懂法学、管理学、经济学的复合型知识产权人才，目前已形成了具有一定规模、特色鲜明、创新高质的知识产权法学硕士、法律硕士、管理学硕士以及法学博士、博士后培养模式。知识产权教研机构作为科学研究、人才培养的基地，在知识产权学科的发展中起着重要作用。经过多年的发展，中国高校相继成立了大量的知识产权教学与研究机构。据初步统计，高校成立的知识产权学院（中心）已达35所，有高达71个知识产权本科专业。这标志着中国知识产权理论的不断发展与完善。

经过40年的发展，中国知识产权专业人才的培养已经形成了基础教育、学历教育和专门教育相结合的培养形式，建立了本科、硕士、博士和博士后等不同层次的教育体系，还完善了为执法司法机关、中介服务机构和企事业单位培养急需人才而进行的短期专门培训教育机制。从各学校的培养模式来看，主要包括：（1）本科层次的培养模式主要有：面向高中毕业生招录的知识产权法学专业和知识产权管理学教学模式；面向取得非文科类的知识产权法学二学位；知识产权法学本科加理工类专科的培养方式；还有不授予学位的知识产权法学辅修专业的模式。（2）硕士研究生层次的培养模式主要有：知识产权法学硕士或管理学硕士；知识产权法律硕士；本硕连读模式，理工类本科攻读知识产权法学或管理学硕士；尝试知识产权MBA和EMBA的教育。（3）博士研究生层次的培养模式主要有：知识产权法学或管理学的模式，以及自主设立的交叉学科知识产权博士点。

六、面向创新的知识产权学术

知识产权学说是观念形态的知识产权文化的构成部分之一，而学术研究也是推动文化发展的有力手段。加强知识产权的学术研究对知识产权文化的形成意义重大。[1] 知识产权学术的发展与知识产权法制的建设进程同步，也与知识产权人才培养机制的完善互为因果。自改革开放重建知识产权制度以来，知识产权学术研究"在无理论基础、

---

[1] 参见刘华、李文渊："论知识产权文化在中国的构建"，载《知识产权》2004年第6期，第18页。

无历史传统、无制度参照、无实践经验的条件下"开始起步,❶ 从回应市场需求、技术发展和司法实践对理论的迫切需求出发,逐渐形成具有中国特色的知识产权学术理论流派,展示了中国知识产权学术研究的繁荣。

(一) 中国知识产权理论具有全球视野

中国知识产权制度和理论均发端于西方,在中国知识产权学术创始之初,学者们常常从国际条约和外国法律制度的文本评介出发,借助于全球化的法律制度、人类共识的理论和相同的学术话语,在结合中国实践的基础上构建了中国知识产权制度与理论。从这一层意义来说,中国知识产权学术在其诞生之日就带着全球化的烙印,具有宽阔的国际视野。同时,它无疑契合了人类命运共同体的基本理念。

中国知识产权研究持续关注国际条约的发展。改革开放是中国的基本国策,加入世界经济体系就必须承认建立在人类命运共同体上的基本规则;知识产权是经济贸易体系的基本支柱,保护知识产权的法律规则也是最具有国际化的现代化法律,知识产权理论也就具有了全球化的共性。中国知识产权学术研究持续关注国际条约的规则及其在国内的正确实施。从《伯尔尼公约》《巴黎公约》等传统国际条约,到《世界知识产权组织版权公约》(WCT)《表演及录音制品条约》(WPPT)等新技术条件下的国际条约,中国不仅积极参与谈判条约,而且还在推动新的国际条约时发出了中国声音,如中国已经批准加入的《北京条约》,它是历史上第一次在中国召开缔结条约的外交会议。这促使了中国知识产权学术研究的全球化视野,国际条约是中国知识产权学术研究的重要理论依据。在涉及具体制度的解释时,国际条约是权威的解释工具,如关于信息网络传播权具体保护范围的确定,人们就常常援引 WCT 上所谓的"伞状解决方案"以解决交互性传播技术的条约规定。

域外法律制度的发展也是中国知识产权法学界持续关注的焦点。技术创新成为知识经济时代社会发展的关键性作用,而知识产权法正是反映技术创新的重要法律制度。中国学界持续关注技术领先国家的知识产权法律制度发展动态,不仅及时关注其法律规则的立改废,还特别注意研究那些具有重大影响的司法案例。美国知识产权法律制度和司法实践的发展是中国学界关注的重点,譬如美国《千年数字版权法》(DMCA)关于技术措施保护、网络服务提供者责任限制的规定,连同相应的立法背景与司法判例,都成为中国讨论信息网络传播权及其相关制度的理论依据。欧盟知识产权法也是中国知识产权法学研究的重要理论来源,特别是其不同于美国法的立法,如欧盟层次的各种指令、规章,欧盟法院的各种判例(如向公众传播权的判例)也备受关注;当然,欧盟成员国新的立法趋势也为国内所关注,如断网禁令、新闻版税等。除美、欧之外,日本、澳大利亚和加拿大知识产权法律的发展也是中国知识产权学术研究者所关注的重要内容。

---

❶ 参见中国人民大学知识产权教学与研究中心、中国人民大学知识产权学院:《中国知识产权发展报告(2015)》,清华大学出版社 2016 年版,第 77 页。

（二）中国知识产权理论面向实践需求

中国知识产权学术从改革开放之初的蹒跚学步，对西方知识产权理论的亦步亦趋，逐渐转向回应中国市场经济建设和社会发展中的实践问题，以实践需求为导向的理论研究产生了大量的高水平的著作，使得中国知识产权研究水平产生了质的飞跃。中国知识产权学术研究者日渐自信，理论体系的构建也日趋完善。其标志性的成果是吴汉东教授的《知识产权总论》。著作以"基本范畴""基础理论""国际保护"的独特架构，对知识产权研究中最抽象、最一般、最基本的问题进行了学术概况和总结，对知识产权的概念、性质、特征、主体、客体、利用、限制和保护进行了全面的分析；从知识产权的历史发展、学理基础、文化意蕴、价值目标、政策功能出发，构建了知识产权制度的科学性、正当性和合理性。

中国知识产权研究回应知识产权法制建设的需求。在短短的 40 年内，中国知识产权制度建设从无到有、从残缺到完备的发展离不开学术研究的支撑。在知识产权制度的立、改、废中，知识产权学者积极参与，既对立法完善做出了贡献，也促使了适应中国国情的知识产权理论之完善。郑成思先生对中国知识产权制度的建设做出了卓越的贡献，其著作成为立法者的主要参考文献，《著作权法》《专利法》和《商标法》中的许多制度凝聚了他的智慧。❶ 再如，正在进行中的《著作权法（修订草案）》也同样体现了学者们的重要贡献。国家版权局曾委托中南财经政法大学吴汉东教授、中国社会科学院李明德教授和中国人民大学刘春田教授分别牵头起草《著作权法》的修订草案，由此形成了体现中国著作权法最高理论水平的三部"专家意见稿"。在民法典的起草过程中，在《民法总则》规定了知识产权的基本范畴之后，学者们积极推动知识产权入典的运动，在理论上总结出分离式、糅合式、纳入式、链接式以及新的整体纳入式等解决方案，❷ 也草拟了一些引发广泛关注的专家建议稿。

中国知识产权研究关注知识产权司法实践的需求。徒法不足以自行。法律实施的有效性是知识产权保护水平的重要指标。在司法实践中，知识产权维权存在"举证难、赔偿低、周期长"等问题，知识产权审判领域改革创新的重要任务是要突破这些难点。这体现在理论上对知识产权价值评估、损害赔偿、归责原则、举证责任等具体制度进行研究。就损害赔偿问题，吴汉东教授提出知识产权司法定价的运行模式，即以知识产权的"合理价值"为基础，计算其收益能力（市场价值）在特定实践的市场条件下的货币表现（市场交易价格）的分析框架，为损害赔偿数额的计算提供了"三步观察法"的标准。❸ 最高人民法院通过案例指导和司法解释制度来加强知识产权司法保护的水平、统一司法裁判的尺度。在司法解释的制定过程中，学者们积极对相关问题展开

---

❶ 参见"纪念郑成思教授逝世十周年座谈会发言实录"，载《国家知识产权战略实施：回顾与展望》，知识产权出版社 2017 年版。

❷ 参见曹新明：《中国知识产权法典化研究》，中国政法大学出版社 2005 年版，第二章。

❸ 参见吴汉东："知识产权损害赔偿的市场价值分析：理论、规则与方法"，载《法学评论》2018 年第 1 期。

研究，草拟解释文本，如最高人民法院在起草《关于审理涉及驰名商标保护的民事纠纷案件应用法律若干问题的解释》时，曾委托相关研究机构草案的起草。

中国知识产权研究着重知识产权产业发展的需求。习近平主席指出："产权保护特别是知识产权保护是塑造良好营商环境的重要方面。"在建设创新型国家的过程中，要构建"以企业为主体、市场为导向、产学研深度融合的技术创新体系"，就需要建立符合市场经济、产权明晰、保护有力的知识产权制度。专利确权制度是备受持续关注的研究课题，因为专利无效循环诉讼拖延了确权的进程，权利状态长期处于不确定状态，不利于市场交易和利用的正常进行。学者们从理论上探究专利审查的法律性质，批评授权行政行为的定性，将其视为一种准司法的行政行为，或是专利权证的签发或登记的行政行为，目的在于及时地确定专利权的效力，以实现产权明晰的市场经济要求。商标囤积、抢注等行为对市场主体诚信经营产生了巨大的负面效应，学者们以诚信原则为基本依据，推动了将商标注册、使用的诚信原则纳入到《商标法》，大规模抢注商标的行为不仅可能被撤销，而且恶意抢注的商标权在维权时不能得到法院的支持。涉外定牌加工中商标问题的解决涉及中国出口加工产业发展与权利保护之间的平衡，"商标性使用"法律术语的含义在相关案件中的正确应用，也离不开理论研究的贡献。

（三）中国知识产权理论紧跟技术发展

"知识产权保护是激励创新的基本手段，是创新原动力的基本保障，是国际竞争力的核心要素。"技术创新促进了知识产权的制度变革，因为创新企业的自身利益与社会的技术进步之间存在着不可避免的阿罗悖论，知识产权制度是解决该悖论的基本手段。在新技术的发展过程中，知识产权制度的演变与知识产权理论发展密切相关。

互联网技术给人类社会带来了深远且持续的影响。网络服务提供者如何承担第三方侵权责任，是版权法上近20年来最具争议的热门问题之一。滥觞于美国1998年DMCA的网络服务提供者责任限制制度，在中国的适用中引发了持久的学术争论。如区分直接侵权与间接侵权的标准之争，围绕视频聚合、加框链接、深层链接等新型商业模式，学界对"服务器标准""实质替代标准"与"实质呈现标准"进行了一系列深入的研究和探讨。再如服务提供者主观过错标准之争，学界对其不审查义务与技术过滤义务也展开了深入的研究。除此之外，云盘服务、体育赛事直播、游戏直播等互联网新型案件不断涌现，相应的理论研究异彩纷呈，对侵犯知识产权的责任规则、权利客体、权利限制等理论研究取得了实质性的进步，极大地丰富了中国的知识产权理论。

人工智能是中国最有可能弯道超车的技术领域。人工智能的发展速度远超一般人的预料。它的发展可分为弱人工智能、人工智能和超人类智能等三个阶段。伴随着技术从弱人工智能向人工智能的发展，曾经专属于人类的创造智力也逐渐从科幻作品走入现实。当人类优越性从国际象棋退缩到围棋，再从围棋退缩到图片识别，现在连图片辨识也为人工智能突破时，艺术创作、发明创造也许不能成为人类优越性的象征了，机器模仿巴赫谱写乐曲、撰写日本古典短诗俳句，完全可以以假乱真。在这一背景下，保护与激励人类创造的专利法、版权法也必然面临日益严峻的挑战，它成为中国知识产权学者的研究热点。云计算、3D 打印、大数据、虚拟现实、增强现实、共享经济等技术的出现，都引发了人们的研究热情，深化了知识产权的理论认识，也促进了知识产权理论的成熟与完善。

（四）中国知识产权理论总结中国经验

在中国创新驱动发展战略的伟大实践的推动下，"中国知识产权学者开始自觉重构知识产权话语体系、理论体系，在此基础上知识产权学术国际化的途径，"并推动了知识产权领域的"表达中国"向"中国表达"的转向。❶ 这是因为建立在借鉴和移植基础上的知识产权必须要符合中国的创新实践，中国特色知识产权制度需要本土化的知识产权理论做支撑。当然，中国特色的知识产权理论不是推倒建立在市场经济基础上的西方知识产权理论，相反，本土化的知识产权研究将通过对中国问题的研究而为世界知识产权发展构建出更丰富的理论和经验。

从被迫移植起步的知识产权制度，逐渐演变为中国创新发展的内在需求。创新不仅引领了中国的发展，它也在引领世界的发展。这些引领技术必然会带来新的法律问题，同样会促使理论创新的出现。这是知识产权理论梳理中国经验的技术和经济基础，它也是人类命运共同体规则体系的重要组成部分。虽然中国仍然是世界上最大的发展中国家，但中国在某些技术领域，如高铁、电子支付、电子商务、共享经济和信息技术等，实现了模仿创新的转型。标准必要专利和广告屏蔽软件的法律理论就是两项最具代表性的例子。

"专利标准化、标准国际化"的发展趋势使得标准必要专利问题成为全球执法机构与学者们关注的重点与热点，其中"公平、合理和无歧视（FRAND）"承诺成为其焦点。以华为、中兴等公司为代表的中国通讯企业取得了巨大的进步，并逐渐成为世界市场的主要竞争者。它们既是标准必要专利的拥有者之一（如 5G 标准），也是其使用者。广东省高级人民法院终审判决的华为公司诉美国交互数字集团公司（Inter Digital Corporation，以下简称 IDC）案是中国标准必要专利第一案。作为中国法院处理的第一例涉及 FRAND 的案件产生了广泛的国际影响，这也使得中国学者对权利人滥用市场支配地位的判断等反垄断法与知识产权法的交叉进行了有益的探索，是该案产生国际影响的重要原因。如该案关于 FRAND 原则适用方法——以成本利润法对满足 FRAND 条件的费率进行确定——对其他国家的相关案件也产生了重要影响，如 2017 年英国法院审结的"无线星球诉三星案"等。

中国电子商务发展迅猛，网络广告业是其重要的组成部分。在中国，因屏蔽互联网广告引发的纠纷近年来逐渐增多，但是，其具体法律适用却未有明确规定。对于网站经营者所提出的不正当竞争的指控，法院处理此类案件时虽然面临法律适用的困境，但也依《反不正当竞争法》一般条款而做出了一些具有重大影响的判决。如"'极路

---

❶ 参见中国人民大学知识产权教学与研究中心、中国人民大学知识产权学院：《中国知识产权发展报告（2015）》，清华大学出版社 2016 年版，第 78 页。

由'屏蔽视频广告不正当竞争纠纷案"被北京市高级人民法院评选为2015年度知识产权司法保护"十大创新性案例",该案以"非公益必要不干扰原则"认定被告开发的"屏蔽视频广告插件"构成了不正当竞争行为。同时,该案也引发了不同观点的持续交锋。反对者认为"非公益必要不干扰原则"作为一项司法创制的法律原则,并无规范依据;同时,该原则的适用也被质疑其将"对网络市场竞争带来深远的负面影响"。从比较法的角度来看,这些新类型的案件在国外尚无权威的判决,中国学者对其进行的理论争论,也同样会产生重要的影响。

标准必要专利和广告屏蔽软件合法性之争的理论研究,是中国知识产权实践经验的体现之一。随着技术的领先发展,就会出现越来越多的新型案件,也必将产生更多具有国际影响的中国理论和制度。

七、迈向辉煌的知识产权未来

在中国全面建成小康社会决胜期、迈向开启全面建设社会主义现代化国家新征程的两个历史阶段,实施创新驱动发展战略具有重要意义。正如习近平总书记在中央财经领导小组第七次会议上的讲话所指出的:"创新始终是推动一个国家、一个民族向前发展的重要力量,也是推动整个人类社会向前发展的重要力量。"

创新的内容非常丰富,科技创新与制度创新在创新发展中具有基础性的地位;而知识产权法律制度正是制度创新和科技创新的连接点,在实现"两个一百年"奋斗目标中具有重要的制度支撑价值。如果说中国知识产权法律制度在改革开放40年的发展历程是从制度萌芽发展到参天大树的话,那么,它在今后中国经济社会发展中的地位已俨然成为重要支柱。

(一) 知识产权法律制度建设在实现中国梦中的意义

实现"两个一百年"奋斗目标、实现中华民族伟大复兴的中国梦,第一要义即是综合国力的提升。习近平总书记指出:"综合国力竞争说到底是创新的竞争。要深入实施创新驱动发展战略,推动科技创新、产业创新、企业创新、市场创新、产品创新、业态创新、管理创新等,加快形成以创新为主要引领和支撑的经济体系和发展模式。"

第一,全面建成小康社会需要开展以知识产权法治为重要制度支撑的经济社会建设。十九大报告指出,中国特色社会主义进入新时代,中国社会主要矛盾已经转化为人民日益增长的美好生活需要和不平衡不充分的发展之间的矛盾。而要解决好发展不平衡不充分问题,就需要大力提升发展质量和效益,需要坚持质量第一、效益优先,需要加快建设实体经济、科技创新,不断增强中国经济创新力和竞争力,从而推动经济持续健康发展。

第二,社会主义现代化强国建设也需要建立完备的知识产权法律制度。富强民主文明和谐美丽的社会主义现代化强国体现为物质文明、政治文明、精神文明、社会文明、生态文明的全面提升。其中,在物质文明方面,中国经济实力、科技实力将大幅跃升,跻身创新型国家前列。在精神文明方面,社会文明程度达到新的高度,国家文化软实力显著增强,中华文化影响更加广泛深入。在生态文明方面,生态环境根本好转,美丽中国目标基本实现。这些文明建设都离不开知识产权法律制度的保障。

(二) 完善的知识产权法律制度助力中国特色社会主义强国建设

十九大报告指出,创新是引领发展的第一动力,完善的知识产权法律制度是新发展理念下制度创新之重要体现,也是其得以顺利实施的制度保障。

第一,完善的知识产权法律制度是新发展理念的制度支撑点。创新是一个系统工程,具有复杂性、高不确定性。创新经济的发展需要发挥市场在创新中的主体地位,需要正确划分个人、企业、研发部门与国家在技术创新中的地位,知识产权法律制度的完善需要建立在创新实践的需求之上。

诚然,知识产权制度具有激励创新的作用,但其激励作用必须与国家产业的创新实践相适应。英国知识产权委员会(CIPR)在报告《整合知识产权与发展政策》中指出:知识产权制度作为国家科技发展的催化剂,应该符合国家的经济、技术发展现状;就专利制度而言,"应该避免(不适应国家发展现状的专利)制度影响研发积极性"。

知识产权保护是塑造良好营商环境的重要方面。同时,也应建立符合创新经济发展的科技管理体制。因此,十九大报告提出的深化科技体制改革具有重要意义,它与知识产权法一起将有力地激发人们的创新能力。

第二,完善的知识产权法律制度是促进社会主义文化繁荣的重要保障。十九大报告指出,没有文化的繁荣兴盛,就没有中华民族伟大复兴。增强意识形态领域主导权和话语权,发展社会主义先进文化,不能靠生硬的说教,而是需要有优秀的文化产品做载体。提高国家文化软实力,也必然以优秀的电影、小说、音乐等文学艺术为载体,它需要激发全民族文化创新活力。

著作权法是激励优秀文化产品创作的法律制度。保护创作者权利,才能不断推出文学艺术领域的精品力作。十九大报告还指出,要推动中华优秀传统文化创造性转化、创新性发展,从制度建设来看,就应该建立健全民间文学艺术(传统文化表达)保护制度,完善非物质文化遗产保护,加强文物保护利用和文化遗产保护传承。

第三,完善的知识产权法律制度是生态文明体制改革的内容之一。要推进绿色发展,就必须构建市场导向的绿色技术创新体系,也必须推进符合绿色技术创新的法律制度建设。这对于知识产权法律制度改革具有重要的指导意义。

为了应对气候变化、强化保护环境,建设生态文明,专利法应该完善绿色专利制度,通过从专利授权条件,到授权审批程序,再到专利技术的推广利用等内容的特殊化设计,而构建符合绿色技术的研发、推广与应用的一套特殊的专利制度。现阶段的重点在于推进绿色专利快速审批机制,完善绿色专利强制实施许可制度,积极促进在环境友好和资源节约方面具有显著优势的自主知识产权的创造与运用。

同时,应该加快生物多样性的立法保护,其立法应符合中国国情,在具体路径方面,应通过单行立法和专利法来落实《生物多样性公约》确立的基本原则。

第四,完善的知识产权法律制度是影响健康中国战略实现的重要因素。十九大报告指出,人民健康是民族昌盛和国家富强的重要标志。在健康中国战略的实施中,药品的可及性问题具有重要的意义。2017年10月8日,中共中央办公厅、国务院办公厅印发《关于深化审评审批制度改革鼓励药品医疗器械创新的意见》,该意见内容广泛,其中的重要内容之一是,对医药领域的知识产权制度建设提出了高屋建瓴的规划,其制度的建立与完善必然助力健康中国战略的实现。

一方面,中国应加强原研药的激励力度,这体现为专利保护、药品数据保护等制度。另一方面,完善的医药知识产权制度还是中国居民药品可及性的重要保障。建立与完善仿制药开发激励制度对公共健康具有重要意义。在美国,3/4的药品为仿制药。这是Hatch-Waxman法案的重要成效,其原因是该法案为仿制药上市提供了快速审批程序。美国为激励仿制药商挑战药品专利权的效力,法律规定成功挑战专利权效力的仿制药商可获得6个月的专有权期限。中国也有必要予以借鉴。应该建立首仿药保护机制,激励仿制药商质疑专利权效力。药品专利无效将为仿制药上市扫清最重要的法律障碍。

(三)新时期知识产权法律制度建设的任务

在新的历史时期,知识产权法律制度的建设要以提升创新能力、激发知识产权的创造为目标,以强化知识产权的保护为使命,并落脚于知识产权的运用。

第一,继续完善知识产权法律制度。

要完善知识产权保护相关法律法规,要加快新兴领域和业态知识产权保护制度建设。例如,在创新驱动发展的国家战略背景下,大数据、人工智能、云技术等新技术的发展属于中国经济社会发展弯道超车的重要产业领域。这些技术的发展将促进知识产权法的急剧变革。知识产权法是保障技术发展的产物,革命性的传播技术将导致革命性的知识产权制度变迁。我们应该完善保护这些技术成果的法律制度,这是知识产权制度回应技术健康发展的重要保障。同时,这些制度的完善,不仅是促进中国相关产业发展所面临的法律保障,还将为世界各国知识产权法的发展提供中国经验。

第二,继续提升知识产权保护水平。

完善知识产权的行政执法和司法保护是落实创新驱动发展战略的基础性制度保障。应该健全知识产权执法协作机制以及行政执法和刑事司法的联动保护机制。加强各个执法部门的统筹协作,强化信息技术等新技术新手段的运用,强化事中事后监管,全面提高打击侵权假冒工作水平,加强打击侵权假冒法规制度建设,严格规范公正文明执法,推进公正司法和全民守法,保障打击侵权假冒工作始终沿着法治轨道前进。

习近平同志指出,中国要提升知识产权侵权行为的成本。要加大知识产权侵权违法行为惩治力度,让侵权者付出沉重代价。这首先体现为加大侵犯知识产权的刑事制裁力度。修订完善刑法或相关司法解释有关知识产权犯罪的条款,加大处罚力度,完善定罪量刑标准,加强刑法与其他法律之间的有效衔接。其次,加大侵犯知识产权的民事赔偿责任。完善技术专家咨询机制,依法减轻权利人举证负担,有效执行惩罚性赔偿制度，提高侵犯知识产权违法成本。再次，制定防止滥用知识产权的反垄断执法指南。

第三，完善与知识产权制度有关的管理体制与服务体系。

要紧扣创新发展需求，积极推动开展知识产权综合管理改革试点。高效的知识产权综合管理体制体现在知识产权行政管理制度、服务保障机制和科技政策制定与管理制度。具体来说，建立高效的知识产权综合管理体制，首先就有必要改变条块分割、管理冗余、作为不够的行政管理体制。例如，医药知识产权保护需要多个部门的协调工作，现有的《药品管理法》或《专利法》都难以单独完成其激励作用。药品数据保护、专利链接、保护期补偿机制，以及仿制药快速审批机制、首仿药排他保护机制等等，这些激励机制不可分割对待，但分别涉及多个行政管理部门。同时，化学药和生物制剂的研发具有不同的成本与收益，需要在宏观上加以更为详细的研究与规定。这些现实表明，需要建立制度化的、跨部门的行政管理体制。

其次，高效的行政管理体制需要以高质量的知识产权产出为重要体现。在国家层面，行政管理体制的完善与改革需要以提高知识产权审查质量和审查效率为目标。在地方层面，应发挥维护有利于创新创业的市场环境。十九大报告强调要维护公平有序的市场竞争，这也是知识产权行政管理体制建设的基本要求。

再次，高效的知识产权综合管理体制还必须整合力量，发挥在国际知识产权规则制定方面的影响力。在全面开放新格局背景下，"一带一路"建设也需要完善知识产权综合管理体制做支撑，以充分保障中国走出去企业的创新成果。同时，也要积极协调应对来自于发达国家的知识产权保护需求。仍以医药产业为例，其创新发展对国家经济发展极其重要，与人们的健康卫生安全休戚相关。激励医药创新的法律制度不仅涉及产业发展与公共健康之间的平衡问题；还涉及如何处理与美国等国家的国际贸易关系问题，故国家应从更宏观的视角来构建医药创新发展的激励机制。

最后，高效的知识产权管理体制还体现为便民利民的知识产权公共服务体系。因此，应探索支撑创新发展的知识产权运行机制，推动形成权界清晰、分工合理、责权一致、运转高效的体制机制，发挥专利、商标、版权等知识产权的引领作用，打通知识产权创造、运用、保护、管理、服务全链条。

第四，重视创新运用的多重激励机制。

科技创新的最重要意义并不在于为创新而创新，而在于将创新成果应用到中国特色社会主义事业的建设之中。知识产权法律制度建设要重视知识产权的运用。为此，知识产权法律制度还要建立与其他经济政策工具相协调的机制。十九大报告明确要健全财政、货币、产业、区域等经济政策协调机制就是其重要体现。

技术创新不仅是国家经济增长的引擎，也是单个企业成长或重生的关键。研究开发是技术创新的决定性因素，然而，如果没有政府的支持，研发投入就可能存在不足。其原因是，研发所获得的知识普遍被认为具有公共产品的属性，其生产的边际成本为零。研发成果能够得以扩散，而创新者从中获得的利润并不等于研发成果的所有收益。

因此，为了激励技术创新，国家在某些情况下对创新者给予实质性的支持是非常必要的。进一步的问题是，国家应该采取何种政策和法律工具来支持技术创新？人们自然而然地将其指向专利法，或更广泛意义上的知识产权法。

然而，我们还必须重视知识产权法之外的其他激励制度。国家对技术创新予以激励，重要目的是矫正技术创新的市场失灵。事实上，知识产权制度并不是激励创新的唯一机制，研发资助、奖励、税收优惠、由行政主管部门对创新产品市场的排他性保护，都能够发挥激励创新的重要作用。这些激励机制不只是属于支持知识产权制度的伦理系统，而确是实在法上的重要内容；它们也不是知识产权法的替代制度，而是并行不悖、各有其适用范围的创新激励机制。

第五，不断培育知识产权法律文化。

知识产权法律意识是知识产权保护法律环境的重要侧面。因此，要调动拥有知识产权的自然人和法人的积极性和主动性，提升产权意识，自觉运用法律武器依法维权。培育知识产权法律意识，既要通过加强执法、增加处罚力度等措施教育市场主体与公民，又要通过各种宣传工具广泛传播知识产权保护意识和创新文化，以最终获致以创新为核心的知识产权法律意识的主动生成。

（撰稿人：中南财经政法大学知识产权研究中心　曹新明教授
南京师范大学　梁志文教授）

中国法律史学

四十年

1978~2018

林 乾　中国政法大学法律史学研究院教授、副院长

崔林林　中国政法大学法学院教授、法律史研究所所长

第一部分　中国法制史学四十年（1978~2018）

2018年，正值中国纪念改革开放四十周年，中国法制史学的研究相较之前，取得了更加辉煌的成绩。出版诸多推动中国法制史发展的著作，发表了诸多对中国法制史研究内容、研究范式与研究视角具有启发意义的学术论文，各大科研院校主办了若干中国法制史研究的研讨会，有关中国法制史研究的学术科研机构在创立数量与发展规模上也在不断增长。这些变化都为中国法制史学研究展现出新样貌提供了契机。

一、四十年历程：中国法制史学的新发展

中国法制史40年的发展，是一个里程碑式的历程。无论是在重大活动的举办、重要著作的出版方面，还是重要学术研究机构的创立发展方向方面，都有着日新月异地变化。这些变化无不推动着中国法制史的"车轮"向前进。

（一）重大学术活动的举办

1978年是中国改革开放的元年。1979年以后，法律史学者们致力于重建中华人民共和国的法律史学。他们认为重建的意义就在于使得学术研究能够延续中华民族伟大的历史传承，使学术研究能为社会主义法治建设提供有益经验。在1979年中国法律史学会成立大会上，张晋藩教授等强调，中国大陆的法律史学者要用自己创造性的学术成绩重建新中国法律史学，这主要是涉及中华法律文化的传承与创造性转化的问题，以及中国法律史学能否对社会法治建设有所贡献的问题。2017年中国共产党第十九次全国代表大会召开，在习近平总书记的报告中，提出要建设社会主义法治国家，发展中国特色社会主义法治理论，坚持依法治国、依法执政、依法行政共同推进，坚持法治国家、法治政府、法治社会一体建设，坚持依法治国和以德治国相结合，依法治国和依规治党有机统一，深化司法体制改革，提高全民族法治素养和道德素质，明确提出要坚持依法治国与以德治国相结合的命题。这为中国法制史学的发展提供了新的发展契机。中国法制史学的研究，不能像清代考据学派那样钻故纸堆，为历史而历史，而是既要深入历史脉络，又要跳脱出历史束缚，站在当代社会与法治建设需要的高度，撷取历史的经验与规律性认识，丰富人类知识，为完善社会主义的法治建设，为实施依法治国方略，进一步深化依法治国实践服务。

中国法制史上可资借鉴的历史经验不胜枚举，张晋藩教授从宏观上阐述了四个比

较突出的方面：第一，法治与国家盛衰不可分。中国历史上出现过的多次盛世都与法制的保障作用密不可分。从来没有盛世而法制衰微的王朝，也从来没有过法制兴盛而国家衰败的先例。所谓"国无常强，无常弱。奉法者强则国强，奉法者弱则国弱。"第二，礼乐政刑，综合为治。《礼记·乐记》："礼以导其志，乐以和其声，政以一其行，刑以防其奸。礼乐政刑，其极一也，所以同民心而出治道也。"周初就提出的礼乐政刑综合为治，是统治经验的高度总结，运用道德教化从精神上纳民于"正轨"，使政治、法律、经济、教育、道德等各方面的手段综合并用，共同为治。只有这样才能维持国家长治久安。第三，改制与更法相互促进。历史上历经无数次的经济和政治体制改革，而每一次改革的利钝失败都是和更法即立法调整分不开的。第四，治法与治人并重。"虽有贞观之法，苟无贞观之吏，欲其刑善，无乃难乎。"为治法，历代形成了因时立法、定期修律的制度，注重各种形式法律的相互配合，组成完整系统的法律体系。

40年来，中国法制史学也举办过诸多具有重要学术意义的研讨活动。1979年9月，在长春召开中华人民共和国成立以来首次全国法律史学术讨论会。这次会议基本上确定了中国法制史学术研究的中国特色，逐渐消除了苏联模式对中国学术的影响。本学科名称定为"中国法制史"得到普遍认可。本次会议也成立了全国性学术机构——中国法律史学会。1983年8月在西安召开了第二届年会，这次会议着重讨论了中华法系的特点以及如何建设具有中国特色的社会主义法律体系等问题。1986年3月在合肥举办的第三届年会成立了全国性的中国法制史学术研究机构——中国法制史研究会，中国法制史研究继续朝向正规化发展。1987年7月在昆明首次由中国法制史研究会主办了学术研讨会。1990年3月在长沙召开的第四届年会又决定成立了由中国法律史学会统辖的6个研究会。这几次年会的召开，逐步奠定了中国法制史学作为学科开始进入正规化的研究。现将1996年以后中国法律史学会的历次年会汇总，如表1所示。

表1　1996~2017年中国法律史年会举办情况

年会时间	年会地点	年会主题
2017年	山西太原	中国传统司法的智慧
2016年	天津	法制转型与政治文明
2015年	辽宁沈阳	传统法律文化与现代法治文化
2014年	青海西宁	中国边疆法律治理的历史经验
2013年	浙江杭州	传统法智慧与移植法本土化改良
2012年	海南海口	法律与国情：中华法制文明再探讨
2011年	云南昆明	辛亥百年与法制变迁
2010年	宁夏银川	吏治与法律文化
2009年	吉林长春	中国法律传统与法律精神
2008年	重庆	中国传统司法与司法传统

续表

年会时间	年会地点	年会主题
2007年	广东珠海	理性与智慧：中国传统法律再探讨
2006年	新疆乌鲁木齐	中国历史上的法律与社会发展
2005年	河南开封	中国文化与法治
2004年	北京	中国近代的法制变革
2003年	山东济南	历史上的法律变迁与社会进步
2002年	上海市	中国法律史学科的体系、结构和特点
2001年	厦门市	走向21世纪的中国法文化
2000年	安徽合肥	新世纪法律史学
1999年	重庆	民族法制史与地方法制史
1998年	山东济南	中国历史上的法制改革
1997年	陕西西安	廉政与法律监督
1996年	江苏南京	传统法律文化与现代经济法制

进入2000年以后，中国法制史学界的学者们通过开展广泛的学术交流，不仅使以往的研究热点更加深入，而且研究领域更加广泛。2000年4月，在中国政法大学召开"20世纪中国法制回顾与前瞻研讨会"。会议分别就20世纪中国法制历程的回顾与评价、中华法系的重塑问题、中国法制近代化问题、法律史学研究方法问题进行了探讨。2002年10月，在上海大学举办的中国法律史年会，对中国法制史的研究方法更加多元化，突破了传统的研究模式，从社会学、政治学、经济学等角度进行科学地分析，研究内容开始愈加具体、细化。2006年9月，在中国政法大学法律史学研究中心（现中国政法大学法律史学研究院）举办了"中华法系国际学术研讨会"，可以说是当时在中国大陆召开的中国法制史层次很高的学术会议。此次会议对于促进世界了解中华法系，重塑中华法系乃至振兴中华法系都起到了积极的作用。2007年举办的"理性与智慧：中国传统法律再探讨"对于沟通历史与现实、传统与现代，促进中国法制史学的学术交流，繁荣发展中国法制史学的学术研究具有重要意义。同年12月，值中南财经政法大学法律文化研究院成立一周年之际，在武汉召开了第一届法律文化全国博士论坛。该论坛对于培育法律史学术新人，培养青年优秀学者而言是极好的平台，且一直延续至今，2017年12月在重庆大学法学院举办第十一届法律文化博士论坛。2009年7月，在长春召开了"中国法律史学会成立三十周年纪念大会暨2009年学术年会"，在这次会议上，学会回顾了成立的历史，也为学术界提供了老中青三代学人汇聚、共话学会历史与未来的机会。2010年，在中国政法大学举办了"中国法制史学六十年学术研讨会"及"张晋藩先生执教六十周年暨八十华诞庆典"。在这次会议后，由张晋藩法律史学术基金主办、教育部人文社会科学重点研究基地中国政法大学法律史学研究院

承办的第一届全国法律史优秀论文颁奖仪式举行。这应是中国大陆第一个专门为研究法律史的硕博士同学提供崭露头角的活动，对培育学术新人具有重要的推进作用。

2017年11月25~26日，第三届"中国法律史前沿问题"学术研讨会在厦门大学隆重召开。中国法律史前沿问题研讨会在厦门于2011年、2013年已经举办过两届，邀请到国内外众多学者参与，研讨热烈，交流充分，在繁荣法律史学术、扩大学科影响方面效果显著。

2017年11月11~12日，由华东政法大学法律古籍整理研究所、湖南大学岳麓书院、湖南大学法学院与中国法律史学会法律古籍整理专业委员会主办的第七届"出土文献与法律史研究"学术研讨会在长沙召开。来自海内外高校和科研机构的五十余位学者参加了此次会议。

2017年9月16~17日，由中国政法大学法律古籍整理研究所、中国社会科学院敦煌学研究中心以及中国法律史学会法律古籍整理专业委员会主办的"敦煌吐鲁番法制文献与唐代律令秩序"学术研讨会在京召开。来自境内外高校和科研机构的三十余位学者参加了此次会议。

2017年7月15~16日，由中国政法大学法律古籍整理研究所主办、中国法律与历史国际学会协办的"中国法律与历史"国际学术研讨会（International Conference on Chinese Law and History）在中国政法大学学院路校区召开。来自境内外高校和研究机构的六十余位学者参加了此次会议。

2017年4月7~9日，由中国人民大学清史研究所、《清史研究》编辑部与杭州师范大学人文学院联合举办的"明清社会问题与法律应对"研讨会，在杭州顺利召开。四十余名学者参加了此次研讨会。这次会议是作为历史学背景的清代法制史研究与作为法学背景的清代法制史研究的一次很好的沟通和对话。

2016年8月28日，第五届青年法史论坛在西北政法大学举办。本届论坛的主题为"中华法系与法治文明"，全国各高校与科研院所的四十余位青年学者参加。

2015年6月，清华大学举办"《大清律例》国际学术研讨会"。本次会议围绕《大清律例》这一中国古代法典的最后形态和典型代表，对律例文化及其传播、律例变迁、司法制度、商业法制等议题展开研讨。

（二）重点学术著作的出版

以张晋藩先生为代表，依托教育部人文社会科学重点研究基地的法律史学研究院，出版了一批具有较大学术价值和影响力的研究成果，如《中国法制通史》（十卷本）《中国法律的传统与近代转型》《中华法制文明的演进》《中国少数民族法制通史》（多卷本）《中国近代社会与法制文明》《清代宗族法研究》《中西法律文化比较》《清代民族立法》《中国古代的权力与法律》等。近些年来又陆续出版了诸如《制度、司法与变革：清代法律史专论》（全三卷）《中华法制文明史》（共两卷）《中国古代监察法制史》《中国宪法史》（修订本）《法史钩沉话智库》，张中秋教授出版《中日法律文化交流比较研究》以及刘广安教授出版《清代法律体系辨析》《中国古代法律体系新论》，林乾教授出版《传统中国的权与法》等诸多著作。这些研究成果获奖二十余项，其中《中国法制史通史》（十卷本）获"第十二届中国图书奖"和"第三届全国高校人文社会科学研究优秀成果"一等奖。

中国政法大学法律古籍整理研究所徐世虹教授潜心致力于秦汉法制史与出土法律文献的研究，其整理翻译的日本秦汉法制史学者大庭脩的《秦汉法制史研究》于2017年再版发行。在武汉大学陈伟教授主编的秦简牍研究系列丛书中，《秦律研究》是由徐世虹教授主持，并由多人合作完成并出版的著作。李雪梅教授致力于古代碑刻法律史料的整理与研究，其先后出版《碑刻法律史料考》《法制"镂之金石"传统与明清碑禁体系》。赵晶副教授著《〈天圣令〉与唐宋法制考论》由上海古籍出版社出版。

中国社会科学院法学研究所杨一凡教授先后出版《重新认识中国法律史》《明初重典考》《明大诰研究》《洪武法律典籍考证》《明代立法研究》，合著《历代例考》《明代法制考》《中国法律思想通史》明代卷，主编《中国法制史考证》（15册）《中国法制史考证续编》（13册）《新编中国法制史》《中华人民共和国法制史》《中国珍稀法律典籍集成》（14册）《中国珍稀法律典籍续编》（10册）《历代珍稀司法文献》（15册）《历代判例判牍》（12册）等，独立整理和合编有《皇明制书》（4册）《中国古代地方法律文献》（40册）《中国律学文献》（19册）《古代判牍案例新编》（20册）《古代榜文告示汇存》（10册）《清代成案选编》（50册）等。这些著作的问世极大地便利了中国法律史学者的研究。

中国人民大学张希坡教授撰写了《马锡五审判方式》《革命根据地经济立法》《革命根据地公运纲领和劳动立法史》《中华人民共和国刑法史》《革命根据地法律文献选辑（第一辑）》等著作；赵晓耕教授撰写了《中国古代土地法制述略》《宋代法制史研究》等著作，尤陈俊副教授出版《法律知识的文字传播》等。

北京大学法学院蒲坚教授2015年出版的《中国法制史大辞典》是其几十年的呕心沥血之作，对于后世学者研究中国法制史基础知识具有很好的指引作用；李贵连教授出版《近代中国法制与法学》《沈家本传》《沈家本年谱长编》，李启成教授出版《外来规则与固有习惯：祭田法制的近代转型》《晚清各级审判厅研究》等。

清华大学法学院苏亦工教授出版的《明清律典与条例》围绕律典和条例的构造、功能及适用原则等问题对明清律典在国家法律体系中的地位和作用加以系统性地探讨，这也是对明清法制史研究具有重要学术价值的著作；陈新宇教授出版的《从比附援引到罪刑法定》《帝制中国的法源与适用：以比附问题为中心的展开》都是专门以古代比附问题为例进行深入探讨的专门性著作，深化了对这一问题的研究。

华东政法大学以何勤华教授领衔的法律史研究，出版了《中国法学史纲》《律学考》《中国法学史》（全三卷）《"清末民国法律史料丛刊"辑要》系列丛书，以及点校《读律佩觿》《驳案汇编》《刑部比照加减成案》等书。王立民教授出版了《法律史与法治建设》《中国法律与社会》《中国租借法制初探》《唐律新探》等著作。

西南政法大学俞荣根教授出版了《礼法传统与中华法系》《寻求法的传统》，曾代伟教授出版了《抗战大后方司法改革与实践研究：以战时首都重庆为中心的考察》《巴楚民族文化圈研究：以法律文化的视角》《金元法制丛考》，陈金全教授出版了《西南少数民族习惯法研究》《人类文化历史变迁与法制文明》，龙大轩教授出版了《汉代律家与律章句考》、《道与中国法律传统》，胡仁智教授出版了《两汉郡县官吏司法权研究》，吕志兴教授出版了《宋代法律体系与中华法系》等著作。

西北政法大学，胡留元、冯卓慧教授出版了《西周法制史研究》，汪世荣教授出版《中国古代判例研究》《中国古代判词研究》《判例与法律发展：中国司法改革研究》《人民调解的"福田模式"研究》，闫晓君教授出版《秦汉法律研究》《出土文献与古代司法检验史研究》，点校出版了《大清现行刑律讲义》《大清律讲义》《乐素堂文集》《慎斋文集》等，尤其在陕派律学的研究方面颇有建树。

（三）重要学术机构的设立

在全国各高校和科研院所，中国法制史学的研究方兴未艾，成立了多家专门研究机构。

中国政法大学法律史学研究院是教育部所属的国家级人文社会科学重点研究基地，其前身是1985年成立的中国政法大学中国法律史研究所。这也是当时全国唯一一所以研究中国法律史为中心任务的研究机构，创始人为中国政法大学终身教授张晋藩先生。张晋藩教授于1983年被国务院学位委员会批准为法学博士生导师，并于次年招收了新中国首批法律史学博士研究生。1988年中国政法大学法制史学科被国家教委评定为首批国家级重点学科。2002年10月，在原中国法律史研究所的基础上，成立中国政法大学法律史学研究中心。2004年12月，该研究中心正式入选教育部人文社会科学重点研究基地，成为法律史学科全国唯一的人文社科重点研究基地。2006年更名为中国政法大学法律史学研究院，研究院名誉院长为张晋藩先生，朱勇教授为院长，张中秋教授为常务副院长，林乾教授为副院长。研究院现有专职研究人员14人，设有法制史、法律思想史、比较法史三个研究室和资料室、网络室、办公室、信息交流部。三十余年来，研究院的法律史学研究已形成鲜明特色：注重历史与现实的结合；注重法史学理论与法律文化传承的结合；注重国内研究与国外交流的结合；不断开拓新领域，以优秀成果为当代法制建设和法律文化交流提供有益资源。中国政法大学法律史学研究院现办有院刊《中华法系》，已连续出版十余卷。

1986年6月，张晋藩先生应邀在中南海为中共中央书记处讲授法律课，题为"谈谈法制历史经验的借鉴问题"。1996年他又为全国人大常委会讲授法律课，题为"中国法律的传统与近代转型"。1998年再次应邀为全国人大常委会讲课，题为"中华法制文明的世界地位与近代化的思考"。三次讲课题目不同，内容有异，但贯穿的主线则是一致的——"以史为鉴"，为国家的法治建设提供历史借鉴。

中国政法大学法律古籍整理研究所成立于1984年11月，是在全国率先成立也是目前教育部所属高校中专门从事古代法律文献整理研究的学术机构。现任所长为李雪梅教授。自成立以来的34年间，该研究所以古代法律文献的搜集、整理和研究为己任。

其中《中国历代刑法志译注》《大清律例通考校注》《中华大典·法律典·刑法分典》（全5册）《沈家本全集》（全8册）《中国古代法律文献研究》（年刊）等集体成果得到了同行的普遍关注。经过四十年的建设与发展，该所已经在本校乃至全国高校中形成了自己的研究特色。

中国社会科学院法学所法制史研究室成立于1958年，现有研究人员10人，现任研究室主任为张生教授。该研究室主要从事中国古代法制史、中国近现代法制史、中国法律思想史、外国法律史、中外法文化比较等方面的研究，招收中国法律史专业硕士和博士研究生，并合作培养法律史专业博士后。该研究室承担的国家和院所重点项目有：《中国法制史考证》（33卷本）《中国律学》《中国稀见法律文献的整理与研究》（20卷本）《刑案汇览》（8卷本）等。全国性法律史学术研究团体中国法律史学会的常设办公机构设在该室。20多年来，学会组织召开了30多次全国性学术会议，出版了《法律史论丛》《法律史论集》《法史学刊》等丛书，在组织全国法律史学的学术交流方面发挥了重要作用。

北京大学近代法研究所成立于2002年年底，是国内最早成立的一家近代法研究机构，由李贵连教授担任所长，有多名专兼职研究人员。近代法研究所的研究领域大致分为以下三个方面：中国近代法的研究、外国近代法的研究和中外近代法的比较研究，主要侧重于中国法律近代化问题。这些研究领域基本上包含了法学领域的方方面面。该所自成立以来，已有一些能代表学术前沿的成果刊行。

清华大学法学院法律史研究中心成立于2014年，现任中心主任为苏亦工教授，秘书长为聂鑫教授。该研究中心以传统中国法律文化为主要研究领域。

中国人民大学法学院革命根据地法制研究所成立于2011年，现任所长为张希坡教授。该中心现已出版《革命根据地法律文献选辑》（两卷本）。

华东政法大学成立法律史研究中心，以及上海市人文社会科学重点研究基地外国法与比较法研究院，科研成果既涉及中国法制史研究，也有外国法制史研究和独具特色的比较法制史研究，在全国居于领先地位。其出版物《法律史研究》已连续出版多辑。

中南财经政法大学法学院法律文化研究院成立于2006年12月。法律文化研究院把学理研究和应用研究相结合，为学术的交流构建一个平台，加强了社会各界的联系。研究院办有院刊《中西法律传统》，已出版十三卷。

西南政法大学西南民族法文化研究中心成立于1999年12月。中心由杨怀英教授、黄名述教授、俞荣根教授、曾代伟教授、陈金全教授等主持的民族法文化研究室、西南民族法文化研究中心、凉山彝族奴隶制法制研究课题组、司法部重点项目羌族法研究课题组、国家社科基金项目子课题《中国彝族法制史》研究课题组等组成，已经开展了许多卓有成效的研究工作，出版专著十余部，论文二百多篇，在国内外民族法学研究领域独树一帜。中心刊物为《法鉴》。

西北政法大学成立中华法系与法治文明研究院成立于2015年5月。院长为汪世荣教授，副院长为闫晓君教授、杨建军教授。该研究院是全国首家专门开展中华法学与法治文明研究的科研机构。

沈阳师范大学法学院法律文化研究中心2012年创立，霍存福教授担任主任。该中心出版物为《法律文化论丛》，已出版7辑。

以上院校通过设立法律史专门研究机构，出版法律史刊，并以此为契机，不断深化与扩展中国法制史研究的边界，为海内外学人提供了重要研究平台，共同促进了中国法制史学的发展。

二、四十年发展：中国法制史学的主要学术成就

改革开放以来，中国法制史学在研究内容的范围上不断扩展，研究方法的选择上更加多样，对于基本的法律史问题不断进行重新思考与深入建构。这些变化，始终推动着中国法制史学科的不断向前。

（一）研究内容的不断扩展

1. 传统法制与古代社会

作为中国传统文化的重要组成部分，传统法律始终与其他传统政治、伦理、道德等制度与文化因素紧密结合、相互影响。中国法制史学科从与传统法律文化极为密切的传统制度入手，由点到面，逐步深入，力求在深刻的基础上全面把握传统社会与传统法律的相互影响。

中国法制史研究领域除通史外，西周法制、秦汉法制、隋唐法制、明清法制等领域都已有专门断代法制史研究的书籍出版。这些书籍的出版也表现了断代法制史研究的逐步体系化。由于各个朝代的法制涉及面向广泛，问题很多，仅靠一人之力很难写出内容全面而准确的断代法制史的书来，所以现有的断代法制史书籍，需要再做进一步的补充修订，方有可能走向完善。

中国传统的律令以及法律体系方面的研究，最新研究成果为杨一凡教授主编的《历代令考》。在此之前，有学者认为，令是中国古代国家制定和认可的重要法制形式之一，它的发展历经混同阶段、发展完备阶段与因袭变化阶段，是古代法制不可缺少的重要组成部分。从最早出现的秦汉时期的令，直至晋朝以后律令的分野，皆有相关研究成果。其中徐世虹教授梳理了百年来秦汉令研究的学术史，认为以沈家本、程树德为代表的早期辑佚复原、考证研究，开启了秦汉令的研究领域，为秦汉律令体系的构建奠定了学术史基础，此后日本学者中田薰将汉令推向了一个新阶段。近几年来出土文献的大量出现，丰富了秦汉令的资料来源，势必会进一步深化对秦汉法律体系、结构内容与地位的新认识。

杨一凡教授主编的《中国珍稀法律典籍集成》全书14册，共900余万字，收录散失于我国和日本、美国、俄罗斯、韩国等海内外各地稀见的中国法律古籍文献近60种，其中5册系对文物、历史档案中法律资料的挖掘整理、注释性成果，8册系古籍校

勘成果，1册系对西夏天盛律令的译著成果。全书分甲、乙、丙三编。甲编5册，所辑文献主要有：甲骨、金文、简牍法律文献，汉代屯戍遗简法律文献，吐鲁番出土法律文献，敦煌文书法律文献，西夏法典。乙编6册，收录《大明律直解》所载律文（洪武二十二年律）、《律条直引》《军政条例》《宪纲事类》《吏部条例》、弘治《问刑条例》《嘉靖新例》、嘉靖《重修问刑条例》《宗藩条例》《嘉隆新例》《皇明诏令》《皇明条法事类纂》等稀见的明代法律典籍25种。丙编3册，收录殿本《钦定大清律例》和乾隆年间修订的4种《续纂条例》、盛京满文档案中的律令、《蒙古律例》《西宁青海番夷成例》《钦定回疆则例》及沈家本未刊稿（7种）《刑部现行则例》等。这套资料汇编的学术价值在于：（1）所辑文献，史料稀见，均系首次整理、校勘，其中属于孤本性质的700余万字，珍本性质的200余万字，其中有400余万字的文献为我国大陆所不藏，它的出版将在许多方面填补我国的馆藏空白。（2）所辑文献，有近300万字系从甲骨、金文、简牍、历史档案中辑录、整理而来，有数十万字是由少数民族文字翻译而来。作者在整理中写了大量的注释文字和校勘记、版本校勘表及点校说明。这些均是他们多年研究的成果。因此，本书不仅具有很高的史料价值，而且具有很高的学术价值。（3）所辑文献，均系各代具有代表性的基本法律资料，很多内容是关于行政、经济、军事、文化、对外关系方面的立法，故此书对于研究中国政治制度史、经济史、军事史、文化史等，均有较高的史料价值。

《历代判例判牍》（12册）收录了我国先秦至明清的代表性判例判牍50余种，主要有：金文中案例六则、张家山汉简所载《奏谳书》、文明判集牍残卷、安西判集残卷、开元判集残卷、《龙筋凤髓判》《疑狱集》《折狱龟鉴》《棠阴比事》《棠阴比事原编》《棠阴比事续编》《名公书判清明集》《元典章》户部所载民事判例、《通制条格》所载判例、明《大诰》所载判例、《四川地方司法档案》《云间谳略》、明人文集所载判牍、《重刻释音参审批驳四语活套》《新纂四六谳语》《新纂四六合律判语》《律例临民宝镜》所载审语、《按吴亲审檄稿》《折狱新语》《莆阳谳牍》《刑部驳案汇钞》《刑部判例》《刑部各司判例》《各省刑部案》《驳案新编》《江苏成案》《风行录》《风行录续集》《比较案件》《棘听草》《求刍集》《守禾日记》《未能信录》《判语录存》《槐卿政绩》《诸暨谕民纪要》《四西斋决事》《樊山批判》《三邑制略》《历任判牍汇记》《听讼汇案》《不用刑审判书》等。在上述文献中，80%以上属于珍本或孤本文献。该书是中华人民共和国成立以来出版的第一部历代判例判牍汇集。鉴于古代司法研究一直是法史研究的薄弱领域，长期以来因缺乏审判活动的史料，一些著述对古代法律实施状况存在不少认识上的误区，上述文献的出版对于正确地认识古代的司法制度、审判程序、刑事和民事案件的审理等提供了宝贵的一手资料。

《中国律学文献》丛书以促进中国律学和法律思想史研究、保存珍稀法律文献为编纂宗旨。全书收入先秦至明清有代表性或有特色的律学文献44种，分为4辑影印出版。其中先秦至隋代4种，唐代1种，宋代5种，元代3种，明代13种，清代18种，其内容涉及律学理论、应用律学、比较律学、律学史、古律辑佚和考证诸方面。该书所收书目，大多为古籍善本或稀见文献，其中有十余种是不可多见的孤本、抄本、稿本。所辑先秦至元代律学文献13种，对于探讨中国古代律学的渊源、发展和沿革有重要的史料价值。中国古代律学在明清时期有了重大发展，不断开拓了律学的研究领域。本书所辑30种明清律学文献是研究明清律学和法律思想史的必读之书。

《中国地方法律文献》丛书共5种，53册。要全面地认识和阐述中国古代法律发展史，必须重视地方法律文献的整理和研究。编者把搜集到的古代地方法律文献编为5部丛书影印出版，具体是：《中国古代地方法律文献》甲编（10册）、《中国古代地方法律文献》乙编（15册）、《中国古代地方法律文献》丙编（15册）、《古代榜文告示汇存》（10册）、《古代乡约与乡治法律文献》（3册）。

我国台湾地区法律史学家张伟仁就清代法制档案的整理研究，提出了深刻的见解。他认为，法典只是一个法制的设计大纲，就此所作的研究只能见到法制的静态架构。审判记录则是一个法制的运作痕迹，就此展开的研究可以见到法制动静两态的种种细节。我国台湾地区学者戴炎辉先生、黄源盛先生都分别为此做出过努力。我国台湾地区法律史学者戴炎辉先生1945年在台湾大学法学院任教时，以十数年的时间，将我国台湾地区的淡水厅、台北府、新竹县三衙门的资料加以编纂，并将其资料命名为淡新档案。他除了将档案命名为"淡新档案"外，也将该文件分为行政、民事与刑事三门，每门项下再分类、款、案等。经整理后，该档案已成为世界有名的传统中国县级档案。

有学者认为，成文法的法典化、法律解释的多样化和判例法的非主流化是中国古代法律形式变迁的基本特点。三者在不同时期出现过以某种法律形式为中心的发展，但都暴露出各自的缺点。明朝至乾隆年间是三者的综合时期。乾隆时又形成三者各有分工但又相互制约、相互补充的法律形式结构体系，使中国古代法律体系建设上的形式结构完成了合理性、稳定性与可变性的结合。

其中关于清代《大清会典》的研究最近若干年有新的认识。林乾教授发表《〈清会典〉的历次纂修与清朝行政法制》等文，认为《大清会典》及其《则例》的多次修订，使国家各级、各部门权力的行使有法可依、有章可循，使国家管理职能得到有效发挥的同时，也使传统社会的依法行政达到了新的民主高度。相关研究成果还有《从〈清会典馆奏议〉论〈会典〉的性质》《五朝清会典的修订与清朝行政法制》等。

中国政法大学法律史学研究院刘广安教授在《〈大清会典〉三问》中认为，《大清会典》并不具有最高效力层次的法律地位，其在适用上具有三个特点：朝廷统一编纂《会典》、各衙门分别适用则例、皇帝根据需要直接适用《会典》中的礼制大纲、援引律例而非《会典》断罪。其后，华东政法大学陈灵海教授《〈大清会典〉与清代"典例"法律体系》中认为，《大清会典》是清代实际行用的根本法，在"典例"法律体系中处于重心和基准的地位，绝非具文，认为《大清会典》是史书、政书、行政法典、行政法与根本法合一、综合性法典汇编的观点，低估了《大清会典》在清代法律体系中的地位。清代在明代的基础上，进一步以"典例"法律体系取代"律令"法律体系，在这一体系中，《会典》是纲，律例是目，前者高于后者，后者从属于前者。康熙、雍正时期，《大清律》成为《会典》的组成部分。嘉庆、光绪时期，《大清律例》成为《会典事例》的组成部分，律下降为《会典》的下位法。"律例"体系只是"典例"体系中的刑法部分，不足以全面概括清代法律体系的特征。这种争鸣促进了关于《大清会典》在整个清代法律体系中地位的认识。

2. 部门法制史研究的拓展

部门法制史的研究，肇端于20世纪初。日本学者织田万于1903年主持了我国台湾地区旧惯调查会交付的"清国行政法"编纂工作。其依据《大清会典》等史书编写了中国法律史上第一部行政法史方面的专著《清国行政法泛论》。中国法制史学者从现代行政法的角度认识中国行政法史，并编写相关著作都直接或间接收到此书的影响。在20世纪20年代末，徐朝阳编写出版了中国刑法史和中国诉讼法史领域的专著，以现代刑法和诉讼法理论为指导，构建著作体系，为现代刑法史和诉讼法史著作的编写奠定了基础。

20世纪30年代以来，法制史学者在总结传统中华法系特点时，提出"诸法合体，民刑不分"的观点，这一观点影响甚大。从中国古代法典的编纂体例与结构看，刑事、民事与行政等法律规范被混编于国家的同一基本法典中，不同法律规范并没有编纂各自独立的法典，因而诸法律规范是合为一体的。且中国传统法律中刑事法的发达和刑事调整手段的泛化，无疑挤压了民事法律的生存空间，加深了"民刑不分"的印象。这种观点不但拘囿了法制史学研究的视野，束缚了部分法制史学研究领域的开拓和发展，也不利于对传统法律文化的检讨与再认识。因此，张晋藩先生在1983年中国法律史学会成立大会中就提出"诸法并存，民刑有分"的观点。基于此，张晋藩先生还从现代法理学角度论证这一问题，认为"法典的体例与法律体系是完全不同的概念，二者不同混淆，也不容混淆，否则便会产生以此代彼、以此为彼的误解"。40年来，这一理论被不断完善，使其越来越具有学术的生命力。中国政法大学顾元教授在《政法论坛》2001年第3期就对张晋藩先生关于"诸法合体，民刑有分"的理论进行剖析和诠释。关于部门法制史研究的著述，仅张晋藩先生及其与他人合作编著的就有很多，如《清代民法综论》《两宋民事法律研究》《中国行政法史》《中国刑法史稿》《中国民事诉讼制度史》《中国宪法史》《中国民法通史》等。

关于亲亲相隐的问题，历来是中国法制史学认为礼法结合，法律儒家化的最好证明。范忠信教授对此问题有过相关系列研究，如《中西法律传统中的"亲亲相隐"》《亲亲相为隐：中外法律的共同传统——兼论其根源及其与法治的关系》《中国亲属容隐制度的历程、规律及启示》《"亲属容隐"原则与当代中国刑事法制的人伦回归》。这些研究成果皆以传统中国的亲属容隐制度为起点，但却不仅仅满足于此，而是怀着对现实中国问题的解决出发，理清了这一问题的实质。

根据现行部门法分立的理论来编写中国法制史著作，虽有使古代法制与现代法制紧密联系比较研究的长处，却也有强行割裂古代法制整体的弊端，造成强解古人削足适履的非历史后果。所以，部门法制史的研究如何在既尊重古代法律体系和法律概念的同时,又能有创造性的转化,不仅需要法律史学者在史料方面作更加广泛更加深入的考察,也需要他们在法学理论上提出更加合理且令人信服的主张。

3. 专题法制史研究的深入

这种专题式的法制史研究是根据历史上法律存在的实际情况进行的一种分类整理研究。应该也是目前中国法制史研究中比较活跃的类型。儒家、法家、墨家法律思想可以单独成为其研究对象,法制人物与法学家的研究也可以成为专题法制史研究的对象,如沈家本、瞿同祖、薛允升等人的专题研究论著。在法律形式方面,有单独研究律令的著述论文,也有对特殊法律形式——明大诰问题、清代律例关系问题方面的研究,如苏亦工教授《明清律典与条例》、杨一凡教授《〈明大诰〉研究》,最新关于这一主题的研究,还有刘涛最近出版的《〈明大诰〉与明代社会管理》。

断代法制史翻译出版的系列作品,最近有杨一凡教授、寺田浩明教授主持出版的《日本学者中国法制史论著选》丛书。该套丛书共4卷,涵盖先秦秦汉卷、魏晋隋唐卷、宋元金辽卷、明清卷,应是目前中国法制史以断代为专题进行研究翻译汇编的权威性译著。学界学人在各个方面都有诸多成果的诞生,在此仅就目力所及进行典型性介绍与回顾。

唐代法制史的研究,一直以来都是中国法制史学研究的热门。王立民教授、钱大群教授、岳纯之教授、周东平教授,我国台湾地区法律史学者高明士教授,都从不同的侧面研究唐代法制史的相关问题,出版与发表了若干研究成果。王立民教授出版的《唐律新探》、郑显文教授的《唐代律令制研究》、高明士教授的《律令法与天下法》以及钱大群教授点校出版的《唐律疏议新注》、岳纯之教授点校出版的《唐律疏议》,都对唐代律令制度的研究、具体法典的研究具有极大的推动作用。在具体问题的探究上,岳纯之教授先研究了唐代女性犯罪的问题,发表《唐代女性犯罪与女犯监管》《论唐代的女性犯罪及其法律惩治》的文章,后又开始关注唐代的婚姻问题,发表诸如《论唐代离婚的程序与效力》《关于唐代婚姻成立禁止条件的探讨》《唐代法定适婚年龄考》《论唐代婚外性行为及其社会控制》《论唐代纳妾制度》等文章进行相关讨论。具体微观层面也有《论〈唐律〉"不应得为"条》这种具体微观考证的文章。周东平教授的论文《论唐代惩治官吏赃罪的特点》,对《晋书·刑法志》进行了重新研读与点校,对唐代法制史典章制度的研究具有重要贡献。

关于宋代法制史的研究,陈景良教授发表《南宋事功学派法制变革思想论析》《试论宋代士大夫司法活动中的人文主义批判之精神》《宋代"法官"、"司法"和"法理"考略——兼论宋代司法传统及其历史转型》《宋代司法传统的叙事及其意义——立足于南宋民事审判的考察》《释"干照"——从"唐宋变革"视野下的宋代田宅诉讼说起》等文章,以宋代史料作为研究的对象,探究宋代司法活动中的相关问题,推动了宋代司法制度史的发展。相应地,在历史学界研究宋代法制史的戴建国教授,自20世纪以来也发表了一系列关于宋代法制史的文章,如《宋代赎刑制度述略》《宋代法律制定、公布的信息渠道》《宋代的民田典卖与"一田两主制"》《南宋基层社会的法律人——

以私名帖书、讼师为中心的考察》《从两桩案件的审理看北宋前期的法制》等文章。大致阅览以上这些文章，会发现具有不同学科背景的学者在研究宋代法制史问题时，着眼点却有相似之处。他们更多考虑的是宋代，具体而言是南宋时期的司法问题。

赵晓耕教授发表的若干作品反映了其研究方向的转变。最初发表的几篇作品集中于对宋代法律制度的研究，如发表在《法学研究》1986年第3期的《试论宋代的有关民事法律规范》，发表在《法学家》1997年第4期的《两宋商事立法述略》，发表在《法学研究》2001年第2期的《两宋法律中的田宅细故》。以上文章皆为探讨宋代民商事法律制度的基础性文章。在秦汉法制史领域，赵晓耕教授也发表过相关文章，如《从秦汉司法判例看中国早期传统司法程序制度的意义》《小议先秦社会的史官与法律——从刑字说起》。对于唐以后法制史问题的研究，他也有相关作品涉及，如著述《学术与变革：清末的唐明律研究与评价》《健讼与惧讼：清代州县司法的一个悖论解释》《从司法统计看民国法制》。

其他关于专门制度方面的法制史研究，有研究秦汉刑罚制度、明清司法制度、中国古代婚姻制度、中国古代继承制度以及古代监狱法律制度方面的内容。现代法制史学在学科典籍工作完成后，要想短期内在宏观设计方面标新立异是十分困难的，但是在中观问题和微观问题方面却有很多需要学者去研究和深化。

4. 法制近代化与法律转型问题研究

法制近代化涵盖内容十分广泛，需要研究的课题也相当丰富，且与现代法制发展至为紧密。近些年来，围绕这一问题出版了一系列著作，如公丕祥教授所著《中国法制现代化的进程》（上卷）、《法哲学与法制现代化》《法制现代化的理论逻辑》等，王人博教授出版《宪政文化与近代中国》等。

1907年大清刑律草案签注是研究《大清刑律》和"礼法之争"不可或缺的重要研究资料。学者利用诸多历史文献，对1908~1909年之间中央部院、地方督抚的签注做了系统梳理，考证其文献来源、整理要点、上呈过程和表现形式，澄清以往研究中不清楚甚至错误的地方，分析了签注在《大清律例》制定中影响和作用有限的原因。学者认为1907年大清刑律草案签注所引发的"礼法之争"的本质不是中西、新旧之争。大清刑律草案既与中国自身的状况相脱节，也不符合法律自身的演进规律，是一次具有严重缺陷的立法实践。

对于清末民初民事法律制度的研究，《民事习惯及其法律意义——以近代中国民商事习惯调查为中心》一文，提纲挈领地对清末及民国民事习惯调查对民商事立法、司法的影响进行分析，研究了民事习惯在中国近代民法中的地位。《晚清乡土社会的民事纠纷调解及其变迁》《近代中国著作权立法的两难困境及其选择研究》都是对清末转型时期民事纠纷调解、版权保护等民事领域立法司法过程变迁的一种梳理。

中国法制近代化的研究还涉及很多具体的问题，如晚清修订法律馆的活动与作用、晚清为法制的近代化而采取译书、派留学生出国、请外国学者讲学、建立法律学堂等等，都有进行研究总结和评述，有关中国法律近代化的论著组成了一个较完整的学术史体系，弥补了中国法制史学在法制近代化与近代转型领域的空白。

（二）研究方法的不断多元

传统中国法制史学研究方法主要是以考证注释、叙述评论和古今比较方法为主。现代中国法制史学在初期除继承上述方法外，有了中西比较与哲理分析的方法，从法律自身特点出发，注重对法律性质、作用和相互关系进行研究的法学方法。杨鸿烈和陈顾远对以上研究方法曾做过较为系统且富有理性的总结。除此之外，还有从社会学角度撰写的《中国法律与中国社会》一文被学界公认运用现代方法研究中国法制史的瞿同祖先生。中华人民共和国成立以后的中国法制史研究者，运用历史唯物主义理论对中国法制史进行研究，虽取得一些成果，但机械运用历史唯物主义关于社会发展阶段分期的标准人为划分中国法制史历史的阶段，造成了忽视中国法制历史特点而随意切割法制史资料，切断法制历史连续性进行研究的弊端。改革开放以来，中国法制史学者解放思想，扩展眼界，在研究方法上进行了更多的尝试与探索。尽管这些尝试的效果好坏不一，但中国法制史研究方法的多样化，以及广泛的法制史资料的积累与深刻的分析，促使中国法制史学的重大变化，开创中国法制史学新时代的产生。

1. 中国法制史与法理学方法的融合

作为理论法学组成部分的中国法制史学，天然与法理学有着联系。法理学在整个法学体系中具有基础理论之地位，是建构在应用法学之上具有普遍意义与地位的法学学科，其内容具有根本性、一般性、普遍性与抽象性。从这方面来说，能够对中国法制史学给予理论上的指导；合理的做法是两者结合，彼此支持，互相引证。所谓中国法制史学与法理学的结合，即"史论结合"，这要求我们既要积累足够广博厚实的研究材料，为理论分析提供扎实的基础，又要以法理学方法去分析、论证历史。其原因在于中国法制史学是一门建立在具体材料基础上的学问，而非建立在抽象推理基础上的学问，更不可能是可以脱离推理、论证的学问。

2. 中国法制史学与社会科学理论方法的结合

关于中国法制史与社会学相结合的研究成果，最早是瞿同祖先生出版的《中国法律与中国社会》。这归根于法律与社会的深刻联系。法律制度的内容深受社会现实的影响，最终的溯源或根据都是来自社会。社会与法律之所以能有如此关系，原因在于创造法律的人是在社会现实中生活着的，其法律思想与制度设计无法摆脱社会生活而独立存在，法律制度的设计以规制社会生活，就决定了法律必须是以某个社会现实的实现作为其目的指向。

关于法律史的研究范式，尤其是中国法制史研究范式的问题，是近些年学界讨论的热点话题。梁治平教授的《法律史的视界：方法、旨趣与范式》一文提到，法学主流于是学主流共享同一种范式，就此而言，无论是史学的中国法制史传统还是法学的中国法制史传统，都同属主流。但即使是同一种范式，也有中心与边缘之分。如果说这种范式的核心可以教科书为代表，则更具个性的著述就可能游离于中心之外，后者包括数量可观的断代史研究、部门法史研究、人物、文本和专题研究，其中不乏创新的尝试。不过总的说来，这种尝试主要表现为"填补空白"的努力，即在一个平面的法律史研究图景上填补前人留下的空白，而缺乏研究方法的创新、理论的思考和对范式的反思。回顾百年来中国法制史研究，很容易看到史料的重要价值。新材料的发现，都可能会引起学者的关注，产生重新分配学术资源和推动相关研究的结果。不过，史料的重要性终究取决于理论，是理论把意义赋予材料。就材料的类型及其重要性而言，过去数十年的一般趋势，是经典类、正史类和法典类材料的相对重要性降低，各类出土文物、官府档案、公私文书、民间契约、调查报告类型的材料则越来越受到学者重视。促成这种转变的，部分是社会科学与历史研究之间的融合，部分是各种新的历史、哲学和文化理论的传播。关于社会科学（理论）与中国法制史结合的研究，其实应该归结于法学理论中"教义法学"与"社科法学"两种不同的研究方法或研究范式之间的争论。

早在 2001 年，苏力先生著文检视了 20 世纪 70 年代末以来中国法学的发展格局，提出了"政法法学""诠释法学"与"社科法学"三种研究范式，预测在未来中国法学中起主导作用更可能是诠释法学与社科法学，并认为"它们之间不无可能产生激烈的、有时甚至是意气化的争论"。十多年后，苏力再次发文，勾勒当下中国法学格局的流变，认为教义法学是无法以简单的统一规则系统来解说复杂问题，是一种柏拉图主义倾向。其中社会科学理论与中国法制史研究结合是目前学界逐渐兴起的一种倾向，社会科学理论认为法律永远都不是完备的，这才是永恒的现实。这种现实要求强调知识的开放性，体现为一种不固守单一法律研究方法，而是注重对社会学等多学科方法。因此，从中国古代的开放性法律思维与和谐性法律目标看，若要真正理解和揭示古人生活中的法律面貌，这种社会科学理论方法，尤其是法社会学的研究范式更为适宜。

作为社会科学理论组成部分的法律人类学，也是目前中国法制史学研究的兴起之地。法律人类学方法是研究某一特定社会中的法律时运用的重要方法，在中国已被多次运用，但未被广泛地利用到中国法制史学研究中。因此，将法人类学方法引入中国法制史研究具有重要意义。法人类学的研究方法，把传统法制史中排除掉的"非国家法"纳入中国法制史学的研究视野中，抛弃所谓"法典中心主义""国家法中心主义""部门法划分"等观念，按照每个民族固有的社会规范样式来研究其法律问题。其中，忽略史料与"历史真相"之间的界限，关注法律/司法制度的理论阐释、缺乏法律/司法的技术分析，范式方法论意识的薄弱是当下中国法律史研究中存在的主要问题。借用西方现代法律人类学的相关理论知识，不仅有利于理解当下中国法律史研究中存在的问题的实质，还可为思考科学的法律史研究如何展开提供指引。

其实，中国法制史作为一门"经验科学"，其基本"叙事"，离不开经济学的"量化分析"、人类学的"参与观察"、社会学的"调查问卷"、历史学的"史料意识"，更离不开哲学的"立场担当"，凡此种种，于中国法制史研究而言，既是基础，也是前提。未来中国法制史研究的理论展开、深入需要中国法制史学者具有开放的社会科学理论的方法论意识，这种方法论意识的培养则是关键。

3. 微观考察与宏观考察方法的结合

中国法制史学在成立之初，更多需要做的是基本问题的研究，大多是宏观领域的问题。进入 21 世纪以后，在基本概念问题得到学界普遍承认的情况下，则更多转变为对微观问题的研究。以近几年发表的学术论文和硕博士学位论文为例，更多是断代方面的研究、具体律例的研究、具体研究对象的研究，细致入微。这种做法当然可以掌握研究内容的全部资讯，但也同时带来只见树木，不见树林的"危险"。因此，最早的做法是能够做更多中观层面的中国法制史研究。

对中国法制史研究的理论问题进行深入思考，具有重要的学术价值。从法律文化类型来讲，梁治平教授称传统中国法律文化为"礼法类型"的法律文化。就司法审判模式而言，韦伯把帝制中国的司法活动视作"卡迪氏"司法模式。顺着这样的思路继续，日本学者相继提出了不同而又相关的学说。滋贺秀三将清代民事审判称为"教谕式调解"模式，在此基础上，寺田浩明认为清代民事裁判具有"首唱与唱和"的特征。从研究方法来看，黄宗智鉴于传统中国法律文本与司法实践充满"悖论"的事实出发，提出了"表达与实践"的分析方法。这些理论思考，虽然不无商榷的余地，但其重要意义却值得关注。

如果试图在理论方法上进行深入思考，就不得不与西方法律文化进行参照。我们发现，西方法律概念和法学理论曾被当作裁断中国法制史的准绳，但下载要做的是把西方这个"他者"作为比较研究的对象与进行法学理论思考的资料，这是一个根本性的区别。只有通过这种共时性的相互参照，才能看清不同文化之间的异同，加深对于中国法制史研究的认识。更为重要的是，这种深化的理解使中国法制史的独特意蕴得到充分的彰显。

（三）中国法制史基本问题研究的不断深化

1. 中华法系研究

几十年来，中国法制史学者从礼法关系、道德与法律的关系、儒家思想与法制、家族制度与法制等角度进行过研究。也有从伦理法、宗族法、民族法等角度做过补充。对中华法系的看法，目前也尚无绝对性定论，很难进行笼统的、难以确定地概括。

张晋藩先生对中华法系的研究是目前学界研究的权威，专门撰写文章对中华法系进行讨论。在 2017 年 11 月召开的"传承法律文化、重构中华法系学术研讨会"上，张晋藩先生做了"传承法律文化、重构中华法系"的主旨演讲，认为重塑中华法系是有条件的，首先是法文化积淀的深厚，其中有些具有超越时空的价值；其次，中华法系反映了法律与中国国情之间相对应的内在联系和相互关系；再者，固有的中华法系中，也融入了中华民族的精神和治国理政的经验，这些就是重塑中华法系成为可能的因子。重塑中华法系并不是复旧，也不是保守，而是古与今、中与外相互契合创新的法系。近年来，习近平总书记对中华传统法文化的提倡，特别是关于依法治国的一系列讲话和十九大报告，使得中华法系的重构要以马克思主义中国化的新时代中国特色社会主义思想作为指导，要以创新中国特色的法治理论体系为理论基础，要以法律体系、法治体系、法治理论体系的成熟和定型作为条件，重构的是中国特色社会主义性质的中华法系，是构建依法治国理论体系的一个环节，与固有的封建性质的中华法系完全不同。

具体而言，首先是关于"依法治国"与"以德治国"的关系问题。张晋藩先生指出，中国古代的思想家和政治家，没有明确提出以德治国的概念，只是有些关于德政的论述。孔子说过"为政以德"，既要教民，也要"胜残去杀"；皋陶和大禹谈治国之道时，提出选任有九德治人为官执政，后世也多有持此论者。通过《尚书》《皋陶谟》等史书关于"德"概念的解释，可见德的功用在于"化"，但是"化"是没有强制力的，单纯依靠德是无法实现国家对内和对外的职能。所谓"徒善不足以为政"。王夫之从总结历史经验的角度提出德必须与法结合才能实现国家的统治。习近平总书记指出，法律是成文的道德，道德是内心的法律。法律和道德都具有规范社会行为、调节社会关系、维护社会秩序的作用，在国家治理中都有其地位和功能。只有把以德治国与依法治国纳入建设中国特色社会主义和全面依法治国的总体布局之中，才能认清依法治国和以德治国的相互关系。

2. 唐律研究

唐律是中国传统法律发展的顶峰，亦是中华法系的典型代表。唐律研究历来都是中国法制史学界研究的热点，著述很多。华东政法大学王立民教授所著《唐律新探》一书，从法律思想、法典结构、具体内容、与唐后及国外法典的比较等各种角度，探索了唐律，给人以一种崭新的视野。关于唐律的点校，目前也出版了很多专著，如刘俊文的《唐律疏议笺解》、戴炎辉的《唐律通论》与《唐律各论》、岳纯之的《唐律疏议》、钱大群的《唐律疏议新注》，这些是目前学界研究唐律文本通用的几个常用注释本。

此外，关于唐律中具体问题的研究也是中国法制史学界一直关注的热点。霍存福教授、丁相顺教授的《〈唐律疏议〉"以""准"字例析》对唐律的研究从传统的宏观与比较的方法，进入到微观与逻辑的世界。该论文研究了《唐律疏议》中"以"字例与"准"字例的分布、形态与差别，认为"以""准"字例的目的在于依据基本罪名所在法条的罚则为非基本罪名确立惩罚依据，解决另定罚则可能出现的烦琐的立法弊病。郑定教授通过《略论唐律中的服制原则与亲属相犯》考察了唐律中的服制原则与亲属相犯规定，指出唐律中的亲等与儒家经典中的五服亲等并非完全一致，在法律效果上也存在很大差别，纯因亲属身份而致罪的情形和因亲属身份而致刑罚的加减的情形也呈现出复杂的形态。关于唐律中服制的问题，华东政法大学丁凌华教授的《五服制度与传统法律》则详细介绍了五服的具体内容及其相关规定。相关的研究如郑定教授的《"良贱之别"与社会演进——略论唐宋明清时期的贱民及其法律地位的演变》。在立法层面，如马小红教授的《唐律所体现的古代立法经验》一文从唐代修律的指导思想、律的历史沿革及律典体例条文等方面分析了唐律及其所体现的古代立法经验，指出唐律集历代立法经验之大成，在规范体例、简约条文、纳礼入律等方面都继承并发展了以往的传统。

最新的研究更加以小见大，通过确定的具体罪名来研究唐律里立法语言的问题。吉林大学刘晓林教授所著的《唐律中的"罪名"：立法的语言、核心与宗旨》认为，《唐律疏议》中涉及"罪名"的表述，包括"有罪名"与"无罪名"两类："有罪名"即法律条文列举了犯罪行为及定罪量刑各方面的具体内容；唐律中的"罪名"不是概括犯罪行为及其本质、特征的称谓；基于中国传统刑律的立法体例与发展趋势，这种概括性称谓也不会产生。通过"罪名"的含义与内容，可以揭示出中国古代刑律的核心是罪刑关系，而立法围绕核心问题所意图实现的宗旨是罪刑均衡。现在对唐律的研究更加趋向"小切口、大主题"，但能做到这样的研究目前还是比较有限。

3. 法律儒家化问题的研究

有关法律儒家化的问题，陈顾远先生在其著作专门有过论述，并提出传统法学"法律儒家化"的概念。陈寅恪先生在《隋唐制度渊源略论稿》中十分确切地提出了传统法律"儒家化"的概念。瞿同祖在《中国法律之儒家化》中，为人们提供了系统清楚的认识。儒学与法律的问题，一直是法律史学界尤其是法律思想史学者重点关注的问题。老一代学者张国华教授、饶鑫贤教授、杨鹤皋教授等以及中青年学者崔永东教授、马小红教授等都在这一领域曾有过颇具影响力的论著发表。吴正茂教授所著《法律儒家化新论》《再论法律儒家化对瞿同祖"法律儒家化"之不同理解》，后者认为历史上的儒家思想处于不断的迁流演变之中，其内部也充满了冲突和丰富性，因此，不同历史时期的法律儒家化呈现出不同特征。法律儒家化是秦汉以至明清法律发展演变的一条重要线索，唐代法律也并未真正"一准乎礼"，唐代以后法律的精神也发生了重要变化。这些对法律儒家化问题进行不断反思的研究，丰富了中国法制史学界关于法律儒家化问题边界与精神内涵的深入理解。

三、四十年畅想：中国法制史学研究的反思与展望

（一）中国法制史学研究的现状反思

1. 中国法制史学性质的认识问题

中国法制史作为一门独立的学科存在已有上百年的历史，但学界对此学科性质的认识一直存有争议，尚未取得共同意见。有人认为，中国法制史学是历史学的一个分支学科，大多属于专门史的范畴，是历史学的范围。但这种认识的不太确切的。实际上，中国法制史学是一门具有法学属性，又具备历史学属性的双重性质的交叉学科。其中的主要内容、研究目的和研究方法是法学的，法学属性在这门学科体系中还是占有主导地位，所以中国法制史学主要是属于法学领域中法学理论的基础学科之一。它与法理学、法哲学、法社会学一样，为各种部门法学的发展提供学理方面的支持，同时为丰富人类的知识，启发人们的思想提供人文关怀方面的资源。要言之，深入认识这门学科的性质，对于完善学科的独立品质，促进这门学科的进一步发展是具有重要

意义的。

随着分工的日益严密，学术分工、学科分化与学科交叉、学科融合同时在这种学术演进大背景下同时发展，任何一门学科的发展都离不开与其邻近、相关学科的互动交流。近些年来，中国法制史学与法理学甚至是部门法学都有不同程度的相互影响，但影响最为深远的，应是法学学科之外的历史学、社会学与人类学对中国法制史的发展打下的一剂"强心针"。

目前，中国法制史学的研究处在一个重要的转折点。从根本意义上说，中国法制史不应当是一门纯粹供学者们自娱的封闭性学问，它作为理论法学的分支，理应同时具有求知和明理的双重意义。传统的事实描述性法史研究，除了历史演变的铺陈之外，难以给相关学科提供更多可资利用的充分资源。这种状况使得中国法制史学长期处于传统史学的笼罩之下，没有真正取得一门真正学科所应有的独立地位。国内中国法制史研究与其他理论法学、部门法学以及其他社会科学理论的日益脱节和理论贡献殊少，未始不是其目前尴尬境地的原因之一。

关于中国法制史学学科性质的论文大多讨论史学化与法学化的问题，胡永恒教授的《法律史研究的方向：法学化还是史学化》，认为中国法律史研究应该走向"法学化"还是"史学化"，是学界关心的重要问题。法律史学科位于法学学科建制中，长期以来研究主力为法学出身的学者。法学研究者重在对历史进行阐释、惯于演绎逻辑，常以西方法学概念、理论为前提，对中国法律进行评判，因此目前法律史研究出现的主要问题是史料基础薄弱、西方中心主义与现代化范式泛滥。近些年大量史学出身的研究者进入法律史领域，为法律史研究带来新气象。基于史学基础薄弱的现状，法律史研究应当走向史学化。在这一前提下，研究者个人应追求法史兼修，学界应加强分工合作。魏建国教授所著《法律史研究进路的法学化：重申与再构——兼与胡永恒先生商榷》，认为当下中国法律史研究面临的主要问题是史学化有余而法学化不足；不应以史学的学术评价标准而应以法学的学术评价标准评价法律史；法学化与西方化是两个不同的问题；应重新认知法学化法律史在法学和法治发展中的重要作用。文章特别重申法律史研究进路应该是法学化而不是史学化，其中法学化进路再构的关键，是法律史研究必须坚守法学学术传统而非史学学术传统。以上两种观点看似针锋相对，但却在坚持一名中国法制史研究者应具备法、史兼修的前提下，就中国法制史应当法学化，抑或史学化进行的争论。其他的，如徐忠明教授的《关于中国法律史研究的几点反思》《制作中国法律史：正史、档案与文学——关于历史哲学与方法的思考》都是对以上问题进行的反思。

2. 中国法制史学研究方法的问题

关于中国法制史研究方法（范式）问题的思考，任何一个研究者不论其是否承认或意识到，其研究工作都是在一定的方法论指导下进行的。梁治平认为，"史料的重要性终究取决于理论，是理论把意义赋予材料。就材料的类型及其重要性而言，过去数十年的一般趋势，是经典类、正史类和法典类材料的相对重要性降低，各类出土文物、官府档案、公私文书、民间契约、调查报告类型的材料则越来越受学者重视。促成这种转变的，部分是社会科学与历史研究之间的融合，部分是各种新的历史、哲学和文化理论的传播"。

中国法制史学研究受到历史学研究方法的强烈影响，同时一些著名的法律史学家将西方的研究方法以及法学、社会学、经济学、人类学等中国本土几乎没有的新兴人文、社会科学的基本概念引入中国法制史的研究中，取得了具有划时代意义的成果。今后的中国法制史研究应更多地利用多学科的研究方法，尤其是人类学、社会学等研究方法，注重核心概念的使用，打破研究范式的固有框架。

具体来说，黄宗智教授在《连接经验与理论：建立中国的现代学术》中认为，国内目前法学和社会学有西化倾向。虽然法学院师生群体中有强烈的"本土资源"的呼声和意识，但是真正系统地在中国自己的法律、法学历史中挖掘现代化的资源的学术还比较少见。而史学则多偏向纯经验研究，今天中国的史学更多地倾向于简单的经验主义，这是一个延续清代以来考证史学传统的倾向。在这种情形下，即使试图使用理论，也多会显得力不从心，不能准确有力地掌握、连接概念。考证史学既缺乏经验主义中用归纳方法的提升，更没有与演绎逻辑对话的概念创新，实质上等于是全盘拒绝现代科学的闭关自守。基于此，黄宗智提出"连接经验与理论"的方法，其用意可想而知。

中国人民大学尤陈俊教授认为，就学术范式而言，当今中国法学院中的中国法制史研究与教学，仍然是传统的史学风格占据着主流地位，而非能在知识体系中真正融入法学的主流传统。这种状况致使中国法制史被视为是"虚学"。造成这种窘境的深层原因在于，中国近代以来频繁的法律断裂性变革及其带来的"知识断裂"，使得中国法制史研究丧失现实运用的可能性；因此，在反思目前中国法制史研究现状的基础上，分析美国的中国法制史研究新东西，其提出了"新法律史"如何可能。而引领这一学术风潮的代表，正是以黄宗智教授为核心的加利福尼亚大学洛杉矶校区（UCLA）中国法制史研究群，他们的研究共同体现了"新法律史"的特征：在"历史感"的观照之下，连接经验（广泛利用极富学术价值的诉讼档案）与理论（从优秀社会科学理论中汲取灵感并与之真正对话），提炼自己具有启发性的新的中层概念。

以上认识皆是跳脱出中国法制史学研究的传统范式，以"法学外的眼光"看待如何进行中国法制史研究。这种研究方法的多样性，有助于人们从不同角度、不同维度来认知中国法制史的相关问题。对每一位具体的中国法制史研究者来说，应该采取自己所能驾驭的或是自己所擅长的方法进行研究。柯文关于应用社会科学方法分析中国史实的一些不甚成功的例子，表明运用这种方法进行研究并获得成功是何等困难。但是困难与危险固然存在，但是并不意味着这种试图将社会科学理论与中国法制史研究相结合的努力将永远前途黯淡。如今，一部分中国法制史的研究者正在试图从社会科学理论中汲取营养，尽管步履维艰，甚至因此难免瑕瑜互见，但仍不失为值得称道的探索与努力。美国法制史学者步德茂的专著《过失杀人、市场与道德经济》就是晚近的一个例子。该书援引新制度经济学理论，利用清代刑科题本梳理了18世纪中国经济和社会变迁与寻常百姓日常冲突间的相互关系。

这种法学外部的知识在法学领域中攻城略地，固然打破了法学原先那种故步自封、画地为牢的自足性，但更应该看到的是，除了产出一些法学与其他外部学科知识较好结合而形成的成果外，大量表面上号称属于交叉学科研究的论著，一旦仔细予以追究，就会发现其中很大一部分知识跟风式地引入一些时髦的学术词汇充当唬人的点缀，仅仅只是"语词而已"，社会科学亦因此沦落为法学的包装工具。因此，社会科学理论运用到中国法制史研究中应当审慎，不应盲目。

3. 中国法制史学材料运用的问题

研究任何一个具体的中国法制史问题，要获得比较全面而准确的认识，都是需要系统地搜集有关问题的材料，进行整理分析，而不能凭借片段的材料或孤证而轻率地下断语。上述提到中国法制史学是一门双重属性的学科，因此学科属性决定绝非单独依靠法学或历史学就能做出富有质量的中国法制史研究。中山大学徐忠明教授认为，中国法制史考证学家每每以自己能够判定真实的史料而自喜，有些轻视相关理论建构与意义解释的研究路数，认为那种征引几条史料，然后就大肆发挥，乃是无根之谈，毫无学问可言。而重视中国法制史意义解释和法律史宏观理论的学者，也不时流露以意义解释和理论建构而得意，以为放弃意义解释和理论建构，中国法制史无疑成了支离破碎的史料堆积，根本不可能称之为法律史。他认为，真正的问题是我们缺乏具有意义解释力与理论建构素养的中国法制史学者。这样的问题，也引起其他学者如马小红教授的共鸣。马小红教授认为，中国法制史学经过高速发展之后，其最大的缺陷可能在于缺少一些对重大的基本理论问题具有前沿性、指导性的价值标志性成果。这样的局面很容易在实际的操作层面有意无意之间"忽略"了作为法律学之中国法制史学的存在。两位学者会有以上的判断，其基本的学术立场是站在中国法制史学的法学属性居于主导性地位这一视角而言。

历史研究要收集材料，但是史料决不等于史学，不论史料是多么的丰富，其本身的确不能构成真正的完备的历史知识，而赋予史料以生命的或者使得史料成为史学的，是历史学研究者的思维。徐忠明教授认为，整理史料特别是扩展史料范围极其重要。但是他指出，所谓整理史料，并非仅仅局限在国家制定的各种律典、会典和其他法律规范，也并非仅仅扩及司法档案这一近来备受学者重视的史料。它们至少还应包括：帝国官员的司法案牍、行政司法事务的指导书和官箴书、地方志、地方法（省例之类）以及习惯法；民间留存下来的法律文书，诸如契约文书、分家文书、乡规民约、家规族法、商业文书、讼师秘本；其他民间传播广泛的野乘传说、笔记小说、戏曲唱词、法律俗语、器物图画等。

总而言之，对史料价值保持清醒审慎的态度，对史料意义保持自觉的领悟，以及对史料特点保持必要的敏感，乃是研究中国法制史的学者必须具备的学术素养。唯有如此，才能对中国法制史学的进行深刻和富有理性的价值判断。

（二）中国法制史学研究的前景展望

中国法制史学的不断发展需要对自身的不断反思，但必须要清楚的是，离开对传统继承的创新是从来就没有过的。继承是创新的基础，没有恰当和适时的继承，就不会有创新的产生。继承和创新的目的都是为了获得更准确、更深入、更全面的认识。能把前人研究的有价值成果准确地选择出来并加以继承，不仅需要史德的修养，而且还需要史识的眼光。

众所周知，从来都不存在十全十美的学术研究；人们甚至可以就其作出批评，只要这种批评确实持之有据。即便如此，在时刻警醒保持阅读和思考的主动性同时，也请记住"任何人都不会仅仅因为生而为'中国人'，就足以确保获得对于'中国'的足够了解；恰恰相反，为了防范心智的僵化和老化，他必须让胸怀向有关中国的所有学术研究尽量洞开，拥抱那个具有生命活力的变动不居的'中国'。""不识庐山真面目，只缘身在此山中。"正好道出了当今跨文化学术交流的另一面。而克服这一缺陷的最佳方法，或许就是培养18世纪苏格兰诗人Robert Burns所称的"能像别人那样把自己看清"的本领。

传承与创新是包括中国法制史在内的任何一门学术在发展过程中都必须面对的问题。这其实也是一个从"闭塞的逻辑"发展为"开放的逻辑"过程。随着学科分类日益细化，对学术的传承与记载逐渐让位于对新兴学科的创建以及与此相关的新的学术领域的开拓。在这种情形下，创新更为学者们所关注，而传承在学科的发展初期其研究领域上尚是很多空白的情况下更为人们所忽视。那种从解经、注律的私家之言到"描述性"或者"解释性"的法制史学研究，显然不能将中国法制史学科带入科学化轨道。因此，创新也是提升中国法制史学这一学科的科学性的必然要求。但创新是建立在一定的学术积累的基础之上的，首先就是对学术的传承，否则创新的基点也无从确立。就研究者个人而言，学术传承决定其"知识背景"，而这种知识背景对于历史学的研究尤其显得重要。毕竟在进行历史叙说和历史解读的过程中，研究主体的选择是一个在理解和经验的双重作用下的结果，缺少传承下来的知识做铺垫，其必然结果乃是缺损状态下的理解和超经验的抉择。

中国法制史学作为近现代学术制度下的"学科"，其发展受到学科内外两个方面的制约与影响：从学科内部视角言，学科研究的内容、方法与范式对中国法制史学的发展有着直接影响，然后更为深刻的制约来自于中国法制史学自身的学科结构及其演化规律；从学科外部视角言，社会政治、经济、法律与文化建设对中国法制史学的需求及其满足。法治与德治并重，注重对中国传统优秀法律文化的传承就是中国法制史对现代社会法律文化建设的重要作用。

中国法制史学者应该要有明确的学科意识，积极引入新的学科研究范式，开拓新的研究领域，尤其的跟历史学、社会学、经济学等交叉学科领域的研究，这将是中国法制史学自主发展和学术繁荣的希望所在。

中国法制史作为法学二级学科，我们可以欣喜地看到，由于中国法制史学科的呼吁和努力，国家有关部门积极吸取了学者们的意见，2003年以来的国家司法考试（现更名为法律职业资格考试）中"中国法制史"成了司法考试必考科目，现今法律硕士的招生考试也将中国法制史列入考试课程。这些变化对于促进中国法制史学科的建设也带来积极影响。另外，十九大报告中提出依法治国与以德治国相结合的理念，国家开始关注中国自身的法律文化历史蕴含，学科的发展必将进入新纪元。

对于学术的推进而言，关键在于每一位真正有志于此的学者都成沉下心来，贡献出扎实的优秀研究成果。这至为重要，今天的中国法制史研究需要这样的努力；但在学术分工日趋细化的今天，同样的还有跨地区、跨国学术信息交流的通畅也同样重要。

总而言之，回顾改革开放以来中国法制史学40年的发展，我们经历过学科的确立与奠基，经历过学科的辉煌与停滞，也经历过学科的复兴与发展。虽然也遇到过挫折、瓶颈、困难甚至是危机，但是我们有理由相信，中国法制史学在当今绝非是所谓"夕阳学科"，在十九大胜利召开的背景下，中国法制史学是一个正在蓬勃发展、具有强大生命力的以及具备开放型知识体系的"朝阳学科"。

（撰稿人：中国政法大学法律史学研究院 林乾教授）

第二部分　外国法制史学四十年（1978~2018）

一、外国法制史学科的历史发展

（一）1978年以前外国法制史学科的发展情况

我国的外国法制史学是法学研究体系中的一门综合性基础理论学科，以世界上除中国以外的各主要国家和地区各种类型的、具有代表性的法律制度产生、发展的历史过程及其演变规律为主要研究对象。外国法制史学科是基于法律移植的现实需要产生并发展起来的，萌芽于清末，确立于中华人民共和国成立之初，极具中国特色。

在清末中西法律文化的剧烈碰撞中，西学东渐蔚然成风，大量西方国家法律法规以及法学著作被译介出版，以"明中外之意，究当世之法"，其中的法学著作并非局限于单纯的法学领域，大多同时涉猎了政治学、哲学、历史学等领域，同时法学内部的各个学科也并无明确区分，加之其时国内学人对西人强国之文化与历史本源有着探源溯流之意愿，有关西方法制演变历史的探索性研究渐次展开。我国近代法律教育史上正式颁布的第一份法律课目表——1904年《奏定学堂章程》中为法律学门设置的必修科目共有14门，其中就包括东西各国法制比较和泰西各国法，并特别说明泰西各国法包括罗马法、英吉利法、法兰西法、德意志法。在经学科和文学科中则设有西国法制史、比较法制史等科目。[1] 1907年京师法政学堂开设了"外国法制史"为正科法律门的课程，可视为我国外国法制史课程的开端。由此，有关外国法制史的相关研究开始起步，并成为近代中国法学教育和法学研究体系中的重要组成部分。至南京国民政府时期，大学继续开设罗马法、欧美法制史、日本法制史等相关课程，[2] 旨在帮助法科学生掌握外国法的背景性知识，加强法学修养。这一时期外国法制史研究大多以翻译和介绍西方国家法律法规以及法律著作为主，一些专题研究仅涉及局部的、具体的领域以及孤立的制度变迁，相关研究缺乏内在联系，尚未确立独立的研究对象和成熟的研究范式，因此未能形成完整独立的法学学科。

中华人民共和国成立伊始，无论在法律制度层面还是在法学理论层面都以苏联模式为样板，全面效法苏联法制及其思想、学说。20世纪50年代各高等院校完成了全面

---

[1] 王健：《中国近代的法律教育》，中国政法大学出版社2001年版，第261~266页。
[2] 王健：《中国近代的法律教育》，中国政法大学出版社2001年版，第186页。

的院系调整和专业设置工作，并进行了课程改革，各高等院校普遍仿照苏联法学教育模式开设了"外国国家和法权通史"以及"苏维埃国家和法权通史"，课程受到特别重视，成为法学教育体系中的核心和基础，所使用的教材即为苏联《国家与法权通史》的中译本。当时的中国人民大学还招收了几期外国法制史专业的研究生，专门培养外国法制史方面的教学和研究人员❶。60年代初"国家和法权通史"和"苏维埃国家和法权通史"被合并成一门并改名为"外国国家与法律制度史"，即后来的"外国法律制度史"，由自己培养的教师❷主讲并编写教材，但是其基本体系、内容、用语仍沿袭苏联模式。

"外国国家与法律制度史"课程追随苏联法学界于20世纪30年代创造的学科体系和理论框架，❸通常以奴隶制、封建制、自由资本主义、帝国资本主义为历史分期，讲述古代埃及、巴比伦、希腊、罗马、法兰克、阿拉伯哈里发以及英、美、法、德、日等国的国家与法权历史，基本上囊括了除苏联、中国以外各主要国家的国家与法权历史。以北京政法学院国家与法的历史教研室于1964年2月编辑印发的《外国国家与法的历史讲义》为例，该讲义分为上中下三册，共8章。上册包括古代东方巴比伦奴隶制国家与法、雅典奴隶制国家与法、罗马奴隶制国家与法、英国共4章；中册包括法国、美国资产阶级国家与法共2章；下册包括德国、日本共2章。英、美、法、德、日等各章之下各以封建时期国家与法、自由资本主义时期资产阶级国家与法、帝国主义时期资产阶级国家与法为基本内容表述，并且在各章结尾处均有"结束语"，对帝国主义国家的国家与法律制度进行批判。讲义标明上册、中册和下册将分别连续在政法专业一、二年级讲授，❹显示出该课程在当时法学教育体系中占有重要地位。

这一时期的外国法制史以国家制度史和政治制度史取代了法制史，简单地采用阶级分析的方法，缺乏对法律自身发展历史的客观判断与理性分析，关于法律的内容简单且格式化。与整个法学学科的地位一样，外国法制史学科事实上是政治意识形态的附属品，内容单一，视野狭窄，机械刻板。囿于当时的政治环境，外国法制史的学术研究总体上学术成果寥寥，论文译文总数不足百篇。❺但是外国法制史作为法学教育中的一门基础理论课程，具有独特的研究对象和研究方法，呈现出区别于其他法学学科的基础性、历史性、综合性、借鉴性的学科特点，苏联模式的外国法制史的学科体系模式和研究范式在我国基本确立，外国法制史因此形成一门独立的法学学科。

---

❶ 叶秋华："历史的回眸与现实中的思考——外国法制史学科在中国六十年"，载《大陆法系及其对中国的影响》，法律出版社2010年版，第513页。

❷ 郑赫男："谁最先开讲新中国'外法史'？"，载《检察日报》2009年6月8日第8版。

❸ 曾尔恕、黄宇昕："外国法制史学科的历史及若干问题的思考"，载《法律史学科发展国际学术研讨会文集》，中国政法大学出版社2006年版，第60页。

❹ 曾尔恕："中国政法大学外国法制史教材编写情况"，载《大陆法系及其对中国的影响》附录4，法律出版社2010年版，第574页。

❺ 何勤华："新中国外国法制史的回顾与展望"，载《法学》1989年第8期，第5页。

(二) 改革开放以来外国法制史学科的发展

1978年十一届三中全会确立了改革开放的基本国策，我国法制建设、法学教育和法学研究开始全面恢复，外国法制史学科也迎来了前所未有的历史发展机遇。

1. 外国法制史教材建设与学科体系重建

恢复高考招生后，当时的北京、华东、西南、西北等政法院校和北京大学、中国人民大学、复旦大学、安徽大学、厦门大学等数十所高校的法律院系纷纷恢复开设了外国法制史课程，[1]作为法学专业必修或指定选修的基础课程，外国法制史知识成为法学教育体系中不可或缺的知识启蒙与专业基础。同时作为教学研究的基础和依托的各高等院校的法制史教研室得以创建，相继效仿上述苏联"国家与法的历史"体例编纂外国法制史教材，但在内容上有所简化。

教材是一定时期学术发展和教学、科研成果的系统反映，能够充分展示相关学科的主要研究对象、基本研究体系及其研究方法的变革与发展。1982年国内第一部统编教材《外国法制史》（陈盛清主编，林榕年、徐轶民副主编）由北京大学出版社出版，该教材初步摆脱了苏联模式，尊重法律自身发展的内在规律，对外国法制史课程体系做了重大改革，体例上分为古代法律制度、中世纪法律制度、近代法律制度、现代法律制度四编，内容上将法律制度与国家制度、政治制度相区分并独立出来，将法律制度的变迁脉络作为阐释的重点和核心，从而做出了具有重要意义的探索与突破。同年10月，以新教材的出版发行为契机，在安徽大学法学院举行了专题研讨会，对外国法制史教学和研究方法、学科体系做了深入探讨，明确了外国法制史学科方向的地位和作用。[2]

在此基础上，各政法院校以及其他高校的法律院系也相继编写了各自的《外国法制史》教材以及各种教学参考资料。1988年1月中国政法大学法制史教研室编写的《外国法制史纲》，在教材体例上作了较大调整，包括导言以及两河流域法、印度法、罗马法、阿拉伯法、教会法、英国的法律制度、美国的法律制度、法国的法律制度、德国的法律制度、日本的法律制度等共10章，在讲述主要发达资本主义国家法制史时将古代、中世纪、近代和现代内容合为一体，以免出现人为的切割嫁接，改变了前述统编教材阐述线索交叉纵横导致的体系混乱，条理更为清晰；内容上力求少而精，着重于对主要发达国家的近现代法制发展，特别是民商法的流变描述与系统阐释，凸显了这些国家法制发展的历史连续性。1992年中国政法大学出版社出版的《外国法制史教程》（皮继增、许显侯主编），包括导言以及两河流域法、古代印度法、古希腊法律制度、罗马法、日耳曼法、教会法、伊斯兰法、英美法系和大陆法系、英国法律制度、

---

[1] 曾尔恕："外国法制史学科在我国的发展与展望"，载《大陆法系及其对中国的影响》，法律出版社2010年版，第491页。

[2] 郑祝君："外国法律史学科的成长与学术品格的养成——外国法律史学科发展60年"，载《大陆法系及其对中国的影响》，法律出版社2010年版，第528页。

美国法律制度、法国法律制度、德国法律制度、日本法律制度、亚非拉民族独立国家法律制度、苏联法律制度等共 15 章，增加了古希腊法律制度、日耳曼法、两大法系、亚非拉民族独立国家以及苏联法律制度的部分，不仅内容大幅增加，阐释也更加系统全面。同年北京大学出版社出版的《外国法制史》（由嵘主编、张学仁副主编）中，近现代部分主要参照西方法系理论划分篇章结构，借鉴比较法的研究体例，以不同法系的发展变迁作为阐释的主线与脉络，分为六编即古代法律制度、中世纪法律制度、民法法系（包括民法法系的形成、其主要国家法律的历史发展与民法法系的基本特点、其主要国家法律的基本制度）、普通法法系（包括普通法系的历史发展、主要渊源和特点、其主要国家法律的基本制度）、近现代伊斯兰法、苏联和东欧国家的法律制度。该教材颇受好评，"成为台湾引进的为数不多几部内地版教材之一"。❶"这些教材体系与内容的变化反映了苏联模式正在淡出外国法制史学界视野，而西方的影响在不断增强。"❷ 总之，上述各外国法制史教材进一步明确了外国法制史学科的研究对象和研究范式，从而使全国范围内的外国法制史学研究体系与秩序得以确立，外国法制史学科的学术品格和研究视角得以重塑，为具有中国特色的外国法制史学科的独立发展开辟了道路。

进入 21 世纪以来，适用于各个教学层次、各种不同类型的外国法制史教材层出不穷，数以百计，在体例上、内容上都做出了各种形式的探索与尝试，充分体现了外国法制史教学的长足进步与学科研究的极大发展。如 2008 年曾尔恕主编的普通高等教育"十二五"国家级规划教材《外国法制史》，分为上下两篇，上篇为古代、中世纪的法律制度，包括东方国家的法律制度（即楔形文字法、古印度法和伊斯兰法三章）和西方国家的法律制度（即古希腊法、日耳曼法、教会法、城市法与商法四章）两编，下篇为近现代法律制度分为英美法系、大陆法系与俄罗斯、欧盟的法律制度三编，分别讲授英国法、美国法、法国法、德国法、日本法、俄罗斯法和欧盟法，结构安排新颖，有助于进行比较性的分析与阐释，内容上也更注重吸纳新的研究成果。2010 年复旦大学出版社出版的由何勤华、李秀清主编的《外国法制史》（第二版）将在其他外国法制史教材中一般各占一章篇幅的古代埃及、巴比伦、印度、希腊等国的法律制度，合成"法律文明的起源"一章，第二章从罗马法开始。同时，首次增加了加拿大法、非洲法、现代亚洲地区法等章节，体例上有创新，研究领域也有重要拓展。2015 年清华大学出版社的《新编外国法制史》（高鸿钧、李红海主编）采取"历史时间"加"法律区块"的划分方法，宏观上按照古代法、欧陆法、英美法、欧盟法和伊斯兰法，同时照顾到几个特例，如日本法、俄罗斯法和非洲的法，区分了不同类型法律体系发展演变的独特轨迹；微观上，则借鉴了百科全书的方式，各章相对独立，自成一体，以利于相关主题得到充分的描述和阐释，该教材在体例上和内容上都有变革与发展。进

---

❶ 高鸿钧："外国法制史的探索之路"，载《法制日报》2015 年 4 月 15 日第 11 版。

❷ 曾尔恕、黄宇昕："外国法制史学科的历史及若干问题的思考"，载《法律史学科发展国际研讨会文集》，中国政法大学出版社 2006 年版，第 61 页。

入 21 世纪以来的外国法制史教材反映了外国法制史学科体系的不断拓展与完善，更加注重对近现代发达国家法制经验的总结，许多内容涉及 20 世纪 90 年代甚至 21 世纪初以来法律的最新发展，对各个部门法领域的比较研究也日益凸显。

2. 全国外国法制史研究会的创建及学术活动

1982 年全国外国法制史研究会在武汉大学成立，成为外国法制史学科学术研究的重要组织机构，陈盛清、林榕年、何勤华先后担任会长，会员分布于全国各个高校、科研单位、政法机关和法律服务部门。研究会秉承"组织会员从事外国法律制度史的科学研究和教学，积极为我国社会主义法制建设和现代化建设服务"的宗旨，致力于推进学术交流与合作，至今已经举办了三十届外国法制史学术年会，极大地促进了外国法制史研究的兴盛发展。外国法制史研究会学术年会立足于外国法制史学科独特的研究对象与研究视角，始终对中国法制发展理论与实践问题保持重大关切，2000 年以来的年会主题包括"法律移植的理论与实践""20 世纪外国经济法的理论与实践""20 世纪外国司法制度改革""20 世纪外国民商法""西方宪政的发展""20 世纪外国刑事法律的理论与实践""多元的法律文化""混合的法律文化""英美法系及其对中国的影响""大陆法系及其对中国的影响""法与宗教的关系及其演变""公法与私法的互动""超国家法的历史变迁""大学的兴起与法律教育""罗马法与现代世界""《大宪章》与近代宪法""民法典编纂的域外经验借鉴""法律·贸易·文化——探寻中西法律文化交流的轨迹"等。外国法制史研究会 2000 年前出版有内部学术刊物《外国法制史汇刊》第一、二、三集；2000 年以后则将历次专题研讨的会议论文集结出版并公开发行。全国外国法制史研究会已经成为外国法制史学界学术交流与对话的重要平台，为推动外国法制史学研究的繁荣发展发挥了重要作用，影响巨大。

3. 外国法制史学科的人才培养

1979 年北京政法学院刚刚复校，法律史专业就开始招收外国法制史专业的硕士研究生[1]，1984 年以后中国政法大学、北京大学、中国人民大学、中国社会科学院法学研究所等高等院校和科研单位开始招收外国法制史专业博士研究生，进入 21 世纪，华东政法大学、中南财经政法大学、吉林大学、湘潭大学等也开始招收外国法制史博士研究生，其中以华东政法大学招收的博士生数量最多。[2] 改革开放以来，各高校以及科研单位为社会培养了一大批外国法制史专业博士、硕士，他们法学素养丰厚，视野开阔，思维活跃，并极具历史感和多元文化视角，活跃在科研、教学一线以及各个法律实务领域，具有外国法制史知识体系和专业素质的优秀毕业生，成为中国社会主义法制建设与发展中独具特色的人才资源。40 年来，在中华人民共和国第一代外国法制史学者的引领下，外国法制史学专业研究队伍日趋壮大，学术梯队建设成绩斐然，一大批年富力强的中青年学者脱颖而出，已经在法学界崭露头角，表现出色，成为各个高校外

---

[1] 曾尔恕、陈丽君即为北京政法学院当年招收的第一批外国法制史专业研究生。

[2] 何勤华："新中国外国法制史 60 年"，载《大陆法系及其对中国的影响》，法律出版社 2010 年版，第 543 页。

国法制史教学与科研的骨干力量。他们中的大多数人都是在改革开放以后接受法学教育，特别是在外国法制史第一代学科带头人的教育之下成长起来的，多有海外留学背景或访问经历，外语能力显著提升，在获取、掌握、甄别、利用外国法制史学科"史料"方面也更显优势，专业基础扎实，学科积淀也更加丰富，学术能力强，研究水准高，整体上提升了外国法制史学科的学术影响力。

4. 外国法制史学科的重要著作

（1）外国法制史学领域的译著

从一定意义上讲，改革开放40年来法学研究的繁荣，是中国法学界对外国法律制度与法律思想的不断了解、吸收、碰撞的结果，外国法学著作及资料的翻译作品不仅成为外国法制史学科建设的重要前提，也为中国法学界提供了取之不尽的智识宝库和思想启发。1983年西南政法学院林向荣教授组织翻译的梅利曼所著《大陆法系》、高柳贤三所著《英美法源理论》、沃克所著《英国法渊源》、勒内·达维德所著《英国法与法国法》等作为专业资料内部发行，在资料极为匮乏的情况下，为外国法制史学科的尽快重建提供了必要的学术研究基础。此后，《当代主要法律体系》❶《法律与革命》❷《罗马法史》❸等多部译著陆续出版，不仅成为外国法制史学研究的重要参考文献，而且国内法学界引起了极大的反响，影响深远。进入21世纪以后，译著数量大幅增加，译著质量不断提高，其中比较有代表性的有《比较法总论》❹《法律与宗教》❺《大陆法系》❻《世界法系概览》❼《美国法律史》❽《英格兰宪政史》❾《西方法律思想简史》❿等不胜枚举，这些译著极大地活跃了外国法制史学研究，有力地促进了外国法制史学研究的深入发展。此外，国内已经出版多种大套外国法律译丛，包括"外国法律文库"（江平主持，大百科全书出版社）、"当代法学名著译丛"（季卫东主持，中国政法大学出版社）、"罗马法研究翻译系列"（桑德罗·斯奇巴尼主持，中国政法大学出版社）、"当代德国法学名著"（中国政法大学比较法研究所主持编译，法律出版社）、"美国法律文库"（江平主持，中国政法大学出版社）、"宪政译丛"（梁治平、贺卫方主编，三联书店）、"上海三联法学文库"（贺卫方主持，上海三联书店）、"早稻田大学·日本法学丛书"（早稻田大学比较法研究所主持，法律出版社）、"世界法学名著译丛"（何勤华主持，上海人民出版社）、"中国近代法学译丛"（何勤华主持，中国政法大学出版

---

❶ ［法］勒内·达维德著，漆竹生译，法律出版社1984年版。
❷ ［美］哈罗德·J.伯尔曼著，贺卫方、高鸿钧等译，中国大百科全书出版社1993年版。
❸ ［意］朱塞佩·格罗索著，黄风译，中国政法大学出版社1994年版。
❹ ［德］茨威格特、克茨著，潘汉典等译，法律出版社2003年版。
❺ ［美］伯尔曼著，梁治平译，中国政法大学出版社2003年版。
❻ ［美］梅利曼著，顾培东、禄正平译，法律出版社2004年版。
❼ ［美］约翰·H.威格摩尔著，何勤华等译，上海人民出版社2004年版。
❽ ［美］劳伦斯·弗里德曼著，苏彦新等译，中国社会科学出版社2007年版。
❾ ［英］F.W.梅特兰著，李红海译，中国政法大学出版社2010年版。
❿ ［爱尔兰］约翰·莫里斯·凯利著，王笑红译，法律出版社2010年版。

社)等,数量庞大,这些译丛大多为国外法学研究领域的经典之作,凝聚了西方法律先哲的思想与感悟,记录了各个国家法律制度、原则和规定的变迁,全面涉及外国法制史研究的各个领域,其中有些为专门从事外国法制史研究的学者所翻译,也有一部分为其他部门法学研究者所翻译,为我国学者研究外国法律制度的历史与现实提供了翔实的资料,也为法学其他学科的学术研究提供了极富价值的参考。另有外国历史上著名法典的中译本陆续出版,在此不再赘述。我国四十年来的法制发展始终伴随着对国外先进法律理论、先进法律制度的全面系统的借鉴与移植,大规模的法学著作以及其他法律资料的翻译极其必要,标志着人类法律文明的传承与传播,具有启蒙思想、开阔视野、认知纠偏的意义。因此,这些翻译作品是外国法制史学研究对我国法学与法制发展的重要的历史性贡献。

(2)外国法制史学领域的重要著作

四十年来,外国法制史学研究更加丰富和深入,由国内外国法制史学者自己撰写的专著数量大幅增加,所涉领域日趋广泛而研究则向纵深发展。由于数量庞大,难以一一尽数,本文仅列举各研究领域中部分具有代表性的著作加以说明。

罗马法研究领域中,江平和米健所著《罗马法基础》(中国政法大学出版社1987年版)、曲可伸所著《罗马法原理》(南开大学出版社1986年版)、周枏所著《罗马法原论》(上、下)(商务印书馆1994年版)等是国内较早的有关罗马法研究,特别是罗马私法研究的基础性文献,是国内关于罗马法以及罗马法学的启蒙性作品。最近徐国栋所著《罗马公法要论》(北京大学出版社2014年版),通过对罗马公法基本体系和逻辑框架的描述,证实了罗马法既包括罗马私法也包括罗马公法的观点,是国内第一本系统研究罗马公法的专著,极大丰富了罗马公法研究的文献资料。

有关日耳曼法研究的专著中,由嵘所著《日耳曼法简介》(北京大学出版社1987年版)虽然篇幅不大,但却是中华人民共和国成立后该领域的开拓性成果。李秀清所著《日耳曼法研究》(商务印书馆2005年版)对日耳曼法进行了系统性阐述,内容涉及日耳曼法的各主要领域。高仰光所著《萨克森明镜研究》(北京大学出版社2008年版)则对诞生于13世纪的日耳曼习惯法汇编作了较为深入的考证,都是近年来日耳曼法领域的最新研究成果。

关于宗教法的研究成果中最令人瞩目的是彭小瑜所著《教会法研究》(商务印书馆2003年版),是中华人民共和国成立以来我国第一部系统研究中世纪罗马天主教会法的专著。而高鸿钧所著《伊斯兰法:传统与现代化》(社会科学文献出版社1996年版)全面描述了伊斯兰法的历史和现状,对伊斯兰法在近现代的演变及其成因做了深刻的剖析,是国内有关伊斯兰法研究的经典之作,是该领域中最具影响力的作品。

有关英美法的研究中,2013年北京大学出版社出版,由高鸿钧、程汉大任主编,李红海任副主编的《英美法原论》(上下册)反映了国内英美法研究的最新成果,堪称该领域扛鼎之作。该著作从法学的各个学科视角对英美法系和西方法制文明进行了全方位的考察。关于英国法制发展的著作,早期多以英美法渊源以及部门法为主题阐述，如潘华仿著《英美法论》（中国政法大学出版社1997年版）。进入21世纪以来，程汉大著《英国法制史》（齐鲁书社2001年版）、李红海著《普通法的历史解读：从梅特兰开始》（清华大学出版社2003年版）、咸鸿昌著《英国土地法律史：以保有权为视角的考察》（北京大学出版社2009年版）、李栋著《英格兰司法的成长与宪政的生成》（北京大学出版社2011年版）、于明著《司法治国：英国法庭的政治史（1154~1701）》（法律出版社2015年版）、冷霞著《英国早期衡平法概论——以大法官法院为中心》（商务印书馆2010年版）、全宗锦著《为什么布莱克斯通及其〈英国法释义〉如此重要》（广西师范大学出版社2016年版）等著作则专注于法律史的梳理与阐释，极大地突出了学科特色。有关美国宪法史的研究中，李昌道所著《美国宪法史稿》（法律出版社1986年版）、王希所著《原则与妥协——美国宪法的精神与实践》（北京大学出版社2000年版）均为美国宪法史专论性著作，影响较大。其他有关英美部门法史的专著，如姜栋著《美国反倾销法研究》（中国人民大学出版社2007年版）、余辉著《英国信托法：起源、发展及其影响》（清华大学出版社2007年版）以及陈颐著《英美信托法的现代化：19世纪英美信托法的初步考察》（上海人民出版社2013年版）等，都成为该领域研究的重要参考。

有关大陆法系的研究中，史彤彪所著《法国大革命时期的宪政理论与实践研究：1789~1914》（中国人民大学出版社2004年版）、李晓兵所著《法国第五共和国宪法与宪法委员会》（知识产权出版社2008年版）分别对不同时期法国宪政的理论与实践进行了深入分析，值得关注。近两年来，苏彦新、何勤华著《近代欧洲国家私法的历史基础》（上海三联书店2016年版）以及2017年清华大学出版社出版的张民安著《法国民法总论》（上）是国内并不多见的纯粹从法制史的角度对私法进行系统历史梳理的重要论著。有关日本法的专著有何勤华著《二十世纪日本法学》（商务印书馆2003年版）、赵立新著《日本违宪审查制度》（中国法制出版社2008年版）等是该领域研究中较具代表性的成果。

比较研究是外国法制史学科的重要研究方法之一，董茂云著《比较法律文化：法典法与判例法》（中国人民公安大学出版社2000年版）、王云霞著《东方法律改革比较研究》（中国人民大学出版社2002年版）、封丽霞著《法典编纂论——一个比较法的视角》（清华大学出版社2002年版）、崔林林所著《严格规则与自由裁量之间——英美司法风格差异及其成因的比较研究》（北京大学出版社2005年版）、顾元所著《衡平司法与中国传统法律秩序——兼与英国衡平法相比较》（中国政法大学出版社2006年版）、孟祥沛著《中日民法近代化比较研究》（法律出版社2006年版）、黎敏所著《西方检察制度史研究：历史缘起与类型化差异》（清华大学出版社2010年版），以法学理论与规范为依托，兼具历史学的视野和比较的研究方法，呈现了外国法制史学者在比较法研究方面的特点和优势，得到了学界的较大关注。

此外，夏新华所著《非洲法律文化史论》（中国政法大学出版社2013年版）、张建民所著《俄罗斯民法典编纂史研究》（中国政法大学出版社2012年版），因开拓了外国法制史的新的研究领域而备受关注。

特别值得一提的是何勤华等主编的"法律文明史"系列丛书，汇集古今中外不同法系与法律的源与流、发展阶段与转型，丛书旨在"探索法律文明变迁历程、展示法律文明多彩画卷、追寻法律文明未来方向"，视角广阔，内容详实，充分彰显了丰富多元的人类法律文明的辉煌成就。研究宗旨丛书全套 16 部，已经出版了《古代远东法》《中世纪欧洲世俗法》《近代亚非拉地区法》《大陆法系》《现代公法的变迁》等多卷。

二、主要学术成就

（1）从法律史角度肯定法律移植的历史价值与必要性。外国法制史学者从史实出发考察法律移植的内涵，认为法律移植是世界法律发展的一个基本历史现象，是法律发展的规律之一。法律作为调整各国人们行为的一种规范体系，具有普遍性，不仅是某个国家的法律成果，也是人类社会的共同财富和文化要素；法律的发展具有历史的连续性，法律的发展不仅继承本国既往的法律，也往往会摄取他国法律发展的成果，法律移植是法律发展、法律进化过程中的良性的进步运动；从古至今，法律移植的现象俯拾皆是，例如中世纪各国移植罗马法、近代法国移植古代罗马法、近代德国移植法国法、近代美国移植英国法、近代日本移植法国法和德国法以及战后移植美国法，诸多发展中国家对西方法的移植，一百年来中国对外国法律的移植等。❶ 没有哪一个国家或地区的法律制度、法律规则、法律概念、法律学说以及法律实践等制度文化和观念文化都完全是自己独创，而不继受、移植、借鉴其他法律体系的相应因素。中国本土文化难以成为法治的主要资源，"在权利制度和权利观念十分贫瘠的中国，要开启一个以拓展权利为主导的法治秩序，既要有本土文化的原创精神，更有赖于在开放中借鉴他国经验"，❷ 移植与借鉴他国经验是一个理性的必然的选择，更何况中国的现实是法律移植已成为法律理论与实践的重要课题。当然法律具有强烈的文化底色，需要注意的是法律移植可能会带来双向变化，一方面改变本土制度，另一方面本土文化也会改变外来制度，因此法律移植不是消极地照搬照抄、简单地复制模仿，而是具有主动性和原创性的。❸ 即便是发生在英美两国之间的法律移植也体现了重视本土资源，坚持可适用性原则，在法律移植过程中最先被本土化的是初级规则，次级规则较晚被本土化。❹ 还有学者以日本民法典为例，认为其对世界各国的制度及规定采用"利益均沾"式的摄取手法拼凑在一起，致使日本民法典在整体上缺乏理论上的连贯性和统一性，各种外来法在日本化过程中出现了难以融合的状态，因此法律移植不仅是外来法与本

---

❶ 何勤华："法的移植与法的本土化"，载《中国法学》2002 年第 3 期。
❷ 陈芸："略论中国法治的资源取向"，载《外国法制史研究：法的移植与本土化》，商务印书馆 2012 年版，第 430 页、第 428~437 页。
❸ 冯卓慧："法律移植问题探讨"，载《法律科学》2001 年第 2 期。
❹ 曾尔恕、郭琛："本土法与外来法：美国的经验"，载《政法论坛》2000 年第 2 期。

国法、本社会的融合问题，还应包括外来法与外来法之间的整合问题，不应被忽略。❶

（2）有关罗马法的研究获得突破。传统观点认为罗马公法不存在或者罗马公法没有研究价值，但是一些学者对此提出质疑，他们认为忽视或者贬低罗马公法研究的学术意义是罗马法研究中的重大缺失，马基雅维利、孟德斯鸠和卢梭的最重要的著作都与罗马公法有密切联系，❷罗马公法还与现代西方国家公法之间存在着制度上的历史连续性，如现代西方国家的宪法的核心——分权制衡原则——就是以罗马宪法为滥觞，此外，他们还通过对罗马的行政法、财税法、刑法、诉讼法以及社会保障法的法律门类的研究来澄清有关罗马公法的认识，❸呼吁并积极展开罗马公法研究，❹开拓了罗马法研究的新视野。也有学者认为古罗马的刑法与其著称于世的私法相比，较为粗糙和简陋，完整的刑法体系与制度并未建立，也没有形成比较成熟的刑法理论，但对其进行探讨并将其与中国古代刑法的对比研究是有益的。❺而有关罗马私法的研究则进一步深化，有关物❻以及所有权制度❼、债❽以及契约制度❾、侵权责任❿、父权制度⓫、嫁资制度⓬、私诉以及罗马法的历史影响等问题都有涉猎，表明学界对于罗马私法的内涵，特别是其技术性、学理性有了更为深刻的认识。值得一提的是徐国栋对于罗马法原典的考察，他认为作为"所有公法和私法的源头"，《十二表法》是罗马法学的基础，它制定于地中海地区公有制和私有制并行的历史时期，灭失于与高卢人的战火之中，而后存在于

---

❶ 曲阳："比较法学与日本民法典制定——对本土化问题的另一种思考"，载《外国法制史研究：法的移植与本土化》，商务印书馆2012年版，第304~310页。

❷ 薛军："罗马公法与现代欧洲宪政"，载《全国外国法制史研究会学术丛书——混合的法律文化》，法律出版社2008年版，第538~529页。

❸ 徐国栋："为罗马公法的存在及其价值申辩"，载《广西大学学报（哲学社会科学版）》2012年第5期。

❹ 高尚："罗马公法述略"，载《安徽大学法律评论》2002年辑刊。

❺ 余辉："罗马帝国时期的刑罚制度初探"，载《外国法制史研究——罗马法与现代世界》，法律出版社2015年版，第217~243页。

❻ 吴汉东："罗马'无体物'理论与知识产权制度的学理基础"，载《江西社会科学》2005年第7期。

❼ 林榕年、李利军："罗马法的所有权制度及其历史沿革"，载《第二届"罗马法·中国法与民法法典化"国际研讨会论文集》；吴汉东："罗马'无体物'理论与知识产权制度的学理基础"，载《江西社会科学》2005年第7期；马新彦："罗马法所有权理论的当代发展"，载《法学研究》2006年第1期。

❽ 虞政平："罗马法债权理念的一般发展"，载《政法论坛》2001年第6期。

❾ 王洪："罗马契约制度：历史话语的重述"，载《南昌大学学报（人文社会科学版）》2005年第4期；童航："租赁契约的起源及其结构变迁——以罗马法为中心"，载《外国法制史研究——罗马法与现代世界》，法律出版社2015年版，第366~378页；姜栋："论罗马法契约制度的发展"，载《河南省政法干部管理学院学报》2006年第2期。

❿ 黄文煌："罗马法上财产损害的赔偿估价——以'阿奎流斯法'为考察对象"；陈帮锋："阿奎流斯法责任中的意外事故"；杨垠红："论高空不明抛掷物致害的赔偿责任——兼评罗马法到近现代民法的变迁"，载何勤华主编：《外国法制史研究——罗马法与现代世界》，法律出版社2015年版。

⓫ 陈志红："罗马法'善良家父的勤谨注意'研究"，载《西南民族大学学报（人文社会科学版）》2005年第8期。

⓬ 叶英萍、禤丽琴："罗马法嫁资制度及其现代启示"，载《外国法制史研究——罗马法与现代世界》，法律出版社2015年版，第200~216页。

后世作家的还原性转述中,因此结构上到底来自古人还是后世研究者难以确定,而结构对于理解一部法律非常重要。最好的办法是将该法条文与还原依据的史料同时展示。❶

（3）更新对西欧中世纪法的认识与评价。由于被冠以"黑暗时代"之名,改革开放初期法学界对西欧中世纪法的偏见颇多,资料及其研究极其匮乏。事实上中世纪法的多重法律渊源为后世的西方法律文明的确立提供了宝贵的思想启发和制度来源,前文所述伯尔曼的《法律与宗教》《法律与革命》以及彭小瑜的《教会法研究》使国内法学研究者意识到了教会法对于西方法律传统的重要价值,开始了对教会法的多角度研究,❷ 继而对中世纪的其他法源,如日耳曼法❸、城市法❹、商法❺以及封建法❻等世俗法的研究也显著增强,学者们普遍认为中世纪独有的多元、对抗、自治的封建社会形态和多元法律秩序共生的制度生态,客观上促成了权力制衡、王权有限的宪政机制的确立,❼ 以及法治原则的诞生,而从制度及规范层面上看日耳曼法逐渐演变为地方习惯法,成为英美法系的直接历史来源和大陆法系的间接历史基础,城市法、商法和得以复兴的罗马法等法律体系则为包括国际法在内的各部门法的发展奠定了基础。西欧中世纪法是西欧法律文明发展中不可或缺的一段历史史实,如果将其与西方现代法律文明进行人为割裂,无视其对于西方法律传统做出的重要贡献,就无法真正理解大陆法系与英美法系的分野,也难以真正把握西方法律发展的流变机理。

（4）强调历史维度的英国法研究。外国法制史学者一直对英美法系表现出浓厚的兴趣,成果较多,但是研究过于宽泛,多为围绕法律制度与规范进行的介绍性、导论性的论著。近年来,学者们意识到对英国法的研究应该更多地从历史视角着手,将普通法置于特定历史维度中,作为一种典型的经验性社会治理或社会控制方式加以历史性地考察分析。有学者认为对普通法的研究不能局限于它赖以产生的外部形式,产生后的发展以及实然性制度方面,而应该更重视已被人们忽视的导致它产生的历史背景和历史条件方面,普通法形成的历史可以追溯及至诺曼征服前的盎格鲁撒克逊时代,而不是亨利二世改革后,古老的不列颠日耳曼习惯法和1066年诺曼征服后来自欧洲大

---

❶ 徐国栋:"《十二表法》的制定、灭失与还原",载《交大法学》2015年第3期、第4期。

❷ 有关教会法研究的成果,参见赵博阳:"教会法研究三十年——当代国内教会法研究现状综述",载《全国外国法制史研究会学术丛书——法与宗教的历史变迁》,法律出版社2011年版,第512~531页。

❸ 有关日耳曼法最新的综述性研究中,李秀清所著《日耳曼法研究》最具影响力;李秀清:"论日耳曼法的属人性",载《法律文化研究》第2辑,中国人民大学出版社2006年版;高仰光的《论日耳曼法中的赔命价制度》(载《比较法研究》2006第3期)对日耳曼法的具体规则做了详实的研究。

❹ 高仰光:"论中世纪城市法的学理化进程",载《清华法学》2017年第4期。

❺ 叶秋华:"资本主义民商法的摇篮——西欧中世纪城市法、商法与海商法",载《中国人民大学学报》2000年第1期。

❻ 马剑银:"中世纪欧洲封建法的前世今生",载《比较法研究》2015年。

❼ 李栋:"试述早期英格兰教会与封建王权的合作与冲突",载《全国外国法制史研究会学术丛书——法与宗教的历史变迁》,法律出版社2011年版,第232~246页。

陆地区的诺曼法、甚至法兰克法共同成为普通法形成的历史基础。❶ 普通法没有将自己的权威和合理性建立在"意志"的基础上，而是诉诸历史。无论是从普通法来源于习惯还是从普通法被视为理性本身来看，历史都在其中起到了非常重要的作用。历史是经典普通法理论的核心词语，没有历史，就不会有普通法；离开了历史，普通法也就失去了存在的基础。普通法作为规则，时间和历史是其效力来源；普通法因历史而具有理性，是历代智识和集体智慧的结晶。但是普通法的历史不是对客观过去的简单重复，而是充满了主观性，是通过民众对规则的认可和司法裁判的反复确认的含有客观性的主观实证过程。❷ 此外，也有学者从令状制度❸以及陪审制度的历史形成入手分析中世纪英国程序正义的制度构建。2015年是英国《大宪章》颁布八百周年，外国法制史学界为此而进行的专题研究中进一步从历史视角对《大宪章》做了开创性的解读和阐释，着重对《大宪章》诞生的诸多因素进行了历史截面的分析，认为《大宪章》的诞生是中世纪英国各种偶然事件与必然社会发展之多种因素交互作用的产物，具有不可复制性，其本质是国家治理中各种权力的制约与平衡。❹ 英国1215年《大宪章》绝非个例，中东欧各国也普遍存在着类似宪法性文件，同样构成贵族权力对王权的制约却并未保证这些国家的宪政成功，反而导致了压迫加剧和国家失败的结局。这些失败者的法律史表明，以法律文本形式呈现的广泛存在于中世纪封建社会中的政治实践，可能因为多重的历史性因素而导致截然不同的历史命运。❺ 诚然，法制史学研究中有关法学研究方法与历史学研究方法的关系问题也是法制史学科属性与定位的争议焦点。

（5）以外国法制史独有的研究视角历史地阐释宪法的限权要义。有关西方宪法的研究一直是热点问题，改革开放以来，从集中于宪法中社会制度性质、国家结构形式、政府组织方式以及公民基本权利等具体形式规范的研究，逐步转向挖掘宪法的理论基础❻、生成机理❼、演变路径❽、运行机制❾，包括典型判例的历史意义等更为深层次的

---

❶ 耿龙玺："英国普通法的历史基础"，载《甘肃政法学院学报》2005年第1期。

❷ 李红海："普通法的历史之维"，载《环球法律评论》2009年第2期。

❸ 项焱、张烁："英国法治的基石——令状制度"，载《法学评论》2004年第1期；孙德鹏："源于'书写'的权利与技术——令状的司法化与普通法的形成"，载《现代法学》2008年第3期；李巍涛："令状制度对英国法律文化的影响"，载《辽宁大学学报（哲学社会科学版）》2007年第5期；屈文生："普通法令状研究综述：渊源、人物及文献"，载《全国外国法制史研究会学术丛书——英美法系及其对中国的影响》，法律出版社2009年版，第107~131页。

❹ 何勤华、王涛："《大宪章》成因考"，载《法学家》2017年第1期。

❺ 于明："'大宪章'的两种命运"，载《东方早报·上海书评》2015年6月14日版。

❻ 张彩凤："英国古典主义理论的告别与超越：走向另一种法治基础主义——19世纪英国法治理论的现代化转型"，载《公安大学学报》2001年第5期。

❼ 曾尔恕："试论美国宪法制定的法治渊源——英国的法治传统及其在北美殖民地的保留"，载《比较法研究》2006年第1期。

❽ 汪全胜："宪法变迁方式比较——兼评我国的宪法修改"，载《全国外国法制史研究会学术丛书——20世纪西方宪政的发展及其变革》，法律出版社2005年版。

❾ 方立新、徐钢："论宪法在私法秩序内的意义"，载《浙江大学学报（人文社会科学版）》2004年第6期。

探索性研究，成果丰硕，难以尽数。随着宪法与法治理论研究的不断深化，外国法制史研究者逐步摆脱了宪法的形式主义局限性，以历史上的宪法现象，即以规范社会资源权力配置的法制理论与实践作为自己的研究起点，认为从年代久远的近东地区就可发现限制世俗国王权力的神权政治实践，如同人们对中世纪王权与教权二元结构的立宪主义追溯，这些早期的宪政因子对于西方宪法制度和宪法思想提供过重要的知识渊源。❶ 也有学者提出了"类宪法现象"概念，主张将"类宪法现象"作为宪法史学的研究对象，形成广义宪法史观的思维方式。❷ 宪法审查是宪法制度的重要内容，以对美国司法审查制度变迁的研究最为多见，并逐步延伸至其他西方国家以及非西方国家，如奥匈帝国时期的帝国法院所具有的宪法审查职能研究❸、独特的英国宪法审查模式研究❹、"集中式合宪性审查模式典范"的德国宪法法院奠基时期研究❺、对法国宪法委员会角色变迁的研究❻、对于"世界上最繁忙的宪法审查机构"韩国宪法法院的研究❼、对奉行消极主义的日本宪法审查模式研究❽以及印度❾、南非❿、埃及⓫等各种不同类型的宪法审查模式及其成效评估研究。

（6）有关大陆法系模式及其民法典的再审视。改革开放初期以法系理论为基础的类型化、对比性研究较为常见，用固化的法系模式及其理论框架直接套用研究对象的情况也屡见不鲜。近年来针对法系理论及其相关问题的反思性研究逐渐引发关注，有学者指出通常认为大陆法系与中国古代法存在着形式上的相似性，即以成文法为法律的基本形式，这也构成了近代以来中国继受大陆法系的基本理由和依据，但是中国传统法与大陆法系传统形似而神不似，而且大陆法系固有的法律缺陷同样渗透到中国近现代法律，如立法工具主义、法律的政治色彩、法律思维的封闭性等均阻碍了法律的发展，大陆法系对中国法的偶然效应和负面影响值得深思。⓬ 倘使中国未移植大陆法法系模式而只是嫁接了包括大陆法系在内的其他法系的某些实质性长处，中华法系有可

---

❶ 何勤华："关于西方宪法史研究的几点思考"，载《北方法学》2007年第1期。
❷ 谢红星："类宪法现象刍论——兼论广义宪法史观及宪法史学研究对象的扩展"，载《云南大学学报（法学版）》2009年第5期。
❸ 王银宏："追寻最早的'宪法法院'——奥匈帝国时期的帝国法院及其宪法审查传统"，载《中国政法大学学报》2016年第5期。
❹ 何海波："没有宪法的违宪审查——英国故事"，载《中国社会科学》2005年第2期。
❺ 郑戈："传统中的变革与变革中的传统——德国宪法法院的诞生"，载《交大法学》2017年第1期。
❻ 李晓兵："法国宪法委员会1971年'结社自由案'评析"，载《厦门大学法律评论》，厦门大学出版社2010年，第223~244页。
❼ 崔林林："韩国积极主义违宪审查制论略"，载《法律文化研究》，中国人民大学出版社2010年版，第157~169页。
❽ 莫纪宏："日本违宪审查制度的演变和发展"，载《宪法与行政法治评论》，中国人民大学出版社2004年版，第104~115页。
❾ 陈欣新："印度违宪审查制度"，载《人民法院报》2002年1月28日。
❿ 吴天昊："南非宪政转型过程中的违宪审查问题"，载《法学》2008年第4期。
⓫ 郭春明："埃及违宪审查制度研究"，载《河北法学》2008年第9期。
⓬ 徐爱国："大陆法系与中国传统法的转型"，载《社会科学辑刊》2010年第1期。

能以发展、演变为一个独具特色的现代法系、活法系。❶也有学者认为中国近代主动移植大陆法系法律的一个重要原因是中国不是英国的殖民地国家。❷作为大陆法系的传承者，国内民法典编纂正当其时，但对外国法制史学界来说，对历史上重要民法典的分析、研判与评估是恒久不变的主题。关于法国民法典，有的学者强调不能因立法者没有总结过法典的三大原则，即无限私有制、契约自由和过失责任，就推定其不存在，从而进一步否定其自由主义的哲学基础和革命精神。❸有学者则认为法国民法典源于革命，却表现出对传统的妥协和退让，从而把法国领向一个与革命渐行渐远的时代，这表明法典只是推进社会前进诸多要素中的一个，其最终实现还需要一个漫长的过程。❹还有学者充分肯定了法国民法典承上启下的历史地位，并进一步呼吁我国民法典尽早问世。❺与部门法领域局限于对德国民法典的体系结构、具体规范的研究不同，外国法制学研究的视角则相对宽泛、多元而立体，有研究认为作为德意志民族精神的体现，一个民族的音乐和法律都是该民族文化的体现，《德国民法典》本身就为应德意志民族在挑战法国法律文化统治地位、改变本民族法律文化受压制地位的要求而产生，却又在成功获得统治地位后不断受到来自瑞士、荷兰、意大利等西欧各国民法典，以及第三世界国家民法典的挑战，民族"经典"不断被超越是音乐和法律的共同的历史宿命。❻有关德国民法典的学术论战，是我们解析《德国民法典》不能忽略的前提，它不仅深刻地影响了德国私法科学的发展，催生了潘德克顿学派，并在法典的字里行间留下了鲜明的印记。了解这场发生在二百年前的学术论战，对于今天的中国民法典编纂仍然有不可低估的现实意义。❼此外，关于《奥地利普通民法典》《魁北克民法典》《苏俄民法典》以及《俄罗斯联邦民法典》等研究成果的出现❽，反映了学者学术视野的不断延伸和拓展。

（7）司法改革背景下有关英美司法制度的研究。外国法制史学对英美司法制度的关注不仅源于其独特的理念、制度与技术，还与国内不断推进的司法改革密切相关。绝大多数国家的司法权和立法权仅仅是行政权的附庸，而英国的司法权对于历史的发

---

❶ 张锐智、穆欠霞："大陆法系及其对中国的影响——全国外国法制史研究会第二十二届年会综述"，载《辽宁大学学报（哲学社会科学版）》2009年第6期。

❷ 王立民："中国近代成为大陆法系国家的原因及相关问题探析"，载《华东师范大学学报（哲学社会科学版）》2017年第4期。

❸ 王云霞："法国民法典的时代精神探析"，载《法学家》2004年第2期。

❹ 冀明武："法制的理想与妥协：1804年《法国民法典》的历史启示"，载《外国法制史研究——民法典的域外资源》，法律出版社2017年版，第191~200页。

❺ 叶秋华："西方民法史上的骄子——论《法国民法典》承上启下的历史地位"，载《法学家》2004年第2期。

❻ 王涛："贝多芬第九交响曲与德国民法典"，载《比较法研究》2011年第3期。

❼ 薛军："蒂保对萨维尼的论战及其历史遗产——围绕《德国民法典》的编纂而展开的学术论战述评"，载《清华法学》2003年第3辑。

❽ 王银宏："在罗马法与自然法之间——作为政治性立法的1811年《奥地利法典》"；刘艺工："加拿大《魁北克民法典》的变迁及其启示"；王志华："论民法典的革命性——制定中国民法典的时代意义"，载何勤华主编：《外国法制史研究——民法典的域外资源》，法律出版社2017年版。

展和文明的进步发挥了不同寻常的作用。[1]其中特别引发热议的是英美法律职业者所独有的特质，他们拥有娴熟的司法技术将价值之争转化为工具之争，有助于实现司法的中立性，并实施对社会的司法控制，对英美司法独立具有重要的塑造意义;[2]掌握了专门司法技术和系统化方法的法律职业共同体形成了反映社会对合法秩序的需求的独立精神和品德，司法独立意识在英国法律职业者身上体现得最为明显，他们也成为法治文明传承中的重要力量。[3]英美司法制度中的陪审制度也是讨论焦点，它产生于英国，兴盛于美国，是美国司法公正的象征，对民主的信仰、个人主义和反权威精神、正当程序等是其存在的社会文化基础，但是其中的一致裁决原则、感性因素的干扰、诉讼效率低下等问题阻碍了司法公正的实现；但也有学者则认为从整个制度上看，陪审制不存在效率低下的问题，反而可以通过连续审理加快审判制度，并进一步降低诉讼成本、减轻法官负担等，不过陪审制与中国司法制度存在兼容性问题。[4]民情是美国陪审制度存在的根基，它可以有效应对针对陪审制度的各种挑战和质疑，即便陪审制度在个案中可能存在瑕疵的情况下仍然正常运行和赢得支持，因此，我们在推进"和谐司法"的过程中也必须有意识地培育和改造我们的民情。[5]

（8）对多元法律文化以及混合法律文化议题的学术体认与学术自觉。外国法制史不同于西方法制史，随着文化自觉主义的兴起，法律领域盛行已久的西方中心主义也广受质疑，主张非西方法律文化与西方法律文化和谐共存、共同发展的呼声渐趋高涨。尽管多元法律文化是长期存在的客观历史现象，但是直至20世纪晚期才成为学术研究的议题。外国法制史的研究对象恰恰是多元的法律文化现象，因此多元法律文化的议题对外国法制史学科具有极为重要的意义，有学者从厘定多元法律文化的内涵开始，探讨法律多元的历史与现实，认为全球化与法律多元并不冲突，全球化反而使法律增强了多元性。[6]还有学者则持有不同观点，认为从地方性角度来看，法律文化是多元的，但是如果以"现代性"的视角审视，法律文化的趋同是必然的。[7]由多元法律文化

---

[1] 程汉大："司法与英国法治文明"，载《英美法系及其对中国的影响》，法律出版社2009年版，第447~448页。

[2] 刘晓东、陈楠："全国外国法制史研究会第二十二届年会综述"，载《英美法系及其对中国的影响》，法律出版社2009年版，第539~548页。

[3] 任超："英国中世纪法律职业阶层的起源——兼及对法治文明传承的作用"，载《英美法系及其对中国的影响》，法律出版社2009年版，第495~496页。

[4] 王晓锋、冷霞："司法制度改革：世界与中国——全国外国法制史研究会第十五届年会综述"，载《20世纪司法制度的变革》，法律出版社2003年版，第543~551页。

[5] 李拥军："民情：美国陪审制度存在的基础和土壤——对提高我国人民陪审制度运行效果的一个有益的启示"，载《南京大学法律评论》2011年第2期。

[6] 严存生："法的多元性的哲理思考"，载《全国外国法制史研究会学术丛书——多元的法律文化》，法律出版社2007年版，第3~26页。

[7] 苏彦新："多元的法律文化：面对地方性和现代性"，载《全国外国法制史研究会学术丛书——多元的法律文化》，法律出版社2007年版，第27~32页。

进一步开启了对混合法律文化的理论探索❶和历史考察,如南部非洲法❷、俄罗斯法❸、日本法❹、韩国法❺、印度法❻、西班牙法❼等许多法律体系既是多元法律文化的交汇点,本身也是混合法律文化的合成物。

三、反思与展望

1978年改革开放以来,中国不仅迎来了经济高速增长的40年,也是思想得以充分解放的40年,我国对域外文化的接纳态度,学者们的学术研究热情和对中国现实问题的关注,所有这些都为外国法制史研究创造了条件和空间,外国法律史研究蓬勃开展并取得了丰硕成果:研究领域不断拓宽,研究视角日趋多元,研究分工日益精细化并逐步深入,实现了体系、内容、观点及方法的突破和创新,学术研究获得了极大进展,学术成就斐然。

不过,当我们为外国法制史学科40年辉煌的学术成就倍感骄傲与欣慰的同时,也清醒地意识到制约学科发展的若干不利因素依然存在。最为突出的是由于外国法制史学科的研究对象的特殊性和"非应用型特征"使其常面临被边缘化的处境。首当其冲的是外国法制史课程在法学教育体系中的边缘化困境。自中华人民共和国成立以来,外国法制史一直是法学专业的必修课程,是重点讲授的基础性课程之一。但是1998年教育部划定了法学专业的十四门核心主干课程,外国法制史自此失去了作为法学核心课程的传统地位,继而在大多数院校沦为选修课,甚至被彻底取消。近年来各高等学校普遍尝试了各种形式的法律职业化教育改革,虽为法学教育模式探索了新的路径和模式,但却有矫枉过正之嫌,特别是将法律职业化教育的内涵简单理解为培养法律职业的应用型操练技工,背离了法学高等教育的基本宗旨与首要目标——从事法律职业的人格的培养。在此背景下,各方对外国法制史课程的轻视在所难免。相应地,在行政权力所掌控的有关课题指南以及其他学术资源的分配,包括重要期刊的论文发表等方面,外国法制史学科事实上也没有获得合理的均衡的机会,因此在以获得课题和论

---

❶ 张怀印:"混合法系理论研究",载《全国外国法制史研究会学术丛书——混合的法律文化》,法律出版社2008年版,第134~149页。

❷ 夏新华、刘星:"南部非洲混合法域的形成与发展",载《环球法律评论》2010年第6期。

❸ 刘洪岩:"多元文化体制下的俄罗斯法律文化的发展问题",载《俄罗斯东欧中亚研究》2014年第6期。

❹ 赵立新:"日本法的现代化与英美法的影响",载《全国外国法制史研究会学术丛书——混合的法律文化》,法律出版社2008年版,第134~149页。

❺ 崔林林:"韩国近代法律体系的形成及其保守性特质",载《法律文化研究》,中国人民大学出版社2007年版,第157~169页。

❻ 高鸿钧:"古代印度法的主要内容与特征——以《摩奴法典》为视角",载《法律科学》2013年第5期。

❼ 果海英:"收复失地运动结束前西班牙法的发展演变和特点",载《全国外国法制史研究会学术丛书——混合的法律文化》,法律出版社2008年版,第558~559页。

文数量作为主要学术评价机制的现状下,学界普遍感到了焦虑与担忧,已经明显造成了学科人才的流失,影响了学科的进一步发展。"历史无用论"的功利主义导向使外国法制史学科成长之路越发艰难。

当然,外国法制史学研究自身也存在一些问题与不足,亟需外国法制史学界同仁积极面对并不断改进。其一,外国法制史学科独有的学术特质尚有待强化。外国法制史学研究纵论世界法律通史,横评各国法律制度,既关涉各个部门法的微观制度流变,又观照其背后的各种社会因素,与其他法学学科以及哲学、历史学、社会学、经济学、文化学等有许多交集,甚至是重合之处。近年来,外国法制史学一方面在拓展研究领域以及实现研究方法的跨学科、多视角方面成效卓著,但另一方面与其他学科研究,特别是历史学研究的区分度却存在着逐渐模糊的趋势。法律史学研究固然应该充分借鉴和引进其他人文社会科学的研究成果,譬如历史学研究之基础——史料同样是法律史学研究的基础和依据,有助于对历史事实的澄清与重构,也会使我们的研究更为准确、立体和丰富,但对史料的剖析与研究必须在法学的理论和逻辑框架下进行,才能体现它对于法律史学科的作用,法律人视角下的法律史和史学人视角下的法律史应该是有差异的。基于此,笔者认为,外国法制史学研究者必须具备扎实的相关部门法专业知识体系的基础与修养,并以此作为从事外国法制史研究的学术背景和支撑,从而使史料的运用具有清晰的法学立场和面相,但外国法制史学研究又必须避免其他部门法学的研究相混淆,否则就会失去本身应有的学科定位。外国法制史作为基础理论学科,其价值在于为其他部门法学的建设和发展提供历史借鉴和理论指导。日渐兴盛的微观研究"见微知著"意义重大,但是如果简单孤立地围绕具体制度以及规范进行线性研究,事实上就偏离了外国法制史学研究的基本价值和学术立场。外国法制史学研究自然应该面向法治建设的现实需要,不过片面强调引进和介绍外国的法制成果,停留于对制度与规范的静态观察,无视法律作为一种特定的社会现象所固有的动态实质,忽略对外国法的精神和实质进行研讨和借鉴,从而导致法的形式与实质的分离,非但不能使法的成效如期实现,反而可能进一步破坏法的秩序。外国法制史学应该有不同于其他部门法学的研究视角,力求在更深层次上、更长的历史周期内探求制度及其变迁所表达的意义,从而为部门法学的发展提供足够的理论和学术支持。当然,外国法制史学研究也需要有"游离于现实之外"的"为学术而学术"的精神和态度,从而更好地保持独立的学术品格和学术特质。总之,外国法制史学作为一个独立学科,必须在研究方法、研究思路、观察视角、话语系统以及论证过程和研究成果方面具有其他学科无法替代的独特品质。

其二,外国法制史学专注西方法制史的研究偏好需要调整。近年来随着研究领域的不断扩大,关于非西方法制史的研究有所进展,但是与有关西方法制史的研究相比,在研究成果的数量上、质量上还有较大差距,而且其中大多还是有关非西方国家移植西方法制的专题研究。事实上,非西方法制史有着非常丰富的内容和研究价值,如东亚国家与中国具有相似的传统法律文化,这些国家在改造传统法律文化、建立现代法治秩序以及促进经济发展方面的法制经验与教训尤其值得研究和借鉴。目前外国法制史学界对东亚法律的研究多重于其经济法制建设或行政管理等方面，研究较为粗浅而且不系统，成果寥寥无几。事实上，有关东亚法律与经济腾飞的关系、东亚法律民主化进程、东亚各国法律体系比较、东亚经济法律体系研究等都需要加强，特别是对东亚传统法律文化的进化和发展需要进一步厘清背景、途径、进程、结果及趋势。需要注意的是，在对非西方法的研究中，西方法的观察视角、思维定式、价值观念以及评价体系常常会被不自觉地代入。如果尝试将非西方法或东亚法看作是一个整体，将非西方法的历史历程与西方法进行对比，揭示其不同特征和发展方向，将是一个全新的研究视域。

其三，珍视外国法制史研究的中国视角。因研究对象的特殊性，外国法制史学科无论是在资料掌握、语言运用方面，还是在对法律的文化理解方面（当然也包括从事相关研究所需要的资金支持方面），都存在重重困难，因此外国法制史学研究短期内难以达到发达国家研究其本土法制史的学术高度，这是一个不争的现实。外国法制史学研究虽然以外国法制变迁的历史为研究对象，但是学科是在法律移植的背景下产生和发展的，研究视角本身极具中国特色，以中国的视角观察和考量世界法制变迁及其规律，是典型的本土产品。40年来，外国法制史学科为中国法学理论与法律实践所做出了独特贡献，一方面为国内法学理论与法律实践提供了多元化的制度样本，展示了多元化的法治发展路径，起到了开阔视野、启发思考的作用，另一方面，深化了国内法学界对外国法律变迁历史及其规律的理解，从而准确把握外国法的形式与实质，为移植而来的外国法顺利地实现本土化提供更有利的理论和学术支持。因此，珍视面向中国法治问题的中国视角是外国法制史学科的意义与价值，也是外国法制史研究者的历史使命和学术责任。

（撰稿人：中国政法大学法学院　崔林林教授）

后　记

　　2018年适逢改革开放四十周年。四十年来，我国的改革开放取得了举世瞩目的成就，中国法学的发展也取得了博深丰硕的成果。为全面总结法学各学科发展的经验和成果，反思中国法学四十年来发展的利弊与得失，经2017年8月教育部人文社会科学重点研究基地主任会议研究，决定在法学基地（9+1）于2008年合作编写《中国法学三十年（1978~2008）》（中国人民大学出版社2008年版）的基础上编写《中国法学四十年（1978~2018）》一书。该书以学科为基础，系统梳理法理学、宪法学、行政法学、刑法学、民法学、诉讼法学、经济法学、环境法学、国际法学、证据法学、知识产权法学、法律史学十二个学科改革开放四十年来的发展历程以及所取得的成就，同时也反思各个学科四十年来发展的缺憾和不足。希望未来的中国法学在改革开放四十年来发展成就的基础上，百尺竿头，更进一步，继续开拓创新，取得更为丰硕的成果和更为瞩目的成就。

　　本书主体内容的写作任务，由各基地按学科承担。全书编写的组织和协调工作，由中国政法大学法律史学研究院承担，王银宏副教授承担了具体的相关工作。正是基于各法学学科基地主任的大力支持与撰稿人的辛苦付出，本书才能及时、顺利地呈现在诸君面前。中国政法大学法律史学研究院院长朱勇教授、常务副院长张中秋教授、副院长林乾教授为该书的撰写和编辑出版工作给予了充分的支持。中国政法大学出版社的尹树东社长、张琮军老师、牛洁颖编辑为该书的顺利出版做了大量细致的工作，付出了大量的心血和努力。在此谨致谢意！

中国政法大学法律史学研究院

2018年5月